HUAIBEI
NIANJIAN

2022

淮北年鉴

中石题

中共淮北市委党史和地方志研究室　编

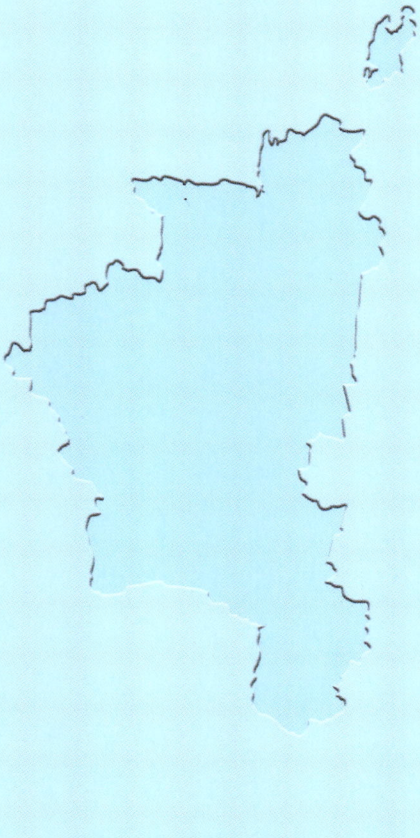

方志出版社
Publishing House of Local Records

图书在版编目（CIP）数据

淮北年鉴. 2022 / 中共淮北市委党史和地方志研究室编.—北京：方志出版社, 2022.10
ISBN 978-7-5144-5367-6

Ⅰ. ①淮… Ⅱ. ①中… Ⅲ. ①淮北—2022—年鉴
Ⅳ. ①Z525.43

中国版本图书馆CIP数据核字（2022）第216923号

责任编辑：李晓晓
责任校对：刘玉霞
责任印制：梅中英
出 版 者：方志出版社
地　　址：北京市朝阳区潘家园东里 9 号（国家方志馆 4 层）
邮　　编：100021
网　　址：http://www.zgfzcb.cn
发　　行：方志出版社图书营销中心（010-67110500）
印　　刷：济南书来书往印刷有限公司
开　　本：889 毫米 ×1194 毫米 1/16
印　　张：28.75
字　　数：812 千字
版　　次：2022 年 10 月第 1 版
印　　次：2022 年 10 月第 1 次印刷
定　　价：300.00 元

淮北市地方志编纂委员会

《淮北年鉴》编辑部

编辑说明

一、《淮北年鉴（2022）》以马克思列宁主义、毛泽东思想、邓小平理论、“三个代表”重要思想、科学发展观、习近平新时代中国特色社会主义思想为指导，坚持辩证唯物主义和历史唯物主义的立场、观点和方法，系统记载2021年淮北市经济社会发展和党的建设情况，旨在为读者提供认识淮北、了解淮北各方面情况的基础资料。

二、《淮北年鉴》是系统记述淮北市自然、政治、经济、文化、社会等方面情况的年度资料文献，是具有权威性、综合性、信息性、实用性的工具书。2000年首次出版，本卷为第23卷。

三、《淮北年鉴（2022）》以淮北市现行行政区域为记述范围，记述时限为2021年1月1日至2021年12月31日。为突出年鉴的实效性，卷首专题图片中的部分图片、特载中的“中共淮北市委工作报告”“政府工作报告”选用2022年资料，“五群十链”内容延续到2022年6月。

四、《淮北年鉴（2022）》采用分类编辑法记述，设类目、分目、条目3个层次。条目为记述的基本单位。条目标题加【 】。全书设特载、专记、大事记、市情概览、中国共产党淮北市委员会、淮北市人民代表大会、淮北市人民政府、中国人民政治协商会议淮北市委员会、中共淮北市纪律检查委员会 淮北市监察委员会、民主党派与工商联、群众团体、法治、军事、工业、农业与农村、商贸服务业、开发园区、城乡建设 水利、生态建设与环境保护、交通 邮政 通信、财政 税务、金融、经济综合管理、教育、科学技术、文化 旅游 体育 传媒、卫生、社会民生、县区概况、人物、附录31个类目。

五、《淮北年鉴（2022）》行文使用规范语体文、记述体。数字用法、标点符号用法分别采用国家标准《出版物上数字用法》（GB/T 15835—2011）、《标点符号用法》（GB/T 15834—2011），计量单位采用国家技术监督局1993年12月发布的《量和单位》系列国家标准。历史上使用的计量单位，如斗、石、里、尺、磅、华氏度等，在引文时可照录。考虑到社会使用习惯，全书中亩不统一换算。

六、《淮北年鉴（2022）》所载信息均由全市各相关部门、单位提供，并经各撰稿单位审核。撰稿人员在词条后署名。

七、《淮北年鉴（2022）》中计量单位执行国家标准《国际单位制及其应用》（GB 3100—1993），少数非统计意义的计量单位仍用市制。由于来源、统计方法或口径不同，不同部门提供的同项数据或有不一致的，以统计部门公布的数据为准。部分数据合计数或相对数由于单位取舍不同而产生的计算误差，本书均未做机械调整。

淮北市行政区划图

年度视点

庆祝中国共产党成立100周年

淮北市行政区划图

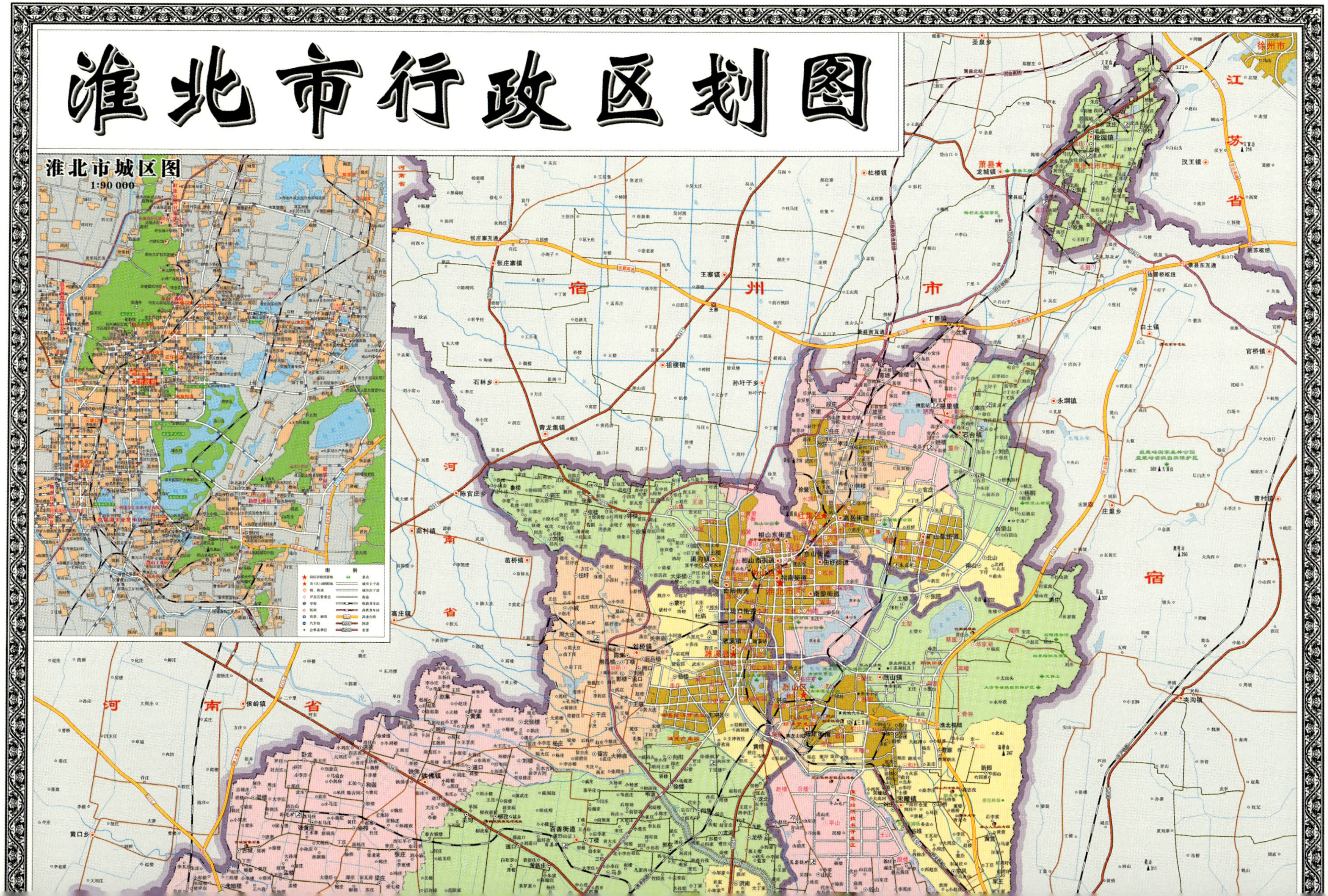

内部用图

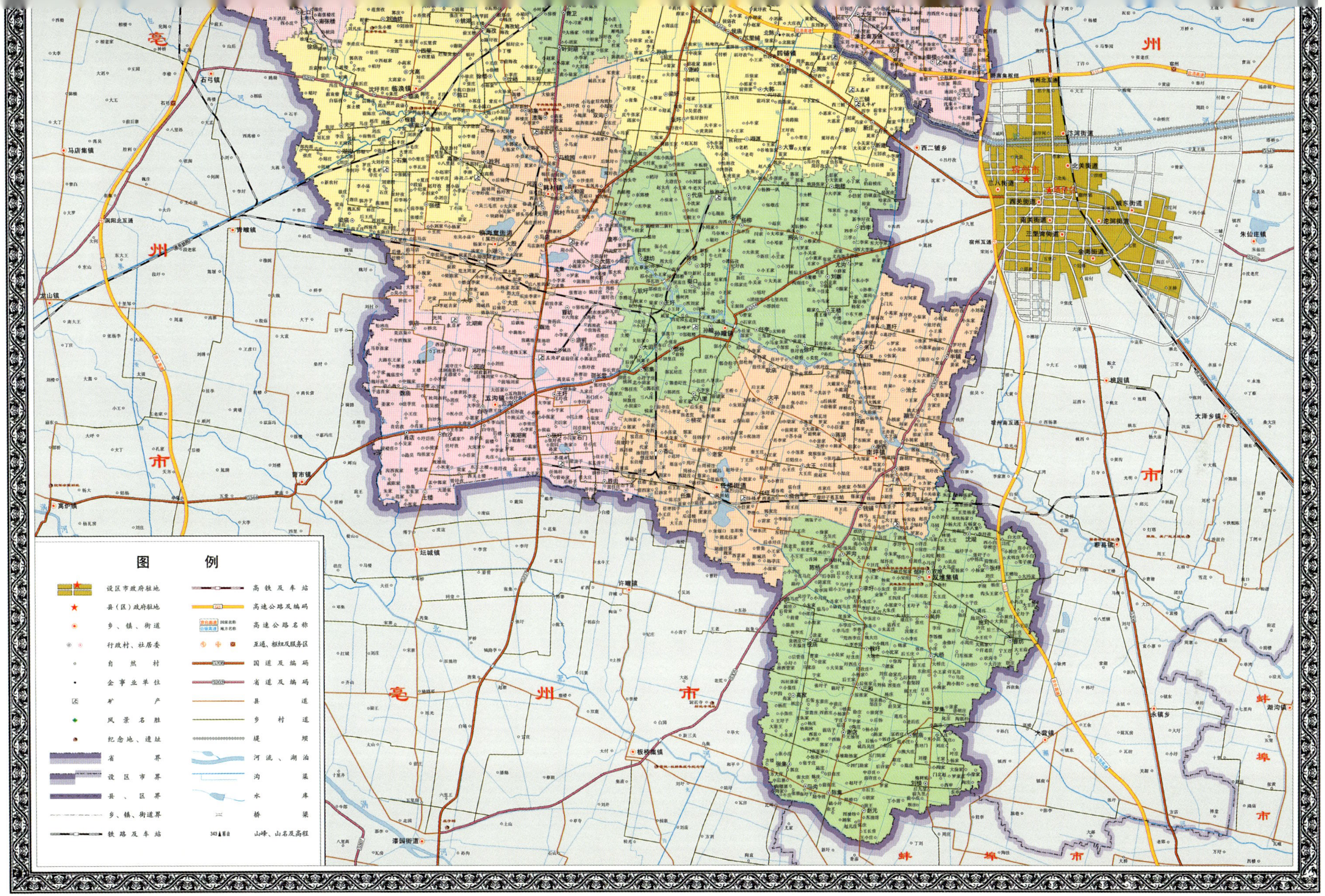

安徽省第四测绘院 编制　审图号:皖淮S(2018)001号

二〇一八年九月

年度视点

2021年是具有里程碑意义的一年，也是淮北发展进程中不平凡的一年。全市人民坚持以习近平新时代中国特色社会主义思想为指导，全面贯彻落实中共十九大和十九届历次全会精神，全面落实习近平总书记对安徽作出的重要讲话指示批示，在省委、省政府的坚强领导下，加快推进更高质量转型发展，纵深推进全面从严治党，各项事业取得新的重大成就，“十四五”实现平稳开局。全市生产总值突破1200亿元、增长3.2%，一般公共预算收入88.7亿元、增长10.8%，固定资产投资总额增长9%以上，社会消费品零售总额增长10%以上，外贸进出口总额17.5亿美元、增长70%以上，城镇和农村居民人均可支配收入分别增长8%、11.6%。

时政要闻

◇ 2021年9月23—25日，中国共产党淮北市第九次代表大会召开（黄鹤鸣　摄）

◇ 2021年6月4日，淮北市推进民营经济高质量发展大会暨首批百个县干招商组授旗仪式举行（黄鹤鸣　摄）

◇ 2021年6月30日，全国资源型地区转型发展暨采煤沉陷区综合治理经验交流会在淮北市召开

（黄鹤鸣　摄）

◇ 2021年9月10日，淮北市交通投资控股集团有限公司挂牌成立

（黄鹤鸣　摄）

◇ 2021年12月9日，淮北市科技产业投资发展有限公司挂牌成立

（黄鹤鸣　摄）

经济发展

◇ 8月28日，扎实推进长三角一体化发展暨2021年全省第八批重大项目集中开工动员会淮北分会场现场

（黄鹤鸣　摄）

◇ 2021年9月1日，新能源汽车铝制品生产基地项目签约仪式举行

（黄鹤鸣　摄）

◇ 2021年8月16日，淮北市召开以“群聚精英　诞出新材”为主题的企业家沙龙　（黄鹤鸣　摄）

◇ 淮北矿业控股股份有限公司启动焦炉煤气综合利用项目 （梅月　摄）

◇ 淮北市新能源汽车高端铝合金配套项目生产线 （万善朝　摄）

◇ 安徽美信铝业股份有限公司高精铝板带生产车间 （岳建文　摄）

◇ 淮北高新技术产业开发区理士锂离子动力电池项目生产车间
（陈文骁　摄）

◇ 安徽京信电子有限公司汽车排线车间　（王猛　摄）

◇ 安徽合派特种车辆制造有限公司电动车生产车间
（冯树风　摄）

◇ 安徽矿机结构件分公司生产车间
（黄鹤鸣　摄）

◇ 安徽英科医疗用品有限公司生产车间
（黄鹤鸣　摄）

◇ 安徽华润金蟾药业股份有限公司生产车间
（万善朝　摄）

◇ 淮北市华孚色纺有限公司生产车间 （万善朝 摄）

◇ 漂浮式光伏发电站

◇ 装配式建筑生产企业工作车间

（万善朝 摄）

◇ 安徽金富士食品有限公司生产车间

（陈文骁 摄）

（冯树风　摄）

◇ 大唐淮北发电厂新厂区　　（唐怀升　摄）

◇ 2021年6月，皖北煤电集团公司麻地梁煤矿把信息化、物联网等先进技术应用到煤矿生产中，建成全国首批5G+智慧矿山　　（吴辉　摄）

◇ 2021年6月10日，濉溪县采取打捆离田综合利用方式促进农民增收

◇ 2021年6月1日，濉溪县200余万亩小麦开镰收割

（万善朝　摄）

◇ 2021年，相山区渠沟镇形成花卉种植、观赏和深加工为一体的“芳香”产业，带动当地村民增收致富　（冯树风　摄）

（黄鹤鸣　摄）

◇ 2021年4月20日，濉溪县双堆集镇吴井村实施“一喷三防”保丰收　（高墨翰　摄）

◇ 2021年5月11日，濉溪县五沟镇曹坊村合心养殖场成为创业致富“领头羊”

（万善朝　摄）

◇ 2021年12月20日，游客在杜集区高岳街道双楼村大棚草莓园采摘　（梅月　摄）

◇ 2021年5月1日，濉溪老街古城修缮后正式开城。图为开城仪式现场 （黄鹤鸣　摄）

◇ 2021年，淮北南翔云集特色文化商业街打造成为一站式体验街区 （冯树风　摄）

◇ 2021年9月23日，中国农民丰收节直播带货现场

（冯树风　摄）

◇ 2021年2月6日，淮北市首届非遗产品年货节直播活动在市传媒中心演播厅举办

（黄鹤鸣　摄）

◇ 9月23日，淮北市2021年中国农民丰收节开幕式在烈山区石榴交易中心举行　（杜磊　摄）

◇ 2021年1月1日，G3京台高速淮北收费站新站启用

（市委史志研究室　供）

◇ 2021年2月21日，S101淮徐快速通道建设工程项目开工动员会在杜集区举行

（黄鹤鸣　摄）

◇ 2021年3月29日，淮北—上海海铁联运班列首发仪式在青龙山无水港举行

（魏平　摄）

◇ 临涣船闸工程是豫皖两省沱浍河航道工程重要组成部分之一。2021年9月，船闸开工建设，设计最大船型为1000吨级货运船。图为施工现场

（万善朝　摄）

◇ 2021年5月6日，淮北市人民医院新院区　（梅月　摄）

◇ 2021年，淮北市首个垂直循环式智能停车库——惠泽停车场

（陈文骁　摄）

文化繁荣

◇ 2021年9月12日，华东师范大学淮北港利实验学校建成　（冯树风　摄）

◇ 2021年4月7日，淮北理工学院（筹）一期竣工　（梅月　摄）

◇ 2021年7月26日，淮北市人民政府与蚌埠医学院合作共建蚌埠医学院直属淮北人民医院签约

（李春辉　摄）

◇ 2021年4月20日，医护人员在爱国卫生月开展为百姓办实事活动

（陈文骁　摄）

◇ 2021年1月15日，濉溪长丰街明清酿酒作坊群遗址获评安徽省十大考古发现
（市委史志研究室　供）

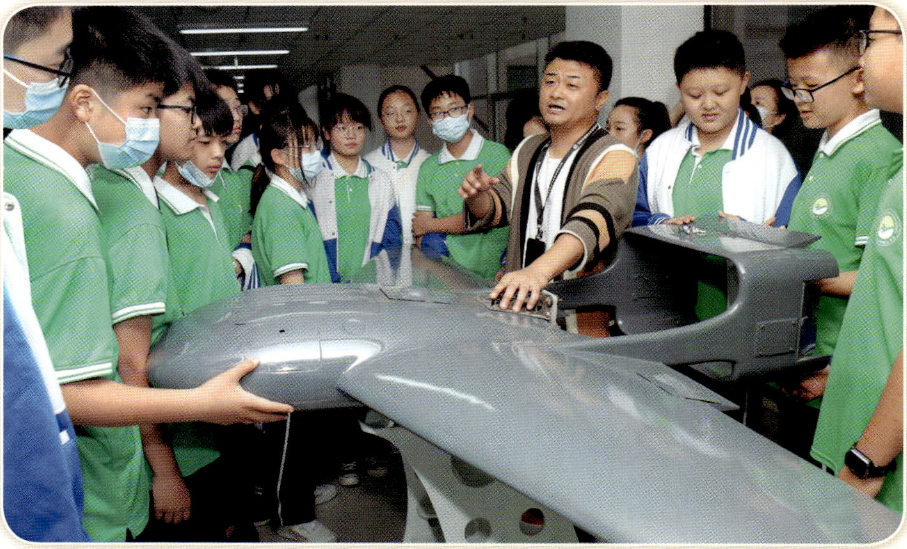

◇ 2021年10月13日，淮北市第二中学组织学生参观科技馆
（万善朝　摄）

◇ 2021年9月8日，市科协在双龙实验小学开展2021年全国科普日宣传活动　（崔志　摄）

◇ 2021年6月28日，淮北市举行“庆建党百年华诞　展江淮老年体育风采”活动

(万善朝　摄)

◇ 2021年10月14日，淮北市第十一届运动会暨第五届职工运动会跆拳道比赛现场

（市委史志研究室　供）

◇ 2021年，淮北市广泛开展全民健身运动。图为世界过敏性疾病日，组织开展体育活动，强身健体，提高免疫力

（冯树风　摄）

社会民生

◇ 2021年11月16日，淮北市举行“家政培训促就业”培训班结业式 （张锋　摄）

◇ 2021年，濉溪县刘桥镇丁楼村晨航服饰是一家生产各类品牌的乡村“微企业”。企业在创造良好经济效益的同时，帮助附近妇女实现家门口就业，助力村民就业增收。图为生产车间 （万善朝　摄）

◇ 2021年7月1日，在朝阳老年公寓里，在院老人庆祝中国共产党成立100周年活动举办
（张艳　摄）

◇ 2021年3月10日，杜集区石台镇关工委“五老”志愿者辅导学生课外学习
（冯树风　摄）

◇ 2021年12月21日，淮北市举行“金婚耀相诚　传承好家风”最美金婚家庭颁奖仪式　（陈文骁　摄）

◇ 2021年2月19日，淮北市不动产登记大厅坚持春节服务“不打烊”实行值班制，确保市民能办事、办成事，方便了群众 （李鑫 摄）

◇ 2021年，淮北市政务服务中心持续提升7×24小时政务服务大厅智能化水平，推行跨区域自助办等，全面提升服务质量
（岳建文 摄）

◇ 2021年8月21日，淮北市市场监管局执法人员在药品医疗器械经营企业检查防疫物资
（高峰 摄）

◇ 2021年9月1日，淮北市举行呼吁中小学生自觉抵制电子烟宣传活动　（梅月　摄）

◇ 2021年9月11日，濉溪县公安“为你说法”宣传队到百善镇柳孜运河小学开展普法宣传活动　（张亚魁　摄）

◇ 2021年2月7日，淮北市公安干警走进校园开展反电诈宣传　（市公安局　供）

◇ 2021年2月5日，濉溪县法院践行新时代“枫桥经验”，县法院人员在临涣镇茶室进行民事纠纷调解

（市委史志研究室 供）

◇ 2021年7月13日，淮北师范大学薪火义务支教社举办暑期支教活动启动仪式 （万善朝 摄）

◇ 2021年7月30日，淮北市公安民警在台风“烟花”来袭时，救助被困车辆上的人员
（市公安局　供）

◇ 2021年6月23日，杜集区人民武装部工作人员在开渠中学悬挂全军英模挂像　（万善朝　摄）

◇ 2021年6月11日，淮北市公安局现场返还电信网络诈骗案件涉案资金256万元
（市委史志研究室　供）

生态环境

◇ 烈山区东部山区的“皖北川藏线”成为市民新的旅游打卡地　（冯树风　摄）

◇ 2021年10月15日，淮北市绿金湖矿山地质环境生态修复项目入选中国生态修复典型案例　（黄鹤鸣　摄）

◇ 烈山区东部山区的“皖北川藏线”成为市民新的旅游打卡地　（冯树风　摄）

◇ 2021年，烈山区泉山采石宕口生态修复初见成效　（冯树风　摄）

庆祝中国共产党成立100周年

2021年，淮北市坚持以习近平中国特色社会主义思想为指导，认真学习贯彻习近平总书记在党史学习教育动员大会、庆祝中国共产党成立100周年大会等大会上的讲话精神，紧紧围绕庆祝中国共产党成立100周年这条主线，牢牢把握“党的盛典、人民的节日”基调定位，统筹安排、协同推进，积极营造同庆百年华诞、共铸历史伟业的浓厚氛围。

◇ 2021年6月30日，市委书记张永（右二）带领市委理论组成员参观“建党百年·淮北足迹”主题展 （黄鹤鸣 摄）

◇ 2021年3月9日，全市“学党史、抓整改、正作风”工作部署推进会召开 （黄鹤鸣 摄）

◇ 2021年3月17日，安徽中捷矿山运输设备有限责任公司开展党史学习活动　　（梅月　摄）

◇ 2021年4月1日，劳模工匠志愿者走进朱庄矿开展“送党史，进厂矿”活动，宣讲党史，缅怀先烈　　（李鑫　摄）

◇ 2021年5月19日，濉溪县临涣镇理论宣讲员浍河游船上向游客宣讲临涣红色历史　　（万善朝　摄）

◇ 2021年4月7日，抗美援朝老战士陈孝德在淮北第三实验小学为学生们讲解党史知识，教育引导小学生始终听党的话，永远跟党走　　（万善朝　摄）

◇ 2021年8月26日，淮北市市直机关"学党史　强信念　跟党走"党史知识竞赛决赛活动现场
（李宸　摄）

◇ 2021年 3月16日，淮北市"四史"宣讲团走进社区开展宣讲活动
（梅月　摄）

◇ 2021年4月23日，相山区东街道组织学生开展"童心向党　薪火相传"学党史活动
（黄鹤鸣　摄）

◇ 2021年4月14日，相山区西街道安康社区党员在家庭党校开展党史学习
（梅月　摄）

◇ 2021年6月24日，淮北市"光荣在党50年"老党员老干部座谈会召开，市委书记张永（中）向"光荣在党50年"纪念章获得者代表颁发纪念章，并合影留念　（黄鹤鸣　摄）

◇ 2021年6月29日，淮北市举行庆祝中国共产党成立100周年文艺演出　（万善朝　摄）

◇ 2021年6月30日，淮北市组织举办“童心向党 礼赞百年”第三届淮北市“新时代好少年”颁奖典礼 （陈文晓 摄）

◇ 2021年7月1日，淮北市市直机关组织党员集体过政治生日 （冯树风 摄）

◇ 2021年6月26日，中建三局皖北片区联合党支部，淮北片区项目青年职工代表在南湖开放式党校举行主题党史活动

（市委宣传部　供）

◇ 2021年3月5日，相山区“党建领航　红色串门”东街道机厂社区召开第七网格楼栋党员见面会召开，凝聚红色力量，为居民提供更多贴心服务　（梅月　摄）

◇ 2021年4月21日，淮北市党员干部赴淮海战役华野指挥部草庙旧址接受红色教育

（市委史志研究室　供）

◇ 2021年4月30日，淮北市文艺志愿者在行动主题活动在淮海战役总前委旧址临涣文昌宫举行

（李鸿　摄）

◇ 2021年7月1日，淮北市制作《我们都是追梦人》青春快闪视频庆祝中国共产党成立100周年

（孟飞　摄）

◇ 2021年6月1日，淮北市公安局在吾悦广场举办普法宣传活动

（市公安局　供）

◇ 2021年4月21日，淮北市总工会开展“我为群众办实事”工作，为各级劳动模范1000余人申办“致敬劳模　礼遇劳模”公交卡　（万善朝　摄）

◇ 2021年8月6日，淮北市交警二大队警员深入田间地头进行道路交通安全宣传

（梅月　摄）

◇ 2021年4月16日，烈山区市场监管局工作人员上门办实事，贴心服务解民忧
（冯树风　摄）

◇ 2021年7月19日，淮北市劳动保障监察综合执法支队贴心服务进工地
（万善朝　摄）

◇ 2021年12月14日，濉溪县市政人员在沱河路进行检修
（市委史志研究室　供）

◇ 2021年，濉溪县双堆集镇“小推车”党员志愿服务队维修农机具，备战秋收　　（范胜明　摄）

◇ 2021年11月16日，淮北供电公司对新华巷老旧小区进行供电设施改造　　（梅月　摄）

◇ 2021年4月19日，相山区渠沟镇经济发展中心开展“学党史　办实事”活动，推动党史学习与农业生产两不误、两促进　　（万善朝　摄）

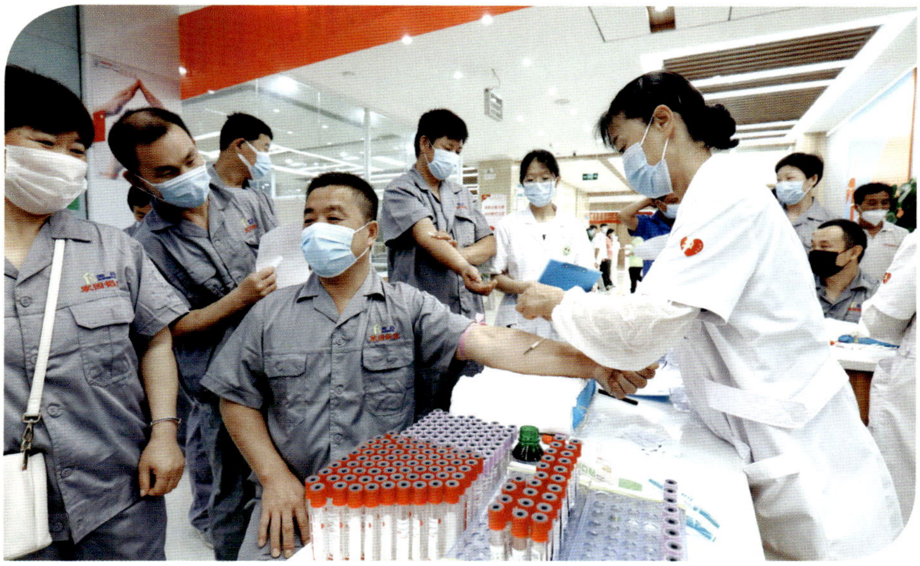

◇ 2021年7月1日，淮北市总工会组织医务人员免费为农民工、环卫工体检　　（梅月　摄）

城市荣誉

CHENGSHI RONGYU

全国节约用水先进城市

全国土地复垦整理示范区

全国卫生先进城市

全国创建文明城市先进城市

全国园林绿化先进城市

国家园林城市

全国未成年人思想道德建设工作先进城市

全国资源枯竭转型试点城市

国家知识产权试点城市

中国特色魅力城市 200 强

全国创建学习型家庭示范城市（城区）

全国科技进步先进市

全国无偿献血先进城市

全国创业先进城市

全国文化体制改革工作先进地区

全国国土绿化突出贡献单位

全国无障碍建设先进城市

全国节水型社会建设示范区

国家智慧城市试点市

全国社会组织建设创新示范区

国家中小城市综合改革试点市

全国双拥模范城

全国绿化模范城市

国家创建信用体系建设示范城市

全国文明城市

全国创建幸福家庭活动示范城市

中国绿色发展优秀城市

全国生态修复城市修补试点城市

国家低碳城市试点市

国家气候适应型城市建设试点市

中国城市治理智慧化优秀奖

全国社会信用体系建设示范城市

中华环境优秀奖

国家森林城市

国家节水型城市

全国市域社会治理现代化试点市

目　录

特　载

中共淮北市委工作报告
——在市委九届二次全会上的报告……………1
政府工作报告
——在淮北市第十七届人民代表大会第一次会议上的报告……………………………6

专　记

淮北市党史学习教育纪实………………………20
“五群十链”发展综述…………………………23

大事记

1月……………………………………………26
2月……………………………………………27
3月……………………………………………28
4月……………………………………………29
5月……………………………………………31
6月……………………………………………32
7月……………………………………………35
8月……………………………………………37
9月……………………………………………39
10月……………………………………………41
11月……………………………………………43
12月……………………………………………44

市情概览

自然地理……………………………………47
位置面积……………………………………47
地形地貌……………………………………47
气候…………………………………………48
自然资源……………………………………50
建置区划……………………………………50
建置沿革……………………………………50
行政区划……………………………………51
市花市树市歌………………………………52
人口 民族……………………………………56
人口…………………………………………56
民族…………………………………………56
历史文化……………………………………56
历史名人……………………………………56
传统戏曲……………………………………56
传统曲艺……………………………………57
传统手工艺…………………………………57
地方风俗……………………………………59
国民经济和社会事业………………………59
国民经济发展………………………………59
社会事业……………………………………60

中国共产党淮北市委员会

综　述………………………………………61
概况…………………………………………61

政治建设 …… 61
经济建设 …… 62
全面深化改革 …… 62
城乡发展建设 …… 63
生态美城建设 …… 63
民主政治建设 …… 63
民生工程建设 …… 63
政治生态建设 …… 64
重要会议 …… 64
市委八届十三次全体会议 …… 64
市委八届十四次全体会议 …… 64
中国共产党淮北市第九次代表大会 …… 64
市委常委会会议 …… 65
市委常委会扩大会议 …… 67
重要活动 …… 67
加快建设特色产业集群全省贯彻“六稳”重大项目集中开工现场推进会 …… 67
加快新兴产业高质量发展暨2021年全省第二批贯彻“六稳”重大项目集中开工现场推进会 …… 67
淮北市党政代表团赴徐州市学习考察 …… 68
淮北理工学院揭牌 …… 68
淮北组团参加2021世界制造业大会 …… 68
淮北市参加第四届淮海经济区协同发展座谈会 …… 68
市委综合政务 …… 68
文稿服务 …… 68
信息采编 …… 68
公文办理 …… 69
组织建设 …… 69
概况 …… 69
基层组织建设 …… 69
领导班子和干部队伍建设 …… 70
干部教育培训 …… 70
人才工作 …… 70
市县乡集中换届 …… 71
宣传思想工作 …… 71
概况 …… 71
意识形态工作 …… 71
理论武装工作 …… 72
理论宣讲 …… 72
重大主题宣传报道 …… 72
新闻报道 …… 72
新闻发布 …… 73
社会主义核心价值观培育 …… 73
公共文化服务 …… 73
党史学习教育省委宣讲团宣讲报告会 …… 73
社科联工作 …… 74
统战工作 …… 74
思想政治引领 …… 74
民主党派和党派代表人士工作 …… 74
社会服务活动 …… 75
非公经济领域统战 …… 75
新的社会阶层人士统战工作 …… 75
政策研究 …… 77
概况 …… 77
决策信息服务 …… 77
调查研究 …… 77
深化改革探索 …… 77
党建工作 …… 77
财经工作 …… 77
党刊编印 …… 77
网络安全和信息化管理 …… 78
概况 …… 78
网络宣传 …… 78
网络安全防护能力建设 …… 78
网络安全检查 …… 78
机构和编制工作 …… 78
机构改革成果巩固 …… 78
综合执法改革 …… 78
清单制度体系建设 …… 79
事业编制资源盘活 …… 79
机构编制监督检查 …… 79
服务保障重点改革 …… 79

市直机关党建…… 79
概况 …… 79
机关党的政治和思想建设 …… 79
基层党组织建设 …… 80
庆祝中国共产党成立100周年系列活动 …… 80
中国共产党淮北市直属机关代表会议 …… 80
模范机关建设 …… 80
机关精神文明建设 …… 81
老干部工作…… 81
概况 …… 81
离退休干部党建工作 …… 81
老干部政治待遇落实 …… 81
老干部生活待遇落实 …… 81
老干部活动平台建设 …… 82
老干部优势发挥 …… 82
关心下一代工作 …… 82
文明创建…… 83
概况 …… 83
新时代文明实践中心建设 …… 83
未成年人思想道德建设 …… 83
群众性精神文明创建 …… 83
志愿服务 …… 84
农村精神文明建设 …… 84
目标管理与督查…… 84
制定年度目标任务 …… 84
督查工作 …… 84
网友留言督办 …… 85
议案建议提案落实与办理 …… 85
党校教育…… 85
概况 …… 85
科研咨政 …… 86
理论宣传 …… 86
党史　地方志 …… 86
概况 …… 86
党史编研 …… 86
志鉴编纂 …… 86
地情资源开发与利用 …… 87
史志资政研究 …… 87
史志宣传教育 …… 87
史志信息化建设 …… 88
档案工作…… 88
两类档案归集 …… 88
档案执法监督检查 …… 88
档案业务指导和宣传 …… 89
室藏档案移交接收 …… 89
档案安全防护 …… 89
档案征集编研 …… 89
档案利用 …… 89
档案馆展览 …… 90
档案信息化建设 …… 90
保密工作…… 90
概况 …… 90
保密宣传 …… 90
保密监管 …… 91
保密工作责任制建设 …… 91

淮北市人民代表大会

综　述 ……92
概况 …… 92
人大创新实践 …… 92
人大信息宣传 ……93
人大信访 …… 93
重要会议…… 93
市十六届人大第五次会议 …… 93
市十六届人大常委会会议 …… 93
专门委员会工作…… 95
法制委员会 …… 95
财政经济委员会 …… 95
监察和司法（民宗侨外）委员会 …… 96
人事代表选举委员会 …… 96
城乡建设环境与资源保护委员会 …… 97
教育科学文化卫生工作委员会 …… 97

农业与农村委员会 …… 98
社会建设委员会 …… 98
人大代表工作 …… 99
代表建议办理 …… 99
代表选举和变动情况 …… 99
代表重点议案、建议选介 …… 99

淮北市人民政府

综　述 …… 113
概况 …… 113
产业结构优化升级 …… 113
深化改革扩大开放 …… 114
城市品质不断提升 …… 114
绿色转型步伐加快 …… 114
乡村振兴全面推进 …… 115
重要会议 …… 115
市政府第五次全体会议 …… 115
市政府常务会议 …… 115
政府综合事务 …… 119
文稿服务 …… 119
政务公开 …… 119
简政放权优化营商环境 …… 119
政务信息 …… 119
“12345”政务服务便民热线 …… 119
便民热线受理与办理 …… 119
网络问政平台建设 …… 120
外事工作 …… 120
外事管理与服务 …… 120
对外友好交流 …… 120
对外经贸交流 …… 120
经济发展与研究工作 …… 120
调研工作 …… 120
文稿工作 …… 120
数字城市建设 …… 121
概况 …… 121
智慧城市建设 …… 121
互联网+政务服务 …… 121
政务云平台建设 …… 121
“皖事通”手机App建设和应用 …… 121
“安康码”应用便民工程 …… 121
数据应用 …… 122
政务服务管理 …… 122
概况 …… 122
行政审批 …… 122
优化服务环境 …… 122
规范监督和管理体系 …… 122
政务信息资源整合共享 …… 123
引导大数据产业发展 …… 123
机关事务管理 …… 123
公务用房管理 …… 123
公务活动保障 …… 124
公务用车管理 …… 124
信　访 …… 124
概况 …… 124
信访工作体制机制 …… 124
领导干部接访下访 …… 124
信访积案化解 …… 125
应急管理 …… 125
防灾减灾救灾 …… 125
应急救援队伍建设 …… 125
应急知识普法宣传 …… 125
招商引资 …… 125
概况 …… 125
推进民营经济高质量发展大会暨首批百个县干招商组授旗仪式 …… 126
招商活动 …… 126
精准招商 …… 126

中国人民政治协商会议淮北市委员会

综　述……127
　概况……127
　协商议政……127
　调研视察……127
　民主监督……128
　团结民主……128
　界别工作……128
　构建多层协商平台……128
　交流联谊……128
重要会议……128
　政协第十届淮北市委员会第四次会议……128
　政协常委会议……129
专门委员会工作……130
　提案委员会……130
　经济委员会……130
　农业和农村委员会……130
　人口资源环境委员会……130
　教科卫体委员会……130
　社会和法制委员会……130
　民族宗教和外事委员会……131
　文化文史和学习委员会……131
提案工作……131
　健全提案工作机制……131
　政协重点提案摘编……131

中共淮北市纪律检查委员会淮北市监察委员会

综　述……138
　概况……138
　纪检监察体制改革……138
　纪检监察队伍建设……139
重要会议……139
　纪委八届六次全会……139
　纪委八届七次全会……139
　纪检监察系统“锻造铁军六项行动”动员会……139
监督检查……140
　“两个责任”落实……140
　政治监督……140
　纪律监督检查……140
　巡察监督……140
党风政风建设……141
　作风建设……141
　整治不正之风……141
案件查处……141
　审查调查……141
　重要案件……141
廉政教育……142
　警示教育……142
　党风廉政宣传教育……142
巡察工作……142
　深化政治巡察……142
　巡察全覆盖……142
　巡察上下联动……142
　巡察成果运用……142
　巡察规范化建设……142

民主党派与工商联

中国国民党革命委员会淮北市委员会……143
　概况……143
　民革淮北市第六次代表大会……143
　民革思想建设……143
　民革组织建设……143
　民革参政议政……144
　民革社会服务……144

中国民主同盟淮北市委员会……144
概况……144
民盟淮北市第六次代表大会……144
民盟思想建设……145
民盟组织建设……145
民盟参政议政……145
民盟社会服务……145
中国民主建国会淮北市委员会……145
概况……145
民建淮北市第六次代表大会……146
民建思想建设……146
民建组织建设……146
民建参政议政……146
民建社会服务……147
中国民主促进会淮北市委员会……147
概况……147
民进淮北市第六次代表大会……147
民进思想建设……147
民进组织建设……148
民进参政议政……148
民进社会服务……148
中国农工民主党淮北市委员会……148
概况……148
农工党思想建设……148
农工党组织建设……149
农工党参政议政……149
农工党社会服务……149
中国致公党淮北市委员会……149
概况……149
致公党淮北市第四次代表大会……150
致公党思想建设……150
致公党组织建设……150
致公党参政议政……150
致公党社会服务……151
致公党对外联络……151
九三学社淮北市委员会……151
概况……151
九三学社思想建设……151
九三学社组织建设……152
九三学社参政议政……152
九三学社社会服务……152
淮北市工商业联合会（总商会）……152
概况……152
非公有制企业党建……152
民营企业排序……152
工商联参政议政……153
工商联“双招双引”……153
工商联服务经济……153

群众团体

淮北市总工会……154
概况……154
工会思想引领……154
工会组织建设……154
劳动竞赛活动……154
职工劳动保护……155
劳模服务……155
职工帮扶……155
职工维权服务……156
智慧工会建设……156
先进表彰大会……156
承办主题活动启动仪式……156
中国共产主义青年团淮北市委员会……157
概况……157
青少年思想引领……157
基层团组织建设……157
青年权益维护……158
青年创新创业服务……158
少先队工作……158
青年志愿者服务……158
淮北市青少年宫……158
淮北市妇女联合会……159

妇女思想引领 ……………………………… 159
巾帼建功行动 ……………………………… 159
妇女合法权益维护 ………………………… 160
家庭家风建设 ……………………………… 160
妇女儿童关爱活动 ………………………… 160
妇联基层组织建设 ………………………… 160
淮北市科学技术协会 ……………………… 161
概况 ………………………………………… 161
科普宣传 …………………………………… 161
青少年科技教育 …………………………… 161
学术交流活动 ……………………………… 162
科普阵地建设 ……………………………… 162
淮北市归国华侨联合会 …………………… 162
思想政治建设 ……………………………… 162
助力疫情防控 ……………………………… 162
服务地方经济发展 ………………………… 163
海外文化交流 ……………………………… 163
维护侨界权益 ……………………………… 163
淮北市文学艺术界联合会 ………………… 163
艺术创作成果 ……………………………… 163
文艺活动 …………………………………… 164
艺术交流 …………………………………… 164
中国国际贸易促进委员会淮北市委员会 ……… 165
服务企业 …………………………………… 165
商法服务 …………………………………… 165
对外经贸合作 ……………………………… 166
淮北市残疾人联合会 ……………………… 166
残疾人康复服务 …………………………… 166
残疾人教育资助 …………………………… 166
残疾人生活补助 …………………………… 166
残疾人就业扶持 …………………………… 166
残疾人文体活动 …………………………… 166
淮北市红十字会 …………………………… 167
红十字精神宣传 …………………………… 167
应急救援 …………………………………… 167
应急救护 …………………………………… 167
人道救助 …………………………………… 167
捐献工作 …………………………………… 167
淮北市计划生育协会 ……………………… 168
救助服务 …………………………………… 168
精准帮扶 …………………………………… 168
市县计生协会联动改革 …………………… 168

法　治

政法委与综治 ……………………………… 169
概况 ………………………………………… 169
平安淮北建设 ……………………………… 169
社会治理 …………………………………… 169
执法监督 …………………………………… 169
扫黑除恶专项斗争 ………………………… 170
政法队伍教育整顿总结大会 ……………… 170
政法队伍建设 ……………………………… 170
法治政府建设 ……………………………… 170
概况 ………………………………………… 170
全面依法治市工作 ………………………… 170
依法全面履行政府职能 …………………… 171
依法行政制度体系建设 …………………… 171
行政规范性文件合法性审查 ……………… 172
行政执法规范化建设 ……………………… 172
权力运行制约体系构建 …………………… 172
社会矛盾纠纷化解 ………………………… 172
公　安 ……………………………………… 173
概况 ………………………………………… 173
优化法治营商环境 ………………………… 173
维护稳定 …………………………………… 173
严厉惩治犯罪活动 ………………………… 173
刑事案件侦破 ……………………………… 173
经济案件侦破 ……………………………… 174
社会治安管理 ……………………………… 174
出入境管理 ………………………………… 174
监所管理 …………………………………… 174
交通秩序管理 ……………………………… 174

网络安全管理 ……175
政务公开与便民服务 ……175
智慧警务建设 ……175
检　察……176
概况 ……176
刑事检察 ……176
民事检察 ……176
行政检察 ……176
公益诉讼检察 ……177
民营经济司法保障 ……177
信访工作 ……177
检务公开与宣传……177
智慧检务 ……177
法　院……177
概况 ……177
刑事案件审判 ……178
民商事案件审判 ……178
行政案件审判 ……178
执行工作 ……178
诉讼服务 ……178
法院司法队伍整顿 ……179
司法行政……179
概况 ……179
法治宣传 ……179
法律服务 ……179
社区矫正 ……180
人民调解 ……180
仲裁 ……180

军　事

淮北军分区……181
思想政治建设 ……181
日常战备 ……181
后勤保障 ……181
征兵工作 ……181
国防教育 ……181
学生军训 ……182
军民共建 ……182
武警淮北支队……182
思想政治建设 ……182
拥政爱民 ……182
基层建设 ……182
后勤保障 ……182
人民防空……183
概况 ……183
人防基础建设 ……183
人防应急演练 ……183
人防宣传教育 ……183
退役军人事务……184
概况 ……184
服务保障 ……184
双拥工作 ……184
退役军人优抚优待 ……184
烈士褒扬 ……185
退役军人安置 ……185
退役军人就业创业 ……185

工　业

综　述……186
概况 ……186
工业强市建设 ……186
供给侧结构改革 ……186
“五群十链”产业体系 ……186
传统产业升级改造 ……186
民营经济发展 ……186
企业经营环境建设 ……187
工业化与信息化融合 ……187
高端装备制造产业……187
概况 ……187
企业家沙龙举办 ……187

安徽山河矿业装备股份有限公司 …………188
安徽省矿业机电装备有限责任公司 ………188
淮北市中芬矿山机器有限责任公司 ………188
煤化工产业……………………………………188
概况 ……………………………………………188
临涣焦化股份有限公司 ……………………188
濉溪县鸿源煤化有限公司 …………………188
安徽神源煤化工有限公司 …………………189
电子信息产业…………………………………189
概况 ……………………………………………189
金龙机电(淮北)有限公司 …………………189
安徽和晶智能科技有限公司 ………………189
生物制药………………………………………189
概况 ……………………………………………189
安徽华润金蟾药业股份有限公司 …………189
安徽英科医疗科技股份有限公司 …………190
安徽科宝生物工程有限公司 ………………190
食品工业………………………………………190
概况 ……………………………………………190
安徽口子酒业股份有限公司 ………………190
安徽曦强乳业集团有限公司 ………………190
思朗食品(淮北)有限公司 …………………190
淮北顺发食品有限公司 ……………………190
煤炭工业………………………………………191
概况 ……………………………………………191
深化改革 ………………………………………191
电力工业………………………………………192
电网建设 ………………………………………192
用电量 …………………………………………192
能源低碳转型 …………………………………192
电力服务 ………………………………………192
大唐淮北发电厂 ………………………………192
淮北旺能环保能源有限公司 ………………193
淮北国安电力有限公司 ……………………193
淮北申皖发电有限公司 ……………………193
化学工业………………………………………193
概况 ……………………………………………193
安徽中意胶带有限责任公司 ………………193
安徽金冠玻璃有限责任公司 ………………194
纺织服装业……………………………………194
概况 ……………………………………………194
华孚时尚股份有限公司 ……………………194
安徽福尔足袜业有限公司 …………………194
新型建材业……………………………………194
概况 ……………………………………………194
安徽康美绿筑新材料产业园有限公司 ……194
中煤远大淮北建筑产业化有限公司 ………195
淮北矿业(集团)有限责任公司 ……………195
概况 ……………………………………………195
生产经营 ………………………………………195
转型发展 ………………………………………195
安全生产 ………………………………………196
皖北煤电(集团)责任公司 …………………196
概况 ……………………………………………196
安全生产 ………………………………………196
中煤矿山建设集团有限责任公司……………197
概况 ……………………………………………197
生产经营 ………………………………………197
科技创新 ………………………………………197
深化改革 ………………………………………197
安全生产 ………………………………………197
安徽淮海实业发展集团有限公司……………197
概况 ……………………………………………197
转型发展 ………………………………………198
科技创新 ………………………………………198
深化改革 ………………………………………198
安全生产 ………………………………………198

农业与农村

综　述…………………………………………199
概况 ……………………………………………199
农业和农村改革 ………………………………199

农民收入水平持续提升 ……199
乡村振兴战略实施 ……199
农业产业化发展 ……200
农产品品牌战略实施 ……200
秸秆综合利用 ……200
农业重点项目建设 ……200
新型农业经营主体培育 ……200
农村集体产权制度改革 ……201
发展壮大村集体经济 ……201
美丽乡村建设 ……201
种植业……201
概况 ……201
高标准农田建设 ……201
优质专用小麦生产 ……201
蔬菜生产 ……201
农药监管 ……202
病虫害防治 ……202
畜禽业……202
概况 ……202
动物疫病防控 ……202
定点屠宰监管 ……202
水产业……202
概况 ……202
养殖技术应用 ……202
水产品质量监管 ……203
渔业安全生产 ……203
农业科技……203
农业科技培训 ……203
农业科技服务 ……203
农业机械……203
概况 ……203
农机购置补贴 ……204
机械化生产 ……204
农机安全生产 ……204
林　业……204
概况 ……204
林长制改革 ……204
全民义务植树活动 ……204
植树造林 ……205
山场森林多目标经营工程 ……205
三森创建 ……205
森林资源保护 ……205
自然保护地管理 ……205
林业产业化 ……205
乡村振兴……206
各级乡村振兴局组建 ……206
体制机制创新 ……206
健全防止返贫致贫动态监测和帮扶机制……206
巩固脱贫成果 ……206
脱贫攻坚成果与乡村振兴有效衔接 ……207

商贸服务业

综　述……208
概况 ……208
商务和物流业发展规划编制 ……208
商贸服务设施 ……208
特殊行业监管 ……209
消费市场……209
购物促销活动 ……209
夜间经济发展 ……209
假日经济 ……209
物流　拍卖……209
物流业 ……209
拍卖业……210
对外贸易……210
概况 ……210
进出口企业 ……210
贸促活动 ……210
电子商务……210
概况 ……210
电商培育 ……211
电商服务体系建设 ……211

电商产业园 ……………………………211
供销合作……………………………213
概况 ……………………………213
新网工程建设 ……………………………213
基层供销社建设 ……………………………213
盘活社有资产 ……………………………213
粮食流通……………………………214
概况 ……………………………214
粮食收购 ……………………………214
仓储建设 ……………………………214
粮油市场运行 ……………………………214
盐业专营……………………………214
盐品销售 ……………………………214
盐业市场监管 ……………………………214
石油专营……………………………215
石油营销 ……………………………215
站点建设 ……………………………215
加油站点安全管理 ……………………………215
烟草专卖……………………………215
卷烟营销 ……………………………215
市场监管 ……………………………216

开发园区

淮北高新技术产业开发区……………………………217
概况 ……………………………217
招商项目 ……………………………217
项目建设 ……………………………217
园区基础建设 ……………………………217
科技创新 ……………………………218
营商环境 ……………………………218
入区项目及企业选介 ……………………………218
濉溪经济开发区……………………………219
概况 ……………………………219
招商引资 ……………………………219
产业基地培育 ……………………………219
科技创新 ……………………………220
项目建设 ……………………………220
基层党建 ……………………………220
入区项目及企业简介 ……………………………221
安徽（淮北）新型煤化工合成材料基地 ……………………………221
概况 ……………………………221
项目建设 ……………………………221
科技创新 ……………………………222
园区发展 ……………………………222
投产项目企业选介 ……………………………222
濉溪芜湖现代产业园……………………………225
概况 ……………………………225
项目建设 ……………………………225
科技创新 ……………………………226
入园项目及企业选介 ……………………………226
相山经济开发区……………………………226
概况 ……………………………226
项目建设 ……………………………226
科技创新 ……………………………227
营商环境 ……………………………227
园区建设 ……………………………228
绿色食品发展 ……………………………228
杜集经济开发区……………………………228
概况 ……………………………228
园区建设 ……………………………228
招商引资 ……………………………228
项目建设 ……………………………228
转型发展 ……………………………228
园区共建 ……………………………228
营商环境 ……………………………229
入区项目及企业选介……………………………229
烈山经济开发区……………………………230
概况 ……………………………230
园区建设 ……………………………230
营商环境营造 ……………………………230
入区项目及企业选介……………………………230

城乡建设 水利

综　述……232
概况……232
城市建设管理……232
构筑多层次住房体系……232
深化住建领域审批改革……232
城乡建设规划……233
国土空间规划编制……233
土地征收成片开发方案编制……233
重点片区控规编制……233
规划管理和服务……233
市政建设……234
概况……234
市政道路维修与养护……234
桥梁建设与维修……234
城市照明……234
污水处理设施运行监管……234
公用事业……234
城市绿化……234
城市供水……235
城市供气……235
城市供电……235
城市管理……236
概况……236
市容秩序整治……236
依法行政管理……236
城市生活垃圾无害化处置……237
建筑垃圾资源化利用情况……237
农村生活垃圾治理……237
智慧城管平台建设……238
村镇建设……238
城镇建设指导……238
农村危房改造……238
房地产开发与管理……238
概况……238
房地产市场运行情况……238
房地产市场运行……239
保障房建设……240
房屋征收……240
老旧小区整治改造……240
房屋鉴定……241
房屋中介代理……241
物业管理……241
房产超市管理……241
房地产市场信息化管理……241
建筑业……242
概况……242
绿色建筑暨建筑节能……242
装配式建筑应用与生产……242
建设工程质量监督管理……242
建设工程安全监管……243
建筑市场监管……243
淮北矿业（集团）工程建设有限责任公司……243
城市建设投资与融资……243
概况……243
招商引资与融资……244
拓宽融资渠道……244
产业投资与发展……244
建投集团重点项目建设……245
美丽乡村建设成效……245
优化债务结构……245
盘活闲置资产……245
精细化管理……245
住房公积金管理……246
概况……246
住房公积金制度扩面管理……246
住房公积金发放使用……246
保障资金安全……246
水利水务……247
概况……247

水利工程建设 ……247
城乡供水一体化建设 ……247
河湖治理 ……247
水土保持 ……247
水资源管理 ……248
水资源开发利用 ……248
水政执法 ……248
防汛抗旱 ……248

生态建设与环境保护

综　述……249
概况 ……249
环境质量……249
大气环境质量 ……249
水环境质量 ……249
声环境质量 ……249
土壤环境质量 ……249
生态保护……250
河湖长制实施 ……250
水生态修复 ……250
自然保护地管理 ……250
采煤沉陷区综合治理 ……251
农村人居环境整治 ……251
污染防治……251
主要污染物减排 ……251
大气污染防治 ……251
水污染防治 ……252
农村面源污染防治 ……252
建设项目环境管理 ……252
建筑施工扬尘管理 ……252
交通噪声治理 ……253
医疗和工业危险废物处置 ……253
节能减排……253
概况 ……253
工业节能 ……253
交通节能 ……254
公共机构节能 ……254
节能管理 ……254
节能技能技术推广应用 ……255
环保监管……255
行政审批 ……255
大气环境监测 ……255
水质监测 ……255
环境监管与执法 ……255
环境污染事故处置 ……256
环境保护宣传 ……256
环保督察 ……256

交通　邮政　通信

交通综述……257
概况 ……257
交通基础设施建设 ……257
智慧交通建设 ……257
交通运输安全 ……258
交通行政执法 ……258
公　路……258
概况 ……258
公路路网建设 ……258
公路养护与管理 ……259
农村公路监管 ……259
公路运输安全监管 ……259
汽车维修行业管理 ……259
汽车驾驶员培训管理 ……260
铁　路……260
概况 ……260
运输经营 ……260
安全生产 ……260
基础设施建设 ……261
水　路……261
概况 ……261

沱浍河航道建设 ……262
港口航道管理 ……262
船舶管理 ……262
公共交通……262
出租车运营 ……262
城乡客运一体化建设 ……263
城市公共汽车运营管理 ……263
公共自行车运行 ……263
淮北市公共交通有限公司 ……263
邮　政……264
概况 ……264
快递网点网络建设 ……264
快递行业管理 ……264
快递行业安全监管 ……264
中国邮政集团有限公司淮北市分公司 ……265
中国邮政速递物流淮北市分公司 ……265
通信服务业……265
中国铁塔股份有限公司淮北市分公司 ……265
中国电信股份有限公司淮北分公司 ……266
中国移动安徽公司淮北分公司 ……266
中国联合网络通信有限公司淮北市分公司 ……267
中国广电安徽网络股份有限公司淮北市分公司 ……267

财政 税务

财　政……268
概况 ……268
财政管理改革 ……268
支持经济转型升级 ……268
保障重点项目建设 ……268
财政监督 ……268
税　务……269
概况 ……269
减税降费 ……269
税收征管 ……269
纳税服务 ……269
税务稽查 ……269
民生保障……270
概况 ……270
教育保障 ……270
支持社会保障和就业 ……270
支持实施乡村振兴战略 ……270

金　融

金融运行……271
概况 ……271
存款与贷款 ……271
货币政策落实 ……271
金融稳定措施 ……272
货币流通 ……272
外汇管理 ……272
支付结算管理 ……272
国库管理 ……272
反洗钱管理 ……272
金融风险防控 ……273
金融消费者权益保护 ……273
地方金融监管……273
概况 ……273
深化金融创新 ……273
融资规模 ……273
防范化解金融风险 ……273
银　行……274
中国农业发展银行淮北分行 ……274
中国工商银行股份有限公司淮北分行 ……275
中国银行股份有限公司淮北分行 ……275
中国建设银行股份有限公司淮北分行 ……276
中国农业银行股份有限公司淮北分行 ……277
交通银行股份有限公司淮北分行 ……277
招商银行股份有限公司淮北分行 ……278

徽商银行股份有限公司淮北分行 …………278

保　险……………………………………279

中国人民财产保险股份有限公司淮北市分公司 ……………………………………279

中国太平洋财产保险股份有限公司淮北中心支公司 ……………………………………279

中国平安财产保险股份有限公司淮北中心支公司 ……………………………………279

都邦财产保险股份有限公司淮北中心支公司 ……………………………………279

国元农业保险股份有限公司淮北中心支公司 ……………………………………280

中国人寿财产保险股份有限公司淮北市中心支公司 ……………………………………280

中国平安人寿保险股份有限公司淮北中心支公司 ……………………………………280

中国太平洋人寿保险股份有限公司淮北中心支公司 ……………………………………281

新华人寿保险股份有限公司淮北中心支公司 ……………………………………281

银行保险业监管……………………………282

概况 ……………………………………282

金融服务 ………………………………282

防范化解金融风险 ……………………283

支持地方经济发展 ……………………283

保护金融消费者 ………………………283

保险业执法检查 ………………………284

保险业风险防控 ………………………284

证　券……………………………………284

证券交易 ………………………………284

上市企业 ………………………………284

经济综合管理

发展和改革…………………………………286

概况 ……………………………………286

重点项目工程建设 ……………………287

重点项目谋划 …………………………287

信用城市建设 …………………………287

区域合作 ………………………………288

创新驱动 ………………………………288

国有企业改革和国资监管………………289

概况 ……………………………………289

资产统计 ………………………………290

推进国资国企改革 ……………………290

国有资本监管 …………………………290

审　计……………………………………290

概况 ……………………………………290

政策落实情况跟踪审计 ………………290

财政预算执行审计 ……………………290

政府投资建设项目审计 ………………290

经济责任审计 …………………………290

民生工程审计 …………………………291

内部审计 ………………………………291

审计质量管理 …………………………291

统计管理…………………………………291

统计监测服务 …………………………291

统计服务直通车 ………………………291

常规化统计调查 ………………………292

统计基层基础建设 ……………………292

统计法制建设 …………………………292

第七次全国人口普查 …………………292

价格监督管理……………………………293

价格和收费管理 ………………………293

价格监测调控 …………………………293

稳价保供 ………………………………293

价格认定 ………………………………293

公共资源交易监督管理…………………294

概况 ……………………………………294

公共资源交易监督体制改革 …………294

网上交易平台建设 ……………………294

公共资源交易主体监管 ………………294

市场监督管理……………………………294

概况 ……294
商事制度改革 ……295
安全监管 ……295
质量强市建设 ……295
市场秩序监督管理 ……296
消费者权益保护 ……296
知识产权……297
概况 ……297
知识产权创新和运用 ……297
知识产权公共服务 ……297
海　关……297
概况 ……297
打击走私综合治理 ……297
强化监管 ……297
落实贸易便利措施 ……297
安全生产监督管理……298
概况 ……298
隐患治理专项攻坚 ……298
重点行业安全监管 ……298
参与安全知识竞赛 ……298
煤矿安全生产监管……298
概况 ……298
安全生产监管 ……298
煤矿安全监察 ……299
瓦斯和水、火综合治理 ……299
精准监察 ……299
推行“互联网+监察” ……300
安全事故查处 ……300
自然资源管理……300
概况 ……300
规划编制 ……300
要素保障 ……301
耕地保护 ……301
矿业权管理 ……301
矿产资源保护监督 ……301
国土空间生态修复 ……301
地质勘察与灾害防治 ……302
建设用地报批 ……302
用地审批与服务 ……302
土地市场交易 ……302
采煤塌陷村庄搬迁 ……302
城市地价管理 ……302
不动产登记 ……303
测绘管理 ……303
自然资源执法 ……303
自然资源确权登记 ……303

教　育

综　述……304
概况 ……304
新时代教育评价改革 ……304
全面落实“双减”政策 ……304
中小学素质教育 ……305
教育资助 ……305
教育督导 ……306
平安校园建设 ……306
教育信息化建设 ……306
民办教育 ……307
学前教育……307
概况 ……307
学前教育普及普惠发展 ……307
淮北市市直机关第一幼儿园 ……307
义务教育……308
概况 ……308
义务教育均衡发展 ……308
义务教育学校标准化建设 ……308
教育资源合理配置 ……309
淮北市第一实验小学 ……309
淮北市第三实验小学 ……309
淮北市首府实验小学 ……309

淮北市濉溪路小学 ……310
淮北市黎苑小学 ……310
淮北市人民路学校 ……311
淮北市泉山路学校 ……311
淮北市梅苑学校 ……311
淮北市实验学校 ……311
淮北市第二中学 ……312
淮北市海宫学校 ……312
淮北市西园中学 ……312
普通高中教育……312
概况 ……312
教育教学改革 ……312
普通高中教育质量提升 ……312
淮北市第一中学 ……313
淮北市实验高级中学 ……313
淮北市第十二中学 ……313
淮北市第五中学 ……314
特殊教育……314
概况 ……314
校际交流活动 ……314
淮北市特殊教育学校 ……314
职业教育……314
概况 ……314
职业教育管理教学改革 ……315
教育质量提升 ……315
参加职业技能大赛 ……315
安徽淮北技师学院・淮北工业与艺术学校 ……315
淮北卫生学校 ……316
安徽矿业职业技术学院 ……316
高等教育……316
概况 ……316
淮北师范大学 ……316
淮北理工学院 ……318
淮北职业技术学院 ……318

科学技术

综　述……319
概况 ……319
科技政策支持 ……319
科技交流与合作 ……319
科技惠民服务 ……320
高新技术产业发展 ……320
科技资源……320
概况 ……320
安徽陶铝新材料研究院有限公司 ……320
安徽相邦复合材料有限公司 ……320
工程技术研究中心 ……321
科技活动……328
科技普及 ……328
科技咨询 ……328
科技服务 ……328
科技成果……329
科技项目和成果 ……329
科技成果转化 ……329
科技成果奖励 ……329
双创平台 ……330
源创客科技企业孵化器 ……331
气象观测与服务……331
概况 ……331
综合气象观测 ……331
气象科研 ……331
气象服务 ……331
农业农村气象服务 ……332
气象行政执法 ……332
气象科普宣传 ……332
防震减灾……332
地震观测站 ……332
地震监测预防 ……332

地震灾害防御……333
防震减灾宣传……333
地质勘探……334
地质勘查……334
地质服务……334

文化 旅游 体育 传媒

文化事业综述……335
文艺精品创作……335
文艺人才培养……335
文化惠民活动……335
全民阅读推广活动……335
群众文化艺术节……336
公共文化服务……336
基层文化阵地建设……336
文艺创作……336
戏曲创作……336
美术书法创作……337
文化产业……337
文化产业扶持……337
文旅融合发展……337
文化遗产保护……337
大运河文化带建设……337
文保单位维修管理……337
非遗项目传承与保护……338
考古发掘……338
文化设施……338
淮北市文化馆……338
淮北市图书馆……338
淮北市博物馆……339
淮北市矿山博物馆……339
文化市场管理……339
印刷出版市场监管……339
文化市场综合执法……339
版权保护……339
旅　游……339
概况……339
文明旅游宣传……340
旅游资源开发与保护……340
旅游发展规划编制……340
景区质量提升……340
旅行社管理……340
旅游市场整治……341
旅游安全管理……341
节庆旅游活动……341
旅游营销……341
体　育……342
竞技体育……342
群众体育……342
学校体育……342
体育产业扶持与发展……342
体校与训练基地建设……342
体育场所管理……343
公共体育场馆服务……343
传　媒……343
概况……343
媒体深度融合……343
主题主线宣传……344
疫情防控宣传……344
产业多元发展……344
扩大对外宣传……344
活动品牌创建……345

卫　生

综　述……346
医疗卫生事业发展……346
新冠肺炎疫情防控……346
智慧医疗建设……347
医养结合……347
医药卫生体制改革……347

公立医院改革 ……348
卫生人才队伍建设 ……348
基层卫生服务能力提升 ……348
职业卫生健康 ……349
卫生健康民生工程 ……349
公共卫生服务……349
公共卫生服务体系建设 ……349
家庭医生签约服务 ……349
传染病防控 ……350
妇幼保健……350
出生人口 ……350
托育服务 ……350
免疫规划 ……350
妇幼健康 ……350
卫生应急处置……350
突发公共卫生应急处置 ……350
应急能力建设 ……350
市紧急医疗救援（市120急救）中心建设 ……351
爱国卫生……351
省级卫生城市创建 ……351
医疗机构环境卫生整治 ……351
健康素养促进 ……352
城乡环境卫生整治 ……352
卫生监督……352
卫生监督综合执法 ……352
惩治非法行医 ……352
医疗行业监管 ……352
中医中药……353
中医药人才培养 ……353
中医医院建设 ……353
基层中医药服务能力建设 ……353
健康养老服务……353
基层老年协会规范化建设 ……353
健康产业发展 ……353
“敬老月”活动 ……354
示范性老年友好型社区创建 ……354
“智慧助老”进社区活动 ……354
医政管理……354
医疗质量管理 ……354
医疗秩序维护 ……355
血液安全与管理 ……355
医疗单位简介……355
淮北市人民医院 ……355
淮北矿工总医院 ……355
淮北市中医医院 ……356
淮北市妇幼保健计划生育服务中心 ……356
淮北市第四人民医院 ……357
相王医疗健康股份有限公司 ……357

社会民生

人力资源和社会保障……358
概况 ……358
人才高地建设 ……358
事业单位人事管理 ……358
工资福利管理 ……358
就业创业 ……358
劳动保障监察 ……359
人事劳动调解仲裁 ……359
养老保险 ……359
工伤保险 ……359
失业保险 ……359
社保基金管理 ……359
民政事务……359
基层自治组织建设 ……359
社会救助 ……360
特困人员供养 ……360
社会组织管理 ……360
多层次养老服务体系建设 ……361
婚姻登记 ……361
殡葬管理 ……362
困难残疾人生活和护理补贴 ……362
孤儿生活保障 ……362

福利彩票 ……362
地名服务管理 ……362
医疗保障……362
医疗保险 ……362
医保基金监管 ……362
药品和医疗服务价格管理 ……363
医保支付改革 ……363
医保经办服务 ……363
人民生活……363
城镇居民收入与消费 ……363
农村居民收入与消费 ……364
民族宗教事务……365
概况 ……365
民族团结进步工作 ……365
民族事务管理 ……365
宗教团体建设 ……366
宗教事务管理 ……366
消防救援……366
概况 ……366
消防训练 ……366
救援处置 ……366
火灾隐患治理 ……367
消防监管 ……367

县区概况

濉溪县……368
基本县情 ……368
农业 ……368
工业 ……368
固定资产投资 ……368
重点工程建设 ……369
镇村经济发展与环境建设 ……369
南部次中心建设 ……370
商贸服务 ……370
社会民生 ……370
濉溪县辖镇简介 ……370
相山区……374
基本区情 ……374
乡村振兴工作 ……374
重点项目建设 ……374
绿色食品产业 ……374
工业经济 ……375
创新驱动 ……375
商贸服务业 ……376
生态环境治理 ……376
社会救助 ……376
养老服务业 ……377
民生工程 ……377
相山区辖镇及街道简介 ……377
杜集区……380
基本区情 ……380
工业经济 ……380
现代农业 ……380
商贸服务业 ……380
项目建设 ……381
创新创业 ……381
生态环境治理 ……381
社会民生 ……381
杜集区辖镇及街道简介 ……381
烈山区……382
基本区情 ……382
项目建设 ……382
招商引资 ……383
农业生产 ……383
产业转型 ……383
科技创新 ……383
现代服务业 ……383
生态环境综合治理 ……383
城乡建设 ……383
乡村振兴 ……384
社会事业 ……384
烈山区辖镇及街道简介 ……384

人　物

中国工程院院士……386
全国五一劳动奖章获得者……386
安徽省劳动模范……386
安徽省先进工作者……387
入选“中国好人榜”的淮北人……387
入选“安徽好人榜”的淮北人……388

附　录

文献辑存……390
中共淮北市委关于制定国民经济和社会发展第十四个五年规划和二〇三五年远景目标的建议……390
淮北市人民政府关于加强行政立法工作的实施意见……405
统计资料……408
淮北市2021年国民经济和社会发展统计公报……408
淮海经济区核心区域城市简介……418
2021年淮北十大新闻事件……422

索　引

主题索引……425
表格索引……435

特 载

中共淮北市委工作报告

——在市委九届二次全会上的报告

（2022年1月4日）

市委书记 张 永

2021年是党和国家历史上具有里程碑意义的一年。一年来，我们坚持以习近平新时代中国特色社会主义思想为指导，全面贯彻党的十九大和十九届历次全会精神，深入贯彻习近平总书记对安徽作出的重要讲话指示批示，认真落实省第十一次党代会部署和省委书记郑栅洁在淮北调研时的讲话精神，加快推进更高质量转型发展，纵深推进全面从严治党，各项事业取得新的重大成就，"十四五"实现平稳开局。

第一，我们深入学习百年党史、隆重庆祝百年华诞，交出高质量的政治答卷

把党史学习教育作为贯穿全年的重大政治任务抓紧抓实抓好，深入学习贯彻习近平总书记"七一"重要讲话精神，举办"四个专题"学习和各类学习研讨班，依托红色文化资源开展主题教育活动2000多场次，开展基层宣讲1600余场，带动全市干部群众明理增信、崇德力行。举行庆祝中国共产党成立100周年系列活动，开展"红韵淮北"全媒体宣传和"永远跟党走"群众性主题活动，营造共庆百年华诞、共创历史伟业的浓厚氛围。严格落实意识形态工作责任制，确保大庆之年意识形态领域绝对安全。

第二，我们精心布局"五群十链"、大力推进"双招双引"，交出高质量的发展答卷

积极应对环境容量制约空前加剧、能源保供挤占能耗空间等复杂严峻形势，保持定力，顶住压力，远谋近施解难题，顶层设计增动能，全市经济社会发展总体平稳、稳中有进、稳中向好。深耕重点产业集群和产业链，立起现代产业体系"四梁八柱"，1—11月"五群""十链"产业对全市规上工业产值增长贡献率达52.8%、71%。组建102个县干招商组，集中精力抓招商、抓项目，光明乳业、国轩新能源等一批优质项目落户，1—11月新签约、新开工工业项目169个、106个，重点项目完成投资582亿元；不断优化人才政策，厚植"淮才必遇""淮才优遇"沃土，全市人才总量占比为15.3%，为更高质量转型发展提供了战略支撑。

第三，我们扎实办好为民实事、主动倾听解决诉求，交出高质量的民生答卷

深入践行以人民为中心的发展思想，以"我为群众办实事"实践活动为抓手，统筹推进民生工程和社会事业，全年民生投入占财政总支出的85%。由市级领导牵头推进50个“为民办实事”重点项目，解决问题1000余个；在全社会征集“为民办实事”项目建议500余条，常态化办好群众牵肠挂肚的民生大事和天天有感的关键小事。将信访工作成效纳入基层党建考核重要内容，建立并落实领导干部阅批群众来信、包案化解和接访下访等制度，推深做实治理重复信访、化解信访积案专项工作，做到接访不走过场、写信真管用。

一年来，市委常委会主要抓好以下九个方面工作。

第一，切实加强党的领导，“两个维护”坚定坚决

毫不动摇加强党的全面领导，认真履行把方向、管大局、作决策、保落实职责，确保充分发挥市委总揽全局、协调各方作用。一是加强政治建设。坚持用党的创新理论武装头脑，围绕党的十九届五中、六中全会精神和习近平总书记考察安徽重要讲话指示精神，扎实推进大学习、大宣讲、大调研、大培训、大落实，引领全市上下衷心拥护“两个确立”、忠诚践行“两个维护”。制定新一届市委班子加强政治建设的《意见》，健全贯彻党中央及省委重大决策部署督查问责机制，集中开展政治生态评估工作，规范化常态化开展党内政治监督谈话，推动党员干部不断提高政治判断力、政治领悟力、政治执行力。二是坚决贯彻中央及省委重大决策部署。成功召开市第九次党代会，提出“加快建设具有重要影响力的创新淮北、实力淮北、美丽淮北、幸福淮北、效能淮北”等目标，全面开启建设现代化美好淮北新征程。出台《关于深入学习贯彻省第十一次党代会精神忠诚尽职奋勇争先加快建设“五个淮北”的实施方案》，全面对标落实省委对淮北提出的新定位新要求，拉高标杆提出未来五年地区生产总值达到2000亿元的目标，以“五个淮北”助力“五大安徽”建设。扎实推进中央巡视整改，目前35个问题已完成31个，基本完成4个，移交的问题线索和信访件均已全部办结。三是大力推动社会主义民主政治建设。健全党的全面领导制度，定期听取市人大常委会、市政府、市政协、市法院、市检察院党组工作汇报。支持人大及其常委会依法行使职权，推深做实“2121”工程，不断发展全过程人民民主。支持人民政协发挥专门协商机构作用，“请你来协商”平台不断健全完善，有事多商量、好商量、会商量的政治优势进一步发挥。加快构建大统战工作格局，圆满完成5个民主党派和知联会换届，统一战线呈现开拓进取、团结和谐的良好局面。工会、共青团、妇联等群团组织作用进一步发挥，市总工会获“全国五一劳动奖状”。国防动员和后备力量建设持续加强，军政军民团结大好局面进一步巩固。

第二，拉高标杆抓创新，产业转型提质提效

立足产业基础和优势，以创新驱动的内涵型增长，为更高质量转型发展赋能提速。一是持续推动科技创新。加快市科创中心等创新平台建设，积极与中科大、安徽大学、安徽中医药大学等谋划共建研究院、实验室，陶铝研究院获批省技术创新中心，陶铝新材料应用研发项目入选合肥综合性国家科学中心项目库。1—11月产学研合作项目、登记科技成果分别增长66%、25%，技术合同吸纳额、输出额分别增长86%、230%。二是培育壮大新兴产业。加快推进“三重一创”，获省专项资金近7000万元。全市高新技术企业数达219家，较上年净增67家，增幅居全省第1位。战新产业保持领跑态势，连续11个月增速排名全省前三，预计两年平均增长35.3%，居全省前列，先进高分子结构材料基地、陶铝及铝基高端金属材料基地产值增速排名第4位、第20位。三是改造提升传统产业。开展存量企业新一轮技改行动，引导支持企业增强技术创新能力，1—11月实施工业转型升级和技改项目195个，38家企业通过国家两化融合管理体系认证，70余家机械制造、建材等领域企业完成技改升级。四是推进服务业创新发展。建成运营濉溪石板街、龙溪奥莱广场等特色街区和商贸中心，全市11家

省级服务业集聚区入驻企业925家，相山开发区获评省先进制造业与现代服务业融合试点。前三季度服务业增加值增长8.1%，占GDP比重52.1%，较2020年提升0.6个百分点。

第三，敢为人先促改革，动能活力激发进发

用足用好改革“关键一招”，一批重点领域和关键环节改革取得突破性进展。一是深化重点领域改革。32项国家级、41项省级改革试点有序推进，国企改革向纵深推进，组建市交通控股集团、市科技产业投资公司，“数字治超”经验获国务院肯定并在全国推广。淮北市“采煤沉陷区综合治理推动全面绿色转型”相关做法，入选2021年度地方全面深化改革典型案例。二是激发市场主体活力。出台支持民营经济高质量发展“三十条”，举办6期企业家沙龙，积极筹建企业服务中心，在全省率先开通7×24小时不打烊“随时办”服务，以“顶格战法”做优营商环境，全市市场主体达19.78万户，较上年增长12.4%，民营经济考核跃居全省第一方阵。三是健全高标准市场体系。推行“亩均论英雄”改革，深化要素市场化配置改革，全面实行开发区“标准地”制度，处置“僵尸企业”83家，盘活土地近6000亩。深化国家社会信用体系示范城市建设，综合信用指数居全国第16位、全省第1位。1—11月新增减税降费9.38亿元，累计降低企业用电成本1.86亿元。

第四，坚定不移扩开放，区域协作共进共赢

坚持以扩大开放塑造合作竞争新优势，着力拓展转型发展新空间。一是深化区域交流合作。积极推动政策对接、区块链接、产业承接，实现与长三角城市88个事项异地通办，上海光明乳业等65个沪苏浙项目在淮北布局落地。主动融入“一带一路”高质量发展，深化中部地区、淮海经济区协同发展，新增至上海、南京、江阴海铁联运班列，1—11月外贸进出口总额增速居全省第1位，预计全年增长70%以上。二是加快淮徐协同发展。先后两次组织市党政代表团赴徐州对接学习考察，成功签订战略合作框架协议，扎实推进结对合作帮扶共建，举办苏皖两省三地葡萄文化节、淮北徐州文旅推介会，建成“跨省通办、一次办成”政务服务新模式，高水平谋划建设段园省际毗邻地区新型功能区。三是提升园区承载能力。统筹推进产业赋能、园区赋权、部门赋责、企业赋力，深化园区体制机制改革，持续完善园区基础设施和公共服务配套，加快推进标准化厂房、邻里中心等建设。扎实推进跨区域园区合作建设，濉溪经开区纳入全省首批18个省际产业合作园区，连续3年跻身省开发区30强。

第五，全域统筹促一体，城乡融合有力有序

坚持协调发展理念，加快构建城乡一体、全域统筹的发展格局，城乡发展整体性协调性不断增强。一是持续优化人居环境。实施新一轮城乡人居环境整治行动，全年基本改造完成老旧小区77个，惠及居民2.45万户，新增、改造提升绿地140.9万平方米；扎实开展美丽乡村建设，农村生活垃圾无害化处理率稳定在98%以上，完成14297户改厕任务，累计建成美丽乡村中心村202个，占规划布点中心村的83.5%。二是完善提升基础设施。实施城市更新行动，雨污分流已完成约75%的总工程量，累计建成海绵城市约23.4平方公里，谋划推进饮用水源地和地表水厂建设，启动实施城市生命线安全工程。加快打通对内对外通道，人民西路、古城东路等建成通车，新增停车泊位28600多个，首批250台新能源公交车投入运营；加快建设淮—宿—蚌和淮—阜城际铁路、临涣船闸、孙疃码头，徐淮阜高速公路即将开工，淮北—商丘（永城北）铁路列入省“十四五”规划。三是扎实推进乡村振兴。持续推进巩固拓展脱贫攻坚成果同乡村振兴有效衔接，38373名脱贫人口全部纳入基本医保覆盖范围，农村危房改造实现动态清零。出台《推进农业高质高效发展的扶持政策》，市、县（区）两级每年安排不少于1亿元专项资金，小麦单产连续三年全省第一，粮食生产“十八连丰”，建成长三角绿色农产品生产加工供应基地8个，获中央种业发展专项奖励1.5亿元。

第六，减污降碳优生态，绿水青山宜居宜业

坚持生态优先绿色发展，推动减污降碳协同增效，天蓝地绿水清的生态环境更加优美。一是扎实推进污染防治。坚决抓好环保督察反馈问题整改，2021年中央环保督察交办信访件办结率达95%。扎实开展新一轮“三大一强”专项攻坚行动，空气质量改善幅度居全省第2位，城区8条黑臭水体治理“长制久清”，获批国家节水型城市，实行最严格水资源管理获省政府通报表扬，土壤安全总体良好。推深做实河（湖）长制、林长制，积极推行环境监督长制、田长制，生态环境质量持续提升。二是切实加强生态修复。统筹推进采煤沉陷区治理、采石宕口修复，绿金湖矿山地质环境治理项目入选中国生态修复典型案例，朔西湖、泉山采石宕口治理成效获省委、省政府充分肯定，全国资源型地区转型发展暨采煤沉陷区综合治理经验交流会在淮北市召开。三是推动绿色低碳发展。加快制定碳达峰行动方案，对重点用能企业实施在线监测、“一企一策”管理，完成全年能耗“双控”任务。加快发展新能源，濉溪县入选全国屋顶分布式光伏开发试点，全市可再生能源装机容量增长26.2%。力保能源安全，1—11月长协煤供应履约率102.3%，总发电量增长8.5%，其中外送电量近三分之二。

第七，将心比心惠民生，群众生活有得有感

坚持把共同富裕作为社会主义的本质要求，更好满足人民群众品质化多样化的生活需求。一是持续增加群众收入。强化公共就业创业服务，1—11月城镇新增就业38475人，登记失业率2.68%，预计居民人均可支配收入增长8%，达30377元，超过全省平均水平。持续健全改善城乡低收入群体等困难人员生活政策体系，连续3年提高企业退休人员基本养老金，城乡居民养老保险基础养老金、失业保险月人均待遇分别增长78.6%、22.7%。二是大力提升公共服务。教育发展改革不断深化，“双减”政策落地见效，中小学课后服务实现全覆盖，淮北理工学院当年建成、当年招生，淮北一中新校区基本建成。加快建设健康淮北，濉溪县入选全国基层卫生健康综合试验区，184个城市社区医疗卫生机构和村卫生室完成标准化建设，市中医院跻身全国百强。科学精准抓好常态化疫情防控，省下达疫苗接种目标完成率达98.43%，疫情防控成果持续巩固。健全完善基本养老服务网络，建成城乡养老服务中心186家。三是着力满足精神文化需求。积极争创全国文明典范城市，全年7位市民入选中国好人榜，累计达172位。持续实施文化惠民工程，全市公共文化场馆免费对外开放，开展送戏下乡、电影展映等活动3887场，镇（街道）、村（社区）综合文化服务中心覆盖率达98%。实施文化产业优化升级工程，朔西湖景区建成开放，南山村获评“全国乡村旅游重点村”，全市入选省级“512”旅游重点项目个数和投资总额均居全省前三位。

第八，全力以赴防风险，社会环境安定安宁

全面贯彻总体国家安全观，努力建设更高水平平安淮北、法治淮北。一是筑牢“防风险”堤坝。深入落实“1+9+N”防范化解重大风险方案体系，分领域进一步细化完善风险监测预警指标，全方位防控各领域重大风险。突出建党100周年大庆安保主线，认真落实国家安全工作机制，加强国家安全宣传教育，坚决维护国家政权安全、制度安全、意识形态安全。二是提升“保稳定”实效。一体推进法治淮北、法治政府、法治社会建设，出台2021—2025年《规划》和《实施方案》，印发“八五”普法《规划》，绘就法治建设蓝图。高质量开展政法队伍教育整顿，全面完成四级综治中心建设，积极争创“全国市域社会治理现代化试点合格城市”，常态化推进扫黑除恶斗争，全市累计打掉涉黑涉恶团伙113个，查封、扣押、冻结涉黑涉恶资产9.17亿元，各类违法犯罪案件发案率明显下降。三是巩固“护安全”成果。严格落实安全生产责任制，加强食品药品安全监管，综合减灾示范区创建工作居全国前列，获评全省“安全生产真抓实干成效明显激励市”。

第九，一以贯之抓党建，政治生态净化优化

从党的百年奋斗历史中汲取前进力量，弘扬伟大建党精神，纵深推进自我革命，以高质量党建引领高质量发展。一是选优建强干部队伍。圆满完成市、县（区）、镇党委换届，高质量完成村（社区）“两委”换届，稳步推进人大政府政协换届。创新推行年轻干部专题研修班、年轻干部预审等举措，全市“80后”县级干部增长90%，35岁以下正科级、30岁以下副科级干部增长49%。出台《淮北市事业单位引进急需紧缺人才暂行办法》《关于加快集聚产业人才推动“五群十链”产业高质量发展若干政策》，面向国内外知名高校招聘党政储备人才101名。二是不断夯实基层基础。持续建好“全国城市基层党建工作示范市”，全面落实街道管理体制改革、党群服务中心体系功能建设等重点任务，模范机关建设取得显著成效，园区、楼宇、商圈、行业协会等新兴领域党建高标准推进。推深做实农村基层党建“一抓双促”工程，创新推行支部领办合作社试点、党建引领信用村建设“125”工程等，选派第八批117名干部驻村助力乡村振兴，全市村（社区）干部基本薪酬提高30%以上。三是大力弘扬优良作风。大兴求真务实、真抓实干之风，谋划推行“赛马”机制，激励各级各部门进一步提高工作质量和效率。扎实开展新一轮深化“三个以案”警示教育，建立形式主义官僚主义问题整改“四清单”，系统排查、全面整改问题277个，完善各项制度153项。大力推进精文简会，1—11月全市文件、会议、考核数量分别减少30.1%、29.6%、6.7%。四是保持反腐高压态势。高起点启动九届市委巡察工作，八届市委巡察发现问题整改率和线索办结率分别达99.7%、99.3%。一体推进“三不”机制建设，大力惩治重点领域腐败问题，严肃查处群众身边不正之风和腐败问题，1—11月全市纪检监察机关立案599件，结案636件，处分626人，移送检察机关13人。

市委常委会高度重视自身建设，努力打造忠诚尽职、奋勇争先、能力过硬的市委班子，切实担负起全面开启建设现代化美好淮北新征程的职责使命。当好对党忠诚的表率。全年共召开市委全会、常委会会议和理论学习中心组学习会议86次，市委常委带头用习近平新时代中国特色社会主义思想武装头脑、凝神聚魂，始终在思想上政治上行动上同以习近平同志为核心的党中央保持高度一致。当好干事创业的表率。切实增强事不避难、义不逃责的使命感，强化“越不好干越要干好”的责任心，市委常委牵头推进“五群十链”产业发展，带头外出招商引资，包保推进重点项目建设，以务实进取的精神、担当作为的行动，把转型发展向更高质量推进。当好执政为民的表率。树牢公仆意识、践行群众路线，市委常委带头阅批群众来信、牵头推进“我为群众办实事”重点项目，用心用情用力解决好企业和群众的难事、难题、难点。当好清正廉洁的表率。始终保持“赶考”的清醒和对“围猎”的警觉，市委常委带头落实管党治党政治责任，严格履行“一岗双责”，自觉遵守廉洁从政各项规定，以强烈自我革命精神，带领全市党员干部共同维护好政治生态的绿水青山。

政府工作报告

——在淮北市第十七届人民代表大会第一次会议上的报告

（2022年1月11日）

市长 覃卫国

一、2021年和本届政府工作回顾

2021年是具有里程碑意义的一年，也是淮北发展进程中不平凡的一年。在庆祝中国共产党成立100周年的伟大时刻，我们满怀豪情踏上了向第二个百年奋斗目标进军的新征程。全市人民坚持以习近平新时代中国特色社会主义思想为指导，全面贯彻落实党的十九大和十九届历次全会精神，全面落实习近平总书记对安徽作出的重要讲话指示批示，在省委、省政府和市委的坚强领导下，以开局即决战、起步即冲刺的决心，顶住下行压力、克服转型阵痛，全力推动“十四五”开好局、起好步。全市生产总值再跨百亿台阶、突破1200亿元、增长3.2%，一般公共预算收入88.7亿元、增长10.8%，固定资产投资总额增长9%以上，社会消费品零售总额增长10%以上，外贸进出口总额17.5亿美元、增长70%以上，城镇和农村居民人均可支配收入分别增长8%、11.6%。

（一）转型发展迈出坚实步伐

坚持工业强市战略不动摇，构建“五群十链”现代产业体系，“五群”“十链”产业产值预计分别增长8%、12%。深入实施创新驱动战略，陶铝新材料入选合肥综合性国家科学中心项目库，智能化竖井钻井装备获省重大新兴产业专项，战新产业产值预计增长40%，稳居全省前列；新增产学研合作项目200项，登记科技成果425项，建成双创平台13个。新认定高新技术企业67家，同比增长44%，增幅居全省第一。实施工业转型升级和技改项目195个。累计组织10次重大项目集中开工，实施重点项目400个、完成投资630亿元。50万吨甲醇竣工投产，60万吨乙醇、宁亿泰、华润金蟾中药配方颗粒等项目加快建设。濉溪石板街、龙溪奥莱广场等特色街区、商业综合体建成运营。出台支持民营经济高质量发展“30条”，新增规上工业企业89家、国家级“小巨人”企业4家，省级“专精特新”企业达到109家。全面对接多层次资本市场，成功加入长三角资本市场服务基地联盟，新增42家企业在省股权托管交易中心挂牌。

（二）改革开放释放强大动能

深化“互联网+政务服务”，实现长三角41个城市、88个事项异地通办。归并14条政务服务热线，打造“12345政务服务总客服”；举办企业家沙龙6场，解决企业反映问题65个；在全省率先出台降低企业用电成本“10条”，节约企业用电成本1.86亿元；工业建设项目审批时限压缩至30个工作日以内，营商环境持续优化。推进“亩均论英雄”改革，出清“僵尸企业”83家、盘活低效闲置土地6059亩。“数字治超”模式获国务院肯定。深化国资国企改革，成立市交通控股集团、市科技产业投资公司，助力科技创新和实体经济发展。加大“双招双引”力度，组建102个县干招商组，聚焦长三角、珠三角等地区开展精准招商，光明乳业、国轩新能源、海石花高端环保新材料、诺讯智能

制造等一批大项目成功落地，全年新签约工业项目220个，协议总投资402亿元。全面融入长三角一体化发展，与徐州市签订战略合作框架协议，高水平谋划建设段园省际毗邻地区新型功能区。濉溪开发区列入皖北承接产业转移集聚区“6+2”试验区。开通淮北至上海港、南京港、江阴港海铁联运班线，进出口总额增速居全省第一。实际利用外资3.5亿美元、增长10%，增幅居全省前列。

（三）城乡建设谱写崭新篇章

淮—宿—蚌和淮—阜城际铁路、淮徐快速通道、临涣船闸、孙疃码头加快建设。徐淮阜高速公路即将开工。淮北—商丘高铁联络线纳入省“十四五”规划。系统论证，科学选址，加快城乡饮用水源地及地表水厂项目进度。加速城市更新行动，实施77个老旧小区改造，建成3918套棚户区改造住房，实现既有住宅加装电梯“零的突破”。启动城市生命线安全工程建设，完成建成区内燃气、桥梁、供水、排水项目风险评估。加快实施城市基础设施补短板工程，新投运新能源公交车250台，新增停车泊位28634个，改造提升城市绿地140.9万平方米。加快推进城乡融合发展，淮北市全域列入省试验区范围。深化农村“三大革命”“三大行动”，完成农村改厕14297户，农村生活垃圾无害化处理率稳定在98%以上，农村危房改造实现动态清零。加快推动农业现代化，建设高标准农田22.5万亩，粮食生产实现“十八连丰”，获中央种业发展专项奖励1.5亿元，50万元以上集体经济强村达65个。杜集区南山村获评中国美丽休闲乡村、全国乡村旅游重点村。

（四）生态治理取得显著成效

创新运用市场化方式推进采煤沉陷区、采石宕口生态修复，成功举办全国资源型地区转型发展暨采煤沉陷区综合治理经验交流现场会，绿金湖矿山地质环境生态修复项目入选中国生态修复典型案例，采煤沉陷区生态综合治理工程荣获中国建设工程“鲁班奖”。开展生活垃圾分类示范片区建设，建成垃圾投放收集点161个，东湖存量垃圾治理成为全国环卫行业示范。在全省率先推行生态环境保护专项监督长制，全力推进中央及省环保督察反馈问题、长江经济带生态环境突出问题整改，全市$PM_{2.5}$平均浓度下降15.8%、优良天数比例达78.4%，改善幅度均居全省第二。推深做实林长制、河（湖）长制，完成营造林3.3万亩，相阳沟等8条水体通过住建部“长制久清”审核，实行最严格水资源管理制度获省政府通报表扬，成功获批国家节水型城市。强化能耗“双控”，22家重点用能企业实现能耗在线监测。全力保障能源安全，长协煤供应量2065万吨，总发电量225.3亿千瓦时、增长9.5%，外送电量占64.7%。实施可再生能源替代行动，全市可再生能源装机容量增长26.2%，濉溪县屋顶分布式光伏开发列入全国试点。

（五）社会事业实现长足进步

坚持常态化疫情防控不松懈，累计完成新冠病毒疫苗接种372万剂次，全程接种率达98.1%，防输入防风险成果持续巩固。常态化开展“2+N”（“2”是指“周三就业招聘”“周六人才对接”2大主题招聘活动，“N”，是指针对特殊群体和地方特色组织开展的N项招聘活动）就业招聘活动，城镇新增就业3.8万人。新建、改扩建幼儿园10所，新投用中小学校7所，新增义务教育学位15230个。市一中新校区完成建设，淮北卫校新校区投入使用。淮北理工学院当年建成、当年招生。精准落实“双减”政策，中小学课后服务实现全覆盖。市中医院跻身全国百强，濉溪县入选全省唯一的全国基层卫生健康综合试验区。推进智慧医保建设，异地门诊费用直接结算覆盖沪苏浙地级市。关心关爱“一老一小”，推进特困人员供养服务设施改造提升，新建5家嵌入式养老服务示范机构、11家养老服务示范中心；累计建成普惠性托育机构41家，普惠性占比达95%。巩固拓展脱贫攻坚成果同乡村振兴有效衔接，投入1.2亿元实施农业特色产业项目46个，培育新型经营主体187家，脱贫基础更加稳固、成效更可持续。深入开展“1+11+N”安全生产专项整治，综合减灾示范社区创建工作居全国前列。丰富市民“文化菜单”，成功举办“庆祝建党100周年”系列群众文化活动和市第十一届运动会。

落实领导干部接访下访和阅批群众来信制度，推广“一杯茶调解法”，有效化解基层矛盾纠纷。常态化机制化推进扫黑除恶斗争，打击电信网络诈骗等新型犯罪，群众安全感持续增强。国防动员和后备力量建设稳步推进，退役军人服务保障有力。妇女儿童、残疾人、慈善、红十字等事业实现新发展，民族宗教、外事、侨务、地方志、档案、公积金、供销、科协、机关事务管理等工作取得新成绩。

（六）政府自身建设全面加强

坚持用习近平新时代中国特色社会主义思想武装头脑、指导实践、推动工作，扎实开展党史学习教育，深入推进“我为群众办实事”实践活动，征集“为民办实事”项目建议500余条。坚持把学习习近平总书记重要指示批示精神作为政府常务会议第一议题和首要内容，不断提高政治判断力、政治领悟力、政治执行力。坚持依法行政，《淮北市建筑装饰装修管理条例》《淮北市非机动车管理条例》正式出台，《淮北市优化营商环境条例》《淮北市居家养老服务条例》进入立法程序，行政机构负责人出庭应诉率达到100%。自觉接受人大监督、政协民主监督和社会各方面监督，办理市人大代表议案、建议200件，市政协提案192件。深化政府系统党风廉政建设，深入推进中央及省委市委巡视巡察反馈问题整改，抓好新一轮深化“三个以案”警示教育，规范开展党内政治监督谈话，从严整治群众身边的“微腐败”、制约发展的“中梗阻”。严格目标管理，发挥政府督查、审计监督、统计监督作用，全面推行“月督导”工作机制，力戒形式主义、官僚主义，推动工作落细落地落实。

过去一年，我们直面新冠疫情、经济下行等巨大挑战，统筹处理能耗“双控”与煤电保供的关系，以环保督察整改倒逼经济社会全面绿色转型，在“难”的环境下迎难而上、破难前行，较好完成各项目标任务，交出了高质量的政治答卷、发展答卷、民生答卷，为本届政府工作画上圆满句号。

本届政府以来的四年，淮北发展极不寻常、极为不易，全市人民期盼已久的文明创城梦、高铁开通梦、跨湖发展梦、淮水北调梦、煤化工振兴梦、棚改安居梦“六大梦想”相继实现、持续升级。人民生活实现了由总体小康向全面小康的历史性转变，产业结构实现了由“二三一”向“三二一”的历史性转变，城市形象实现了由黑灰煤城向生态美城的历史性转变，为开启建设现代化美好淮北新征程奠定了坚实基础。

四年拼搏实干，我们抓转型、调结构，综合实力稳步提升。坚持发展第一要务，全力以赴扩总量、优存量、提质量。全市生产总值连续跨越三个百亿元台阶、突破千亿元关口，预计人均生产总值达6万元左右。财政综合实力逐步增强，收入质量稳步提升。陶铝新材料创新成果获习近平总书记充分肯定。成功获批2个省级重大战新产业基地，战新产业占比提高12.4个百分点，高新技术企业数量增长2.3倍。淮北市转型经验做法获国务院办公厅通报表扬。

四年拼搏实干，我们抓改革、强动能，发展活力不断增强。坚持把改革创新放在更加突出的位置，以更强决心、更大力度抓落实，不断增强发展新动能。“放管服”改革深入推进，商事制度、区域评估等改革成效明显，“房企破产和解淮北模式”“采煤沉陷区综合治理”等改革享誉全国。全力为各类市场主体减负赋能，累计新增减税降费60.3亿元。抢抓长三角一体化发展机遇，大力抓招商、引项目，高标准建设产业合作园区，累计引进亿元以上项目520个、到位资金523亿元。

四年拼搏实干，我们抓统筹、促融合，城乡面貌日新月异。坚持全域统筹、组团发展、有机融合，拉开城市框架、优化空间布局，东部新城趋于完善，中心湖带蓄势待发，城乡发展协同并进。城市建成区面积扩展至96.5平方公里，常住人口城镇化率达64.16%，居全省第五、皖北第一。新增一级公路57公里，打通13条城区道路，形成100公里大外环。新建扩建公园10座，新增绿地406万平方米。市城市展示馆及历史档案馆建成使用，万达、吾悦广场开业运营，隋唐运河古镇获评长三角夜间文化和消费样板街区。建成省级美丽乡村中心村64个，农村基础设施显著改善，人居环境整治取得重要成果。

四年拼搏实干，我们抓治理、创品牌，生态环境持续向好。统筹推进山水林田湖草沙系统治理，坚决打好污染防治攻坚战，以强有力的制度约束和创新举措推动生态文明建设。“十三五”能耗“双控”目标全面完成。蓝天碧水净土保卫战有力推进，$PM_{2.5}$平均浓度下降35.8%，优良天数比例提高25.8个百分点。全面实施城区雨污分流工程，改造污水管网38.5公里，建成小区排水管道276.3公里，完成雨污分流75%的工程量。累计建成海绵城市23.4平方公里。饮用水源地水质100%达标。大力推进国土空间绿化，成功创建7个省级森林城镇、77个省级森林村庄，先后获评中华环境优秀奖、国家森林城市。

四年拼搏实干，我们抓民生、优品质，群众福祉显著提高。聚焦服务功能提优、生活品质提升，全力打造更有温度、更具质感的幸福民生。决战决胜脱贫攻坚，现行标准下农村贫困人口全部脱贫，贫困村全部出列。坚决打赢新冠疫情防控阻击战，保障人民群众生命健康安全。城镇登记失业率始终控制在2.8%以内。直面矛盾解决房地产历史遗留“难办证”问题，累计完成188个项目、119343套房屋不动产登记工作。

四年风雨兼程，我们深刻体会到：无论形势多么复杂，挑战多么严峻，任务多么艰巨，坚持党的全面领导是政府工作的坚强保证，转型发展是政府工作的永恒主题，改革创新是政府工作的不竭动力，人民至上是政府工作的价值取向，担当实干是政府工作的根本前提。

四年铿锵奋进，所取得的成绩，是习近平新时代中国特色社会主义思想科学指引的结果，是省委、省政府坚强领导、关心支持的结果，是市委总揽全局、科学决策的结果，是市人大、市政协有效监督、鼎力帮助的结果，是历届政府勇挑重担、接力奋斗的结果，更是全市人民开拓进取、顽强拼搏的结果！

在此，我代表市人民政府，向在各个岗位上辛勤工作的全市人民，向给予政府工作大力支持的人大代表、政协委员，向各民主党派、工商联和无党派人士、各人民团体，向中央和省驻淮单位以及人民解放军、武警官兵、政法公安干警、消防救援人员，向所有关心、支持淮北改革发展事业的各界人士，致以崇高的敬意和衷心的感谢！

我们也清醒地认识到，转型发展道路上仍面临不少问题和挑战，主要是：综合实力不强，经济总量不大，产业结构不优，战新产业规模偏小，传统产业占比较高，做优存量、做大总量仍需奋进；重大项目支撑不足，龙头企业数量不多，产业链条不长、不全，园区亩均产出较低，发展后劲仍需增强；城市能级不高，“四化同步”推进不协调，产城融合互动不够，对人才、科技、资本等吸引力不强，转型发展仍需加力；生态环境容量不足，煤电行业能耗占比较高，新能源开发利用水平不高，能源结构急需优化；公共服务配套不完善，优质教育、医疗资源供给不足，就业、养老、住房等方面存在一些短板，满足人民对美好生活向往仍需努力；少数干部工作标准不高、视野不宽，进取意识不强，缺乏干事创业激情。有的担当精神不够，专业能力不强，抓落实不力，把说的当做了、把做了当做成了的情况仍然存在，政务效能仍需提升。我们将坚持目标导向、问题导向、结果导向，采取有效措施，切实加以解决。

二、加快建设具有重要影响力的“五个淮北”

今后五年，是淮北补齐短板、爬坡过坎的承压前行期，是阶梯递进、厚积薄发的积势蓄能期，是抢占赛道、提升能级的战略机遇期。多重国家战略的叠加交汇，沪苏浙城市结对合作帮扶，为我们发挥区位优势、汇聚要素资源，带来了前所未有的历史机遇；省第十一次党代会提出以“四化同步”发展推动皖北振兴，确立淮北市建设“绿色转型发展示范城市、国家重要新型综合能源基地”的城市定位，进一步确立了淮北在全省乃至全国发展大局中的战略地位，为我们拓展战略空间、培育竞争优势规划了最优路径。特别是，市第九次党代会为淮北未来五年发展擘画了宏伟蓝图，为做好政府工作指明了方向、提供了遵循。我们必须抢抓机遇、主动作为，以“慢进是退、不进更是退”的紧迫感，只争朝夕、日夜兼程，努力干出时代风采、拼出美好未来！

今后五年政府工作的总体思路是：坚持以习近平新时代中国特色社会主义思想为指导，全面贯彻落实党的十九大和十九届历次全会精神，全面落实习近平总书记对安徽作出的重要讲话指示批示，按照市第九次党代会部署，弘扬伟大建党精神，坚持稳中求进工作总基调，完整、准确、全面贯彻新发展理念，服务和融入新发展格局，全面深化改革开放，坚持创新驱动发展，推动更高质量转型发展，坚持以供给侧结构性改革为主线，统筹发展和安全，以满足人民日益增长的美好生活需要为根本目的，以“四化同步”为路径选择，加快建设具有重要影响力的“五个淮北”。

今后五年，围绕市委确定的总体目标，紧盯“五项重点任务”，做好“五项重大工作”，以“26项工程”为抓手，全力推动经济总量争先进位，全市生产总值实现2000亿元。其中，一产增加值突破100亿元；工业增加值突破800亿元，建筑业增加值突破80亿元；服务业增加值突破1000亿元。生产总值增速明显高于全省平均水平，人均生产总值力争进入全省第一方阵。城市建成区面积与城市能级相匹配，常住人口城镇化率保持全省前列，在皖北地区全面振兴中展现更大作为。

（一）聚力建设创新淮北，推动改革创新向更深层次突破

创新型城市建设步伐加快，培育形成具有较强竞争力的创新型企业集群，企业创新主体作用充分发挥，实施重大科技攻关项目100项以上，全社会研发经费投入年均增长10%，高新技术产业增加值年均增幅达到15%以上。发挥数字技术对经济发展的放大、叠加、倍增作用，数字经济核心产业增加值占生产总值比重明显上升。高质量完成一批国家和省级改革试点任务，形成更多可复制可推广的“淮北经验”。

（二）聚力建设实力淮北，推动城市能级向更高台阶跃升

实施战新产业三年倍增工程，创建1—2个国家级战新产业集群，战新产业产值年均增长26%以上。实施“五群十链”强链补链工程，每个产业链每年至少引进1个10亿元以上头部企业，产业规模达到3000亿元，培育先进高分子结构材料和精细化工、陶铝和铝基高端金属材料2个千亿产业集群，制造业增加值占生产总值比重达到25%以上。实施百亿企业培育工程，新增百亿规模企业10家左右。实施千亿园区培育工程，全力打造2个千亿园区，创建国家级高新区、经开区。坚持投资和消费双向发力，固定资产投资总额年均增长10%，社会消费品零售总额年均增长9%。支持更多优质企业加快上市步伐，实现上市公司数量翻番，力争达到10家。更高水平开放型经济加快发展，外贸进出口总额年均增长10%以上，大幅提高经济外向度水平。

（三）聚力建设美丽淮北，推动绿色转型向更可持续发展

以美丽淮北建设为总抓手，坚定不移走生态优先、绿色发展之路。完善国土空间开发保护格

局，加速调整产业结构、能源结构，推进人口资源环境协调发展，单位GDP能耗和二氧化碳排放降幅、城市空气质量优良天数比例、国考断面优良水体比例完成省下达指标。将碳达峰、碳中和纳入生态文明建设整体布局，奋力在绿色转型发展中站排头、争一流、做示范，建设绿色转型发展示范城市。

（四）聚力建设幸福淮北，推动民生福祉向更优品质提升

全力打造宜居宜业宜学宜游宜养“五宜”之城，城市功能品质持续提升，基本公共服务更加优质均衡。城镇新增就业16万人，居民收入增速与经济增速同步。教育改革发展成果更公平地惠及人民群众，劳动年龄人口平均受教育年限显著提高。构建优质高效的医疗卫生服务体系，医疗机构床位数、执业（助理）医师数等指标显著提高。加快实施重点文旅项目，建设区域性、复合型旅游目的地。持续推动老年友好型社会建设，不断提升老年人生活品质。中等收入群体比例达40%，城乡居民收入倍差缩小至2.2以下，共同富裕取得更为明显的实质性进展。

（五）聚力建设效能淮北，推动治理能力向更高水平迈进

民主法治更加健全，法治淮北、法治政府、法治社会建设取得积极进展，营商环境持续优化。干事创业热情充分激发，工作作风更加务实高效，政府公信力、执行力不断增强。城市治理科学化、精细化、智慧化水平大幅提升，突发公共事件应急能力、防灾减灾救灾能力显著增强，能源安全、粮食安全保障能力有效提升。平安淮北建设不断深化，群众安全感满意度全省领先，共建共治共享的社会治理格局基本形成。

“五个淮北”蓝图美好，转型发展任重道远。我们必须知责于心、担责于身、履责于行，重任面前敢想敢干、机遇面前敢拼敢抢，努力创造不负历史、不负时代、不负人民的新业绩！

三、2022年主要工作

2022年是党的二十大召开之年，是全面落实省市党代会精神、加快建设具有重要影响力的“五个淮北”的重要一年，也是新一届政府的开局之年。做好今年工作，必须坚持以习近平新时代中国特色社会主义思想为指导，全面贯彻落实党的十九大和十九届历次全会精神，落实好中央经济工作会议、省委经济工作会议和市委九届二次全会部署，统筹疫情防控和经济社会发展，继续做好“六稳”“六保”工作，以优异成绩迎接党的二十大胜利召开。

主要预期目标是：全市生产总值增长8%以上，一般公共预算收入增长7%，固定资产投资总额增长10%以上，社会消费品零售总额增长9%，外贸进出口总额增长10%，规上工业增加值增长8.5%，城镇和农村居民人均可支配收入分别增长8%和10%，城镇登记失业率控制在4.5%以内，能耗及生态环境质量指标完成省下达目标任务。

各位代表，没有等出来的精彩，只有干出来的辉煌。尽管面临需求收缩、供给冲击、预期转弱的三重压力，实现目标任务艰巨。但是，我国经济韧性强，长期向好的基本面不会改变，支持高质量发展的资源要素条件没有改变。省委、省政府启动实施三次产业高质量协同发展行动计划，给我们带来了重大政策利好。同时，在构建新发展格局的大背景下，淮北得天独厚的“八大优势”，十分有利于我们推进“双招双引”、布局新兴产业、建设重大项目、拓展发展空间，推动更高质量转型发展，加快实现城市能级之变。通过纵向分析、横向比较，综合考量、科学测算，完成上述目标我们有信心、有决心、有底气！

今年将重点做好六个方面工作：

（一）坚持以工业强市为基石，构筑产业升级新优势

全力推动二产“提质扩量增效”，开展科技创新能力提升、传统产业改造升级、新兴产业培育壮大、开发区提档升级、工业项目攻坚突破“五大具体行动”，全面提升产业基础高级化和产业链现代化水平。

开展科技创新能力提升行动。加快融入长三角科技创新

一体化，深化与中国科学院、中国科学技术大学、上海交通大学等大院大所、知名高校的战略合作。紧密对接合肥综合性国家科学中心、安徽科技大市场，加强知识产权保护，完善科技创新成果落地转化机制。实施产学研协同创新工程，完成产学研合作项目220个、省市科技重大专项30项以上。布局建设省级制造业创新中心，高标准建成投用市科创中心，组建新能源、生物医药、先进高分子材料等新型研发平台，扶持陶铝新材料研究院、中科（淮北）产业技术研究院做优做强，全社会研发经费投入增长10%。深入实施高新技术企业三年倍增行动，年内新增高新技术企业40家以上。借鉴“科创飞地”成功经验，探索研发孵化在外地、产业化在本地的协同创新模式。

开展传统产业改造升级行动。加快推动煤电、机械制造、纺织、食品、建材等传统产业进行“零增地”技改，推广应用工业机器人、新型智能设备100台套以上，实施产业升级和技改重点项目140个，确保工业投资、技改投资均增长10%。实施优质企业引育工程，大力引进产业链头部企业，扶优扶强制造业成长型企业，争创一批单项冠军、专精特新“小巨人”企业，新增规上工业企业100家。实施“增品种、提品质、创品牌”战略，新增“安徽工业精品”5个、新产品10个。实施质量提升工程，推进质量强市建设，加快国家铝基材料及制品质检中心批筹工作，支持杜集区、烈山区创建省质量强区。支持濉溪县全力打造工业强县，加速提升县域经济实力。

开展新兴产业培育壮大行动。推动“五群十链”产业加快发展、加速壮大，打造龙头牵引、配套协同、集群发展的产业梯队，全年“五群”“十链”产业产值分别增长18%、22%，战新产业产值增长20%以上。深化“三重一创”建设，加速陶铝新材料产业化、市场化推广应用，推动新型煤化工向下游拓展延伸，向高端化、多元化、低碳化发展。培育壮大绿色食品、医药健康等新兴产业。加强节能环保技术研发应用，做优做强新型绿色建材产业。延伸锂电池产业链条，加速向锂电池原材料、锂电池应用领域拓展。实施数字赋能工程，深耕新一代信息技术产业，大力推进产业数字化、数字产业化，壮大数字经济规模，推动新型工业化和信息化深度融合。培育企业级工业互联网平台5家，打造“5G+工业互联网”应用案例5个。建成省级智能工厂、数字化车间4个，培育“淮企登云”企业100家。

开展开发区提档升级行动。深化“亩均论英雄”改革，实行资源要素差别化、市场化配置，提升亩均税收、亩均营业收入、亩均技术改造投资、单位能耗营业收入、全员劳动生产率等关键指标。发挥土地容积率指标倒逼作用，扩大“标准地”供地比例，提升标准化厂房利用率，清理盘活闲置低效用地5000亩以上，促进开发区由规模扩张型向质量效益型提升。深化开发区体制机制改革，出台促进开发区高质量发展政策措施，加大向开发区赋权力度，加快建立更加精简高效的管理体制和运营机制，有效激发开发区发展活力，强化开发区经济发展的主阵地、主战场、主引擎作用。坚持以产兴城、以城促产、产城融合，完善邻里中心、公共交通、教育医疗、科技金融、商贸物流等功能配套，推动产业园区向产业社区升级。

开展工业项目攻坚突破行动。以项目建设进度为导向，对标落实国家发改委“24条”，加快腾出用能空间和环境容量，强化土地、用工、技术、资金保障，用最快的速度让最好的项目获得最优的资源要素。深化“四督四保”“四个一”机制，推动60万吨乙醇、创新琥珀酸、中基电池箔、翌光科技、雨佳木业、和晶科技等重大项目建设提速增效。建立和完善工业项目库，实行动态管理、梯次推进，储备超5000万元以上工业项目100个。深化与在淮省属企业战略性、系统性合作，加速布局一批牵动力强、影响力大的合作项目，实现互利共赢、共同发展。

工业是淮北与生俱来的城市基因，淮北转型发展的潜力在工业、关键在工业、希望在工业，我们必须坚定信心、全面发力，加快打造具有核心竞争力的现代产业体系！

（二）坚持以改革开放为动力，锻造奋勇争先新引擎

强力推进“双招双引”。重点瞄准世界500强和国内500强企业、跨国公司、大型央企、实力民企，精准对接省十大新兴产业布局，围绕“五群十链”主导产业，完善产业招商地图，发起更高质量招商引资新攻势，年内新签约、新开工、新竣工工业项目分别达到270、200和150个。建立“双招双引”工作平台，健全项目推送、衔接、落地、考核机制，构建项目准入、谈判签约、开工建设、达产入统全生命周期服务模式。发挥“群长”“链长”、产业招商专班和县干招商组作用，强化市县（区）两级联动，支持头部企业发起成立产业联盟、行业商（协）会，推进以商招商、商（协）会招商、基金招商，定期举办招商推介会，全年引进“五群十链”亿元以上工业项目120个以上，利用省外资金增长10%以上。完善人才政策体系，深入落实新时代“相城英才计划”，实施“归雁行动”“校友工程”“智汇淮北招才引智高校行”活动，加速紧缺人才、产业人才集聚，培厚“淮才必遇、淮才优遇”沃土，打通人才政策落地“最后一公里”。深化与淮北师范大学战略合作，推动淮北理工学院建设一流应用技术型本科高校、淮北职业技术学院建设地方技能型高水平大学，提升各类人才与城市发展、产业升级的匹配度，让更多人才选择淮北、扎根淮北、圆梦淮北。

全面扩大开放合作。抢抓长三角一体化、中部地区高质量发展重大历史机遇，加强与淮海经济区、淮河生态经济带城市协同互动，在更大范围内集聚高端要素资源。全面深化与徐州市战略合作，构建协同落实项目化推进机制，共建一批产业合作平台，打造省际结对合作帮扶新样板。加强与徐州工程机械集团有限公司合作，推进国家级工程机械试验场建设，推动徐州工程机械集团有限公司将更多战新产业布局淮北，打造一流工程机械产业集群。支持各县区与沪苏浙相关县区、园区开展深度合作，探索建立跨区域产业协作、园区合作的成本分担和利益共享机制，推动一批重点合作事项取得实质性进展。支持杜集区建设省际毗邻友好共建合作区，打造淮徐合作重要战略节点。加快推进段园省际毗邻地区新型功能区规划建设、产业导入，着力打造产城融合新片区、新兴产业集聚区、生态创新示范区、共同富裕先行区。

深化重点领域改革。持续深化“放管服”改革，推进“掌上办、网上办、就近办”，提升“7×24小时”政务服务地图功能，实现更多事项“跨省通办”。设立企业和市民服务中心，为企业群众提供“如约而至”“如沐春风”的舒心服务。全面落实减税降费、助企纾困政策，深入实施民营经济上台阶行动计划，力争全年新增民营企业7000家。常态化举办企业家沙龙等亲商安商活动，建立健全“企业吹哨、部门报到”工作机制，切实做到企业有所求、政府有所应，企业有困难、政府全力帮，努力打造一流营商环境。完善“一网惠企”平台，推动惠企政策资金“即报即审即兑”。全面推进社会信用体系建设，扩大证明事项告知承诺制适用范围。深化重点领域财政事权和支出责任划分改革，推进行政事业单位经营性国有资产集中统一监管。完善以管资本为主的国有资产监管体制，提高市属国有企业经营管理能力。实施企业上市专项行动计划，加强上市（挂牌）和直接融资后备资源库建设，新增上市企业1家，持续扩大直接融资规模。提高政府基金运作水平，大力招引市场化基金，形成赋能创新创业的“基金丛林”。

持续畅通内外循环。打通对外开放“大动脉”、畅通市域内部“微循环”，建设区域性综合交通枢纽。加快淮—宿—蚌和淮—阜城际铁路、徐淮阜高速公路、浍河航道整治、孙疃码头等

重大交通工程建设进度。适度超前开展基础设施投资，开工建设S410濉刘路、S235濉唐路三期工程，确保G3京台高速双堆集互通立交、淮徐快速通道、G344二期、G237（五里郢—青龙山段）建成通车。加强跨区域互联互通，谋划推动淮北—商丘高铁联络线、淮北—观音机场高速公路、段园城市轻轨、通用机场等重大交通项目。全面提升青龙山“无水港”辐射功能，加快打造国际陆港，建设省级跨境电商产业园，力争跨境电商交易额增长30%以上。创建中国（安徽）自由贸易试验区淮北联动创新区，协同建设高能级对外开放平台。实施外贸新动能培育和外贸主体壮大工程，打造一批进出口总额超亿美元外贸产业集群，新增进出口备案登记企业50家，培育进出口总额超千万美元企业2家，全面提升经济外向度水平。高标准办好新型煤化工和铝基产业论坛，扩大食品工业博览会、石榴文化旅游节、葡萄采摘文化节品牌影响力，吸引更多要素资源在淮集聚、互动耦合。

（三）坚持以品质彰显为目标，绘就城市建设新画卷

系统提升城市品质。坚定不移走好内涵式、集约型、绿色化城市发展之路，编制实施国土空间总体规划，完成绿金湖西岸、高铁西站、大唐淮北电厂旧址等重点片区规划设计，科学安排人口布局、产业布局、空间布局。统筹推进城市功能区协调发展，建好城镇“面子”、做实城镇“里子”，吸引更多新市民安家落户、创业就业，加速集聚人气、商气，加快推进以人为核心的新型城镇化。支持烈山区聚焦“争十”“进二十”目标，加快推进东部新城建设，提升教育、医疗功能，建设城乡融合发展示范区。加强城市建筑风貌管理，塑造重要节点优美形态，凸显疏密有度、高低起伏、错落有致的山水城市特色风貌。实施城市更新行动，完成58个老旧小区改造，开工建设青年路（龙山北路—杨河路）、淮海东路延伸等工程。优化公交线路13条，新建充电桩200组。合理布局社区综合服务设施，打造“15分钟便民服务圈、体育健身圈”。统筹推进留白增绿、拆违建绿、见缝插绿，建设百姓身边的“口袋公园”“小微绿地”。加大工矿废弃地复垦整治力度，为城市发展腾挪空间。全面启动城乡饮用水源地及地表水厂建设，让群众早日喝上更安全、更健康的饮用水。统筹推进智慧城市、海绵城市、韧性城市建设，构建“双节点支撑”的大数据中心，新建5G基站800座，打造城市大脑数据中枢和“一网统管”平台，加强易淹易涝区域治理，精心实施城区雨污分流工程、城市生命线安全工程。加大保障性租赁住房、人才公寓、蓝领公寓供给力度，建设青年友好型城市。

充分释放消费潜力。坚定实施扩大内需战略，推动三产“锻长补短”，促进服务业高质量发展。实施服务业结构优化工程，大力发展生产性服务业，培育总部经济、人力资源等新兴业态，推动夜间经济、小店经济繁荣发展，持续开展“皖美消费·乐享淮北”系列促销活动，满足多元化消费需求。对接招引知名品牌在淮开设旗舰店、连锁店，丰富休闲娱乐、文创时尚、新零售等业态供给，新增限额以上商贸企业50家、规模以上服务业企业10家。实施服务业项目推进工程，加快隋唐运河古镇大观园、淮海中瑞农产品物流中心等项目建设进度。培育省级示范物流园区和A级物流企业，优化升级县级电商公共服务中心、物流配送中心，改造提升农贸市场，畅通农产品进城、工业品下乡双向通道。以大运河国家文化公园建设为引领，推进黄里景区、临涣古镇、龙脊山旅游基础设施提升项目建设，支持相山区、烈山区创建全域旅游示范区。实施服务业集聚工程，加快建设省级以上服务业集聚区，支持相山区聚焦“争十”“进百”目标，发挥主城区优势，加快发展现代服务业，打造区域性消费中心。实施消费升级工程，推动淮海路传统商业街区改造升级，提升万达广场、吾悦广场等新兴商圈品质，加速推进南翔云集、绿金湖沿岸、东部新城等商圈建设。

争创文明典范城市。全面践行社会主义核心价值观，建好用好新时代文明实践中心。深入实施争创全国文明典范城市三年行动计划，推动“全国文明城市”向“全国文明典范城市”迈进。坚持以“绣花功夫”抓好城市管理，推进市区环卫一体化特许经营，建设垃圾分类资源化处置中心，推动垃圾源头减量和资源循环利用。引导无物业小区引入市场化、专业化物业管理服务企业，规范提升小区物业管理水平。优化城市道路交通组织，排查治理一批交通拥堵点、安全隐患点，高标准打造一批精细管理示范路口、标杆路段、样板区域。组织开展“城中村”人居环境、背街小巷市容秩序、人行道停车、飞线充电、户外广告、文明养犬等专项整治行动，提升城市管理精细化水平。

（四）坚持以乡村振兴为引领，开创“三农”工作新局面

提升农业质效。推动一产“两强一增”，加快推进农业农村现代化发展。聚焦“科技强农”，实施农业科技成果转化、现代种业发展提升、“淮优”农产品品牌提升、现代农业产业园提升“四大工程”，组建市农业科学研究院，推广农业产业互联网等信息技术，创设一批数字农业应用场景；提升濉溪县国家制种大县和区域性良种繁育基地建设水平，争创国家级小麦种业产业集群；新增绿色、有机、地理标志农产品20个；多措并举丰富市民“菜篮子”，创建农产品加工强园、省级现代农业产业园，建设省级长三角绿色农产品生产加工供应基地5个。聚焦“机械强农”，实施机械化提升、社会化服务提升、农业“标准地”改革、仓储冷链设施建设“四大工程”，建立健全“田长制”责任体系，新建高标准农田18.3万亩，建设优质专用小麦基地162万亩，粮食播种面积稳定在413万亩以上、总产量达到150万吨。聚焦“农民增收”，实施工资性收入倍增、财产性收入扩量、经营性收入壮大、转移性收入提升“四大工程”，深化农村承包地“三权分置”“一户一块田”改革，支持开展多种形式适度规模经营，培育新型农业经营主体、新型职业农民，大力增加农村居民收入。

建设美丽乡村。编制“多规合一”实用性村庄规划，优化村庄空间布局，深化农村闲置宅基地和闲置住宅盘活利用省级试点，新建美丽乡村中心村32个。深入实施农村人居环境整治提升五年行动，接续推进农村环境“三大革命”“三大行动”，建立农村厕所长效管护机制，提高农村生活污水处理设施覆盖面，改造提升“四好农村路”、农村电网、农田水利设施。加强和改进乡村治理，持续推进移风易俗，培育和涵养文明乡风。

稳固脱贫成果。严格落实“四个不摘”要求，保持现有帮扶政策、资金支持、帮扶力量总体稳定。完善防止返贫致贫动态监测和帮扶机制，重点在控辍保学、防止因病返贫致贫、农村脱贫人口住房安全监测、农村供水工程长效管理上下功夫，确保及时发现、及时帮扶、动态清零。巩固提升农村集体产权制度改革成果，扩大“三变”改革覆盖面，深入实施“百村示范”工程，集体经济强村占比达到20%以上，让脱贫人口稳定分享产业增值收益。

（五）坚持以绿色转型为方向，厚植生态文明新底色

促进绿色发展。科学制定碳达峰行动方案，推动减污降碳协同增效。实施烧结砖瓦企业转型发展三年提升行动，加快淘汰低端落后产能和“散乱污”企业，为能源和产业结构调整腾出更多空间。巩固深化国家第三批低碳城市试点成果，大力推动传统火电改造升级，因地制宜发展风电、煤层气、生物质、氢能等新能源，提高非化石能源占一次能源消费比重。谋划一批光伏、储能、源网荷储、多能互补能源项目，建设多站融合示范工程、园区增量配电网试点项目。立足资源禀赋，发挥比较优势，推进电力外送通道建设，全面提高综合供电保障能力。大力发展绿色建筑、装配式建筑，延长产业链条，促进建筑产业绿色高质量发展。

推动综合治理。完善“人防+技防+大数据”防控体系，加强重点污染源管控，推动细颗粒物和臭氧协同治理，确保$PM_{2.5}$平均浓度和优良天数比例完成省定目标。加强饮用水源地保护和入河排污口整治，实施丁楼污水处理厂扩建工程，推动濉溪县污水处理厂、凤凰山污水处理厂扩容提标，谋划人工湿地生态净化项目，全面提升地表水环境质量。统筹土壤与地下水污染协同防治，推进化肥农药减量增效和白色污染治理，加强危险废物和医疗废物收集处理，严格土壤污染风险管控。运用市场的逻辑、资本的力量，创新推进采煤沉陷区综合治理、采石宕口生态修复，变“疮口”为窗口，打通“两山”转换通道。

筑牢生态屏障。推深做实“河（湖）长制”，深化新一轮林长制改革，加大对自然保护地、湿地和野生动植物保护力度。大力推进国土空间绿化、森林质量提升，完成营造林1.3万亩，全面提升生态系统碳汇能力。严格执行“三线一单”分区管控要求，完善区域生态环境联防联控联治，健全流域生态补偿机制。从严从实抓好中央环保督察反馈问题整改，依法依规追究生态环境损害赔偿责任。开展节约型机关和绿色社区创建行动，新增新能源公交车200台，引导市民绿色出行、低碳生活。

绿色低碳是更高质量转型发展的鲜明标识。我们一定要守护好天蓝、地绿、水清的美好家园，加快推进经济社会全面绿色转型，打造更高标准的生态文明“淮北品牌”！

（六）坚持以普惠共享为宗旨，创造共同富裕新生活

大力推进富民增收。实施更加积极的就业政策，深入推进大众创业、万众创新，年内城镇新增就业3.2万人。建设市人力资源服务产业园，加强公共就业服务和职业技能培训，拓展高校毕业生、退役军人、技术工人、个体工商户和进城农民工等重点群体职业发展机会。深入实施全民参保计划，扩大农民工、灵活就业人员、新业态就业人员参保覆盖面。推行以社保卡为载体的“一卡通”服务居民模式，稳步提高最低生活保障、特困人员救助供养标准。完善欠薪治理长效机制，构建和谐劳动关系。大力发展社会慈善事业，让更多的凡人善举彰显城市温度。

优化公共服务供给。推进集团化办学、县管校聘改革，新建、改扩建中小学校15所。规范民办义务教育发展，支持濉溪县、相山区争创义务教育优质均衡发展县（区）。扎实落实“双减”政策，完善学生心理健康教育服务体系。实施职业教育提质培优工程，实现中等职业院校办学条件达标，深化产教融合、校企合作，提升职业教育服务产业发展能力。加大科普投入，提高公民科学素质。做实做强文化惠民工程，打造精品文旅项目和文化“拳头”产品。巩固省级卫生城市创建成果，争创国家卫生城市。深入推进“三医联动”，扩大紧密型城市医联体覆盖范围，巩固紧密型县域医共体建设成效，推进基层医疗卫生机构标准化建设。织牢“一网”、打造“两高”，加强综合医院呼吸科、重症医学科等专科建设，加快建设市公共卫生中心，有序推进疫苗接种工作，持续提升核酸检测、医疗救治、应急处置能力，全力筑牢疫情防控保障网；深化与长三角地区和省内医疗机构合作，全力推进高品质医院和区域医疗高地建设。用心用情关注“一老一小”，实施健全养老服务体系推进养老服务高质量发展行动计划，全面落实三孩生育政策，争创全国婴幼儿照护服务示范城市。

防范化解重大风险。深化应急管理综合行政执法改革，构建统一高效的应急指挥体系，落实安全生产责任制，加强防灾减灾救灾能力建设，全面提升本质安全水平。强化食品药品安全监管，切实保障人民群众“舌尖上的安全”。实施负荷预测与运行调节，保障能源安全稳定供应。健全政府债务管理制度，依法打击恶意拖欠账款和逃废债行为。构建全领域、全流程的社保基金安全防控机制，严厉惩治欺诈骗保的组织者和参与者。

创新市域社会治理。坚持和发展新时代“枫桥经验”，打造“一站式”矛盾纠纷联合调处中心，畅通群众来信来访渠道，依法依规化解信访积案，做到接访不走过场、写信真管用。全面推进依法治市，完善行政决策制度程序，启动实施“八五”普法，创建法治政府建设示范市。加强社会治安防控体系建设，推动扫黑除恶长效常治，防范打击电信网络诈骗等新型犯罪，确保社会和谐稳定、人民安居乐业。支持国防和军队建设改革，加快国防动员训练基地建设，做好退役军人服务保障，确保全省双拥模范城“六连冠”。

我们将始终践行以人民为中心的发展思想，力争每年办好一批群众拍手称赞的实事、干成一些利于城市长远发展的大事，让淮北更有引力、更显魅力、更具活力!

四、全面加强政府自身建设

奋进新时代、踏上新征程，我们要始终不忘初心、牢记使命，保持“赶考”状态、“奋斗”姿态，大力弘扬伟大建党精神，以“咬定青山不放松”的执着，奋力实现既定目标；以“一任接着一任干”的定力，推进更高质量转型发展。

（一）践行“两个维护”，打造忠诚政府

深学笃行习近平新时代中国特色社会主义思想，进一步增强衷心拥护“两个确立”、忠诚践行“两个维护”的政治自觉。始终立足“两个大局”、心怀“国之大者”，传承红色基因、赓续红色血脉，坚持从政治上观大势、谋大局、抓大事，不断提高政治判断力、政治领悟力、政治执行力，不折不扣贯彻执行中央和省市委决策部署，创造性抓好各项政策落地落实。

（二）践行实干担当，打造有为政府

用工业互联网思维推动政府流程再造，建立清单化、闭环式工作机制，以数据说话、用结果证明，推动政府工作拉高标杆、争先进位。推行“赛马机制”、实施顶格战法，对重要部署要闻令而动、雷厉风行，对重点任务要时不我待、快速落实，对重大项目要分秒必争、全力推进，让高效落实成为政府系统全体人员的自觉行动。

（三）践行为民宗旨，打造服务政府

群众和企业所盼的，就是政府要干的。我们将常态化征集“为民办实事”项目建议，选准“小切口”、服务大民生，投入真金白银、拿出真招实策，件件抓落实、点滴见成效。完善群众来信来访、企业直接沟通机制，开展基层窗口单位作风建设专项整治，提高为民服务效率，提升群众满意度，切实把方便留给群众和企业，把麻烦留给自己。

（四）践行秉公用权，打造廉洁政府

一体建设法治淮北、法治政府、法治社会，自觉接受人大监督、政协民主监督以及社会监督、舆论监督，认真办理人大代表议案建议和政协委员提案。牢固树立“过紧日子”思想，深化预算绩效管理，压减一切不必要的行政开支，做到花钱必问效、无效必问责。坚持严字当头、一严到底，慎重决策、慎重用权，狠抓巡视、巡察反馈问题整改，加强审计监督和统计监督，强化重点领域、重点环节、重点岗位廉政风险防控，让权力在阳光下运行。

名词解释

1．三次产业高质量协同发展行动计划：省委经济工作会议提出“启动实施三次产业高质量协同发展行动计划”，包括一产“两强一增”行动计划、二产“提质扩量增效”行动计划、三产“锻长补短”行动计划。

2．五个淮北：市第九次党代会确立的今后五年奋斗目标，即建设发展活力更足的创新淮北、产业根基更强的实力淮北、生态底色更靓的美丽淮北、生活品质更高的幸福淮北、社会治理更优的效能淮北。

3．八大优势：淮北具有历史积淀深厚、科技创新蓬勃发展、产业基础扎实、地理区位优越、综合交通便捷、城镇化率高、生态环境好、协同发展有力推进的“八大优势”。

4．五项重点任务：市委九

届二次全会提出的重点任务，即推动一产、二产、三产高质量协同发展，充分发挥投资拉动作用，扎实推进科技创新和成果转化，不断深化重点领域改革，不断提升城乡承载能力。

5. 五项重大工作：市委九届二次全会部署的重大工作，即在高质量发展中促进共同富裕，规范和引导资本有序发展，保障农产品供给安全，防范化解重大风险，推动减污降碳协同增效。

6. 26项工程：市委九届二次全会提出的系列工程。推动一产“两强一增”，实施农业科技成果转化工程、现代种业发展提升工程、“淮优”农产品品牌提升工程、现代农业产业园提升工程、机械化提升工程、社会化服务提升工程、农业“标准地”改革工程、仓储冷链设施建设工程、工资性收入倍增工程、财产性收入扩量工程、经营性收入壮大工程、转移性收入提升工程；推动二产“提质扩量增效”，实施优质企业引育工程、产学研协同创新工程、数字赋能工程、质量提升工程、战新产业三年倍增工程、“五群十链”强链补链工程、百亿企业培育工程、千亿园区培育工程；推动三产“锻长补短”，实施服务业总量突破工程、服务业结构优化工程、服务业集聚工程、服务业项目推进工程、外贸新动能培育和外贸主体壮大工程、消费升级工程。

7. 五群十链：将5个产业集群和10个产业链明确为产业攻坚方向，即培育壮大陶铝和铝基高端金属材料、先进高分子结构材料和精细化工、绿色食品和医药健康、高端装备制造、新型建材5个产业集群，聚焦提升陶铝新材料、铝基高端金属材料、先进高分子结构材料、绿色食品、医药健康、智能制造装备、纺织服装、锂电池、电子元器件、氢能源10条产业链。

8. “六稳”“六保”：指稳就业、稳金融、稳外贸、稳外资、稳投资、稳预期工作；保居民就业、保基本民生、保市场主体、保粮食能源安全、保产业链供应链稳定、保基层运转。

9. “小巨人”企业：专注于细分市场、创新能力强、市场占有率高、掌握关键核心技术、质量效益优的排头兵企业。

10. “专精特新”企业：指具有“专业化、精细化、特色化、新颖化”特征的工业中小企业。

11. 双招双引：即“招商引资”“招才引智”。

12. 四化同步：指促进新型工业化、信息化、城镇化、农业现代化同步发展。

13. 城市生命线安全工程：指以公共安全科技为支撑，融合物联网、云计算、大数据、移动互联、BIM/GIS等信息技术，实现城市安全运行风险的及时感知、早期预测预警和高效处置应对。

14. 长制久清：住房和城乡建设部规定的城市黑臭水体整治效果评估要求。

15. 一杯茶调解法：临涣茶馆调解委员会将临涣当地“茶馆说理”的传统与人民调解结合起来，形成以茶暖人心、以茶说人生、以茶述纠纷、以茶找支点、以茶拆面子、以茶置梯子、以茶签协议“七步调解法”。

16. “月督导”工作机制：每月督导县区、园区重点工作。

17. 科创飞地：指科创园区、科创平台跨越区域限制，实现科创要素和产业要素的对接，是“飞地经济”的延伸和创新。

18. 三重一创：建设一批重大新兴产业基地、推进一批重大新兴产业工程、组织一批重大新兴产业专项，构建创新型现代产业体系。

19. 淮企登云：支持企业深度应用新一代信息技术，推动企业管理、生产等系统全面接入云服务平台。

20. 标准地：在完成相关区域评估基础上，带着固定资产投资强度、容积率、单位能耗标准、单位排放标准、亩均税收等基本指标出让的国有建设用地。

21. 四督四保：督查推进新建项目，保证开工率；督查推进续建项目，保证竣工率；督查推进竣工项目，保证达产率；督查推进储备项目，保证转化率。

22. 四个一：一个项目、一个领导、一个问题、一个专班。

23. 新时代“相城英才计划”：一项广纳英才汇聚相城的计划，旨在通过人才管理、引进、培养、评价、流动、激励等改革举措，为人才来淮创新创业提供更强政策“红利”。

24. 海绵城市：新一代城市雨洪管理概念，指城市能够像海绵一样，在适应环境变化和应对雨水带来的自然灾害等方面具有良好的“弹性”。

25. 三大革命：农村厕所、垃圾、污水“三大革命”。

26. 三大行动：村庄清洁、畜禽粪污资源化利用、村庄规划建设提升“三大行动”。

27. 四个不摘：摘帽不摘责任、摘帽不摘政策、摘帽不摘帮扶和摘帽不摘监管。

28. “百村示范”工程：根据全市乡村振兴规划确定的目标任务，从2019年至2022年，在全市范围内至少扶持200个村（每年重点扶持约50个村），引领推动全市村级集体经济发展壮大。

29. “两山”转换：将“绿水青山”转换为“金山银山”，指将良好的生态环境转换为经济效益和社会效益。

30. 三线一单：生态保护红线、环境质量底线、资源利用上线和生态环境准入清单。

31. 双减：减轻义务教育阶段学生校内过重作业负担和校外培训负担。

32. 三医联动：即医保体制改革、卫生体制改革与药品流通体制改革联动。

33. “一网”“两高”：筑牢疫情防控保障网，推进高品质医院和区域医疗高地建设。

34. 烈山区“争十”“进二十”目标：争全省28个D类区前10名，进全省45个区前20名。

35. 相山区“争十”“进百”目标：争全省十强区、进全国综合实力百强区。

专　记

淮北市党史学习教育纪实

2021年，淮北市委紧紧围绕“学史明理、学史增信、学史崇德、学史力行”目标要求，认真学习贯彻中共十九届六中全会精神、习近平总书记在党史学习教育动员大会上的重要讲话和“七一”重要讲话精神，严格落实中央及省委安排部署，全面动员、全心投入、全程把控，不断创新学习形式、持续拓展宣讲渠道、扎实开展为民办实事，全面推动党史学习教育走深走实。

召开“学党史、抓整改、正作风”工作部署推进会。2021年3月9日，淮北市召开“学党史、抓整改、正作风”工作部署推进会，一体部署推进淮北市党史学习教育、中央巡视反馈问题整改和新一轮深化“三个以案”警示教育工作。市委书记张永出席会议并讲话。市领导方宗泽、谌伟、朱浩东、周天伟、李朝晖、钱界殊、任东、李加玉、张力，市人大常委会、市政府、市政协领导班子成员；市法院、市检察院主要负责人，其他现职厅级领导干部；市人大常委会、市政府、市政协秘书长等参加会议。市委副书记朱浩东主持会议并就贯彻落实会议精神提出要求。市委常委、市纪委书记、市监委主任李朝晖，市委常委、宣传部部长李加玉，市委常委、秘书长张力分别就相关工作进行具体部署。

加强学习教育领导。党中央召开党史学习教育动员大会以后，淮北市委高度重视、精心部署，着力抓住关键环节、突出重点，各地各部门周密安排、创新落实，高标准高质量开展党史学习教育。成立由市委书记任组长、市长任第一副组长、市委有关领导任副组长的领导小组，组建办公室，下设综合协调、文稿简报、宣传报道、实践活动、联络指导5个工作组，从市直各单位抽调25人集中办公，建立并完善各项工作制度，划拨专项经费。通过市委常委会、党史学习教育领导小组及办公室会议，及时传达中央及省委有关部署要求，研究淮北市《中共淮北市委关于开展党史学习教育的实施方案》。召开“学党史、抓整改、正作风”工作部署推进会，一体部署推进党史学习教育、中央巡视反馈问题整改和新一轮深化“三个以案”警示教育工作。围绕基层关注的学什么、怎么学、如何办等问题实时研究调度，编发工作简报116期，印发工作提示函9期。根据《安徽省党史学习教育工作方案》《中共淮北市委关于开展党史学习教育的实施方案》文件要求，结合实际，广泛调研，多次研讨，制定印发《全市党史学习教育重点任务清单》，针对全市党史学习教育工作内容，梳理出56项具体任务清单，明确牵头单位、责任单位和时限要求，做到活动安排流程化、时序可视化。成立6个市委巡回指导组，各县（区）党委同步向镇（街道）和直属机关、企事业单位派出28个巡回指导组。坚持“市+县”联动、信息互通，采取定期不定期相结合、线上线下相结合的方式，强化工作指导。

多策并举推进党史学习。2021年，淮北市坚持把学习贯穿始终，紧紧围绕学懂弄通做实习近平新时代中国特色社会主义思想、学好用好习近平《论中国共产党历史》等指定学习材料。

市委常委会及时传达学习习近平总书记重要讲话指示精神和中央、省委部署要求。市委理论学习中心组坚持个人自学与集中学习、课堂学习与专家辅导、理论学习与现场教学相结合，先后到双堆集烈士陵园、濉溪第一支部旧址等地接受革命传统教育，举办“四个专题”学习和习近平总书记“七一”重要讲话精神、中共十九届六中全会精神学习研讨班等10余场，市委班子成员带头悟思想、谈体会、上党课，带头以普通党员身份参加所在支部专题组织生活会，带动全市各级党组织掀起学习党史热潮。

扎实推进中共十九届六中全会精神、“七一”重要讲话、“举旗帜·送理论”等专题宣讲活动，组建市委宣讲团、百姓宣讲团、劳模宣讲团、巾帼宣讲团、青年宣讲团和“四史”宣讲团，广泛开展“党史流动小课堂”“百名劳模千名工会干部讲党史”“巾帼心向党”等基层巡讲宣讲活动，相继开展分众化、面对面、互动式党史主题宣讲3000余场，通过精准阐释、故事分享、事迹讲述等多种形式，把辉煌党史讲到百姓心中。其中，“红领巾小喇叭宣讲”“党史百年天天读”得到中央简报点赞。创新推出“小睦说党史”党课，突出公众参与和共享，激发党员群众悦心读、趣味学、乐随享。特殊群体不漏学。根据不同群体党员的具体特点，创新学习方式，丰富学习载体。针对“两新”组织党员，通过“党史车间课堂”等方式引导学习。针对流动党员，推出“网上微课堂”，组建党史学习教育群，定期推送党史知识。针对农村文盲、半文盲党员，组织收听收看党史音视频和三句半、大鼓等通俗、接地气的宣讲促学。针对离退休党员，把党史学习资料送到家中，并组织开展“听老党员讲党史”等活动调动学习热情。创新“党员一刻钟”微党课、“红色益站”、“家庭党校”等载体，提升学习教育吸引力感染力。

充分挖掘利用淮海战役主战场和总前委所在地等红色资源优势，制作展播《淮海战役的胜利是老百姓用小车推出来的》等专题微视频，编辑出版《淮北百年党史》等20余部370多万字的党史书籍，印发12万余册。利用淮海战役总前委旧址、双堆集烈士陵园等红色阵地，开辟红色旅游线路，开展主题教育活动2000多场次，接待党员干部群众56万余人次。组织开展红色文化专题调研，全新打造濉溪第一党支部、朱务平纪念馆等红色阵地。淮北市开展红色教育做法被中宣部《思想政治工作研究》刊登。

党史学习教育宣传有声有色。2021年，淮北市加强新闻策划，精心办好《奋斗百年路 启航新征程》《史志之窗—建党百年红色淮北》等专题专栏，举办“建党百年 淮北足迹”专题展，制作发布“庆祝百年·我来讲党史”系列音频，创新开展“红韵淮北”全媒体宣传活动。全年市直主要新闻媒体刊播相关稿件1708条，省级以上媒体刊发稿件1047条。“淮北运河文化的亮丽风采”“塌陷区生态治理”典型做法登上央视新闻频道，《一碗香茶解纠纷》在《光明日报》头版头条刊发。举办庆祝中国共产党成立100周年主题展、征文演讲比赛、书画美术摄影作品展、党史知识竞赛，广泛开展“永远跟党走”群众性主题宣传教育活动，承办“皖若春风”全省企业职工思政课，生动讲述建党百年奋斗历程，深情歌颂党的丰功伟业。把学习宣传贯彻党史学习教育同党的十九届六中全会精神结合起来、同落实省市党代会精神结合起来，利用楼宇电视、电子屏、阅报栏等载体，广泛制播公益广告。举办主题文艺演出、文艺诵读、红色文化讲座、红色电影展播等，制作播出电视纪录片《鏖战双堆集》、广播剧《人民的丰碑》，推出原创主题歌曲《星光》《都说你是一个传奇》，以淮海战役为主题创排现代淮北梆子大戏《永远的嫁衣》，参加全国地方戏剧会演，拍摄短视频《红色茅草屋》和《唱支山歌给党听》《没有共产党就没有新中国》合唱歌曲MV，创作主题诗词、书法等作品，持续唱响爱党爱国主旋律。

扎实开展“我为群众办实事”实践活动。2021年，淮北市为民办实事，认真办好人民群众牵肠挂肚的民生大事、天天有感的关键小事，让人民群众获得感成色更足、幸福感更可持续、安全感更有保障。聚焦群众操心事、烦心事、揪心事，深入开展调查摸底，科学制定“我为群众办实事”项目清单，梳理重点项目61个，细化提出“新增城市停车泊位3000个”“计划完成77个老旧小区改造”“完成管网建设70千米、小区改造94个”等可视化工作目标，由16名市级领导干部分别牵头，以上率下、高位推动，分批次解决群众问题10类50余件。严格落实领导干部接访下访和阅批群众来信制度，16名市级党政领导接访下访60余次，接待来访群众52批89人次，化解了一批涉及群众切身利益的信访难题。制定《淮北市“我为群众办实事”实践活动实施方案》，聚焦“访万家、解民忧、纾企困、保平安、促发展”行动目标，细化“五个围绕”重点任务，明确方法举措，作出具体安排。加强指导，实施台账化管理，建立定期调度、督促检查、成效评估等工作机制。采取随机抽查、直奔项目一线实地走访等方式，对各县区和市直单位实践活动开展情况进行督导，推动50项重点民生项目落地落实。全年厅级干部走访36人，走访企业354家、群众212户；处级干部走访616人，走访企业820家、群众1159户，征求梳理问题数1294个，解决问题数1044个。如，通过容缺办理方式攻坚12.69万套房地产领域“办证难”问题，已办理首次登记12.08万套，占比95%；新增城市停车泊位2162个，累计建成海绵城市面积约20.1平方千米，“出行难”问题有效缓解。围绕群众反映强烈的濉溪县濉溪镇二里社区人居环境问题，组建工作专班集中攻关，妥善解决道路、排水、供水、环境卫生、公厕、住房安全等问题，《二里社区动迁记》被《人民日报》刊载。

推动“互联网+政务服务”，实现长三角41个城市、88个事项异地通办。持续优化营商环境，创新举办企业家沙龙，推动解决企业家反映问题。清理“僵尸企业”，盘活闲置土地。融入长三角一体化发展，与徐州市签订战略合作框架协议，加快段园省级毗邻地区新型功能区建设。大力推进创新型城市建设，建成“双创平台”13家。实施老旧小区改造项目77个，改造棚户区3218套，建成公租房39274套，既有住宅加装电梯实现“破题”。巩固拓展脱贫攻坚成果同乡村振兴有效衔接，38373名脱贫人口全部纳入基本医保覆盖范围，农村危房改造实现动态清零。深化“三大革命”“三大行动”“五清一改”，完成年度农村改厕任务14297户。绿金湖矿山地质环境生态修复名列联合国生物多样性典型案例。运用市场化方式推进采煤沉陷区、采石宕口生态修复，经验做法被《安徽信息》专题刊发，得到省长王清宪批示肯定。新建扩建幼儿园10所，环湖小学、三实小中湖小区、二实小东校区正式投用，新增学位15230个。在全省首家上线国家医疗保障信息平台，淮北市获评全省医养结合综合示范区，濉溪县入选全省唯一全国基层卫生健康综合试验区。

（常洪赛）

“五群十链”发展综述

为加快构建新型产业体系，提升产业基础能力和产业链水平，推动工业经济高质量转型发展，2021年5月，经认真分析我市主要产业特别是制造业发展情况，市委、市政府正式印发了《淮北市提升重点产业集群和产业链水平实施方案》（淮办发〔2021〕13号），坚持顶格战法，突出“双招双引”，引进新变量、创造新组合、增强新动能、营造新环境，以链促群、链群双育，聚焦培育壮大陶铝和铝基高端金属材料、先进高分子结构材料和精细化工、高端装备制造、绿色食品和医药健康、绿色建材5个产业集群，提升铝基高端金属材料、先进高分子结构材料、智能制造装备、绿色食品、绿色建材、陶铝新材料、医药健康、新能源、纺织服装、电子信息10条产业链水平。

市委、市政府坚定工业强市战略目标不动摇，聚焦“五群十链”产业发展，调整和完善“五群十链”重点产业推进工作机制，合理规划产业布局，夯实产业发展基础，统筹调度推进“八个一”工作任务，扎实推进群链“多链融合”发展。全市现有“五群十链”入库企业524家，2022年上半年，“五群”和“十链”产业产值分别占规上工业比重的60.5%和62.5%，其中，铝基高端金属材料产业链产值增长8.2%，先进高分子结构材料产业链产值增长34.9%。在龙头企业中，国轩象铝上半年累计产值同比增长416.9%，力幕新材料增长102.3%，中基电池箔增长28.3%。

一、“五群”发展情况

1．陶铝和铝基高端金属材料产业集群。重点加快陶铝新材料在航空航天、军工兵器、汽车关键零部件和汽车轻量化、轨道交通、电子设备等领域的研发与产业化应用，推动铝基新材料和高端装备制造铝合金新材料向下游延伸。

该集群主要布局在市高新区和濉溪开发区，目前集聚了陶铝新材料研究院、相邦复合材料、中基电池箔等64家企业。濉溪县铝基金属材料特色产业集群在2021年度县域特色产业集群（基地）建设成效评估中位列全省第11位；1—6月产业集群累计产值同比增长7.7%，占全市比重11.8%。

2．先进高分子结构材料和精细化工产业集群。重点突破原有焦炉气深加工、粗苯深加工、煤焦油深加工三大基础产业，着力构建以甲醇下游产业为主链，以关键基础原料、高端专用化学品、化工新材料为三大板块，以基础化工原料、高性能合成材料、高端中间体、功能助剂、电子化学品、绿色涂料黏合剂、汽车轻量化材料、新能源材料、前沿材料为九大细分领域，“一三九”链接有序的现代化工产业体系。

该集群主要布局在煤化工基地和濉溪开发区，集聚了临涣焦化、巨成化工、润岳新材料、弘昌新材料等45家企业。1—4月，产业集群累计产值同比增长34.9%，占全市比重16.4%。

3．高端装备制造产业集群。重点加强智能制造关键基础技术攻关，补齐零部件、模块化、整机化缺失环节，发展高端成套矿山机械装备，建设长三角煤炭装备制造智能化产业基地。提升电工电气设备、其他通用设备等产品，培育发展工业机器人、无人机、环保设备、精密机械。

该集群主要布局在杜集、濉溪经济开发区和市高新区，集聚了安徽矿机装备、龙波电气、中芬矿机等行业重点企业，规上企业共139家。1—6月产业集群累计产值同比增长11.2%，占全市比重10.4%。

4．绿色食品和医药健康产业集群。重点推进食品加工向食品制造转型，加快向生物科技、食品装备等领域延伸，大力发展高附加值产品和功能保健型食品，着力提升白酒生产规模和市场占有率。重点发展壮大中药颗粒、抗肿瘤新药、生物技术药、医药中间体、高端医用防护品等产品，积极向医疗监护设备、家用康养护理器械等领域布局。

该集群主要布局在市高新区和相山、烈山经济开发区，有口子酒业、华润金蟾药业等入库企业92家，思朗饼干、曦强乳制品获评“中国好食品”。1—6月产业集群累计产值同比下降20%，占全市比重13.3%。

5．绿色建材产业集群。重点加强高效节能、先进环保、资源综合利用等新技术新产品的研发、推广和应用，积极推动建材绿色化、部品化、原料标准化，做优做强节能材料、新型绿色建材。大力推动绿色装配式建筑产业集聚发展。

该集群主要布局在杜集、烈山和濉溪开发区，由水泥、钢构、铝型材、新型墙材等行业构成，装配式建筑行业正在兴起。有相山水泥、众城水泥、康美绿筑、中煤远大等规上企业144家。1—6月产业集群累计产值同比下降18.1%，占全市比重8.7%。

二、“十链”发展情况

1．铝基高端金属材料产业链。重点突破铝基复合材料、铝基高端工业型材和双零铝箔关键环节、关键共性技术重点开发航空用高抗损伤容限合金、高强度铝合金品种，轨道交通用和大型型材用铝合金新材料，发展汽车车身用合金。主要布局在濉溪县，有规上企业62家，中基电池箔、力幕新材料、国轩象铝为头部企业，1—6月产业链累计产值同比增长8.2%，占全市比重11.8%。

2．先进高分子结构材料产业链。重点以甲醇下游产业为主链，打造关键基础原料等三大板块，培育基础化工原料等九大细分领域。重点生产乙醇、醋酸、烯烃、苯酚、丙酮苯、乙烯等关键基础原料，加速向下游拓展。主要布局在煤化工基地，临涣焦化、瑞柏新材料、润岳科技、凯泽新材料为头部企业，有规上企业45家，1—6月累计产值同比增长34.9%，占全市比重16.4%。

3．智能制造装备产业链。重点发展高端成套矿机装备，同步培育发展装配、焊接、搬运、喷涂等工业机器人和农田植保、行业巡检、航空测绘、物流配送等领域工业级无人机，推进矿机制造企业与国内龙头企业合作。主要布局在杜集区、濉溪县、烈山区，安徽矿机、龙波电气、中意胶带、中芬矿机为头部企业，有规上企业100家，1—6月累计产值同比下降12.2%，占全市比重5.9%。

4．绿色食品产业链。重点做强主食加工产品、畜禽精深加工产品、乳产品、休闲方便食品、营养健康食品。加快发展氨基酸系列、补充维生素、矿物质、肽与蛋白、活性菌、微量元素等功能性保健食品，发展优质食品绿色添加剂。主要布局在相山区、濉溪县、烈山区，口子酒业、牧原农牧、神华肉制品、曦强乳业为头部企业，有规上企业86家，1—6月累计产值同比下降16%，占全市比重9.3%。

5．绿色建材产业链。重点做强节能材料、新型绿色建材，加快发展绿色装配式建材钢骨架轻型板、石墨聚苯板高效保温材料，提升超低能耗、装配式建筑建设比例，加快形成具有特色的新型建材产业格局。主要布局在杜集、烈山和濉溪开发区，相山水泥、众城水泥、康美绿筑、中煤远大为头部企业，有规上企业144家，1—6月累计产值同比下降18.1%，占全市比重8.7%。

6．陶铝新材料产业链。重点突破陶铝铸锭、锭棒、轻量化零部件等材料产品，加快陶铝高性能活塞、汽车轻量化、汽车底盘件、3D打印制粉、航空航天板材及型材等产品大规模产业化推广应用。主要布局在市高新区，陶铝新材料研究院为头部企业，陶铝新材料应用研发首期项目纳入合肥综合性国家科学中心项目库，有规上企业2家，1—6月累计产值同比下降56.6%。

7．医药健康产业链。重点加强天然药物提取、中药前沿技术、新工艺和新产品的研发，以及老产品二次开发，加快发展中药颗粒、中药饮片、中成药、中药保健品及抗肿瘤新药。大力发展高端医药中间体，推进研发生产生物技术创新药。加快开发以丁腈胶乳、氟硅橡胶及EVA、热塑性弹性体为原料的系列产品，建设高端医用防护品生产基地。主要布局在市高新区、濉溪县，华润金蟾、英科医疗、科宝生物为头部企业，有规上企业6家，1—6月累计产值同比下降28%，占全市比重4%。

8．新能源产业链。重点推进锂电池在消费电子、动力电池、储能领域市场应用，引进先进氢燃料电池生产企业，打造具有国内领先水平的新型能源基地。主要布局在市高新区、濉溪县、烈山区、相山区，理士新能源、明美新能源、力普拉斯为头部企业。有规上企业40家，1—6月累计产值同比增长63.3%，占全市比重3.8%。

9．纺织服装产业链。重点发展高档精梳纱线、多种纤维混纺纱线、色纺纱、差别化功能性化纤混纺、交织织物等产品。培育时尚服装和创意设计，带动面料、辅料、设计、品牌等产业链整合与配套发展。主要布局在市高新区、杜集区，华孚时尚、新兴皇苑制衣、福尔足袜业为头部企业，有规上企业24家，1—6月累计产值同比下降33.7%，占全市比重1.4%。

10．电子信息产业链。重点发展手机微型马达、手机零部件及整机产品，重点发展中高端IC封装基板、金属基板多层PCB板、柔性PCB板、刚挠结合板，培育印制电路板产业链，延伸发展智能家居、智能穿戴、健康医疗、VR、5G等智能终端电子产业及其配套产业。主要布局在市高新区、濉溪县、烈山区，金龙机电、京信电子、宇奇电子、和晶智能为头部企业，有规上企业15家。1—6月累计产值同比增长38.3%，占全市比重1.3%。

（张秋风）

【责任编辑　牛婷】

大事记

1月

1日　G3京台高速淮北收费站新站正式开通，新站直接与淮北市东外环路相接，极大地方便了市民出行，有效缓解交通通行压力改善优化市区通行环境。

同日　2020年度省级美丽乡村重点示范村和示范村名单发布。濉溪县南坪镇黄沟村等9个村获"美丽乡村重点示范村"称号，烈山区古饶镇草庙村等21个村获"美丽乡村示范村"称号。

6日　住房和城乡建设部、国家发展和改革委员会联合发布《关于命名第十批（2020年度）国家节水型城市的公告》，淮北市被评为第十批（2020年度）国家节水型城市。

7日　市委副书记、市长覃卫国主持召开市政府与市总工会联席会议，研究提高劳模待遇等事项。市委常委、常务副市长周天伟，市人大常委会副主任、市总工会主席李晓光，副市长高维民，市政府秘书长赵德志参加会议。市总工会负责人通报2020年度全市工会工作情况及上一年度联席会议议定事项的落实情况，周天伟、高维民就支持做好工会工作提出具体意见。

8日　市政府分别召开老干部和党外代表人士座谈会，征求对《政府工作报告》《淮北市国民经济和社会发展第十四个五年规划和二〇三五年远景目标纲要（征求意见稿）》的意见建议。市委副书记、市长覃卫国，市委常委、常务副市长周天伟出席座谈会，市政府秘书长赵德志参加党外代表人士座谈会。

10日　淮北市杜集区人民法院审判委员会专职委员、四级高级法官李跃文被最高人民法院追授"全国优秀法官"称号。

12日　市委书记张永，市委副书记、市长覃卫国会见均瑶集团董事长王均金一行。

14日　淮北市医疗保险基金督察联合执法领导小组召开会议，听取相关汇报，部署下一步工作。市委副书记、市长覃卫国出席会议并讲话，市委常委、常务副市长周天伟主持会议。会议听取市级三个驻点督察组检查情况和县区政府驻点督察专项行动开展情况汇报，通报全市定点医疗机构专项治理"回头看"工作进展情况。

同日　全国关心下一代党史国史教育基地授牌仪式在淮北市举行。省关工委主任张俊、常务副主任金春忠为淮海战役双堆集烈士纪念馆授牌。

15日　淮北市政府与交通银行安徽省分行战略合作协议签约仪式举行。市委书记张永，市委副书记、市长覃卫国，交通银行安徽省分行党委书记、行长陈俊参加签约仪式。

17日　加快建设特色产业集群全省贯彻"六稳"重大项目集中开工现场推进会举行，淮北分会场设在杜集经济开发区相山水泥公司年产260万吨水泥绿色智能示范线项目现场。市委书记张永在淮北分会场暨开工动员会上宣布项目开工。市领导覃卫国、张力、戎培阜、高维民、张保成参加现场推进会暨开工动员会，并观看重点项目展板。此次集中开工8个重大项目，总投资

53.2亿元，涉及装备制造、新型建材、纺织生产、城市建设等多个领域。

18—20日　中国人民政治协商会议第十届淮北市委员会第四次会议召开。会议选举李公峰、董哲为市政协副主席，明磊、侯正洲为市政协常务委员，通过政协第十届淮北市委员会第四次会议政治决议、市政协十届四次会议提案审查情况的报告。会议还宣读《关于对市政协十届三次会议优秀提案、先进承办单位和先进提案工作者通报表扬的决定》和《关于对市政协2020年度“新时代履职尽责好委员”“优秀界别”通报表扬的决定》。

19—22日　淮北市第十六届人民代表大会第五次会议召开。会议听取市长覃卫国作的政府工作报告，市人大常委会主任方宗泽作的市人大常委会工作报告，市中级人民法院院长余跃武作的法院工作报告，市人民检察院检察长唐保银作的检察院工作报告，大会议案审查委员会副主任委员盛林作关于市第十六届人大第五次会议代表议案审查和处理意见的报告。表决通过关于市人大常委会工作报告、市人民政府工作报告及市国民经济和社会发展第十四个五年规划和二〇三五年远景目标纲要等7个决议；选举胡百平、赵德志为市第十六届人大常委会副主任，李朝晖为市监察委员会主任。

28日　由29位省人大代表组成的淮北代表团参加省十三届人大四次会议。与会代表听取并审议省长李国英所作的政府工作报告，省人大常委会工作报告、省高级人民法院工作报告、省人民检察院工作报告，审查省“十四五”规划和二〇三五年远景目标纲要草案、省2020年国民经济和社会发展计划执行情况与2021年计划草案的报告、省2020年预算执行情况和2021年预算草案的报告，提出议案、建议67件。

是月　安徽省残疾人联合会下发首批残疾儿童康复救助项目定点机构名册，皖北康复医院被确定为“脑瘫康复定点机构”和“孤独症患儿定点康复机构”。

是月　淮北市首个“不见面开标”项目——雷河路10千伏新南122线28号杆迁改工程在淮北市公共资源交易中心完成，标志着淮北市公共资源交易进入“不见面开标”时代。

是月　安徽家园铝业有限公司工会主席王清芳被中华全国总工会授予“全国优秀工会工作者”称号。

2月

3日　市委书记张永主持召开2020年度党（工）委书记抓党的建设工作述职评议会议并讲话。省委组织部农组处副处长朱永侠到会指导并作点评讲话。会上，各县区委、市直机关工委、淮北高新区党工委、煤化工基地党工委7位党（工）委书记述职发言。张永代表市委逐一进行点评。其他书记作书面述职。与会人员进行评议。

同日　淮北市归侨联合会获评全国侨联系统抗击新冠肺炎疫情先进集体。

6日　省委常委、省委秘书长郭强到淮北市走访慰问因公去世基层干部家属、全省抗击新冠肺炎疫情先进个人、复员军人、困难党员、困境儿童和困难残疾人，并送去慰问品、慰问金和新春祝福。走访中，郭强先后到高岳街道双楼村蔬菜大棚、党群服务中心，实地了解巩固拓展脱贫攻坚成果同乡村振兴有效衔接、村级集体经济发展、基层党建等工作开展情况。

同日　由市文化旅游体育局主办的“非遗好物　云享生活”——2021淮北市首届“非遗产品年货节”直播活动，在市传媒中心演播厅举办。这是淮北市首次采用“政府引领+文化助力+线上引流+粉丝消费”进行的一次创新性模式。直播期间，累计浏览量43.9万次，点赞31765次，评论2691次。

同日　2021年一季度市安委会（消委会）暨食安委会召开，总结上年全市安全生产、消防安全和食品安全工作，分析当前形势，部署下一阶段重点任务。市委副书记、市长覃卫国出席会议并讲话，市委常委、常务副市长周天伟主持会议。会议听取全市安全生产、消防安全和食品安全工作情况汇报，相关单位作发言。

同日　淮北市召开疫情防控应急综合指挥部专题会议，听取县区疫情指挥部关于春节期间疫情防控工作开展情况的汇报，安排下一步疫情防控工作任务，并开展疫情防控桌面推演。市长、市疫情防控工作领导小组组长、市疫情防控应急综合指挥部常务副指挥长覃卫国出席会议并讲话。市委常委、常务副市长、市疫情防控应急综合指挥部副指挥长周天伟，市人大常委会副主任赵德志参加会议。副市长、市疫情防控应急综合指挥部专职副指挥长陈英主持会议。

7日　淮北市8个社区被命名为2020年度全国综合减灾示范社区，分别是相山区相南街道惠苑路社区、南黎街道丁楼社区、东山街道翰林社区、三堤口街道庆相桥社区、曲阳街道任井社区、三堤口街道刘桥社区、曲阳街道滨河社区、烈山区宋疃镇和村。

9日　建设银行淮北市分行与濉溪县金茂融资担保公司合作的首笔银担“总对总”批量担保贷款成功向安徽永益汽车部件有限公司发放，这标志着淮北市首笔银担“总对总”批量担保业务成功落地。

10日　教育部办公厅公布2020年度国家级和省级一流本科专业建设点名单，淮北师范大学汉语言文学、特殊教育、体育教育、电子信息工程、计算机科学与技术、生物工程6个专业入选国家级一流本科专业建设点，思想政治教育、数学与应用数学、物理学、物流管理4个专业入选省级一流本科专业建设点。

21日　省道101线淮徐快速通道建设工程项目开工动员会举行，市委书记张永出席动员会并宣布项目开工。快速通道建设工程总体线路呈南北走向，全长9.65千米，总投资约5亿元。

22日　市委书记张永，市委副书记、市长覃卫国率党政代表团赴江苏省徐州市学习考察。代表团先后考察汉王镇紫山村、国家安全科技产业园、淮海国际博览中心、凤凰湾电子信息产业园（天科合达）、鑫晶大硅片、徐州综合保税区等地建设发展情况。

25日　濉溪县扶贫开发局、濉溪县刘桥镇扶贫工作站站长陈影分别获全国脱贫攻坚先进集体、先进个人称号。

3月

1日　淮北市人民检察院案件管理办公室获“全国巾帼文明岗”称号。

2日　淮北市中级人民法院和三区一县基层法院少年法庭率先在全省全部挂牌。

4日　市委书记张永到市群众来访接待中心开门接访，听取群众信访诉求，协调解决有关问题。

同日　淮北市城市管理局召开新闻发布会，《淮北市生活垃圾管理办法（试行）》正式出台，2021年6月1日起正式施行。

5日　淮北市启动“学雷锋活动月”主题活动，此次活动由市民政局、市文明办共同举办，主题为“启航新征程　志愿我先行”。活动现场，三区一县民政部门和志愿服务组织开展志愿理发、家庭教育咨询、法律咨询、发放宣传单、“日行一善”签名等志愿服务活动。

同日　2021年淮北市“春风行动”专场招聘会在烈山工人村体育广场举行，60家企业携4000个岗位进场招聘，吸引千余人进场应聘，近200人达成初步就业意向。

同日　濉溪县刘桥镇扶贫工作站被省委宣传部命名为第六批安徽省学雷锋活动示范点，国网淮北供电公司孙燕飞被命名为第六批安徽省岗位学雷锋标兵。

9日　全市“学党史、抓整改、正作风”工作部署推进会召开，一体部署推进党史学习教育、中央巡视反馈问题整改和新一轮深化“三个以案”警示教育工作。

10日　省政法队伍教育整顿赴淮北市指导组驻点指导见面会召开。省政法队伍教育整顿驻淮北市指导组组长章松传达中央及省委关于政法队伍教育整顿的有关精神和整体部署，对淮北市政法队伍教育整顿工作提出要求。市委书记张永主持会议并作表态发言。

17日　安徽省推进“三重一创”建设工作领导小组办公室公布第五批省重大新兴产业工程和重大新兴产业专项名单，淮北高新技术产业开发区智能化竖井钻井装备重大新兴产业专项获省第五批省重大新兴产业专项认定。

18—21日　市委书记张永率队赴上海、浙江考察招商。张永一行与上海交大党委书记杨振斌等会见；听取均瑶集团董事长王均金关于陶铝新材料的应用推广情况介绍；与光明食品（集团）有限公司董事长是明芳、副总裁李林，光明乳业股份有限公司董事长濮韶华、总裁罗海等座谈；实地考察金山铁路支线改造项目；与上海临港区块链产业发展联盟理事长朱一山、上海产业合作促进中心主任唐德根等，沟通交流产业投资合作；与上海安徽经济文化促进会淮北分会常务副会长吕松涛、卢洪洲，上海安徽商会会长洪清华等在沪专家、企业家进行座谈；考察听取中环控股集团董事长余竹云关于浙江衢州新田铺田园康养综合体项目的介绍。

23日　市委书记张永会见国网安徽省电力有限公司党委书记、董事长陈安伟一行。

同日　淮北市中医医院获“全国中医药系统2018—2020年改善医疗服务先进典型医院”称号，市中医医院治未病科主任王洪刚获“改善医疗服务全国先进典型个人”称号。

同日　安徽省传统工艺美术保护和发展促进会公布《关于第六届安徽省工艺美术大师和名人名单的公告》，淮北市8人上榜。其中，1人获评安徽省工艺美术大师，7人获评安徽省工艺美术名人。

25日　全省深化新一轮林长制改革暨长江、淮河、江淮运河、新安江生态廊道建设全面启动仪式淮北分会场活动举行，市领导张永、张力、金文、胡亮、李公峰参加活动。市领导听取全市及一县三区纵深推进林长制改革和花山公园整治等情况汇报后，参加植树活动。

同日　市委书记张永会见欧励隆工程炭集团高级副总裁、亚太区总经理闵立行一行。

28日　加快实施创新驱动发展战略暨2021年全省第三批贯彻“六稳”重大项目集中开工动员会举行，淮北分会场设在濉芜产业园英科医疗产业园年产520亿只高端医用手套项目现场。市委书记张永在淮北分会场暨集中开工动员会上宣布项目开工。此次集中开工12个重大项目，总投资99.5亿元，涵盖战略性新兴产业、城乡基础设施、水运交通、房地产、现代服务业等多个领域。

29日　淮北至上海港海铁联运班列首发仪式举行，首发班列从青龙山铁路“无水港”发出，货物将通过上海港装船运送到世界各地。这是淮北市第三条外贸进出口通道。

31日　2020年度全国学雷锋志愿服务“四个100”先进典型名单公布，杜集区朔里镇环卫所所长葛治国获评“最美志愿者”，高金梁劳模燃气维修志愿服务队获评“最佳志愿服务组织”，临涣镇“乡村小喇叭”志愿服务项目获评“最佳志愿服务项目”。

是月　濉溪县百善镇黄新庄村、相山区渠沟镇钟楼村被司法部、民政部联合授予第八批“全国民主法治示范村（社区）”称号。

是月　淮北华润燃气公司客服部相北片区主管高金梁被省委宣传部、省总工会联合授予2020年度“安徽省最美职工”称号。

4月

1日　市委书记张永率队赴北京中青旅控股股份有限公司开展招商考察活动。

2日　党史学习教育省委宣讲团宣讲报告会在淮北矿业会议中心举行。省委宣讲团成员、省委党校（安徽行政学院）副校（院）长胡忠明作宣讲报告。

6日　“青春恰百年”淮北市2021年“4·6”建市日十八岁

成人宣誓仪式在淮北市第一中学举行。市委书记张永参加仪式，向学生代表赠送《中华人民共和国宪法》读本，并陪伴其跨过成人门。

7日　市委书记张永会见上海电气集团股份有限公司副总裁顾治强一行。

同日　中央第三生态环境保护督察组督察安徽省工作动员会以电视电话会议形式召开，就督察工作进行部署。市委书记张永会后在淮北分会场就贯彻会议精神提出要求。

8日　市委书记张永会见国家能源集团安徽公司（神皖能源）党委书记、董事长李忠军一行。

同日　安徽弘昌新材料有限公司董事长肖伯文、安徽理士电源技术有限公司总裁董捷被授予“安徽省优秀民营企业家”称号，安徽口子酒业股份有限公司、安徽巨成精细化工有限公司被授予“安徽省优秀民营企业”称号。

9日　烈山区政府与无锡和晶科技股份有限公司项目合作签约仪式举行。市委书记张永会见招商局资本投资有限责任公司副总经理、和晶科技董事长冯红涛一行。

16日　2021淮北食品工业博览会举办。市委书记张永到现场走访看望参展商，详细了解布展内容、产品展销、安全保卫、后勤保障等情况。张永一行还先后调研非物质文化遗产展区、淮北凤凰山食品工业文化博览馆，就宣传推广淮北市非遗文化、推动食品产业发展提出具体要求。

21日　省人大常委会党组副书记、副主任沈素琍带领省人大调研组到淮北市，督查指导包保突出环境问题整改，深入帮联企业走访调研，宣传有关会议和文件精神。沈素琍一行实地查看煤化工基地孟沟整治现场、濉溪县城西沟整治现场，详细了解水质污染治理相关工作。

22日　全国安全文化建设示范企业典型经验交流会及授牌仪式举行。淮北申皖发电有限公司荣获2020年全国安全文化建设示范企业称号。

26日　省委党史学习教育第二巡回指导组到淮北督导见面会召开。省委党史学习教育第二巡回指导组组长汪卫东出席会议并讲话，副组长陈平出席会议。市委书记张永主持会议并讲话。会上，汪卫东介绍省委党史学习教育巡回指导组的职责任务和工作安排。市委常委、宣传部部长李加玉汇报全市党史学习教育进展情况。

27日　全市长三角一体化发展专题培训班暨淮北大讲堂在市委党校举办。长三角区域合作办经济发展组组长赵华应邀作题为《全面贯彻落实习近平总书记重要讲话精神　加快推进率先形成新发展格局》的专题报告。

29日　2021年全省第四批贯彻“六稳”重大项目集中开工动员会举行，淮北分会场设在相山经济开发区科技创新信息产业园项目现场。市委书记张永在淮北分会场宣布项目开工。此次集中开工11个重大项目，总投资57.7亿元，涵盖战略性新兴产业、城乡基础设施等多个领域。

30日　全市举行庆祝“五一”国际劳动节大会。市领导张永、李朝晖、任东、李加玉、张力、张香娥、高维民、刘添才参加庆祝大会并为获奖先进集体和个人代表颁奖。市委常委、秘书长张力主持会议。副市长高维民宣读表彰决定。市政府秘书长徐涛参加会议。3名先进代表在会上发言。

同日　安徽消防救援总队淮北市支队灭火救援指挥部副部长兼作战训练科长王小锋、淮北市公安局网安支队二大队大队长魏言朝获第24届“安徽青年五四奖章”。

是月　上海交通大学安徽（淮北）陶铝新材料研究院获批陶铝新材料“安徽省技术创新中心”，这是淮北市第一家安徽省技术创新中心。

是月　乾隆湖风景区和凤凰山绿色食品博览园被批准为国家AAA级旅游景区。

是月　国家市场监督管理总局通报2020年度12315效能评价情况，淮北市市场监管局获全国第八名，被国家市场监管局评为优秀单位。

是月　淮宿蚌高铁、淮阜高铁、徐淮阜高速公路、沱浍河航道治理、孙疃码头、包浍河治理、怀洪新河水系洼地治理、沱浍河航道临涣船闸8个重大项目被列入安徽省交通水利重大工程建设近期行动计划，项目总投资265.7亿元。

5月

1日　濉溪古城经过修缮正式开城，既重现了石板街一街八巷昔日风貌，又整合乾隆湖公园、长丰街明清酿酒作坊群遗址等资源，打造了南大街、水街一站式餐饮娱乐休闲生活空间。

1—4日　由相山区文化旅游体育局主办，淮北盛大青少年足球俱乐部、相山区文化馆承办的第五届“盛大杯”淮海经济区青少年足球精英赛在市体育中心举办。比赛设U10、U14两个组别，安徽、江苏、河南3个省的24支球队共600余名教练员、运动员参赛。连云港虎仔、淮北盛大、安徽志匡代表队分获U10组别冠军、亚军、季军，U14组别前三名则分别被徐州津浦西路、淮北盛大、安徽圣火代表队获得。

2日　2021年中国·濉溪“英科杯”水上飞人公开赛、动力冲浪板挑战赛暨首届乾隆湖水上嘉年华在乾隆湖公园开赛。此次赛事汇集全国12支水上极限运动俱乐部的60名健将。

6—7日　省委常委、省委秘书长郭强到淮北实地督导煤化工相关企业、煤化工基地排水沟水体污染等突出生态环境问题整改工作，并与市、县及相关企业负责人座谈。

8日　安徽省首届徽风皖韵美丽乡村推介活动“牵手计划”淮北站活动举行。省农业农村厅、中国电信安徽公司、安徽广播电视台农业·科教频道、市农业农村局、市妇联等相关负责人以及市美丽乡村建设者代表参加活动。

同日　省促进旅游业改革发展领导小组公布安徽省首批特色旅游名镇名单，烈山区烈山镇、濉溪县临涣镇和双堆集镇入围。

9日　2021年全国城市节约用水宣传周工作在相山公园门前广场启动。此次宣传周活动时间为5月9—15日，主题为“贯彻新发展理念，建设节水型城市”。集中宣传当日，共发放宣传资料5000余份，更换节水水龙头100余个。

11日　“美好安徽dou起来”2021（首届）安徽文旅线上推广大会举办。隋唐运河古镇被安徽省文化和旅游厅评为2020安徽十大新晋网红打卡地。

11—12日　省委书记李锦斌深入烈山区新汴河四铺站，实地调研引江济淮二期及淮水北调扩大延伸工程推进情况，指导督导突出生态环境问题整改，开展“我为群众办实事”实践活动。

12日　淮北市委办、市政府办印发《淮北市提升重点产业集群和产业链水平实施方案》。

同日　淮北市省级非遗项目——商派面塑受邀参加第五届鄂湘赣皖非物质文化遗产联展。

同日　相山区（市体育场）新冠病毒疫苗接种方舱正式启用，方便市民接种疫苗。

同日　《淮北市提升重点产业集群和产业链水平实施方案》出台。方案明确了重点提升五个产业集群和十个产业链发展水平，即培育壮大陶铝和铝基高端金属材料、先进高分子结构材料和精细化工、绿色食品和医药健康、高端装备制造、新型建材5个产业集群，聚焦提升陶铝新材料、铝基高端金属材料、先进高分子结构材料、绿色食品、医药健康、智能制造装备、纺织服装、锂电池、电子元器件、氢能源10条产业链。

17日　全国政法队伍教育整顿中央第七督导组到淮北开展督导，并听取工作汇报。中央政法队伍教育整顿第七督导组安徽小组副小组长李光辉主持工作汇报会并讲话。会上，市委书记、市政法队伍教育整顿领导小组组长张永汇报全市政法队伍教育整顿工作情况。

同日　淮北市传媒中心当选中国报业协会党报分会第六届理事会常务理事单位，是安徽省当选为常务理事单位的五家地市党报之一。

同日　安徽科宝生物工程

有限公司、安徽龙波电气有限公司、淮北市中芬矿山机器有限责任公司被工业和信息化部中小企业局列入国家级专精特新“小巨人”企业建议支持名单。

18日　淮北矿业集团信湖煤矿顺利实现联合试运转。信湖煤矿是安徽省“861”计划重点建设项目之一，也是一座智能化矿井。该矿位于安徽省亳州市涡阳县境内，可采储量2.76亿吨，设计年生产能力300万吨。

同日　安徽口子酒业股份有限公司举行新品发布会，宣告口子窖兼香518正式上市。

同日　《安徽省财政厅关于下达2021年资源枯竭城市转移支付的通知》下发，淮北市再获资源枯竭城市转移支付资金3.26亿元，其中市级资金2.36亿元为年度定额补助。

19日　市委书记张永会见上海景域驴妈妈集团有限公司董事长、上海市安徽商会会长洪清华一行。

同日　安徽广播电视台《安徽新闻联播》《奋进新征程　再创新辉煌·成就巡礼》栏目以《淮北：创新引领新征程　绿色发展生态美》为题，详细报道了淮北市创新引领绿色转型发展成就。

21日　淮北市人民政府与徐州市人民政府战略合作框架协议签约活动在徐州举行，两地将在省际毗邻地区新型功能区建设、构建互联互通交通体系、推进产业融合发展等方面深化合作。

25日　中央广播电视总台CCTV-13频道播出特别节目《今日中国》之安徽篇，以直播连线的方式，报道《淮北朔西湖：从采煤沉陷区到园林景观公园》，聚焦新阶段现代化美好淮北的生动实践。

同日　全市18个镇完成镇党委换届工作。

26日　2021年全省第五批重大项目集中开工动员会举行，淮北分会场设在濉溪县韩村镇沱浍河航道临涣船闸工程项目现场。市委书记张永在淮北分会场宣布项目开工。此次集中开工的5个重大项目全部为交通运输项目，总投资18.96亿元。

30—31日　市委书记张永率队赴深圳市考察招商。张永一行先后到理士国际集团总部、华润集团深圳总部学习考察，就加强多领域合作进行会谈交流。在深圳期间，张永一行还考察深圳市银泰福控股有限公司、长园科技集团股份有限公司、深圳达实智能股份有限公司，详细了解企业产品、生产经营及科技研发等情况。

31日　淮北市总工会职工服务中心被评为全国城市困难职工解困脱困先进集体，同时被授予全国五一劳动奖状。

同日　文化和旅游部、中央宣传部、中央党史和文献研究院、国家发展改革委四部门推出“建党百年红色旅游百条精品线路”，淮海战役双堆集烈士陵园、中共淮海战役总前委旧址、小李家指挥部3处红色旅游景区入选“重温红色历史、传承奋斗精神”主题线路。

是月　安徽石之凿养生酒业有限公司制定的石斛酒企业标准成功通过，也是国内石斛酒行业首例企业标准。

是月　由市委党史和地方志研究室编著的《中国共产党淮北历史第三卷（1978—2002）》在中国文史出版社正式出版发行，这是安徽省内出版的第一部市级党史三卷本。

6月

2日　全国人大常委会委员、省人大常委会副主任谢广祥率全国人大代表调研组到淮北工业与艺术学校、淮北职业技术学院、淮北卫生学校和安徽矿业职业技术学院，就提升职业教育办学质量开展专题调研。

同日　中共淮北市委党史和地方志研究室被人力资源社会保障部、中国地方志指导小组授予“全国地方志系统先进集体”称号。

4日　全市举行推进民营经济高质量发展大会暨首批百个县干招商组授旗仪式。市委书记张永参加会议并讲话。会上宣读《关于2020年度淮北市民营企业排序结果的通报》《关于组建全市首批县干招商组的通知》。会议为民营企业排序综合50强代表和制造业10强代表颁发奖牌，向县干招商组代表授旗。

同日　淮北矿业股份有限公司综采安拆分公司王忠才被人力资源和社会保障部授予“中华技能大奖”称号，国网淮北供电公司张涛被授予“国家技能人才培育突出贡献个人”称号。

6日　市委书记张永会见到淮北考察的华晨集团南方基地董事长王介峰一行。

7日　“护航2021”淮北市防汛抗旱综合应急演练在朔西湖举行。

8日　淮北市乡村振兴局正式挂牌成立。

同日　淮北新兴皇苑新能源科技有限公司中科院生物基材料（淮北）研发基地投产。公司位于濉溪县刘桥镇工业园区，占地面积约3.3万平方米，由淮北新兴皇苑制衣有限公司独资建设，是安徽省仅有的2家生物柴油高科技公司之一，专业研发、生产和销售生物柴油及其附加产品。

同日　经国家知识产权局商标局核准，“淮北麻鸡”地理标志商标获得注册。淮北市累计有地理标志商标有5件。

9日　市委书记张永会见华润集团安徽区域工委书记、华润置地华东大区合肥公司总经理胡传昶一行。

同日　“读党史、守初心、担使命”2021年淮北市全民阅读主题演讲大赛决赛在市传媒中心演播厅举行。全市各单位的近200名选手报名参赛，最终12名选手进入决赛。

同日　濉溪县农业科研试验站、淮北双收种业有限责任公司合作选育的小麦新品种“濉1615”和濉溪县农业科研试验站选育的小麦新品种“濉1309”通过农业农村部第四届国家农作物品种审定委员会第四次会议审定。

同日　全市第七批选派帮扶工作总结暨第八批选派工作动员会召开。会上宣读《关于做好第八批选派干部到村任职工作的通知》等，选派干部、选派单位及选派干部日常管理部门代表分别作交流发言。市选派工作领导小组成员单位相关人员、第八批省直和市直选派单位相关人员、各县（区）委组织部部长、派驻村所在镇（街道）主要负责人、第七批和第八批选派干部近300人参加会议。

同日　“东西南北，传奇淮北”淮北市文旅宣传推介会在徐州市举办。徐州市60余家大中型旅行社、新华网、《新安晚报》、网易新闻、腾讯大苏网、今日头条以及徐淮两地新闻媒体参加此次推介会。

10日　全市召开深化全国文明城市建设工作推进会。市委书记、市文明委主任张永主持会议并讲话。市委常委、宣传部部长、文明委常务副主任李加玉作全市全国文明城市建设工作报告。相山区、杜集区、烈山区和市直相关单位负责人作交流发言。

同日　市级案例“强化行刑衔接　推进公益诉讼　保障食品安全”和县级案例“真抓实干查案件　凝心聚力守安全”，入选2020年全省食品安全治理创新“双十”案例。

11日　淮北市举行首届企业家沙龙。市委书记张永与企业家代表共商发展良策。活动中，市经济和信息化局相关负责人介绍和解读“五群十链”产业谋划发展情况。淮北矿业集团有限责任公司、皖北煤电集团有限责任公司、淮海实业发展集团有限公司、安徽口子酒业股份有限公司等10家企业负责人结合各自实际反映诉求、提出建议。与会市领导及相关部门负责人围绕企业家提出问题作回应发言。

16日　省文明委公布《关于命名第七届安徽省道德模范的通报》，烈山煤矿退休工人宋良友、淮北矿业集团临涣选煤厂选煤化验班班长郭清玲当选第七届安徽省道德模范。

17日　市委书记张永会见省信用担保集团有限公司党委书记、董事长吴学民一行。

同日　淮北市与光明食品（集团）有限公司工作会谈会暨战略合作框架协议签约仪式举行。市委书记张永，光明食品（集团）党委书记、董事长是明芳等参加工作会谈会并见证签约。

同日　淮北市人民政府被评为“2020年度全省安全生产和消防工作先进单位”。

18日　市委书记张永会见中国建设银行安徽省分行党委书记邹致师一行。

同日　市委书记张永率队开展“老兵永远跟党走·把党的关爱送到老兵心中”主题慰问活动。

19日　加快打造新兴产业聚集地暨2021年全省第六批重大项目集中开工动员会举行，淮北分会场设在淮北高新区三元正极材料建设项目现场。市委书记张永在淮北分会场宣布项目开工。此次集中开工4个重大项目，总投资18.1亿元。

21日　副省长章曦到淮北市调研督导防汛抗旱、“双招双引”等工作。章曦一行先后到烈山区闸河治理工程现场、化家湖水库、陶铝新材料研究院、今麦郎饮品（淮北）有限公司和家家悦淮北综合产业园等处实地调研。在淮北期间，章曦还到市城市展示馆调研城市规划建设情况。

同日　皖北康复医院获第三届“昭鸣杯”全国儿童康复治疗师技能大赛团体三等奖。

22日　省知联会会长、中科院院士、中国科学技术大学校长包信和，省委统战部副部长王琦率省党外知识分子院士专家科技成果转化服务团到淮北市开展2021年度“美好安徽智汇行”活动。市委书记张永陪同调研并参加项目对接会。包信和、王琦一行还实地调研绿金湖采煤沉陷区治理项目、安徽陶铝新材料有限公司。

同日　濉溪县法院审结淮北市首例以破坏计算机信息系统篡改数据污染环境的犯罪案件。该案系安徽省人民检察院、省公安厅、省生态环境厅挂牌督办的污染环境重大案件。

23日　刘开渠纪念馆被授予全省关心下一代爱国主义教育基地。

24日　全市召开“光荣在党50年”老党员老干部座谈会。市委书记张永参加会议并讲话。会上，张永向“光荣在党50年”纪念章获得者代表颁发纪念章，并合影留念。李必范、刘勇、朱兆永、郭宏辉、汪万军、刘长礼6名老党员代表分别发言。会后，举行新党员代表集中入党宣誓活动，市委常委、组织部部长单强领誓，全市各条战线的20名新党员代表宣誓。

同日　理士国际技术有限公司的“一项铅酸电池的和膏控制方法及和膏装置”获第二十二届中国专利奖。安徽力普拉斯电源技术有限公司、安徽中意胶带有限责任公司两家企业专利获第二十二届中国专利优秀奖。

24—25日　省委常委、省委秘书长郭强深入濉溪县数据资源局政务服务中心、淮北南部次中心及有关企业，开展“我为群众办实事”实践活动，并走访慰问老党员和因公殉职党员家属。

25日　省委常委、省委统战部部长，省政协党组副书记张西明到淮北走访慰问部分老党员、老干部和因公殉职党员干部家属。

同日　航天新材料新结构应用发展论坛暨第四届航天总体部结构室主任论坛在淮北市举办。省委常委、省委统战部部长，省政协党组副书记张西明，航天科工三院党委书记、副院长史新兴，中国工程院院士、中科院上海硅酸盐研究所博士生导师董绍明，中国工程院院士、西北工业大学教授李贺军，航天科工三院总师、科技委副主任朱坤等人出席论坛。市领导张永、周天伟、钱界殊、高维民参加论坛。

同日　淮北市首个既有住宅加装电梯在东街道相山北路5号供电小区1栋1单元开工，10月25日投入使用。

同日　淮北市政府印发《关于提高我市最低生活保障和特困人员救助供养标准的通知》，城乡最低生活保障和特困人员救助供养标准再次提高。最低生活保障标准由每人每月641元提高到每人每月673元，增幅为5%；特困人员救助供养基本生活财政补助标准由每人每月833元提高到每人每月875元，增幅为5%。

27日　上海安徽经济文化促进会淮北分会卫生与健康专委会成立大会在上海市举行。会上，淮北市医学会与上海安徽经济文化促进会签订战略合作协议，淮北市人民医院与上海市静安区闸北中心医院签订共建医联体合作协议。

同日　徽商银行杯2021淮北市青年歌手大赛总决赛暨颁奖仪式在市传媒中心东区举行。大赛自4月份启动，800余名选手参加海选比拼。21组选手入围总决赛。大赛决出一等奖1名、二等奖4名、三等奖6名、优秀奖10名，并评选出最佳人气奖和优秀组织奖获得者。

28日　省政法队伍教育整顿驻淮北市指导组指导反馈会召开。省政法队伍教育整顿驻淮北市指导组组长章松反馈意见。市委书记张永作表态发言。

同日　省委常委、常务副省长、省政协副主席邓向阳到淮北调研经济社会发展工作。

28—29日　国家发展改革委在淮北市召开全国资源型地区转型发展暨采煤沉陷区综合治理经验交流现场会。会议期间，与会人员实地调研了解淮北市在推进资源枯竭城市转型和采煤沉陷区综合治理方面的主要做法和工作成效，参加工作培训会，观看全国资源型地区转型发展工作纪实视频。市委常委、常务副市长周天伟等9位转型成效明显的资源型地区相关负责人在会上作经验交流发言。

29日　市委书记张永会见申能股份有限公司党委副书记、总裁奚力强一行。

同日　颂歌献给伟大的党——全市庆祝中国共产党成立100周年文艺演出举行。演出开始前，举行先进集体和先进个人颁奖仪式。市委书记张永出席活动并为先进集体和先进个人代表颁奖。市委常委、宣传部部长李加玉主持颁奖仪式。市委常委、组织部部长单强宣读市委、市政府有关表彰决定。

同日　淮北煤化工基地管委会与安徽省普惠融资担保有限公司、淮北农商银行“园区贷”业务签约仪式举行，标志着淮北市首批“园区贷”业务正式落户淮北煤化工基地。

30日　退役军人事务部秘书局副局长陈国瑜率调研组到淮北调研，并召开座谈会。在淮北期间，陈国瑜一行还实地考察淮北市退役军人主题文化公园、杜集区退役军人服务中心、杜集区岱河社区退役军人服务站、相山区东街道退役军人服务站、市供水公司、市退役军人服务中心。

同日　淮北市首府实验小学党支部获评“安徽省先进基层党组织”。

是月　相山区相南街道海宫社区孙伟家庭、西街道建安社区苏芹家庭和洪山社区孙雪洁家庭被评为第一届安徽省文明家庭。

7月

1日　全省首家民办红色支前博物馆——钟楼淮海战役人民支前纪念馆开馆试运营。

2日　市委书记张永接见全国优秀共产党员、淮北市第一实验小学党总支书记、校长周雪峰和全国先进基层党组织代表、淮北市建投集团保安有限公司党支部书记、总经理吴信威。

5—7日　省政协副主席姚玉舟率省政协调研组到淮北开展专项民主监督。调研组先后调研了解濉溪县刘桥镇王堰村、彭楼新村，濉溪镇蒙村农村基层组织建设、乡村治理情况；刘桥镇任圩村扶贫产业园、濉溪新经济产业园、淮北顺发食品有限公司、安徽昊晨食品有限公司等农产品深加工、电子商务等产业发展现状；濉溪县四铺镇新庄村、百善镇道口村壮大村集体经济、三变改革、农村休闲旅游产业等工作推进情况；并与村民代表、镇干部、乡村产业负责人座谈交流，听取全面推进乡村振兴、加快农业农村现代化进程中遇到的困难问题及意见建议。

5—8日　淮北市第二期“稳就业”企业中高层管理人员提升培训班开班，全市50名企业中高层管理人员参加培训。

6日　淮北港孙疃码头工程开工仪式在濉溪县孙疃镇举行。市委书记张永，安徽省港航集团有限公司党委书记、董事长丁庆领等参加开工仪式。该工程位于浍河航道右岸，距沱浍河航道入淮口140千米。工程建设5个500吨兼顾1000吨经营性泊位，设计年通过能力572万吨，设计年吞吐量540万吨。项目建成后将成为淮北地区投资规模最大、功能平台最齐全的综合型港口。

同日　淮北公交开通新冠疫苗接种专车，保障全市新冠疫苗接种工作。

6—8日　省政协副主席郑宏率省政协调研组，围绕“长三角旅游市场和服务一体化推进落实情况”到淮北开展专题调研。调研组先后到南湖湿地公园、口子文博园、乾隆湖景区、濉溪古城、长丰街明清酿酒作坊群遗址、淮北市莱博特相框制造有限公司、柳孜运河遗址、临涣古镇等地，了解淮北市生态康养休闲项目进展、文化旅游特色街区建设、文创企业发展等工作推进情况。

7日　市委书记张永会见山河智能装备股份有限公司董事长、首席专家何清华一行。

8日　市委书记张永会见徽商银行股份有限公司党委书记严琛一行。

9日　杜集区实验小学代表队获2021年安徽省青少年棒垒球比赛一等奖。

10—11日　省长王清宪到淮北市调研。王清宪先后考察安徽陶铝新材料研究院、临涣焦化股份有限公司、安徽美信铝业有限公司、安徽华润金蟾药业股份有限公司、安徽英科医疗用品有限公司、安徽理士电源技术有限公司、口子东山产业园、淮海战役总前委旧址纪念馆等地。在淮北期间，王清宪还考察淮河流域防汛工作。

14日　“科技创新　决胜未来”2021年淮北市创新创业大赛总决赛暨颁奖会举办。全市高校、企业团队展示各自创业项目、创业理念和创业知识。大赛最终评出一等奖1名、二等奖2名、三等奖2名、优秀奖4名。

16日　上海安徽经济文化促进会淮北分会法律专委会在上海成立。淮北市律师协会、淮北市人民政府驻沪联络处分别与上海安徽经济文化促进会淮北分会与法律专委会签订战略合作协议及法律顾问协议。

17日　市委书记张永，市委副书记、市长覃卫国会见由深圳中运国际集团董事长、广东省产业发展促进会会长张健率领的皖粤两省企业家考察团。

同日　2021年淮北市第二届青少年“少年强”乒羽比赛开幕式举行。全市240余名青少年分项分组参赛。

20日　淮北市政协十届二十一次常委会暨“加快推进新型城镇化　全面提升核心竞争力”专题协商会议召开。市委书记张永出席会议并讲话，市政协主席谌伟主持会议。会议听取市政协专题调研组关于《加快推进新型城镇化　全面提升核心竞争力》的调研报告，审议《加快推进新型城镇化，全面提升核心竞争力的建议案》，通过有关人事事项。张继玲等5位市政协委员发言，市发展和改革委等6家市直相关部门作回应性发言。

21日　淮北工业与艺术学校获2021年全国职业院校技能大赛中职组“通信与控制系统集成与维护”赛事团体一等奖。

23日　淮北市等7个长三角城市签约成为长三角资本市场服务基地联盟城市。

24日　淮北市第三届农民工砌筑工技能竞赛暨第二届“中湖明月杯”砌筑工技能竞赛举行。此次技能竞赛由知识理论和操作技能两部分组成，全市15家单位21组参赛队伍报名参加，经过角逐，评出一等奖1名、二等奖2名、三等奖3名。

26日　省十三届人大常委会第二十八次会议审查批准《淮北市非机动车管理条例》，这是安徽省首部专门规范非机动车管理工作的创制性立法，于2022年1月1日起施行。

同日　淮北市人民政府与蚌埠医学院合作共建蚌埠医学院直属淮北人民医院签约揭牌仪式举行。

28日　濉溪县百善镇道口村党组织书记刘超、相山区渠沟镇张楼村党组织书记刘跃东、杜集经济开发区纵楼村党组织书记赵忠奇3人被中共安徽省委组织部选树“皖美村支书”。

30日　上海安徽经济文化促进会淮北分会文化艺术专委会成立。

同日　淮北市六安商会举行成立大会。表决通过《淮北市六安商会章程（草案）》等，选举产生淮北市六安商会第一届理事会会长、监事长、常务副会长、副会长、秘书长等。

31日　加快打造创新平台暨2021年全省第七批重大项目集中开工动员会举行，淮北分会场设在烈山经济开发区青龙山电子信息产业园和晶智能科技控制器生产项目现场。市委书记张永在淮北分会场宣布项目开工。此次集中开工4个重大项目，总投资近10亿元。

是月　淮北市人民医院消化内镜团队成功为106岁高龄患者实施ERCP（内镜下逆行性胰胆管造影术）、胆总管结石碎石取石术，是国内为数不多、安徽省内最高年龄患者的ERCP手术。

是月　濉溪经济开发区通过评审，成为全省13个获批创建首批省产品质量提升示范区的单位之一。

是月　相山区人民检察院第三检察部（又称未成年人检察部）被命名为2019—2020年度全国“青少年维权岗”，成为全省检察系统获此殊荣的三家单位之一。

8月

2日　省经济和信息化厅公布2021年省首版次软件名单，安徽省宝创电子商务有限公司人脸识别监控智能比对分析云平台、淮北大众信息科技有限公司天下淮北系统V1.0版、安徽正华生物仪器设备有限公司AI动物精细行为分析系统V1.0、安徽旭奇数据技术有限公司动态人脸识别应用系统V1.0榜上有名。

6日　腾讯集团腾讯云等互联网企业负责人到淮北市，就工业互联网基地项目合作事宜进行座谈交流。淮北市人大常委会主任方宗泽出席座谈会并讲话。

9日　淮北市市场监管局获评全国清理整顿人力资源市场秩序专项行动突出成绩单位。

10日　淮北市正式切换上线国家（安徽省）医疗保障信息平台，成为全省首个国家医保信息平台全业务、全流程完整上线的城市。平台上线后，将为淮北市200余万名参保群众、1600余家定点医药机构提供就医结算、信息查询转移接续、异地就医等服务。

同日　淮北矿业集团“工匠大师工作室”核心成员杨杰获第五届“安徽省人民政府质量奖提名奖”。

13日　由淮北市疫情防控应急综合指挥部办公室主办，相山区人民政府承办的全市全员核酸检测演练在相山区任圩街道新星社区举行。市委副书记、市长覃卫国，副市长陈英到场观摩演练。

同日　淮北市第一次全国自然灾害综合风险普查清查工作完成上报任务。此次清查工作（不含相山区试点）共采集、录入、审核、上报承载体及减灾能力数据1612条，包括27个乡镇（街道）、357个村（社区）、470所学校、102个加油加气加氢站、125家医疗卫生机构等，上报数据率达100%，数据合格率全省前列。

同日　东山公馆项目正式开工建设，项目位于淮北市东山路东山客运站旁。规划设计地上14层、地下2层，其中地下为停车场和大型超市，地上1至4层为商业综合体，包括酒店、精品百货、休闲餐饮等业态，5至14层为酒店式公寓，宜商宜住。

14—16日　杜集区政府联合徐州市铜山区和宿州市萧县共同举办2021苏皖两省三地葡萄文化节“云”系列活动。活动主题为：毗邻融合谋发展，共建共赢谱新篇。内容包括三地风土人情介绍、产业推介、“葡萄王”评选及葡萄产业成果展、书画展等。

16日　第八届安徽省专利奖评审结果公布，淮北市7家企业榜上有名。其中，金龙机电（淮北）有限公司获得专利银奖，安徽康迪纳电力科技有限责任公司、淮北五星铝业有限公司、安徽中意胶带有限责任公司、安徽理士电源技术有限公司、安徽雷鸣科化有限责任公司、淮北旭源食品有限公司6家企业获专利优秀奖。

同日　万马淮海（段园）智造产业园项目签约仪式在口子国际大酒店举行。产业园项目投资主体为浙江万马产业发展集团有限公司，计划投资12亿元，规划占地600亩，项目将高标准打造以高端装备制造为主导，智能装备、新材料、新能源、信息技术产业为支撑的创新型产业园区。

同日　国家卫生健康委办公厅发布《关于开展基层卫生健康综合试验区建设的通知》，濉溪县为入选的8个基层医改试验区之一。

17日　淮北市中医医院省级博士后科研工作站启动暨首批博士后进站仪式举行。

同日　淮北市政协十届二十二次常委会暨“加强深层次区域合作　建设承接长三角产业转移集聚区”专题协商会召开。市委副书记、市长覃卫国出席会议并讲话。会议听取市政协专题调研组《奋力推进产业集聚集群》的调研报告，审议《“高质量建设承接长三角产业转移集聚区”的建议案》。

18日　淮北、徐州两地市公共资源交易远程异地评标合作协议网上签约仪式举行。

同日　安徽天路航空科技股份有限公司研发部入选全国创建青年文明号活动组委会公布的“第20届全国青年文明号”名单。

23日　安徽省矿业机电装备有限责任公司、安徽雷鸣科化有限责任公司、安徽省正大源饲料集团有限公司3家企业被认定为省级绿色工厂。

24日　淮北市新型建材协会成立大会暨第一届会员大会召开。市政协主席、新型建材产业集群群长谌伟参加会议，并为协会揭牌。会议宣读《关于同意淮北市新型建材协会召开第一次会员大会的批复》、《市新型建材协会筹备工作报告》，通过《淮北市新型建材协会章程》《淮北市新型建材协会财务管理办法》等有关文件，选举产生协会有关组成人员。

25日　由淮北市劳动竞赛委员会、市总工会、市人社局联合主办的全市钳工、焊工职工职业技能大赛开赛。全市国有企业、非公企业的50名选手参赛。

同日　淮北市杜集区矿山集街道南山村入选文化和旅游部、国家发展改革委发布公布的第三批199个全国乡村旅游重点村名单。

25—27日　市委副书记、市长覃卫国率队赴粤开展招商考察、合作对接活动。覃卫国一行参观正威国际集团总部；考察华润三九医药股份有限公司展厅、生产车间；参观碧桂园集团梦想走廊、历史文化展馆、博智林机器人、国华纪念中学和现代筑美家居有限公司生产基地。在粤期间，覃卫国还邀请部分上市企业负责人座谈交流，走访考察倍易通集团、顺德智慧养老运营中心等。

27日　由市委党史学习教育领导小组办公室、市委组织部、市委宣传部主办，市直机关工委、市传媒中心承办的全市党史知识竞赛举行。各县区、市直各相关党工委共10支代表队参赛。经过激烈角逐，市公安局代表队获一等奖，濉溪县代表队、相山区代表队和市卫健委代表队获二等奖，其余6支参赛代表队获三等奖。

28日　扎实推进长三角一体化发展暨2021年全省第八批重大项目集中开工动员会举行，淮北分会场设在淮北高新区华润现代中药产业园项目现场。市委书记张永在淮北分会场宣布项目开工。此次集中开工3个重大项目，总投资约13亿元。

同日　《安徽日报》头版头条刊登《淮北市运用市场逻辑和资本力量推动采石宕口生态修复，努力实现生态、经济、社会等多重效益相统一——生态“疮口”，如何变城市文明“窗口”》。

29日　淮北市相山区代表队获第十四届全运会群众展演广场舞健身舞分项城市街道（社区）组一等奖。

30日　淮北市机关事务管理中心与国网安徽综合能源服务

有限公司正式签订能源管理项目（托管）合同，托管服务期限为6年，这是淮北市签订的首个公共机构能源托管合同。

30—31日　国家开发银行安徽省分行党委书记、行长朱雪松率队到淮北市考察。市委书记张永，市委副书记、市长覃卫国会见朱雪松一行。在淮北期间，朱雪松一行实地考察杜集区采煤沉陷区朔西湖环境治理项目、安徽陶铝新材料研究院，了解淮北市生态文明建设、高端装备制造等领域取得的成效和下一步发展方向。

是月　省财政厅下达淮北市首批国家“专精特新”中小企业高质量发展奖补资金681.6万元。

是月　淮北市2020年生态环境保护工作取得显著成效。其中$PM_{2.5}$平均浓度、秸秆禁烧、水环境质量、土壤污染防治四项年度目标任务完成情况居全省第一。

9月

1日　新能源汽车铝制品生产基地项目签约仪式举行。市领导张永、覃卫国、周天伟、张力、李公峰，国轩控股集团有限公司董事长、国轩高科股份有限公司党委书记、董事长李缜，国轩控股集团有限公司总裁方昕宇见证签约。方昕宇与淮北高新区管委会主要负责人签订《新能源汽车铝制品生产基地项目投资协议书》，国轩控股集团有限公司相关负责人与安徽陶铝新材料研究院有限公司有关负责人签订《国轩控股集团与安徽陶铝研究院有限公司合作框架协议》。

同日　市委副书记、市长覃卫国会见上海交通大学党委常委、副校长奚立峰一行。在淮北期间，奚立峰一行还考察陶铝新材料产业基地、淮北市城市展示馆。

同日　即日起，市民可以申领第三代社会保障卡（居民服务“一卡通”），第三代社保卡可实现一卡多用、全国通用。

1—2日　省人大常委会副主任沈强率队到淮北开展代表建议督办工作，并进行乡村振兴立法调研。在淮北期间，沈强一行深入龙脊山、烈山榴园、安徽曦强乳业集团有限公司、淮北市城市展示馆、淮北师范大学，实地了解乡村产业发展、文化传承、乡村旅游、农村基础设施建设等情况。

3日　濉溪县临涣镇、杜集区被安徽省文化和旅游厅评为2021—2023年度“安徽省民间文化艺术之乡”。

7—8日　淮北市首届养老护理职业技能竞赛暨全国养老护理职业技能大赛淮北市赛区选拔赛在淮北职业技术学院举办，淮北静安养亲苑的李丽莉获一等奖。

8日　淮北矿业集团紫朔环境公司作为安徽省唯一一家环保企业入选由工业和信息化部、市场监管总局主办的第十七届中小企业博览会“专精特新”新品发布会。

同日　安徽移动淮北分公司联合华为技术有限公司开通淮北市第一个5G 700M示范站，拉开了5G网络在市、县乡镇农村深度覆盖的序幕。

同日　淮北国安电力有限公司储能项目可行性研究报告通过评审。作为安徽省级能源战略投资项目，该项目规划容量1G瓦时，初期建设100兆瓦时，建成后将填补安徽省大型电化学储能领域的空白。

同日　濉溪县入选国家能源局公布的全国整县（市、区）屋顶分布式光伏开发试点名单。

10日　市委副书记、市长覃卫国会见景域驴妈妈集团有限公司总裁王小松和博川文旅投资集团总裁孙伟一行。

同日　淮北市交通投资控股集团有限公司揭牌仪式举行。市委书记张永，市委副书记、市长覃卫国出席仪式并揭牌。

14日　《经济日报》推出聚焦淮北的新闻报道《昔日煤灰蔽日　今朝城在景中》。

16日　庆祝中国共产党建党100周年全省政协系统书画展淮北巡展开幕式举行。省政协党组副书记、副主席、省政协书画研究院院长肖超英出席活动。开幕式后，肖超英一行先后到烈山区烈山镇榴园村、小李庄等地和口子东山产业园，深入了解淮北市文化旅游产业发展现状和安徽口子酒业生产经营情况。

同日　市委书记张永，市委副书记、市长覃卫国与上海文广实业有限公司总经理姚远一行举行工作会谈。

同日　第十四届全运会“双先”表彰大会召开。淮北市体育中心、濉溪县文旅体局、相山区文旅体局、淮北市老年人体育协会、相山区东街道供电社区、淮北市盛大青少年足球俱乐部6家单位被授予“2017—2020年度全国群众体育先进单位”称号，孟杨东、唐玫等5人被授予“全国群众体育先进个人”称号。

同日　第十一届“创青春”安徽青年创新创业大赛决赛举行。安徽果力智能科技有限公司的“人工智能非学科类科创教育整体解决方案”项目获互联网组二等奖，安徽卡卡木机器人教育有限公司的“安徽卡卡木教育有限公司”项目、淮北职业技术学院的“华夏云纪——打造具备影响力的中国文化符号”项目获互联网组三等奖；安徽皖味到家电子商务有限公司的“构建智慧团餐新模式助力乡村振兴新业态”项目获乡村振兴组三等奖；淮北职业技术学院的“‘梦之路’可再生建筑材料——建筑废弃物的资源化利用”项目获社会企业组三等奖，“稚子苑”项目获社会企业组优秀奖。

17日　中国安徽名优农产品暨农业产业化交易会在合肥滨湖国际会展中心举行。市委副书记、市长覃卫国率淮北市代表团参会。展会期间，淮北市落实招商引资项目18个，总投资32.7亿元，其中2个项目在大会上签约，总投资17亿元。现场销售农产品180余万元，签订贸易订单20个，合同协议金额7000余万元。

22日　《淮北市地下空间开发利用和不动产登记暂行规定》印发施行，自下发之日起执行，有效期3年。

22—25日　第三届大运河文化旅游博览会在苏州国际博览中心举办。以“东西南北、传奇淮北”为主题的淮北文旅精品展厅亮相运博会，展示淮北本土特色的文创产品及名人书画、古瓷器、陶印等大运河文化元素。

23日　淮北市2021年中国农民丰收节开幕式在烈山区榴园村石榴交易中心举行。市委副书记、市长覃卫国出席开幕式。

同日　淮北市烈山区烈山镇南庄村、濉溪县濉溪镇蒙村入选第二批全国乡村治理示范村镇公示名单。

23—25日　中国共产党淮北市第九次代表大会召开。大会应到代表393名，实到代表381名。大会以无记名投票方式，选举产生中国共产党淮北市第九届委员会委员49名、候补委员9名，中国共产党淮北市第九届纪律检查委员会委员32名和淮北市出席中国共产党安徽省第十一次代表大会代表23名。大会通过《中国共产党淮北市第九次代表大会关于八届市委报告的决议》和《中国共产党淮北市第九次代表大会关于八届市纪委工作报告的决议》。

23—27日　第十七届中国(深圳)国际文化产业博览交易会在深圳国际会展中心开幕。淮北展馆以“皖北水韵，传奇淮北”为主题，展示纸线工艺品、剪纸雕刻、泥塑、陶瓷、口子酒、临涣月饼和酱菜等地方特色产品。

24日　淮北矿业集团财务有限公司向淮北涣城发电有限公司发放首笔碳排放配额质押贷款，并通过人民银行征信中心动产融资统一登记公示系统完成登记公示，保障质押法律效力。

24—25日　增强长三角欠发达区域高质量发展动能暨皖北承接产业转移集聚区建设推进大会、全省推动皖北地区高质量发展大会、省属企业支持皖北承接产业转移集聚区建设座谈会先后在蚌埠市召开。市委副书记、市长覃卫国率团参会并见证包括淮北市6个项目在内的沪苏浙皖合作项目和协议签约。

25日　中国共产党淮北市第九届委员会举行第一次全体会议。会议以无记名投票方式，选举张永为市委书记，选举覃卫国、操隆山为市委副书记，选举张永、覃卫国、操隆山、周天伟、李朝晖、钱界殊、单强、顾汕竹、汪继宏、姜颖为市委常委。

同日 中国共产党淮北市第九届纪律检查委员会第一次全体会议举行。李朝晖当选为市纪委书记，纵昆、刘浩当选为市纪委副书记。

26日 加快战略性新兴产业集群建设暨2021年全省第九批重大项目集中开工动员会举行，淮北分会场设在濉溪经济开发区淮海中瑞农产品物流中心项目现场。市委书记张永在淮北分会场宣布项目开工。此次集中开工20个重大项目，总投资约55亿元，涵盖战略性新兴产业、传统产业升级改造、现代服务业等多个领域。

27—28日 淮河生态经济带第3次省际联席会和城市合作市长会商会在临沂市召开。市委副书记、市长覃卫国出席活动并作交流发言。会上，覃卫国代表淮北市与淮河生态经济带其他合作城市共同签署《淮河生态经济带会展联盟合作协议》和《淮河生态经济带医学专科联盟合作协议》。

28日 “最美家庭耀江淮 文明家风润万家”2021年安徽省好家庭好家风宣讲暨最美家庭、最美婆媳揭晓活动在合肥举行。淮北市王莉红家庭、朱溟家庭、牛小群家庭和谢军家庭获评“最美家庭”。王克英、杜秀丽、赵军、董静、吕娟娟和王淑云入选“最美婆媳”。

同日 “东西南北、传奇淮北”淮北市文旅宣传推介会在山东省枣庄市举办。推介会邀请枣庄市30余家大中型旅行社，《中国旅游报》、大众报业、《新安晚报》、网易新闻、今日头条及枣庄、淮北两地的多家新闻媒体参加此次推介会。

28日至10月2日 以“石榴映红乡村美·硕果累累醉榴园”为主题的市第十二届（网络）石榴文化旅游节活动在“云”端举办。活动期间，央视《丰收中国》将直播录制石榴丰收场景，展现淮北市石榴产业发展美景。

29日 市委书记张永会见中国青旅集团公司党委副书记、总经理王迪一行。

30日 安徽首个“5G+源网荷储”新一代变电站示范工程——淮北源网荷储一体化示范工程在濉溪县杨柳35千伏谭家变电站开工建设。

是月 淮北市文化馆报送的大合唱《幸福的淮北人》荣获“唱支山歌给党听”首届长三角合唱歌曲创作大赛金奖，是安徽省5个获奖作品之一。

是月 中共淮海战役总前委旧址纪念馆和钟源阁红色文化博物馆入选国家文物局主编的《中国革命纪念馆概览》。

10月

5日 《光明日报》头版头条刊登《一碗香茶解纠纷——安

光明日报

GUANGMING RIBAO

2021年10月5日 星期二 农历辛丑年八月廿九 今日8版

习近平致电祝贺

李克强向

一碗香茶解纠纷

——安徽省淮北市探索“三治融合”新模式

本报记者 常河

习近平新时代中国特色社会主义思想指引下 ——新时代新作为新篇章

“走，到茶馆说理去”

从一个人到一个团队

2021年10月5日，《光明日报》头版头条刊发报道徽省淮北市探索“三治融合”新模式》。

11日　2021年淮北市网络安全宣传周启动仪式举行。市委书记张永宣布活动启动。启动仪式上，张永等为市网络安全应急技术支撑单位颁牌，在网络安全倡议签名墙上签名，观看网络安全宣传教育展板，听取相关部门关于加强网络安全工作的情况汇报。市网络安全应急技术支撑单位代表宣读网络安全倡议书。

同日　民革淮北市委会召开第六次代表大会，大会选举产生以朱先明为主委的新一届领导班子。

同日　“请党放心、强国有我”淮北市纪念少先队建队72周年主题队会活动在淮北市第一实验小学举行。

13日　淮北市人民医院签约徐州医科大学附属医院紧密型医联体签约仪式举行，未来将在脑病诊疗、介入医学、心血管诊疗等领域开展深度合作。

同日　民建淮北市委会召开第六次代表大会，大会选举产生以杨春杰为主委的新一届领导班子。

13—14日　省委副书记程丽华到淮北市调研产业升级、教育改革、生态修复、农业科研等工作。程丽华先后深入城市规划展示馆、园区企业、学校、采煤沉陷区综合治理项目现场、农业科研试验站等地了解各方面情况，并走访慰问敬老院老人。

14日　淮北市交通运输局召开通用航空和低空领域开放工作座谈会，启动通用机场选址工作。

15日　市委书记张永，市委副书记、市长覃卫国率党政代表团赴江苏省徐州市学习考察。在徐州期间，市党政代表团先后考察中国矿业大学南湖校区、淮海国际陆港海关监管点、淮海科技城、江苏华恒新能源有限公司、徐州重型机械有限公司、淮海人力资源服务产业园。

同日　淮北市绿金湖矿山地质环境生态修复项目被收录中国生态修复典型案例。

同日　淮北市、宿州市跨界河流联合河长制会议在淮北召开。会议签订跨界河流联合河长制和互查文件。自2021年5月开始，淮北市陆续和商丘、亳州、蚌埠等地会商并建立跨界河流联合河长制工作机制。此次会议的召开，标志着淮北市跨省、市界河流联合河长制工作实现全覆盖。

同日　民盟淮北市委会第六次代表大会召开。大会选举产生以陈英为主委的新一届领导班子。

同日　淮北矿业集团铁运处在全国煤炭行业铁路技能大赛上获得团体银奖。

同日　中煤特殊凿井有限责任公司、安徽福尔足袜业有限公司2家企业技术中心被省经信厅认定为2021年（第30批）安徽省企业技术中心。

16日　淮北市第十一届运动会暨第五届职工运动会、第四届残运会在市体育中心开幕。市委书记张永宣布市运会开幕。此届市运会共48个代表团7000多运动员、教练员参赛。

16—18日　市委副书记、市长覃卫国在上海、苏州、泰州开展招商考察活动，先后走访杰事杰新材料有限公司、宝馨科技股份有限公司、南智传感科技有限公司、久茂精密电子科技有限公司和慧创家居产业园等。

17日　2021淮北长三角（苏州）投资推介会在江苏昆山举行。市委副书记、市长覃卫国出席推介会并致辞。

同日　由中国观赏石协会、淮北市文联、淮北市文旅体局联合主办的2021中国·淮北第十七届观赏石博览会在市体育中心开展。

19日　市委书记张永会见刘开渠之孙刘刚、刘开渠艺术研究院常务副院长米洁一行。

同日　淮北市相山区东街道供电社区、濉溪县刘桥镇彭楼村被国家卫生健康委、全国老龄办评为2021年全国示范性老年友好型社区。

19—20日　全省性别平等教育工作培训班在淮北市举办，省妇联主席、省政府妇儿工委副主任刘苹，淮北市委副书记操隆山出席开班仪式。培训班邀请中华女子学院、南开大学专家授课，组织学员参观淮北市西园中学、淮海战役总前委旧址小李家纪念馆。

21日　2021安徽省民营企业百强榜单正式发布。淮北市2家企业入围营收百强，3家企业位列制造业综合百强榜单。其中，华孚时尚股份有限公司、安徽理士电源技术有限公司分别位列营收百强榜单第22位、83位；安徽口子酒业股份有限公司、安徽理士电源技术有限公司、安徽英科医疗用品有限公司分别排在制造业综合百强第23位、38位、67位。

21—22日　杜集区在全市首先启动村（社区）党组织委员会换届选举工作，全区53个村（社区）按计划召开党员大会顺利完成党组织委员会换届选举。

22日　淮北理工学院揭牌仪式举行。省委教育工委副书记庆承松，市委书记张永，淮北师范大学党委副书记、校长姚佐文，中国科培教育集团董事局主席叶念乔出席仪式并揭牌。

同日　经市社会组织管理局批准，淮北市同理银行业保险业消费者权益保护中心挂牌。

同日　濉溪县河长制办公室获全国"母亲河奖"优秀组织奖，是全省唯一获此殊荣的单位。

同日　2021安徽省青少年国际式摔跤锦标赛暨U系列比赛在淮北市举行。赛期5天，全省16支代表队的近千名摔跤运动员参赛。

23—24日　中国致公党淮北市第四次代表大会召开，大会选举产生以董哲为主委的新一届领导班子。

26日　2021中国（濉溪）铝基新材料加工产业高质量发展论坛在濉溪经济开发区举行。国务院发展研究中心宏观经济研究部研究员江宇等11位专家作专题报告。论坛期间，共签约10个项目，签订2个战略合作协议。

同日　淮北卫校在新校区体育场举行2021—2022学年度开学典礼暨新校区启用仪式。

27日　出席省第十一次党代会的淮北市代表团举行全体会议。会议传达代表团召集人会议精神；推选市委书记张永为淮北市代表团团长，市委副书记、市长覃卫国为副团长；酝酿代表资格审查委员会成员、大会主席团成员、秘书长建议名单和大会议程（草案）。会议还传达有关文件精神。代表们签订《严守换届纪律承诺书》。

28—29日　安徽大学党委常委、纪委书记王忠带领由安徽大学生命科学学院、发展规划处、科技处负责人及有关专家教授组成的考察组，到淮北市开展校地、校企产学研对接考察活动。

30日　省委书记郑栅洁到淮北市代表团，与代表们一起审议省委报告和省纪委工作报告。

同日　淮北市乃至全省首家挂牌的"拥军商场"在万达广场举办启动仪式。

31日　2021年安徽省青少年乒乓球锦标赛暨U系列比赛在安庆市太湖县体育馆举行，淮北市代表队获一个第1名、一个第2名、一个第3名的好成绩。

是月　淮北市在全省率先实现市本级及所辖县区预算管理一体化"预算编制、预算执行、会计核算"三个全覆盖。

是月　"淮北医保"微信公众号在省内率先接入安徽医保公共服务平台，正式上线"皖事通"App。

11月

4—9日　市委书记张永率队在上海、无锡考察招商，参加第四届进博会。考察中，张永先后走访光明食品（集团）、无锡和晶科技股份有限公司、新城控股集团、康师傅上海总部、红星美凯龙、上海梦想小镇、无锡锡州机械有限公司、江苏昌吉利新能源科技有限公司等多家企业。

9日　市委书记张永到市群众来访接待中心开门接访，先后接待2批次来访群众，涉及房屋安全、宅基地补偿等事项。

同日　淮北市人民政府与省农村信用社联合社签署金融服务乡村振兴战略合作协议。

同日　淮北市盘石农业科技发展有限公司负责人沈爱杰入选农业农村部办公厅第五批全国

农村创业创新典型案例优秀带头人，成为安徽入选该名单的六人之一。

10日　农业农村部公布第十一批全国“一村一品”示范村镇及2021年全国特色产业十亿元镇亿元村名单，烈山区宋疃镇和村社区（苹果）以及烈山镇榴园社区在列。

11日　学习贯彻省第十一次党代会精神省委宣讲团宣讲报告会在淮北矿业会议中心举行。省委宣讲团成员、省委统战部常务副部长、省政协副秘书长（兼）陈昌虎作宣讲报告。

13日　上海安徽经济文化促进会淮北分会经济专委会成立大会在上海举行。绿谷集团董事长吕松涛当选第一届淮北分会经济专委会主任。

17—18日　淮北市第四届残疾人运动会举行，一县三区的4个代表队、116名运动员，参加田径、乒乓球、举重、射击、射箭、羽毛球、象棋、篮球、飞镖9个项目的比赛。此届残运会还开展“体育道德风尚奖”评选活动。

19日　2021世界制造业大会在合肥开幕。市委书记张永率团参加大会并出席开幕式、主旨论坛暨重大项目签约。市委副书记、市长覃卫国于18日下午参加安徽省与中央企业合作发展座谈会。会议期间，淮北市现场签约项目3个，总投资14.1亿元。参会代表团还参加国际商协会（安徽）会议、新能源汽车产业发展论坛、新兴产业知识产权发展与保护论坛等大会举办的系列活动。

22—24日　市委副书记、市长覃卫国率队到浙江开展招商考察、对接交流活动。覃卫国一行先后走访正泰集团股份有限公司、美欣达集团股份有限公司、中国（杭州）人工智能小镇、杭州梦想小镇、浙江莱根科技产业发展公司、浙江万马（湖州）智造产业园等。

23日　市委书记张永会见皖能集团党委书记、董事长陈翔一行。

同日　民政部公布全国497个村级议事协商创新实验试点单位名单，濉溪县刘桥镇王堰村成为淮北市唯一入选村。

24日　市委书记张永出席中共淮北市委与民主党派市级组织新老主委集体谈话会。会前，张永走访各民主党派市委会机关、市工商联、市知联会，看望慰问机关干部。

同日　安徽淮海实业发展集团有限公司与淮北市交通投资控股集团有限公司签署战略合作协议，重点围绕道路（水路）货物运输、交通设施建设、港口经营等开展合作。

25日　“德润相城”2021年淮北市道德模范与身边好人现场交流活动举行。市委书记张永出席并为第七届淮北市道德模范颁奖。市委副书记、市长覃卫国致辞。

同日　城市重点片区规划专题汇报会召开。市委书记张永主持会议并讲话。会上，东南大学教授刘红杰汇报绿金湖西岸及半岛区域城市设计、高铁西站片区概念性规划及核心区城市设计、大唐淮北发电厂旧址片区城市设计。

30日　副省长张曙光到淮北市调研农业农村工作，并宣讲中共十九届六中全会及省第十一次党代会精神。在淮北期间，张曙光一行调研淮北荣悦园农业发展有限公司、明清石榴园。

同日　学习贯彻中共十九届六中全会精神省委宣讲团报告会在市委党校举行。省委宣讲团成员、省委党校（安徽行政学院）常务副校（院）长陈爱军作宣讲报告。

同月　濉溪县文化馆被文化和旅游部办公厅评定为国家一级馆。

12月

1—2日　省人大工作研究会调研组到淮北调研皖北推进“四化同步”发展、承接产业转移集聚区建设等工作开展情况。调研组一行先后到煤化工基地、安徽润岳科技有限责任公司、安徽瑞柏新材料有限公司、安徽碳鑫科技有限公司了解企业生产、未来规划以及新型工业化项目建设情况。

1日　市委书记张永会见江苏中旗科技股份有限公司董事长兼总裁吴耀军一行。

同日　市委书记张永看望慰问“全国公安系统二级英雄模范”程升华家属。

同日　淮北市人民政府与徽商银行股份有限公司签署政银战略合作协议。市委书记张永，市委副书记、市长覃卫国，徽商银行党委书记、董事长严琛见证签约。

同日　淮北市互联网医院质控中心启动仪式在市人民医院举行，是安徽省成立的首家地市级互联网医院质控中心。

2日　淮北市下发《关于加快集聚产业人才推动“五群十链”产业高质量发展若干政策》，围绕“五群十链”产业人才的引进、培养、平台载体建设、服务保障4个方面出台16条政策措施。

3—4日　2021安徽秸秆暨畜禽养殖废弃物综合利用产业博览会在合肥举行。市委副书记、市长覃卫国率淮北市代表团参会。此次博览会淮北展团参展企业21家，市“双招双引”签约项目5个，签约金额8.5亿元，落实推介项目5个。

5日　110千伏学院输变电工程顺利投运，标志着淮北市首座110千伏全户内钢构变电站投入使用。输变电工程新建2台50兆瓦主变，全线新老电缆长约2.8千米，利用原架空线路约4千米，优化了淮北主城区的110千伏网架结构，有效缓解淮北老城区的供电压力。

6日　市委副书记、市长覃卫国率队赴徐工集团考察。覃卫国一行先后到徐工矿业机械有限公司、徐工液压件车间实地参观，并就加强市企务实合作与公司领导班子进行深入座谈交流。

8日　市委书记张永与福建省工商联党组成员、副主席刘军一行举行工作会谈。

同日　市委副书记、市长覃卫国到市人民来访接待中心开门接访。

9日　淮北市科技产业投资发展有限公司挂牌成立，市委书记张永，市委副书记、市长覃卫国出席揭牌仪式并为公司揭牌。

11日　淮北市与商丘市签订两市边界区域生态环境执法联动协议，共同推动行政边界地区生态环境执法工作。

14日　淮北建投旗下的淮海建设工程有限责任公司与安徽建工集团等联合承建的淮北市采煤塌陷区生态综合治理工程获2020至2021年度中国建设工程“鲁班奖”（国家优质工程）。

16日　全省“县县通高速”暨交通重大项目集中开工仪式举行，淮北分会场设在G3京台高速双堆集互通立交工程项目现场。市委书记张永，市委常委、常务副市长周天伟在淮北分会场参加，并观看重大项目展板。G3京台高速双堆集互通立交工程项目计划投资2.18亿元，预计2022年年底建成通车。

16—18日　市委副书记、市长覃卫国率队赴江苏、上海开展招商考察活动。覃卫国一行先后参观柳工常州机械生产一线、锡州机械展厅及车间，走访考察上海绿地集团、常州恒立油缸厂、常州恒立液压股份有限公司、上海新城控股集团等。

18日　市委书记、市新冠肺炎疫情防控应急综合指挥部指挥长张永主持召开会议，分析研判疫情形势。会上，市疫防办汇报近期疫情形势、防控工作开展情况及下一步工作建议，各县区汇报近期疫情防控工作开展情况。

19—20日　第四届淮海经济区协同发展座谈会在山东省济宁市召开，市委书记张永率队参加并在会上发言。会议听取2021年淮海经济区协同发展工作情况、淮海经济区高质量协同发展规划编制工作进展情况通报，书面审议《2022年淮海经济区协同发展工作要点》，集中签署《淮海经济区应急救援区域协同合作协议》《淮海经济区政务服务“跨省通办”一体化发展合作框架协议》《淮海经济区科技创新共同体框架协议》《淮海经济区内河航运和物流产业发展合作框架协议》《淮海经济区水生态环境联防联控共治共享协议》《淮海经济区知识产权司法协同保护工作框架协议》。

乾隆湖风光 （黄鹤鸣 摄）

20日 淮北师范大学张慧君副教授的“甜瓜抗白粉病全雌系的创制及产业化应用”项目获首届全国博士后创新创业大赛铜奖，张慧君作为获奖项目核心人员获“全国创新创业优秀博士后”称号。

21—22日 徐工集团工程机械有限公司总经理杨东升率队到淮北市考察。在淮北期间，杨东升一行先后考察段园镇、程蒋山、安徽省矿业机电装备有限公司、陶铝新材料研究院有限公司和太山头等地。

27日 水利部淮河水利委员会推进河湖长制工作领导小组印发《关于与安徽省共建的5个淮河流域幸福河湖建设典型经验的通报》，濉溪县乾隆湖幸福河湖建设经验入选。

28日 2021“中国书法·年展”全国篆书、隶书、篆刻作品展在淮北市举办。此次展览经过为期两个多月的公开征稿，共收到全国各地书法作者投稿7392件。经过中国书协组织的严格评审，最终有191件作品入展。

同日 淮北市“采煤沉陷区综合治理推动全面绿色转型”作为地方全面深化改革典型案例入选中国改革2021年度案例。

29日 《淮北市“十四五”工业发展规划》正式发布。

同日 淮北市10名残疾人运动员在全国第十一届残疾人运动会暨第八届特殊奥林匹克运动上获1枚金牌、1枚银牌、3枚铜牌，以及2个第四名、2个第六名，奖牌总数位居全省第三名。

是月 市市场监管局、市中级人民法院、市人民检察院、市公安局四部门联合下发《淮北市打击知识产权领域犯罪行政执法与刑事司法衔接工作规定》，将依法惩处知识产权领域违法犯罪行为。

是月 淮北市杰博恒创航空科技有限公司和安徽理士新能源发展有限公司承建的两家外籍院士工作站通过省级备案，成为全省首批外籍院士工作站。

是月 淮北市中医医院入选省级中医医疗中心建设单位。

（林 琳）

【责任编辑 牛婷】

市情概览

自然地理

【位置面积】 淮北市位于安徽省北部，地理坐标北纬33°16′~34°14′，东经116°23′~117°02′之间。地处华东地区腹地，苏、豫、皖三省接壤处。北接萧县，飞地段园镇与江苏省徐州市铜山区接壤，南临蒙城，东与宿州毗邻，西连涡阳和河南永城。南北长108千米，东西宽60千米，总面积2741平方千米。市辖相山区、杜集区、烈山区、濉溪县。相山区地处淮北市东北部，是淮北市主城区。

【地形地貌】 淮北市地势由西北向东南倾斜，海拔在15~40米之间。地貌以平原为主，平原面积占土地总面积的95.3%，低山残丘面积占4.7%。以寒武和奥陶系地层形成山丘，分两列由东北向西南延伸。山地一般高程约200米，平原海拔高度在22.5~37.0米。

山脉 市境内的山脉主要分布在北部及中部偏东地区，系泰山余脉。根据其展布方向及自然组合，可将其分为东部、中部、西部山脉三个部分。东部山脉，东支从萧县皇藏峪桥顶山开始到宿州符离止，为低山丘陵地貌，并向北延伸出境，山脉北高南低，至符离集骤然消失。一般海拔高度200~300米，最高山峰老龙脊海拔362.9米。山势较陡峻，岩石裸露，常形成羊群地貌。中部山脉，东从闸河，西到巴河，北从青龙山，南至诸阳山，为残丘地形，山脉走向近南北断续分布，或呈孤岛状。山势低矮，海拔高度60~90米，多由灰岩组成。西部山脉，北起萧县龙城镇东北祁村，南止于淮北市渠沟，自东北向西南延伸。主要山峰有义安山、苗山、程蒋山、相山等。境内最高山峰相山，海拔342.8米。

平原 淮北市境除北部、东部有少量山脉分布外，余者皆为平原。以横贯平原中部的古隋堤（今宿永公路）为界，北部为黄泛冲积平原区，南部为古老河湖沉积平原。黄泛冲积平原包括刘桥、相山、杜集、烈山、城关、马桥、百善、四铺、铁佛等地区，为黄泛冲积物覆盖，属冲积成因的堆积地形。区内土壤肥沃，地面平整，地下水丰富。古老河湖沉积平原包括双堆、南坪、孙疃、五沟、临涣等地区，为黄土性古河流沉积物覆盖，属剥蚀堆积地形。由于沉积较早，在漫长的成土过程中，沉积之初富含的碳酸钙被淋洗到底层，加上地下水的影响，形成不同形状的砂姜。该区地势较低，地下水位较高，土壤以砂姜黑土为主，地瘦、质差，但增产潜力大。

河流水文 淮北境内沟渠纵横，主干河道14条，总长度426千米。河道平直，水量受季节影响变化较大。全市有化家湖等4座水库（中型水库1座、小型水库3座），总库容1481万立方米。采煤沉陷湖泊8个，总库容9867万立方米。多年平均水资源总量8.34亿立方米，其中地表水水资源量3.95亿立方米，地下水水资源量4.391亿立方米。

湿地 由于煤炭的开采，地表沉陷积水而形成湿地，矿区人为地貌发生很大变化。辖区内形成大小沉陷湖泊30余个，常年积水面积7.98平方千米，占总沉陷面积的38%，多年平均蓄水量为3040万立方米，占全市平均地表蓄水量的34.4%。湿地在闸河煤田地区相对集中，从市区北部的沈庄、袁庄矿经过岱河、石台、朔里、朱庄、张庄矿至杨庄、烈山矿，呈带状分布，并伴随煤炭开采，湿地面积、深度逐年增大。在淮北矿区地下普遍有一层黏土隔水层，采煤沉陷区蓄水，对地下采煤并不造成危害。淮北市在煤矿开采形成的沉陷区上建设了南湖、绿金湖、碳谷湖、朔西湖等湿地公园。

【气候】 2021年淮北市气候特点为气温偏高，降水异常偏多，日照偏少。四季当中，除春季气温接近常年外，其余三个季节气温均较常年同期偏高。年内相继出现强降水、高温、大雾、寒潮等灾害性天气，给淮北市造成一定影响。

气温　2021年，淮北市平均气温16.1℃，比常年同期偏高0.2℃。年极端最高气温为38.5℃，出现在6月7日，年极端最低气温为-12.7℃，出现在1月7日。最长连续高温日数4天（6月5—8日）。

降水　2021年，淮北市降水量为1294.4毫米，比常年偏多460.9毫米。年一日最大降水量为153.8毫米，出现在7月28日。年最长连续降水日数为4天，出现在7月15—18日，过程降水量为272.2毫米。年最长连续无降水日数为26天，出现在2020年12月30日至2021年1月24日。全年暴雨日数6天，出现在7月3日、7月15—16日、7月28日、8月9日及8月23日。

2021年汛期，淮北市多次出现强降水天气，强降水天气主要集中在7—8月，其中7月降水量较常年同期偏多1.4倍，突破近30年历史同期极值。7月15—16日淮北市连续出现暴雨，累计降水量130~200毫米，部分地区200毫米以上，最大降水量228.4毫米，出现在卧龙湖。强降水造成部分道路、农田积水，直接经济损失380万元。7月26—29日受台风“烟花”影响，全市普遍出现100~200毫米的降水，局部200毫米以上，并伴有7—8级大风，造成城市内涝、农田积水，直接经济损失3420.73万元。

日照　2021年，淮北市年日照时数为2174.8时，比常年偏少77.7小时。

积雪和冻土　2021年，年最大积雪深度1厘米，出现在1月1日。年最大冻土深度12厘米，出现在1月9—10日。

2021年，淮北市出现强降水、大雾、寒潮、高温等灾害性天气，给社会经济造成一定影响。

大雾　2021年，淮北市大雾天气时有发生，其中1月27日、10月21日、12月10日和12月15日出现能见度小于200米的大雾，局部地区能见度不足50米，给交通运输和市民出行带来不利影响。

寒潮　2021年，淮北市出现6次寒潮天气过程，其中11月6—8日为年内最强寒潮过程，48小时最低气温降幅达15℃以上，并伴有7—9级大风。12月24—26日的寒潮天气过程使气温降至下半年以来最低，26日早晨最低气温为-8.9℃。

高温、干旱　2021年6月5—8日淮北市连续出现4天35.0℃以上的高温天气，高温持续时间较短，极端性不强。6月下旬气温偏高，降水持续偏少，土壤失墒较快，气象干旱发生发展，截至6月30日，淮北市中南部地区出现轻到中度气象干旱，对农作物生长不利。

2021年淮北市各季气温、降水情况表

表1

项目 / 月份	气温（℃）		降水（毫米）	
	2021年平均	历年平均	2021年平均	历年平均
2020年12月至2021年2月	4.1	2.9	52.0	39.9
3—5月	15.3	15.3	143.9	178.9
6—8月	27.0	26.5	494.8	898.9
9—11月	17.2	16.2	142.7	182.1

2021 年淮北市各月气温情况表

表 2　　　　单位：℃

项目＼月份	1	2	3	4	5	6	7	8	9	10	11	12	全年平均
2021 年平均	2.1	8.0	10.3	14.6	21.1	27.3	27.3	26.3	24.2	17.0	10.3	4.4	16.1
历年平均	1.3	4.1	9.0	15.8	21.2	25.6	27.4	26.6	22.3	16.7	9.5	3.4	15.2
2021 年平均最高	8.0	13.9	15.5	19.0	26.5	33.1	31.2	30.2	29.4	22.1	16.8	10.5	21.4
历年平均最高	6.0	9.0	14.1	21.3	26.6	30.8	31.6	30.8	27.2	22.2	14.9	8.2	20.2
2021 年平均最低	−2.1	3.7	6.2	10.3	16.2	22.3	24.3	23.2	20.8	13.2	5.9	0.0	12.0
历年平均最低	−2.9	−0.1	5.7	12.2	15.6	20.8	24.5	24.2	19.3	14.1	6.0	1.6	11.8
2021 年极端最高	17.2	25.1	24.5	28.7	36.1	38.5	36.5	35.0	35.2	35.4	22.7	16.0	38.5
历年极端最高	18.0	25.4	28.6	33.8	36.9	40.4	39.6	38.0	36.9	34.4	27.7	21.4	40.4
2021 年极端最低	−12.7	−1.6	−2.1	3.5	9.8	14.8	19.1	17.9	16.9	4.9	−1.6	−8.9	−12.7
历年极端最低	−12.8	−14.0	−7.3	0.1	5.6	12.6	17.1	13.9	7.4	−0.4	−7.2	−14.0	−14.0

2021 年淮北市各月降水量、年降水量一览表

表 3　　　　单位：毫米

项目＼月份	1	2	3	4	5	6	7	8	9	10	11	12	全年
2021 年	6.7	26.5	55.4	28.6	94.9	99.9	560.7	238.3	137.5	20.4	24.2	1.3	1294.4
历年平均	16.5	20.7	33.7	34.1	76.1	106.7	239.9	148.2	68.3	45.8	28.6	14.8	833.4

2021 年淮北市主要天气现象日数统计表

表 4　　　　单位：天

气象＼月份	1	2	3	4	5	6	7	8	9	10	11	12	全年
雨	3	3	11	10	10	8	17	17	13	9	5	3	109
雪	1	1	1	—	—	—	—	—	—	—	1	1	5
霜	1	—	—	—	—	—	—	—	—	—	—	—	1
大风	—	—	—	—	—	1	2	—	1	—	1	—	5
雾	1	3	4	4	4	—	1	11	2	4	5	4	43

2021 年淮北市各月极大风向风速统计表

表 5　　　　风速单位：米 / 秒

项目＼月份	1	2	3	4	5	6	7	8	9	10	11	12	全年
风向	NW	SWENE	N	WSW	WSW	N	ESE	SW	W	NNE	NW	NNW	ESE
极大风速	12.5	14.3	14.3	14.9	16.0	17.0	22.6	12.4	17.2	11.7	17.7	10.7	22.6
出现日期	11	20、22	21	29	25	3	15	9	20	10	7	17	7 月 15 日

2021年淮北市各月平均相对湿度统计表

表6　　单位：%

项目＼月份	1	2	3	4	5	6	7	8	9	10	11	12	全年
平均相对湿度	63	65	70	70	68	65	82	84	80	73	71	65	71
最小相对湿度	18	21	24	18	15	12	49	39	26	17	12	18	22
出现日期	8、11、13	4、6、20	22、30	16、17	5、28	8	24、25	8	23	23	25	29	6月8日 11月25日

（张永芹）

【自然资源】 土地资源　淮北市市域面积274140.06公顷，其中农用地206608.72公顷，建设用地62928.46公顷，未利用地4602.88公顷。其中耕地166003.88公顷，园地5310.09公顷，林地11312.16公顷，草地1269.33公顷，城镇村及工矿用地53688.61公顷，交通运输用地9463.59公顷，水域及水利设施用地24166.24公顷，湿地42.66公顷，其他土地2883.5公顷。

矿产资源　淮北市矿产资源丰富，境内发现矿产56种，已探明储量有16种，分别为煤、铁、铜、金、银、钴、镍、耐火黏土、石膏、水泥用灰岩、建筑石料用灰岩、制灰用灰岩、水泥配料用黏土、地下水、天然矿泉水，其中以煤炭资源最为丰富。根据《矿产资源储量数据库管理系统》统计数据，截至2021年底，辖区内共探明煤炭矿产地52处，铁矿矿产地14处，铜矿矿产地9处，金矿矿产地5处，银矿矿产地3处。探明大中型水泥用灰岩矿产地8处，保有资源储量2.249亿吨；探明建筑石料用灰岩矿石资源储量9027.18万立方米；探明高岭土矿石资源储量3206.340万吨。另据预测，在煤系地层中与煤共生的硬质高岭土潜在资源量约2.88亿吨，天然焦1.5亿吨，煤层气3200亿立方米。

水资源　淮北市境内沟渠纵横，主干河道有15条：老濉河、萧濉新河、湘西河、闸河、龙岱河、岱河下段、洪碱河、南沱河、王引河、巴河、浍河、泡河、新北沱河、澥河、北淝河。其中行洪河道有新濉河、湘西河、闸河、龙岱河、洪碱河、南沱河、王引河、包河、浍河、北淝河10条。另有大沟116条，构成5个水系：濉河水系、南沱河水系、浍河水系、澥河水系、北淝河水系。河流多系人工河道，河道平直，水量受季节影响，变化较大。夏季河（沟）水骤涨，水流量大，水流急，冬季因降水少，河水变浅，水流缓慢。

（吴正亚）

林业资源　淮北市有山林57万亩，大多为人工林，属温带落叶阔叶林和阔叶、针叶混交林，树种繁多。有树种300多个，分属66个科、147个属，其中乔木118种，灌木177种，藤木14种，竹类8种。古稀珍贵树木有古柏、古槐、银杏等。果树有桃、梨、杏、苹果、葡萄、李子、石榴、柿子等树。

野生动物　淮北市共记录有野生动物132种，其中鸟类104种，其他物种28种。记录有国家一级保护动物2种（东方白鹳、青头潜鸭），国家二级保护动物8种（鸳鸯、小天鹅、斑头秋沙鸭、雀鹰、普通鵟、燕隼、红隼、纵纹腹小鸮）。

建置区划

【建置沿革】 夏商时期，境内属徐州。公元前21世纪，助禹治水有功而成为商部落首领契的孙子、商汤十一世祖相土为进一步向东扩张，由商丘迁徙至此，作为别都，此后山即为相山，城即为相城。商汤伐桀，灭夏建商，相城仍属徐州所辖。周武王伐纣更商分封诸侯，以纣王兄微子启代殷，立国号宋，相属宋。周定王十九年（前588年）至周简王十年（前576年）期间，宋共公瑕为避水患，曾将国都由睢阳（今河南商丘）迁至相城。战国时期，齐、楚、魏于周赧王二十九年（前286年）灭宋，相归楚国。秦王政二十二年（前225年），设相县（今淮北市相山区）、铚县（今濉溪县临涣镇），同属泗水郡，郡治在相城。

汉高祖四年（前203年），改泗水郡为沛郡，郡治仍在相城。西汉元狩六年（前117年），设梧县（今杜集区石台镇梧桐村闸河以西），属沛郡。地节元年（前69年），梧县改属彭城郡，后改属楚国。黄龙元年（前49年），置竹县，县地古竹山（今淮北市烈山区孤山），属沛郡。王莽篡汉后，尽易天下郡县名，改相县为吾符亭，沛郡改为吾符郡，改梧县为吾治。东汉建武二十年（44年），改沛郡为沛国，国都仍在相城。梧县先后改属楚国、彭城郡国。三国时，相城属魏，相县和铚县先后属汝阴郡，归豫州。梧县仍属彭城郡国。

西晋太康二年（281年），复置沛国，建都相县。东晋皇室南渡，相县先后归后赵、前燕，归属屡有更易。梧县先后属后赵、前燕、前秦的彭城郡。东晋孝武帝太元八年（383年），淝水之战后，梧县无恢复。南北朝时，相县先后归属南朝宋、北魏、北齐，属徐州沛郡。北齐天保七年（556年），废相县为相城乡，属符离县，铚县归南朝梁时改为临涣县，北魏时改为涣北县，北齐时复称临涣县。东魏武定五年（547年），析临涣郡置白挴县（今濉溪县百善镇）和涣北县（今濉溪县柳孜秦古城村）。

隋大业元年（605年），白挴县并入临涣县。是年，侨置定陶县（今烈山区赵集山西村）。隋开皇三年（583年），废竹邑县，并入符离县。唐武德四年（621年），侨置诸阳县（今淮北烈山区赵集山西村），撤销临涣县并入宿州。境内分属徐州之萧县，宿州之符离县、临涣县、蕲县。相地渐趋衰落，成为边远闭塞之地相城孜。

五代时，隶属与唐代略同。

北宋元丰五年（1082年），地属宿州之符离县、临涣县、蕲县，徐州之萧县。南宋时，长江淮河以北为金地，地属宿州之符离、临涣、蕲县，徐州之萧县。

元初，地属徐州之萧县，宿州之符离县、临涣县、蕲县。至元二年（1336年），撤临涣县，并入宿州，地属徐州之萧县和宿州领辖，直至明清。

1912年，境内分属宿县和萧县。抗日战争时期，境内先后归属宿西县、萧宿永县、萧县。

1948年11月，境内解放。1949年6月，境内分属华东局皖北行政公署宿县和萧县。1953年2月，境内分属濉溪县和萧县。

【行政区划】 1960年4月6日，中共安徽省委下发《关于濉溪市机构设置问题的批复》，同意建立濉溪市。市人民委员会与濉溪县人民委员会合署办公。

1961年1月，将濉溪县北端的方顶大队和渠沟大队划归濉溪市管辖；6月17日，成立濉溪市郊区，辖相山、杜集、高岳3个公社。

1961年12月15日，国务院全体会议第114次会议通过《国务院关于恢复安徽省濉溪等17个县和撤销萧砀等7个县的决定》，恢复濉溪县，以濉溪市的部分行政区域为濉溪县的行政区域。

1964年4月27日，市郊区撤销。

1965年，濉溪县的任圩公社和烈山公社之二郎庙、杨庄、洪庄、烈山、黄桥、吴山口大队划归濉溪市管辖。

1971年1月，恢复市郊区，同时成立相山区。

1976年，将萧县郭庄公社的官庄、任庄、任土楼、李洼、孙庄等6个大队、90个生产队划归淮北市管辖。

1977年2月22日，宿县地区所辖濉溪县划归淮北市管辖。

1980年5月8日，设立烈山区、杜集区。

1981年4月21日，将萧县的北山、窦庄、钱楼、坡里、朔里5个整建制公社和毛庄、牛眠、吴庄、丁里4个公社的16个大队、1个生产队划归淮北矿务局领导，实行以矿带社体制。

1983年6月22日，撤销以矿带社体制，将北山、窦庄、钱楼、坡里、朔里、孟庄、毛庄、牛眠、高岳9个公社划归郊区。

1984年3月27日，郊区撤销，将其所属相山、蔬菜、任圩3个乡划归相山区；烈山乡和新增设的青龙山镇划归烈山区；杜集乡和原矿务局代管的高岳、朔里、毛庄、窦庄、北山、牛眠、坡里、钱楼、孟庄9个乡划归杜集区。淮北市遂形成市辖三区一县的区划格局。

1992年1—4月，实行撤区并乡，将濉溪县土楼乡划归相山区管辖，濉溪县宋疃乡划入烈山区，设宋疃镇，杜集区孟庄乡全部及牛眠乡部分划还萧县管辖，撤销濉溪9个区公所，全市共设23个镇、10个乡。

2004年8月20日，撤销濉溪县马桥乡、白沙乡、任集镇，分别并入新蔡镇、五沟镇和南坪镇。将新蔡镇划入烈山区，将濉溪县濉溪镇的庆相桥居委会、虎山北路居委会（铁路以北）划入相山区三堤口街道办事处管辖。

2006年3月，对乡镇行政区划进行调整，调整后全市下辖18个乡镇、14个街道办事处。2012年12月，撤销濉溪县四铺乡，设立四铺镇。截至2020年年底，淮北市辖一县三区，有18个镇、15个街道。

【市花市树市歌】 1995年3月13日，淮北市第十一届人大常委会第16次会议决定：梅花、月季为淮北市市花，银杏、国槐为淮北市市树。2015年11月12日，淮北市第十五届人大常委会第25次会议同意将歌曲《淮北是我家》作为市歌，歌曲由贺东久和孙中明填词，刘青谱曲。

2021年淮北市县、区、镇、街道一览表

表7

区、县	镇、街道数量	镇、街道名称
相山区	1个镇、8个街道	相南街道、相山东街道、相山西街道、三堤口街道、东山街道、曲阳街道、南黎街道、任圩街道、渠沟镇
杜集区	3个镇、2个街道	高岳街道、矿山集街道、朔里镇、石台镇、段园镇
烈山区	3个镇、5个街道	杨庄街道、任楼街道、临海童街道、百善街道、前岭街道、烈山镇、宋疃镇、古饶镇
濉溪县	11个镇	濉溪镇、韩村镇、临涣镇、南坪镇、孙疃镇、刘桥镇、百善镇、双堆集镇、五沟镇、铁佛镇、四铺镇
合计	18个镇、15个街道	

2021年淮北市城市社区名录

表8

区、县名称	街道、开发区名称	社区居委会数量（个）	社区居委会名称
相山区	相南街道	9	春秋、杏林、中城、相阳、黎苑、惠苑路、桓谭、海宫、西城
	相山东街道	6	铁路、机厂、供电、幸福、民生、闸河
	相山西街道	8	安康、鹰南、建安、体育、利民、鹰山、新华、洪山
	三堤口街道	10	董庄、庆相桥、朱庄、纺织、虎山北路、口子、三堤口、濉溪、刘桥、恒源
	东山街道	7	祥和、翰林、建国、周庄、方顶、马庄、东山
	曲阳街道	9	任井、刘庄、濉河、惠民、滨河、前黄、下街、黄里、渠沟
	南黎街道	9	李楼、丁楼、梅苑、学院、桂苑、康乐、曙光、锦华苑、城里

续表 8

区、县名称	街道、开发区名称	社区居委会数量（个）	社区居委会名称
相山区	任圩街道	13	寇湾、李桥、陈庄、新星、余庄、任圩、红星、南湖、代庄、光明、权园、园林、古镇
	相山经济开发区	4	凤凰、河北、小集、王店
杜集区	高岳街道	6	博庄、岱河、刘庄、高岳、水泥厂、东湖
	矿山集街道	6	杜集、柿元、六合、徐庄、双龙、朱庄
	朔里镇	1	朔里矿业
	石台镇	1	子张湖
	段园镇	4	袁庄、孟庄、绿原、毛郢
烈山区	杨庄街道	8	新杨、淮选厂、黄桥、二郎庙、杨庄矿、铁运处、前岭、南湖
	任楼街道	1	西园
	临海童街道	5	临涣矿、童亭矿、海孜矿、临选厂、中煤三十三处
	百善街道	1	百善
	宋疃镇	1	松山
濉溪县	濉溪镇	23	沱东东路、浍东、南环路、浍河西路、闸河西路、濉河西路、闸河东路、濉河中路、北环路、大街、二里、南关、十南街、烈山南路、沱河西路、王冲、濉河东路、烈山北路、郭楼桥、淮海南路、十北街、东关、北关
	濉溪经济开发区	3	五里郢、溪河、玉兰路
合计		135	

2021 年淮北市各镇（街道）所辖村委会（农村社区）名录

表 9

县、区	镇（街道）、开发区	村委会（农村社区）数量（个）	村委会名称	农村社区名称
相山区	渠沟镇	13	张集村、钟楼村、大梁楼村、刘楼村、孟庄村、张楼村、鲁楼村、油坊村、桥头村、土楼村、郭王村、徐集村、瓦房村	—
杜集区	高岳街道	5	徐暨村、任庄村、李洼村、双楼村、韩楼村	—
	矿山集街道	3	北山村、南山村、张院村	—
	朔里镇	9	坡里村、矬楼村、官庄村、徐楼村、葛塘村、沈集村、段庄村	朔北社区、朔南社区
	石台镇	7	学田村、窦庄村、刘庄村、石台村、梧桐村、白顶山村	童台社区

续表 9

县、区	镇（街道）、开发区	村委会（农村社区）数量（个）	村委会名称	农村社区名称
杜集区	段园镇	7	大庄村、欧集村、袁庄村、牛眠村、祁村村、毛庄村、毛场村	—
	杜集经济开发区	4	纵楼村、刘楼村、罗里村、孙庄村	
烈山区	烈山镇	14	洪庄村、南庄村	凤凰社区、吴山口社区、土楼社区、土型社区、榴园社区、华家湖社区、新北社区、新南社区、烈山社区、蔡里社区、青谷社区、蒋疃社区
	宋疃镇	12	马桥村、新园村、费寨村、军王村、东风村、黄营村	宋疃社区、和村社区、太山社区、古饶社区、雷山社区、马场社区
	古饶镇	21	张庄村、草庙村、山北村、秦楼村、太山村、南园村、王店村、双河村、大何村、山南村、山西村、谷山村、刁山村	土山社区、赵集社区、平山社区、殷楼社区、赵楼社区、半峭社区、况楼社区、新村社区
濉溪县	濉溪镇	5	杜庙村、蒙村村、黄桥村、王冲孜村、八里村	—
	韩村镇	15	小湖村、淮海村、河涯村、马店村、建元村、马桃园村、大殷村、双沟村、大李村、和谐村、祁集村、大庄村、光明村、胜利村、韩村村	—
	临涣镇	19	临涣村、铚城村、沈圩村、徐庙村、夹河村、湖沟村、梁庙村、石集村、张楼村、高皇村、临南村、大高家村、四里村、刘油坊村、姚湖村、海孜村、沈桥村、徐楼村、陈口村	—
	南坪镇	20	南坪村、老家村、大王村、香山村、太平村、耿庙村、黄沟村、钱铺村、庙台村、任集村、任圩村、桃花村、蒋湖村、坪西村、街西村、半铺村、朱口村、葛圩村、路东村、浍北村	—
	孙疃镇	22	秦口村、徐圩村、王楼村、刘寨村、尤沟村、炮楼村、杨柳村、燕头村、沟西村、刘圩村、代庙村、楼坊村、陈楼村、王圩村、部桥村、郭集村、大田村、耿圩村、孙疃村、六八里村、任李村、四李村	—

续表 9

县、区	镇（街道）、开发区	村委会（农村社区）数量（个）	村委会名称	农村社区名称
濉溪县	刘桥镇	17	周大庄村、小城村、周口村、彭楼村、丁楼村、关帝庙村、杨庄村、孟口村、刘桥村、后吕楼村、火神庙村、干庄村、王堰村、任圩村、留古村、前吕楼村、陈集村	—
	百善镇	22	茶庵村、苇菠村、龙北村、鲁店村、马乡村、桥头村、闫集村、柳孜村、叶刘湖村、宋庙村、龙桥村、百善村、丁楼村、道口村、王司村、前营村、张庄村、青卫村、徐楼村、郭屯村、龙沱村、黄新庄村	—
	双堆集镇	23	大桥村、刘楼村、李圩村、芦沟村、吴井村、三和村、魏圩村、马沟村、张集村、施刘村、邹圩村、陈桥村、罗集村、沈湖村、曹坊村、赵元村、陈集村、张圩村、高家村、熊庙村、谢店村、祝庙村、双堆村	—
	五沟镇	21	北湖南村、袁店村、魏庙村、国政村、藕池村、庙前村、邵长营村、大陈村、童亭村、曹坊村、孟集村、王圩村、五沟村、界沟村、张圩村、石门村、南湖南村、白寺村、白沙村、土楼村、肖店村	—
	铁佛镇	26	铁佛村、店孜村、梁庄村、岳集村、大王村、张黄庄村、赵集村、七口村、卧龙村、油榨村、黄集村、道口村、孟楼村、朱庙村、崔楼村、南张楼村、古城村、张庄村、和谐村、刘楼村、朱暗楼村、北张楼村、茂铺村、梁楼村、邹楼村、周圩村	—
	四铺镇	20	洪南村、八里村、侯庙村、颜道口村、界洪村、梁圩村、谢岭村、张圩村、五里铺村、四铺村、大郭村、大曹村、三铺村、新风村、新建村、五铺村、湖涯村、北陈村、周陈村、新庄村	—
	濉溪经济开发区	2	李庄村、杨楼村	—
	濉芜产业园	1	向阳村	—
合计（个）		308	279	29

人口 民族

【人口】 2021年年末，淮北市总户数737905户，总人口2185497人，其中，城镇人口1243499人、乡村人口941998人，男性1121211人、女性1064286人。全年出生19124人，死亡10020人。省内迁入28309人，省外迁入3056人，迁往省内31920人，迁往省外11081人。外省居民办证2117人次，省内异地办证6765人次。

【民族】 2021年，淮北市有回族、满族、苗族、土家族、壮族、彝族、蒙古族、布依族、侗族、黎族、瑶族、拉祜族、朝鲜族、白族、维吾尔族、哈尼族、傈僳族、傣族等37个少数民族，常住人口5589人，其中回族占63%以上，约占全市总人口的0.16%。全市流动经商户主要是来自青海、甘肃、新疆等地的回族、东乡族、保安族、维吾尔族群众，在淮北市经营清真拉面馆、烧烤和水果销售的共有50家280人左右。在淮北市务工的新疆维吾尔族约360人。在淮北师范大学、淮北职业技术学院就读的维吾尔族、藏族、回族、哈萨克族等大学生2456人。

历史文化

【历史名人】 淮北自古以来人文璀璨，在漫长的历史进程中，先后诞生多位历史名人。春秋时期，有宋国四朝元老华元、秦国名相蹇叔；两汉时期，有西汉时位至三公的薛广德、西汉御史大夫陈万年、东汉时开三公以灾异免职先例的徐防、“两袖清风”沛郡太守王良；三国时期，有久耕合肥数年致孙权久攻不破的刘馥；西晋时，有拚死保卫惠帝的嵇绍；唐时，有为官清正的朱敬则；明时，有位至颍国公的开国元勋傅友德。

在文化艺术方面，著述宏富的经学家有被王充誉为“素丞相”的东汉唯物主义哲学家桓谭，享誉文坛的文人学者有三国时期的丁仪、丁廙兄弟，“竹林七贤”之嵇康、刘伶，文学家薛综、薛珝、薛莹，明末清初致力于相城地方文化研究的名士任文石、任柔节父子；乐坛耆宿有东晋时创作“梅花三弄”笛曲的桓伊；书画雕刻名人有在画坛具有重要地位并创造脱胎法塑造佛像的戴逵和中国现代雕塑事业、美术馆事业的奠基人刘开渠。

在科技教育方面，有春秋时期孔子十二贤之一的颛孙子张，有晋代植物学家嵇含和金代天文学家武祯、武亢父子，有南朝齐教育家刘瓛，有清代被道光聘为咸丰帝师的丁彦俦。

此外，还有为革命献出生命的朱务平、梁文焕、赵皖江等一批先烈，为淮北煤矿开发做出重要贡献的晚清实业家周玉山、周岐山等。

【传统戏曲】 淮北市传统戏曲有淮北花鼓戏、淮北泗州戏、淮北梆子戏等种类。

淮北花鼓戏 淮北花鼓戏流行于苏皖北部边界，至宿州、浍河以北这一片较小区域，据传溯源于明初，又有记载产生于20世纪30年代。花鼓戏是在淮北地区民间歌舞的基础上发展而来的剧种，表演时男角上场背花鼓，乐队伴奏时也以花鼓为主乐，故称淮北花鼓戏。花鼓戏演唱时无音乐伴奏，用锣、鼓、梆子击以节奏。擅长演悲剧，唱腔如泣如诉、跌宕婉转、哀婉缠绵、低徊流转。剧目分大戏、小戏两种，传统剧目有《王小赶脚》《四宝珠》《花园会》等170个，内容涉及生活、爱情、战争、公案等各种题材。2006年，入选安徽省第一批非物质文化遗产名录。2008年，入选国家级非物质文化遗产名录。花鼓艺人周钦全被文化部批准为国家级非物质文化遗产代表传承人。

淮北泗州戏。原称“拉魂腔”，源于苏北、鲁南地区，传入淮北已有200多年历史。民国时期，由民间小班社在农村演出。唱腔具有加快、爽朗、委婉的特色。因泗州戏的老一辈艺人多数生长在安徽宿州泗县一带，该剧种在语言运用上又具有泗县一带语言粗犷、幽默的特色，具有强烈的艺术魅力，深受淮北人民的喜爱。传统大戏剧目约80出，传统小戏和折子戏约60出。2017年，淮北泗州戏作为传统戏剧扩展项目入选安徽省第五批非物质文化遗产名录。

淮北梆子戏　原名“沙河调”，又称“高梆”“土梆子”“沙河梆子”，是流行于淮北地区的艺术个性比较强的地方戏曲剧种。唱腔具有高昂、粗犷、奔放、感染力强的特点，有200多种曲牌。演唱分大本腔与二本腔（即假嗓），在伴奏乐器上除弦乐和鼓板之外，另加枣木梆相击作声，借以增强声调之节奏。

【传统曲艺】淮北市传统曲艺主要有淮北大鼓、临涣唢呐、夏派唢呐、淮北琴书、淮北坠子戏等。

淮北大鼓　亦称淮北战鼓，源于元末，明末清初已具雏形。始于手鼓伴奏，以半说半唱的顺口溜形式演唱。清代中期，将手鼓用简单支架固定鼓位在固定场地进行演唱。改革开放后，这一演唱形式渐趋式微。大鼓唱腔有慢板、快板、花板3种形式。以唱为主，说为辅，唱腔高亢婉转，地方特色浓郁，多采用地方小调或吸收其他地方戏曲剧种曲调，语言诙谐幽默。演唱作品有《三国演义》《封神榜》《杨家将》《林海雪原》等传统和现代书目。2006年，入选安徽省第一批非物质文化遗产名录。

临涣唢呐　清朝中期初具雏形，是具有浓郁地方特色的民间音乐。淮北城乡的唢呐班子，当地人俗称“响”。一般由一杆唢呐，再加上笙、笛、管子、锣鼓等打击乐组成。临涣唢呐的哨片宽大且厚，呈布袋状；唢呐芯子前端则用棉线缠成一个疙瘩，演奏时全凭嘴唇的力度来控制哨片。传统乐曲有《凡字调》《叫句子》《大开门》《小开门》《柳金子》《八句娃子》《百鸟朝凤》和一些戏曲剧种的曲牌等。2013年，入选淮北市第二批非物质文化遗产项目。2017年，入选安徽省第五批非物质文化遗产名录。

夏派唢呐　清末民国初以来，流传于苏鲁豫皖交界的广大区域，在淮北、宿州等地最为流行。演奏特点是把攥子、闷腔、咪子、唢呐有机结合，表现乐曲高潮时通过“传笛”技艺，将整曲演奏得活灵活现。传统乐曲有《柳瑶吟》《凡字调》《八句娃娃》《叫句子》《百鸟朝凤》《扒锅》等20首。传承曲牌有《冒尖》《扒锅》《四大欠场》《小工花》《八仙庆寿》《强调55》《桃红》《四字官调》等近百首。2013年，被列入淮北市第二批非物质文化遗产名录。2017年，入选安徽省第五批非物质文化遗产名录。

淮北琴书　又称“泗州琴书”，是在流行于泗州地区的老凤阳歌、泗州调、山歌、小调的基础上发展起来的，约形成于19世纪中叶，最早流行于泗州府地区。淮北琴书以说唱为主，可由一人至数人演唱，伴奏乐器为扬琴、坠胡、檀板，后逐步增加二胡、提琴、笙、笛、琵琶等。音乐曲牌有《大八板》《小五板》《垛子板》《慢板》《快板》《喜调子》《哀调子》等。2013年，入选淮北市第二批非物质文化遗产名录。

淮北坠子戏　坠子戏是安徽的稀有剧种，是以民间说唱的单口坠子为基础，经过“大扬琴”、“道情班”和“曲艺剧”的过程发展而成。坠子戏以其主奏乐器为“坠子”而得名。其基本唱腔委婉多姿、丰富多彩，抒情性很强，大气动人。传统大戏百余出，小戏、折子戏40余出，大小现代戏50多出。2013年，入选淮北市第二批非物质文化遗产名录。

【传统手工艺】至2021年，淮北市有6项传统手工艺入选安徽省非物质文化遗产名录。

口子窖酒酿造技艺　口子窖酒酿造技艺是在吸取濉溪古秘酿工艺“大蒸大回”精华基础上，研制形成的一套独特的制酒工艺，分为制曲、发酵、分级贮存3个主要阶段，整个生产工艺有30多道工序。以地产小麦、大麦、豌豆、高粱为主要原料，以濉溪“菊花红心曲”、高温曲为糖化、发酵、生香剂，利用口子百年窖池酿造，酒体精心设计而成。所酿之酒清澈透明（或微黄）、芳香幽雅、醇厚绵净、香味协调，酒体细腻丰满，空杯留香，是一种风味独特的兼香型白酒。2010年，入选安徽省第三批非物质文化遗产名录。

临涣酱培包瓜制作工艺 酱培包瓜又称“菜中菜”，是由南京人潘孝武父子于清光绪初年到临涣集开设“园昌斋”酱园店时制成的一种酱菜。外壳是圆、嫩、鲜、脆的酱培包瓜，内瓤为“倾馅十样锦、颜色有五六”的酱菜。色泽光亮，脆嫩清香，入口清爽，咸甜适度，酱味浓郁，南北皆宜。2008年，入选安徽省第二批非物质文化遗产名录。

淮北泥塑 又称传统泥塑，在淮北地区以塑庙神为主要形式传承下来。淮北泥塑作品多为民间故事中的人物、小说戏曲的角色，也有表现劳动人民现实生活中的形象。2008年，入选淮北市第一批非物质文化遗产名录。2011年，李正卿泥塑工作室成为全市首个非物质文化遗产传承基地。2014年，入选安徽省第四批非物质文化遗产名录。

殷派面塑 俗称“捏面人”。先将面粉和糯米粉混合，做成直径20厘米、厚约1.5厘米的面饼，蒸约30分钟。出锅后加入蜂蜜、食用盐揉搓，然后用洁净棉布加湿包好以备第二天着色。面人制作分类为签举式、悬挂式、杯装式、托板式、核桃式。2013年，殷派面塑入选淮北市第二批非物质文化遗产名录。2014年，入选安徽省第四批非物质文化遗产名录。

商派面塑 先将面粉及糯米粉在盆中混合，再加入盐、糖、甘油等。用适量的开水，将其和匀成块，醒面24小时，然后按成大约2厘米的厚饼，在锅中蒸约30分钟，出锅冷却到50度后，分成数块，揉搓均匀，加入所需的颜料，揉好后即可随时使用。作品反映的多是淮北民间风土人情和民俗传说，非常适合随身携带、随手把玩。2017年，入选安徽省第五批非物质文化遗产名录。

张氏剪纸 张氏剪纸所用的材料最早多为普通彩纸，易褪色且不易长期存放，后开始使用绫子布作原材料，将绫子布进行一次拖裱，而后剪出所用图形，再把剪出的图形粘贴在另一张绫子布上，就形成了一幅套色剪纸作品，易于长期存放。剪纸旧时所用的工具为平常剪刀，如今则根据需求选用相应剪刀，剪粗犷的作品用大剪刀，剪细腻些的作品用小剪刀。2017年，张氏剪纸作为传统美术扩展项目入选安徽省第五批非物质文化遗产名录。

面塑

剪纸

【地方风俗】“百里不同风，千里不同俗”，淮北市地处苏豫皖接壤处，特殊的地理环境使淮北地方风俗本就兼具多地特点。随着淮北煤矿的大规模开发，全国各地人口大量涌入，凸显出淮北市作为移民城市的特征。邻地文化的渗透，多种文化的兼容并蓄，致使淮北民俗荟萃精华，精彩纷呈。

淮北酒俗　淮北一向为酒乡，有着悠久的饮酒文化。在民间，各种筵席几乎都离不开酒。四时八节，婚丧喜庆，往来应酬，亲朋聚会，均“无酒不动”“无情不酬（宾）”。饮酒的节庆喜日有除夕、春节、元宵、清明、端午、中秋、重阳、冬至，订婚、婚庆、回门，生子、满月、百日、周岁，祝寿、庆生、联谊、贺喜、等等。淮北民风质朴豪爽，所以热情好客，酒风凌厉。有些地区具有一些为外地客人不能认同甚之望而生畏的特殊饮酒习俗，如端酒、炸罍子、滚杯等。

临涣茶饮习俗　临涣人的饮茶习俗始于明代，迄今有600余年的历史。濉溪县临涣镇有十余家茶馆，茶座300余张，茶壶600多把，早晨5点开张，晚10点后熄炉。茶馆全以茶叶梗子泡茶，当地人俗称“棒棒茶”，主要取自安徽大别山茶区。泡茶的水为当地泉水。随着时代发展、社会变迁，依托茶馆里的“百姓说事点”，临涣镇的调解员们利用“一杯茶调解法”这一行之有效的方式，化解了当地群众的大量矛盾纠纷。

淮北古庙会　淮北市境内庙会曾达80多个，有相山、濉溪、马桥、蔡里、大山头村、土型村、刁山村、后黄里村、蒙村、岳集、古饶、孙疃、南坪、三和、双堆、临涣等庙会。颇具规模的是农历三月十八相山庙会、正月十五濉溪县城隍庙会、二月初二土地庙会、二月十九马桥老猫洞庙会、四月十八泰山庙会，赶会人数均在万人以上。淮北建市后，市境内的庙会分布基本未变，同时对原有的部分庙会加以改造，废除一些封建迷信活动，使之成为新型的城乡物资交流贸易大会。传统的庙会、古会至今尚保留有70余处。

国民经济和社会事业

【国民经济发展】2021年，淮北市生产总值增长3.4%，规模以上工业增加值下降4.4%，固定资产投资总额增长9.7%，社会消费品零售总额增长13.1%，外贸进出口总额增长65.8%以上，一般公共预算收入增长10.8%，城镇和农村常住居民人均可支配收入分别增长9.0%和8.5%。

高质量发展基础夯实　全市生产总值突破1200亿元、增长3.4%。建成双创平台13个，引进高层次科技人才团队9个、高科技创新人才110余人。吸纳技术合同成交额50亿元、增长119.3%。战新产业产值、高新技术产业增加值占规模以上工业比重分别为28.4%和26.9%，较2020年提高5.9个和2.3个百分点。单位GDP能耗下降3.7%以下。规模以上工业企业利润保持较快增长，增长7.9%。居民人均可支配收入达30738元、增长9.3%。出台支持民营经济高质量发展实施细则“30条”，新增减税降费9.7亿元。新增民营企业6800家、增长15%。城镇新增就业3.8万人，城镇登记失业率2.8%以内。居民消费价格指数（CPI）上涨控制在1.5%的目标之内。

产业转型动能提速　淮北市加快“五群”“十链”发展，“五群”和“十链”产业产值分别增长3.7%和7.9%。陶铝及铝基高端金属材料基地和先进高分子结构材料基地产值分别增长13.1%和50.5%。战新产业产值增长36.8%，连续12个月排名全省前三。服务业增加值增长7.3%，拉动GDP增长3.7个百分点。全市建筑业总产值88亿元、增长16.5%。小麦单产496.6千克，粮食总产量151万吨，单产、总产双增长，实现“十八连丰”。全年一产增加值增长11.9%。

有效需求加快释放　淮北市在统23类限上商品78.3%呈现正增长，网络商品零售额增长25.9%。乡村消费加快恢复，增长14.5%。市重点项目完成投资630亿元，超年度目标任务12.8个百分点。其中，省级重点项目完成投资550亿元，超年度目标任务16个百分点。高技术产业投资增长24%，服务业投资增长14.4%。争取专项债券审定额度55.7亿元，获取专项债资金37.5亿元。全年累计新签约工业项目220个，新开工159个，竣工111个，工业招商项目全年完成固定资产投资125亿元，完成目标任务的104.2%。实现实际利用外资3.5亿美元、增长10%。

改革开放纵深推进　淮北市营商环境持续优化，审批时限居全省前列。综合信用指数居全国（261个地级市）第17位、居全省第1位。持续深化企业上市挂牌培育，成为长三角资本市场服务基地联盟城市。在全省率先出台降低企业用电成本“10条”举措，降低企业用电成本1.86亿元。市属国企改革步伐加快，组建市交通控股集团、市科技产业投资公司。全市土地流转面积达116.1万亩，占耕地面积的46.2%。濉溪县入选全国基层卫生健康综合试验区。相山区获评省质量强区。谋划推动杜集—铜山省际毗邻地区新型功能区等10个重大项目纳入国家《长三角发展规划“十四五”实施方案》重大项目库。新增进出口备案登记企业70家，实现进出口总额115.7亿元、增长65.8%。其中，出口104.5亿元、增长69.9%。濉溪县、杜集区争创省级跨境电商产业园区，跨境电商交易额增长30%。

（余　恒）

【社会事业】 2021年，淮北市累计完成新冠病毒疫苗接种372万剂次，全程接种率达98.1%，防输入防风险成果持续巩固。常态化开展“2+N”就业招聘活动，城镇新增就业3.8万人。新建、改扩建幼儿园10所，新投用中小学校7所，新增义务教育学位15230个。淮北市一中新校区完成建设，淮北卫校新校区投入使用。淮北理工学院当年建成、当年招生。精准落实“双减”政策，中小学课后服务实现全覆盖。淮北市中医医院跻身全国百强，濉溪县入选全国基层卫生健康综合试验区。推进智慧医保建设，异地门诊费用直接结算覆盖沪苏浙地级市。关心关爱“一老一小”，推进特困人员供养服务设施改造提升，新建5家嵌入式养老服务示范机构、11家养老服务示范中心；累计建成普惠性托育机构41家，普惠性占比达95%。丰富市民“文化菜单”，成功举办“庆祝中国共产党成立100周年”系列群众文化活动和淮北市第十一届运动会。

（王　妍）

【责任编辑　牛婷】

中国共产党淮北市委员会

中国共产党淮北市第八届委员会

（截至2021年）

市委书记 张　永
市委副书记 覃卫国　朱浩东（任至2021年4月）　操隆山（2021年7月任）
市委常委 周天伟　李朝晖　钱界殊　单　强　李加玉　顾汕竹（女，2021年7月任）
孙　军　张　力　汪继宏（2021年8月任）
市委秘书长 张　力

中国共产党淮北市第九届委员会

（截至2021年）

市委书记 张　永
市委副书记 覃卫国　操隆山
市委常委 周天伟　李朝晖　单　强　钱界殊　顾汕竹（女）　汪继宏　姜　颖（女）
市委秘书长 汪继宏（兼）

综　述

【概况】 2021年，中共淮北市委立足新发展阶段，完整、准确、全面贯彻新发展理念，服务和融入新发展格局，加快推进更高质量转型发展，纵深推进全面从严治党，各项工作取得明显成效。全年地区生产总值增长3.4%，规模以上工业增加值下降4.4%，固定资产投资增长9.7%，一般公共预算收入增长10.8%，外贸进出口总额增长65.8%，社会消费品零售总额增长13.1%，城乡居民人均可支配收入分别增长9.0%和8.5%。

【政治建设】 2021年，淮北市把学懂弄通做实习近平新时代中国特色社会主义思想作为首要政治任务，衷心拥护“两个确立”，忠诚践行“两个维护”。开展党史学习教育，举办“四个专题”学习和各类学习研讨班，依托红色文化资源开展主题教育活动2000多场次，开展基层巡讲宣讲1600余场。制定新一届市委班子加强政治建设的《中共淮北市委关于加强新一届市委班子政治建设的意见》，健全贯彻党中央及省委重大决策部署督查问责机制，集中开展政治生态评估工作，规范化常态化开展党内政治监督谈话，推进中央巡视整改。召开市第九次党代会，提出“加快建设具有重要影响力的创新淮北、实力淮北、美丽淮北、幸福淮北、效能淮北”等目标。出台《深入学习贯彻省第十一次党代会忠诚尽职奋勇争先加快建设“五个淮北”的实施方案》，全面落实省委对淮北提出的新定位新要求，提出到2026年地区生产总值达到2000亿元的目标任务，以“五个淮北”助力“五大安徽”建设。

【经济建设】 2021年，淮北市加快构建“五群十链”现代产业体系，进一步夯实更高质量转型发展的基础支撑。1—11月“五群”“十链”产值分别增长7.9%、13%，对全市规模以上工业增长贡献率达52.8 %、71%。“三重一创”持续突破，智能化竖井钻井装备重大新兴产业专项获第五批省重大新兴产业专项，1—11月全市战略性新兴产业产值增长41.5%，居全省第3位，先进高分子结构材料基地产值和陶铝及铝基高端金属材料基地产值分别增长53%和15.7%，在27家省级战略性新兴产业基地中排名第4位和第20位。开展存量企业新一轮技改行动，引导和支持企业增强技术创新能力，1—11月实施工业转型升级和技改项目195个，38家企业通过国家两化融合管理体系认证，70余家机械制造、建材等领域重点企业完成技改升级。濉溪石板街、龙溪奥莱广场等特色街区和商贸中心开业运营，总投资6亿元的中农联·皖北国际农产品物流园项目一期基本建成，淮海中瑞农产品物流中心等一批重点项目加快建设，相山经开区获评省先进制造业与现代服务业融合试点。新增规上服务业企业15家，省重点服务业企业5家，11家省级服务业集聚区（示范园区）入园企业达925家。前三季度，服务业增加值增长8.1%，占地区生产总值比重为52.1%，较上年提升0.6个百分点。

【全面深化改革】 2021年，淮北市纵深推进重点领域改革，32项国家级、41项省级改革试点有序推进，以市建设控股集团有限公司为主体的国企系列改革持续深化，数字治超获国务院肯定，执法模式全国推广，政务服务标准化试点通过“国考”。推进“亩均论英雄”改革，深化要素市场化配置改革，全面实行开发园区“标准地”制度，前三季度处置“僵尸企业”63家，盘活土地4983.5亩、厂房61.3万平方米。着力优化营商环境，出台推进民营经济高质量发展《关于进一步激发民营企业创业热情成就企业家创意创新创造推进民营经济高质量发展的实施细则》，举办6期企业家沙龙，在全省率先开通7×24小时不打烊“随时办”服务，全市新增私营企业7127户、个体工商户3.2万户。积极对接高端科技资源，加快市科创中心建设，推动与中国科学技术大学、安徽大学等共建研究院实验室，上海交通大学安徽（淮北）陶铝研究院获批省技术创新中心，陶铝新材料应用研发项目入选合肥综合性国家科学中心项目库。新增产学研合作项目200项，登记科技成果425项，技术合同吸纳额、输出额分别增长86%、230%；高新技术企业数量增长44%，居全省第1位。坚持把招商引资作为第一要事，组建102个县干招商组，市县党政领导干部投入三分之一以上的精力抓招商、引项目，1—11月，新签约、新开工工业项目分别为169个、106个，协议总投资分别为302.3亿元、222.2亿元，利用省外资金增长13.3%。全面落实与徐州结对合作帮扶事项，党政代表团两次到徐州学习考察，签订徐淮《战略合作框架协议》，举办苏皖两省三地葡萄文化节、淮北徐州文旅推介会，建成“跨省通办、一次办成”政务服务新模式，谋划建设段园省际毗邻地区新型功能区。对接“一带一路”国家贸易合作，深化长三角、中部地区、淮海经济区协同发展，实现与长三角地区40个城市88个事项异地通办，新增淮北至上海、南京海铁联运班列，外贸进出口总额增速居全省首位。

【城乡发展建设】 2021年，淮北市完善提升基础设施，淮—宿—蚌、淮—阜城际铁路项目加速建设，S25徐淮阜高速公路二期、淮永高速公路前期工作启动，淮北—商丘（永城北）铁路列入省“十四五”规划。智慧城市建设持续深化，在全省第一批建成四级电子政务外网，主城区重点区域实现5G网络全覆盖，“智慧城管+社会治理”做法入选全国社会治理创新案例候选名单。雨污分流累计完成75%的总工程量，海绵城市累计建成面积约21.5平方千米。推进巩固拓展脱贫攻坚成果同乡村振兴有效衔接，38373名脱贫人口全部纳入基本医保覆盖范围，农村危房改造实现动态清零。出台《淮北市推进农业高质高效发展的扶持政策》，农作物耕种收综合机械化水平达到90.8%、稳居全省前列，建成长三角绿色农产品生产加工供应基地8个，夏粮生产“十八连丰”，小麦单产连续三年全省第一，获中央种业发展专项奖励1.5亿元。实施新一轮城乡人居环境整治行动，改造老旧小区77个，建成公共停车泊位6164个，新增、改造提升绿地105.6万平方米。开展美丽乡村建设，农村生活垃圾无害化处理率稳定在98%以上，完成14297户改厕任务，建成美丽乡村中心村202个，占规划布点中心村的83.5%。

【生态美城建设】 2021年，淮北市推进污染防治，抓好环保督察反馈问题整改，中央环保督察交办信访件办结率达95%。开展新一轮“三大一强”专项攻坚行动，全年空气质量改善幅度居全省前列，城区8条黑臭水体治理通过住建部“长制久清”审核，土壤环境质量稳中有升。落实突出环境问题包保整改责任制，全面深化河（湖）长制和林长制，推行环境监督长制和田长制，查处各类生态环境违法案件49件。统筹推进采煤沉陷区治理、废弃采石宕口修复等工作，绿金湖矿山地质环境治理项目入选中国生态修复典型案例，朔西湖、泉山采石宕口治理成效得到省委、省政府主要领导充分肯定。加快制定落实碳达峰行动方案，对12家重点耗煤企业实施“一企一策”管理，濉溪经济开发区入选全国首批绿色产业示范基地名单。

【民主政治建设】 2021年，淮北市全面加强民主政治建设，支持人大及其常委会依法行使职权，推深做实“2121”工程，不断发展全过程人民民主。支持人民政协发挥专门协商机构作用，“请你来协商”平台不断健全完善，有事多商量、好商量、会商量的政治优势进一步发挥。大统战工作格局加快构建，完成5个民主党派和知联会换届工作。工会、共青团、妇联等群团组织作用进一步发挥，市总工会获“全国五一劳动奖状”。国防动员和后备力量建设持续加强。抓好中央意识形态专项巡视反馈问题整改工作，持续开展意识形态专项检查，制定落实《意识形态风险防控工作方案》，确保大庆之年意识形态领域安全。开展“红韵淮北”全媒体宣传活动，举办“庆祝中国共产党成立100周年”主题展、征文演讲比赛、党史知识竞赛等系列活动，开展“永远跟党走”群众性主题活动，为全市1.03万名老党员颁发“光荣在党50年”纪念章，营造共庆百年华诞、共创历史伟业浓厚氛围。

【民生工程建设】 2021年，淮北市公共就业创业服务，城镇新增就业38475人，登记失业率2.7%。教育体制改革不断深化，“双减”政策落地见效，中小学课后服务实现全覆盖，淮北理工学院通过教育部评估验收并招生。加快推进健康淮北建设，濉溪县入选全省唯一全国基层卫生健康综合试验区，184个城市社区医疗卫生机构和村卫生室完成标准化建设。做好常态化疫情防控工作，省级下达疫苗全程接种目标完成率达98.2%。健全完善基本养老服务网络，建成城乡三级养老服务中心186家，对500户家庭实施适老化改造。积极争创全国文明典范城市，全年有6位市民入选中国好人榜，累计达

171位。积极回应群众诉求，开展“我为群众办实事”实践活动，确定50个重点项目，由市级领导牵头推进。将信访工作成效纳入基层党建考核重要内容，建立领导干部“亲拆、速阅、快办”群众来信、包案化解和接访下访等制度，推深做实治理重复信访、化解信访积案专项工作，做到接访不走过场、写信真管用。切实维护和谐稳定。深入落实“1+9+N”防范化解重大风险方案体系，全方位防控各领域重大风险。推进法治淮北、平安淮北建设，开展政法队伍教育整顿，完成四级综治中心建设，争创“全国市域社会治理现代化试点合格城市”，常态化推进扫黑除恶专项斗争，各类违法犯罪案件发案率明显下降。严格落实安全生产责任制，基本构建四级网络安全生产责任管理体系，综合减灾示范区创建工作居全国前列，食品药品安全监管不断加强，获评全省“安全生产真抓实干成效明显激励市”。

【政治生态建设】 2021年，淮北市完成市、县（区）、镇党委换届，高质量完成村（社区）“两委”换届，推进人大政府政协换届。创新推行年轻干部专题研修班、年轻干部预审等举措，全市80后县级干部同比增长90%，35岁以下正科级、30岁以下副科级干部同比增长49%。谋划推行“赛马”机制，出台《淮北市事业单位引进急需紧缺人才暂行办法》《关于加快集聚产业人才推动“五群十链”产业高质量发展若干政策》，面向国内外知名高校招聘党政储备人才100余名，全市人才总量占人口比例达15.3%。深化党委（党组）书记及班子成员党支部工作联系点制度，全市180名党委（党组）书记、844名领导班子成员建立党支部工作联系点1135个。持续建好“全国城市基层党建工作示范市”，全面落实街道管理体制改革、党群服务中心体系功能建设等重点任务。推深做实农村基层党建“一抓双促”工程，创新推行支部领办合作社试点、党建引领信用村建设“125”工程等，选派第八批117名干部驻村助力乡村振兴。开展新一轮深化“三个以案”警示教育，推进“政绩工程、面子工程”等专项治理，坚决整治形式主义、官僚主义。一体推进“三不”机制建设，开展政治巡察，精准有效运用“四种形态”，1—11月，全市纪检监察机关立案599件，结案636件，处分626人，移送检察机关13人。

重要会议

【市委八届十三次全体会议】 2021年1月6日，中国共产党淮北市第八届委员会第十三次全体会议召开。全会由市委常委会主持。全会听取和讨论市委书记张永受市委常委会委托作的工作报告，审议通过《中共淮北市委关于制定国民经济和社会发展第十四个五年规划和二〇三五年远景目标的建议》《中国共产党淮北市第八届委员会第十三次全体会议决议》。张永就《建议（讨论稿）》向全会作了说明，并就贯彻落实全会精神作了讲话。市委副书记、市长覃卫国就全市经济工作作了讲话。市委委员、市委候补委员出席会议。

【市委八届十四次全体会议】 2021年5月25日，中国共产党淮北市第八届委员会第十四次全体会议召开。全会由市委常委会主持。市委书记张永讲话。市委委员、市委候补委员出席会议。全会决定，中国共产党淮北市第九次代表大会于2021年9月在相山区召开。听取市委常委、组织部部长单强所作的《关于召开中国共产党淮北市第九次代表大会决议（草案）》的说明，审议通过《关于召开中国共产党淮北市第九次代表大会的决议》。

【中国共产党淮北市第九次代表大会】 2021年9月23—25日，中国共产党淮北市第九次代表大会召开。大会应到代表393名，因事、因病请假17名，实到代表376名。大会的主要任务是：高举习近平新时代中国特色社会主义思想伟大旗帜，深入学习贯彻习近平总书记“七一”重要讲话和考察安徽重要讲话指示精神，完整、准确、全面贯彻新发展理念，坚守初心担使命，砥砺前行再出发，扎实推进更高质量转型发展，纵深推进全面从严治党，团结带领全市人民为建设新阶段现代化美好淮北努力奋斗。大会听取、审议并通过中共淮北市第八届委员会题为《凝心聚力推进更高质量转型发展　全面开启建设新阶段现代化美好淮北新征程》的工作报告及中共淮北市纪律检查委员会题为《牢记新时代职责使命　推动工作高质量发展 为建设新阶段现代化美好淮北提供坚强保障》的工作报告。大会以书面形式向代表作了关于党费收缴、使用和管理情况的报告。选举产生中国共产党淮北市第九届委员会委员49名、候补委员9名，淮北市出席中国共产党安徽省第十一次代表大会代表23名。9月25日，市委九届一次全体会议举行，会议选举张永、覃卫国、操隆山、周天伟、李朝晖、钱界殊、单强、顾汕竹、汪继宏、姜颖为市委常委。会议选举张永为市委书记，选举覃卫国、操隆山为市委副书记。

【市委常委会会议】 2021年，中共淮北市委先后召开20次常委会会议。

1月14日，市委书记张永主持召开市委常委会会议暨市委财经委第三次会议，传达学习中央财经委第八次会议、省委财经委第五次会议、全省2020年度市委（工委）书记抓党的建设工作述职评议会议精神，听取冬春季疫情防控工作汇报，研究贯彻落实意见和下一步工作。会议同意《淮北市人民代表大会常务委员会工作报告（送审稿）》《市政府工作报告（送审稿）》《中国人民政治协商会议淮北市委员会常务委员会工作报告（送审稿）》《淮北市中级人民法院工作报告（送审稿）》《淮北市人民检察院工作报告（送审稿）》，分别提请淮北市第十六届人民代表大会第五次会议和政协第十届淮北市委员会第四次会议审议。

2月25日，市委书记张永主持召开市委常委会会议，传达学习省委书记李锦斌在指导阜阳市委常委会2020年度民主生活会暨巡视整改专题民主生活会和在全省新一轮深化“三个以案”警示教育座谈会上的讲话精神，研究部署淮北市落实中央巡视组巡视安徽省反馈意见整改工作；审议通过《关于全面推进乡村振兴加快农业农村现代化的实施意见》《关于加快实现巩固拓展脱贫攻坚成果同乡村振兴有效衔接的实施意见》。

3月3日，市委书记张永主持召开市委常委会会议暨市政法队伍教育整顿领导小组第一次会议，传达学习中共中央办公厅、国务院办公厅《关于全面推行林长制的意见》、全省组织部长会议、全省统战部长会议、全省市县乡领导班子换届工作会议、省委常委会有关会议精神，研究淮北市贯彻落实意见；审议通过《中共淮北市委常委会2021年工作要点》《市人大常委会2021年立法计划》《大运河淮北段文化保护传承利用实施规划》《关于贯彻〈交通强国建设纲要〉的实施方案》。会议传达学习全国、全省政法队伍教育整顿动员部署会议精神，审议通过《淮北市政法队伍教育整顿实施方案》，同意成立市政法队伍教育整顿领导小组及其办公室。

3月8日，市委书记张永主持召开市委常委会会议暨市委党史学习教育领导小组第一次会议，传达学习习近平总书记在党史学习教育动员大会上的重要讲话和省委书记李锦斌在全省党史学习教育动员部署大会上的讲话精神，审议通过《中共淮北市委关于开展党史学习教育的实施方案》《淮北市庆祝中国共产党成立100周年活动方案》《市人大常委会2021年工作要点》《政协淮北市委员会2021年工作要点》；听取省委新时代加强和改进人民政协工作督查反馈意见整改措施的汇报；研究近期安全生产工作。

4月7日，市委书记张永主持召开市委常委会会议暨市委党建工作领导小组会议，传达学习中央第三生态环境保护督察组督察安徽省工作动员电视电话会议、省委常委会会议暨省委党建工作领导小组会议精神，研究淮北市贯彻落实意见；调度推进“学党史、抓整改、正作风”工作，研究部署下一步工作；审议通过《中央生态环境保护督察组督察淮北市保障工作方案》《关于调整市委党的建设工作领导小组成员的通知》《市委党的建设工作领导小组2021年工作要点》。

4月25日，市委书记张永主持召开市委常委会会议暨市政法队伍教育整顿领导小组第四次会议，传达学习最高人民法院党组书记、院长周强在淮北调研时的讲话及省党政代表团赴沪苏浙学习考察总结交流会精神，研究淮北市贯彻落实意见；研究部署政法队伍教育整顿工作；审议通过《淮北市提升重点产业集群和产业链水平实施方案》。

5月13日，市委书记张永主持召开市委常委会会议，传达学习省委书记李锦斌在蚌埠、宿州、淮北调研时的讲话精神，听取各县（区）、市发展和改革委、市生态环境局、市水务局等单位有关工作汇报，研究部署下一步工作。

6月1日，市委书记张永主持召开市委常委会会议，传达学习全省脱贫攻坚总结表彰暨巩固拓展脱贫攻坚成果同乡村振兴有效衔接工作推进大会和全省巩固拓展脱贫攻坚成果工作推进会会议精神，研究淮北市贯彻落实意见；审议通过《进一步激发民营企业创业热情成就企业家创意创新创造推进民营经济高质量发展实施细则》《关于市领导联系重点民营企业的通知》，研究推进民营经济高质量发展工作；听取全市精神文明建设工作情况的汇报，研究部署下一步工作。

6月22日，市委书记张永主持召开市委常委会会议，专题传达学习省委书记李锦斌党内政治监督谈话精神，研究贯彻落实意见。

7月8日，市委书记张永主持召开市委常委会会议，传达学习中共中央办公厅《关于认真学习贯彻〈习近平总书记在庆祝中国共产党成立100周年大会上的讲话〉的通知》、省委常委会扩大会议暨学习贯彻习近平总书记“七一”重要讲话精神座谈会、省委书记李锦斌有关批示精神，研究淮北市贯彻落实意见；审议通过《淮北市市直党政机关和事业单位经营性国有资产集中统一监管工作方案》。

7月28日，市委书记张永主持召开市委常委会会议暨市委全面深化改革委员会会议，传达学习中央全面深化改革委员会第二十次会议、省委书记李锦斌在省委党史学习教育专题读书班暨全省县（市、区）委书记“学党史、强动能、促一体”专题培训班结业式上的讲话、省委全面深化改革委员会第十二次会议、全省民主党派换届工作会议精神，研究淮北市贯彻落实意见；听取上半年全市经济运行情况的汇报，研究部署当前经济工作。

8月11日，市委书记张永主持召开市委常委会会议，传达学习习近平总书记在中央政治局会议和党外人士座谈会上的重要讲话及省委十届十三次全会精神，研究淮北市贯彻落实意见；研究目标管理绩效考核工作。

8月17日，市委书记张永主持召开市委常委会会议，审议通过《淮北市事业单位引进急需紧缺人才暂行办法》。

9月9日，市委书记张永主持召开市委常委会会议暨市委全面深化改革委员会第十四次会议，传达学习中央全面深化改革委员会第二十一次会议、省委全面深化改革委员会第十三次会议精神、省委书记李锦斌在皖北调研座谈会上的讲话精神，研究淮北市贯彻落实意见；研究市第九次党代会有关事项；审议通过《建立自然保护地管理体系实施方案》《关于深化医疗保障制度改革的实施方案》。

9月25日，市委书记张永主持召开九届市委常委会第一次会议，学习习近平总书记在庆祝中国共产党成立100周年大会上的重要讲话精神；传达学习增强长三角欠发达区域高质量发展动能暨皖北承接产业转移集聚区建设推进大会精神，研究淮北市贯彻落实意见；修订《中共淮北市委常委会议事规则》。

11月11日，市委书记张永

主持召开市委常委会会议暨市委全面深化改革委员会第十五次会议，传达学习全省加强换届风气监督工作电视电话会议精神，研究淮北市贯彻落实意见；听取2021年以来意识形态工作情况汇报，研究部署下一步工作；审议通过《关于进一步推进义务教育集团化办学改革的指导意见》《关于深化新一轮林长制改革的实施方案》《淮北市推行耕地保护田长制的实施方案》。

11月15日，市委书记张永主持召开市委常委会会议，学习贯彻党的十九届六中全会精神，审议通过《淮北市市级党政领导干部接访下访工作实施细则》《淮北市领导干部阅批群众来信工作规则（试行）》《淮北市市级领导干部领衔化解信访积案专项攻坚行动方案》《市委巡察工作规划（2022—2026年）（试行）》，研究部署下一步工作。

11月25日，市委书记张永主持召开市委常委会会议，审议通过《中共淮北市委　淮北市人民政府关于深入学习贯彻省第十一次党代会精神忠诚尽职奋勇争先加快建设“五个淮北”的实施方案》《关于加快集聚产业人才推动“五群十链”产业高质量发展若干政策》，听取经济运行情况、安全生产工作情况和市第十七届人民代表大会第一次会议、政协第十一届淮北市委员会第一次会议有关事项的汇报，研究部署下一步工作。

12月1日，市委书记张永主持召开市委常委会会议暨市委财经委员会第六次会议，传达学习省委十一届二次全会和省委财经委员会第八次会议精神，审议通过《中共淮北市委关于深入学习宣传贯彻党的十九届六中全会精神的通知》和《淮北市学习贯彻党的十九届六中全会精神宣讲工作方案》。

12月15日，市委书记张永主持召开市委常委会会议，传达学习省委书记郑栅洁到淮北调研时的讲话精神，研究淮北市贯彻落实意见。

【市委常委会扩大会议】2021年，中共淮北市委先后召开3次市委常委会扩大会议。

9月17日，市委书记张永主持召开市委常委会扩大会议，对市第九次党代会筹备工作进行再调度、再部署。各工作组负责人分别汇报会务、组织、宣传、保卫信访、纪律监督、疫情防控等工作筹备情况。

9月22日，市委书记张永主持召开市委常委会扩大会议，研究部署市第九次党代会工作。会议强调进一步统一思想，严肃纪律，强化责任，确保市第九次党代会圆满成功。省委换届指导组组长、省委老干部局局长、省委组织部副部长夏小飞到会指导，省委换届指导组其他成员，其他市级党员领导干部及各代表团召集人参加会议。

11月3日，市委书记张永主持召开常委会扩大会议。会议传达学习省第十一次党代会精神、省委书记郑栅洁在省委十一届一次全会和第三次全体会议上的讲话精神及《中共安徽省委关于加强新一届省委班子政治建设的决定》，讨论如何贯彻落实省第十一次党代会精神。县区、高新技术开发区管委会、煤化工基地管委会主要负责人发言。

重要活动

【加快建设特色产业集群全省贯彻“六稳”重大项目集中开工现场推进会】2021年1月17日，加快建设特色产业集群全省贯彻“六稳”重大项目集中开工现场推进会在淮北市分会场和各市分会场举行。淮北分会场设在杜集经济开发区相山水泥公司年产260万吨水泥绿色智能示范线项目现场。市委书记张永在淮北分会场暨开工动员会上宣布项目开工。市领导覃卫国、张力、戎培阜、高维民、张保成参加现场推进会暨开工动员会，并观看重点项目展板。现场集中开工8个重大项目，总投资53.2亿元，涉及装备制造、新型建材、纺织生产、城市建设等多个领域。

【加快新兴产业高质量发展暨2021年全省第二批贯彻“六稳”重大项目集中开工现场推进会】2021

年2月18日下午，加快新兴产业高质量发展暨2021年全省第二批贯彻“六稳”重大项目集中开工现场推进会在淮北市分会场和各市分会场举行。淮北分会场设在煤化工基地宁亿泰新型农药原药及相关产品项目现场。市委书记张永在淮北分会场宣布项目开工。市领导覃卫国、周天伟、张力、戎培阜、赵德志、高维民、孙兴学参加现场会并听取项目情况的介绍。

【淮北市党政代表团赴徐州市学习考察】 2021年2月22日，市委书记张永，市委副书记、市长覃卫国率淮北市党政代表团赴江苏省徐州市学习考察。徐州市委书记、市人大常委会主任周铁根，徐州市委副书记、市长庄兆林陪同考察并参加座谈交流。淮北市党政代表团先后考察了汉王镇紫山村、国家安全科技产业园、淮海国际博览中心、凤凰湾电子信息产业园（天科合达）、鑫晶大硅片、徐州综合保税区，学习借鉴徐州抢抓战略机遇、加快城市转型、推进产业升级等方面的经验做法。

【淮北理工学院揭牌】 2021年10月22日，淮北理工学院揭牌仪式举行。省委教育工委副书记庆承松，市委书记张永，淮北师范大学党委副书记、校长姚佐文，中国科培教育集团董事局主席叶念乔出席仪式并揭牌。市领导姜颖、李公峰，以及28所高校负责人，相关部门负责人参加揭牌仪式。淮北理工学院由原淮北师范大学信息工程学院转设，是一所以工学、理学为主的地方应用型本科高校。学校占地面积1003.51亩，规划建筑面积约78万平方米。建成教学楼、艺术楼、体育馆、食堂、宿舍、实训楼等21万平方米校舍，设有30多个校内实验实训室，拥有26个本科专业。

【淮北组团参加2021世界制造业大会】 11月19日，2021世界制造业大会在合肥开幕。市委书记张永率团参加大会并出席开幕式、主旨论坛暨重大项目签约。会议期间，淮北市现场签约项目3个，总投资14.1亿元。其中，高端环保新材料项目在主会场签约，投资10亿元；高端铝箔生产及加工项目、超高速刀具生产线项目分别在自贸试验区建设发展论坛、台企对接活动中签约，投资合计4.1亿元。

【淮北市参加第四届淮海经济区协同发展座谈会】 2021年12月19—20日，第四届淮海经济区协同发展座谈会在山东省济宁市召开。山东省委常委、常务副省长王书坚出席会议并讲话。江苏、山东、安徽、河南四省发改委有关负责人和淮海经济区各市市领导参加会议。市委书记张永率队参加并在会上发言。市委常委、常务副市长周天伟，市委常委、秘书长、宣传部部长汪继宏，市中级人民法院院长余跃武参加会议。会议听取2021年淮海经济区协同发展工作情况、淮海经济区高质量协同发展规划编制工作进展情况通报，书面审议《2022年淮海经济区协同发展工作要点》，集中签署《淮海经济区应急救援区域协同合作协议》《淮海经济区政务服务“跨省通办”一体化发展合作框架协议》《淮海经济区科技创新共同体框架协议》《淮海经济区内河航运和物流产业发展合作框架协议》《淮海经济区水生态环境联防联控共治共享协议》《淮海经济区知识产权司法协同保护工作框架协议》。

市委综合政务

【文稿服务】 2021年，淮北市委办公室起草包括市委八届十三次报告、市第九次党代会报告和市委九届二次全会报告等各类综合文稿近300篇150余万字。

【信息采编】 2021年，淮北市委办公室报送高质量信息文稿1000余篇，受到省委、省政府主要负责人批示3次，其他省领导批示7次，省委《情况专报》采用17篇、《工作交流》采用1篇。累计上报国安信息194条，其中省委领导批示10条、专报中央国安办37条，被中央国安办作为核心信息采用7条，信息采用量居全省前列。

【公文办理】 2021年，淮北市委办公室办理上级各类来文900余件、转发30000余份，公文办理实现“即来即办”“批示即办”“精准交办”。加大精简文件力度，全年市级文件数量同比减少27%，比年初目标下降25个百分点。开展规范性文件合法合规审查工作，完成各类文件材料印发及规范性文件备案，全年审查提交市委常委会审议规范性文稿43件，制发各类公文301件，向省委备案法规文件52件。

（王　敏）

组织建设

【概况】 2021年，中共淮北市委有基层党组织4959个。其中：基层党委125个，总支546个，支部4288个。党员113688人。30个党员和基层党组织获全国、全省“两优一先”表彰，3家行业党组织在省有关会议上作经验交流发言。“党支部引领合作社发展”工作被新华社采访报道，超过100万人次浏览。

【基层组织建设】 2021年，淮北市委组织部实施“头雁领航”工程，推深做实“村书记大讲堂”。做好村（社区）“两委”班子换届工作，制定换届实施方案，编印下发工作“一本通”，组建市县督导组深入一线指导，开展“七个一”纪律宣传月活动，在全省率先完成全市443个村（社区）换届任务。换届后，村（社区）“一肩挑”比例达99.1%。出台关心关爱离任村干部七条举措，一次性将村（社区）干部待遇提升30%以上，《安徽信息》《安徽组工信息》先后刊载淮北市的相关做法。组织开展党（工）委书记抓基层党建工作述职评议考核，180名党委（党组）书记、844名领导班子成员建立党支部工作联系点1135个；布置“三个深化、两个探索”书记作业，市、县、镇三级党组织书记围绕中心工作和群众期盼，许下“建党百年·书记新愿”45个，兑现老旧小区改造、美丽乡村建设等涉及群众根本利益的承诺241项。做好党员发展和教育管理工作，吸纳2643名先进分子和优秀人才进党组织，累计培训党员2.58万人次。纵深推进党建引领信用村建设“125”工程，出台村级集体经济提质增效和“塔基”提升三年行动方案，集体经济发展强村占比高于全省目标值10个百分点。持续擦亮“全国城市基层党建工作示范市”品牌，与杭州市拱墅区结成区、街道两级“党建联盟”，组建网格党小组、网格议事会聚合基层治理力量；稳步推进非公领域“红领认证”，新组建党群组织1264个，不断提升快递物流、互联网等新兴领域“两个覆盖”质量，“小个专”综合党委被国家市场监管总局通报表扬，相关做法被《中国组织人事报》刊发。发挥基层党组织力量，不断深化“三报到”（机关党组织、领导干部和在职党员到社区报到）制度，聚焦群众反映强烈的

2022年7月1日，相山区东山街道紫藤苑小区党支部、物业管理委员会及物业企业召开会议，协商商家进驻小区选点事项

（市委组织部　供）

教育、卫生等领域，有效化解群众关切的“民生大事”和“关键小事”10.2万件。坚持将基层党建与信访工作深度融合，建立市县镇三级书记包保联系信访工作制度，市委主要负责人到县区开门接访22批31人次，阅批群众来信165件、办结107件，示范带动全市各级领导干部接访下访852次，接访901批1480人次。

【领导班子和干部队伍建设】2021年，全市提拔重用县级干部115人，平级转任91人；省委在淮北市提拔重用职级晋升1名正厅级领导干部、3名副厅级领导干部、8名二级巡视员和1名一级巡视员，多名班子内部排名靠后的市直单位领导班子成员、县（区）党政领导班子成员因工作实绩突出得到优先提拔重用。优选15名年轻干部到省直单位、省战略性新兴产业跟班学习，择优选派2批60名年轻干部赴上海学习锻炼。继续实施年轻干部预审制度，新招录230名城市发展紧缺的专业型年轻公务员，创新开展公开遴选、比选调任和公开选调“三合一”考试工作。截至12月底，全市80后县处级、85后正科级、90后副科级年轻干部同比增长30%以上。通过举办专题培训班、淮北大讲堂等方式，培训干部4000余人次。严格执行“凡提四必”（对拟提拔或进一步使用人选，要做到干部档案“凡提必审”，个人有关事项报告“凡提必核”，纪检监察机关意见“凡提必听”，反映违规违纪问题线索具体、有可查性的信访举报“凡提必查”。）制度规定，对22名不如实报告个人有关事项的干部进行严肃处理；及时给予受到不实举报的1名干部澄清证明，累计晋升一至四级调研员152人。开展“新时代担当作为先进典型”评选活动，选树表彰20名担当作为先进典型。

【干部教育培训】2021年，全市党政干部分批次参加学习贯彻党的十九届五中全会精神集中培训班、网络专题培训，34名市厅级干部、7000余名县处级干部参训。选调85名学员参加中央党校、省委党校春季、秋季学期39个主体班次学习；54名学员参加国家部委、民族工作、基层社会治理、乡村振兴等16个专题培训班学习。选调600余名学员参加市委党校春季、秋季学期14个主体班次培训。会同宣传、政法、党校等八部门在全市开展新时代基层干部主题培训行动计划，举办县（区）直属部门主要负责人培训班、组工干部示范培训班、宣传思想工作培训班等基层干部培训班次20余场，培训1500余人次。举办2期全市长三角一体化发展专题培训班暨淮北大讲堂。会同市委党校出台《淮北市县级党校（行政学校）分类建设实施方案》，明确县级党校“一校一特色”创建目标。各县区委党校陆续开办中青年干部培训班、基层党组织书记示范培训班等培训班次30余期，累计培训2000余人。开展“百堂党史课程进基层”活动，协调省、市、县三级优秀专家教师，完成送教下基层48场。利用好中国干部网络学院、安徽干部教育在线、“e学习”远教联播平台等资源载体，为基层干部新开设账号667个，组织基层干部和基层干部培训师资学习和选用课程，实现教育培训线上线下联动开展。

【人才工作】2021年，淮北市委组织部调整设置市委人才工作领导小组，同步建立健全党管人才“1+N”工作机制，下发重点任务清单16项。健全政策体系，围绕全市“十四五”转型发展需求，开展人才工作调研，形成7篇调研报告和参阅信息，得到市领导批示肯定，牵头制定出台《事业单位引进急需紧缺人才暂行办法》《关于加快集聚产业人才推动“五群十链”产业高质量发展若干政策》，并会同人社、教育、医疗等部门，面向社会发布176个人才岗位，人民网、新华网等省级以上权威媒体集中报道。继续面向国内外知名高校招聘党政储备人才，101名高校毕业生和年轻人才落户淮北，涵盖经济、水利、城建等专业人才。累计引进高层次人才127人，高层次人才团队4个。创新开展“筑梦家乡　淮才有你”系列活动，吸引人才“回流”。抓好人才培育项目，在全市评选10个“555”产业创新团队，成功推荐淮北市王浩戎博士入选省第十批“百人计划”，力源新能源创新团队入选省第十四批“115”产业创新团队；加强与中国科学技术大学、安徽大学等高校对接合作，增强产学研一体化发展实效。建立淮北市涉企人才政策清单和大纲。加快推进人才公寓建设，积极建设市县两级青年人才驿站。探索“相城优才卡”“一网通办”人才综合服务系统等创新做法，为39个产业创新团队拨付支持经费234万元，特别是给予急需紧缺人才最高80万元安家费，在家属随迁、子女就学、医疗保险等方面广开绿灯。“淮才必遇、淮才优遇”成为共识，人才工作提档升级，人才政策体系建立健全，人才战略版图逐步完善，一批城市发展急需紧缺人才“花落淮北”，相关做法被200多家媒体集中报道。

【市县乡集中换届】 2021年，淮北市委组织部坚持摸底布局在前，提前开展全市干部队伍专项调研，对市县镇三级领导班子情况做到“心中有数”；统筹推进市县（区）党委和人大、政府、政协换届工作，对县（区）党政领导班子成员提前安排到位。坚持制定政策在前，细分4个阶段13个环节，精心编印市县乡换届手册，以流程图、计划表等形式，建立较为完善的“换届大纲”。创新采取“两评、三测、三延伸”（“两评”：政治表现自查自评、政治表现首评；“三测”：政治素质表现正反向测评、“政治CT”民主测评、任前集中测评；“三延伸”：向一线延伸、向家庭延伸、向社区延伸）政治素质考察方式，贯穿换届考察全过程；对政治不合格的党代表“一票否决”，市县（区）党委换届组织提名人选、党代表人选均满票或高票当选。树牢面向基层、突出实干导向，10名扎根基层、实绩突出的镇党政正职进入县（区）领导班子，200余名敢担当、善作为的干部提拔重用进镇党政领导班子；在党代表推选中增加基层代表比例，生产和工作一线代表占43.43%。换届后，市、县班子有3年以上基层领导工作经历的分别占57.8%、53.5%；县（区）、镇（街道）党政领导班子平均年龄分别下降1.01岁、2.41岁，女干部、党外干部、专业型干部数量大幅增长，硕士以上学历占比超15%。严格按照政策推荐新一届市委委员及市人大政协常委会组成人员，做好市人大政协专委会人选配备工作。联合市纪委监委对进退留转的127名干部开展纪律廉政谈话，并先后组织专题学习6622人次、警示教育7598人次。开展纪律监督，严格落实信访举报联查联办和快查快办工作机制，开展换届风气现场督查11轮。积极开展纪律宣传，印发换届纪律“十严禁”提醒卡4.7万余张、海报2.1万余份。

（张志文）

宣传思想工作

【概况】 2021年，淮北市宣传思想文化战线坚持以习近平新时代中国特色社会主义思想为指导，全面贯彻落实中共十九大和十九届历次全会精神，全面落实习近平总书记考察安徽重要讲话指示精神，开展各类宣讲活动2000余场。开展“红韵淮北”全媒体宣传，市直新闻媒体刊播相关稿件2800余篇（条），省级以上媒体发稿5000余篇（条），召开新闻发布会90余场。开展送戏下乡277场、送戏进校园5场、农村电影放映3605场。

【意识形态工作】 2021年，淮北市委宣传部把意识形态工作纳入市委常委会和党建工作要点，纳入党建考核和市委巡察内容。在九届市委第一轮巡察中继续开展意识形态专项检查。对标中央及省委要求，对表省委意识形态专项整改方案，结合实际确立整改任务80条，市县（区）联动、合力整改，通过省级验收。开展“扫黄打非”五大专项行动，查缴各类非法出版物4万多册，2个案件被全国“扫黄打非”办公室和淮北市公安局联合挂牌，杜集区朱庄社区被评为省级“扫黄打非”进基层示范点，濉溪县临涣镇被评为全国“扫黄打非”进基层示范点。

【理论武装工作】 2021年，淮北市委宣传部把学习宣传贯彻习近平新时代中国特色社会主义思想作为首要政治任务，教育引导全市党员干部衷心拥护“两个确立”、忠诚践行“两个维护”。严格落实“四个第一”（组织学习第一时间、谋划工作第一步骤、落实任务第一要求、督查考核第一内容）对标制度，以上率下推进理论学习，市委理论学习中心组集中学习研讨30次。强化督导指导，共享学习资源，探索改进“述学、考学、评学”机制。以“颂百年伟业、谋时代新篇”为主题组织开展“三项课题”（基础学术课题、应用对策课题、社科学及课题）研究，策划组织年度宣传思想重点课题研究，征集庆祝中国共产党成立100周年、学习习近平总书记“七一”重要讲话精神等论文106篇，研究成果《把“小推车精神”发扬光大》在中宣部《思想政治工作研究》刊发。

【理论宣讲】 2021年，市委宣传部重点围绕习近平总书记在党史学习教育动员大会上的重要讲话、“七一”重要讲话精神和党的十九届六中全会精神以及省市党代会精神等主题，组建市委宣讲团、专家宣讲团、“四史”宣讲团、社科名家宣讲团、百姓宣讲团等，深入基层开展对象化、分众化、互动化宣讲2000余场，受众18万余人次。

【重大主题宣传报道】 2021年，淮北市委宣传部开展党史学习教育、中共十九届六中全会精神和省市党代会精神等重大主题宣传。聚焦“学党史　悟思想　办实事　开新局”的目标任务，办好“奋斗百年路　启航新征程”“奋斗百年路　启航新征程——我为群众办实事”专题专栏。开设“学习贯彻党的十九届六中全会精神”“走好赶考路　奋进新征程”“聚焦‘五群十链’建设‘五个淮北’”“聚焦‘两会’”专题专栏，报、台、网、微、端等全面发力，掀起学习贯彻的高潮。助力疫情防控和疫苗接种，刊发疫情防控和疫苗接种的权威科普知识。加强同市疫防办的联系，准确把握疫情形势，及时发布紧急提示等信息。

2021年7月13日，烈山镇民间艺人马庆山在“四眼井”旁以曲艺形式宣讲党史　　（冯树凤　摄）

【新闻报道】 2021年，《光明日报》头版头条刊发淮北探索“三治融合”新模式《一杯香茶解纠纷》，新华社客户端在《全球连线》栏目推出新闻报道《百年茶馆品中国民主“味道”》，《新华每日电讯》刊登《“茶馆说理”：百年茶馆里的基层民主实践》，《人民日报》刊发《安徽濉溪县推进医共体建设，方便群众看病——县里就医 省钱省时》，《人民日报》刊发《组织现场调研，反复修改方案，分门别类解决居民难题——二里社区动迁记（基层治理新实践）》，《安徽日报》头版头条刊发《淮北市运用市场逻辑和资本力量推动采石宕口生态修复，努力实现生态、经济、社会等多重效益相统一——生态“疮口”，如何变城市文明“窗口”》，《中国城市报》刊发《安徽淮北："五群十链"擘画蓝图"四链合一"聚才融智》。中央广播电视总台新闻频道《新闻直播间》《大运河安徽段：沟通黄淮 古韵换新颜》，展示淮北市在保护好、传承好、利用好大运河遗产方面的淮北特色。中央电视台新闻频道（CCTV-13）《奋斗百年路 启航新征程——安徽篇》以直播连线的方式聚焦淮北市塌陷区生态治理成效。"用好红色资源、激发奋进力量"党史学习教育集中采访团到淮北重点采访拍摄段园镇牛眠村村史馆、相山公园"小睦说党史"、烈山区新时代文明实践中心等，刊发《淮北：多举措营造党史学习教育浓厚氛围》等系列稿件。据统计，新华社、《安徽日报》等省级以上媒体刊发淮北稿件近5000篇（条），召开新闻发布会90余场。

【新闻发布】 2021年，淮北市委宣传部在市传媒中心演播厅设新闻发布厅，供全市各级召开新闻发布会使用。加大对市直单位和县区新闻发布工作的指导、协调和管理力度，全年召开淮北市政法队伍教育整顿新闻发布会、深化综合医改工作等新闻发布会90余场，完成疫情防控新闻发布演练、突发危机事件演练等。4月，在南京大学举办淮北市2021年度宣传思想工作暨意识形态与新闻发言人培训班，市直相关单位和县区宣传战线的50人参加培训。完善突发公共事件信息发布机制，指导相关单位做好信息发布工作。加强信息公开与政策宣传，市人民政府网站增设《领导回应、新闻发布、在线访谈》等栏目，围绕淮北市重点领域和重点单位，邀请单位负责人开展在线访谈，第一时间有效回应群众关切问题。

【社会主义核心价值观培育】 2021年，淮北市委宣传部结合党史学习教育、学雷锋日、"五一"、"七一"、"十一"等重要时间节点，围绕脱贫攻坚、劳模工匠、"最美职工"、"最美家庭"和"最美退役军人"等主题推出各类先进典型80余名。杜集区高岳镇孙庄村党支部书记谢丹亭等3人获"纪录小康工程"先进人物称号；濉溪县刘桥镇扶贫工作站获全国学雷锋岗位示范点称号；濉溪县公安局临涣派出所原三级警长程升华被评为"安徽省优秀共产党员"，省委宣传部组织省直媒体对程升华先进事迹进行集中宣传报道。有效组织各类宣传标语发布和文化活动，全年刊播各类重点工作标语4万余条。举办"重温党史聚力量 立足岗位建新功"企业职工思政课。"一根小竹竿的故事"获全省"思政公开课"二等奖。2篇思政调研报告获"省思政研究会优秀研究成果"二等奖，市委宣传部获优秀组织奖。淮海战役双堆集烈士陵园、淮海战役总前委旧址纪念馆、市博物馆、刘开渠纪念馆等各级爱国主义教育基地先后组织开展"红色文化"义务宣讲和以"缅怀先烈"为主题的爱国主义教育活动，举办"我们的节日""二十四节气知多少""非物质文化遗产体验"等各类主题活动4000余场次，12万余人次参加。

【公共文化服务】 2021年，淮北市围绕文化惠民、文化乐民，线上线下相结合，举办"云上过大年""我们的节日""庆祝建党100周年"等系列群众文化活动，《淮北市"四朵云"助力市民就地过大年》被中宣部《宣传工作》采用。市文化馆、杜集区公共文化服务中心获安徽省"2021年春节期间基层群众文化活动线上服务优秀组织单位"称号。大合唱《幸福的淮北人》在首届长三角合唱歌曲创作大赛中获金奖，小品《爱在花香时》入围华东六省一市小戏小品大赛。持续实施文化惠民工程，全市公共文化场馆免费对外开放，开展送戏下乡277场、送戏进校园5场、农村电影放映3605场。

【党史学习教育省委宣讲团宣讲报告会】 2021年4月2日，党史学习教育省委宣讲团宣讲报告会在淮北市举行。省委宣讲团成员、省委党校（安徽行政学院）副校（院）长胡忠明作宣讲报告。市委书记张永主持报告会并讲话。胡忠明围绕“深入学习领会习近平总书记关于党的历史的重要论述，充分认识开展党史学习教育的重大意义”“认真研读党史基本著作，全面了解中国共产党百年奋斗的光辉历程和历史性贡献”“深刻把握开展党史学习教育的重点”“开展党史学习教育，要学懂弄通做实习近平新时代中国特色社会主义思想，增强‘四个意识’、坚定‘四个自信’、做到‘两个维护’”四个方面进行宣讲，深刻阐明了为什么学党史、学什么、怎么学的问题。

（常洪赛）

【社科联工作】 2021年，淮北市社会科学界联合会（以下简称“市社科联”）组织开展“三项课题”研究，遴选8项高质量成果参加全省“三项课题”评选，其中2项成果分别获二等奖和优秀奖。开展庆祝中国共产党成立100周年、学习习近平总书记“七一”重要讲话精神理论研讨会论文征集工作。

全年开展“社科名家大巡讲”10余场，受众近1000人次。淮北市5幅作品入选全省社科界庆祝建党百年书画展。参加“辉煌百年路 启航新征程”全省社科联系统庆祝建党百年主题演讲比赛。《淮北社会科学》刊发理论文章20余篇，“淮北人文讲堂”开展专题讲座3期。9—12月，市级社科类社会组织、省社科普及基地共举办各类临时展览活动、爱国主义教育活动、科普进校园活动、社科普及系列专题讲座近30场。

统战工作

【思想政治引领】 2021年，淮北市委统战部以“庆祝中国共产党成立100周年”为主题，组织统一战线成员学习贯彻习近平总书记“七一”重要讲话精神，举办全市统一战线领域庆祝中国共产党成立100周年座谈会。开展党史学习教育，举办“同心向党 砥砺前行”全市党外代表人士学党史宣讲会，组织各民主党派、无党派人士开展以“七个一”活动为主要内容的“学党史、强信念、承传统、办实事”学习教育，组织民族宗教界开展“爱党爱国爱社会主义”演讲比赛、“网络名人学党史红色基地行”等教育实践活动。在各民主党派、无党派人士中开展“不忘合作初心，继续携手前进”主题教育活动，在党外知识分子中开展“双树双建”（树牢理想信念、树好社会形象，建功立业、建言献策）主题教育活动，在新的社会阶层人士中深入开展“凝聚新力量 筑梦新时代”主题教育，开展“奋进新时代、贡献新担当”民营经济人士理想信念主题教育实践活动。完成各级干部调学12个班次，参训29人次，举办中共十九届六中全会精神专题培训、学习宣传贯彻《中国共产党统一战线工作条例》报告会、全市各民主党派新成员培训班、新的社会阶层和民营经济代表人士培训班等各类培训班14期。

【民主党派和党派代表人士工作】 2021年，淮北市有民主党派市委会7个、总支18个、支部106个，民主党派成员2024人。民革、民盟、民建、民进、致公党市级组织和市知联会完成换届工作。推荐认定18名省级无党派人士，登记认定156名市级无党派人士。推进建立淮北欧美同学会群团组织，编制2名。协助市委起草《中共淮北市委2020年度政党协商计划》，召开6次专题协商座谈会，提交9篇政党协商调研报告。市各民主党派、工商联、无党派人士累计列入省市两级人大、政协会议议案提案250余篇，其中《关于加强电动车安全管理问题的建议》直接推动淮北市电动车管理立法。开展“入商会、进企业、促发展”调研活动，形成《关于激发淮北民营经济发展新动能的几点建议》等提案7篇。出台《淮北市贯彻落实〈中共中央关于加强新时代党外知识分子思想政治工作和无党派人士队伍建设的意见〉重点任务及分工方案》。组织党外知识分子参加第十三届长三角党外知识分子主题论坛，提交2篇论文。开展“双树双建”主题教育活动，市委统战部获省级优秀组

2021年6月30日，市委组织部组织党员赴烈山区榴园村“四眼井”红色教育基地开展主题党日活动 （市委统战部 供）

织奖、5人获评年度标兵。

【社会服务活动】 2021年，淮北市委统战部全面启动“万企兴万村”行动，开展“商会联乡村、共走振兴路”活动，63家企业投身乡村振兴，投入资金32.6亿元。开展“助力乡村振兴同心工程”，组建8支“同心”专家服务团，开展社会服务活动10余次，服务群众900余人次。做好“美好安徽智汇行”赴淮北对接活动，征集企业技术需求和技术瓶颈49项，成功对接合作项目5个。致力“双招双引”，接待客商30余批次100余人，赴外地招商考察10余批次，举办专场项目推介会2次。引导商会和民营企业参与“爱心圆梦大学”、春节送温暖、第三届“520全国公交驾驶员关爱日”、驰援河南水灾、“六一”慰问、“送清凉、办实事”慰问、“心系家乡、情暖校园”爱心捐赠、致敬老党员等公益活动，共计捐助500余万元。

【非公经济领域统战】 2021年，淮北市委统战部指导市工商联（总商会）完成换届。出台《淮北市关于加强新时代民营经济统战工作的实施方案》，重点明确5个方面34项重点任务。在全省第一批成立总商会党委，把“党建直通车”开进园区，市工商联直属9家商协会和11家团体会员中，有6家商协会和9家团体会员成立党组织。建立市领导联系民营企业机制，29位市领导联系87家重点民营企业，帮助民营企业纾难解困。完善市、县（区）工商联直通车机制，商会、民营企业家座谈会沟通协商机制，“四送一服”政企经常性联系机制，推动构建亲清新型政商关系。全年市委、市政府共召开企业家沙龙、民营企业发展座谈会等8次，组织各类座谈调研50余次，召开全市支持服务民营企业绿色发展座谈会2次，与20余名企业家开展谈心谈话。举办4期“银行+商会+企业”对接会议，累计达成融资意向55亿元，民营企业实现直接融资12.17亿元。连续第11年开展全市民营企业排序工作，推荐4家民营企业上榜2021安徽省民营企业百强，获5个百强席次。推进企业提级晋档，加大培育“专精特新”中小企业力度，累计培育省高成长型小微企业15户、省级“专精特新”企业109户、省专精特新冠军企业5户、国家专精特新“小巨人”企业7户。制定出台《淮北市商会招商引资考核暂行办法》，建立淮海经济区民营企业协同发展新机制，联合徐州等九地工商联组建淮海经济区工商联（总商会）联盟。建立外商到淮北投资兴业信息收集平台，收集招商线索40余条。

【新的社会阶层人士统战工作】 2021年，淮北市委统战部召开新的社会阶层人士统战工作联席会议暨实践创新基地建设推进会，制定《联席会议成员单位2021年重点工作任务清单》。印发《淮北市新的社会阶层代表人士培训计划（2021—2025年）》。以政治安排、商会换届和评选表彰为契机，充实完善民营经济代表人士数据库和人才库。构建市、县（区）新的阶层人士联谊会双层组织体系，引领新阶层人士新作为。建立市、县（区）两级新的社会阶层人士队伍，370余名新的社会阶层代表人士成为新联会成员。推进实践创新基地建设，全市建设实践创新基地7个。其中，市级实践创新基地4个、省级实践创新基地1个（相山区“新耀红立方”）。市、县（区）均成立联谊组织，打造“新动淮北”品牌，开展“手牵手助力乡村振兴”“送法进基层”等20余次公益活动。

（章明月）

2021年淮北市各民主党派组织和成员情况表

表10

项目/人数/党派	现有各级组织数									现有成员总数
	地方组织				基层组织					
	总数	省级委员会	地市级委员会	区县级委员会	总数	基层委员会	总支委员会	支部	小组	
合计	7	0	7	3	127	2	18	106	1	2024
民革	1	0	1	0	20	0	4	16	0	480
民盟	1	0	1	0	41	0	8	32	1	458
民建	1	0	1	0	13	0	2	11	0	207
民进	1	0	1	0	12	0	0	12	0	296
农工党	1	0	1	0	20	0	3	17	0	298
致公党	1	0	1	3	7	0	1	6	0	106
九三学社	1	0	1	0	14	2	0	12	0	179

2021年淮北市各民主党派参政议政情况表

表11

党派	人大					政协						
	省级		市级			省级			市级			
	代表（人）	议案建议（件）	常委（人）	代表（人）	议案建议（件）	常委（人）	委员（人）	提案建议（件）	副主席（人）	常委（人）	委员（人）	提案建议（件）
民革	1	7	1	7	6	1	0	1	1	3	8	17
民盟	1	2	1	7	14	0	2	5	0	3	22	28
民建	0	0	1	4	6	0	1	2	1	3	10	8
民进	2	13	1	4	9	0	1	2	1	2	10	26
农工党	1	5	1	2	3	0	2	1	0	3	15	16
致公党	1	5	1	3	6	0	1	3	1	1	11	19
九三学社	0	0	1	2	1	1	1	2	1	1	12	6

政策研究

【概况】 2021年，淮北市委政策研究室完成《中共淮北市委关于加强新一届市委班子政治建设的意见》《中共淮北市委关于深入学习宣传贯彻党的十九届六中全会精神的意见》等文件起草工作，《安徽省淮北市：采煤沉陷区综合治理推动全面绿色转型》入选“中国改革2021年度地方全面深化改革典型案例”，《以市场的逻辑和资本的力量推动泉山采石宕口生态修复》典型经验获安徽省省长王清宪批示肯定。

【决策信息服务】 2021年，淮北市委政策研究室起草市委文件5份，组织编印市第九次党代会简报12期，起草市委主要领导研讨发言、会议讲话、署名文章、宣传信息等30余篇，其中《走实医保“改革路”守好群众“救命钱”》被省委改革办采用，并上报中央改革办；《“企业家沙龙”搭建推动助企纾困“直通车”》等信息在人民网、学习强国等媒体刊发。

【调查研究】 2021年，淮北市委政策研究室围绕全市发展大局和群众关注重点开展调查研究12次，形成《关于我市深度融入徐州都市圈的调查与思考》《关于加快我市与沪苏浙合作共建园区需要注意的几个问题》等调研成果，其中，针对医保基金管理难题，走访县、镇、村医院（卫生室）20余次，调研形成《走实医保“改革路”守好群众“救命钱”》被省委改革办采用，为省、市做好医保基金管理提供科学参考。

【深化改革探索】 2021年，淮北市委政策研究室组织召开市委深化改革委员会会议5次，讨论审议《关于深化医疗保障制度改革的实施方案》等改革文件14个，指导各专项小组出台改革举措66项。创新推行“一地一策”牵引性改革，催生一批具有淮北特色的改革品牌。“绿金湖生态修复项目”入选中国生态修复典型案例，“数字治超模式”获国务院肯定，“紧密型县域医共体建设试点经验”亮相国家卫健委新闻发布会，政务服务标准化试点顺利通过国家标准化管理委员会考核评估，在全国率先推行招标代理机构星级管理模式，“一杯茶七步调解法”（第1杯茶以茶寻共情，第2杯茶以茶说人生，第3杯茶以茶述纠纷，第4杯茶以茶找支点，第5杯茶以茶拆面子，第6杯茶以茶置梯子，第7杯茶以茶达协议）获全国推介，“东湖存量垃圾治理项目”入选2021年度全国环卫行业典型案例，工程建设项目施工许可“极简”审批全省领先。

【党建工作】 2021年，淮北市委政策研究室强化对全市党的建设工作系统谋划、统筹协调、督促落实，调整市委党的建设工作领导小组成员，制定《市委党的建设工作领导小组2021年工作要点》。承办市委党的建设工作领导小组会议，开展党（工）委书记抓党的建设工作述职评议会相关工作。注重推进全面从严治党理论和实践问题研究，评选表彰25篇2020年度优秀党建课题。

【财经工作】 2021年，淮北市委政策研究室全面落实中央及省委经济工作会议精神，调整市委财经委员会组成人员，组织召开市委财经委员会会议4次。制定《中共淮北市委财经委员会2021年工作要点》《淮北市贯彻落实〈关于落实省委财经委员会第六次会议主要任务分工方案〉工作举措》等文件。加强财经工作调研，形成《关于加快我市推进皖北承接产业转移集聚区建设的有关建议》调研成果。

【党刊编印】 2021年，淮北市委政策研究室编印发行《淮北工作》6期，刊发各类文章110余篇，图片300余张，约25万字。注重做好党的理论宣传，刊发《深入学习贯彻习近平总书记“七一”重要讲话精神　奋力谱写新阶段现代化美好淮北建设新篇章》等文章；注重党建工作典型经验宣传，刊发《大力实施“125”工程　推深做实党建引领信用村建设》等文章；设立党史学习教育专栏，刊发《党史学习教育动员令》等文章；编印市第九次党代会特刊，刊发党代会报告、县（区）及市直单位贯彻落实举措等内容。

（郑　征）

网络安全和信息化管理

【概况】 2021年，市委网络安全和信息化管理委员会办公室（以下简称“市委网信办”）“自媒体基础管理专项治理”入选省委网信办2021年度创新案例，先后被省委网信办授予“全省网络安全宣传周先进单位”“全省互联网企业党建工作先进单位”称号，获全省网络安全职业技能竞赛“优秀组织奖”等。承办建党百年·红五月E起诵优秀作品展演暨2021年安徽工会“好网民”主题活动启动仪式，淮北市委网信办获评全省“争做中国好网民工程”先进单位。

【网络宣传】 2021年，市委网信办推进传统媒体与新兴媒体融合发展，形成“报、台、网、微、端、声、屏”七位一体融媒体矩阵，联合多家单位运用网络新媒体、延长宣传周期、扩大覆盖范围，打造“永不落幕”网络安全宣传周。淮北市推动媒体融合纵深发展改革经验入选中宣部2020年度《宣传思想文化工作案例》。制作推出《100秒100年淮北篇》《小睦说党史》《影像非遗·薪火相传》等短视频作品，主办的《淮北发布》连续两年被评为全省政务新媒体影响力“市级十佳”。举办首届淮北市“文明网站、文明自媒体账号”评选活动。

【网络安全防护能力建设】 2021年，淮北市网络安全应急指挥中心建成，由22家单位构成网络安全应急技术支撑队伍。举办全市网络安全工作专题培训班。做好中国共产党成立100周年网络安全保障，部署全市关键信息基础设施网络安全情况检查。组织开展护网2021网络安全攻防活动，以模拟黑客攻击方式开展攻防渗透检测，增强各行业系统网络安全防护自觉性和应急处置能力。

【网络安全检查】 2021年，市委网信办推动《党委（党组）网络安全工作责任制实施办法》落实落细，抓促落实属地网络安全各项工作，推动全市网络安全工作水平提升。联合市公安局、市密码管理局开展为期5个月的网络安全监督检查，打造全市网络安全“防火墙”。

市委网络安全和信息化管理委员会组织人员对全市多家单位和部门网站、双微平台运行管理情况进行专项督查。依托网络安全态势感知和通报预警平台，对全市部分重点网站和互联网在线平台进行远程监测和漏洞检测，针对网络安全隐患，下发重点网站安全隐患告知书，并开展现场检查。

（王梓丞）

机构和编制工作

【机构改革成果巩固】 2021年，淮北市委机构编制委员会办公室（以下简称“市委编办”）对2018年党政机构改革后市直单位履职情况进行专题调研和全面评估，从党的领导体制、党政机构运转、重点领域改革、机构编制管理、服务保障大局5个方面作出总体评价，提出适时调整优化单位职能等13条对策建议，形成《市直单位职能履行情况的调研报告》。

【综合执法改革】 2021年，淮北市委编办组织开展交通运输、文化市场、农业、生态环境和市场监管五大领域综合行政执法改革跟踪问效工作。统筹谋划行政综合执法改革试点工作，不断修改完善试点方案，淮北市被中央编办选定为安徽省唯一一家市级规范综合执法改革试点。《把握好四个“度”深入推进综合行政执法改革》入选全市2021年改革创新案例优秀案例。

【清单制度体系建设】 2021年，淮北市委编办做好市级权责清单、公共服务清单和行政权力中介服务清单的年度集中调整和即时动态调整工作。开展提升清单社会知晓度活动，制定《进一步提升清单知晓度工作方案》，面向部门层面，建立清单学习、清单宣传员、清单进大厅三项制度；面向社会层面，通过开设清单专栏、开通有奖竞答、开展集中宣传，提升清单知晓度。

【事业编制资源盘活】 2021年，淮北市委编办选取淮北市交通运输局、市住房城乡建设局、市林业局下属事业单位作为试点，创新推行“九步法”（全面摸清底数、充分沟通协调、量化职责任务、重新核定基数、优化职数配置、规范经费形式、理顺身份性质、加强重点保障、完善过渡机制九步），收回长期闲置事业编制225名，理顺经费供给形式，畅通人员流动渠道。出台《统筹市本级事业编制资源的意见》，推动事业编制资源跨部门统筹调剂。调剂100名事业编制，建立人才专项编制库，用于引进急需紧缺人才。从濉溪县跨层级调整25名事业编制至市自然资源和规划局，破解濉溪县和烈山区乡镇行政区划调整历时15年的历史遗留问题。全面推行公办幼儿园“管理团队编制保障法”，全市141所公办幼儿园整合为8所总园，下设59所分园，通过编制置换、余缺调剂等方式，挖潜盘活事业编制资源185名，统筹保障园长等重点管理教学人员用编，实现公办幼儿园编制保障全覆盖。

2021年7月2日，市委编办召开规范综合行政执法队伍机构编制试点座谈会（陈涛 摄）

【机构编制监督检查】 2021年，淮北市开展第二次机构编制核查，构建组织、编制、人社、财政4个部门数据比对联动机制，抓住“单位自查、群众监督、数据比对、实地核实、集中更新、数据上报”等关键环节，核清全市3.6万余名在编人员信息。加大机构编制监督力度，及时纠正干部配备中存在的不规范行为，组织开展机构编制条条干预问题自查自纠工作。

【服务保障重点改革】 2021年，淮北市推进经济发达镇改革，摸清临涣、双堆集2个经济发达镇底数，借鉴外市先进做法，提出设立10个综合性机构。梳理形成177条赋权目录清单，破解经济发达镇“小马拉大车”的困境。推进开发区管理机构清理规范，争取政策红利。经中央编办备案同意，淮北高新技术产业开发区管理委员会为副厅级机构，领导职数1正（副厅）7副（正处），内设机构9个（副处级）。

（诸葛瑞莹）

市直机关党建

【概况】 2021年，淮北市直机关工委管理直属党组织78个，包括65个机关事业单位党组织、13个国有企业党组织，共有586个基层党支部，12255名党员。

【机关党的政治和思想建设】 2021年，淮北市直机关工委深入宣传中共十九届六中全会、省第十一次党代会、市第九次党代会精神，举办专题宣讲会3场、专题党课12场，举办开放式党课28场。与省直工委合办“送理论宣讲、送艺术党课进基层”市直机关专场演出；开展“我把颂歌献给党”歌词征集活动，其中《你最懂百姓的心》获省直机关工委一等奖；开展“学党史、知党恩、跟党走”网络知识竞赛、市直机关党史知识竞赛，推出网络知识竞赛2期，举办“读党史、守初心、担使命”演讲比赛等活动；推进“学习强国”平台使用，在线党员干部1.3万余名。严格落实意识形态工作责任制。加强对市直机关党建网站和微信公众号的建设和管理，严格落实机关党建网站和微信公众号信息发布制度。

【基层党组织建设】 2021年，淮北市直机关工委严格执行《市直机关党建工作责任清单》，落实党建主体责任与“一岗双责”责任。召开市直单位党组书记抓基层党建述职评议会议。加强基层党组织换届指导，指导13个直属党组织按期换届。推进基层党支部标准化规范化建设，合格率100%。召开全市国有企业党建工作座谈会，学习贯彻《中国共产党国有企业基层组织工作条例（试行）》，落实国有企业党的基层组织建设三年行动计划；重点推进党员先锋岗、红旗党支部建设。督促国有企业党委履行主体责任，督导推进国有企业党建工作“找差距、抓落实、提质量”专项行动。举办1期党支部书记示范培训班及3期入党积极分子和发展对象培训班，对467名入党积极分子进行入党前培训。全年发展党员399名。

【庆祝中国共产党成立100周年系列活动】 2021年，淮北市直机关工委组织党员干部集中收看庆祝中国共产党成立100周年大会。为700名老党员颁发“光荣在党50年”纪念章，召开市直机关“光荣在党50年”老党员座谈会。评选表彰优秀共产党员50名、优秀党务工作者50名，先进基层党组织50个。其中获中央表彰基层党组织1个，获省委表彰优秀共产党员2名、优秀党务工作者2名，先进基层党组织1个，获市委表彰优秀共产党员12名、优秀党务工作者11名，先进基层党组织12个。落实党内关怀机制，走访慰问959名老党员、生活困难党员。

【中国共产党淮北市直属机关代表会议】 2021年，淮北市直机关工委召开市直机关党代表会议，选举产生82名出席市第九次党代会代表。举办市直机关出席市第九次党代会代表培训班，市委常委、统战部部长，市政协党组副书记顾汕竹，市人大常委会副主任张香娥等80余名党代表参加培训。

【模范机关建设】 2021年，淮北市直机关工委落实《市直单位“模范机关”创建举措》，明确27条创建措施。培育党建品牌280多个，评选“十佳党建品牌”。全程监督市直机关党代表资格审查、选举程序等环节。印

2021年9月8日，中国共产党淮北市直属机关代表会议召开
（李宸　摄）

发《市直机关工委关于组织开展八届市委巡察发现问题“大起底、改到位、建机制”专项行动实施方案》，开展“再回头、再检视”。开展市直机关纪委工作专项调研。回复党风廉政意见5人次；开展集体和个人提醒谈话12人次；受理审结案件28件。

【机关精神文明建设】 2021年，淮北市直机关工委开展办公场所文明清洁美化活动和党员上岗挂牌示范活动，要求机关党员干部带头践行社会主义核心价值观。组织60多个党员志愿者服务队，持续助力文明城市、园林城市、卫生城市建设。

（李　宸）

老干部工作

【概况】 2021年，淮北市有离休干部229名、退休干部17939名。淮北市委老干部局围绕聚力“银辉添彩”，选树“银辉先锋”，打造“银辉乐园”，在全省老干部工作“双先”评比中，被评为“全省老干部工作先进集体”。

【离退休干部党建工作】 2021年，淮北市委老干部局组织离退休干部开展党史学习教育，学习习近平总书记“七一”重要讲话精神，多位离退休干部以交纳特殊党费的方式表达对党的赤诚之心；6月，淮北市离退休干部党建共享基地建成并投入使用，经验做法被2021年中组部主办的《学习参考》刊载；9月，市委组织部、市委老干部局联合举办“银辉添彩　初心永驻”全市老干部系统党史知识竞赛；截至12月，全市建成15家社区老党员驿站；选树16家“离退休干部职工示范党支部”和70名“银辉先锋”，4个支部被评选为“全省离退休干部职工示范党支部”，1名退休干部获全省“优秀党务工作者”称号。

【老干部政治待遇落实】 2021年，淮北市坚持市委常委联系和走访老干部制度。春节前夕，每位常委分别登门走访慰问市级老干部，实现70余名地市级离退休干部全覆盖。1月，举行全市离退休干部迎春茶话会；5月、10月两次组织开展老干部“看淮北”活动，市领导陪同30多名地市级老干部实地观摩淮北市部分重点项目和企业的生产运营及建设情况；5月，举办全市老干部工作会议；6月，市委书记张永走访慰问部分老干部，并参加“光荣在党50年”老党员老干部座谈会；6月，举办市老干部系统“学党史　感党恩　颂辉煌”“放歌新时代、永远跟党走”庆祝中国共产党成立100周年主题文艺会演；12月，召开“银辉大讲堂”全市老干部系统学习贯彻中共十九届六中全会精神宣讲报告会。

【老干部生活待遇落实】 2021年，淮北市老干部系统巩固和完善离休干部“三个机制”（离休费保障机制、医疗费保障机制、财政支持机制），推进调整后的离休干部用药目录的落实，改进离休干部服务管理措施。完善离休干部就医绿色通道，实现离休

2021年2月4日，市委副书记、市长覃卫国（左二）走访慰问老干部

（梅月　摄）

干部就医“五有一化”（有一条就医绿色通道、有一支家庭医生签约服务团队、有一批定点签单药店、有一套医药周转费补助办法、有一套监督落实保障制度，优化离休干部医药费报销渠道）。举办“我为群众、老干部办实事”活动10余次；7月，看望慰问久居外地和易地（北京、上海、南京等地）安置老干部，每人发放1000元慰问金，市直和县（区）对易地安置老干部也进行慰问；8月，开展“夏送清凉”活动，走访慰问离休干部；落实荣退制度，20多家单位举办退休干部集体光荣退休仪式，淮北市工作信息在中组部离退休干部微信公众号刊发；按照“三不变”（组织关系、服务管理、待遇落实不变）的原则，继续引导退休干部主动融入社区，聚焦老干部作用向社区发挥，破解老干部工作“四就近”（就近学习、就近活动、就近得到关心照顾、就近发挥作用）难题；完善离退休干部服务管理系统，利用好“互联网+党建+服务+管理”的老干部工作信息平台。

【老干部活动平台建设】2021年，淮北市委老干部局进一步加强活动平台和基础设施建设，完善服务功能，改善办学和活动条件，优化服务环境。5月，修缮老年大学、老干部活动室基础设施，加强老年大学临时党委建设、志愿者队伍建设，以加强思想教育为先，强化教学服务管理，完善服务功能，利用好、发挥好学习活动阵地的重要作用。争创全省省级示范老年大学（学校）。首部由老年大学单独创作的大型黄梅剧《大别山母亲》，向全市老干部系统公演及巡演。开展艺术共建、进社区、开放式党校等文艺活动。开展“携手风雨五十载，共谱军旅金婚情”军民共建活动。

2021年10月14日，举办全市老干部“学党史 践初心 话发展”主题党日暨秋季“看淮北”活动　（市委老干部局　供）

【老干部优势发挥】2021年，淮北市委老干部局坚持抓好“畅谈”“建言”活动，组织地市级老干部参加市“两会”报告起草征求意见座谈会、“十四五”规划征求意见座谈会、市领导班子年度考核及全市领导干部大会等；组建“银辉志愿服务队”“老干部先锋服务队”，深入社区村镇参与一线疫情防控值守，帮助企业恢复生产，宣传疫情防控知识，维持疫苗接种秩序等志愿服务活动；由离退休干部担任宣讲团成员的“红色淮海报告团”，走进学校、社区、企业等地，开展红色宣讲50余场；开展“五个一”正能量活动，征集老干部书画、征文作品600多件（篇），对优秀作品进行线上线下展览，编发《银辉添彩　初心永驻》正能量书画摄影优秀作品集。4名退休干部获“全省离退休干部正能量活动之星”称号，2名离退休干部团体获“全省正能量团体之星”称号。

【关心下一代工作】2021年，淮北市各级关工委开展“乡村振兴、关工助力”“小手拉大手”主题教育活动；连续举办11届“党是阳光我是苗”书画大赛；统筹推进“法治关爱，护航成长”“五老网吧啄木鸟”系列品牌活动。

（程龙升）

文明创建

【概况】 2021年，淮北市制定《淮北市争创全国文明典范城市三年行动计划》，实施文明创建九大提升行动，开展“我为群众办实事”活动，全市精神文明建设保持积极发展态势。截至2021年底，累计172人荣登“中国好人榜”，继续保持全国地市领先位次，入选“安徽好人”人数达200人，3个典型入选全国学雷锋志愿服务“四个100”先进典型。

【新时代文明实践中心建设】 2021年，淮北市推进全国第二批新时代文明实践试点工作，建成市级新时代文明实践智慧云平台，制订《新时代文明实践中心、所（站）标准化操作手册》，全市有5个新时代文明实践中心、32个实践所、427个实践站点。建立健全淮北市新时代文明实践中心建设工作联席会议制。组织开展新时代文明实践“十佳”所（站）和“十佳”百姓宣讲员评选。

【未成年人思想道德建设】 2021年，淮北市文明办组织开展第三届“新时代好少年”评选活动，评出丁佳佳等10名新时代好少年。开展“童心向党 礼赞百年”优秀童谣征集推广传唱活动，评选出60首优秀童谣作品。联合市教育局开展全市未成年人心理健康辅导教师培训，间接受益3万余人。下发《关于开展乡村“复兴少年宫”试点建设的通知》，制定试点建设方案，濉溪县刘桥镇王堰村乡村“复兴少年宫”建成并试运营。开展“我们的节日”主题活动，春节、元宵节采取线上组织的方式，收看观众达10万余人，点赞数3.5万次。

【群众性精神文明创建】 2021年，淮北市实施《淮北市实施文明创建工程三年计划》，开展文明创建“九大”提升行动，健全文明创建实地督查工作机制。开展“两高一场”（高速、高铁、机场）周边环境专项整治、煤化工基地环境秩序综合整治，打造港利小区、工行淮海路支行等文明创建示范点。举办淮北市全国文明城市创建“1+X”业务培训班，进行4次模拟测评，并组织人员赴铜陵市、蒙城县进行异地测评。

文明单位创建方面 出台《非公有制经济组织和社会组织文明单位创建工作指导意见》，召开非公组织座谈会，加强创建工作指导，扩大文明单位创建覆盖面。持续深化文明单位与社区文明创建结对共建工作，75家单位派出志愿服务队开展活动1200余场次。

文明村镇创建方面 下发《关于开展第六届淮北市文明村镇评选的通知》，初步确定83个村镇为第六届淮北市文明村镇拟推荐名单。打造移风易俗示范走廊51个、示范镇8个、示范村77个。淮北市县级及以上文明镇占比94%、文明村占比77%。

文明家庭创建方面 制定《淮北市文明家庭创建标准和推

2021年10月12日，市文明办在杜集区双楼村举办“厚植文明乡风 助力乡村振兴”2021年淮北市我们的节日·重阳节主题活动
（冯树风 摄）

2021年7月，淮北市组织举办新时代文明实践"十佳"百姓宣讲员巡回宣讲活动（市文明办 供）

选办法》《淮北市文明家庭激励与管理办法》。3户家庭获"第一届安徽省文明家庭"称号，召开淮北市第一届安徽省文明家庭座谈交流会，为张秀丽等5户全国文明家庭、安徽省文明家庭颁发奖牌和证书。端午节期间，开展"传承红色文化·涵养家国情怀"主题活动。举办"筑梦新时代·共话好家风"——2021年淮北市我们的节日七夕节主题活动。

文明校园创建方面　制定《关于2021年深入开展文明校园创建活动的通知》，推荐淮北市人民路学校等5所中小学校参加创建全国文明校园先进学校评选活动。开展"戏曲进校园"活动65场。开展全国文明校园创建督查，重点对市首府实验小学、市古城路小学、市黎苑小学3所全国文明校园进行现场督查考核。

【志愿服务】 2021年，淮北市文明办健全志愿者注册登记、招募培训、嘉许激励等制度，与中国人寿保险公司淮北分公司签署"志愿我先行、国寿保无忧"战略合作协议，建立完善淮北市志愿服务保障体系。举办淮北市第三届新时代文明实践志愿服务项目大赛，培育和扶持一批志愿服务项目。组织30支专业志愿服务队伍，启动全市学雷锋志愿服务先进典型推选宣传活动，推选表彰100名最美志愿者、10个最佳志愿服务组织、10个最佳志愿服务项目和10个最美志愿服务社区。依托"淮北文明网""文明淮北"微信公众号等新媒体平台，推出《志愿我先行》等宣传专栏；推出"新时代文明·淮北"微信新宣传平台。3个典型入围2020年度全国学雷锋志愿服务"四个100"先进典型评选，7个典型入选安徽学雷锋"月评十佳"，全市获省级以上志愿服务奖项22个。

【农村精神文明建设】 2021年，淮北市文明办指导各县区持续做好移风易俗工作的巩固和提升，积极运用积分制、道德评议会、红白理事会、村规民约等方式开展移风易俗，破除陈规陋习。不断探索巩固拓展脱贫攻坚成果同乡村振兴有效衔接，推进农村生活垃圾分类、生活污水治理等工作，提升农村人居环境质量。

（张子逊）

目标管理与督查

【制定年度目标任务】 2021年，淮北市委督查考核办公室分析整理省政府考核淮北市的各项指标和《政府工作报告》确定的经济社会发展目标，编制县区和市直部门2021年度考核体系，督促市直相关单位制定考核评分办法及下设二级机构考核办法。组织实施2020年目标管理绩效考核结果评定工作，全面做到规范有序、科学公正，考核结果经报市目标管理委员会、市政府常务会、市委常委会审定，及时向县区（园区）、市直党政部门和驻淮北单位公布。

【督查工作】 2021年，淮北市委督查考核办公室围绕习近平总书记重要指示批示、中央八项规定精神、整治形式主义为基层减负等重大决策部署贯彻落实情况开展决策督查，向省委上报自查报告15件；做好疫情防控督查，明察暗访商超、农贸市场、疫苗接种点等重点场所200余次，办结省疫情防控监督举报平台转办函86件；做好国务院第八次大督查服务保障工作，完成实地核查及反馈问题整改工作；报送省政府信息系统交办事项落实情况82件；统筹规范督查检查考核工作，印发《2021年督查检查考核计划》，全市督查检查考核事项报备42项；开展中央环保督察反馈问题、城区雨污水分流、市重点工程、招商引资、秸秆禁烧、疫情防控、项目推进等重点工作落实情况的督查督办；办理省、市领导批示件126件，做到件件有落实、事事有结果；对照国办30项激励措施与省办43项激励措施，组织协调市有关部门总结上报2020年工作典型经验做法，全市6项工作获省政府“真抓实干成效明显”督查激励。

【网友留言督办】 2021年，淮北市委督查考核办公室做好国务院“互联网+督查”平台交办问题线索办理工作和人民网网民给省委书记、市委书记留言办理工作，全年办理“互联网+督查”平台交办问题线索38件，办理留言858件，重点解决一批群众反映强烈的房地产延迟交房、小区物业管理差、环境污染等“急难愁盼”问题，大唐淮北发电厂小区居民代表、见龙置业公司代表分别送锦旗表示感谢。

【议案建议提案落实与办理】 2021年，淮北市委督查考核办公室规范人大议案、建议和政协提案办理，召开年度交办工作会议，做好人大议案、建议和政协提案交办督办工作。市十六届人大五次会议期间，市政府收到人大代表议案建议200件，其中议案3件、重点建议12件、一般建议185件，所提议案建议办结率100%，从收到的反馈意见来看，满意或基本满意率为100%。市政协十届四次会议期间，各党派、团体、界别和政协委员共提出提案192件，提案办结率100%，从委员反馈情况看，满意率和基本满意率达到99.5%以上。

（唐怀鼎）

党校教育

【概况】 2022年，市委党校创新教学方式，推行研究式、体验式等互动教学方法，增强培训效果。全年完成县处级干部进修班、中青年干部培训班、科级干部任职班等主体班16期986人次的培训任务；联合市直部门开展培训39期，培训学员2770人次；承办全市领导干部专题培训班2期、淮北大讲堂3期、市委理论中心组学习扩大会3期。《建设“互联网+”平台，联通党校内外课堂》获评全市2021年改革创新优秀案例。在全省党校系统教学比赛中，市委党校有两个教学专题分获一等奖和三等奖，在全省党校系统第十三届科研工作评选中获优秀组织奖，在全省党校系统办学质量评估排名第二。

2021年9月15日，市委党校与淮北市司法局签订科研合作协议

（市委党校　供）

【科研咨政】 2021年，市委党校围绕市委、市政府年度工作要点和经济社会发展热点、难点问题开展科研咨政，全年呈送校刊《知行论丛》4期、《领导参考》12期，调研报告45篇。其中《淮北市深度融入徐州都市圈发展的产业对接研究》等6篇调研报告获市领导肯定性批示，2篇理论文章被核心期刊采用，立项省部级课题1个、市厅级课题5个。

【理论宣传】 2021年，市委党校开设党史教育系列专题15个，丰富党史学习教育内容。成立党校宣讲团，组织骨干教师先后为市委、市人大、市政府、市政协等60多个机关和县、区90多家基层单位上门宣讲。累计完成党史学习教育、习近平总书记“七一”重要讲话精神、中共十九届六中全会精神相关课题14个，发表理论文章39篇，宣讲200余场，受众1万余人次。

（王　飞）

党史 地方志

【概况】 2021年，淮北市党史和地方志部门坚持以习近平新时代中国特色社会主义思想为指导，深入学习贯彻中共十九大及历次全会精神，围绕市委、市政府中心工作，聚焦史志编研主业，强化史志宣传教育，充分发挥“存史资政育人”作用。市委党史和地方志研究室获“全国地方志系统先进集体”称号，是全省唯一获此殊荣的单位。

【党史编研】 2021年，《中国共产党淮北历史第三卷（1978—2002）》由中央党史出版社出版发行，29.5万字，该书全面反映淮北市改革开放和社会主义现代化建设新时期24年的历史，是安徽省第一部市级党史三卷本。编辑出版淮北党史丛书，丛书由《淮北百年党史》（3册）、《淮北党史人物》《淮北史志资政研究》《“小推车”精神研究（二）》组成，计105万字，为全市开展党史学习教育提供学习教材，该丛书被评为安徽省社科普及优秀读物。出版《淮北市改革开放新时期文献资料选编（第三辑）》，31万字，收录1985年1月至1987年12月重要文献资料49篇。出版《淮北市改革开放专题研究》，32万字，收录专题研究文章32篇，全面记述1978年至2012年淮北市改革开放和社会主义现代化建设各项事业的发展足迹。完成《中国共产党安徽省淮北市组织史资料（第二卷）》初稿，形成文字30万字。

【志鉴编纂】 2021年9月，《淮北年鉴（2021）》由方志出版社出版发行，82万字，全面反映淮北市2020年度政治、经济、社会、文化、生态和党的建设等方面的基本情况、发展变化及主要成就。卷首有图照、特载、专记、大事记、市情概览，卷中设中国共产党淮北市委员会、淮北

2021年，市委党史和地方志研究室编纂出版的《中国共产党淮北历史第三卷（1978—2002）》《淮北百年党史》《淮北党史人物》 （林琳　摄）

市人民代表大会等26个专题类目，分目213个、条目1085个，收录图片183张、图表42幅。在淮北党史方志网、红色淮北小程序上刊载有《淮北年鉴（2021）》网络版。持续开展志书资料年报工作，收集整理上传2020年度资料约50万字。指导县区推进镇村志编修工作，举办全市镇村志编纂业务培训班1期；加强《梧桐村志》《徐集村志》《段园镇志》编修工作的指导。9月6日，与市乡村振兴局联合印发《关于印发〈淮北市扶贫志〉组稿方案的通知》，正式启动扶贫志编修；10月28日，举办1期《淮北市扶贫志》编纂业务培训班；截至年底收集整理资料4万字，图片100余幅。

【地情资源开发与利用】 2021年12月，《淮北历史文化丛书》由中国文史出版社出版。该丛书共分《淮北柳孜遗址志》《淮北风物志》《淮北诗文集萃》《淮北相山志》《淮北水志》5卷。其中，《淮北柳孜遗址志》全面系统记述了通济渠、柳孜古镇的发展变迁，遗址的发掘过程与重要出土遗迹遗物，以及运河申遗历程等，全面发掘、展示了运河历史文化。《淮北风物志》分设市情市貌、名胜古迹、文化艺术、土特名产、方言与地方风俗、掌故传说等类目，全面展示淮北地域文化。《淮北诗文集萃》收录1911年以前淮北先贤的诗文名篇以及古人描写、吟咏淮北的诗文名篇。《淮北相山志》《淮北水志》分别是淮北市第一部山志、水志，系统记述淮北山水自然与人文、历史与现状，以及治山、治水的成绩和成功经验等。编纂《淮北大事记》，约8万字，随文插图72幅。编印发行《淮北史志》（第5—6期），共16.8万字。

【史志资政研究】 2021年，市委党史和地方志研究室聚焦淮北百年党史、淮海战役支前研究、融入长三角区域城市等主题，编印《史志参阅》（第23—41期）19期，先后6次获市委主要领导批示。撰写《从淮北百年党史中汲取转型发展的磅礴力量》《淮北党组织的诞生经过及其特点》等6篇论文，获全市理论征文优秀奖。《传承红色基因 讲好淮北故事——淮北市探索“四史”宣传教育的创新实践》获评全市2021年改革创新优秀案例。加强与淮北师范大学马克思主义学院、历史文化旅游学院合作共建，在开展学术研究、传播红色文化、发挥基地作用、联合培养人才等方面交流合作。依托市史志馆打造校外实践教学基地，为共同研究淮北地区党史资源和地方文化的挖掘、整理、保护和运用提供智力支持和人才力量。

【史志宣传教育】 2021年，市委党史和地方志研究室组建“四史”宣讲团，构建“1+X”的“四史”宣讲工作格局，实施“菜单式”宣讲服务，全年开展“七进”（进机关、进军营、进农村、进社区、进学校、进企业、进网络）宣讲160余场次，听众约5万人。在《淮北日报》开设《建党百年·红色淮北》报刊专

2021年6月24日，市委党史和地方志研究室举行史志书籍“六进”活动赠书仪式 （林琳 摄）

栏，连载70期淮北党史重要事件，讲述党领导下淮北人民波澜壮阔的革命斗争和社会主义建设历程。制作“庆祝百年·我来讲党史”系列音频70期，拍摄党史系列微视频，依托网站、微信、抖音、喜马拉雅新媒体平台开设“空中课堂”，融合“云视听、云展示、云阅读、云活动”，让“四史”学习教育从线下走到线上，从身边走向指尖，全年线上浏览、参与人数突破400万人次。“淮北史志”抖音视频号获评首届淮北市文明新媒体账号。微视频《我们的英雄·淮北红色党史人物》获2016—2020年全国党史和文献部门优秀科研成果三等奖，《淮海战役的胜利是靠老百姓用小车推出来的》《革命火种撒相城——淮北党组织诞生记》《建党百年·让历史说话》（系列微视频）分别获全省优秀科研成果影视音像作品类二等奖、三等奖，《走进朱务平烈士故居》获“同心向党　辉煌百年——安徽省献礼建党100周年网络文化季系列主题活动”之百年华章·E起诵三等奖。全年向全市机关、社区、学校、农村、企业、军营赠送史志书籍7800余册，向省内外地市交流赠阅1500余册；在市新华书店、市图书馆打造“史志空间”，宣传“‘码’上学党史”；联合举办“建党百年·淮北足迹”主题展、“烽火淮北——纪念中国人民抗日战争暨世界反法西斯战争胜利76周年”图片展、百年党史进校园图片展；组织开展以“忆百年党史、奋进新征程、永远跟党走”为主题的第十二个“全市党员干部党史教育日”活动，开展重温入党誓词、经典诵读、文艺演出、书画摄影展等活动。12月，市委党史和地方志研究室获“2021年度党史宣传教育及刊物工作先进单位”称号，1人获先进工作者称号。

【史志信息化建设】 2021年，市委党史和地方志研究室着力构建史志信息化“两库两馆四平台”（史志地情资料库和数字史志库，淮北数字史志馆和淮北网上党史馆，网站+微信+抖音+喜马拉雅+二维码延伸阅读+N的史志宣教平台），促进史志成果转化、资源共享。优化和改进“史志地情资料库”和“数字史志库”，满足系统用户覆盖200多个单位。上传年鉴稿件近700万字，建立2013—2020年度志书电子卡片和资料长编数据库近450万字，保存图片和音视频等资料近14GB。升级“淮北数字史志馆”和“淮北网上党史馆”。数字史志馆内上线书籍76部、约3200万字，为广大读者提供更加便捷、立体、丰富的数字化阅读体验。网上党史馆依托5个虚拟展厅，实现地方党史三维可视化展陈，浏览量超过53万人次。搭建网站、微信、抖音、喜马拉雅四大宣教平台，拓宽史志工作“发展空间”。淮北市史志信息化建设的创新做法先后在中共中央党史和文献研究院网、中国方志网、安徽省党史方志网等媒体刊载报道。11月30日，市委党史和地方志研究室在全国地方志系统信息化业务培训班上作交流发言。

（牛婷　郜快　林琳）

档案工作

【两类档案归集】 2021年，淮北市档案局组织县（区）及全市52家单位开展疫情防控和脱贫攻坚两类档案归集工作视频培训，印发业务指导手册，及时跟进“一对一”精准指导，按照时间节点督促移交进馆。市、县（区）均完成两类档案归集工作，建立专题目录数据库。其中市档案馆接收40家单位两类档案目录共5145条，电子档案数据6.64GB。

【档案执法监督检查】 2021年4月，淮北市档案局开展全市改制国有企业档案归属、保管存放情况专项检查。6月，部署全市档案安全工作，加强“七一”期间和汛期档案安全工作，实地检查县（区）档案馆及部分市直单位档案室。对淮北市36家单位进行全面督查，其中重点查看7家卫生健康系统单位的档案管理及疫情防控档案归集情况。

【档案业务指导和宣传】 2021年，淮北市档案局对4家县级综合档案馆开展档案业务建设评价。实地指导市医疗保障局、市应急管理局（市煤矿安全监督管理局）等50余家单位规范开展档案管理工作。通过新闻媒体、宣传展板等形式，宣传档案法律法规、档案工作发展史。组织收听收看“十四五”全国档案事业发展规划公益大讲堂直播、“6·9”国际档案日线上专题讲座、档案事业统计在线培训等。定期完善政务服务事项、权责清单的信息要素，及时办理网上申报政务服务事项，报送每月开展行政许可和行政处罚情况。当年减少政务服务事项1条，更新事项信息要素6条，报送“互联网+监管”事项信息20条。

【室藏档案移交接收】 2021年，淮北市档案局、市档案馆联合印发《淮北市档案局　淮北市档案馆关于做好市直单位档案移交和接收进馆工作的通知》，成立移交进馆工作小组，涉及立档单位70余家，完成移交任务单位48家，移交进馆文书档案22461卷、153170件，照片档案1700张。截至是年底，市档案馆馆藏纸质档案约27万卷、馆藏资料约1.8万册，其中包含招工档案、招投标档案、知青下放档案、审计档案、独生子女档案、婚姻登记档案、征地档案等十余种专业档案。

【档案安全防护】 2021年，淮北市档案馆成立并调整档案安全工作领导小组；开展档案安全宣传教育、消防演练及指导；健全档案安全保管、保密、档案管理人员岗位职责，档案查阅利用等制度；定期开展档案安全防护排查工作。加强档案馆智能化道闸、安全监控建设，夯实档案安全防护基础设施建设。与合肥市档案馆、成都市双流区档案馆签署重要档案数据异地备份协议，开展异地备份工作，进一步降低意外损害风险。

2021年2月24日，淮北市档案馆工作人员清点新接收的档案
（市档案馆　供）

【档案征集编研】 2021年，淮北市档案馆发布《关于征集中国共产党成立100周年淮北党史档案资料的公告》。征集《车轮滚滚——刘瑞龙的一生》《秦基伟回忆录》《生命的荣光：朱务平烈士传》等书籍9种42本，淮北市1973年先进教师代表大会代表证、刘开渠肖像雕塑等实物档案5件。召开档案征集编研座谈会，部署党史档案征集编研工作。指导濉溪县档案馆梳理20世纪50年代的土改档案；相山区档案馆编写《红色的印记　永远的丰碑：相山区革命遗址、英烈资料汇编》；杜集区档案馆编写《杜集百年大事记》，拍摄小朱庄战斗纪录片；市档案馆编写完成《淮北市历次党代会报告文件汇编》。

【档案利用】 2021年，淮北市档案馆印发《关于调整淮北市档案馆档案开放鉴定小组的通知》，制定《淮北市档案馆馆藏涉密档案解密工作规定》《档案划分控制使用范围工作细则》《开放鉴定制度》，对馆藏档案进行开放鉴定，制作开放档案目录。修订《开放档案利用登记表》《未开放档案利用审批表》《档案利用协议书》《数字档案资料（电子档案资料）出馆审批表》等查档登记表格，严格执行审批手续。加强开放档案和控制使用档案的利用分区管理，落实档案利用监阅制度。提供开放目录、馆藏资料目录，提供档案查阅咨询、目录检索、摘抄、复制等服务。开展便民服务，提供电话、网络查档、工作日延时、节假日预约查档服务。设置专门的政府信息公开查阅场所，配备电脑、打印机等设施设备。利用档案数字化成果，提高查阅利用的效率，持续做好苏浙皖沪三省一市民生档案“异地查档、便民服务”工作。2021年，接待档案查阅利用5898人次（其中退休职工档案4500人次），调阅档案9694卷（件），复印档案近2万页。

【档案馆展览】 2021年，淮北市档案馆成功申报首批淮北市少先队校外实践教育基地和首批安徽少先队校外实践教育基地。淮北市委党校、濉溪县委党校、淮北矿业集团党校等单位将参观市档案馆纳入各期培训班的现场教学课程。为庆祝中国共产党成立100周年，制作党史宣传教育PPT，在公众门厅和查档大厅的LED屏上循环播放。全年接待参观14595人次，其中个人参观1855人次、团队参观12740人次，免费讲解421次，平均每天50人次参观。其中“七一”前后，接待3000多人次，70多个团队到馆参观见学。

【档案信息化建设】 2021年，淮北市档案馆集中开展数字档案馆建设，投资550万元，建设内容包含应用系统建设、基础设施建设、数字资源建设等，数字化综合管理平台与市政府政务OA系统完成初步对接，馆藏90%档案完成数字化全文扫描。

（王　敏　王敏杰）

保密工作

【概况】 2021年，淮北市委保密委全力构建“一体两翼”保密工作体系（“一体”：保密工作高质量发展体系；“两翼”：保密宣传教育体系、保密监督检查体系）。制定淮北市保密事业五年（2021—2025年）行动计划。保密工作纳入市委巡察内容，开展“进驻式”保密检查，全市保密工作向纵深推进。

【保密宣传】 2021年，淮北市委保密委全力构建保密“大宣教”格局。结合党史学习教育，开展庆祝中国共产党成立100周年保密宣传活动，选送9件视频、书画、摄影作品参加中央保密办举办的“庆祝建党100周年保密宣传教育作品征集评选”，其中1幅保密书法作品获书法类作品全国二等奖。建设淮北市保密红色传统教育馆，制作3集保密工作系列宣传片。在《保密工作》发表信息2篇，《安徽保密工作》发表信息4篇。做好保密领域“八五”普法工作，在世纪广场开放式党校讲授保密专题党课，依托“4·15”全民国家安全教育日、国家网络安全宣传周等开展保密法规、技术、文化、历史等专题保密宣传教育活动，利用户外广告、电视媒体等循环播放保密宣传片。借助“保密观”App和微信公众号组织近万名党员干部参加保密知

2021年8月9日，淮北市档案馆对档案数字化人员进行培训
（市档案馆　供）

识竞赛。举办淮北市高科技企业高管保密教育培训班，组织104名企业高管赴省保密警示教育中心开展警示教育。组织市、县(区)保密干部参加全省保密工作业务培训。在市、县(区)党校主体班举办保密专题讲座3场，对市直单位开展保密培训20余次。

【保密监管】2021年，淮北市委保密委完成2020年度全市98家机关单位、涉密企业定密事项统计和分析。加强涉密人员管理，贯彻落实涉密人员保密管理办法及配套制度，加强机关、单位涉密人员保密审查、确定、出国(境)备案审批、离职离岗脱密期保密管理。贯彻落实借调、挂职、聘用、劳务派遣、外包等人员和领导身边工作人员保密管理制度。每天开展2次经常性巡视，半年向省保密局报告1次监管信息。创新开展“进驻式”检查，截至年底，共检查机关单位21家、二级机构32个，其中“不合格”单位2家。聚焦重点领域区域，建立健全军地保密协作机制。加强全市党政军核心要害单位周边环境安全和新领域新业态的保密管理，开展党政军机关和重点涉密单位周边文印店印制涉密文件资料保密管理专项检查整治，联合市邮政管理局开展邮政机要保密安全专项检查，完成市教育局、市卫健委试卷保密室验收工作，做好中高考、研究生考试保密排查等工作。加强对重大、典型泄密案件的研究及案件总体情况态势分析，持续优化案件通报的时效和质量。

【保密工作责任制建设】2021年，淮北市委保密委严格执行工作报告制度。市委常委会召开2021年市委保密委会议和全市保密工作会议。将保密工作纳入市委理论学习中心组学习内容。市委书记张永对保密工作批示2次，市委常委、秘书长对保密工作作批示9次。2021年度将保密督查检查纳入《2021年督查检查考核年度计划》，将履行保密工作责任制情况纳入市委综合考核内容。提高保密依法行政能力，组织全市新进保密系统人员进行行政执法资格认证考试，市、县(区)新进6人均获保密行政执法证。

(王　敏)

【责任编辑　牛婷】

淮北市人民代表大会

淮北市第十六届人民代表大会常务委员会

党组书记、主任　方宗泽
党组副书记　李加玉（2021年9—12月）
党组成员、副主任　戎培阜
党组成员　张保成（2021年9—12月）
党组成员、副主任　胡百平
副 主 任　金　文
党组成员、副主任　张香娥（女）
党组成员、副主任　赵德志
党组成员、机关党组书记、秘书长　徐福信（2021年1—9月）
秘书长　徐福信（2021年9—10月）
党组成员、机关党组书记　赵德荣（2021年9—12月）

综　述

【概况】 2021年，淮北市人大常委会坚持以习近平新时代中国特色社会主义思想为指导，全面贯彻中共十九大和十九届历次全会精神，深入学习贯彻习近平法治思想、习近平关于坚持和完善人民代表大会制度的重要思想、习近平总书记考察安徽重要讲话指示精神，紧紧围绕全市经济社会发展大局，依法履行宪法和法律赋予的各项职权。全年召开常委会会议11次、主任会议18次，听取和审议“一府两院”专项工作报告25项，开展执法检查2次、专题询问1次，向市委报告重大事项12项，任免地方国家工作人员51人次，完成市第十六届人大第五次会议确定的目标任务。

【人大创新实践】 2021年，淮北市人大常委会创新“三个办法”（《关于提高常委会会议审议质量的办法》《审议意见处理办法》《专项工作评议办法》），增强监督工作实效性。创新“三优两争”（优基础、优教育、优服务，争做优秀共产党员、争创优秀党支部和党小组），增强党建工作融合性，开展专题调研80余次，形成调研报告21篇，为群众办实事34件次。创新“三个载体”（领导干部带头“学法讲法”，每月一次“秘书学习”，“人大讲堂”），提升学习培训针对性。创新“三项机制”（工作调度机制、作风效能机制、人大新闻宣传工作机制），增强机关工作规范性。

【人大信息宣传】 2021年，淮北市人大常委会编发《淮北日报·民主与法治》专栏12期，编辑出版《淮北人大》4期，刊发宣传人大制度、人大工作、代表风采、人大理论研究和制度建设等文章112篇40余万字，照片98幅。编报《淮北人大·要情专报》8期、编报《送阅材料》3期，选登市人大常委会在工作实践中的新特点新做法、人大制度理论研究的新探索新成果等。制作宣传栏2期，宣传常委会机关发挥人大职能、服务中心工作、推进依法治市以及自身建设的工作历程。186篇宣传稿件在《江淮法治》等省级以上报刊刊发，105条信息被中国人大网、《安徽人大·要情专报》等采用。

【人大信访】 2021年，淮北市人大常委会信访办接待群众来访26批41人次，比2020年同期分别上升36%和64%；收到群众来信26件，比2020年同期下降4%。其中涉法涉诉类信访件34件，占信访总量的65.4%；行政求决类信访件11件，占信访总量的21.2%；控告检举类（不包含涉及司法机关问题）信访件3件，占信访总量的5.8%；反映代表和其他方面问题的信访件4件，占信访总量的7.7%。因诉求不清、一信多投或重复来信等原因作留信处理的3件和正在办理的3件外，其余46件信访事项均按规定办结。

重要会议

【市十六届人大第五次会议】 2021年1月19—22日，淮北市第十六届人民代表大会第五次会议召开。应到代表299人，因事因病请假28人，实到代表271人，符合法定人数。市委书记张永作重要讲话。市长覃卫国向大会作政府工作报告，常务副市长周天伟作市十六届人大三次会议代表议案办理情况的报告，市人大常委会主任方宗泽作市人大常委会工作报告，市中级人民法院院长余跃武作市中级人民法院工作报告，市人民检察院检察长唐保银作市人民检察院工作报告。大会书面听取《市人民政府关于2020年国民经济和社会发展计划执行情况与2021年计划草案的报告》、《市人民政府关于2020年财政预算执行情况和2021年财政预算草案的报告》、《市人民政府关于市第十六届人大第三次会议代表建议、批评和意见办理情况的报告》以及市人大各专门委员会工作报告。大会选举胡百平、赵德志为市第十六届人大常委会副主任，李朝晖为市监察委员会主任。新当选的国家工作人员集体向宪法宣誓。大会表决通过关于市人大常委会工作报告、市人民政府工作报告等七个工作报告的决议。市政协委员，市委、市人大、市政府机关和市纪委监委及市直有关部门负责人，驻淮北有关单位和省属企事业单位的主要负责人，县区人大、“一委两院”的有关负责人，在淮北省人大代表，市有关商会会长，淮北市部分离退休正厅级老干部等列席会议。

【市十六届人大常委会会议】 市十六届人大常委会共召开12次常委会会议。

2021年1月19—22日，淮北市第十六届人民代表大会第五次会议召开 （黄鹤鸣 摄）

市十六届人大常委会第二十七会议　于2021年1月5日召开。会议听取和审议市人民政府关于环境状况和环境保护目标完成情况的报告、市人大常委会代表资格审查委员会关于个别代表资格审查情况的报告，审议通过关于召开市第十六届人大第五次会议的决定和有关人事事项。

市十六届人大常委会第二十八会议　于2021年1月11日召开。会议听取市第十六届人大第五次会议筹备工作情况的报告，通过市人大常委会工作报告稿和个别代表资格审查情况的报告；审议市第十六届人大第五次会议议程（草案）、日程（草案）及主席团和秘书长等5个名单（草案）；决定市第十六届人大第五次会议列席人员名单。表决通过有关人事事项。

市十六届人大常委会第二十九次会议　于2021年1月15日召开。会议通过关于接受宰学明辞去安徽省第十三届人民代表大会代表职务的决定。

市十六届人大常委会第三十次会议　于2021年1月15日召开。会议补选李朝晖为安徽省第十三届人民代表大会代表。

市十六届人大常委会第三十一次会议　于2021年3月4日召开。会议审议通过市人大常委会2021年工作要点，书面审议市人大常委会任命的市“一府两院”人员2020年度述职情况，通过有关人事事项。

市十六届人大常委会第三十二次会议　于2021年4月30日召开。会议传达学习十三届全国人大四次会议精神，听取和审议市人民政府关于养老服务业发展情况的报告、《淮北市建筑装饰装修管理条例（草案）》，审议通过代表资格审查委员会关于个别代表资格审查情况的报告和《淮北市人大常委会关于加强代表小组活动的意见》《淮北市人大常委会代表接待选民暂行办法》，表决通过有关人事事项，并向新任命的国家机关工作人员颁发任命书、依法组织宪法宣誓。

市十六届人大常委会第三十三次会议　于2021年6月16—17日召开。会议听取和审议市人民政府关于淮北市2020年度本级预算执行和其他财政收支的审计工作报告、关于淮北市2020年本级决算（草案）的报告、关于工业园区承载能力建设情况的报告、关于城市污水处理提质增效与黑臭水体治理工作情况的报告、关于教育发展情况的报告，表决通过《淮北市非机动车管理条例》、《淮北市人大常委会关于批准淮北市2020年本级决算的决议》以及代表资格审查委员会关于个别代表资格审查情况的报告，对市人民政府城市污水处理提质增效与黑臭水体治理工作进行满意度测评。

市十六届人大常委会第三十四次会议　于2021年8月19—20日召开。会议听取和审议市人民政府关于2021年上半年国民经济和社会发展计划执行情况的报告、关于2021年上半年财政预算执行情况的报告、关于“七五”普法工作开展情况的报告、关于加快淮北市公路路网建设提升对外通达水平情况的报告；听取和审议了市人民政府关于水资源管理工作情况的报告，开展专题询问；听取和审议市人大常委会执法检查组关于《中华人民共和国安全生产法》执法检查情况的报告、关于《淮北市电梯安全条例》执法检查情况的报告；表决通过有关人事事项，并向新任命的国家机关工作人员颁发任命书，依法组织宪法宣誓。

市十六届人大常委会第三十五次会议　于2021年10月27—28日召开。会议听取和审议市人民政府关于高新技术产业发展情况的报告，并开展工作评议；听取和审议市人民政府关于“互联网+政务服务”建设情况的报告、关于乡村产业振兴情况的报告；听取和审议市人民政府关于养老服务业发展审议意见办理情况的报告、关于教育发展审议意见办理情况的报告，并分别进行满意度测评；审议《淮北市优化营商环境条例（草案）》，表决通过《淮北市人大常委会关于开展第八个五年法治宣传教育的决议》、《淮北市第十七届人民代表大会代表名额分配方案》、《淮北市建筑装饰装修管理条例》以及有关人事事项，并向新任命的国家机关工作人员颁发任命书，依法组织宪法宣誓。

市十六届人大常委会第三十六次会议　于2021年11月29—30日召开。会议听取和审议市人民政府及市卫健委、市公共资源交易监督管理局关于审计查出问题整改情况的报告，并进行满意度测评；听取和审议市人民政府关于市第十六届人大第五次会议代表议案建议办理情况的报告，并进行满意度测评；听取和审议市人民政府关于开展社会矛盾纠纷预防化解工作情况的报告；听取和审议市人民政府关于国有自然资源资产管理情况专项报告，书面审议国有资产管理情况综合报告；审议《淮北市居家养老服务条例（草案）》；作出关于批准2021年市本级预算调整方案的决议；表决通过《淮北市人大常委会关于召开市第十七届人大第一次会议的决定》以及有关人事事项，并向新任命的国家机关工作人员颁发任命书，依法组织宪法宣誓。

市十六届人大常委会第三十七次会议　于2021年12月29日召开。会议听取和审议市人民政府关于《淮北市电梯安全条例》执法检查建议整改情况的报告、关于淮北市既有住宅加装电梯工作情况的报告；听取和审议大会（筹备）秘书处关于市第十七届人大第一次会议筹备及有关工作情况的报告；审议市第十七届人大第一次会议议程（草案）和日程（草案）；表决通过市人大常委会工作报告（草案）及人事事项，表彰优秀市人大代表、先进代表小组、议案建议办理优秀案例和先进承办单位。

市十六届人大常委会第三十八次会议　于2022年1月7日召开。会议听取和审议代表资格审查委员会关于代表资格审查情况的报告；审议市第十七届人大第一次会议主席团和秘书长等六个名单（草案），提请大会预备会议或主席团会议通过；通过市第十七届人大第一次会议列席人员名单以及有关人事事项，并向新任命的国家机关工作人员颁发任命书，依法组织宪法宣誓。

专门委员会工作

【法制委员会】　2021年，淮北市人大常委会审议4部法规，报请省人大常委会审查批准2部。制定出台《淮北市非机动车管理条例》《淮北市建筑装饰装修管理条例》。审议《淮北市优化营商环境条例》《淮北市居家养老服务条例》。依法做好规范性文件备案审查工作，收到市“一府两院”和县区人大常委会报送备案的规范性文件45件，向省人大常委会报送淮北市人大及其常委会作出的相关决议、决定等规范性文件7件、地方性法规2件。坚持提前审查，把审查关口前移，对相关报备主体拟制定出台的规范性文件征求意见稿，组织研究、严格把关，上年反馈修改意见建议20余条被吸收、采纳。坚持全面审查，全年对报送市人大常委会备案的所有规范性文件，逐件主动审查，并按程序提出处理意见。坚持专项审查，根据全国人大常委会法工委和省人大常委会关于涉及计划生育内容法规等规范性文件专项清理工作要求，组织完成地方性法规、规章及规范性文件的清理工作，确保与上位法协调一致。

【财政经济委员会】　2021年，淮北市人大常委会围绕工业强市战略实施，开展工业园区承载能力建设情况调研，全面掌握园区承载能力建设情况并形成专题调研报告，就配套设施、土地要素、政策落地、接力发展、环境优化五个方面提出具体建议。持续助力营商环境，调研融资担保体系建设情况，要求政府及有关部门优化体制机制、提升担保能力、强化风险防控，提升融资担保能力和水平，为实体经济发展提供有力保障。推动电商发展，就强化政策扶持、加大培育力度、构建支撑体系、引培电商人才、推动产业融合等方面提出具体建议。加强计划执行监督，对照年初人代会确定的目标任务，分析经济运行中存在的主要困难和问题，聚焦工业强市战略实施、重点项目建设、产业转型升级等方面提出意见建议。

是年，淮北市人大常委会做好预算和决算草案初审、预算执行监督等工作，参与部门项目支出预算公开评审，对市本级及部门预算、决算草案进行初审，促进政府依法、科学理财。关注资金使用绩效，调研市本级预算绩效管理情况，提出“完善绩效评价体系、加大绩效管理力度、强化评价结果运用、加强民生项目管理”等建议。首次听取和审议市政府关于全市国有自然资源资产管理情况的报告，重点关注国有自然资源资产支持经济社会发展和改善生态环境质量、自然资源保护与利用等情况，推动淮北市国有自然资源资产管理制度化、规范化。推进全市预算联网监督机构建设，招考1名人员专业从事预算联网监督工作。依托系统对环保专项资金、乡村振兴战略扶持资金使用情况进行跟踪问效，资金使用绩效有所提升。加强对县区预算联网工作调度，市级预算联网监督系统在与财政部门数据实时传输基础上，初步实现与县区联网系统的纵向联通运行。做好审计整改工作，将监督重点向部门延伸，选取市公共资源交易监督管理局、市卫健委两家部门单独向市人大常委会报告整改情况，并进行满意度测评。

【监察和司法(民宗侨外)委员会】 2021年，淮北市人大常委会听取和审议社会矛盾纠纷预防化解工作情况报告，督促市政府及有关部门发挥调解工作在化解矛盾纠纷中的“第一道防线”作用。关注防范打击电信网络诈骗工作，支持市政府加强协调联动、深化源头治理、加大宣传力度。调研农村道路交通安全管理工作，回应群众安全出行需求。调研宗教工作，保障淮北市宗教工作形势平稳。关注华侨和归侨侨眷投资权益保护工作。听取和审议市政府“七五”普法工作报告，全面总结淮北市五年普法工作经验，制定出台“八五”普法决议。组织开展“江淮普法行”“宪法宣传周”等普法活动。

【人事代表选举委员会】 2021年，淮北市人大常委会按照《地方组织法》及《淮北市人大常委会人事任免办理工作规程》等规定，开展7次任前法律考试，组织7次宪法宣誓仪式，办理提请市人大常委会任免国家机关工作人员61人次，接受辞职4人次，决定代理1人。开展任后监督工作，2月，组织由市人大常委会任命的市人民政府组成人员和部分法官、检察官36人向市人大常委会进行书面述职。

开展双联工作，邀请人大代表列席常委会会议和各类活动220余人次。拓宽代表参政渠道，邀请省市人大代表参加执法检查、调研、视察、专题询问、工作评议等活动，支持“一府一委两院”密切与人大代表的联系，听取代表建议。制定关于代表接待选民工作的意见，常委会组成人员常态化联系162名基层一线市人大代表。有序推进闭会期间活动，指导省市人大代表小组科学制定年度小组工作计划，落实年度工作安排。举办预算联网中心“人大代表开放日”活动，邀请市人大代表现场观摩、体验预算联网监督系统。组织省市人大

2021年8月20日，淮北市人大常委会召开水资源管理工作专题询问会议

（市人大常委会研究室　供）

代表小组围绕疫情防控、老旧小区改造、政务服务提升、物业管理、社区养老、旅游产业发展等方面开展调查研究、集中视察等活动，提出意见建议30余条，指导代表小组形成调研报告10余篇。试点推进基层民生实事人大代表票决制，指导6个镇票决民生实施项目19项。扩大代表工作影响，围绕提炼典型经验、推广创新做法、固化工作成果目标要求，开展调研，提炼市十六届人大代表工作典型经验，编印淮北市人大代表工作创新案例。总结市十六届人大代表议案建议办理成效，首开评选代表议案建议办理优秀案例，予以推介宣传。加大对履职优秀代表的宣传，集中宣传人大代表在基层发挥作用、履职为民的先进事迹。评选优秀市人大代表、先进代表小组、议案建议办理先进单位，并向社会进行公布。

【城乡建设环境与资源保护委员会】2021年，淮北市人大常委会坚持绿色发展理念，推动打好污染防治攻坚战，听取和审议市政府关于城市污水处理提质增效与黑臭水体治理工作情况的报告，并开展工作评议。关注《淮北市城镇污水处理提质增效三年行动实施方案（2019—2021年）》落实情况，相阳沟、跃进河、西流河、老濉河、东相阳沟、龙支河、龙岱河、宁王沟8条建成区黑臭水体整治、城区雨污分流工程建设情况，随机抽查8条城市水体2021年1—4月份河道水质监测报告，察看丁楼污水处理厂和凌云中水处理厂进出水在线监测情况。针对调研中发现的企事业单位和居民小区雨污分流工程建设进展缓慢、雨污分流工程建后管养体制机制不健全等主要问题，提出建议，列出5条监督重点项目清单。推动政府不断加强调度，科学组织雨污分流工程实施，不断健全雨污分流工程建后管养机制，淮北市城市污水处理提质增效与黑臭水体治理工作取得成效。受省人大常委会委托，组织开展《中华人民共和国固体废物污染环境防治法》执法检查，针对部分企业思想认识不到位、防治能力建设薄弱等问题，督促政府强化科学治污，精准施策，加大相关法律法规的贯彻实施力度，解决固废污染防治中的重点难点问题。围绕市人大常委会立法、监督工作，结合淮北市环境与资源保护的实际，开展“淮北环保世纪行”活动。围绕“守护碧水蓝天绿地，建设美好淮北”的主题，以水污染防治、固体废物污染防治为主要内容，进行专题采访报道10余次。

【教育科学文化卫生工作委员会】2021年，淮北市人大常委会聚焦构建优质均衡的基本公共教育服务体系，组织开展教育发展满意度测评。深入12个镇（街道），走访15所中小学校，赴安徽铜陵、江苏苏州考察学习10所学校，区分层次发放500余份问卷调查，召开16场次座谈会。针对优质资源配置不均衡、教学管理不规范、集团化办学质量不高等问题，提出优化教育资源布局，加强教学常规管理，提升集团化办学质量，加强教师队伍建设等具体意见建议。市政府及相关部门坚持问题导向，采取有力措施推动工作落实，在优化教育资源布局、开展课后延时服务、落实“双减”（要有效减轻义务教育阶段学生过重作业负担和校外培训负担）要求和推进集团化办学等方面取得成效，市人大常委会对审议意见办理情况进行满意度测评，结果为满意。聚焦“五群十链”高新技术产业发展，组织开展高新技术产业发展专项工作评议。评议工作组走访16家高新技术企业，了解企业发展现状，听取各级政府、企业、高校的意见建议，查找问题，提出加快创新平台建设，加大招才引智力度，落实优惠政策，优化创新创业环境等具体意见建议，市人大常委会在听取和审议相关报告后进行满意度测评，测评结果为满意。组织开展《淮北市电梯安全条例》执法检查，提出加大宣传力度，建立健全监管制度，补齐安全监管短板，落实监管主体责任具体意见建议。市政府及相关部门根据审议意见制定出台物业专项维修资金筹集和使用制度，设立电梯安全应急救援专项资金，建立电梯监管信用评价制度，并定期对电梯维护保养单位进行评价并建立信用档案。开展公共卫生体系建设情况专题调研，提出强化公共卫生保障，对标先发地区，满足群众需要，加快市、区两级公共卫生中心和基层服务机构建设。加大医卫专业人才培养引进力度，不断夯实公共卫生服务的保障基础。深化协同融合运作，组建疾控应急团队，构建平战结合的疾控运行模式。统筹市级医院、区级医院和疾控中心建设，发展专业化卫生服务机构，科学配置医卫资源，合理分流就医需求，推动实现公共卫生体系资源优化、集约运作、高效服务。严把疫情防控关口，做好常态化疫情防控和应急准备工作，全力做好疫苗接种工作。

【农业与农村委员会】 2021年，淮北市人大常委会组织开展水资源管理专题询问工作，地表水厂建设完成项目论证和水源地规划编制工作，企业自备井正有序关闭，农村生活污水治理和农村黑臭水体整治工作正加快推进。关注“菜篮子”工程工作，开展专题调研，促进出台推进农业高质高效发展扶持政策，市政府每年安排专项资金1亿元，加大设施农业、特色产业、品牌培育等方面的扶持力度。听取和审议关于淮北市乡村产业振兴情况报告相关工作，深入了解农村电商、家庭农场、种植养殖企业、农产品加工业、冷链物流发展等情况，围绕完善乡村产业扶持政策、激发乡村产业内生动力、提升乡村产业发展质量、推动乡村产业融合发展等方面提出意见建议。专题调研健全防止返贫致贫动态监测和帮扶机制工作，从深化认识、高度重视，精准排查、摸清底数，压实责任、狠抓落实，精准帮扶、提升效果等方面提出建议。对气象、农村安全饮水工程管护、高标准农田、智慧林业、粮食储备、供销改革等工作加强监督，确保人大监督“三农”领域的各方面工作不缺项、不漏项。

【社会建设委员会】 2021年，淮北市人大常委会围绕《中华人民共和国安全生产法》实施情况，成立2个执法检查组，对选定的煤矿、非煤矿山、危化品、交通运输、建筑施工五大高危行业所属的27家单位进行指定检查、随机暗访，发现各类安全隐患103处，提出审议意见4条、制定清单7条。针对群众反应强烈的养老服务问题，开展养老服务专题调研。成立调研组专题走访了解养老服务工作推进情况，并对2019年养老调研发现问题进行回头看，结合调研情况及养老服务业发展现状形成调研报告提交市人大常委会参考。会后围绕顶层设计、居家养老、队伍建设、适老改造、产业发展等提出审议意见及督办清单，并一同交政府办理。开展吸引各类人才到淮北就业创业工作调研，听取专题汇报并开展座谈交流。调研组对淮北市人才招引工作存在的高层次创新创业人才偏少、技能人才结构性短缺、人才流失形势严峻等问题提出要进一步优化人才工作格局、完善人才政策体系、拓展人才招引渠道、营造人才发展环境的针对性建议。淮北市人力资源和社会保障局（以下简称“市人社局”）按照建议要求修改完善《进一步支持高校毕业生等人才来淮在淮就业创业若干政策（试行）》，并联合市人才办出台《关于加快集聚产业人才推动“五群十链”产业高质量发展若干政策》的通知，不断推深做实人才工作。

淮北市人大常委会连续4年监督物业管理工作，推动政府出台《关于开展党建引领物业服务工作的实施意见》。通过连续跟踪监督，助推物业管理工作取得实效。推动既有住宅加装电梯，听取和审议市政府关于淮北市既有住宅加装电梯工作情况的报告，提出“加大宣传力度、强化工作统筹调度，切实增强各方工作合力”等建议，列出4条监督重点项目清单交市政府办理。听取和审议市政府关于“互联网+政务服务”建设情况的报告，列出4条监督重点项目清单交市政府办理。市政府及相关职能部门推进数据共享，深化“一网、一门、一次”（一网通办、一门全办、一次办成）改革，强力推动“互联网+政务服务”提质增效，企业和群众办事便利度和获得感不断提升。

人大代表工作

【代表建议办理】 2021年，淮北市人大常委会提高代表议案建议质量。开展培训，帮助代表掌握议案建议提出的规定和要求；指导人大代表深入实际开展调查研究，收集第一手资料；县区代表团工作人员做好把关、指导代表修改完善，力求所提出的建议更客观、更具可行性。抓好办理程序规范化。推动形成“政府领导领办、责任单位承办”的自上而下、高位推动的体系，做到办理工作由“部门行为”向“政府行为”转变。坚持市人大常委会领导领衔督办和对口工委督办机制，强化重点督办和跟踪督办，加强督办协调，推动议案建议真办理出实效。改进建议办理评价机制，既沿用承办单位“面对面”征求意见这一评价方式，又实行网络满意度测评量化打分，直接征求代表意见，更加真实地反映代表对议案建议办理情况的满意程度。淮北市议案建议处理工作形成提、办、督、效良性循环，有效解决一批事关人民群众切身利益的民生问题。截至年底，市十六届人大五次会议代表提出的2件议案和197件建议均办理完毕，代表满意和基本满意率达100%。

【代表选举和变动情况】 淮北市第十六届人民代表大会代表名额为313名，市十六届人大第五次会议召开时实有代表299名。市十六届人大第五次会议以来，市人大代表王增友去世；鲁叶茂、朱浩东、李建河3名市人大代表先后调离本行政区域；袁化玉因个人原因辞去代表职务。根据工作需要，烈山区依法补选曹梅、江高潮2人为市人大代表。截至2021年12月底，市第十六届人民代表大会代表为296名。

【代表重点议案、建议选介】 淮北市第十六届人民代表大会第五次会议期间，代表们紧扣推动淮北更高质量转型发展，就全市经济社会发展、社会建设、城市管理、基础设施建设、民生事业进步、乡村振兴等关系淮北长远发展、关系人民群众切身利益的重大问题，提出议案、建议200余件。涵盖淮北市经济、城市建设、文化、社会生活等各个领域。

议案一：关于加强全市工业园区建设的议案

淮北高新区、濉溪经济开发区、相山经济开发区、杜集经济开发区、烈山经济开发区等5个省级开发园区2019年共有规模以上企业380家，规模以上工业增加值同比增加0.6%，固定资产投资增加31.4%，工业税收增加23.5%，发展势头较好。但还存在园区管理体制不顺、发展要素制约依然突出、服务配套措施有待完善、政策落实不及时不到位以及引进项目总体层次不高等问题。为此，赵健等13名代表建议，要理顺管理体制，简政放权，简化行政审批程序；破解要素制约，加强土地供给，加大园区基础设施投入，创新园区投融资体制，奖励人才引进；完善服务配套，推进产城融合发展，完善生活配套服务，出台针对性政策，积极引导支持物流、科技等生产性服务业发展；兑现优惠政策，真正做到稳商、安商；坚持招大引强，着力引进一批投资规模大、创新能力强、市场前景好的优质项目。

议案二：关于加快全市农业产业化发展的议案

经过多年持续推进，淮北市农业产业化发展取得初步成效，但还存在一些不容忽视的困难和问题，如农产品加工业发展速度出现负增长、缺少有实力的大型龙头企业带动、农业产业扶持力度不够、产业链条短、产业化利益机制有待完善等。为此，尹农纲等14名代表建议，要围绕“农产品加工业产值增长率保持持续增长，年增长率不低于全省平均水平”的目标，建立农业投入稳定增长机制、农业产业化利益共享机制等两个机制；分类推进家庭农场、农民合作社、龙头企业等三大新型经营主体成长壮大；聚焦绿色可持续发展、推进农产品精深加工、突出农村产业融合发展、强化创新发展等四大重点工作；实施好农产品加工业“五个一批”工程，加快农业产业化发展，促进乡村产业兴旺。

议案三：关于加快养老服务业发展的议案

淮北市已初步形成以居家为基础、社区为依托、机构为补充、医养相结合的养老服务体系，但在具体发展中养老服务产业还面临一些突出问题，如养老服务有效需求不足、供给质量不高、专业化服务队伍缺乏、政策体系不完善等。为此，葛思才等11名代表建议，要加快推动居家养老服务智慧化，打造市区智慧化养老综合服务平台；推进居家、社区与机构养老融合发展，实现机构养老专业化与居家养老亲情化的结合；加大适老化改造力度，通过开展场所无障碍改造、消防设施改造、因地制宜增加活动场地设施、有条件的加装电梯等措施，为老年人提供安全、舒适、便利的社区环境；推进医养结合养老模式，实现基层医疗卫生服务与社区养老机构的无缝对接，加快养老服务人才培养，逐步壮大为老服务队伍。

重点建议一：关于加强小区物业管理工作的建议

目前淮北市许多小区存在毁绿种菜、绿地裸露成赤地、住宅作为美容院及画室等用途、一楼公共绿地被私占围成院子、院内健身等公共设施损坏、乱搭乱建等诸多物业管理问题，一直未得到很好解决。为此，周宇等3名代表建议，有关部门要严格把关小区物业公司的选择聘用，对运行中的物业公司落实监督管理，联合执法取缔小区霸道各种问题，确保小区人心清净、居住安静。

重点建议二：关于突出产业优势，推进农村三产深度融合发展的建议

淮北市积极探索实践，农村一二三产业融合发展呈现良好势头，但存在的问题和制约因素仍然突出，如“要素链”供给不完备、“名特优”产品难以形成、“专业化”人才严重短缺、“产业链”融合不紧密等。为此，王建国代表建议，要重视培养、吸引、留住人才，制定农村实用人才培养计划，建立吸引人才、留住人才的有效机制，造就更多乡土人才，树立人才向农村基层一线流动的用人导向；重视培育市场主体，激发融合发展活力；重视利益分配，构建紧密利益联结机制；重视政策精准供给，实现三产融合健康发展。

重点建议三：关于将禁止电动车楼道充电纳入立法的建议

日常生活中，电动车所有人在建筑内共用走道、楼梯间等公共区域内停放电动或者为电动车充电的行为仍屡禁不止，引发的火灾事故呈快速上升趋势。为预防电动车引发火灾，保护人身财产安全，维护公共安全，安静代表建议，将禁止楼道充电等行为纳入立法，明确禁止行为、处罚办法以及执法部门等内容；加强非机动车停放场所和充电设施建设，打通充电难最后“一公里”；镇政府、街道办事处负责组织落实辖区内非机动车安全宣传教育和规范停放、安全充电等管理工作，推动社区参与非机动车综合治理。

重点建议四：关于大力推进淮北市义务教育集团化办学的建议

淮北市义务教育正面临发展模式升级、公平且有质量的内涵发展加速提档等现实挑战，义务教育集团化办学尚存在一些突出问题，如办学受限于跨县区办学的人事、财政掣肘，对义务教育“放管服”的目标不明晰，集团化内部领导管理和教育教学两支队伍的“输血”“换血”“造血”缺乏一体化的支持服务体系，部分教育行政部门负责人或少数校长对待集团化办学的本位主义、“割肉”思维仍较明显等。为此，彭玉亭代表建议，要理顺“分级管理，以县为主”的义务教育管理体制；综合运用电视、广播、“两微”等媒体营造集团化办学良好氛围；夯实集团化办学推进义务教育高质量可持续发展的关键点与重难点；通过专题培训增强校长办学

管校的法治思维和政策素养。

重点建议五：关于加强人民调解工作的建议

淮北市各级政府及其有关部门高度重视人民调解工作，组织健全、基础牢固，队伍稳定、制度完善，通过人民调解工作扎实有效开展，促进了当地平安建设，但还存在队伍建设有待加强、工作方式有待规范、长效机制有待完善等问题。为此，金华代表建议，要落实市委意见，完善矛盾纠纷化解工作机制；加强队伍建设，加大矛盾纠纷化解保障力度；强化科技支撑，提升矛盾纠纷化解工作实效。

重点建议六：关于统筹各行业大数据平台建设的建议

随着智能化在各行业的应用，政务、交通、公安、市场管理、税务、档案等各行业都已不同程度地建设了数据应用平台，但大多都是独立运行，还有的是重复建设，无形中造成了资源浪费。为此，蔡莽代表建议，市政府统筹县区建设各行业大数据平台，实现资源共享。

重点建议七：关于加快乡镇集中式污水处理厂配套管网建设和雨污分流系统改造的建议

《政府工作报告》中提出要扎实推进乡村振兴，促进农业农村现代化，大力加强乡村建设，提高乡镇生活污水处理设施覆盖面。但由于配套污水管网建设、雨污分流系统工程推进滞后，污水处理厂收水范围内部分生活污水不能有效收集进入污水处理厂，导致大部分污水处理厂因收水不足，不能保证正常运行，甚至个别污水处理厂成为“晒太阳”工程。为此，刘栋代表建议，对已经建成投运的乡镇集中式污水处理厂，加快配套管网的建设和雨污分流系统改造工程的推进速度，做到污水应收尽收，提高乡镇生活污水处理设施覆盖面，确保地表水环境质量安全。

重点建议八：关于脱贫攻坚与乡村振兴衔接工作的建议

2021年是实施乡村振兴战略的开局之年，淮北市面临的任务一是如何巩固扶贫成果并有效防止返贫；二是如何做好脱贫后时代与乡村振兴的衔接。为此，刘晓峰代表建议，要以产业扶贫成果衔接产业兴旺；以教育扶贫成果衔接乡风文明；以党建扶贫成果衔接治理有效；进一步巩固提升三变改革成果，壮大村集体经济；建立可持续稳定脱贫政策机制，保持政策的稳定性、连续性。

重点建议九：关于加快发展公共交通的建议

“十三五”以来，尤其是2020年淮北市城市道路和农村公路建设取得明显成绩，但公共交通发展不够、公共交通城乡一体化发展滞后，特别是淮北市东部新城片区、市高新区及周边农村社区公共交通基础设施急需加强，公共交通线路、车辆、班次、站点急需优化增加。为此，任予俊等12名代表建议，要依托即将建成运营的淮北市公交客运综合枢纽站，新增老城区经创新大道至东部新城、东外环路快速公交路线；优化现有109路线；增加原105路、108路、109路、游一（仅周末、节假日开通）4条路线的车辆、班次和站点；开通到宋疃镇马桥、黄营的车辆、班次和站点；优化延伸到市高新区安置小区南区的车辆、班次；开通到古饶镇南部农村片区的车辆、班次和站点。

重点建议十：关于建设淮北东部城际快速通道的建议

东部新城城市功能日益完善，人流、物流、信息流也在逐步向新城集聚，东部新城所承担的重要作用日益凸显，而东部新城目前没有城际快速通道连通周边徐州、宿州等地区，发展空间局促，外向通道不畅，极大制约东部新城的快速发展。为此，史庆超等11名代表建议，修建淮北东部新城—符离大道快速通道连接线，由沱河东路向东延伸，起于东外环，向东至符离大道，道路长度约9.5千米，道路红线宽度45米，双向四车道。向北可连通徐州市与连霍高速，向南可连通宿州市，投资估算约5.8亿元。

重点建议十一：关于加快濉溪南部交通基础设施建设的建议

近年来，濉溪县农村公路通行能力和路域环境得到了持续提升，但因南部各镇在区域位置上离市区和县城较远，南部的东西方向没有高规格的道路联通，已经严重制约濉溪经济社会的高质量发展，双堆烈士陵园、韩村小李家总前委指挥部和临涣文昌宫等红色旅游资源因交通不通畅而不能很好地发挥作用。为此，刘锦法等11名代表建议，要尽快安排修建浍河沿岸的快速通道，连接双堆、南坪、百善、韩村、临涣等地，进一步加强濉溪南部镇与南部次中心和淮北市区的联系，带动沿线各镇经济社会发展。

重点建议十二：关于制定发展毗邻经济政策、推动段园经济高质量发展的建议

段园镇地处苏皖两省三（市）县接合部，是淮北市的一块“飞地”，距江苏徐州市中心10千米，与徐州市铜山区大彭镇、汉王镇一堤为界，距萧县城区5千米，北、西、南分别与萧县龙城镇接壤，紧邻连霍、合徐高速公路出入口，区位优势显著，具备发展毗邻经济的良好机遇，但制约毗邻经济发展的瓶颈依然存在，如城市及产业规划跟不上发展步伐、与淮北市区公共基础设施不能同城共享、市级层面对段园的重视和投入力度不够等。为此，陈明冬等10名代表建议，要制定发展毗邻经济相关政策，建立健全加快推进段园发展的体制机制，从市级层面对段园发展进行规划、建设和管理；统筹全市资源要素向段园倾斜，同时在人才、技术等方面给予更多支持；补齐基础设施建设的短板，以更加完备的基础设施、更加便利的交通筑巢引凤。

（市人大常委会人选工委整理）

2021年淮北市人大常委会领导领衔督办、各工委对口督办和市政府领导领衔办理代表议案建议分解表

表12

编号	领衔代表	议案要目	承办单位	市人大常委会领导	市政府领导	督办部门
1	赵　健	关于加强全市工业园区建设的议案	市发展和改革委员会、县区人民政府	戎培阜	周天伟	财经工委
2	尹农纲	关于加快全市农业产业化发展的议案	市农业农村局、县区人民政府	赵德志	胡　亮	农工委
3	葛思才	关于加快养老服务业发展的议案	市民政局、市卫生健康委员会	张香娥	章银发	社会建设工委

2021年淮北市人大常委会领导领衔督办、各工委对口督办和市政府领导领衔办理代表重点建议分解表

表13

编号	领衔代表	建议要目	承办单位	市人大常委会领导	市政府领导	督办部门
1	周　宇	关于加强小区物业管理工作的建议	市住房和城乡建设局、县区人民政府	方宗泽	胡　亮	城建工委
2	王建国	关于突出产业优势，推进农村三产深度融合发展的建议	市农业农村局、市财政局、市供销社	赵德志	胡　亮	农工委
3	安　静	关于将禁止电动车楼道充电纳入立法的建议	市人大常委会法工委、市城管局	金　文	胡　亮	
4	彭玉亭	关于大力推进淮北市义务教育集团化办学的建议	市教育局、县区人民政府	胡百平	陈　英	教科工委

续表 13

编号	领衔代表	建议要目	承办单位	市人大常委会领导	市政府领导	督办部门
5	金　华	关于加强人民调解工作的建议	市司法局、市中级人民法院	金　文	章银发	监司工委
6	蔡　莽	关于统筹各行业大数据平台建设的建议	市数据资源管理局、县区人民政府	徐福信	高维民	城建工委
7	刘　栋	关于加快乡镇集中式污水处理厂配套管网建设和雨污分流系统改造的建议	市生态环境局、市住房和城乡建设局、市农业农村局、县区人民政府	方宗泽	高维民	城建工委
8	刘晓峰	关于做好脱贫攻坚与乡村振兴衔接工作的建议	市扶贫开发局、市农业农村局	赵德志	胡　亮	农工委
9	任予俊	议转建：关于加快发展公共交通的议案	市交通运输局	张香娥	周天伟	城建工委
10	史庆超	议转建：关于建设淮北东部城际快速通道的议案	市交通运输局、杜集区人民政府、烈山区人民政府	胡百平	周天伟	城建工委
11	刘锦法	议转建：关于加快濉溪南部交通基础设施建设的议案	市交通运输局、濉溪县人民政府	徐福信	周天伟	城建工委
12	陈明冬	议转建：关于制定发展毗邻经济政策　推动段园经济高质量发展的议案	市发展和改革委员会、杜集区人民政府	戎培阜	覃卫国	财经工委

2021 年淮北市人大常委会领导领衔督办、各工委对口督办和市政府领导领衔办理代表一般建议分解表

表 14

编号	领衔代表	建议要目	承办单位	督办部门
1	杨发武	关于巩固医联体（医共体）建设成效制定地方法规的建议	市人大常委会法工委、市卫健委	
2	王　芳	关于加快推进乡村振兴的建议	市工商业联合会	财经工委
3	李兴平	关于争取长三角一体化优惠政策降低淮北电价和燃气价格的建议	市发展和改革委员会	财经工委
4	李兴平	关于促进金融帮扶措施精准落地的建议	市地方金融监督管理局	财经工委
5	赵　健	关于推动我市镇域特色产业发展的建议	市发展和改革委员会	财经工委
6	钱敏冕	关于加大对县域产业发展支持的建议	市发展和改革委员会、濉溪县人民政府	财经工委
7	穆　林	关于延续森林长廊补助政策的建议	市林业局、市财政局	城建工委
8	高文学	关于加快园区产业发展的建议	市发展和改革委员会、市自然资源和规划局、市地方金融监督管理局、濉溪县人民政府	财经工委

续表 14

编号	领衔代表	建议要目	承办单位	督办部门
9	张凤敏	关于加大对濉溪县补短板项目资金支持的建议	市财政局	财经工委
10	王清芳	关于解决铝材废物处置问题的建议	市生态环境局、濉溪县人民政府	城建工委
11	门保华	关于加大支持濉溪工业经济发展力度的建议	市经济和信息化局、市发展和改革委员会、市自然资源和规划局	财经工委
12	朱国成	关于提升粮食仓储能力和水平　确保粮食安全的建议	市发展和改革委员会	财经工委
13	李　莉	议转建：关于推进产城融合发展的议案	市发展和改革委员会、市交通运输局、县人民政府	财经工委
14	李正武	议转建：关于支持烈山硅基产业做大做强的议案	市经济和信息化局、市自然资源和规划局、市投资促进中心、烈山区人民政府	财经工委
15	颜忠永	议转建：关于加大对南部次中心建设支持的议案	市民政局、市自然资源和规划局、市财政局、濉溪县人民政府	社会建设工委
16	侯孝东	议转建：关于提高相山区财税体制分配比例的议案	市财政局、国家税务总局淮北市税务局、市投资促进中心	财经工委
17	史庆超	关于加快东部新城商业及服务业建设的建议	市商务局、市发展和改革委员会、烈山区人民政府	财经工委
18	李建河	关于支持淮北国安电力有限公司二期扩建2×66万千瓦超超临界机组项目的建议	市发展和改革委员会	财经工委
19	杨旭初	关于加快规划建设青龙山无水港的建议	市商务局、市住房和城乡建设局、市水务局、淮北海关、烈山区人民政府	财经工委
20	孙　安	关于高标准打造烈山皖北承接产业集中转移集聚区的建议	市发展和改革委员会、市经济和信息化局、县区人民政府	财经工委
21	朱云峰	关于架设雷山社区排灌站输电线路的建议	烈山区人民政府、淮北供电公司	财经工委
22	朱云峰	关于平山电厂输煤站建设排水设施的建议	烈山区人民政府	
23	宋兴勇	关于烈山镇政府一线干部职工分享绿金花园建设成果（优惠购房）的建议	市建投控股集团公司	财经工委
24	宋兴勇	关于事业单位发放车补的建议	市发展和改革委员会	财经工委

续表 14

编号	领衔代表	建议要目	承办单位	督办部门
25	朱　玲	关于修建正规菜市场和红白理事礼堂的建议	淮北经济开发区管理委员会、烈山区人民政府	财经工委
26	刘家文	关于加快建设淮北市大数据产业园的建议	市数据资源管理局	城建工委
27	马　娜	关于将安徽雷鸣科化有限责任公司等企业税收划转相山区的建议	市财政局、国家税务总局淮北市税务局、相山区人民政府、杜集区人民政府	财经工委
28	王　萍	关于杜集区申报“工业文化遗产”，保护工业遗迹，留住“活的历史”的建议	市经济和信息化局、杜集区人民政府	财经工委
29	安　静	关于规范我市单用途预付消费卡行为监管的建议	市场监督管理局、市文化旅游体育局、市商务局、市教育局	教科工委
30	杜灵侠	关于我市加快产业转型升级的建议	市发展和改革委员会、市政府办公室、市科学技术局	财经工委
31	肖　杰	关于加强本地有发展潜力的中小企业扶持的建议	市经济和信息化局	财经工委
32	许成彬	关于民营企业发展中存在的问题及对策的建议	市经济和信息化局	财经工委
33	王前龙	关于南山风景区电网建设的建议	市发展和改革委员会、杜集区人民政府、淮北供电公司	财经工委
34	王昌岭	关于在疫情下如何加强对民营中小企业保护的建议	市经济和信息化局、市地方金融监督管理局	财经工委
35	王　英	关于加快推动充电基础设施建设　促进新能源汽车发展的建议	市发展和改革委员会、市住房和城乡建设局、市交通局、淮北供电公司	财经工委
36	鲍　锐	关于有效利用孙疃码头资源发展港区经济的建议	市商务局、市交通运输局、淮北海关、濉溪县人民政府	财经工委
37	姜　煜	关于推进 5G 基站建设、规范通信基站市场的建议	市经济和信息化局	财经工委
38	姜　煜	关于切实加强电信基础设施保护及进一步规范弱电线路管理的建议	市经济和信息化局、市住房和城乡建设局、市交通运输局	财经工委
39	王　军	关于加快产业集聚，促进县域经济发展的几点建议	市经济和信息化局、市科学技术局、市发展和改革委员会	财经工委
40	李锋博	关于规范未成年人驾驶非机动车的建议	市公安局、市教育局、团市委	监司工委
41	禹言良	关于榴园社区南十字路口设置红绿灯的建议	市公安局	监司工委

续表 14

编号	领衔代表	建议要目	承办单位	督办部门
42	王曼丽	关于进一步规范机动车和非机动车管理秩序的建议	市公安局、市自然资源和规划局、市住房和城乡建设局、市城市管理局	监司工委
43	李　凯	关于在重要路段斑马线设置信号灯的建议	市公安局	监司工委
44	李丹丹	关于在相山北路惠黎路至惠苑路段安装智能红绿灯的建议	市公安局	监司工委
45	李　宾	关于在市区取缔电动三轮货车的建议	市公安局、市交通运输局、市场监督管理局	监司工委
46	甘　露	关于在唐山路与运河路交叉路口设置红绿灯的建议	市公安局	监司工委
47	任明礼	关于建设乡村高空监控系统的建议	市公安局	监司工委
48	刘　芳	关于调整我市部分道路交通指示灯和道路交通设置的建议	市公安局	监司工委
49	安　静	关于完善我市法律援助案件财政补贴制度的建议	市司法局、市财政局	监司工委
50	赵新忠	关于矿山集街道辖区内淮海东路安装交通信号灯的建议	市公安局	监司工委
51	付薇薇	关于加强推进虚假诉讼的事前、事中监督的建议	市人民检察院、市中级人民法院、市公安局	监司工委
52	葛思才	关于进一步加强中小学生骑电动摩托车、助力车管理的建议	市公安局、市教育局、团市委	监司工委
53	刘　勇	关于重新核定濉溪县中小学教师编制的建议	市委机构编制委员会办公室	人选工委
54	蔡　莽	关于尽快落实市县公职人员同职同酬的建议	市委组织部、市人力资源和社会保障局	人选工委
55	石惠惠	关于提高基层社区后备干部相关待遇以留住基层人才的建议	市委组织部、市民政局、相山区人民政府、杜集区人民政府、烈山区人民政府	人选工委
56	武　君	关于保持文明城市创建成果的建议	市文明办、市公安局	人选工委
57	吕　侠	关于落实留住本地人才保障制度、减少人才流失的建议	市人力资源和社会保障局、市委组织部	社会建设工委
58	李玉玲	关于保持文明创建常态长效的建议	市文明办、市公安局、市商务局、相山区人民政府、杜集区人民政府、烈山区人民政府	人选工委
59	姜　煜	关于建设淮北市“人大代表履职服务平台”的建议	市人大常委会人选工委	

续表 14

编号	领衔代表	建议要目	承办单位	督办部门
60	沈慧星	关于“共建共享联动管理机制，稳步推进装配建筑发展”的建议	市住房和城乡建设局、县区人民政府	城建工委
61	刘　栋	关于加强乡镇环保工作站队伍建设的建议	市生态环境局、县区人民政府	城建工委
62	孟　超	关于对采煤塌陷搬迁村的土地进行治理的建议	市自然资源和规划局	城建工委
63	蔡　莽	关于强制规范建设小区电动车充电桩棚的建议	市城市管理局、市住房和城乡建设局	城建工委
64	刘　政	关于打造红色旅游交通路线的建议	市交通运输局	城建工委
65	张宏秋	关于规范洒水车作业的建议	市城市管理局、县区人民政府	城建工委
66	刘晓峰	关于加快推进农村污水处理工作的建议	市生态环境局、县区人民政府、市农业农村局、市住房和城乡建设局	城建工委
67	裕雅薇	关于加快推进城市生活垃圾分类的建议	市城市管理局、市财政局	城建工委
68	崔复秀	关于贯通紫薇北路的建议	市住房和城乡建设局	城建工委
69	周宗民	关于贯通烈山北路的建议	市住房和城乡建设局	城建工委
70	杨传举	关于进一步规范环保执法行为的建议	市生态环境局	城建工委
71	杨立海	关于对刘桥镇境内濉永路西段进行改造的建议	市交通运输局	城建工委
72	张　冲	关于重建百善镇余楼闸等基础设施的建议	市交通运输局、市水务局	城建工委
73	田书官	关于推动国道 G343（百善段）改迁的建议	市交通运输局	城建工委
74	高文学	关于拓宽虎山路北段及刘专线涵洞的建议	市住房和城乡建设局	城建工委
75	赵忠奇	议转建：关于高铁新区抢抓机遇打造淮北北部发展新增长极的议案	市交通运输局、市教育局、市自然资源和规划局、市住房和城乡建设局、杜集区人民政府	城建工委
76	葛密成	议转建：关于修建杨河路南段的议案	市住房和城乡建设局	城建工委
77	葛艳丽	议转建：关于建设相山公园东区的议案	市住房和城乡建设局、市交通运输局	城建工委
78	王　健	关于进一步加大组建业主委员会的建议	市住房和城乡建设局、县区人民政府	城建工委

续表 14

编号	领衔代表	建议要目	承办单位	督办部门
79	王月珠	关于加快推进烈山区采煤沉陷区综合治理的建议	市自然资源和规划局、烈山区人民政府	城建工委
80	朱云峰	关于“农村公路”建设的建议	市交通运输局、烈山区人民政府	城建工委
81	朱云峰	关于维修国安电力电厂一路路面的建议	烈山区人民政府	
82	许　丽	关于推进我市老旧小区改造的建议	市住房和城乡建设局	城建工委
83	谢宝荣	关于增设旅游专线直通车和公交旅游车次的建议	市交通运输局	城建工委
84	宋兴勇	关于恢复沱河路东段（蒋疃段）建设的建议	市住房和城乡建设局	城建工委
85	王　玲	关于进一步加强物业专项维修资金监督管理工作的建议	市住房和城乡建设局、县区人民政府	城建工委
86	秦　飞	关于烈山区古饶镇乡村道路修建的建议	市交通运输局、烈山区人民政府	城建工委
87	李正武	关于延伸公交线路的建议	市交通运输局	城建工委
88	李端华	关于修复国安电厂一路的建议	烈山区人民政府	
89	李　宾	关于改善盉街环境污染防治的建议	市城市管理局、相山区人民政府	城建工委
90	朱　玲	关于市经济开发区南区安置房改造加装电梯的建议	市住房和城乡建设局	城建工委
91	朱　玲	关于重新梳理市经济开发区南区安置房污水管网的建议	市住房和城乡建设局、烈山区人民政府	城建工委
92	黄思华	关于修建411省道渠沟镇青阳小学路段下穿安全通道的建议	市交通运输局	城建工委
93	黄思华	关于消除G237国道与S411省道（钟楼红绿灯路口）交叉路口安全隐患的建议	市交通运输局、相山区人民政府、市住房和城乡建设局	城建工委
94	任小敏	关于改善渠沟镇桥头村庄内道路问题的建议	相山区人民政府	
95	刘丽丽	关于李楼新村基础设施改造的建议	市住房和城乡建设局、相山区人民政府	城建工委
96	王　兰	关于加快建设西部新城的建议	市自然资源和规划局、市住房和城乡建设局	城建工委
97	王　蕾	关于加强淮北市塑料袋污染治理的建议	市发展和改革委员会、市场监督管理局、市商务局、市生态环境局、市农业农村局、市城市管理局	财经工委

续表 14

编号	领衔代表	建议要目	承办单位	督办部门
98	杨丽洁	关于加强房产中介乱象整治的建议	市住房和城乡建设局、市发展和改革委员会、市场监督管理局	城建工委
99	路　明	关于有效盘活住房维修资金，推进老旧小区改造的建议	市住房和城乡建设局、县区人民政府	城建工委
100	路　明	关于提升改造泉山路并整合东山路命名为隋唐大道的建议	市住房和城乡建设局、市民政局	城建工委
101	王　萍	关于科创北城城市路网设施提档升级的建议	市住房和城乡建设局	城建工委
102	汪晓梅	关于东外环、北外环路驾校考试路段迁移的建议	市公安局	监司工委
103	孙　乔	关于打通梧桐山隧道畅通出入淮北东大门的建议	市住房和城乡建设局	城建工委
104	赵忠奇	关于解决淮北北站涵洞积水的建议	市住房和城乡建设局	城建工委
105	陶保格	关于增设市区至淮北理工学院公交线路的建议	市交通运输局	城建工委
106	陶保格	关于我市城市公共厕所建设的建议	市城市管理局、相山区人民政府	城建工委
107	陶保格	关于尽快出台农村集体土地房屋补偿安置办法的建议	市自然资源和规划局	城建工委
108	许成彬	关于杜集区公交站台规范化设施建设的建议	市住房和城乡建设局	城建工委
109	王前龙	关于解决交特警指挥中心以东水路被破坏问题的建议	市住房和城乡建设局	城建工委
110	王前龙	关于 103 路公交车线路延伸至东部南山风景区的建议	市交通运输局	城建工委
111	赵新忠	关于矿山集街道古乐湖治理的建议	市自然资源和规划局、杜集区人民政府	城建工委
112	葛密成	关于抓紧开工建设青年路东段（龙山路—杨河路）的建议	市住房和城乡建设局	城建工委
113	杜文正	关于完善城区东部刘庄片区排水的建议	市住房和城乡建设局、杜集区人民政府	城建工委
114	窦彩侠	关于加强碳谷公园（东湖宜园）管理的建议	市建投控股集团公司	财经工委
115	窦彩侠	关于开渠路升级改造的建议	市住房和城乡建设局、杜集区人民政府	城建工委
116	窦彩侠	关于北外环及东外环北段道路升级改造的建议	市住房和城乡建设局	城建工委
117	付薇薇	关于再次继续推进既有住宅加装电梯试点的落实的建议	市住房和城乡建设局	城建工委

续表 14

编号	领衔代表	建议要目	承办单位	督办部门
118	王　兰	关于加强乡村道路硬化的建议	市交通运输局	城建工委
119	周汉东	关于提高我市房建装配式水平的建议	市住房和城乡建设局、市人力资源和社会保障局	城建工委
120	周汉东	关于在学院西路特凿公司、天象大学城地段修建人行天桥的建议	市住房和城乡建设局、市人力资源和社会保障局	城建工委
121	王永贞	关于加快推进主城区道路连接贯通的建议	市住房和城乡建设局	城建工委
122	王昌岭	关于淮北市企业环保问题的建议	市生态环境局	城建工委
123	张中华	关于城区道路洒水问题的建议	市城市管理局、相山区人民政府	城建工委
124	高文学	关于搬迁或扩建特殊教育学校的建议	市教育局	教科工委
125	张宏秋	关于医院人才引进问题的建议	市卫生健康委员会、市委机构编制委员会办公室	教科工委
126	刘　勇	关于打造教育品牌扩大我市影响力的建议	市教育局、县区人民政府	教科工委
127	贺　馥	关于促进旅游业多元化融合发展的建议	市文化旅游体育局	教科工委
128	李锋博	关于加强对非义务教育阶段未成年人监管的建议	市教育局、市司法局	教科工委
129	贺　馥	关于解决蔬菜安全问题的建议	市场监督管理局、市农业农村局	教科工委
130	张　鹏	关于进一步稳定农村教师队伍的建议	市教育局、县区人民政府	教科工委
131	任　园	关于切实维护充值会员合法权益的建议	市场监督管理局	教科工委
132	许　丽	议转建：关于大力发展烈山全域旅游的议案	市文化旅游体育局、烈山区人民政府	教科工委
133	史庆超	关于加快推进龙脊山自然风景区高质量旅游开发的建议	市文化旅游体育局、烈山区人民政府	教科工委
134	王曼丽	关于整合全市文化旅游资源打造“旅游强市”的建议	市文化旅游体育局	教科工委
135	谢宝荣	关于学校引进专业社会工作者的建议	市教育局	教科工委
136	王月珠	关于在全市施行中小学校课后托管服务的建议	市教育局、县区人民政府	教科工委
137	滕　芳	关于淮北工业与艺术学校（中职）与淮北职业技术学院（高职）合并的建议	市教育局、淮北职业技术学院	教科工委
138	薛　峰	关于加快我市旅游业发展的建议	市文化旅游体育局	教科工委
139	许　丽	关于推进小学课后服务工作的建议	市教育局、县区人民政府	教科工委
140	许　丽	关于市图书馆扩大使用规模的建议	市文化旅游体育局	教科工委
141	吕　侠	关于多建市民健身场地、增加体育设施资源的建议	市文化旅游体育局	教科工委
142	李正武	关于制定淮北市旅游总体规划，整合旅游资源，合理规划线路建议	市文化旅游体育局	教科工委

续表 14

编号	领衔代表	建议要目	承办单位	督办部门
143	李　宾	关于规范学校周边餐饮业，加强饮食安全管理的建议	市场监督管理局、市城市管理局	教科工委
144	甘　露	关于规范中小学校周边流动小吃摊点的建议	市场监督管理局	教科工委
145	花继平	关于如何提升基层医疗机构中医药治病、防病服务能力的建议	市卫生健康委员会、市医疗保障局	教科工委
146	孙　乔	关于打造东部沿山乡村文化旅游示范带的建议	市文化旅游体育局、市住房和城乡建设局、市农业农村局、杜集区人民政府	教科工委
147	洪　莉	关于加强基层市场监管执法力量的建议	市场监督管理局	教科工委
148	胡春泉	关于武术进校园，可以从幼儿园开始的建议	市教育局、县区人民政府	教科工委
149	王永贞	关于提升基层医疗机构服务能力的建议	市卫生健康委员会、县区人民政府	教科工委
150	王永贞	关于做好淮北市特色旅游发展的建议	市文化旅游体育局、市农业农村局	教科工委
151	王昌岭	关于保护和促进老字号企业发展的建议	市场监督管理局	教科工委
152	鲍　锐	关于加大力度向农村学校倾斜教育资源的建议	市教育局、县区人民政府	教科工委
153	鲍　锐	关于加大投入促进基层卫生院发展的建议	市卫生健康委员会、市人力资源和社会保障局	教科工委
154	闫　敏	关于提升“双创”示范平台的基础建设的建议	市科学技术局、市地方金融监督管理局	教科工委
155	张文举	关于加快推进乡村振兴的建议	市农业农村局、市自然资源和规划局、市民政局、县区人民政府	农工委
156	蔡　莽	关于尽快推进农村一户一块耕地的建议	市农业农村局、县区人民政府	农工委
157	穆　林	关于加快淮北“淮优”甘薯产业发展的建议	市农业农村局	农工委
158	田书官	关于发展壮大集体经济服务乡村振兴的建议	市农业农村局、县区人民政府、市委组织部	农工委
159	陈　峰	关于加强耕地土壤质量保护实现农业生产高质量发展的建议	市农业农村局	农工委
160	穆　林	关于搞好农村农田水利建设实施机井通电工程的建议	市农业农村局、市水务局	农工委
161	窦彩侠	议转建：关于解决岱河环境治理存在问题的议案	市水务局、相山区人民政府、杜集区人民政府、烈山区人民政府	农工委
162	张　兰	关于实施乡村振兴战略发展新路径打造淮北精美“南大门”的建议	市农业农村局、市文化旅游体育局、市交通运输局、烈山区人民政府	农工委

续表 14

编号	领衔代表	建议要目	承办单位	督办部门
163	张　兰	关于加快农村土地流转，推进集约化经营的建议	市农业农村局	农工委
164	李新华	关于加强我市高标准农田建设的建议	市农业农村局	农工委
165	赵忠奇	关于建立农村人居环境整治长效机制的建议	市农业农村局	农工委
166	刘长利	关于推进秸秆综合利用的建议	市农业农村局	农工委
167	周汉东	关于保护改造濉溪大沟更好地为百姓服务的建议	市水务局、烈山区人民政府	农工委
168	部爱民	关于推动脱贫攻坚与乡村振兴有效衔接的建议	市扶贫开发局、市农业农村局	农工委
169	况鹏程	关于加强本地区高技能人才培育的建议	市人力资源和社会保障局	社会建设工委
170	裕雅薇	关于解决企业招工难问题的建议	市人力资源和社会保障局	社会建设工委
171	宋文红	关于维护社区部分一线工作人员合法权益的建议	相山区人民政府、市人力资源和社会保障局、市住房公积金管理中心	社会建设工委
172	杨发武	关于大力发展中医药事业的建议	市医疗保障局	社会建设工委
173	蔡　莽	关于加强农村公益性公墓和骨灰堂建设深化农村殡葬改革的建议	市民政局	社会建设工委
174	李秋贤	议转建：关于退役军人扶持就业“专项岗位”开发的议案	市退役军人事务局、财政局	社会建设工委
175	韩昌伟	关于建立健全残疾人就业培训机构，提供更多残疾人就业机会的建议	市残疾人联合会	社会建设工委
176	李学良	关于加强对突发公共事件应急处置培训演练的建议	市应急管理局	社会建设工委
177	李　莉	关于加强住宅小区消防安全管理的建议	市消防支队、县区人民政府	社会建设工委
178	李　宾	关于养老问题与养老产业的建议	市民政局	社会建设工委
179	李　宾	关于对绩效工资实施改进的建议	市人力资源和社会保障局	社会建设工委
180	刘旭东	关于畅通小区消防车道的建议	市消防支队、市城市管理局、市公安局	社会建设工委
181	王海峰	关于加强对农村老人关爱的建议	市民政局、县区人民政府	社会建设工委
182	王　玲	关于打通“生命通道”严管严处违法占用消防车通道的建议	市消防支队、市城市管理局、市公安局	社会建设工委
183	王　玲	关于加强社区居家养老建设及管理的建议	市民政局	社会建设工委
184	周　宇	关于加强殡葬服务业管理的建议	市民政局、濉溪县人民政府	社会建设工委

（吕天齐）

【责任编辑　牛婷】

淮北市人民政府

淮北市第十届人民政府

市　　长　覃卫国

副 市 长　周天伟　胡　亮　胡百平（任至2021年1月）　章银发　陈　英（女）　高维民

秘 书 长　赵德志（任至2021年1月）　徐　涛（2021年3月任）

副秘书长　周无事　李向阳　程荣华　邵珠光　李玉军（任至2021年9月）
徐　军（挂职，任至2021年8月）　韩圣彪（挂职，任至2021年11月）
杜曙光　彭树强（挂职，2021年8月任）　王　江（2021年9月任）

综　述

【概况】 2021年，淮北市坚持以习近平新时代中国特色社会主义思想为指导，全面贯彻落实中共十九大和十九届历次全会精神，全面落实习近平总书记考察安徽重要讲话指示精神，在省委、省政府和市委的坚强领导下，以开局即决战、起步即冲刺的决心，顶住下行压力、克服转型阵痛，全力推动“十四五”开好局、起好步。全市完成地区生产总值1223亿元，比上年增长3.4%；全市社会消费品零售总额521.3亿元，同比增长13.1%；城乡居民人均可支配收入分别增长9.0%、8.5%；固定资产投资增长9.7%。

【产业结构优化升级】 2021年，淮北市三次产业结构比例为6.3∶41.6∶52.1，服务业比重较上年提升0.6个百分点。构建“五群十链”现代产业体系，“五群”和“十链”产业产值分别增长3.7%和7.9%，分别拉动全市规上工业总产值增速2.4和4.2个百分点。新增规上工业企业89家、国家级“小巨人”企业4家，省级“专精特新”企业109家。全市133家战略性新兴产业企业产值同比增长36.8%，高于全省8.0个百分点，居全省第3位。淮北陶铝新材料和铝基高端金属材料产业基地、淮北先进高分子结构材料产业基地产值同比分别增长13.1%和50.5%，在全省27个战略性新兴产业集聚发展基地中分别居第19位和第4位，陶铝新材料入选合肥综合性国家科学中心项目库，智能化竖井钻井装备获省重大新兴产业专项。实施工业转型升级和技改项目195个。组织重大项目集中开工10次，开工项目73个，总投资369.92亿元。50万吨甲醇竣工投产，60万吨乙醇、安徽宁亿泰新型农药原药及相关产品、华润金蟾中药配方颗粒等项目加快建设。全市规模以上服务业企业实现营业收入66.5亿元、营业利润4.4亿元，同比分别增长15.7%和5.1%，增速分别居全省第7位和第6位。濉溪石板街、龙溪奥莱广场等特

2021年6月11日，淮北市举办首届企业家沙龙　（黄鹤鸣　摄）

色街区、商业综合体建成运营。

【深化改革扩大开放】2021年，淮北市推进“亩均论英雄”改革，出清“僵尸企业”83家、盘活低效闲置土地6059亩。“数字治超”模式获国务院肯定。深化国资国企改革，成立淮北市交通投资控股集团有限公司、淮北市科技产业投资发展有限公司，助力科技创新和实体经济发展。加大“双招双引”力度，组建102个县干招商组，聚焦长三角、珠三角等地区开展精准招商，光明乳业、国轩新能源、海石花高端环保新材料、诺讯智能制造等一批大项目成功落地，全年新签约工业项目235个，协议总投资410亿元。全面融入长三角一体化发展，与徐州市签订战略合作框架协议，谋划建设段园省际毗邻地区新型功能区。濉溪开发区列入皖北承接产业转移集聚区“6+2”试验区。淮宿蚌和淮阜城际铁路、淮徐快速通道、临涣船闸、孙疃码头加快建设，徐淮阜高速公路开工在即，淮北—商丘高铁联络线纳入省“十四五”规划。开通淮北至上海港、南京港、江阴港海铁联运班线。全市进出口总额同比增长65.8%，增速比上年同期提高41.6个百分点，居全省第1位。其中，出口104.5亿元，同比增长69.9%；进口11.2亿元，同比增长35.3%。全市利用外资34825万美元，同比增长10.0%，增速高于全省4.6个百分点，居全省第4位。

【城市品质不断提升】2021年，淮北市围绕建设的宜居、宜业、宜学、宜游、宜养“五宜”城市，高标准规划绿金湖西岸、高铁西站、大唐淮北发电厂旧址片区城市风貌。加速城市更新行动，全年实施老旧小区改造项目77个，改造棚户区住房3918套，实现既有住宅加装电梯“零的突破”。加快实施城区雨污分流工程，稳步推进城乡水源地及地表水厂建设。新投运新能源公交车250台，新增停车泊位28634个，改造提升城市绿地140.9万平方米，累计建成海绵城市23.4平方千米。常态化开展“2+N”就业招聘活动，城镇新增就业3.4万人。新建、改扩建幼儿园10所，新投用中小学校7所，新增义务教育学位15230个。淮北市一中新校区完成建设，淮北卫校新校区投入使用，淮北理工学院当年建成、当年招生。精准落实“双减”政策，中小学课后服务实现全覆盖。用心用情关注“一老一小”，推进特困人员供养服务设施改造提升，新建5家嵌入式养老服务示范机构、11家养老服务示范中心；累计建成普惠性托育机构41家，普惠性占比达95%。

【绿色转型步伐加快】2021年，淮北市在全省率先推行生态环境保护专项监督长制，推进中央及省环保督察反馈问题、长江经济带生态环境突出问题整改，全市$PM_{2.5}$平均浓度下降15.8%、优良天数比例达78.4%，改善幅度均居全省第2位。推深做实林长制、河（湖）长制，完成营造林3.3万亩，相阳沟等8条水体通过住建部“长制久清”审核，实行最严格水资源管理制度获省政府通报表扬，获批国家节水型城市。开展生活垃圾分类示范片区建设，建成垃圾投放收集点161

个，东湖存量垃圾治理成为全国环卫行业示范。创新运用市场化方式推进采煤沉陷区、采石宕口生态修复，举办全国资源型地区转型发展暨采煤沉陷区综合治理经验交流现场会，绿金湖矿山地质环境生态修复项目入选中国生态修复典型案例，采煤沉陷区生态综合治理工程获中国建设工程“鲁班奖”。强化能耗“双控”，22家重点用能企业实现能耗在线监测。实施可再生能源替代行动，全市可再生能源装机容量增长26.2%，濉溪县屋顶分布式光伏开发入选全国试点。

【乡村振兴全面推进】 2021年，淮北市农林牧渔业总产值145.0亿元，同比增长11.9%，高于全省2.4个百分点，居全省第1位。第一产业增加值同比增长9.6%，全省第1位，上拉GDP增速0.7个百分点。其中，全市粮食播种面积413.01万亩，增长0.1%；粮食总产量151.0万吨，首次跃上150万吨台阶，同比增长1.1%，粮食生产实现“十八连丰”。猪牛羊禽肉产量10.65万吨，同比增长30.9%，高于全省15.7个百分点。蔬菜播种面积15.94万亩，同比增长3.5%，蔬菜总产量42.2万吨，同比增长3.8%。水产品产量2.62万吨，同比增长2.3%。深化农村“三大革命”“三大行动”，完成农村改厕14297户，农村生活垃圾无害化处理率稳定在98%以上，农村危房改造实现动态清零。全面完成2020年度37个省市级美丽乡村中心村建设。推进巩固拓展脱贫攻坚成果同乡村振兴有效衔接，严格落实“四个不摘”（摘帽不摘责任、摘帽不摘政策、摘帽不摘帮扶和摘帽不摘监管）要求，对13471户脱贫户、监测户开展精准帮扶，引进各类资金8378.69万元，实施帮扶项目49个，脱贫劳动力务工就业15006人，乡村公益性岗位在岗5413人。加快推动农业现代化，投入1.18亿元实施农业特色产业项目46个，建成并完善农业产业园32个，培育新型经营主体187家，50万元以上集体经济强村达65个。杜集区南山村获评中国美丽休闲乡村、全国乡村旅游重点村。

重要会议

【市政府第五次全体会议】 2021年1月11日，淮北市政府召开第五次全体会议。市长覃卫国主持会议，会议研究讨论并原则通过提请市十六届人大五次会议审议的《政府工作报告（送审稿）》《淮北市国民经济和社会发展第十四个五年规划和二〇三五年远景目标纲要（送审稿）》，部署重点工作。

【市政府常务会议】 2021年，淮北市政府常务会议共召开15次。

市政府第46次常务会议 1月11日召开。会议传达学习2021年1月7日中共中央政治局常务委员会会议精神；听取《2021年市政府工作报告（送审稿）》起草情况的汇报、市发展和改革委关于《淮北市国民经济和社会发展第十四个五年规划和二〇三五年远景目标纲要（送审稿）》起草情况的汇报、《淮北市2020年国民经济和社会发展计划执行情况与2021年计划草案（送审稿）》起草情况的汇报、淮北市2021年度市本级政府投资项目指导计划草案（送审稿）》起草情况的汇报和关于淮北站增开高铁列车有关事宜的汇报、市财政局关于《淮北市2020年财政预算执行情况和2021年财政预算草案的报告（送审稿）》起草情况的汇报、市应急管理局关于《淮北市突发事件总体应急预案（修订送审稿）》起草情况的汇报。经研究形成相关决议。

市政府第47次常务会议 1月25日召开。会议传达学习习近平总书记在省部级主要领导干部学习贯彻党的十九届五中全会精神专题研讨班开班式上的重要讲话精神及《安徽省重大行政决策程序规定》；听取市财政局关于口子酒业税收分享体制调整建议的汇报、市科技局关于《淮北市高新技术企业三年倍增行动方案（2020—2022年）（送审稿）》起草情况的汇报、市卫生健康委关于《淮北市促进中医药传承创新发展实施方案（送审稿)》起草情况的汇报、市司法局关于《淮北市行政调解办法(送审稿)》起草情况的汇报、市委编办关于《淮北市市级依职权类权责事项清单目录(送审稿)》起草情况的汇报、市交通运输局《关于贯彻〈交通强国建设纲要〉的实施方案(送审稿)》起草情况的汇报、市农业农村局关于兑现2018年度农业产业扶持资金的汇报、市发展和改革委关于《大运河淮北段文化保护传承利用实施规划(送审稿)》起草情况和签订《淮北至宿州至蚌埠城际铁路淮北西站站房建设协议书(送审稿)》有关情况的汇报。经研究形成相关决议。

市政府第48次常务会议 2月25日召开。会议传达学习习近平总书记在中央农村工作会议上的重要讲话精神;听取市农业农村局《关于全面推进乡村振兴加快农业农村现代化的实施意见(送审稿)》起草情况的汇报、市扶贫局《关于加快实现巩固拓展脱贫攻坚成果同乡村振兴有效衔接的实施意见(送审稿)》起草情况的汇报、市生态环境局关于淮北市污染防治攻坚战2020年工作总结和2021年工作计划的汇报、市发展和改革委关于《淮北市构建更加完善的要素市场化配置体制机制工作任务分解方案(送审稿)》起草情况的汇报。经研究形成相关决议。

市政府第49次常务会议 3月18日召开。会议传达学习习近平总书记关于高质量城市建设的重要论述;听取市住房和城乡建设局关于《淮北市老旧小区改造“十四五”规划(2021—2025)(送审稿)》《全面推进城镇老旧小区改造工作实施方案(送审稿)》《淮北市既有住宅加装电梯工作实施方案(试行)(送审稿)》等起草情况的汇报。经研究形成相关决议。

市政府第50次常务会议 4月15日召开。会议传达学习习近平总书记在中共中央政治局第二十八次集体学习时关于社会保障事业发展的重要讲话精神;听取市政府办公室关于2021年市政府会议文件计划有关情况的汇报、市住房和城乡建设局关于《淮北市建筑装饰装修管理条例(草案)(送审稿)》起草情况的汇报、市经济和信息化局关于《淮北市提升重点产业集群和产业链水平实施方案(送审稿)》起草情况的汇报、市民政局关于《淮北市改革完善社会救助制度重点举措(送审稿)》起草情况的汇报、市教育局《关于深化新时代教育督导体制机制改革实施方案(送审稿)》起草情况的汇报、市发展和改革委关于《淮北市健全公共卫生防治和应急物资保障体系任务分解方案(送审稿)》起草情况的汇报;会议审议市人力资源和社会保障局关于解决工伤保险支付保障问题建议方案。经研究形成相关决议。

市政府第51次常务会议 5月12日召开。会议传达学习习近平总书记关于民生工作重要论述;听取市财政局关于2020年民生工程实施情况和2021年民生工程工作建议的汇报、市教育局关于《全面加强新时代大中小学生劳动教育的实施方案(送审稿)》起草情况的汇报、市发展和改革委《淮北市关于新时代加快完善社会主义市场经济体制的工作任务分解方案(送审稿)》起草情况的汇报、市人力资源和社会保障局关于《淮北市支持多渠道灵活就业若干措施(送审稿)》起草情况的汇报、市卫生健康委关于《淮北市人民政府 蚌埠医学院共建蚌埠医学院直属淮北人民医院协议(送审稿)》和《关于加强公共卫生体系建设的实施意见(送审稿)》起草情况的汇报。经研究形成相关决议。

市政府第52次常务会议 5月24日召开。会议传达学习习近平总书记关于民营经济的重要论述以及省长王清宪关于中央生态环境保护督察通报淮北市典型案例的批示精神;听取市公安局关于全国全省禁毒工作电视电话会议精神及贯彻意见的汇报、市生态环境局关于2020年全市秸秆禁烧工作开展情况及2021年工作思路的汇报、市发展和改革委关于《淮北市推进省城乡融合发展试验区改革实施方案(送审稿)》起草情况的汇报、市委编办关于《〈淮北市市级权责清单目录〉〈淮北市市级公共服务清单目录〉〈淮北市市级行政权力中介服务清单目录〉(2021年本)(送审稿)》起草情况的汇报、市经济和信息化局关于《进一步激发民营企业创业热情成就企业家创意创新创造推进民营经济高质量发展实施细则(送审稿)》起草情况的汇报。经研究形成相关决议。

市政府第53次常务会议 6月23日召开。会议传达中办、国办印发的《法治政府建设与责任落实督察工作规定》;听取市人力资源和社会保障局关于给濉溪县消防救援大队记集体二等功的办理意见的汇报、市司法局关于《淮北市人民政府2021年规章制定计划(送审稿)》起草情况的汇报、市民政局《关于提高我市最低生活保障和特困人员救助供养标准的通知(送审稿)》起草情况的汇报、市自然资源和规划局关于《淮北市采煤沉陷村庄搬迁安置补偿管理办法(送审稿)》起草情况和全市违建别墅问题清查整治专项行动工作开展情况的汇报、市财政局关于《淮北市市直党政机关和事业单位经营性国有资产集中统一监管工作方案(送审稿)》和《淮北市政府购买服务实施细则(送审稿)》起草情况的汇报。经研究形成相关决议。

市政府第54次常务会议 8月2日召开。会议传达学习习近平总书记关于防汛救灾工作的重要指示精神、《政府督查工作条例》;听取市财政局关于《淮北市交通投资控股集团有限公司组建方案(送审稿)》起草情况的汇报、市政府办公室《关于进一步规范市政府常务会议议题汇报材料内容格式的通知(送审稿)》起草情况的汇报、市委督查考核办关于《淮北市2020年度省政府目标管理绩效考核结果及2021年省政府考核相关工作建议》和《2020年度目标管理绩效考核结果和2021年目标管理绩效考核工作》的汇报、市市场监督管理局关于《淮北市贯彻落实“食安安徽”品牌建设工作实施方案(送审稿)》起草情况的汇报、市经济和信息化局关于《淮北市标准化厂房入驻企业情况及审议标准化厂房项目奖补资金拨付建议》的汇报、市医疗保障局关于《淮北市城镇职工大病保险实施办法(试行)(送审稿)》和《淮北市深化医疗保障制度改革实施方案(送审稿)》起草情况的汇报、市林业局关于《建立自然保护地管理体系实施方案(送审稿)》起草情况的汇报、市文化旅游体育局关于第七批市级重点文物保护单位名录(送审稿)的汇报。经研究形成相关决议。

市政府第55次常务会议 8月31日和9月1日召开。会议传达学习习近平总书记关于“国之大者”的重要论述;听取市人力资源和社会保障局关于《淮北市居民服务“一卡通”工作实施方案(送审稿)》起草情况的汇报,市农业农村局关于《淮北市推进农业高质高效发展的扶持政策(暂行)(送审稿)》起草情况的汇报,市住房和城乡建设局《关于进一步完善公共租赁住房租赁补贴工作的实施意见(送审稿)》起草情况的汇报,市自然资源和规划局关于《淮北市人民政府承接省政府委托用地审批权工作方案(送审稿)》起草情况的汇报,市城市管理局关于《淮北市环卫作业一体化特许经营项目实施方案(送审稿)》起草情况的汇报,市政府办公室(外事办公室)关于进一步优化政务服务便民热线情况的汇报,市财政局关于调整完善市区分税制财政体制情况的汇报,市司法局关于“七五”普法工作开展情况、法治政府建设督察工作开展情况、《淮北市燃放烟花爆竹管理办法》废止情况、《淮北市生活垃圾管理办法(试行)》修改情况的汇报。经研究形成相关决议。

市政府第56次常务会议 10月11日召开。会议学习习近平总书记关于坚持以人民为中心重要论述;听取市创优“四最”营商环境工作领导小组办公室关于《淮北市优化营商环境条例(草案送审稿)》起草情况的汇报;市民政局关于《建立健全养老服务综合监管制度促进养老服务高质量发展实施方案(送审稿)》和《淮北市居家养老服务条例(草案送审稿)》起草情况的汇报；市人力资源和社会保障局《关于解决淮北矿业（集团）有限责任公司失业保险历史遗留问题的建议方案（送审稿）》和《淮北市财政全额供款机关事业单位职业年金记账方式调整及以前年度记账金额消化工作方案（送审稿）》起草情况的汇报、市司法局关于全市政府行政规范性文件清理结果的汇报、市交通运输局关于《淮北市“十四五”交通运输发展规划》起草情况的汇报、市发展和改革委关于全省坚决遏制“两高”项目盲目发展电视电话会议主要精神及淮北市贯彻意见和《淮北市2021年市级服务业政策奖励兑现资金分配方案》起草情况的汇报。经研究形成相关决议。

市政府第57次常务会议 11月5日召开。会议学习习近平总书记关于推动高质量发展重要论述；审议《淮北市2021年市本级预算调整方案（草案）》《淮北市政务信息化项目管理办法（送审稿）》《关于深化新一轮林长制改革的实施方案（送审稿）》；听取市属企业负责人2020年度薪酬及2018—2020年任期激励收入审核备案情况的汇报、《淮北市人民政府与徽商银行股份有限公司政银战略合作协议（送审稿）》《淮北市人民政府与中国建设银行股份有限公司安徽省分行金融战略合作协议（送审稿）》和《淮北市人民政府与安徽省农村信用社联合社金融服务乡村振兴战略合作协议（送审稿）》起草情况的汇报、《淮北市环卫一体化特许经营项目实施方案（送审稿）》调整情况的汇报、《淮北市公共资源交易监督管理办法（送审稿）》修订情况的汇报、《淮北市2021年度市本级政府投资项目指导计划优化调整方案（送审稿）》的汇报。经研究形成相关决议。

市政府第58次常务会议 11月30日召开。会议传达学习习近平总书记关于加强统计监督的重要讲话精神、关于卫生健康工作重要论述和指示批示精神；审议《淮北市促进企业上市（挂牌）及直接融资的若干政策（送审稿）》《淮北市优先发展城市公共交通实施意见（送审稿）》《淮北市公交客运成本规制管理办法（送审稿）》、《淮北市2021年科技重大专项资金拨付方案（送审稿）》、《淮北市加快产业结构调整推动减污降碳协同增效实施方案（送审稿）》、《淮北市打造全国资源型城市全面绿色转型发展样板区实施方案（送审稿）》、《淮北市新时代教育评价改革工作方案（送审稿）》、《关于加强行政立法工作的实施意见（送审稿）》及淮北市光荣院建设有关事项。经研究形成相关决议。

市政府第59次常务会议 12月21日召开。会议听取市发展和改革委关于淮北市“十四五”重点专项规划编制情况的汇报和淮北市2022年固定资产投资计划及任务分配情况的汇报；审议市发展和改革委关于《淮北市2022年度市本级政府投资项目指导计划草案（送审稿）》起草情况的汇报。经研究形成相关决议。

市政府第60次常务会议 12月24日召开。会议传达学习习近平总书记关于全面深化改革的重要论述；听取市委督查考核办关于市十六届人大五次会议代表议案办理情况、代表建议办理情况的汇报，市人力资源和社会保障局关于全市保障农民工工资支付工作情况的汇报，市市场监管局2021年度全市食品药品安全工作开展情况的汇报；审议市政府办公室关于《2022年市政府工作报告（送审稿）》、市发展和改革委关于《淮北市2021年国民经济和社会发展计划执行情况与2022年计划草案的报告（送审稿）》、市财政局《淮北市2021年财政预算执行情况和2022年财政预算草案的报告（送审稿）》、市司法局关于《淮北市法治政府建设实施方案（2021—2025年）（送审稿）》、市经济和信息化局《关于扶优扶强培育“五群十链”等制造业领域成长型企业的实施方案（送审稿）》《淮北市工业企业亩均效益评价工作实施意见（送审稿）》《淮北市支持工业互联网发展若干政策和工业互联网创新发展行动计划（2021—2023年）（送审稿）》《淮北市通信基础设施迁改补偿暂行办法（送审稿）》、市科技局《2021年度推进创新型城市建设若干政策奖补资金安排方案（送审稿）》《淮北市烧结砖瓦企业转型发展三年提升行动方案（送审稿）》《2021年度支持工业经济高质量转型发展等政策项目奖补资金安排方案（送审稿）》、市应急管理局《关于深化全市应急管理综合行政执法改革的工作方案（送审稿）》、市教育局关于《淮北市进一步减轻义务教育阶段学生作业负担和校外培训负担的工作方案（送审稿）》、市民政局关于《淮北市健全养老服务体系推进养老服务高质量发展行动计划（2021—2023年）（送审稿）》。经研究形成相关决议。

政府综合事务

【文稿服务】 2021年，淮北市政府办公室起草政府工作报告、领导讲话等综合文稿800余篇，起草文件、会议纪要330余件。编印《淮北市人民政府公报》12期、《政务参考》18期、《淮北市情月报》11期、《送阅材料》2期。

【政务公开】 2021年，淮北市政府办公室主动公开决策信息300条、各类规划信息86条、“双招双引”信息176条，发布政策解读信息109篇，其中文字解读47篇、图片解读62篇。制作政策简明问答17个、客观数据图解21个，主动回应关切258次，召开新闻发布会99场，举办“在线访谈”14期，微信公众号推送信息248期，新浪微博推送信息589条。梳理25项法人事项和112项个人事项汇总编制政务服务办事“一本通”，依托淮北市政府网站设立《政策关“淮”》专栏，为企业和群众提供“一站式”政策查询、政策解读、业务办理服务。实施淮北市人民政府网站集约化平台IPV6改造、三级等保测评、代码审计和密码测评、数据治理（二期）项目，不断提高站群安全防护能力和创新应用水平。淮北市政府门户网站在2021年度全国地级市政府网站排名中位列第46位，较上年提升13个位次。

【简政放权优化营商环境】 2021年，淮北市政府办公室持续压减行政审批事项，取消行政许可事项4项，承接落实1项。全面推进“证照分离”改革，扩大“告知承诺”审批适用范围。开展招投标代理五星级管理，工程项目流标率由12.7%下降至0.67%。持续深化“双随机、一公开”监管，检查企业1399家次，完成双随机任务179批次，检查结果公示率100%。全面推开“全程网办”，全市四级“全程网办”事项达44574项。创新创立政务服务“找茬”窗口，共办结企业群众反映问题258条，群众满意率100%，营商环境持续优化。“数字治超”智慧监管模式被国务院推进政府职能转变和“放管服”改革协调小组办公室宣传推广。

【政务信息】 2021年，淮北市政府办公室上报省政府办公厅信息980余条，采用150条；国办采用信息8条，获领导批示5条；完成国家级省级调研类约稿52篇，被采用46篇；上报信息专报8篇，被采用4篇，其中《淮北市运河文化与大运河国家文化公园建设成效、问题与期盼》获省政府主要领导批示，《淮北市反映：工程建设项目审批改革“一网通办”存在的梗阻盼省级层面加快疏通》获省委、省政府主要领导批示。编发《政务要情》250期，刊发信息1295条。

“12345”政务服务便民热线

【便民热线受理与办理】 2021年，“12345”政务服务便民热线完成归并优化工作，实现除110、119、120、122等紧急热线外，一个号码服务。编制完成《淮北市12345政务服务便民热线管理暂行办法》等8项管理制度，完善热线的受理、派单、办理、答复、督办、办结、回访、评价等环节工作流程，实现企业和群众诉求办理的闭环运行。健全企业和群众诉求高效办理的接诉即办工作机制。运用系统平台督办、电话督办、专报批示督办等方式，提高热线的办理质量和效率。全年办理省长热线转办件187件、政务服务便民热线来电151897件，按时办结率99.42%，办理满意率99.48%；编发热线通报12期，播出政风行风热线节目339期；利用热线平台开展“2022年度为民办实事项目”建议征集活动，收集有效留言242条；收到群众感谢电话500余个、锦旗3面。

【网络问政平台建设】 2021年，淮北市政府办公室加强政府网站群云平台建设，升级网站群云防护，启动部分VPN远程管理通道，完成集约化平台3级等保测评、代码审计和密码测评工作。加强政府网站和政务新媒体管理，全市43家政府网站和162个政务新媒体全部纳入日常监管，做好政府网站风险隐患排查和安全加固工作。印发《淮北市人民政府网站集约化平台管理暂行办法》，严格落实信息发布“三审制”和值班读网制度，7×24小时动态监测政府网站和政务新媒体，市级政府网站集约化平台运行管理工作进一步规范。充分发挥在线互动交流平台作用，对网民留言和来信做到分类办理、及时答复，全年受理政务服务网和人民网来信3116件，市长信箱来信1944条。组织开展征集调查21期，征集意见468条。组织开展在线访谈15期，浏览量33829人次。

外事工作

【外事管理与服务】 2021年，淮北市政府外事办推进党管外事机制建设，强化外事归口管理职能，其中加强外国记者管理工作受到外交部和省外办口头表扬。做好淮北市残疾人运动员赴格鲁吉亚团组工作，残疾人运动员杨井浪在2021年第比利斯世界残疾人举重锦标赛中获得54公斤级银牌。加强涉外疫情防控工作，摸排上报各类人员信息近400条。开展“海外领保宣传月”活动，发放领事保护宣传展架63套，实现全市社区领事保护宣传全覆盖；受理安徽美信铝业有限公司、淮北申能发电有限公司、安徽金冠玻璃有限责任公司、淮北睿美食品有限公司等企业邀请外国人到淮北申请7批21人，做好入境到淮北人员24小时服务热线接听及政策咨询工作。62名外籍人士在淮北市定点医院接种国产新冠疫苗。

【对外友好交流】 2021年，淮北市政府外事办与韩国抱川市举办中韩青少年线上文化交流活动，淮北市丁李春被韩国抱川市授予“国际名誉合作官”。淮北市3幅作品获第九届NEAR青少年优秀绘画作品入围奖，是全省唯一入选的地市。摄影作品《龙腾盛世》参加韩国济州道2021国际文化交流摄影展并入选纪念画册，棕编、商氏面塑成功入选外交部外交物资，南湖公园入选安徽省第二批国际交流合作基地。

【对外经贸交流】 2021年，淮北市政府外事办召开全市境外项目首次“云巡查”视频会议，对大唐淮北发电厂孟加拉国帕亚拉电站运营维护项目境外安保工作进行巡查。

（曹凯丽）

经济发展与研究工作

【调研工作】 2021年，淮北市政府研究室以问题为导向，采取交流座谈、问卷调查、沉浸体验、部门联合、外地考察等调研方式，问计于民，完成专题调研报告26篇，报告涉及公交运营、电动车管理、住宅装饰装修、大数据、夜经济等多方面。注重成果转化，对策建议转化成务实的举措，如公交体制改革、电动车管理改革的实施，夜经济发展列入县区“十四五”规划，《淮北市建筑装饰装修管理条例》完成立法程序等。

【文稿工作】 2021年，淮北市政府研究室深层次跟踪、研究、分析沪苏浙以及长三角区域经济与社会发展政策，编印《政务参考》《送阅材料》《淮北市情月报》，为领导科学决策提供参考和借鉴。跟踪问效市领导交办、签批督查督办事项300余件。编写上报省政府办公厅信息208篇，被采用28篇，其中，被国办采用13篇，国务院领导批示3篇；上报信息专报6篇，被采用3篇，省长批示2篇。

（蒋 影）

数字城市建设

【概况】 2021年，淮北市数据资源管理局与企业合作建设淮北大数据中心，在专项债政策收紧、城市大脑运营中心项目无法实施的情况下，按照“打基础、搭框架、促融合、见成效”原则，主动重新谋划城市大脑和城市运行“一网统管”平台项目（一期）。依托大数据中心建设全市“一朵政务云”。建立健全数据资源管理体系，整合数据资源，完善人口、法人、电子证照、空间地理等基础数据库建设，推广电子证照、电子印章、电子签名、电子材料应用。编制完成《“数字淮北”建设规划（2021—2025年）》，明确“十四五”时期“数字淮北”建设“1+4+1”总体框架和重点任务，设置数字化发展关键性指标4类23项，谋划信息化、数字化发展项目44个。

【智慧城市建设】 2021年，淮北市数据资源管理局制定出台《淮北市政务信息化项目管理暂行办法》，建立从项目申报审批、实施过程监督、绩效评估验收等全过程闭环管理机制。加强日常调度和指导，组织开展信息化项目建设观摩活动，提升部门信息化项目建设成效。“数字治超”入选全国交通领域优秀案例和全省第一批城市大脑应用场景试点，做法及成效获国务院肯定。“智游淮北”旅游服务平台项目界面友好、内容丰富、实用有效。建成全省唯一一家市级一体化应急广播综合系统，实现应急信息发布跨行业融通共享。

【互联网+政务服务】 2021年，淮北市数据资源管理局加快对接系统和数据归集共享，按照中央巡视整改要求，按期完成13个市建政务服务业务系统对接，完成26个省级单位48个系统588个事项统一配置和验证工作。推进“全程网办”和“跨省通办”全市“全程网办”事项41834项，线上办件率达98.43%。在市县两级政务服务大厅开设“长三角一网通办专窗”，实现长三角41个城市88个事项异地通办。上线7×24小时政务服务地图，关联658个服务场所42403个事项，关联事项占比99.26%，有效用户达75665户。

【政务云平台建设】 2021年，淮北市政务云中心有机柜24台、服务器和存储设备70多台，交换机、防火墙、IPS等网络和安全设备50多台；完成一朵云建设，共4个集群63个计算节点，虚机实例469个，存储卷253T；集中部署市政府网站集群、智慧政务平台、公共信用平台、数据开放平台、智慧城管和智慧教育等近30个信息化平台和系统；市级政务云平台连续4年通过网络安全三级等保测评，在保障政务云平台基础网络安全情况下，部署政务云安全态势感知平台、网站云防护系统和数据库安全防护系统等安全设施，确保政务云平台网络安全工作不出差错。

【“皖事通”手机App建设和应用】 2021年，淮北市数据资源管理局依托“皖事通”App，开发上线政务、民生等服务470多项，特别是上线电子卡包、中小学入学报名、城乡居民医保缴费、财政工资查询等88项高频便民服务，深受群众欢迎；利用“安康码”及时查询疫苗接种、核酸检测、大数据行程卡等情况，助力疫情防控。与市委党史学习教育领导小组办公室共同举办党史学习教育网络答题活动，参与人数达5万余人次。

【“安康码”应用便民工程】 2021年，淮北市“安康码”申领人数达229.8万人，超额完成全市214万人申领任务。拓展“安康码”应用场景，在市政府食堂实现“扫码就餐”，在市人民医院等6家医院实现“一码就医”，在全市565家药店实现“扫码购药”，在全市公交车实现“扫码乘车”，完成安康码+可信身份认证等12个场景应用，群众满意率100%。在市县两级政务服务大厅实现“一码通办”事项达2511项，“一码通行、一码通办、赋码生活”逐步成为现实。

【数据应用】 2021年，淮北市数据资源管理局依托“金融超脑”平台，为农户、小微企业、城镇低收入人群、贫困人群和残疾人、老年人等及时提供价格合理、便捷安全的金融服务，累计实现授信96356户、授信金额102.44亿元，用信59939户、用信金融37.61亿元。“金融超脑”获评2021年全市改革创新优秀案例。开发上线淮北市数据开放平台，出台《淮北市数据资源开放清单（第一批）》，向社会开放涉及21个部门71个目录数据资源，单位或个人可通过安徽政务服务网统一认证登录，获取所需数据。完成“党建引领信用村”专题数据库建设，相关数据100%挂载至对应数据目录，累计完成25类62.63万条数据回流至淮北市党建引领信用村建设专题数据库，为淮北市党建引领信用村建设服务平台评分评级提供数据支撑。

（魏天舒　温宗霖）

政务服务管理

【概况】 2021年，淮北市数据资源管理局（市政务服务管理局）提升政务服务效能，持续优化营商环境，深度融入徐州都市圈，推动淮海经济区政务服务“跨省通办”，建立淮海经济区政务服务统筹协调机制、通办联动机制、闭环管理机制，梳理11个部门的高频事项72个，在不动产登记、公积金、医保、公安等领域率先实现政务服务“跨省通办”。在全省率先上线“一网惠企”平台，上线惠企政策146项，兑付资金8941.01万元。全市政务服务系统办理政务服务事项1014.84万件，其中线下169.03万件、线上845.81万件。

【行政审批】 2021年，淮北市数据资源管理局（市政务服务管理局）编制标准化办事指南，实现全市范围内同一事项“无差别受理、同标准办理”。实行“一窗办多事”集成服务，把牢受理关、出件关，形成有效闭环监管。依托安徽政务服务网淮北分厅，上线主题集成服务事项142个、“一件事”2936件。推进企业开办一日办结，累计新登记企业5282户、个体工商户20526户。免费刻章18805枚，减免企业开办费用112.83万元。

【优化服务环境】 2021年，淮北市数据资源管理局（市政务服务管理局）开展办事指南准确度核查整改，组织政务服务办事指南准确性排查5次，完成问题整改469个。对标便利度拉标杆，对市直864项行政许可事项到场次数、承诺时限、即办程度3项内容逐一对标提升；市直858项行政许可平均到场次数、平均承诺时限、即办程度分别由0.01次、1.68天、70.32%，提高到0次、1.27天、79%。对标透明度优服务，规范证明事项告知承诺制线下线上办理方式，印发《淮北市关于规范证明事项告知承诺制线上线下办理方式的通知》，编印《证明事项告知承诺书要素编制操作手册》《证明事项告知承诺制审批操作指南》等，方便企业和群众查询政策，自主选择办事方式。

【规范监督和管理体系】 2021年，淮北市数据资源管理局（市政务服务管理局）按照“应领尽领”和“应编尽编”原则，开展目录清单认领和检查实施清单编制，全市目录清单认领率和实施清单编制率均达100%；采集和上报各项监管数据，提高数据覆盖度，实现监管行为数据“应录尽录”，全市监管行为数据覆盖率（含下级）为93.2%；规范监管动态信息和曝光台信息报送，上报监管动态信息627条、曝光台信息357条；及时协调处理系统风险预警，风险预警处置率达100%。加大行政审批信息公开力度，建立完善行政审批事项公开制度，依法不予公开的除外，行政审批事项以及行政审批的受理、办理进展情况和结果等相关信息均及时、准确公开，实行“阳光审批”，接受社会监督。

【政务信息资源整合共享】2021年，淮北市数据资源管理局（市政务服务管理局）出台《淮北市政务数据资源管理实施办法》，完成全市数据资源目录编制5503项，数据挂载率99.72%，归集数据资源951类、数据总量达15.3亿条。加大电子证照制证力度，完成制证1653万条。发挥数据资源共享交换平台作用，累计为发展和改革委、市场监管等14家部门提供82类数据服务，累计调用次数超620万次。研发并依托政府门户网站上线淮北市数据开放平台，首批向社会开放涉及21个部门、71个目录的数据资源，开放数据总量达24952条。

【引导大数据产业发展】2021年，淮北市数据资源管理局（市政务服务管理局）推动大数据产业聚合发展，将“方正智谷”“源创客”统一纳入“淮北大数据产业基地”管理运营，合并后累计入驻企业65家。积极开展“双招双引”，对接阿里巴巴集团控股公司、华为技术有限公司、新华三集团、曙光信息产业股份有限公司（简称“中科曙光”）等IT企业，引导中电科南京莱斯信息技术公司等注册本地化公司，与上海德拓数据技术有限公司达成投资协议。促进东华（淮北）全国中小企业云上线，推动中小企业“上云”。加强对本地运营商和软件信息服务行业的调度，全市通信软件信息服务业预计实现营业收入达30亿元。

（魏天舒　温宗霖）

机关事务管理

【公务用房管理】淮北市严格落实《安徽省党政机关办公用房管理实施办法》，2021年2月下发《淮北市党政机关办公用房管理实施办法》。7月，淮北市机关事务管理中心会同市财政局下发《淮北市市直机关办公用房维修改造管理细则》，成立市直单位办公用房维修改造工作监督管理委员会，负责市直单位办公用房维修申请的审核和监督实施。积极稳妥地做好办公用房调配相关工作，确保办公用房随机构改革及时有序调配到位。调整市退役军人事务局、市乡村振兴局、市机关事务管理中心、市委网信办、市委督查考核办5家单位集中在市商务局大楼办公；腾退原市工商局大楼（8—11层）作为市医疗保障局办公场所；市司法局和市法制办整体并入原市政协大楼办公；腾退市行政中心办公用房约28间（750平方米），调剂满足市委、市政府、市纪委监委、市委组织部、市委统战部办公用房需求。公开拍租市直单位移交的办公用房，截至9月底，共拍租办公用房13处（约2747平方米），五年期租金约378万元。维修改造市水务局、市委老干部局、市市场监督管理局等8家单

2021年10月4日，淮北市机关事务管理中心对招商大厦幕墙玻璃进行维修

（刘法田　摄）

位办公用房，改造资金约300万元。推进办公用房权属统一登记，市发展和改革委、市市场监督管理局产权证登记至淮北市机关事务管理中心名下。

【公务活动保障】 2021年，淮北市机关事务管理中心完成接待任务220批次3947人次。完对省部（军）级以上领导、外省市领导、重要客商、新闻媒体、专家学者及部分省直部门领导到淮北的接待工作；完成省政府安全生产和消防考核组、省委换届巡回督察组、全国人大领导到淮北调研，省委综合考核组、省政法队伍教育督导组、最高人民法院领导到淮北调研，省委疫情防控督导组、省解决难办证问题督导组、中央退役军人事务工作组、中国共产党淮北市第九次代表大会、省委书记郑栅洁等到淮北调研，省委换届指导组、国务院督导组、省委考察组等大型团组接待工作。接待省部（军）级以上领导103人次、市厅级领导407人次。完成团组接待任务140批次3469人次。

【公务用车管理】 2021年，淮北市机关事务管理中心分两批对71辆公务用车进行公开拍卖，成交款134.5万元。推进新能源汽车保障基层公务出行工作，在濉溪县及烈山区的3个镇开展试点。作为安徽省六个跨区域公务出行试点地市，对照《关于开展跨区域公务出行保障试点工作的通知》要求，完成跨区域公务出行在安徽省公务用车管理信息平台的搭建，实现跨区域使用目的地平台或租赁车辆保障异地公务出行的目的。公车平台全年完成市直单位用车订单10581个，行驶里程近206万千米。

（刘法田　荆　戈　吴　昊）

信　访

【概况】 2021年，淮北市信访系统登记信访事项5178件，同比下降12.3%。其中，来信980件，同比上升89.92%；来访721件，同比下降1.6%，网上信访3477件，同比下降25.4%。信访机构和责任单位及时受理率分别为99.88%和99.24%，按期办结率100%，信访机构和责任单位满意率分别为97.74%、97.85%，信访事项受理办理各项指标位居全省前列。

【信访工作体制机制】 2021年，淮北市出台《淮北市委市政府主要负责同志亲自阅批群众来信工作规则（试行）》、《淮北市市级党政领导干部接访下访工作实施细则》、《淮北市领导干部阅批群众来信工作规则（试行）》以及《关于进一步落实领导干部信访工作“一岗双责”责任制的通知》，将“一岗双责”责任落实情况纳入市委对县区和部门年度综合考核，构建“党建+信访”工作体系，将信访工作纳入各级党组织负责人年度党建考核及述职内容。将群众通过信访渠道反映的“急难愁盼”问题，通过信访信息化综合平台统一流转，利用信访部门成熟的分流转办机制实现快速调处、闭环办理，做到“三明确”，即明确“接件即办、一盯到底”，明确复杂疑难事项“主办单位牵头、相关单位联办”，明确“日接收、周落地、月办结”（一般信访事项当日接收，5天内受理，受理后30天内办结；复杂疑难信访事项按照《信访条例》及相关规定执行）。实施“一单三函”（核查报告单，风险提醒函、督查督办函、问责建议函）制度，构建起信访问题“提醒—督促—问责”的环环相扣机制。全年淮北市信访系统收到核查报告单188件，下发风险提醒函7件，督查督办函4件，问责建议函4件，全市信访部门及时受理率100%、责任单位及时受理率100%，信访事项办理平均时长12.53天，办理效能同比提升17%。

【领导干部接访下访】 2021年，淮北市各级党政领导坚持“四下基层”（信访接待下基层、现场办公下基层、调查研究下基层、宣传党的方针政策下基层），以上率下，走出去、沉下去，采取带案下访、登门走访、领导包案等方式，认真访民情，切实办实事。全市市县两级领导干部接访下访852次，接待群众1210批1871人次。其中，17名市级党政领导接访下访73次，接待来访群众414批560人次。11月9日，市委书记张永开门接访，针对相山区“香港楼”业主代表反映的楼房安全隐患问题，相关单位和部门依法依规，用20天的时间拿出解决方案。12月28日，市委书记张永、市长覃卫国分别在烈山区和相山区渠沟镇接待信访群众。不断强化基层基础，全市所有乡镇（街道）均设立信访工作联席会议。

【信访积案化解】 2021年，淮北市政府信访局围绕“案结事了、息诉罢访、群众满意”的目标要求，把重复信访治理和信访积案作为党史学习教育“我为群众办实事”实践活动的重要载体，全力推进问题解决。中央信访工作联席会议办公室（简称“中央信联办”）交办重点信访事项317件，化解317件，化解率100%。淮北市重复来信占比为46.71%，同比下降1.73%，重复网上投诉占比为31.78%，同比下降10.03%。

（余鹏飞）

2021年12月，市委副书记、市长覃卫国（居中）在市群众来访接待中心开门随机接访　　（赵梦　摄）

应急管理

【防灾减灾救灾】 2021年，淮北市综合减灾示范社区创建持续保持全省和全国领先优势，13个社区申报国家级社区、27个社区申报省级社区。储备物资以灾民救助物资为主，包括帐篷、折叠床、棉被、棉衣、蛇皮袋以及救生艇、发动机等，共7万余件。完善应急物资储备管理制度，建立管理台账和维护保养制度，登记各类物资的种类、数量、使用年限等，实行物资发放、回收动态管理。

【应急救援队伍建设】 2021年，淮北市有各类救援队伍94支、3500余人，其中国家综合救援队1支、企业力量救援队2支、社会志愿救援队7支、突击队7支、市直单位及个人救援队14支、林业灭火队2支、防汛抗洪队61支。年内，市应急管理局以危险化学品安全为重点，组织开展各类应急演练活动，累计开展应急演练活动79场次，参演人数达1万余人。

【应急知识普法宣传】 2021年，淮北市被应急部、司法部、中华总工会、全国普法常识办公室等四部委表彰为“第三届全国应急普法知识竞赛优秀组织”。2021年全国安全知识网络竞赛“测测你的安全力”中，淮北市位列全省地级市第四，相山区在全省各县区排名第二。9月23—26日，在安徽省第四届危化品救援知识竞赛中，临涣焦化危化品应急救援分队取得团体第二、单项个人第一的成绩。

（耿　耿）

招商引资

【概况】 2021年，淮北市新签约招商引资工业项目235个，同比增加75个，增长46.8%，协议投资额410亿元，增长36.2%。新开工招商引资工业项目159个，同比增加20个，增长14.4%，协议投资额287.9亿元，下降4%。新竣工投产招商引资工业项目111个，同比增加9个，累计完成固定资产投资83亿元，其中固定资产投资亿元以上项目22个。招商引资工业项目累计完成固定资产投资135.5亿元，同比增长9.9%，占全年目标任务的112.8%。

【推进民营经济高质量发展大会暨首批百个县干招商组授旗仪式】 2021年6月4日，淮北市举行推进民营经济高质量发展大会暨首批百个县干招商组授旗仪式。市委书记张永参加会议并讲话。会议传达学习习近平总书记关于民营经济发展的重要论述、省优秀民营企业家和优秀民营企业表彰暨推进“十四五”民营经济高质量发展大会精神。市委常委、政法委书记、统战部部长钱界殊宣读《关于2020年度淮北市民营企业排序结果的通报》，市委常委、组织部部长单强宣读《关于组建全市首批县干招商组的通知》，副市长高维民解读《关于进一步激发民营企业创业热情成就企业家创意创新创造推进民营经济高质量发展的实施细则》。会议为民营企业排序综合50强代表和制造业10强代表颁发奖牌，向县干招商组代表授旗。

【招商活动】 2021年，淮北市接待均瑶集团有限公司、上海华峰新材料研发科技有限公司、华润金蟾药业股份有限公司、众安集团、上海交通大学等50批次百余家企业、高校到淮北考察。市领导先后赴江苏、浙江、河北、上海、山东等地开展招商活动，考察均瑶集团有限公司、光明集团股份有限公司、上海金山铁路有限公司、上海绿谷集团、浙江中环农业开发有限公司等百余家企业。举办2021淮北食品工业博览会、长三角一体化发展专题培训班、陶铝和铝基高端金属材料产业企业家沙龙、高端装备制造产业集群暨智能制造装备产业链企业家沙龙、淮北长三角(苏州)投资推介会、绿色食品产业链企业家沙龙等招商活动。

2021年11月10日，淮北市招商代表参加上海交通大学安徽陶铝新材料研究院第二届管委会第一次会议 （市投资促进中心 供）

【精准招商】 2021年，淮北市委、市政府明确构建“五群十链”产业布局，推进产业招商，淮北高新区引进12个锂电池项目，相山区引进18个电子元器件项目，煤化工基地引进6个精细化工项目。坚持“工业强市”理念，对接中国中信集团有限公司、华润(集团)有限公司、徐州工程机械集团有限公司、均瑶集团有限公司等企业，着力招引头部企业和大体量、高科技含量的优质企业。先后签约光明(食品)集团、国轩新能源有限公司等行业龙头，与正威国际集团、天齐锂业股份有限公司(国内最大的锂电新能源核心材料供应商)等大型企业达成合作意向。赴长三角、珠三角地区重点城市深度调研重点产业发展情况、溢出趋势及重点企业，形成《长三角和珠三角重点产业情况汇编》，为找准招商区域提供参考。

（侯珍珍）

【责任编辑　牛婷】

中国人民政治协商会议淮北市委员会

中国人民政治协商会议淮北市第十届委员会

主　　席　谌　伟
副 主 席　王莉莉（女）　张保成　朱先明　刘添才　程晋明　孙兴学　李公峰　董　哲
秘 书 长　陈新华
副秘书长　丁红梅（女）　王淮海　田　锟

综　述

【概况】 2021年，淮北市有各级政协组织5个，其中，市级政协1个，县区政协4个。各级政协委员1021人，其中，市政协委员297人，县区级政协委员724人。市政协设常务委员会，由主席、副主席、秘书长和常务委员组成，内设提案委员会、经济委员会、农业和农村委员会、人口资源和环境委员会、教科卫体委员会、社会和法制委员会、民族宗教和外事委员会、文化文史和学习委员会8个专门委员会。第十届市政协设主席1人，副主席8人，秘书长1人；常务委员会组成人员57人，年内增补政协委员16人，辞去委员12人，增补政协副主席2人，增补常委2人，辞去常委1人。

【协商议政】 2021年，淮北市政协先后围绕“加快推进新型城镇化，全面提升核心竞争力”“加强深层次区域合作，建设承接长三角产业转移集聚区”课题任务，成立专题调研组，深入开展调研，召开专题议政性常委会会议协商建言，形成2篇建议案、27篇调研报告。对委员们提出的以协同发展为引领，统筹城乡空间布局；以质量提升为手段，统筹城乡产业发展；以深化改革为动力，统筹城乡要素配置；以美好淮北为愿景，统筹城乡生态环境；以均等共享为目标，统筹城乡设施网络；以体制机制为保障，统筹城乡发展合力等20余条意见建议，市委书记张永要求相关部门认真研究吸纳、及时转化运用。对委员们提出的以思想突破引领承接行动突围、以产城融合提升承接支撑能力、以双招双引推动承接产业集聚、以创新驱动壮大承接发展动能、以治理集成保障承接效应彰显等16项意见建议，市委副书记、市长覃卫国要求市政府及相关单位要认真梳理、积极采纳，真正将研究成果转化到工作举措中、体现到发展成效上。

【调研视察】 2021年，淮北市政协围绕实施乡村振兴战略、巩固脱贫攻坚成果、做好稳就业工作、加大社会保障力度等课题，组织委员开展调研视察，提出意见建议，为市委、市政府提供决策参考。聚力围绕“加强和促进凝聚共识工作，在更大范围内凝心聚力”“探索制定协商议政质量评价工作办法，提升协商质量和水平”“加强委员履职服务保障，更好激发委员履职的积极性、主动性”“加强全市政协系统基层建设，推动破解‘两个薄弱’问题”等十大课题，开展调研，撰写调研报告10篇。

【民主监督】 2021年，淮北市政协制定《市政协2021年民主监督计划》，落实《市政协选派民主监督小组的实施办法》《市政协特约监督员工作暂行管理办法》，完善特约民主监督机制，规范特约监督员管理，提高民主监督实效。聚焦林长制改革、提案办理、工业强市和安全生产等工作，实施会议监督，持续向华东师范大学教育小镇选派民主监督小组，向市城市管理局、市财政局、市水务局、市自然资源和规划局、市司法局、淮北海关、市文旅体局等7个部门选派特约监督员。全年向市委、市政府报送各类民主监督报告5篇，提出改进工作意见60余条。

【团结民主】 2021年，淮北市政协制定《关于加强和促进人民政协凝聚共识工作的意见》，发挥新型政党制度优势，加强同各党派团体和各族各界人士的合作共事，加强与党外知识分子、非公经济人士、新的社会阶层沟通联系，为他们有序参与政治协商搭建平台。召开“助推侨资企业高质量发展”会议，建立健全助推侨资企业发展的队伍机制，积极帮助企业解决实际困难。围绕加强对宗教教职人员的组织领导、培训研修、作用发挥、选拔培育等方面提出意见建议，发挥宗教界在促进经济社会发展中的积极作用。全年各民主党派、工商联参与政协组织的各类调研视察活动40余次，提交提案40件、调研报告24篇。

【界别工作】 2021年，淮北市政协常态化开展“界别主题活动月”活动，依托“请你来协商”“一组一会一协商”等基层协商平台，结合党史学习教育“我为群众办实事”，市政协20个界别活动组深入相山区各村（社区）宣传政策、协商议事、凝聚共识。各界别活动组共开展协商活动30次，走访企业、单位20多家，联系群众200余人次，形成调研成果20份，提出意见建议、收集社情民意30多条，组织义诊、讲座、咨询等5场次。

【构建多层协商平台】 2021年，淮北市政协聚焦专门协商机构职能定位，完善以全体会议为龙头，以专题议政性常委会、双月协商座谈会为重点的“1+2+4+10+N”（“1”是每年1次全体会议，“2”是2次专题议政性常委会，“4”是4次双月协商座谈会，“10”是10个重点提案办理协商，“N”是各项民主监督）市级协商平台。加强市县（区）政协协商联动，推动政协协商与镇（街道）等基层协商相衔接，搭建“请你来协商”县区协商平台；开展“委员进村（社区）”活动，推动政协协商同基层社会治理相结合，搭建村（社区）微协商平台，推动政协协商向基层延伸，此项工作被评为淮北市2021年基层治理十大创新案例。

【交流联谊】 2021年，淮北市政协举办庆祝中国共产党成立100周年淮北市书画作品展，承办全省政协系统书画展淮北巡展，开展“永远跟党走”主题实践活动等。加强与各界人士的联系，邀请留学生座谈交流、亲见发展。

重要会议

【政协第十届淮北市委员会第四次会议】 2021年1月18—20日，中国人民政治协商会议第十届淮北市委员会第四次会议举行。应出席委员297名，实到委员283名，符合规定人数。大会听取并审议主席谌伟、副主席张保成代表十届市政协常委会分别所作的工作报告和提案工作报告；与会委员列席市十六届人大五次会议，听取并讨论市长覃卫国所作的市人民政府工作报告，讨论《淮北市国民经济和社会发展第十四个五年规划和二〇三五年远景目标纲要（草案）》及其他报告；通报表扬市政协十届三次会议优秀提案、先进承办单位和先进提案工作者、2020年度“新时代履职尽责好委员”“优秀界别”。会议选举李公峰、董哲为政协第十届淮北市委员会副主席，选举明磊、侯正洲为政协第十届淮北市委员会常务委员，通过市政协十届四次会议决议、市政协十届四次会议提案审查情况的报告。大会收到发言材料34篇，编印成《大会发言汇编》，8位委员作大会口头发言，200多名委员在分组讨论中发言。大会收到提案229件，立案195件，立案率为85.2%。其中集体提案54件，占提案总数的27.7%。

【政协常委会议】 2021年，淮北市政协共召开常委会会议9次。

2021年1月18日，中国人民政治协商会议第十届淮北市委员会第四次会议开幕（梅月 摄）

市政协十届十七次常委会会议，1月12日召开。会议听取关于市政协十届三次会议提案办理情况的通报，听取关于市政协十届四次会议筹备工作情况的汇报和关于部分委员、常务委员、副主席调整的说明，审议通过有关人事事项，通过市政协十届四次会议议程、日程（草案）等有关事项，原则通过常务委员会工作报告、提案工作报告，决定政协第十届淮北市委员会第四次会议于2021年1月18日在相山召开。

市政协十届十八次常委会会议，1月20日召开。会议听取各组关于各项报告讨论情况的汇报，审议通过了市政协十届四次会议选举办法（草案），补选市政协副主席、常委候选人名单（草案），总监票人、监票人名单（草案），决定总计票人、计票人名单；审议通过市政协十届四次会议提案审查情况的报告（草案）和市政协十届四次会议政治决议（草案）。

市政协十届十九次常委会会议，1月20日召开。会议听取市政协十届四次会议选举计票结果，通过当选人名单。

市政协十届二十次常委会会议，3月25日召开。会议传达学习全国政协十三届四次会议精神，听取市林业局关于全市林长制实施情况汇报，听取10位市政协常委的口头述职，审议通过有关人事事项。

市政协十届二十一次常委会会议暨“加快推进新型城镇化　全面提升核心竞争力”专题协商会议，7月20日召开。市委书记张永出席会议并讲话。会议听取市政协专题调研组关于《加快推进新型城镇化全面提升核心竞争力》的调研报告，5位市政协委员发言，6家市直相关部门作回应性发言。会议审议《加快推进新型城镇化，全面提升核心竞争力的建议案》，通过有关人事事项。

市政协十届二十二次常委会会议暨“加强深层次区域合作　建设承接长三角产业转移集聚区”专题协商会议，8月17日召开。市委副书记、市长覃卫国出席会议并讲话。会议听取市政协专题调研组《奋力推进产业集聚集群》的调研报告，5位市政协委员发言，5家市直相关部门作回应性发言。会议审议《“高质量建设承接长三角产业转移集聚区”的建议案》。

市政协十届二十三次常委会会议，9月15日召开。会议传达学习全国政协系统党的建设工作经验交流会精神，审议通过有关人事事项，向新当选的市政协专委会主任颁发任命书。

市政协十届二十四次常委会会议，12月10日召开。会议传达学习中共十九届六中全会精神，听取关于市政协十届四次会议提案办理情况的通报，审议通过关于召开政协第十一届淮北市委员会第一次会议的决定、政协第十一届淮北市委员会第一次会议议程（草案）。表彰市政协2021年度“新时代履职尽责好委员”、“优秀界别”和“市政协十届四次会议优秀提案、提案办理先进单位、先进提案工作者”。

市政协十届二十五次常委会会议，12月31日召开。会议审议通过政协第十一届淮北市委员会第一次会议日程和政协第十一届淮北市委员会委员提名人选名单，第一次会议主席团、秘书长建议名单，第一次会议主席团常务主席及常务主席会议主持人建议名单，政协第十届淮北市委员会常务委员会工作报告和提案工作报告委托报告人名单等名单（草案）及有关事项。

专门委员会工作

【提案委员会】 2021年，淮北市政协提案委员会收到提案232件，立案192件。截至10月底，全部办复，办复率100%。提案所提问题已经解决或基本解决的82件，占立案总数的42.7%；在解决或纳入计划逐步解决的108件，占56.3%；因条件所限暂时无法解决，并已向提案人作出说明的2件，占1.0%。

【经济委员会】 2021年，淮北市政协经济委员会组织开展“加强深层次区域合作　建设承接长三角产业转移示范区”等课题研究，形成调研报告15篇。向市财政局选派民主监督小组，开展学前教育、棚户区改造、老旧小区改造等现场民主监督，形成送阅建议。围绕工业强市战略实施，负责主席会议监督具体事务，形成监督建议书，报市委、市政府。围绕重点提案落实，3次协助市政协副主席督办《关于加快我市陶铝新材料产业化发展的提案》。

【农业和农村委员会】 2021年，淮北市政协农业和农村委员会举办市政协第十六次双月协商座谈会暨“加强农业科技体系建设　加快发展现代农业”对口协商会。向市水务局选派特约监督员，针对淮水北调、平原水库建设、防汛体系建设等监督重点开展民主监督。为进一步推深做实淮北市林长制工作，开展专题调研，形成《关于进一步加强我市林长制工作的民主监督建议书》。指导协调农业、民盟界别，深入对应镇（街道）、村（社区），开展“界别主题活动月”活动。

【人口资源环境委员会】 2021年，淮北市政协人口资源环境委员会以“加快推进新型城镇化”为切入点，深入调研，形成“加快推进新型城镇化　全面提升核心竞争力”主题报告和界别、委员发言材料。选派特约监督员到市政府重点部门继续开展民主监督，对市自然资源和规划局在“城市规划、国土空间生态修复治理，自然资源领域科技创新发展和人才培养战略规划”等方面的工作，开展明察暗访、咨询问政活动。

【教科卫体委员会】 2021年，淮北市政协教科卫体委员会举办市政协第十七次双月协商座谈会暨“促进学前教育发展”对口协商会。继续向华东师范大学教育小镇项目选派民主监督小组，针对收费问题开展微型协商活动。督办《促进我市中医药快速发展的几点建议》。指导协调相关界别深入基层，开展“一组一会一协商”工作。

【社会和法制委员会】 2021年，淮北市政协社会和法制委员会举办市政协第十五次双月协商座谈会暨“建立应急联动平台　实现应急资源共享”专题协商会。向市司法局选派民主监督小组，各民主监督小组参加检察开放日活动，参与案件公开听证活动。深入基层派出所，开展基层派出所建设活动调研，推动基层社会治理，深化平安建设。督办《关于加强和改进我市公安派出所建设的建议》重点提案。形成《加强专委会建设，提升专特新履职水平》调研报告。

【民族宗教和外事委员会】2021年，淮北市政协民族宗教和外事委员会举办市政协第十四次双月协商座谈会暨“助推侨资企业高质量发展”专题协商会。赴浙江省绍兴、温州开展“加强委员履职服务保障，更好激发委员履职的积极性、主动性”重点课题调研活动。督办《依法处理“僵尸车”，有效释放公共停车资源》重点提案。向淮北海关派驻民主监督小组，开展“优化外贸环境”专项民主监督活动，调研青龙山铁路“无水港”。

【文化文史和学习委员会】2021年，淮北市政协文化文史和学习委员会完成第22期《淮北文史》及4期《淮北文史活页》编纂工作。完善文史研习基地建设，充实文史专家队伍，推进淮北籍作家著作收藏工作。与市政协办公室联合完成“探索制度协商议政评价工作办法，提升协商质量和水平”课题调研。先后赴天津、锦州、徐州、合肥等地考察红色文化传承保护工作，形成《关于深入挖掘淮北市红色资源　大力传承红色基因的建议》。向市文化旅游体育局选派民主监督小组，围绕文物保护与挖掘、文化旅游景区（景点）安全工作等监督重点开展民主监督活动。督办《关于加强工业遗产保护与开发利用》系列提案。

提案工作

【健全提案工作机制】2021年，淮北市政协加强集体提案的引导和培育，推进提案由数量型向质量型转变。强化党政领导领衔督办重点提案工作机制，制定提案办理工作考核办法，创新推行提案办理清单制，改进提案办理满意度测评方式，持续办好《提案办理进行时》专栏。市政协十届四次会议审查立案的192件提案全部办复，提案办理答复率、落实率持续实现“双提升”。

【政协重点提案摘编】

《让段园“飞地”早日成为淮北对接徐州的“桥头堡”的提案》摘要

2021年由共青团届提出。摘要：建议研究制定新形势下加快“飞地”发展的政策措施，从战略规划、体制机制、基础设施、要素保障等方面注入新的动力，特别是在招商引资上给予特殊政策。在市级层面成立推动“飞地”发展工作领导小组，由1名市领导牵头，市、区直相关部门协同，从市级层面协调推动“飞地”发展中出现的问题的解决。从市、区两级相关部门选派干部，专项挂职，高起点、高标准推动相关工作。深度对接徐州，采取“3个1/3”的建设理念，即土地1/3用于工业，1/3发展住宅和商贸服务业，1/3用于公共建设和特色农业发展，对全域进行规划调整。规划调整中，应紧贴长三角产业发展趋势和徐州产业转移态势，明晰产业发展规划；发挥现有葡萄小镇优势，增强对徐州高端人才吸引力；适度发展商贸和房地产；每年拿出一定数量土地指标进行单列，重点用于工业项目落地，保障“飞地”发展和规划落地；对原有工矿居住区进行整合提升，释放建设用地。创新“飞地”开发投入机制，参照滁州市苏滁产业园建设经验，运用商业化投资开发收益分成，引入战略性产业投资集团。比如，可以引入徐州市国有投资集团对段园镇全域开发，建设徐淮产业合作园区；可以与全国有实力园区开发商合作，产城融合连片整体运营；还可采取市建投、杜集区建投和段园镇按比例设立产业开发公司的方式，加大基础设施投入、土地出让收益等比例分成。创新管理运行机制，通过委托管理等形式创新共建合作园区、“飞地”园区，探索区域产业承接转移合作的有效模式。两套班子并行，段园工业集中区参照市高新区、煤化工新型合成材料基地机构改革办法，开展激励性考核，主抓招商、产业和商服发展；段园镇仍是现行体制，主要负责农业发展和社会管理服务。把“飞地”作为淮北市“放管服”先行先试、探索经验的“小特区”，适度放权，专门设立“二号章”，开放建设、环保、规划、国土等部门审批权限，最大程度便民利企、积累经验。推动“飞地”与全市发展协同共振，加快建设徐淮快速通道，密切徐淮联系，畅通“飞地”与市域之间项目、资金流通。重视“飞地”标准化厂房建设，提高项目招引和落地效率，加大培育力度，对于较为成熟项目，适度引导其向市内工业园区转移。

《关于加快建设皖北承接产业转移集聚区示范区的提案》摘要

2021年由科学技术界提出。摘要：建议加大产业招商力度，围绕淮北市产业基础和资源优势，分析确立招商目标企业，精准对接长三角相关产业区域，开展驻点招商。围绕“四基一高一大”，精准对接目标企业产业链招商，补链延链，力争骨干企业迁移布点、相关企业配套跟进，实现全产业链高质量承接。用好科技成果转化基金，招引一批有人才支撑、有技术储备、有发展潜力的高科技企业，加快高科技企业及创新型人才集聚。参照发达地区经验，结合实际，依法依规制定招商引资优惠政策和更加灵活有效的激励政策。加快创新平台提升与引进。围绕长三角产业转移的重点领域，以集聚创新要素、整合创新资源、服务产业创新为目标，打造立体化、网络化的创新服务体系。深化与上海交大合作，积极争创陶铝产业研究院国家级技术创新平台，加快推进成果产业化。依托淮北市铝基材料、高分子材料、生物科技等产业特色，精准对接长三角高校院所，按照“一业一院”建立产业技术研究院，为产业发展提供技术创新等支撑。利用长三角创新集聚区的人才、技术、信息优势，探索建立“科创飞地”协同创新平台，促进淮北市产业技术水平提升。加快现有开发园区转型升级。以高水平打造承接产业转移集聚区为契机，进一步明确各园区的发展定位和方向，优化产业布局，强化产业链协同。加快开发区标准化建设和规范化管理，补齐环保基础设施短板和公共基础设施欠账，适度提高配套用地标准，适度超前谋划生产功能配套设施，完善强化生活功能配套设施，提升优化商务功能环境。积极谋划重大项目。充分运用“24条”，聚焦“两新一重”，谋划一批打基础、管长远、利全局的项目。加快形成完善的交通体系、增容的土地供给、有潜力的产业布局。加快淮北与长三角区域高铁、民航、高速公路、5G等基础设施建设项目谋划，进一步畅通人流、物流、信息流渠道，提升淮北市的吸引力、竞争力和美誉度。培育壮大产业集群。依靠技术创新，推动传统产业技术改造和升级，塑造新兴产业体系，发挥承接产业转移的积极效应。将集聚区建设与创新型智慧园区、开发区转型升级、战新基地等平台建设协同推进，与新基建、新城区建设等重点任务有机结合，明确各板块功能。全力打造铝基新材料、高分子新材料、高端装备制造三个重大基地，持续激发企业创新创业活力。创造良好的承接环境。建立健全有利于集聚区承接长三角产业转移的管理体制、财政体制、土地政策、人才政策、税收政策。推进开发区开展“标准地”改革试点，实现项目拿地即开工。加大闲置土地清理力度，加快“僵尸企业”出清，降低要素配置成本，优化土地综合利用率，保障长三角优质产业转移落地。深化放管服改革，等高对接长三角区域优良的营商环境。

《关于加快我市陶铝新材料产业化发展的提案》摘要

2021年由民革市委提出。摘要：建议高标准规划，聘请专业机构，结合淮北市产业转型发展目标，制定陶铝新材料产业发展规划，按照军工、航空、航天、汽车轻量化、内燃机活塞等经论证可以拓展应用的领域，锚定产业发展方向，明确总体思路，从产业布局、项目支撑等多个方面对陶铝产业未来5～10年的发展进行全方位规划设计，引领陶铝新材料产业发展。加强支持力度，进一步完善淮北市关于加快陶铝新材料产业发展政策及陶铝新材料产业专项发展基金支持办法，全力争取“三重一创”重大专项等政策支持，从资金、用地等要素方面提供充足保障。充分发挥领导小组的领导作用和“陶铝办”的协调作用，坚持领导抓、抓领导，高位推动陶铝产业发展。进一步完善联席会议制度，对重大事项采取“一事一议”，协调解决产业推进中的困难和问题。秉持“法无禁止即可为”的服务理念，以最优惠、最灵活的政策、“四最”的营商环境，赋能市场化项目落地。精准化招商，参照江浙等发达地区经验，选派优秀干部，到相关深度合作的企业、院校专项挂职，推介宣传，动态捕捉合作信息、靠前贴近服务保障，推动应用投资。深入推进精准招商，精准对接、密切对接应用领域内的大型央企、民企，加快与中国铝业集团有限公司、中国宝武钢铁集团有限公司等知名企业的合作步伐，力争在陶铝新材料及相关产品推广应用方面，加快建立市场化生产项目，完善产业链条，形成产业集群。积极拓展对外科技合作，建立合作研发及应用平台，开展应用技术攻关。通过高层次人才引进和社会化招聘等方式，培养引进技术转移机构和技术经理人，构建重大科研成果技术熟化、产业孵化、企业对接、成果落地全链条转化机制，真正让专业的人干专业的事，放手企业进入市场化发展阶段，推进陶铝新材料产业化进程。高频度跑部，针对陶铝产业发展资金不足、平台建设层次低、重大专项支持不够、产业应用联盟成员少和部分铸造产能受限等发展中的问题，市政府及相关部门应加大“跑省跑部”力度，从平台建设层次提升、重大专项支持、产业发展基金扶持、铸造产能指标调配、金融支持、标准制定、央企合作等方面寻求省政府及其相关部门的更多支持。加快推进合肥国家科学中心陶铝新材料入库项目、陶铝新材料安徽省技术创新中心等建设，尽快获得省级层面资金、人才、土地等优惠政策的支持。加强与省经信厅等部门沟通，推动建立陶铝新材料应用联盟，这将有效缩短市场认可时间，加速科技成果转化，加快产业化发展。充分利用长三角一体化各种对接会、世界制造业大会等进行专题推介，扩大宣传和影响力，捕捉合作信息。原创性研发，深化与上海交通大学等相关高校、中国商用飞机有限责任公司等知名企业的合作，健全以企业为主体、市场为导向、产学研用一体化的创新机制，强化原始创新，加大基础研究和应用研究，持续提升科技支撑能力，深度推进陶铝新材料研发和成果转化。

《关于聚焦重大科技推动成果转化的提案》摘要

2021年由民建市委会提出。摘要：建议坚持“意识”先行，增强科技引领发展大意识，聚焦合肥综合性国家科学中心研究成果，举办系列科技创新讲堂，帮助广大干部学习掌握科技新动态，特别是安徽省重大科技创新和“芯屏器合”产业发展，扩宽重大科技任务布局规划思路，提升中央省市关于科技创新发展决策部署落地能力。成立科技创新战略咨询专家委员会，聘请科技创新领域的知名专家学者作为委员，在研究开发、成果转化、平台搭建、资源聚集、项目落地、决策咨询等方面，为淮北科技成果转化事业出主意、提建议、指问题、引资源。突出“市场”导向，提高科技成果转化新动能，进一步整合工业园区、创业孵化平台和高校资源，设立更高规格的高校科技产业园，加快“国家级科技企业孵化器”创建，大力推动“国家大学科技园”建设。加大对产业化的科技成果转化项目扶持。探索利用“奖补+股权投资”等更加灵活的方式，对初步形成产业化的转化项目重点支持，鼓励做大做强。积极引导高校、科研中心以市场需求为导向，为企业创新需求开展科研攻关，提高成果转化率。探索“积分制”试点，努力实现政策支撑全方位，根据科技创新主体或企业的创新投入能力、创新管理、创新产出、创新环境以及诚信环保和安全生产等设定相应的指标，并按照企业不同成长阶段分类，对科技企业的创新能力进行全面量化，实行“分类量化、逐项积分、年底结算”，按照每分固定标准给予资助或相应的积分成果应用。通过整合政策资源，将分散在人才、发改、科技、工信、人社、市场监管等部门的科技创新政策集中折算成“积分红利”，形成创新主体成绩“一张表”、创新政策“一本通”、财政扶持“一账清”。延伸“保姆式”服务，培育建设复合型科技团队，进一步加大对科技转化成果服务机构的支持，鼓励其与国际国内知名企业管理咨询公司合作，为科技成果研发团队在公司运营、资金管理、市场开拓等方面提供“保姆式”服务，为转化项目培养复合型企业管理人才。

《关于加强和改进我市公安派出所建设的提案》摘要

2021年由市政协委员李登玖提出。摘要：建议警力下沉，通过扩大招录民警数量，向社会招录辅警，调齐配强派出所警力，解决基层警力不足、超负荷运转的问题。新招录民警原则上充实到派出所。通过精简上层机关，实现警力下沉。整合社会资源，加大群防群治队伍建设，动员社会力量参与治安防控，舒缓警力不足的矛盾。保障下倾，市、县（区）政府进一步加大财政投入力度，有关部门加大建设派出所基础设施的土地、政策等倾斜力度。按照公安部《公安派出所装备配备标准》要求，本着急需先配、逐步到位的原则，将公安派出所基础建设纳入发展规划之中，加大资金投入，分阶段解决派出所急需的办公、生活用房和基本警务装备短缺的问题，推进由“五有保障”向“五优保障”提档升级。按照规范要求，开展标准化建设改造，实现派出所设置合理化、内部管理制度化、办事流程规范化、管理服务精准化、防控方法多样化。重心下移，开展“枫桥式公安派出所”创建工作，真正把“发案少、秩序好、社会稳定、群众满意”作为派出所考核标准和工作的目标，把更多警力和派出所工作重心放在治安防范、矛盾化解、服务群众等基础工作上来。探索社区民警进入村（社区）“两委”班子，促进社区民警更好地开展社区警务工作。将“智慧平安小区”建设纳入政府为民办实事的“民生工程”，强化组织领导，搭建工作专班，协调相关部门参与，形成工作合力。严格建设标准，统筹推进“智慧平安小区”创建，提升“智慧平安小区”管控服务效能，做到数据资源全部整合、群众服务全应用。在一县三区全面推进集接处警、治安巡逻等工作为一体的智慧化警务工作站，有效整合巡防力量，提升街面见警率和管事率，减轻基层派出所的接处警压力。

《关于加强电梯维护保养与安全监管的提案》摘要

2021年由市政协委员苑秋华提出。摘要：建议积极探索高层住宅电梯大修（更新）资金的二次筹措机制，建立住宅电梯大修专项维保基金，来源可包括业主自筹、物管经营性收入定额补存、物业维修基金专项拨存等。支持电梯安全监管部门依法履行监管职责，每年适时召开专门会议，召集质监、安监、房管、工商、物价等部门，及时协调解决电梯安全监管中出现的各种重大问题。加强信用体系建设，将电梯维保单位的日常维保工作评价指数纳入企业质量信用评价体系。制定相关政策，鼓励和引导采用住宅电梯维保新手段、新技术，如结合小区安保设施的完善，在老旧电梯内加装监控设施，预防和监控人为恶意损毁电梯部件情况的发生。安装电梯安全预警系统、射频识别卡等，自动记录电梯维保次数和时间，实现动态维保与技术监控。注意总结推广电梯维保监管的好经验和好做法，组织交流借鉴并鼓励和引导企业争塑电梯维保和品牌物业形象，推动电梯维保单位的维保质量标准体系和物业管理相关的质量标准体系的对接。针对目前电梯维保耗材价格不透明问题，建议物价部门联手相关行业协会介入调研，制定耗材相应的等级标准与指导价格，使电梯维保耗材价格相对合理。加大执法力度，认真贯彻执行国家有关电梯安全管理规定，明确和落实使用单位和维保单位责任，杜绝违规违法维保行为和使用行为。

《我市蔬菜产业发展存在问题及建议》摘要

2021年由民建市委会提出。建议：抓好规划布局，加强蔬菜基地建设。在总体规划上要有长远打算，坚持保障性蔬菜基地和城市建设同步规划原则，确保蔬菜基地占补平衡稳步发展。制定指导性政策，把保障性蔬菜种植面积列入市“十四五”规划。近郊加强渠沟镇、高岳办、烈山镇设施蔬菜基地建设，远郊抓好石台、宋疃、古饶、百善、韩村、四铺、五沟、孙疃等重点乡镇蔬菜产业发展。选择有条件发展万亩以上商品蔬菜基地的镇，进行跨区域规划，连片开发、重点扶持，打造区域内高标准蔬菜产业带。同时，要加强蔬菜基地基础设施建设，提高抗灾能力，以保障淮北市蔬菜生产稳健发展，提高自给率，丰富“菜篮子”。完善扶持政策，发挥政府引导作用。根据淮北市蔬菜产业实际情况制定奖补 政策，整合蔬菜发展专项资金、价调基金、农发资金等涉农资金，扶持新建蔬菜基地、蔬菜标准化生产、科技兴菜等项目，扶持蔬菜流通领域的冷库、冷藏车等冷链物流建设，充分发挥财政资金撬动和引导作用。强化职业培训，加快人才队伍建设。一是围绕“让农民成为体面的职业”这一核心加强培训，以实用技术、职业技能、创新创业等为重点，在返乡大学生、退伍军人、职业农民等重点人群中，大力培育爱农业、有文化、懂技术、会经营、能创新的新型职业农民队伍。二是制定优惠政策，鼓励农村在外务工年轻人返乡“务农”，通过制度创新、机制创新，引导他们参与到淮北市蔬菜产业建设中来。

《依法处理“僵尸车”，有效释放公共停车资源》摘要

2021年由民进市委会提出。摘要：建议 实施定期专项清理行动。加强组织协调，明确责任，确保清理工作顺利开展。公安交警部门在强化主次干道“僵尸车”日常管控的基础上，牵头组织实施住宅小区、背街里巷等区域攻坚清理整治。涉及的相关单位如街道（社区）、物业公司、城管、交警等单位要树立大局观念，高度重视，切实履行各自的职责，保障行动顺利开展。有效形成齐抓共管、综合治理的良好工作格局。并将此次专项行动作为落实文明城市长效管理的一项重要举措。全面排摸，核查告知，制定台账。按照“一车一档”的标准，交警部门明确排摸工作台账内容，设计车辆信息登记表，指导街道（社区）、物业公司全面开展调查摸底工作，详细采集登记车辆具体信息，并拍照留存；社区根据查询信息及时做好联系告知，督促车主限期自行处理，告知情况记录在案，并严格做好个人信息保密。各街道（社区）联合物业公司组织人员在小区公告栏、出入口、楼道口以及摸排车辆醒目位置广泛粘贴布告，广为告知整治对象、清理范围和停放场地等内容，并明确自行清理、集中拖移等分类处置措施，为全面启动集中拖移奠定了坚实基础。规范处置程序，依法处理，集中拖移。清理“僵尸车”要实行分类管理，依法处置，区分情况处理。对于车辆状态正常，且能联系上车主的，联系车主把车开走；对逾期未年审的，达到报废年限等的车辆，予以收缴，强制报废；对涉嫌交通违法的车辆，联系车主并督促处理，对涉嫌违法犯罪的车辆依法移交办案单位。对前期排查摸底、登记在册、核查告知且未自行清理的车辆。交警部门要统一制定清拖计划，明确街道（社区）、物业公司、城管、交警四方的责任范围，按照属地管理要求，开展先后集中拖移工作，严格按照占用小区消防通道、影响小区道路通行、有碍小区整体环境的顺序清拖处置，严格执行现场核查确认、全程录音录像、登记车辆滞留物品等流程依法清理，集中存放、专人看管。形成长效管理机制。除了相关部门定

期整治之外，还要形成长效管理机制。一方面，有关部门要加强巡查，做到及时发现及时处置；另一方面，要动员社会力量，对小区路边停放的疑似“僵尸车”进行举报，再由相关部门予以处理。

《促进我市中医药快速发展的几点建议》摘要

2021年由市政协委员刘宝生提出。摘要：建议选拔一批有能力、有担当、有作为的领导，明确中医的发展方向。加大人才引进力度，选准学科带头人，扩大中医药的社会影响力。进一步扩大中医院规模、发挥中医院的引领作用，在基建、设备、人才引进、特色诊疗等各方面加大、加快投入。进一步落实和完善相关支持政策，充分发挥政府的主导作用，做好政策支持和方向引导，大力扶持中医药优势项目，明确中医药发展功能定位，创新中医药发展新模式。加大对中医药服务的资金支持，建立中医药健康服务专项扶持相关基金，在土地划拨、金融支持、税费减免、政府补贴等方面给予优惠政策。建立健全中医药健康服务传播体系，充分利用新闻媒体、互联网、新兴交流媒体、社区宣传栏等打造中医药健康特色宣传品牌。建立健全中医药发展的长效机制。拓宽中医药服务范围、发挥中医药的优势、推动医养结合。

《积极申报工业遗产 探索产业结构转型升级》摘要

2021年由农工党市委会提出。摘要：建议健全工作机制，成立领导小组，明确责任主体。参阅史志资料，实地调研，梳理出工业文化价值突出、遗产主体保存状况良好，具有较高历史、科技、社会、经济价值的淮北市工业遗存项目。收集、整理申报资料并积极实施申报程序。扩大融资渠道，引导社会参与，改善营商环境。鼓励各类市场主体以多种形式参与工业遗产保护利用，探索产业转型。以市场化方式筹集工业遗产专项建设资金，完善政府和社会资本合作模式，形成以政府为主导、以企业为主体，社会积极参与的开发利用机制。优化工业遗产保护利用相关行政审批流程和规范标准，优化政策环境。确保财政专项资金，加大税收优惠政策。各级财政每年编制工业遗产保护利用专项资金预算，专项用于文保类工业遗产修缮保护、城市文化公园建设，以及其他亟待解决的工业遗产保护利用事项等。认真落实国家促进工业遗产保护利用税收政策，积极研究地区层面工业遗产转型企业相关税收优惠政策，加大税收优惠政策保障。加强社会宣传推广，探索产业结构转型。申遗的过程对淮北市工业文化是一次再挖掘，对工业遗存是一次再保护再利用，对产业结构转型升级也是一次积极探索。通过挖掘、保护和再利用，留下城市工业发展进程的轨迹、丰厚的工业文化底蕴，为未来城市发展留下启迪。同时，加强对工业遗产的宣传报道和传播推广，依托工业遗产建设工业博物馆，以及利用工业遗产资源开发工业旅游项目，建设工业文化产业园区、特色小镇（街区）、创新创业基地等，培育工业设计、工艺美术、工业创意等业态。将淮北市工业历史遗存转变为一种景观、形成新的产业业态、形成新的多元增长极。积极将淮北市打造成安徽省工业遗产旅游城市，彰显出城市的灵魂，以体现城市的吸引力、创造力和竞争力，激发文化创造创新的活力，为城市转型发展增添新动力。

2021 年淮北市领导领衔督办市政协十届四次会议重点提案一览表

表 15

编号	提案人	案由	主办单位	督办领导
1	共青团	让段园“飞地”早日成为淮北对接徐州的“桥头堡”	市发改委	张　永　谌　伟 组织协调：市政协提案委
2	科学技术界	关于加快建设皖北承接产业转移集聚区示范区的提案	市发改委	覃卫国　谌　伟 组织协调：市政协办公室
3	民革市委会	关于加快淮北市陶铝新材料产业化发展的提案	市投资促进中心	朱浩东　董　哲 组织协调：市政协经济委
4	民建市委会	关于聚焦重大科技推动成果转化的提案	市科技局	周天伟　张保成 组织协调：市政协提案委
5	李登玖	关于加强和改进淮北市公安派出所建设的建议	市委政法委	钱界殊　刘添才 组织协调：市政协社法委
6	苑秋华	关于加强电梯维护保养与安全监管的提案	市市场监督管理局	胡　亮　李公峰 组织协调：市政协人资环委
7	民建市委会	淮北市蔬菜产业发展存在问题及建议	市农业农村局	胡　亮　程晋明 组织协调：市政协农业和农村委
8	民进市委会	依法处理“僵尸车”，有效释放公共停车资源	市公安局	章银发　孙兴学 组织协调：市政协民宗和外事委
9	刘宝生	促进淮北市中医药快速发展的几点建议	市卫健委	陈　英　朱先明 组织协调：市政协教科卫体委
10	农工党市委会	关于加强工业遗产保护与开发利用的系列提案	市经信局	高维民　王莉莉 组织协调：市政协文史委

（周　晨）

【责任编辑　牛婷】

中共淮北市纪律检查委员会 淮北市监察委员会

中共淮北市纪律检查委员会

书　记　李朝晖

副书记　汪　琳（女，任至2021年5月）　赵德荣（任至2021年9月）
纵　昆　刘　浩（2021年9月任）

常　委　吴富德　刘　密（任至2021年8月）　杨宏军（任至2021年8月）　刘　浩（任至2021年9月）
徐　虎　李士军（2021年9月任）　钱树臣（2021年9月任）

秘书长　杨宏军（任至2021年8月）　李士军（2021年9月任）

淮北市监察委员会

主　任　李朝晖

副主任　汪　琳（女，任至2021年5月）　赵德荣（任至2021年11月）　纵　昆（2021年1月任）
刘　浩（2021年10月任）

委　员　刘　密（任至2021年8月）　刘　浩（任至2021年10月）　徐　虎（2021年1月任）
钱树臣（2021年10月任）　王向阳（2021年1月任）　葛树海

综　述

【概况】　2021年，淮北市纪检监察机关共受理检举控告2031件次，处置问题线索3107件，立案659件，党纪政务处分667人，其中，留置35人、移送检察机关14人。运用“四种形态”批评教育帮助和处理3400人次，分别占为79.3%、14.2%、3.7%和2.8%。推动“四项监督”贯通融合，建立信息互通、力量整合、工作联动、成果共享机制，实现从有形监督向更加有效监督转变。《推动监督融入基层治理 让“小微权力”在阳光下运行》获评淮北市2021年改革创新优秀案例。《强化村级“小微权力”运行监督制约 推动全面从严治党向基层延伸》获评2021年度市委党建办优秀管理课题。

【纪检监察体制改革】　2021年，淮北市纪委监委深化基层纪检监察体制改革，制定《关于进一步加强村（社区）党组织纪检委员队伍建设的意见》，442个村（社区）完成村级纪检委员兼任村务监督委员会主任工作。制定规范村级“小微权力”运行实施意见，指导县（区）建立完善村级“小微权力”清单137项，严格划定基层权力运行“红线”。推进派驻机构改革，制定《关于加强市纪委监委派驻纪检监察组与驻在部门党组（党委）会商机制建设的工作指引（试行）》。在市建投集团、市交控集团设立监察专员办公室，赋予监察权，纪委书记为监察专员。做好高新区纪工委更名和赋权工作。全市纪检监察机关派驻机构共处置问题线索808件，立案172件，处分177人。制定《“室、组、地”协作配合工作暂行办法》，开展室组联动监督、室组地协同监督，全年开展联合专项监督80余次、协作办理留置案件20件。

【纪检监察队伍建设】 2021年，淮北市纪委监委开展党史学习教育，组织实施“七个一”主题活动，班子成员带头讲授专题党课、带头学习研讨。全面实施“锻造铁军六项行动”，围绕政治引领、双争双创、素能提升、育苗墩苗、结构优化、自我淬炼6个方面推进干部队伍建设，组织干部培训2200余人次。推动机关、派驻机构、巡察机构干部轮岗交流24人次，公开招录、遴选派驻机构干部14名，结合换届推动3名县（区）纪委副书记跨地区交流任职。健全内控机制，制发《纪检监察干部“五个严禁”“三十个不准”》《执纪执法过错责任追究办法》等规定。召开全市纪检监察系统警示教育大会。常态化开展谈心谈话、干部平时考核，建立完善纪检监察干部廉政档案216份。邀请特约监察员参与监督检查、接访等工作，主动接受社会监督。严深细实处置纪检监察干部问题线索，坚决防治“灯下黑”。

重要会议

【纪委八届六次全会】 2021年2月7日，中共淮北市第八届纪律检查委员会第六次全体会议召开。市委书记张永出席全会并讲话。市委常委、市纪委书记、市监委主任李朝晖主持会议并代表市纪委常委会作工作报告。会议全面贯彻落实十九届中央纪委五次全会、省纪委十届六次全会精神，总结2020年工作，部署2021年任务，审议通过市纪委常委会工作报告和市纪委八届六次全会决议。

【纪委八届七次全会】 2021年9月10日，中共淮北市第八届纪律检查委员会第七次全体会议召开。市委常委、市纪委书记、市监委主任李朝晖出席全会并讲话。会议讨论并通过中国共产党淮北市第八届纪律检查委员会工作报告和《中国共产党淮北市第八届纪律检查委员会第七次全体会议决议》。

【纪检监察系统“锻造铁军六项行动”动员会】 2021年2月24日，淮北市纪检监察系统“锻造铁军六项行动”动员会召开，市委常委、市纪委书记、市监委主任李朝晖出席会议并作讲话。会议宣读《关于在全市纪检监察系统开展“锻造铁军六项行动”的实施意见》，市纪委监委机关、派驻（出）机构，县（区）纪委监委、市委巡察机构作表态发言。

2021年2月7日，中国共产党淮北市第八届纪律检查委员会第六次全体会议举行 （夏苗苗 摄）

监督检查

【“两个责任”落实】 2021年，淮北市纪委监委加强对“一把手”和领导班子监督，协助市委开展政治监督谈话，推动上级“一把手”抓好下级“一把手”，市县两级共开展谈话183人次。召开新任职市管领导干部、县(区)党政班子成员及镇党政主要负责人集体廉政谈话会，为125名“关键少数”打好廉洁预防针。组织12家党(工)委书记现场向市委述责述廉，对2家单位实行党风廉政建设“一票否决”，督促压实管党治党政治责任。随机抽查18家单位177名领导干部“红脸出汗”手册记录情况，通报典型问题10起。优先处置“一把手”问题线索，处理科级及以上“一把手”20人。

【政治监督】 2021年，淮北市纪委监委制定具体化常态化开展政治监督的实施意见，围绕落实习近平总书记重要指示批示和党中央决策部署开展专项监督149次，发现并督促整改问题321个。加强对落实“三新一高”(“三新”：新发展阶段、新发展理念、新发展格局；“一高”：高质量)、实施“十四五”规划、统筹疫情防控和经济社会发展等决策部署的监督检查。监督抓好中央生态环保督察反馈问题整改，对省委主要领导批示的濉溪县“二里社区人居环境”问题跟踪督办，确保真整改、改到位。聚焦优化营商环境开展调研式监督检查，制发问题督办单14期，推动问题有效解决。出台《关于加强政治生态分析研判实施办法》，完成对73家市直单位及三区一县的常态化分析研判，并向市委专题报告。

【纪律监督检查】 2021年，淮北市纪委监委综合运用约谈提醒、谈话函询、建立廉政档案等多种方式，监督前移、增强实效，派员指导县(区)及市直单位党委(党组)民主生活会140次，全市纪检监察机关主动约谈2906件次，谈话函询623件次。坚决落实“十严禁”要求，签订严守换届纪律承诺书7500余份。制定《严肃换届纪律加强换届风气监督工作实施方案》，组建市、县巡回督查组，加强对市、县、镇领导班子和村(社区)“两委”换届风气的监督检查。全市纪检监察机关回复党风廉政意见3.9万余人次，提出否定意见204人次。制发纪检监察建议书110份，督促完善制度、规范用权。

【巡察监督】 2021年，淮北市纪委监委出台《关于加强巡视巡察上下联动的具体举措》，建立与政法、审计、财政、统计、信访等部门的协调协作机制，全面整合巡察资源和力量。出台关于加强巡视巡察整改日常监督办法，压实整改监督责任。推进巡视巡察发现问题“大起底、改到位、建机制”专项行动，对中央、省委巡视及八届市委巡察发现问题、线索处置和信访件办理情况，全面梳理，制定台账。建立整改工作周报告、月调度和验收销号机制，围绕责任落实、问题整改、建章立制等重点环节开展监督检查，确保反馈问题改彻底、改到

2021年3月16日，市委常委、市纪委书记、市监委主任李朝晖(左二)在杜集区矿山集街道南山村查看村级“小微权力”网络监督平台建设使用情况 (夏苗苗 摄)

位。切实抓好八届市委巡察收官工作，对濉溪镇等7个镇、市教育局等4家单位开展2轮巡察“回头看”。制定《市委巡察工作规划（2022—2026年）（试行）》，部署开展九届市委第一轮巡察暨涉粮问题专项巡察，发现问题162个，移交问题线索11件。

党风政风建设

【作风建设】 2021年，淮北市纪委监委制定出台《关于进一步解决形式主义问题做好为基层减负工作任务清单》，全市查处形式主义、官僚主义问题59起，批评教育帮助和处理74人，其中给予党纪政务处分42人。紧盯重要时间节点，采取常态化明察暗访、专项监督检查、联合开展督查、运用大数据排查等方式加强监督、精准纠治，全市查处享乐主义、奢靡之风问题82起，批评教育帮助和处理96人，其中给予党纪政务处分69人。开展领导干部及其亲属经商办企业大排查大起底，督促党员干部摒除特权思想，严格家风家教。

【整治不正之风】 2021年，淮北市纪委监委推进纪检监察系统检举举报平台部署应用，畅通“信、访、网、电”受理渠道，开展重复信访举报专项整治，完善领导定期接访制度，保障群众监督落到实处。围绕巩固“两不愁三保障”成果、惠农富民政策落实等加强监督检查，市纪委监委班子成员深入镇村实地督导，督促解决农村饮水安全、生态环保、人居环境等问题20余个。全市查处巩固拓展脱贫攻坚成果同乡村振兴有效衔接方面腐败和作风问题125起，批评教育帮助和处理180人，其中给予党纪政务处分96人。深化民生领域腐败和作风问题专项治理，围绕执法司法、养老社保、惠农财政补贴资金、医疗医保4个重点领域开展“四聚焦四整治”专项行动，督促整改问题886个，追缴收回资金1701万元。开展“我为群众办实事”实践活动，监督推动房地产领域历史遗留“难办证”问题专项治理，全市188个“难办证”项目中，11.9万余套房屋首次登记率实现100%。跟进监督征迁“难安置”、“城中村”整治、“双减”政策落实等群众关心关切问题，切实维护群众利益。全面排查起底2018年以来积存未办结的群众身边腐败问题线索和案件27件，批评教育帮助和处理14人，其中给予党纪政务处分7人。常态化开展惩治涉黑涉恶腐败和“保护伞”工作。开展涉黑涉恶重点案件（线索）倒查，10件问题线索全部倒查复核完毕。开展“村霸”等黑恶势力及基层腐败问题整治，保障换届风清气正，全市查处涉黑涉恶腐败和“保护伞”问题14起，给予党纪政务处分7人。

案件查处

【审查调查】 2021年，淮北市纪委监委落实《关于进一步推进受贿行贿一起查的意见》，做好行贿人信息库建设，对10名行贿人采取留置措施。落实“三个区分开来”，运用“四种形态”批评教育帮助和处理3400人次。办理省纪委监委19件指定管辖案件。监督推动政法队伍教育整顿走深走实，全市立案65件，处理212人，给予党纪政务处分61人。开展粮食购销领域腐败问题专项整治，督促涉粮主管监管部门及企业整改问题91个，全市立案9件，留置1人。深化人防系统腐败问题专项治理。常态化开展暖心回访工作，回访教育受处分干部630余人次，为9名受到不实举报的干部澄清正名。

【重要案件】 2021年9月26日，淮北市水务局原党组成员、副局长葛某涉嫌严重违纪违法，接受纪律审查和监察调查。11月12日，淮北市人防办原党组成员、副主任顾某银涉嫌严重违纪违法，接受纪律审查和监察调查。经市纪委常委会会议研究，并报市委常委会会议批准，决定给予顾某银开除党籍处分、开除公职处分，其涉嫌犯罪问题移送司法机关处理。

廉政教育

【警示教育】 2021年，淮北市纪委监委开展新一轮深化“三个以案”警示教育。创新开展“4+N”警示教育系列活动，通过拍摄警示教育片、编印警示读本、召开以案促改专题民主生活会、案件庭审旁听等方式，用身边事教育身边人。坚持不懈纠治形式主义、官僚主义，编印形式主义官僚主义警示教育读本，建立问题整改“四清单”，系统排查、全面整改问题277个，督促建立完善规章制度153项。

【党风廉政宣传教育】 2021年，淮北市纪委监委用好“四位一体”（淮北纪检监察网、手机站、市纪委监委内部工作网、“廉洁淮北”微信公众号）新媒体平台，唱响主旋律、凝聚正能量。向各级媒体投稿300余篇，20多篇稿件分别被《中国纪检监察报》、中央纪委国家监委网站、《安徽日报》、《江淮风纪》等采用，省纪检监察网采用信息280余篇。在《淮北日报》刊发《廉洁淮北》专刊11期，“廉洁淮北”微信公众号发布信息700余条，关注人数近2万人。做细廉洁文化精品工程，拍摄小微权力警示教育片《小权力　大风险》，在全市征集近300件原创廉洁文化作品。淮北市纪委监委在第二届“安徽廉洁文化精品工程”作品征集展播活动中获“优秀组织”称号。

（许诗雨　刘　哲）

巡察工作

【深化政治巡察】 2021年，淮北市委巡察工作聚焦“两个维护”根本任务，加强监督检查把握新发展阶段、贯彻新发展理念、构建新发展格局、推动高质量发展等决策部署落实情况，保障党的理论路线方针政策和党中央重大决策部署一贯到底。出台《关于加强巡视巡察上下联动的具体举措》《市委巡察工作规划（2022—2026年）（试行）》。市委召开4次常委会、3次书记专题会、5次巡察工作领导小组会研究巡察工作，召开3次理论学习中心组学习（扩大）会议学习中央及省委有关文件精神。

【巡察全覆盖】 2021年，淮北市委抓好八届市委巡察收官工作。在全面完成巡察全覆盖的基础上，组织开展2轮巡察，在7个副县级镇和4家市直单位开展巡察“回头看”。谋划开展九届市委巡察工作，对市发展和改革委员会（市粮食和物资储备局、市能源局）及其下属4家国有企业开展涉粮问题专项巡察，对6家市直单位开展九届市委第一轮常规巡察。

【巡察上下联动】 2021，淮北市县联动开展涉粮问题专项巡察，坚持市县（区）巡察工作月调度会制度，推动巡察监督与纪律监督、监察监督、派驻监督贯通融合。巡前组织市纪委监委与巡察组召开见面沟通会；巡中加强统筹衔接，及时向市纪委监委移交问题线索；巡后纪巡联动开展巡察整改情况专项督查和整改成效评估。建立巡察与政法、审计、财政、统计、信访等单位的协调协作机制，凝聚巡察监督合力。

【巡察成果运用】 2021年，淮北市委巡察工作领导小组负责人参加被巡察单位反馈会。制定整改任务验收销号办法，明确验收标准。开展八届市委巡察发现问题“大起底、改到位、建机制”专项行动，加强巡察整改统筹协调。举办全市巡视巡察整改工作专题培训会。

【巡察规范化建设】 2021年，淮北市抓好中央巡视指导督导反馈问题整改。出台巡察工作人才库建设及管理办法，对八届市委第十四轮、十五轮巡察开展后评估。加强巡察工作制度“立改废”，建立健全制度机制。全面推广使用巡察单机版信息系统。

（张　强）

【责任编辑　牛婷】

民主党派与工商联

中国国民党革命委员会淮北市委员会

【概况】 2021年，中国国民党革命委员会淮北市委员会（以下简称“民革淮北市委会”）有总支4个，支部16个。有党员480名，其中女党员199名，中高级职称329人，研究生37人，大学本科学历308人。民革党员中有省人大代表1名、省政协委员1名，市人大代表7名、市政协委员18名。民革淮北市委会机关被民革中央评为“民革全国机关工作先进集体”。

民革淮北市委会专职副主委王军被民革中央评为“民革全国组织工作先进个人”。相山支部被民革中央评为“民革示范支部”，相山区总支党员之家被民革中央评为“优秀民革党员之家”。杜集区总支一支部被民革安徽省委评为“民革安徽省示范支部”。

【民革淮北市第六次代表大会】 2021年10月11日，民革淮北市第六次代表大会召开。省政协副主席、民革安徽省委会主委夏涛，省政协副秘书长、民革安徽省委会专职副主委吴延利，市领导顾汕竹、陈英、朱先明、程晋明、刘添才、董哲等出席会议。大会听取并审议民革淮北市第五届委员会工作报告，选举产生以朱先明为主委的新一届领导班子。

【民革思想建设】 2021年，民革淮北市委会组织党员参与民革中央开展的“百年中国梦，风雨同舟情”——庆祝中国共产党成立100周年网络知识竞赛，获民革中央“市级优秀组织奖”。全方位多渠道地宣传民革淮北在各方面履职尽责的风采，在《团结报》2021年度新闻舆论工作表彰会上，民革淮北市委被评为“宣传发行工作先进集体（地市级）优秀奖”。

【民革组织建设】 2021年，民革淮北市委会发展党员23名，其中重点领域党员占比74%。2021年基层组织换届，大量优秀年轻党员进入支部班子，其中70后党员占比达到95%以上，80后党员占比达到42%以上。16个支

2021年7月11日，民革淮北市烈山一支部与杜集三支部跨支部共建学党史暨合作共建支部揭牌仪式举行 （赵昂 摄）

部的支委中，副科级以上干部14名，正科级干部4名，中高级以上职称党员48名，占比近60%。

【民革参政议政】 2021年，民革淮北市委会先后报送社情民意70余篇。《新阶段疫情防治下的乡村公共卫生体系建设亟需重视》《关于切实加强我省动物防疫体系和能力建设的建议》《以创新理念驱动民营经济发展》等20余篇社情民意信息被民革安徽省委会采纳。《关于进一步完善长三角地区人民法院司法协作的建议》被民革中央采用。开展学前教育发展、乡村振兴、雨污分流项目等调研。在十二届四次省政协会议上提交集体提案《关于以创新理念驱动民营经济发展的建议》;《规范开展推进中小学课后服务工作》在市政协大会作发言，《关于后疫情时期扶持中小企业发展的建议》《关于加强农村公办幼儿园教师队伍建设的建议》等10余篇调研报告作为口头或书面发言。民革淮北市委会副主委李红被市政协评为“履职尽责好委员”，民革界别被市政协评为优秀界别。

【民革社会服务】 2021年，民革淮北市委会打造“博爱·牵手”特色品牌，积极助力乡村振兴，组织“博爱·牵手”爱心送考车、送教下乡、法律进校园、乡村儿童看家乡、慰问老兵等系列活动。党员张树兵被民革中央评为“民革助力脱贫攻坚工作先进个人”；党员李祥云被民革安徽省委会评为“安徽民革助力脱贫攻坚工作先进个人”；民革淮北市委会被民革安徽省委会评为“安徽民革助力脱贫攻坚工作先进集体”。

（刘皓月）

中国民主同盟淮北市委员会

【概况】 2021年，中国民主同盟淮北市委员会（以下简称“民盟淮北市委会”）下设1个中心小组，8个总支，2个直属支部。年内发展8名盟员，共有盟员458人。民盟市直、杜集区、烈山区、高教、教育等总支相继完成换届。盟员中有各级人大代表、政协委员108人，其中人大代表25人。在任厅级领导职务1人，正处级职务2人，副处级11人。盟员中，中级以上职称319人，副高以上职称152人。民盟淮北市委、杜集区总支、教育总支获民盟安徽省委会“脱贫攻坚民主监督先进集体”称号，相山区总支、濉溪县支部获民盟安徽省委“脱贫攻坚先进集体”称号。在市第二届优秀教科研成果奖评选中，房丽丽、黄秋瑾、付欣申报的《信息技术环境下小学道德与法治学科有效教学的研究》《高中历史教学中“历史解释”素养落地的实践研究》2项课题均获一等奖。

【民盟淮北市第六次代表大会】 2021年10月15日，民盟淮北市第六次代表大会召开。民盟安徽省委会副主委金葆康，民盟安徽省委会秘书长汤佳祥，市领导顾汕竹、金文、陈英、朱先明、刘添才等出席会议。大会听取并审议民盟淮北市第五届委员会工作报告，选举产生以陈英为

2021年10月15日，中国民主同盟淮北市第六次代表大会召开
（马锐　摄）

主委的新一届领导班子。选举出席民盟安徽省第十四次代表大会代表。

【民盟思想建设】2021年，民盟淮北市委会为庆祝中国共产党成立100周年、中国民主同盟成立80周年，举办书画摄影作品展，编制微舞台剧《百年开渠》和诗朗诵《我是中国民主同盟盟员》。开展“学党史、知盟情、守初心”学习教育活动，邀请中共淮北市委党校专家为基层盟组织负责人宣讲《中国共产党的创建》，观看党史教育片《悬崖之上》，参加“同心向党　砥砺前行　全市党外代表人士学党史宣讲会”。组织学习《中国共产党统一战线工作条例》，30余位盟员参加全市《中国共产党统一战线工作条例》专题培训会。市直总支和矿业总支赴萧县蔡洼淮海战役总前委会议暨华东野战军指挥部旧址开展爱国主义主题教育；杜集区总支举办“跟党走　奋进新征程——民盟杜集总支庆祝中国共产党成立100周年、中国民主同盟成立80周年文艺汇演”。

【民盟组织建设】2021年，民盟淮北市直、杜集区、烈山区、高教、教育等总支相继完成换届。全年发展8名盟员并开展专门培训。在市级、县(区)人大代表、政协委员的推荐下，盟市委领导提前摸底，掌握盟员的详细情况，深入走访盟员所在单位，积极推荐优秀盟员任职，在民盟淮北市第六次代表大会换届中共推荐108位盟员担任市人大代表、政协委员。是年，民盟淮北市委对后备干部队伍进行分析和研究，形成系统的代表人士和骨干成员名单，维护、更新盟员信息系统。结合基层工作制度、年底考核目标，发放各总支《基层组织工作手册》，年底收回进行考核。年底开展基层组织评比，开展争创先进的活动。继续丰富“盟员之家”活动。

【民盟参政议政】2021年，民盟淮北市委会提交各级人大建议和提案133件，其中市级51份、县(区)82件。提交界别提案3件，其中《加强我市基层公共卫生应急管理体系的建议》被评为“优秀提案”。组织民盟界别市政协委员赴相山区钟楼村和杜集区段园镇开展专题调研。完成理论创新课题“基层统战部工作存在的问题与建议”和政党协商课题“推进居家和社区养老服务改革，推动医养融合发展”。在淮北市政协召开的第十七次双月协商座谈会暨“促进学前教育发展”对口协商会上，民盟界别市政协委员做了题为《创新学前教育教学体系，促进幼儿身心健康发展》发言，受到好评。9月15日，组织召开淮北市民盟企业家企业数字化转型研讨会。在第七届民盟经济论坛上，秦文联撰写的《倡导竞价发展三部曲　打造文旅产业新品牌》获优秀奖；在民盟安徽省2021年教育论坛上，盟员撰写的《浅论立体多维的教师评价体系的构建》《立德树人，五育并举，让学子健康成长》分别获一等奖、二等奖。

【民盟社会服务】2021年，民盟淮北市委会组织开展“送医疗及法律咨询服务下基层”社会服务活动，10余位专家为钟楼村群众进行免费医疗和法律咨询服务。民盟书画院积极为郑州水灾开展义卖捐款活动，筹集资金1.85万元。市直总支开展走访慰问困难残疾人活动；相山区总支与相山区人民检察院签约合作未成年人心理辅导；烈山区总支联合烈山区司法局开展黄丝带帮教“暖冬行动”；烈山区总支组织开展高考生志愿填报指导活动；杜集区总支开展“学党史　办实事”慰问困难学生活动，并在校园开展法治宣讲；濉溪县支部在建军节开展慰问抗战老兵活动；文化总支组织开展2期古琴培训班，开展关爱老兵活动，为13位淮北籍抗战老兵送去祝福礼金等。

（苗东岳）

中国民主建国会淮北市委员会

【概况】2021年，中国民主建

国会淮北市委员会（以下简称“民建淮北市委会”）有2个总支、11个支部。年内新发展会员5人，共有会员207人，平均年龄53.4岁。经济界人士以及相关专家学者166人，占会员总数的81%；大专以上学历192人，占会员总数的93.7%；中级以上职称120人，占会员总数的58.5%。会员中有省政协委员1人，市人大代表5人，市政协委员15人。

【民建淮北市第六次代表大会】 2021年10月13日，中国民主建国会淮北市第六次代表大会召开，省政协副主席、民建中央常委、民建安徽省委会主委李修松，民革安徽省委副主委李长忠，市领导顾汕竹、金文、陈英、朱先明、程晋明、刘添才等出席会议。大会听取并审议民建淮北市第五届委员会工作报告，选举产生于雪梅、马伶俐、王玲弟、任婷、刘卫华、杨春杰、吴宏伟、赵胜利、黄思华9名市委会委员。民建淮北市第六届委员会第一次全体会议选举杨春杰为主任委员。

【民建思想建设】 2021年，民建淮北市委会召开五届十九次全委（扩大）会议。组织会员参加全省民建“赞歌献给党”诵读演出、聆听主题党课、观看红色影片，开展征文活动及理论研究，开展“重温民建历史，缅怀民建先贤，继续携手前进”线上讲座。组织会员赴淮北市城市展示馆及市档案馆、淮海战役陈官庄纪念馆、萧县蔡洼淮海战役总前委旧址开展党史学习教育，赴临涣文昌宫淮海战役总前委旧址开展红色教育。《中华优秀传统文化在新时代统战工作中的价值及实践路径》获省统战理论创新成果三等奖，《发扬传帮带优良传统　助力民建会作风建设》获民建省委理论研究成果二等奖。

2021年10月13日，中国民主建国会淮北市第六次代表大会召开
（杨郁　摄）

【民建组织建设】 2021年4月2日，民建相山区总支部召开第三次会员大会，选举黄思华为总支主任委员。4月28日，民建市直总支部召开会员代表大会，选举郜宇宏为总支主任委员。6月12日，民建杜集区支部召开第五次会员大会，选举王玲弟为支部主任委员。年内修订完善各类制度。完善利用《支部工作手册》，对基层组织进行督导。

【民建参政议政】 2021年，民建淮北市委会在市政协十届四次会议上提交《关于我市设施蔬菜发展存在问题及建议》《进一步支持企业创新，助推淮北高质量发展》等6篇大会发言。其中《关于我市设施蔬菜发展存在问题及建议》获市委书记张永和市长覃卫国批示。提出《关于加强农村水环境污染防治工作的建议》《夯实基础，务求突破，高质量推进淮北经济区协同发展》《关于创新知识产权保护新机制　为中小企业提供“保姆式”服务的建议》《关于科学规划淮北市湖泊打造的建议》等提案和建议，为部门科学决策，落实政策提供参考。围绕省政协“加快优质农产品基地建设，助推我省农业高质量发展”课题，向民建安徽省委会提交《加快优质农产品基地建设，助推我省农业高质量发展》协商材料。撰写《关于把拖欠物业费行为纳入失信名单的建议》《关于保护特色街区发展的建议》《关于完善“平台收购”僵尸企业资产政策的建议》《完善农业综合执法改革的建议》等多篇社情民意信息。

【民建社会服务】 2021年春节期间，民建淮北市委赴罗集村开展慰问活动；“六一”期间，开展“情暖六一、爱心助学”公益活动，会员企业为孩子们送去价值2万元的学习用品。携市政协民建界别组2次赴相山区渠沟镇深入开展“一组一会一协商”活动，协商大梁楼村庄搬迁事宜。7月，杜集区支部赴消防救援大队开展慰问活动。会员企业淮厦建设有限公司为郑州市郑东新区白沙镇送去价值4万余元的物资，助力重建美好家园。9月，杜集区支部到石台镇梧桐村走访慰问五保户。11月，民建淮北市委开展首期“民建下午茶”活动，搭建服务平台，为会员企业发展解疑释惑。

（杨　郁）

中国民主促进会淮北市委员会

【概况】 2021年，中国民主促进会淮北市委员会（以下简称“淮北民进市委会”）完成换届，有支部12个，会员296人。年内发展会员17人。

【民进淮北市第六次代表大会】 2021年10月26日，中国民主促进会淮北市第六次代表大会召开。省政协副主席、民进安徽省委会主委李和平，亳州市政协副主席、民进安徽省委会副主委马露，民进安徽省委会秘书长、省直工委主任高国友，民进安徽省委监督委员会副主任朱卫东，中共淮北市委常委、秘书长、宣传部部长汪继宏，市政协副主席、民革淮北市委会主委朱先明，市政协副主席、致公党市委会主委董哲应邀出席会议。董哲代表市各民主党派、工商联、知联会致贺词。市各民主党派、工商联、知联会负责人参会。大会听取并审议民进淮北市第五届委员会工作报告，选举产生民进淮北市第六届委员会和出席民进安徽省第九次代表大会代表，并通过民进淮北市第六次代表大会决议。在民进淮北市六届一次全委会上，刘添才当选民进淮北市第六届委员会主委，李祥礼、舒艳艳当选副主委。

2021年10月27日，中国民主促进会淮北市第六次代表大会召开
（民进淮北市委会　供）

【民进思想建设】 2021年，民进淮北市委会组织学习中共十九大和十九届历次全会精神，学习习近平总书记考察安徽重要讲话指示精神等。参加民进安徽省委社情民意信息工作培训班、民进安徽省委专职干部培训班；参加中共淮北市委统战部举办的党外代表人士学党史宣讲会。参加民进安徽省委和中共淮北市委统战部组织的建党100周年征文活动。各基层支部围绕庆祝中国共产党成立100周年开展征文研讨、文艺会演以及“学党史、知党恩、跟党走”等活动。《淮北市委会深入城市阅读空间调研》

《淮北市委会2021年学党史、严纪律专题学习研讨扩大会议召开》等9篇宣传稿件被民进中央网站采用。

【民进组织建设】 2021年10月，民进淮北市委会下属12个支部，有会员296人，全年发展会员17人。做好会员动态信息管理，及时更新会员信息档案。组织领导班子参加民进安徽省委会有关规章制度的在线学习测试活动。专职副主委彭玉亭积极参加全国、安徽省和淮北市党风廉政建设电视电话会议等。民进相山区支部、杜集区支部相继成功换届。组织会员参加民进安徽省委举办的全省专职干部培训班。

【民进参政议政】 2021年，民进淮北市委会制定《民进淮北市委开展“反映社情民意信息工作主题年”工作方案》，召开动员会和专题培训会。在政协淮北市十届四次会议上，向大会提交6份书面发言，提交集体提案《加快文化建设 推动乡村振兴》等10件，委员提案26件。其中《坚持创新引领 推动高质量转型崛起》在大会作口头发言；张雪梅提交的《加快我市民营经济发展的建议》被列为重点提案。调研淮北市城市阅览空间；承接民进中央关于实施乡村振兴战略调研课题，赴青岛、烟台、潍坊调研等。向民进安徽省委、市政协、市委统战部上报社情民意信息《关于按照现行造价和库房建筑面积对中部县级综合档案馆进行中央财政补贴的建议》等36篇次，其中，《建议把安徽省大运河国家公园建设列为加快皖北文化旅游业“一号工程”》被省政协采用，《巩固拓展脱贫攻坚成果与乡村振兴有效衔接的建议》被省委统战部采用，《关于按照现行造价和库房建筑面积对中部县级综合档案馆进行中央财政补贴的建议》《关于高校教育学公共必修课增添家庭教育指导专题的建议》被民进中央采用。

【民进社会服务】 2021年，民进淮北市委会发挥民进专家会员专业优势，在民进市委会关爱儿童联系点举办关爱儿童眼睛健康知识讲座；为偏远农村学校送去羽毛球、乒乓球、跳绳等体育器械；关注贫困家庭、关爱留守儿童，为困难家庭儿童送去书包、书籍和牛奶等物品。

（马　路）

中国农工民主党淮北市委员会

【概况】 2021年，中国农工民主党淮北市委会（以下简称“农工党淮北市委会”）有20个基层组织，其中3个总支委员会、17个支部委员会。党员298人，年内发展党员13人，转出2人，去世1人。党员平均年龄52.39岁，中高级职称占92.24%，党员中，有省人大代表1人、省政协委员2人，市人大常委2人、市人大代表4人，市政协常委3人、市政协委员12人。

【农工党思想建设】 2021年，农工党淮北市委会召开7次主委会议、3次全委会议，开展集中

2021年11月21日，农工党淮北市委会开展“学‘四史’ 创新篇——知识竞赛”

（农工党市委会　供）

学习《中国共产党统一战线工作条例》和习近平总书记在中共党史学习教育动员会上的重要讲话和“七一”重要讲话精神。4月，承办农工党安徽省委80名新党员培训班（第二批次），淮北市20位新党员参加学习。开展党史学习教育，全市3个总支20个支部先后在淮北周边党史教育基地开展学习调研；赴嘉兴南湖参观学习；举办“学‘四史’创新篇——知识竞赛”，40余位党员参加。全年累计选派党员50余人次参加省级、市级专项培训，选派12名党员参加农工党中央线上培训班。农工党淮北市委会获2019—2020年全省提案和大会发言工作先进集体二等奖，3名党员被评为先进个人。《网络统战工作研究》一文获全省统战理论创新优秀成果三等奖。

【农工党组织建设】 2021年，农工党淮北市委会发展党员13人，其中医卫界别6人，人资环界别2人。6月，淮北矿工总医院支部成功换届。市委会现有专门工作委员会5个、“农工党党员之家”1个、市政协农工党界别“委员工作室”1个。吸收有司法、监督、监察和法律背景的党员9人。11月，成立农工党淮北市第七届委员会内部监督委员会，专职副主委担任主任委员。11月底，淮北市委会组织召开党员代表会议，选举产生出席2022年农工党安徽省第十二次代表大会的7名代表。从市委会机关向统战部调出四级主任科员1名，调换四级主任科员1名，协助解决统战部人事关系困境；办公室主任作为80后科级干部被组织部选派赴沪挂职学习6个月；专职副主委在市管干部综合考核中被评为优秀等级。

【农工党参政议政】 2021年，在淮北市政协十届四次会议上，农工党界别作《关于加强我市医疗卫生服务体系建设的建议》的大会口头发言，提交集体提案8件，其中《积极申报工业遗产　探索产业结构转型升级》被列为市政协重点提案，并被评为优秀提案。在市政协“加快推进新型城镇化　全面提升城市核心竞争力”和“加强深层次区域合作建设承接长三角产业转移集聚区”专题协商会上，提出口头发言和书面发言各1篇。根据“一组一会一协商”工作要求，在相山区渠沟镇土楼社区3个自然村开展调研，针对该社区的主干道和道路户户通等突出问题形成社情民意。7月，在界别主题月活动总结交流会上，农工党界别作《政协平台聚人心　委员履职暖民心》交流发言。农工党界别获得市政协2021年度“优秀界别”“优秀提案”表彰，1人获“优秀提案办理工作者”称号，1人被评为“履职尽责好委员”。《加快推进我省老年护理人才培养的建议》《关于进一步做好优抚工作的几点思考》《完善废旧电池回收处理管理》《依托长三角一体化发展战略　积极推进协同创新》等4篇信息被农工党安徽省委采用。《关于进一步完善生态环境智能监管信息平台建设的建议》被农工党中央采用。

【农工党社会服务】 2021年，农工党淮北市委会开展“农工党2021环境与健康宣传周”活动。以“人与自然和谐共生”为主题，医卫专委会和教育总支联合在淮北工业与艺术学校开展“急救知识进校园”科普活动。各支部先后到杜集区石台镇窦庄、相山区养老院等开展义诊活动。农工党淮北市委会参与全市统一战线“助力乡村振兴同心工程”行动，在杜集区纵楼、烈山区赵集、濉溪县刘桥、相山区张楼等地开展乡村振兴调研。组织退休老党员开展“九九芳辰赏菊乐　不忘初心感党恩”活动。

（张　婕）

中国致公党淮北市委员会

【概况】 2021年，中国致公党淮北市委员会（以下简称“致公党淮北市委会”）有总支1个、基层支部6个，参政议政专委会、海外联谊与留学人员专委会、妇委会、经济与社会服务委员会、文化与宣传委员会5个专门委员会。全市有致公党党员106人。各级人大代表、政协委员共38人次，占党员人数35.85%；党派机关工作人员2人；年内发展党员5人，其中中上层人士占60%。致公党淮北市委会被评为致公党安徽省委会“同心示范工程”先进单位，3名党员被授予“同心示范工程”先进个人称号。

【致公党淮北市第四次代表大会】2021年10月23—24日，中国致公党淮北市第四次代表大会召开。全国人大常委会委员、省人大常委会副主任、致公党安徽省委会主委谢广祥，中共淮北市委常委、统战部部长、市政协党组副书记顾汕竹出席会议并讲话。淮北市各民主党派、工商联、知联会、市侨联等单位负责人到会祝贺。66名致公党党员代表参加会议。大会审议通过中国致公党淮北市第三届委员会工作报告；选举产生中国致公党淮北市第四届委员会；审议通过中国致公党淮北市第四次代表大会决议。致公党淮北市四届一次全委会选举产生新一届领导班子，董哲当选主委，会议通过第四届市委会监督委员会人员名单，任命王琳为第四届市委会秘书长。

【致公党思想建设】2021年，致公党淮北市委会组织召开市委会、市委扩大会议、座谈交流会、专题讲座等集体学习10余次，加强思想政治学习。开展党史学习教育，将党史学习教育与“书香机关”读书活动和“守初心 讲规矩 强作风”活动相结合，促进工作落实。编发各类宣传稿件34篇，其中在安徽致公等省级媒体上发稿25篇，在市委统战部、淮北政协微信公众号等市级媒体平台上发稿9篇。2篇“庆祝中国共产党成立100周年”征文在《安徽致公》杂志刊登，完成理论文章《发挥基层统战在社区治理中的作用 筑牢疫情防控屏障》。

2021年10月23—24日，中国致公党淮北市第四次代表大会召开
（焦福建 摄）

【致公党组织建设】2021年，致公党淮北市委会发展党员5人，均为本科以上学历，其中2人为硕士研究生学历。杜集区支部和烈山区支部完成换届工作。全年市委会主要负责人主持召开主委会、市委委员会、市委扩大会议及专题会6次，严格遵循“集体领导、民主集中、个别酝酿、会议决定”原则进行民主议事决策。市委会组织召开民主生活会，对领导班子上年度工作进行述职，查摆问题并提出整改措施。

【致公党参政议政】2021年，致公党淮北市委会发挥各级“两会”成员作用，积极建言献策，提交提案、建议37件，提交市政协大会发言材料5件。在市政协专题常委会、双月协商会上建言资政，围绕新型城镇化建设、加强深层次区域合作、促进学前教育发展及应急平台建设等问题提交会议发言材料12篇，其中6篇作为大会口头发言。围绕“加快推进新型城镇化 全面提升核心竞争力”“加强深层次区域合作 建设承接长三角产业转移示范区”“助推侨资企业高质量发展”等重点课题，开展调研活动4次，完成调研报告10篇，其中《创新皖北农业产业化路径 打造我省农业高质量发展样板》被致公党安徽省委会采用。围绕加强工业遗产保护、社区文化建设、“适老化”改造以及环境治理等问题向致公党安徽省委会、市政协报送社情民意信息10余篇。

【致公党社会服务】 2021年，致公党淮北市委会组织党员到服务基地开展“关爱老人”和关心残疾、智力障碍等弱势群体活动，送去价值近1.7万元的物品。开展“我为群众办实事”活动，组织医疗专家、科普志愿者到渠沟镇张集村，送医、送药、送科技，服务群众100多人次，免费发放价值2000多元的家庭常备药品；利用“一组一会一协商”平台，为社区居民送去健康讲座。为河南暴雨灾害地区捐赠价值近20万元食品。积极响应致公党中央“关于开展消费帮扶 助力重庆酉阳乡村振兴”的倡议，组织党员通过“酉好货”致公电商平台，采取“以购代捐”“以买代帮”的形式，购买价值6350元的农特产品。参加致公党安徽省委会“同心示范工程”十周年暨提质升级一周年总结推进系列帮扶活动，开展教育帮扶调研。

【致公党对外联络】 2021年，致公党淮北市委会按照省委会活动安排，先后与铜陵市委会、蚌埠市委会开展学习、交流，围绕“加快优质农产品基地建设 助推我省农业高质量发展”和“建设皖北自贸区淮北联动创新区”课题，联合开展调研。主动参与“五侨联动”工作，加强与市侨联联系，实现资源共享。与市侨联联合开展“助推侨资企业高质量发展”调研活动。走访慰问归侨侨眷、侨资企业。组织党员参加侨法知识问答活动。

（梁静文）

九三学社淮北市委员会

【概况】 2021年，九三学社淮北市委员会（以下简称“九三学社淮北市委会”）有社员179名。其中，高级职称109人，占社员总数的60.9%；中级职称62人，占社员总数的34.6%；研究生以上学历的29人，占社员总数的16.2%。有省政协委员2名，市人大代表3名（常委1名）、市政协委员15名（常委1名），区人大代表2名（常委1名）、区政协委员7名（常委2名）。九三学社淮北市委委员会委员9名，其中，主任委员1名，副主任委员2名，秘书长1名。选举出席省代会代表5名。淮北职业技术学院支社、医卫三支社等6个支社完成换届。

【九三学社思想建设】 2021年，九三学社淮北市委会开展“学党史、强信念、承传统、办实事”学习教育，学习“五史”（中国共产党史、新中国史、改革开放史、社会主义发展史、多党合作史），学习贯彻习近平总书记“七一”重要讲话精神；赴陈官庄烈士陵园、常州瞿秋白纪念馆开展红色传统教育，参加九三学社中央党史竞赛活动，开展“学党史、唱红歌”等系列活动。

2021年6月，九三学社淮北市委组织社员到瞿秋白纪念馆接受红色教育
（九三学社市委会 供）

【九三学社组织建设】 2021年，九三学社市委会加大后备干部培养力度。李宾、薛建平2位老社员辞去市委委员职务，选举增补王银梅、张彩云为新的市委委员。年内，选举出席省代会的代表5名。对医卫三支社进行提前换届，选举高伟任新一届支社主委。全年发展社员7名，平均年龄39.9岁；其中女社员4名，占57.1%；7名新社员均为本科以上学历，其中硕士1名，副高职称2名。全年发展率4.02%，净增率2.87%。年内，组织社员赴常州吴阶平纪念馆缅怀九三学社先贤、参观瞿秋白纪念馆，赴陈官庄淮海战役烈士陵园进行红色教育，重阳节观看红色电影《长津湖》等。

【九三学社参政议政】 2021年，九三学社淮北市委会提交的《做大做强文旅产业 推动经济内循环发展》在市政协大会作发言。《擦亮临涣古镇金字招牌 打造绿金淮北明珠》被评为市政协年度优秀提案。《加大临涣古镇文化保护和旅游开发的建议》《严格规范新城新区发展，稳定提高新型城镇化质量》《家校协同，健育并举，让青少年拥有一个明亮的未来》等多篇提案入选市政协双月协商座谈会。张彩云、朱占英被评为市政协2021年度“履职尽责好委员”。完成九三学社安徽省委会调研课题“加快优质农产品基地建设 助推安徽农业高质量发展”“推进农业废弃物综合治理 建设安徽现代化美好乡村”，完成市委统战部政党协商课题“发挥临涣古镇优势 发展文化旅游产业”“利用新媒体开展统战工作的研究”。向九三学社安徽省委会提交社情民意《关于加快雷达卫星研发及发射的建议》《关于设立地质工作者日的建议》《关于调整“林光互补”光伏发电林地政策的建议》《关于停止有偿接种新冠疫苗的建议》。

【九三学社社会服务】 2021年，九三学社淮北市委会持续与市科学技术协会联合开展百名专家进乡村学堂活动。邀请中国科技大学支社主委王永先后为淮北市一中、淮北实验高中、淮北市十二中师生作题为《月球探索与载人航空》《走近机器人的世界》等报告。社员薛建平等到各县（区）中小学传授科普知识。

（田　骊）

淮北市工商业联合会（总商会）

【概况】 2021年，淮北市工商联（总商会）有会员6106个，其中个人会员1885人，企业会员4160家，团体会员61家；新成立淮北市阜阳商会、淮北市六安商会。召开淮北市工商联（总商会）六届六次执委会，承办全省民营企业调查点工作培训会议。淮北市工商联获评全国工商联民营企业调查点工作先进基层单位、全省民营企业调查点工作示范单位；《打造新时代商会多维发展空间》一文获评淮北市改革创新优秀案例。相山区工商联、杜集区工商联、烈山区工商联获评2021年度全国“五好”县级工商联。淮北市经营者互助发展协会党支部获评省工商联所属商会党委先进基层党组织，淮北市江苏商会获评全市“双比双争”（比作用发挥，争创服务型党组织；比诚信奉献，争做优秀共产党员）先进社会组织党组织。

【非公有制企业党建】 2021年，淮北市工商联（总商会）开展民营经济人士理想信念教育系列活动，举办“学党史、强信念、跟党走”党史知识竞赛、“永远跟党走·奋进新征程”党史主题诵读比赛、“百场电影铸精魂”优秀红色电影展映等“七个一”系列主题教育活动。举办政策宣讲会3期，深入36家商协会、200余家民营企业宣讲淮北市第九次党代会精神。全年活动覆盖企业家3100余人次。推进“党建领航——同心商会”品牌，指导15家所属商协会成立党组织，直属商协会实现党组织和工作全覆盖。

【民营企业排序】 2021年，淮北市工商联（总商会）连续第11

年开展民营企业排序工作。在税务、经信等部门配合下，依据纳税、营业收入、安置就业、出口创汇、科技创新、公益事业等指标，确定排序结果。安徽口子酒业股份有限公司、安徽理士电源技术有限公司和安徽界沟矿业有限公司位居综合排序前三。全市民营经济高质量发展大会通报2020年度淮北市民营企业排序结果，为民营企业排序综合50强代表和制造业10强代表颁发奖牌。在2021年安徽省民营企业百强排序中，华孚时尚股份有限公司、安徽理士电源技术有限公司上榜全省民企营收百强，安徽口子酒业股份有限公司、安徽理士电源技术有限公司、安徽英科医疗用品有限公司入围全省民企制造业综合百强。

【工商联参政议政】 2021年，淮北市工商联（总商会）组织政协工商联界别委员和民营经济代表人士围绕商会建设、淮徐协同发展、乡村振兴等主题开展调研，形成《2020年度淮北市民营企业排序50强分析报告》等调研报告，《着力推动商会高质量建设与发展》《壮大龙头企业　推动高质量发展》等5篇调研报告获评全省工商联优秀调研成果。在市政协十届四次会议上作题为《关于激发淮北民营经济发展新动能的几点建议》的大会发言，并被评为优秀提案。在市政协十届二十二次常委会暨“加强深层次区域合作　建设承接长三角产业转移集聚区”专题协商会上作题为《紧盯双碳目标　构建新格局　为淮北经济高质量转型发展提升新动能》的发言。淮北市工商联界别被评为2021年度优秀界别。

【工商联“双招双引”】 2021年，淮北市工商联（总商会）组建成立全市商会招商工作团，制定出台商会招商引资考核办法，推动商会以商招商工作。与天津安徽商会、天津福建商会等5家商会签订招商合作协议。21次赴长三角、珠三角城市开展招商考察活动，举办3次招商专场推介会，累计引荐客商110余人次，洽谈项目35个，达成合作意向9个，其中签约项目2个，投资总额2.8亿元。

【工商联服务经济】 2021年，淮北市工商联（总商会）开展“护航民企发展”系列活动，先后12次与经信、科技、人社、税务、市场监管、生态环境等部门沟通对接，开展援企稳岗专项招聘、“春雨润苗”行动、绿色发展专题辅导等活动。开展“万所联万企”“法律三进”（进企业、进商会、进机关）等系列活动15次。参与协调劳动关系、工资集体协商、“春季邀约”等工作，构建和谐劳动关系。持续进商会、入园区、访企业，宣传宣讲支持民营经济高质量发展“30条”等惠企政策，宣传“四送一服”“皖企服务云”等助企平台，发放政策汇编，协助企业申请政策支持11项。组织开办“绿色发展”“5G赋能高质量发展”等6期“线上+线下”工商联大讲堂，组织160余名民营经济代表人士到南京大学、湖南大学等高校学习培训，全年举办各类培训21次，参学企业家1200余人次。联合市地方金融机构举办4期“银行+商会+企业”对接会，为商会企业发放贷款1.2亿元。召开全市“万企兴万村”行动启动大会，围绕产业、人才、文化、生态、组织和基础建设等“五振兴一行动”摸排了解村级发展需求，开展“商会联乡村、共走振兴路”活动，组织企业实地考察，开展项目对接。

（范　伟）

【责任编辑　马世界】

群众团体

淮北市总工会

【概况】 2021年，淮北市总工会辖系统工会23个、直属工会34个，各级工会组织2600余家，工会会员约41.7万人。市总工会先后获全国五一劳动奖状、全国城市困难职工解困脱困先进集体、全国推动厂务公开民主管理工作先进单位等荣誉。淮北矿业集团有限责任公司“工匠年薪制”经验做法入选全国产业工人队伍建设改革典型案例；安徽龙波电气有限公司“同舟共济保增长 劳动竞赛促发展”经验做法入选全国非公企业劳动和技能竞赛典型案例；“皖煤工匠、金牌班组长、技术标兵三支队伍”经验做法入选长三角地区深入推进产业工人队伍建设改革优秀案例。市总工会“六坚持六有力 推进产业工人队伍建设改革”获评淮北市2021年改革创新最佳案例。2个维权事例入选全国“互联网+维权”典型案例，5个维权事例入选全省优秀案例。新时代职工文明实践中心“12345”做法被评为全省优秀思想政治工作案例。承办全省建党百年·红五月E起诵优秀作品展演暨“好网民”主题活动启动仪式，先后8次在全省工会工作经验交流会上发言。

【工会思想引领】 2021年，淮北市总工会深入推进党史学习教育，组建百名劳模千名工会干部宣讲团，集中宣讲700余场、开办党史微课1300余次，宣讲习近平总书记“七一”重要讲话和党的十九届六中全会精神100余场，举办非公职工党史经典诵读大赛、书画摄影展、红色观影等12项庆祝建党百年群众性主题活动。升级新时代职工文明实践中心，与幸福驿站、阳光家园等500余家站点阵地连点组网，打造职工引领新高地，启动“悦读阅美百千万”工程，常态开办12类职工兴趣培训班。市总职工书屋获评全省唯一一家“全国工会品牌职工书屋示范点”。在人民网、工人日报等媒体发稿121篇，市总工会官微全年推送信息745条，总浏览量近260万次。市总工会官方抖音号粉丝量5.3万人，获赞199万+，播放量7350万+。

【工会组织建设】 2021年，淮北市总工会持续推动建会工作纳入市委党建工作体系、党群共建“四大工程”，依托市非公企业和社会组织数据库，优化“两单六联”（党工共建责任清单和任务清单，实行党工组织联创、队伍联育、资源联享、制度联建、活动联办、服务联动）措施，货车司机、快递员等十大群体全覆盖，建会率超90%，全省领先。深化示范引领，分类分区域打造工会组建、职工之家、厂务公开等示范点49个，国有、非公企业组团共建扩大到120对，推出省级以上模范职工之家（小家）16个、全国最美货车司机3人。升级新就业形态劳动者服务中心，建成16个“司机之家”“骑手之家”“快递员之家”，联建47个村级综合服务站点。

【劳动竞赛活动】 2021年，淮

7月15日，淮北市举办2021年劳动和技能竞赛暨“五群十链”民营企业劳动竞赛启动活动　　　（张锋　摄）

北市总工会强化工会组织服务“六稳”“六保”18条意见落实，下拨竞赛项目化经费111.5万元。深化竞赛建功，紧贴“五群十链”产业提升，推进重点工程“三保一创”（保质量、保工期、保安全，创精品工程）、民营企业“四赛一创”劳动和技能竞赛（开展“创新型、技能型、节约型、安全型”劳动竞赛和创“工人先锋号”活动），举办各类劳动和技能竞赛700余场次，30余万人次参与，较上年增长30%以上。市总工会获“长三角区域高质量一体化建设劳动竞赛先进集体”称号。联建劳模工匠学院，首聘11名劳模任教授课，“订单式”培训1.5万余人次。建立劳模工匠创新工作室联盟，实施“跟着劳模去创新”，推动50组国有、非公企业结对创新，156名劳模工匠立足岗位“传帮带”，评出职工“五小”（小革新、小发明、小改造、小设计、小建议）技术创新优秀成果100项，并入选省重大合理化建议。86家劳模工匠创新工作室形成创新成果675项，创效约6.73亿元。

【职工劳动保护】2021年，淮北市总工会深化“安康杯”竞赛，开展“十佳三员”劳动竞赛，强化安监员、群安员、协安员队伍建设，开展班组安全风险预控管理实践活动，举办“劳动保护大讲堂”20场次，21万人参与“安康杯”安全生产竞赛和“十万职工查隐患·警钟长鸣保安全”行动，排查并督促整改隐患6000多个。市总工会获评2019—2020年度全国安康杯竞赛优秀组织单位，9家企业获评全国安康杯竞赛优胜单位。开展“送清凉”活动，投入资金600万元，慰问企业430家，覆盖劳动者22万名。

【劳模服务】2021年，淮北市总工会弘扬劳模精神、劳动精神和工匠精神，开展“工会进万家”关爱劳模活动，各级工会走访慰问劳模100余人。设立劳模绿色通道、增加市级劳模春节慰问金，为1000余名劳模提供免费公交出行、优先就医、疗休养等礼遇服务。向431名劳动模范发放低收入补助金、困难帮扶金、春节慰问金138.72万元。慰问70周岁以上劳模，发放慰问金14.9万元。组织34名全国、省劳模开展健康体检和疗休养。组织劳模“五进”（进企业、进机关、进校园、进农村、进社区）活动，引导广大职工学习劳模、争当劳模。选树全市“最美职工”“职业道德建设标兵”，在市级媒体开设《劳动创造幸福》等专栏。

【职工帮扶】2021，淮北市总工会制定《困难职工精准帮扶年行动实施方案》《淮北市困难职工医疗救助实施办法》，组织困难职工四级大走访，开展元旦、春节帮扶解困送温暖、常态化困难救助等活动，筹集、发放帮扶救助资金1079万元，救助困难职工家庭4739户次。开展金秋助学系列活动，实施金牌蓝领和圆梦行动、阳光就业计划、共圆微心愿等小工程，为203名困难学生发放助学金109万元。开发职工网上就业服务平台，实现求职、面试、培训“一网通”，发布岗位信息10万余条；举办线下大型招聘会，达成用工意向2055人。实施创业就业援助行动，向33名创业职工提供资金22.5万元，帮助100余名困难家庭成员就业，免费培训1000余人次。引导互助保障覆盖6.4万余人，赔付1824人374.9万元。

【职工维权服务】 2021年，淮北市总工会推进集体协商集中要约行动，春季要约签订集体合同232份，覆盖职工13.3万人，首次覆盖到快递行业。开展劳动法律监督月、女职工维权行动月活动，4万余人参与劳动法律监督条例知识竞答。建立劳动争议调解组织200多个，工会调解组织入驻法院平台。14名律师加入职工法律援助志愿团，全方位强化“调裁诉”一体化维权。推行劳动争议案件联审联调，联合有关单位举办劳动争议案件庭审活动。推进市职工服务中心建设，开发“服务云图”，打造“一刻钟”职工办事服务圈。

【智慧工会建设】 2021年，淮北市总工会实施数据治理规范提质行动，完善工会组织信息56条、工会会员信息1.3万余条，编制数据资源共享目录，率先在“皖事通”加载“扫码入会”，增值应用于组织建设等多个场景。加快智慧工会二期建设，优化网上办事，开通“朗读亭”，首个尝试应用省“五一学堂”，上线服务云图，500多个服务站点一图呈现、一键直搜、一秒点评，26万人注册使用。常态实施“百企千店”普惠行动，一分乘公交、买奶五折等项目贯穿全年，受益职工27万人次。组织“好网民”主题活动，征集各类作品560多个，获全国性奖项19个。举办第二届“奋斗”主题抖音短视频征集活动，播放238部短视频，点击量3400万+。举行一瓶水致敬高温下劳动者大型公益活动，6.4万人爱心接力，15.9万人观看直播。

【先进表彰大会】 2021年4月30日，淮北市举行庆祝“五一”国际劳动节大会。市委书记张永出席会议并讲话。评选表彰12家淮北市五一劳动奖状和61名淮北市五一劳动奖章获得者、32个工人先锋号荣誉集体，覆盖全市各行各业、各社会阶层先进代表，展示2021年经济社会发展成就。

【承办主题活动启动仪式】 2021年5月28日，淮北市总工会承办的建党百年·红五月E起诵优秀作品展演暨2021年安徽工会“好网民”主题活动启动仪式在合肥举行。E起诵主题诵读作品征集，分音频、视频两种类型，囊括学习之路、百年辉煌、劳动精神、美好中国四大主题，共征集到诵读作品2705件，最终评选出获奖作品76件。1500万余人次点击浏览应征作品。活动现场展演展映展播了部分优秀应征诵读作品。2021年度安徽工会“好网民”主题活动以“网聚职工正能量　咱们e心跟党走”为主题，开展多类型作品征集。围绕主题开展微视频、微电影、摄影、诵读、歌曲作品和创意活动优秀案例征集，创新丰富工会“好网民”主题活动内容，开展“我为职工群众网上办实事”实践活动优秀案例征集，推动工会网上服务项目创新升级。

（陈若岩）

4月30日，2021年淮北市庆祝“五一”国际劳动节大会召开

（徐度聪　摄）

中国共产主义青年团淮北市委员会

【概况】 2021年，共青团淮北市委员会下辖县区团委4个，基层团委173个，团工委28个，团总支395个，团支部4106个。团员59899名。少先队组织20694个，其中大队371个，中队4258个，小队16065个。少先队员155453名，其中城市46595名，县、镇28210名，农村80648名。少先队工作者4983。

【青少年思想引领】 2021年，共青团淮北市委员会围绕“学党史、强信念、跟党走”主题活动，组织开展各类宣传宣讲385场、座谈1275场，12.87万余人次参加；编发党史学习教育信息交流简报19期。开展“青春向党 献礼百年”和打卡“红色路线”系列活动；开展缅怀革命先烈活动337次，寻找红色地标354场，寻访英雄模范129次；制作《我们都是追梦人》青春快闪视频，被学习强国平台推送；《党史教育“五学”模式确保学习新成效》《青春向党 奋斗正当时》等文章被新华网安徽频道、学习强国等平台转载。举办青年讲师团党史宣讲业务培训班暨“学党史 强信念 跟党走”微团课竞赛；开展“红领巾心向党”少先队辅导员学党史演讲比赛；依托“青春淮北”微信公众号等新媒体平台，推出《青春与历史的对话》《红领巾读党史故事》等学习专栏，“青春淮北”微信公众号被评为淮北市第一届“文明自媒体号”；参与35期“青年大学习”网上主题团课；共青团濉溪县委员会推送的庆祝中国共产党成立100周年微视频《颈上血——朱务平》，被团中央视频号选用面向全国推介。启动“美丽乡村行”暨红色系列寻访活动；举办淮北市纪念五四运动102周年主题团日活动，同步图文直播，观看人数近10万人；联合市文明办举办以“青春恰百年”为主题的十八岁成人仪式教育文化季活动；举行“请党放心、强国有我”淮北市纪念少先队建队72周年主题队会活动；开展“争做新时代向上向善好青年”评选活动。组建20名核心青年网评员队伍。

【基层团组织建设】 2021年，共青团淮北市委员会推进“一专一站两联”工作机制，有序开展“学社衔接”“升学衔接”；推进中学团校建设，全市118所中学全部完成团校建设；加强行业系统团建，协同联系成立邮政快递行业团工委、市青企协团工委；联合多部门出台《在全市非公企业和社会组织中全面推进“组建群团组织，扩大党的工作覆盖”的实施方案》，深化非公企业和社会领域团组织建设，全年建设完成率分别为113.8%和104.5%，居全省第一；组织50名优秀村团组织书记开展首期“青年马克思主义者”培养工程。与市委组织部联合下发《关于高质量做好全市村团组织换届工作推动农村基层后备人才队伍培养的通知》，完成全市443个村（社区）团组织换届工作；实施“淮优青禾”人才培养计划；一体推进濉溪县县域共青团改革试点工

淮北市2021年4·6建市日十八岁成人宣誓仪式在淮北一中举行
（孟飞 摄）

作，推动4个方面10大类40项具体改革措施落实到位，完成县域共青团基层组织改革试点中期评估；指导成立“青少年服务中心”。批复同意9名县（区）团委班子成员任职。组织4名市县（区）机关团干部参加团中央主体班调学，组织68名团干参加全市基层团干部培训。年度团员发展比例完成100%。

【青年权益维护】 2021年，全市团组织开展“我为青年办件事”活动542次，覆盖5.14万人次；开展“爱心圆梦大学”行动，募集资金152.11万元，资助436名大学生；开展暖冬行动，募集资金170444元，帮助727名困境儿童；开展淮北市“护航青春 双减有‘法’”法治宣传教育活动，组织8支法治宣传教育服务团，赴学校开展宣讲30余场，覆盖青少年5000余名，20家国家级、省级媒体进行重点报道；制定下发《创建市级“双零社区（村）”试点工作实施方案》，选择5个社区（村）启动试点；完善“12355”青少年服务台功能，提供24小时接听服务。

【青年创新创业服务】 2021年，共青团淮北市委员会召开淮北市青企协“青春心向党 发展勇争先”座谈会；开展关爱快递从业青年活动，召开座谈会，向快递从业青年代表赠送物资；落实皖北地区青年创业贷款财政贴息项目评审及资金拨付工作，完成47笔贴息金额54.58万元。动员全市青年参加第十一届“创青春”安徽青年创新创业大赛，获二等奖1个、三等奖4个、优秀奖1个。张凯强、李影影获“安徽省乡村振兴青年先锋”称号；王夺标获第六届“安徽省青年创业奖”提名奖；王瑾、岳磊获安徽省青年企业家协会“安徽优秀青年企业家”称号。

【少先队工作】 2021年，共青团淮北市委员会起草《中共淮北市委关于全面加强新时代少先队工作的实施意见》；组织开展校、县、市三级“红领巾奖章”评选，市级“优秀少先队员”“优秀少先队辅导员”“优秀少先队集体”评选形成比、学、赶、超氛围；成立淮北市红领巾巡讲团，开展线下宣讲98场次，覆盖近2万名少先队员；推进首批14个“淮北市少先队校外实践教育基地”建设，推动8个街道（社区）和市青少年宫成立少先队组织；举办少先队辅导员技能大赛和2021年度全市少先队辅导员培训班，做好各级各类少先队辅导员分级培训工作。

【青年志愿者服务】 2021年，共青团淮北市委员会联合市委组织部开展“青春筑梦 淮才有你”淮北籍大学生暑期社会实践活动；开展“企业开放日”活动，提高在淮学子对淮北的认知度；举办“淮才优遇·团聚青春”青年人才交流活动；建设淮北青年人才驿站，同步推出申请入驻微信小程序，吸引青年人才到淮北创业就业。开展“彩绘乡村”建设活动，完成乡村墙体彩绘70幅；开展“青联组织服务千村”工作，成立“科技兴农”青联专家服务团和“产业振兴”青联实践服务团；组织35期农村青年电商培训班，培养青年电商人才300多名；举办乡村振兴职业技能大赛暨第三届全市农民工职业技能竞赛；认定首批15名“淮北市乡村振兴青年先锋”。发动青年志愿者在89个志愿服务点参与疫苗接种志愿服务工作，累计参与2.3万人次；举办“情暖相城·青春圆梦”爱心助考志愿服务活动；举办“环境整治全民同心，文明城市共建共享”国际志愿者活动；开展“轻松备考·12355与你同行”中高考减压讲座24场，惠及4000多人次；实施“青春志愿工程”，成立“乡村振兴青年突击队”，开展志愿服务活动80余次；开展青少年暑期安全自护教育活动60余场；围绕水域污染防治、生活垃圾分类、普法宣传教育等主题，组织开展“淮青”志愿服务活动。

【淮北市青少年宫】 2021年，淮北市青少年宫加强硬件设施建设，配置无障碍设施，设置学雷锋志愿者服务站。开展“缅怀革命先烈、传承红色精神”清明祭扫、“同绘新时代、共画少年梦”百米长卷活动、“葵花向阳　我心向党”张楼葵花节文艺展演等。与淮北市第一实验小学达成课后延时服务工作协议，开设小提琴、吉他、演讲与口才、创意线描4个课程，有学生约370人。丰富课程，引进轮滑等新项目。

（崔玉侠）

淮北市妇女联合会

【妇女思想引领】 2021年，淮北市妇联组建“巾帼最美宣讲团”，开展各种宣讲活动400余场次，受益妇女群众12万人次。开展“巾帼心向党　奋斗新征程”主题宣传活动，举办“诵读红色家书　传承优良家风”红色家风故事诵读会。各级妇联组织开展党员家庭接力讲述红色故事、“党的女儿　红耀江淮”主题摄影、“党的女儿话初心”演讲比赛、“巾帼心向党　描绘新征程”巾帼书画会作品展、“少年儿童心向党”等主题活动200余场次。组织巾帼志愿者到农村、社区和接种点开展新冠肺炎疫苗接种宣传和服务工作，3800余名巾帼志愿者累计开展志愿服务5.1万余次。举办巾帼志愿服务关爱行动月活动，开展妇儿维权、文明实践、绿色环保等服务活动200余场次。选树三八红旗手20名、三八红旗集体10个、“最美军嫂”10名。

【巾帼建功行动】 2021年，淮北市妇联举办第一届妇女创业创新大赛，农业科技、电商、家政服务、手工文创等行业参赛项目26个，决赛现场直播观看量15.8万人次。举办民营经济高质量发展政策解读报告会。推出女企业家风采展电视访谈节目11期。组织女企业家参加长三角女企业家科技创新成果展示暨对接交流会。举办妇女专场招聘会26场次，提供就业岗位4.3万余个。开办皖嫂云课堂，依托淮北市妇女劳动力市场，发布用工信息286条，推荐就业162人次。争取省妇女创业扶持转移支付资金104万元，扶持巾帼创业项目6个。持续开展巾帼助力党建引领信用村建设，累计为163名创业女性落实贷款9642万元；淮北农商行巾帼贷项目累计为1212名妇女提供创业贷款，累计授信13159.3万元。富安石榴等7种巾帼好产品亮相中国安徽名优产品暨农业产业化交易会，“皖富乐”苹果获参展产品金奖，6人荣获省级百名农村产业女性带头人称号。开展“美家美院清洁行动”，累计评出清洁家庭3.5万余户，6户家庭获省“美丽庭院”称号，28家巾帼爱心服务社累计发放14.96万积分。《中国妇女报》刊发《安徽淮北以“美家美院”创建带动乡村振兴　乡村“一键美颜”振兴“全面开启”》。全国妇联书记处书记、党组成员、妇女发展部部长杜芮到淮北调研，对淮北市巾帼助力乡村振兴工作给予充分肯定。开展巾帼文明岗创评活动，13个集体（班组）分获全国、省巾帼文明岗（巾帼建功先进集体）称号，4人分获全国、省巾帼建功标兵称号。徽香昱原农副产品加工示范基地被全国妇联命名为“全国巾帼现代农业科技示范基地”。

2021年11月26日，淮北市妇联举办第一届妇女创新创业大赛

（冯树风　摄）

【妇女合法权益维护】2021年，淮北市妇联持续开展反家暴彩虹行动，全年下发告诫书347份；联合市委政法委举办婚姻家庭矛盾纠纷调解暨反家暴知识专题培训班。实施“为幸福护航”心理辅导等公益微创投项目，为112户家庭提供矛盾纠纷化解和婚姻家庭指导。开展婚姻家庭矛盾纠纷化解专项行动，排查1480次，排查纠纷993件，化解956件。畅通“12338”维权热线，接待来电来访148件，办结率98%。开展“建设法治安徽·巾帼在行动”活动，发布相城姐姐原创普法漫画，开设爱的护佑妇女儿童维权课堂，举办“你讲，我讲，一起讲讲维权小故事”儿童安全绘本故事征集、禁毒宣传进家庭等各类宣传活动517场次。推进性别平等教育，在安徽省第一个出台市级中小学生性别平等教育工作实施方案，全省性别平等教育工作培训班在淮北市举行。完成淮北市妇女儿童发展纲要（2011—2020）的终期评估工作，《中国妇女发展纲要》七大领域64项指标，61项达省标，达标率为95.31%；62项达市标，达标率为96.88%；《中国儿童发展纲要》六大领域57项主要目标，55项全面达标，达标率96.49%。

【家庭家风建设】2021年，淮北市妇联实施“家家幸福安康工程”，选树淮北市“最美家庭”“五好家庭”“最美金婚家庭”173户，最美婆媳（家长）20名，12户分获全国、省“最美家庭（婆媳）”称号。举办“金婚耀相城　传承好家风”淮北市最美金婚家庭颁奖仪式。组织开展家风馆里“说家风”“写家风”“榜样的力量”最美家庭事迹展播、“颂百年风华　传红色基因”最美家庭宣讲、好家风伴我成长等主题活动140余场次。全国“最美家庭”张秀丽家庭在全国加强家庭家教家风建设工作推进会上作典型发言。成立淮北市家教工作领导小组，招募91名公益讲师充实淮北市家教专家库，举办家庭教育促进法宣贯会，开展“春节家教特训班”、“家风故事汇”、民法典云课堂“未”你护航、“未检姐姐”法治课堂等线上课堂50余期，开办家教公益讲座、培训等活动120余场次。

【妇女儿童关爱活动】2021年，淮北市妇联开展“护佑女性健康”公益体检项目，973名妇女参加体检；实施省城镇低保适龄妇女“两癌”免费筛查民生工程，“两癌”免费筛查1010人，完成率达102.85%，53名城乡“两癌”患病妇女获救助金33.89万元。实施“巾帼情怀　温暖行动”、“巾帼圆梦　慈善护航”困境儿童结对帮扶、“春蕾成才”助学行动、“春蕾计划——梦想未来”行动等活动，救助贫困妇女儿童672人，发放救助金73.1万元。开展“99公益”募捐活动，募集善款近10万元。开展“童乐童趣”暑期儿童之家活动3080场次。开展“巾帼圆梦　慈善护航”困境儿童结对帮扶行动，为420名困境儿童送去救助金和慰问品价值计30万元。开展“把爱带回家”儿童关爱服务“四送”（送家风故事、送家教服务、送法治安全、送社会关爱）活动1000余场次，受益儿童和家长达1万余人次。

【妇联基层组织建设】2021年，淮北市新建346家非公企业和社会组织妇联。实施“基层妇联领头雁培训计划”，举办非公企业、社会组织妇联干部培训班，切实提升履职能力。开展“下基层、访妇情、办实事”等活动，开展“我为妇女办实事”百余件次。实施执委“1+1+2+X”工作模式，市妇联执委开展分组活动8场次，领办项目45个，为妇女办实事100余件次。举办淮北市第四届妇女儿童公益创投活动、扶持“爱心护航·乡村困境儿童关爱计划”等6个公益项目，给予6万元资金支持；开展家庭教育公益行、普法课堂、亲情走访等活动82场，受益人数2577人次。全市443个行政村（社区）完成换届，100%行政村（社区）“两委”班子中均配备1名以上女性成员；女性村委会主任占比11.04%，比上届提高4.18%；女性村委会成员占比36.90%，比上届提高8.54%；女性居委会成员占比67.13%，比上届提高9.62%；女性居委会主任占比31.11%，比上届提高10.54%，四项指标提前实现中国妇女发展纲要目标。全市443个村（社区）妇联完成换届选举，选举产生村（社区）妇联主席443名，专兼职副主席856名，执委4054名，实现100%妇联主席进村（社区）“两委”的目标任务。

（高　媛）

淮北市科学技术协会

【概况】 2021年11月16日，淮北市科协三届四次全委会召开，选举产生淮北市科协主席和副主席。年内，申请成立中共淮北市科技社团党委，批复成立淮北市计算机学会党支部、淮北市心理卫生协会党支部。所属学会19个。

【科普宣传】 2021年，淮北市科协开展“科普大篷车进校园”“农村少儿爱科学”“百名专家进乡村学堂讲科普”“科普惠民乡村行”等活动。结合“学党史、为民办实事”，开展“书送温暖、科普燃梦”系列活动，为相山区合众小学、烈山区古饶镇双秦小学等10所偏远中小学赠送科普书籍。4月8日，联合市委政法委、相山区西街道办事处在相山公园开展反邪教宣传活动。5月8日，联合市人民防空和防震办公室在濉溪县东关社区开展防灾减灾科普宣传活动。5月11日，在濉溪县北张楼村开展科普惠农乡村行和防灾减灾科普宣传活动，并联合市人民防空和防震办公室在校园内开展地震应急演习活动。5月12日，联合市人民防空和防震办公室在相山公园举办“防震减灾”文艺宣传演出、“防灾减灾”科普知识竞答，组织科技工作者、科普志愿者为群众现场答疑。9月11日，在乾隆湖公园开展“2021年全国科普日”宣传活动。认定相山区三堤口街道庆相桥社区、相山区任圩街道新星社区、淮北新城吾悦广场、淮北新华书店青少年创客培训中心、淮北旺能环保能源有限公司为“2021—2025年度淮北市科普教育基地”；认定淮北市相山区西街道鹰山社区、相山区曲阳街道濉河社区、相山区东街道幸福社区等为“2021—2025年度淮北市科普示范社区”。在淮北电视台播放科普专题视频40期；在《淮北日报》科普大篷车栏目发布科普文章45期；在淮北市科协网站科普栏目发布科普类文章（视频）50余篇；在淮北市科协微信公众号发布科普类文章40余篇。

【青少年科技教育】 2021年，淮北市科协组织开展多项青少年科技赛事。其中，青少年科技创新市级大赛评选出一等奖47项、二等奖106项、三等奖118项，优秀奖99项。推荐51项优秀作品参加省赛，获一等奖3项、二等奖7项、三等奖25项。推荐13项作品参加第20届省青少年机器人大赛，获省二等奖3项、三等奖3项；参加第五届省青少年机器人普及赛，获二等奖2项，三等奖3项。在第八届“皖新教

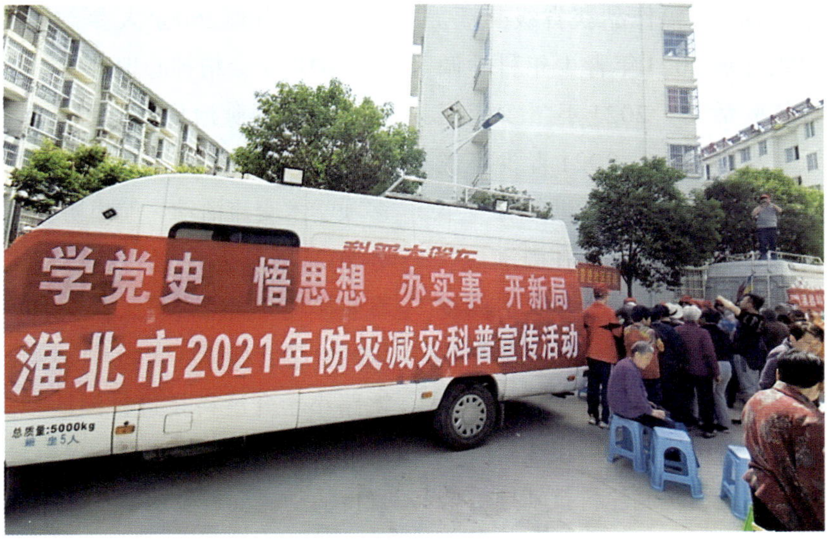

2021年5月8日，市科协在濉溪县东关社区开展防灾减灾科普宣传活动
（崔志　摄）

育杯”安徽青少年科技发明大赛上，推荐10项作品参赛，分别获一等奖1项、二等奖1项、三等奖5项。在淮北市首届青少年创意编程与智能设计大赛中，评出创意编程一等奖15项、二等奖19项、三等奖27项，优秀作品奖16项，鼓励奖7项；智能设计一等奖5项、二等奖10项、三等奖5项；Stem科学创意一等奖21项、二等奖41项、三等奖29项，优秀作品奖27项，鼓励奖72项；最佳组织奖14项；优秀团队奖12个。推荐60项作品参加安徽省青少年创意编程与智能设计展示活动。在淮北市中学生气象科普作品竞赛中，评选出一等奖3个、二等奖6个、三等奖12个。组织参加2021安徽省青少年高校科学营活动，参加重庆大学的网上高校研学活动。参加第十二届全国青少年科学影像节活动，2幅作品入围。组织开展“童心向党”红色科技模型创作活动，2幅作品获省级奖项。组织开展2021年青少年科学调查体验活动、2021年“少年问天”科普活动、2021青少年虚拟机器人在线体验活动等青少年科学实践体验活动。在濉溪二中举办2021年淮北市青少年科技辅导员培训班。组织科技辅导教师参加第20届安徽省青少年机器人竞赛机器人创新挑战赛教练员培训班、皖北片科技辅导员培训交流会、全省青少年科技教育发展论坛等省级科技辅导员培训班。参与全国青少年科技辅导员论文征集活动，1篇获二等奖、1篇获三等奖。

【学术交流活动】 2021年，淮北市科协推荐濉溪经济开发区为“科创安徽”试点园区。推选中国科学技术协会第十次全国代表大会代表，安徽长淮新材料有限公司总经理刘丽当选中国科协十届委员会委员。推荐淮北矿业股份有限公司综采安拆分公司工匠大师、高级技师王忠才为“安徽省最美科技工作者”。在第八届淮海科技奖评审中，淮北市科协推荐的项目获2项二等奖、2项三等奖。

10月30—31日，由安徽省心理卫生协会主办，淮北市精神（心理）卫生中心承办，淮北市心理卫生协会和淮北师范大学教育学院协办的华东心理卫生联盟学术交流会暨2021年安徽省心理卫生协会学术年会在淮北市举行，华东各地260余人参会。淮北市护理学会精神心理护理专业委员会、静脉治疗专业委员会、急诊急救护理专业委员会等举办多项学术交流活动。航模协会举办2021年淮北市青少年科技体育航模辅导员培训班，在烈山区宋疃小学、杜集区实验小学、濉溪路小学开展科技进校园活动。医学会在两宫广场开展防癌科普宣传活动。反邪教协会在相山公园开展反邪教科普知识宣传。无人机学会举办全市无人机辅导员培训班，45名辅导员参加。心理卫生协会为烈山社区精神疾病患者及家属开展心理辅导。

【科普阵地建设】 2021年，淮北市科技馆每周二、四、六、日免费开放接待参观群众，2021年接待2.25万人次，团体42个。组织开展“大手牵小手，科技乐生活”新时代文明志愿服务活动，与多所小学联合开展主题科普活动，举办“Since父母成长课堂”公益性家庭教育指导活动6期。

（李苏彤）

淮北市归国华侨联合会

【思想政治建设】 2021年，淮北市归国华侨联合会（以下简称“淮北市侨联”）开展党史学习教育，举办“侨界大讲堂——党史学习教育专题宣讲”“永远跟党走——淮北市侨界党史学习教育实践活动”。组织归侨侨眷、留学生亲属代表参观淮北市重点战略性新兴产业基地、淮海战役总前委旧址、淮北市城市展示馆。侨联主要负责人赴基层社区“侨胞之家”宣讲习近平总书记“七一”重要讲话精神。

【助力疫情防控】 2021年，淮北市侨联引导和帮助侨胞防控新冠肺炎疫情，在基层社区“侨胞之家”举办健康知识讲座，为侨胞发放“防疫健康包”。对在淮北侨胞接种疫苗情况进行调查摸底，覆盖侨胞200余人。帮助回国侨胞了解入境隔离政策，对无法回国的侨胞进行重点关爱，解决在淮北侨胞亲属的困难，西班牙安徽商会副会长、淮北籍侨胞黄河向市侨联寄来感谢信。淮北市侨联荣获“全国侨联系统抗击新冠肺炎疫情先进集体”称号。

【服务地方经济发展】 2021年，淮北市侨联积极参加世界制造业大会“百家侨企”项目对接等机制性涉侨引资引智活动，签约侨企项目2个，资金3.08亿元；深化“重点服务侨资企业”品牌，协调解决安徽曦强乳业集团有限公司职工劳动能力鉴定问题；帮助濉溪县闽鑫新型墙材有限公司解决环保问题，为企业挽回经济损失80万元；侨界市人大代表、市政协委员对全市经济社会发展和民生问题开展调研、建言献策，全年上报《侨情专报》6篇。淮北市侨联获“2020年世界制造业大会‘百家侨企’项目工作先进单位”称号。

【海外文化交流】 2021年，淮北市侨联发起建立淮北市、宿州市皖北双城侨务工作合作机制，建好涉侨工作网络。推进“地方侨联+大学侨联+校友会”“基层侨联（涉侨社团组织）+海外华侨华人社团”工作机制建设，赴淮北一中、淮北实验高中实地走访，深入开展侨情调查，完善信息库。在春节、端午节、中秋节等节日期间向海内外侨胞发送电子贺卡，传递家乡问候；向加拿大华文培训机构瀚学堂邮寄书籍、文化用品，宣传推介淮北。参与摄制微情景剧《百年刘开渠》，联合市教育局共同组织第22届世界华人学生作文大赛，参加庆祝中国共产党成立100周年全省侨联系统文艺会演等。淮北市侨联获“第21届世界华人学生作文大赛优秀组织单位”称号。

2021年8月11日，市侨联领导调研侨资企业——安徽中瑞农副产品有限责任公司
（杜雪梅　供）

【维护侨界权益】 2021年，淮北市侨联宣传党的侨务政策和涉侨法律法规；创建“侨胞之家”，濉溪县淮海南路社区、淮北师范大学“侨胞之家”获省级授牌；组织“关爱老归侨　重阳享健康”退休老归侨健康体检活动；帮助侨胞申请老旧小区加装电梯。慰问归侨侨眷、侨资企业家216人（户），发放慰问金9.4万元。

（张　庚）

淮北市文学艺术界联合会

【艺术创作成果】 2021年，淮北市文联围绕“纪录小康工程”主题，征集、新创百余件书法、美术、摄影、音视频作品。出版4期综合类文艺刊物《相城》，编印《赞歌献给党》《百年赞歌》2部诗集特刊。市书协副主席姚志军作品入选2021“中国书法·年展”全国行书、草书作品展；市书协副秘书长陈馨作品荣获2021年全国保密宣传教育作品（书画摄影类）二等奖。市美协李松雷水粉作品《茶语人生》入选第七届全国国家画院进京优秀作品展（最高奖），李松雷加入中国美协；市美协李兴瑞国画作品《故园记游》(册页)、《惊蛰》分别入选中国美协主办的2021年浦江全国中国画(册页)作品展和第八届全省书画院创作展览联盟书画作品展；市美协张树波国画作品《中国古镇临涣茶馆》入选国家艺术基金资助项目；市美协李松雷、张树波入选首批安徽省优秀青年文艺工作者“551培养计划”。举办“美丽烈山·庆祝建党百年”主题征文活动，收到各类投稿300余篇。市音舞协推出献礼歌曲——《星光》《都说你是一个传奇》、双拥主题歌曲《清澈的爱只为中国》；群舞《刘开渠·雕塑人生》参加“舞动江淮·共庆小康”——安徽省新创舞蹈作品展演，荣获最佳作品奖和优秀组织奖；群舞《小推车》演绎了“淮海战役的胜利是小推车推出来的”，颇受好评。

【文艺活动】 2021年，淮北市书协组织书法家先后赴社区、企业、机关单位为党员群众写春联、送福字。淮北市作协举办“邂逅杏花·诗颂黄里”第四届杏花诗会。市文联组织200余名文艺志愿者到临涣文昌宫、韩村小李家开展“学党史、传精神、跟党走”淮北市文艺志愿者在行动主题活动，现场唱红歌、忆党史，并拍摄快闪和专题MV。举办“携手共圆小康梦 乡村振兴谱新篇”书画摄影展。开展“庆祝中国共产党成立100周年”——淮北市文艺展演周系列活动：“筝韵天下 盛世国乐”百人古筝音乐会、“党的好儿女”中国作品音乐会、“百年颂歌”文艺演出、“永远跟党走”管弦乐音乐会、“薪火传承 童心向党”少儿文艺会演、“歌声嘹亮献给党”赵丽娜独唱音乐会。市政协机关、市委宣传部、市文旅体局、市文联联合主办“永远跟党走”——淮北市书画作品展，展出书画作品160余幅。市书协开展“清风传家”家风家训书写活动。中国书法出版传媒有限责任公司、省书协、市文联联合主办2021“中国书法·年展”全国篆书、隶书、篆刻作品展。

【艺术交流】 2021年，淮北市文联主席陈辉参加中国文联第十一次全国代表大会。市文联主席陈辉出席中国书协第八次全国代表大会并当选中国书协第八届理事会理事。市书协和省书协联合举办“送福进万家”活动，为烈山镇群众书写春联和福字。省书协主席吴雪、副主席石海松等书法家到淮北市为中国好人、道德模范书写春联、福字。市音舞协声乐委员会秘书长赵丽娜赴合肥参加第13届中国音乐金钟奖古筝、钢琴、声乐(民族、美声)安徽赛区选拔赛，获声乐组民族唱法铜奖。省文联副主席、省曲协主席孟影率领曲艺小分队到濉溪开展主题采风调研活动。市文联主席陈辉应邀率李原野、王广辉等书法家赴“中国书法之乡”——河南固始开展评审交流活动。中国书法出版传媒第六届(安徽·淮北)书法临摹与创作课题班在淮北市开班。中国书协第七届副主席、书法教育委员会主任翟万益为学员授课。市剧曲协选送节目参加“说唱新时代 开启新征程”——庆祝中国共产党成立100周年安徽优秀曲

12月28日，2021“中国书法·年展”全国篆书、隶书、篆刻作品展开幕式在淮北市博物馆举行 (黄鹤鸣 摄)

艺节目展演。第十届安徽曲艺展演在濉溪举办。中国书协副主席毛国典带领10余名专家到淮北市开展2021“中国书法·年展”全国篆书、隶书、篆刻作品展评审工作，从7932件作品中评出191件入展作品。“同心同书·祖国新春好”中国书法出版传媒在濉溪县举行“送万福进万家”书法文化惠民活动。

（曹　阳）

中国国际贸易促进委员会淮北市委员会

【服务企业】 2021年，中国国际贸易促进委员会淮北市委员会（以下简称“淮北市贸促会”）组织淮北灵航智能机器人有限公司、安徽方圆塑胶有限责任公司、淮北市华洋工贸有限责任公司等近30家企业参加湖南株洲国家重要先进制造业高地论坛、首届中国国际消费品博览会、中国厦门国际跨境电商产业展览会、第四届进口博览会等9批次经贸活动、展（博）览会。第四届进博会期间，围绕淮北市主导产业，以装备制造、新材料、食品及生物科技为重点，联系考察美国、德国、意大利、波兰、日本等十余个国家的近百家企业。市委主要负责人以及市贸促会、市商务局人员等一行参观30余家国际知名企业，加强合作交流，开展会谈。组织安徽小花褂服饰电子商务有限公司、安徽华伏新能源科技发展有限公司等6家跨境电商企业参加2021中国厦门国际跨境电商产业展览会，淮北市企业重点对接厦门飞飞鱼电子商务有限公司等8个平台、27个货代、3个税代、2个跨境电商培训机构，与50多个供应链建立贸易关系、合作意向。围绕淮北市打造“五群十链”产业和企业发展需求，推荐2家企业加入中国国际商会装备制造产业委员会，推荐33家企业加入安徽省国际商会，推荐淮北市五大开发区登上中国国际商会“投资中国平台”（动态向全世界推介淮北市开发区及产业）等平台。年内，与市福建商会、市亳州商会、市电子商务协会等商协会建立工作联系机制，与阜阳市贸促会建立工作合作框架协议。深入各商协会所属会员企业，点对点了解企业生产经营情况、存在困难与问题，开展调研30批次，走访企业80多家。开展为企业办实事活动，帮助安徽品优电池有限公司推荐急需外贸专才，为该企业申请宁德（国际）电子展36平方米的免费展位，节省10万余元参展费用；帮助安徽方园塑胶有限责任公司推介跨境电商等外贸新模式，帮助该企业联系中国贸促会国际专利商标所，助力企业打造国际品牌。推广运用全国贸促系统国际商事认证平台，完善“键对键”服务机制，通过“同城速递”等方式，实现企业办事“零跑腿”。

2021年9月17日，淮北市贸促会推荐淮北市安徽正融科工实业集团有限公司等17家企业参加安徽省国际商会第四届会员代表大会（赵静　摄）

【商法服务】 2021年，淮北市贸促会为企业签发一般原产地证1000余份，涉及贸易金额近11亿元人民币，签发优惠原产地证近80份，代办国际商事证明30余份，代办领事认证3份，为全市进出口企业及时通关结汇，开展国际贸易提供保障。搜集国际经贸政策信息，发布各类信息

800余条，其中，国内外经贸政策类信息近400条，国际市场预警信息200余条，经贸活动信息近100条，展（博）览会信息50余条，求购信息近20条，线上培训信息近30条。通过召开座谈会、面对面服务、微信群交流等方式，宣传推广RCEP政策协定，促使企业熟知政策利好，帮助企业抢抓区域市场机遇；利用工作调研、日常服务等方式，向企业转发关于稳外贸相关政策，助力企业发展。组织淮北市20余家外贸企业免费参加2021年数字赋能推动参与“一带一路”建设线上培训班、RCEP政策解读及利用线上培训、企业“走出去”培训专场（拉美专场）、疫情防控涉外法律风险防范培训等近10批次。

【对外经贸合作】 2021年，淮北市贸促会利用参加“一带一路名品展”、“第四届21世纪海上丝绸之路博览会”、第四届进博会、“一带一路”贸易投资论坛等机会，与有关国家驻华机构深化联系，增强互动。第四届进博会期间，拜访德国海外商会联盟、意大利对外贸易委员会、波兰贸易投资促进局、匈牙利出口促进局、奥地利驻沪商务处、塞尔维亚工商协会、巴西出口投资促进局、中国菲律宾商会等国外驻华商务机构，推介淮北。与日本、韩国、柬埔寨、泰国等RCEP成员国驻华商协会联系，助力淮北市外贸企业开拓对外市场。组织淮北矿业（集团）有限责任公司、安徽口子酒业股份有限公司参加埃塞俄比亚驻沪总领事见面洽谈会，密切与智利、巴西等拉美国家驻华商务机构的交往。参加中国—中东欧国家联合商会第六次会议、2021年世界制造业大会，与匈牙利、奥地利等国家联系，帮助进出口企业探寻合作机会。参加首届长三角国际救灾和救援博览会。

（赵　静）

淮北市残疾人联合会

【残疾人康复服务】 2021年，淮北市实有康复需求残疾人4854名，开展精准服务4854名，康复服务率为100%；辅助器具需求残疾人773人，服务773人，辅具适配率100%，推动康复机构和辅助器具适配服务能力提升。

【残疾人教育资助】 2021年，淮北市残疾人联合会资助1951人，补助资金125.85万元，其中残疾学生391人，残疾家庭子女1560人。为2名学前教育残疾儿童提供每人3000元救助金；为272名义务教育阶段贫困残疾学生和1197名贫困残疾家庭子女提供每人500元救助金；为57名高中（中职）贫困残疾学生和363名贫困残疾家庭子女就学提供每人1000元救助金；为52名贫困家庭残疾大学生提供助学资助每人1500元；为8名贫困家庭残疾研究生提供助学资助每人2500元。

【残疾人生活补助】 2021年，淮北市残疾人联合会配合市民政部门发放困难残疾人生活补贴742.33万元，重度残疾人护理补贴1331.4万元。发放精神、智力和肢体重度残疾人居家托养服务补贴710多万元，2700人次残疾人直接受益。

【残疾人就业扶持】 2021年，淮北市开展残疾人农村实用技术培训和职业技能培训，培训残疾人639人。其中，农村实用技术培训班6期，培训人员323名；小班特色培训班7期，培训人员316名。王瑞可、欧阳猛猛、李燕等人经培训扶持后从事电商经营，年盈利均超过10万元。

【残疾人文体活动】 2021年，淮北市残疾人联合会承办淮北市第四届残疾人运动会。协助残疾人参加基层文体活动1000多人次。在全国第十一届残疾人运动会暨第八届特殊奥林匹克运动会上，淮北市残疾人运动员杨井浪、王键在举重项目中获一金一银。在2021年第比利斯世界残疾人举重锦标赛中，杨井浪获54公斤级比赛银牌。各县（区）分别开展残疾人体育康复进家庭活动，直接受益残疾人200多人。

（张　璇）

淮北市红十字会

【红十字精神宣传】 2021年，淮北市红十字会组织开展应急救援、救护等志愿服务活动，宣传红十字运动知识、实施“益行计划”、寻找“最美救护员”、组织义诊、推动无偿献血等，广泛传播红十字精神。组织各类志愿服务活动200余次，发动志愿者3000多人次，志愿服务时长超过1万小时，发放各类宣传材料2万余份，宣传服务5000多人。通过网站、微博、微信等，及时发布红十字工作动态。选树全国“四个100”（100个最美志愿者、100个最佳志愿服务项目、100个最佳志愿服务组织、100个最美志愿服务社区等志愿服务）最美志愿者赵波、张秀丽，“中国好人”梅连超、陈梦龙等先进典型。

【应急救援】 2021年，淮北市红十字会开展自然灾害防范应对工作，建立防灾减灾救灾联动机制。市红十字会备灾救灾仓库获评红十字系统三级物资储备库，是全省红十字系统三家三级库之一。继续推进“红十字救在身边”AED城市布点项目，在学校、车站等场所布点20台AED，助力城市应急救援体系建设。组织市红十字救援队赴河南省新乡市开展救援救灾工作，搜寻和转移受灾群众1000多人，运输物资40余吨，发放赈济箱10000个，开展环境消杀面积90多万平方米，市红十字救援队被评为河南省抗洪救灾优秀志愿服务组织，3名队员入选“淮北好人榜”。

【应急救护】 2021年，淮北市红十字会开展应急救护培训进学校、社区、企业、机关、农村、军营的“六进”活动，普及应急救护知识。联合市教育局在中小学校开展应急救护培训活动，建立常态化机制；在淮北理工学院为1000多名师生开展应急救护普及培训，在淮北师范大学16个学院培训1600多名初级救护员。联合市文明办、市卫健委、市教育局等单位，举办淮北市第一届“天堰杯”红十字应急救护大赛。组队参加全省第四届红十字应急救护大赛，获团体第三名及多个单项奖。全年应急救护普及宣传培训超过12000人、救护员培训超过2800人。

2021年9月10日，市红十字会组织开展应急救护培训“六进”活动，在群众中普及应急救护知识　（陈勇　摄）

【人道救助】 2021年，淮北市红十字会执行中国红十字基金会“天使计划”，救助白血病、先心病患儿，为20名白血病患儿困难家庭申报基金，获救助款60余万元。组织开展“红十字博爱送万家”活动，救助重病大病等困难群众100多人，救助金额20万元。组织爱心企业、社会组织等参加安徽省红十字第四届“99公益日”众筹大赛，筹集资金128万余元。组织开展“护佑女性健康”公益体检活动，为1003名女性开展乳腺癌、宫颈癌等疾病筛查。

【捐献工作】 2021年，淮北市红十字会设立遗体器官捐献者困难救助金，走访慰问22个捐献志愿者家庭，送去慰问金7.6万元。规范造血干细胞捐献工作管理，建成造血干细胞捐献志愿者资料库淮北工作站，全年造血干细胞捐献集中采样150例，实现造血干细胞捐献1例。全年实现8人捐献，其中6例人体器官捐献、2例遗体捐献、6例眼角膜捐献，帮助11位重病患者获得新生，为12名眼病患者送去光明。

（陈　勇）

淮北市计划生育协会

【救助服务】 2021年初，淮北市计划生育协会组织三区一县计生协完成县级人口健康基金对账、新系统上线使用，落实特扶家庭失能人员、慢性病救助、大病住院救助、紧急慰藉救助等“暖心行动”项目线上审核、申报、分配、救助工作。截至12月底，运用人口健康基金新系统审核上报各种救助类项目9个，落实项目资金151.2436万元。召开全市计生协/人口健康基金业务培训及计生系列保险工作会议。截至12月底，承保5832户独生子女领证户和农村计划生育双女户计生家庭意外伤害保险，保费349920元；承保其他计生家庭保险2655户，保费265500元。为705户特殊家庭购买特扶保险，落实承保费70147.5元；为1050户村居计生专干家庭购买意外伤害保险，落实承保费30974.5元。做好救助唇腭裂患儿公益项目的宣传动员、摸底调查、信息登记、资料收集、救助申请、初筛组织、远程诊断等工作，全市摸底调查唇腭裂患者15人，其中，杜集2人，濉溪13人。

【精准帮扶】 2021年，淮北市计划生育协会利用元旦、春节、端午节和“5·29”协会会员活动日，开展宣传服务和送温暖工作。精准帮扶计生困难家庭和单亲困难母亲，三区一县及各大企业向99户计生困难家庭和24名单亲困难母亲发放慰问金81500元，对辖区“三留守”人员和计生特殊家庭人员送去米、面、油等慰问品。

【市县计生协会联动改革】 2021年，淮北市计划生育协会成立淮北市计划生育协会改革领导小组，在讨论稿《淮北市计划生育协会改革实施意见》的基础上，完善形成《淮北市计划生育协会改革实施方案（征求意见稿）》，分别向县（区）政府及市委组织部、市委编办、市财政局等相关单位开展意见和建议征求工作。三区一县均起草改革实施方案讨论稿或征求意见稿。

（梁　仓）

【责任编辑　马世界】

法　治

政法委与综治

【概况】2021年，淮北市委政法委贯彻市委决策部署，统筹抓好防风险、保安全、护稳定、促发展等各项工作。全市群众安全感和对政法机关执法工作满意度分别为96.99%、94.94%，两项指标均“皖北第一、全省领先”。

【平安淮北建设】2021年，淮北市建立并严格落实平安建设（综治工作）领导责任制，各级层层签订平安建设责任书。全市平安建设（综治工作）宣传月活动在两宫广场举办。印发《关于在全市深入开展系列平安创建活动的实施意见》，开展平安家庭、平安校园、平安医院、平安镇（街道）、平安村（社区）、平安企业、平安金融场所、平安铁路（区段）等行业性、系统性平安创建活动。12月，安徽省2021年度“政法综治江淮行”宣传采访团10余家媒体记者集中采访淮北市平安建设方面的新举措、新成效。开展“守护平安”系列行动，8起现发命案全破，八类暴力犯罪案件破案率100%。

【社会治理】2021年，淮北市开展市域社会治理现代化试点工作。创新推广婚姻矛盾调解五步工作法、“伊言堂”妇女议事会4455工作法（“四结合”，即结合党政中心工作、社区日常工作、妇女群众需求及关心热点问题；议事主体整合“四方力量”，即社区“两委”、妇联干部、妇女群众和社团领袖；议事形式采取“五常态”，即集中议事、现场议事、上门议事、微信议事、走访议事；议事成功转化分为五步骤，即规范形成议事结果，报“两委”讨论、通过党员大会表决、决议形成，最后一步是听取反馈意见），发挥“一杯茶”调解法、“百姓说事点”以及老贾、雷云等11个特色调解工作室品牌优势，引导公众全面参与社会治理，群防群治力量达5.2万余人，形成多方联治的良好局面。建成8个智慧社区，同步推进211个智慧安防小区建设。创新“智能+”模式，打造智能法院、智慧检务、智慧公安等政法服务。落实精神障碍患者服务管理、救治救助等工作，对1100名患者全部落实对其监护人2400元/年的以奖代补政策，政府补贴90万元为10122名精神障碍患者购买伤害责任保险。开展刑满释放人员安全稳定评估，协调解决就业、就学、就医、社会保障等问题，安置率92%，帮教率100%。

【执法监督】2021年，淮北市依法协调督办案件，开展违规违法减刑假释暂予监外执行专项整治，累计排查梳理763件，发现问题案件17件，全部整改到位。开展集中清理犯罪嫌疑人、被告人未依法收押和判处实刑罪犯未依法交付执行刑罚专项活动，排查应收押未收押犯罪嫌疑人被告人19人，全部纠正到位。清理判处实刑未执行刑罚罪犯5人，纠正4人，1人网上追逃。全面落实司法救助制度，救助115人次，发放司法救助金265万元。

2021年8月24日，淮北市开展公安民警为淮北大学生送安全活动（万善朝　摄）

【扫黑除恶专项斗争】 2021年，淮北市建立健全线索移送、案件会商、提前介入、部门联动等10项工作机制，一体推进“办案、打伞、断财、治乱”。全市新侦办涉黑涉恶案件8件，带破刑事案件193起，抓获违法犯罪嫌疑人81人，查封、扣押、冻结涉案资产约5.64亿元。全市纪检监察机关接收问题线索63件，查处涉黑涉恶腐败和“保护伞”问题14起，立案9件，处理14人，党纪政务处分7人，组织处理5人。

【政法队伍教育整顿总结大会】 2021年6月30日，淮北市召开政法队伍教育整顿总结大会。省政法队伍教育整顿驻淮北市指导组组长章松，副组长张业锁、黄家胜；市领导张永、李朝晖、钱界殊、任东、李加玉、单强，市中级人民法院院长余跃武、市人民检察院检察长唐保银出席会议。

【政法队伍建设】 2021年，全市政法机关开展政法队伍教育整顿，组织政法单位开展政治轮训54次，5043名政法干警参训，召开警示教育大会27次，组织干警走进淮海战役总前委旧址等红色教育基地接受革命传统教育3657人次。选树10名政法英模和先进典型，制作“淮北市政法英模群英册”。选立10家“十佳政法单位”，100名“百佳政法干警”。全市有359名干警主动说明问题。举办全市镇（街道）和平安建设成员单位综治干部业务培训班，100名干部参加培训。推动市县级政法机关领导干部交流轮岗，全年交流轮岗364人。

（李　健）

法治政府建设

【概况】 2021年，淮北市司法局认真贯彻落实《安徽省人民政府2021年依法行政重点工作安排》，完成法治政府建设目标任务，提升法治政府建设整体工作质量。权责清单、告知承诺制、事中事后监管等目标任务全面完成，营商环境持续优化。地方政府立法继续探索前行，积累经验。行政执法管理体制改革向应急管理和经济发达镇推进。接受人大、政协和社会监督，政府层级权力制约到位。矛盾纠纷化解渠道和方式更趋多样。“智慧社区”建设不断推进，“互联网+政务服务”升级改造。创新举措和亮点特色不断涌现，法治政府建设全方位拓展。

【全面依法治市工作】 2021年，淮北市召开全面依法治市暨平安淮北建设工作会议、全面依法治市委员会第三次会议和第四次会议。印发《中共淮北市委全面依法治市委员会2021年工作要点》。审议通过《法治淮北建设规划（2021—2025年）》《淮北市法治社会建设实施方案（2021—2025年）》《淮北市法治政府建设实施方案（2021—2025年）》。向省委报备市委规范性文件44件。推动法治政府建设示范创建活动。提高行政立法质量，依法规范行政权力运行，深化行政执法体制改革，推进严格规范公正文明执法，稳步进行行政复议体制改革。印发《创优营商环境提升行动方案（2021版）》，实施“互联网+政务服务”平台升级改造，精简涉企收费项目和行政审批前置服务项目。全面落实认罪认罚从宽制度，实施认罪认罚速裁程序。积极主张惩罚性赔偿诉求。实现网上立案12337件、跨域立案157件，推进送达、保全、鉴定等审判辅助事务全流程在线办理，公开裁判文书20760件，庭审直播10342场。探索拓展公益诉讼案件范围，市人民检察院运用检察建议办理的督促保护大运河淮北段行政公益案，入选最高人民检察院主办的大运河公益诉讼典型案例。市县两级检察院与市县共青团组织签署《关于构建未成年人检察工作社会支持体系的合作框架协议》，推动专业化和社会化有效衔接。推进法治社会建设，"谁执法谁普法"责任制纳入《淮北市法治宣传教育第八个五年规划（2021—2025年）》。开展《中华人民共和国民法典》宣传月活动。创建国家级"民主法治示范村（社区）"5个、省级31个、市级143个，覆盖率达40%。建立市级市域社会治理指挥调度平台，创新实施"雪亮工程+"，稳步推进扫黑除恶斗争各项工作。依法有效化解社会矛盾纠纷，共建百姓说事点460处。完善现代公共法律服务体系建设。推出"减证便民、限时快办、绿色通道、上门服务、预约服务、延时服务"等法律援助便民惠民措施。针对困难群众实行公证减免收费政策。

【依法全面履行政府职能】2021年，淮北市召开法治政府建设工作会议、法治政府建设工作领导小组第二次会议。制定《党政主要负责人履行推进法治建设第一责任人职责情况列入年终述职内容工作方案》。组织对4个县区及12家市直重点执法单位开展法治政府督察。政府立法机制不断完善，规范性文件审查、清理有序进行。完成《淮北市建筑装饰装修条例（草案）》《淮北市优化营商环境条例（草案）》《淮北市居家养老服务条例（草案）》3件地方性法规草案和1件市政府规章的起草审查工作。公示重大决策目录。市政府常务会议每期邀请淮北军分区、市人大、市政协、市纪委监委、市司法部门负责人和法律顾问固定列席，每季度邀请公众代表发表意见。动态公布市级权责清单、公共服务清单和行政权力中介服务清单2021年版本。"证照分离"改革实现全覆盖，事中事后综合监管随机抽查518次，强化信用风险分类企业的差异化监管措施，在全省率先开展企业简易注销登记改革试点。持续优化企业开办"一网通办"服务能力。"全程网办"事项达44574项，线上办件率达94.77%。实现长三角41个城市、88个事项异地通办。在全省率先上线"一网惠企"平台，上线惠企政策134项。建成市县7×24小时自助服务大厅，上线7×24小时政务服务地图，3773项自助办理事项实现7×24小时不打烊"随时办"。创新开展招投标代理五星级管理。制定《淮北市打击知识产权领域犯罪行政执法与刑事司法衔接工作规定》。组织起草《淮北市行政复议体制改革工作方案（征求意见稿）》，自2021年4月起，淮北市行政机关负责人出庭应诉率一直保持100%。积极推进治理重复信访、化解信访积案专项工作。办理人大代表建议200件，办理政协委员提案192件。畅通政府热线、市长信箱、网站留言栏等社会监督渠道。建立健全交办、督办、约谈、通报等政府内部层级监督工作机制，"互联网+医疗健康"加快建设。提升"互联网+监管"事项清单认领和实施清单编制，实现风险预警线索100%处置。贯通市、县（区）、镇（街道）、社区四级架构，编制2021年智慧社区建设项目清单。相山区被命名为第一批全省法治政府建设示范县（区），《淮北市依法创新房企破产和解模式》入选2021年全国法治政府建设示范创建活动单项候选项目。

【依法行政制度体系建设】2021年，淮北市召开立法协调会，成立立法专门工作小组，形成《淮北市扬尘污染防治管理办法（初稿）》。开展《淮北市市政设施管理办法》和《淮北市物业管理办法》立法调研。废止《淮北市燃放烟花爆竹管理办法》，修改《淮北市生活垃圾管理办法（试行）》。参与地方性法规调研、论证和修改等立法工作。完善行政立法制度，印发《淮北市人民政府关于加强行政立法工作的实施意见》。

【行政规范性文件合法性审查】2021年，淮北市印发《关于进一步加强合法性审查工作的意见》和《淮北市人民政府重大行政决策事项目录清单（2021版）》。全年办理市政府及部门重大决策事项、规范性文件合法性审查126件，提出法律意见建议400余条，参与政府涉法事务专题协调会、征求意见会40多次。编制《合法性审查制度汇编》，召开合法性审核工作经验交流会。在法治建设实地督察中对党委（党组）落实规范性文件合法性审核全覆盖、法制审核人员达标比例等情况重点关注。实行开门审查，《环卫作业一体化特许经营项目实施方案》和《淮北市采煤沉陷村庄搬迁安置补偿管理办法》等法律关系复杂、利益冲突大、存在社会风险的文件，邀请相关专家、法律顾问、管理部门法制科长共同会商，逐条审查。参与淮北市国民经济和社会发展第十四个五年规划、开发区“标准地”改革、土地地价调整、征地移民安置规划、国有资产处置等一系列重大决策合法性审查。

【行政执法规范化建设】2021年，淮北市印发《淮北市全面推行证明事项告知承诺制工作实施方案》和《淮北市关于规范证明事项告知承诺制线上线下办理方式的通知》，20家市直行政执法单位对198项证明事项开展告知承诺，公布2021年度承诺目录清单。组织全市580人参加行政执法人员资格认证通用法律知识考试，通过率85.23%。印发《淮北市行政执法三项制度落实提质增效活动工作方案》，三项制度在行政执法工作中进一步得到落实。《淮北市积极探索“数字治超”智慧监管有效提升交通运输行业监管效能》被国务院推进政府职能转变和“放管服”改革协调小组办公室第134期简报全文刊登。淮北市有2个案卷获评“2021年度全省优秀行政执法案卷”。推进建立轻微违法违规行为免罚制度，在全省交通领域率先自主研发案件自助处理系统。向省政府和市人大常委会报送备案市政府规范性文件33件。

【权力运行制约体系构建】2021年，淮北市推动行政复议体制改革，起草《淮北市行政复议体制改革工作方案（征求意见稿）》，印发《淮北市行政复议体制改革工作领导小组组成人员及工作职责》。在审结的51件复议案件中，维持决定14件，驳回5件；责令履行2件，撤销（含撤销后责令重新作出）11件，确认违法的1件，直接纠错率27.5%。在全省率先印发《淮北市行政机关负责人出庭应诉监督考核规定》。市政府本级全年办理行政应诉案件19件，出庭应诉19件次，行政应议案件5件。严格履行重大行政决策公众参与、专家论证、风险评估、公平竞争审查和合法性审查等程序。完善《深化全市应急管理综合行政执法改革的工作方案》，推进经济发达镇行政管理体制改革。印发《创优营商环境提升行动方案（2021版）》，工程项目报建提速提效，持续深化“双随机、一公开”监管。公开政务信息10184条，推进基层政务公开标准化规范化建设。

【社会矛盾纠纷化解】2021年，淮北市整合“工会+司法+律协”资源，协调化解劳动争议纠纷和职工维权难题。全年调解纠纷14334件，调解成功率达99.53%。依法分类处理信访，加强信访工作与调解、仲裁、行政裁决、行政复议、行政诉讼等有机衔接、协调联动，积极引导群众以网上信访、微信信访、来电来信等形式反映诉求，化解上级交办重点信访事项316件。有行政复议拓展现场接待、门户网站、“12348”安徽法网等线上线下多种申请方式，组织召开双方当事人共同参与的“面对面”案审会3次，开展“复议为民促和谐”专项行动，调解和解率35.2%。建立律师参与化解和代理涉法涉诉案件长效机制。全年为269名农民工、168名老年人、61名低保（五保）户、41名重度残疾人等重点对象提供法律帮助。推进仲裁基层社会治理，依法妥善处理各类民事纠纷。

（马　骏）

公　安

【概况】 2021年，淮北市公安机关围绕庆祝中国共产党成立100周年安保维稳工作主线，忠诚履职，确保全市政治社会大局安全稳定。群众安全感（96.99%）由2020年全省第12位上升至第3位，群众对公安工作满意度（98.68%）由2020年全省第6位上升至第2位，综合排名全省第一，绩效考核上升至全省第5位。

【优化法治营商环境】 2021年，淮北市公安机关出台优化营商环境要点和18项便民利企举措，推深做实“五个一”（一窗通办、一照通用、一机通办、一网通办、公安涉企事项一站式办理）便民利企优质服务机制，全年为企业、为群众办理各类审批服务事项428万件，网上“最多跑一次”事项占比、群众好评率均为100%，市行政服务中心公安窗口连续12个月排名第一。强化涉商贸、税务等经济领域违法犯罪打击处理力度，受案134起，挽回经济损失5300余万元。

【维护稳定】 2021年，全市公安机关开展社会治安“大排查、大整治、大防控”、“强基固本补短板”攻坚行动，常态落实社会面防控“四项机制”（重点部位武装定点执勤、公安特警屯警街面动中备勤、人员密集场所高峰勤务、公安武警联勤巡逻）和“135”分钟快速反应处置措施，制定《重点人员管控工作指南》和示范卷，严密重点人员管控责任体系，扎实推进信访突出问题攻坚化解专项行动、信访积案化解百日攻坚行动，推动信访问题“事心双解、案结事了”，全市公安机关初信初访同比下降168%。全面排查化解婚姻家庭、邻里关系、征地拆迁、道路交通等领域矛盾纠纷7.6万余起。

【严厉惩治犯罪活动】 2021年，全市公安机关梯次推进“守护平安”铸盾江淮、百日攻坚、秋季攻势等系列行动，严惩黑恶犯罪、八类暴力犯罪、侵财犯罪等各类违法犯罪，破获刑案3700余起，抓获刑事作案人员2830余人，移送起诉1331人；查处治安案件3500起，治安处罚2500余人。

【刑事案件侦破】 2021年，全市公安机关立八类案件219起，破案219起；故意伤害类案件156起，破案156起；强奸案件47起，破案47起；抢劫案件7起，破案7起；放火案件“发一破一”。开展追逃百日攻坚，全市共抓获在逃人员356人，研判抓获在逃人员64人。打击重大电诈刑事案件和黑灰产（指的是电信诈骗、钓鱼网站、木马病毒、黑客勒索等利用网络开展违法犯罪活动的行为），劝阻拦截预警诈骗电话47385条，拦截成功率99.98%。依托省预警平台快速处置警情2909起，冻结银行卡2947张，冻结资金1.09亿余元，

2021年国庆期间，民警在南湖公园巡逻　　（市公安局　供）

通过紧急处置为受害群众挽回损失800余万元。纵深推进“打拐”工作，找回被拐、失踪儿童134名，摸排来历不明儿童254名，反馈跨区域协作信息38条，破获被拐21年的公安部督办被拐案件。

【经济案件侦破】 2021年，全市公安机关受理经济犯罪案件134起，立案103起，破案62起，移送起诉86起97人，抓获犯罪嫌疑人91人，涉案总价值96690.4万元，挽回经济损失5375.09万元。推进涉众型经济案件协查工作，协查外省市警方立案非法集资案件36起，涉及淮北利益受损人1620人次，涉案金额1.96亿元。打击涉税犯罪，破获虚开机动车销售统一发票案，涉及25个省4个直辖市158个地级市，295名个人及16户企业，涉案金价税合计1.06亿元。

【社会治安管理】 2021年，全市公安机关健全完善打击黄赌违法犯罪工作机制，组织开展深化打击整治地下流动赌场工作，破获黄赌刑事案件50起，同比上升19%。推进深化打击整治枪爆违法犯罪专项行动，全市立非法制贩、持有枪支案件9起，抓获犯罪嫌疑人22人。加强校园安全整治，城镇中小学幼儿园“护学岗”设置率100%，组织开展拉网式校园安全大排查，按照“一校一表”要求，建立隐患整改清单。加强寄递渠道整治，建立寄递企业检查工作机制和信息互通联动机制。加强银行安全防范，联合淮北银保监分局开展第七轮银行业金融机构评估工作，对全市银行业金融机构、营业网点进行现场安全评估。加强医疗机构安全防范建设，建立涉医案件处置快速反应机制，在二级以上医院设立警务室。出台《淮北市公安局加强新时代公安派出所工作三年行动计划》《关于大力学习弘扬“东莱精神”加强改进公安派出所工作的若干措施》。临涣派出所被评为全国第二批“枫桥式公安派出所”，烈山派出所被评为全省“枫桥式公安派出所”。完成淮北市公安局社会治安防控体系建设项目立项、可研论证、建设方案设计、招投标等工作。制定《淮北市智慧安防小区建设标准》等一系列规范文件，完成48个小区智慧安防设施建设。

【出入境管理】 2021年，全市出入境管理系统共受理、审批公民出国（境）1843人次，其中护照478人次，往来港澳通行证1355（含签注968）人次，大陆居民往来台湾地区通行证10（含签注7）人次。境外人员来淮北临时住宿登记328人次。换、补发“台胞证”4人次，“回乡证”2人次。办理外国人签证延期16人次，签发外国人一次性出境证件18人次，签发外国人停、居留许可145人次。报备法定不准出境人员2720条。登记新增、修改备案国家工作人员1118条，更换备案单位印章签名备案表5份。协查出入境记录及办证情况6400余人次。政务服务网审核办证人员信息210余人次、回复390余条。发送微博、微信1570余条。核查并向市防疫指挥部推送入境在淮北隔离和异地隔离结束后到淮北（回淮北）纳入管控1149人次。

【监所管理】 2021年，淮北市公安监所部门制定下发《全市公安监管场所整治监（拘）室悬挂点等安全隐患“回头看”专项活动工作方案》，对各监所开展拉网式安全隐患大排查，整治悬挂点安全隐患120余处。坚持监所防疫标准高于社会面的要求，严密管控措施，严守“四条底线”（场所封闭管理、人员核酸检测、轨迹核查比对、收押过渡隔离），严把“六关”（入所登记检测、讯问室物理阻断、医疗防疫、值班勤务、民警防护、物品管控），坚持“人”“物”“环境”同防，确保监所防疫安全。配齐7名专职驻所医护人员，完成淮北市拘留所驻所医生单独派驻工作。推进监所医疗卫生工作规范化，维护被监管人员合法权益，降低被监管人员病亡风险。

【交通秩序管理】 2021年，全市公安交管部门深化开展重点

2021年10月24日，淮北市公安局组织民警走进校园开展反诈宣传活动　（市公安局　供）

违法行为查处攻坚行动，在城市、公路、农村、高速四个“战场”，围绕“工程运输车”、“两客一危一货”、“校车”、农村面包车等重点车辆，持续开展集中整治行动，查处交通违法636806起，同比下降23.2%。实现违法查处“一降一升”（查处违法总量下降、查处重点违法量上升）。持续推进交通组织优化，落实“规、建、管一体化”工作机制，提出交通设施完善和交通组织优化400余条。持续推进交通设施更新，更新各类交通标志60余块、隔离桩240余处。新增路内停车泊位300余个，在环山路试点实施错时共享停车举措。推进文明交通秩序提升，查处机动车不礼让行人36699起，违法停车75272起，行人和乘车人违法51236起。

【网络安全管理】2021年，全市公安机关常态化开展涉政有害信息巡查，持续做好涉政领域专项整治，坚持正面引导与主动反制同步推进，依托“净网”“护网”等专项行动，强化对电信网络诈骗、网络黄赌毒、网络涉枪涉爆、网络淫秽色情等群众反应强烈案件的打击力度。集中开展全市网络安全普法宣传，推动网络安全进校园、进社区、进企业、进机关，发放宣传单3600余份，举办网络安全专题讲座23场次，开展街面广场集中宣传活动12场次。

【政务公开与便民服务】2021年，淮北公安机关全面推行“办不成”窗口服务机制，全市各级政务服务中心、派出所、车管所等55个公安窗口单位全部设置“办不成”反映窗口。强力推动“一窗办”“一网办”，29个派出所实现户政、交管、出入境业务“三合一”办理。“一窗通办”改革被评为2021年淮北市改革创新优秀案例。市政务服务中心公安窗口为企业群众办理政务服务事项7.5万件。推出户政业务便民利民举措，实现“长三角”地区跨省户口网上迁移、大中专学生毕业户口迁移、无犯罪记录证明、户籍类证明等业务全程网办，办理各项业务4642笔。出台《全市公安机关推行“微信+警务”工作方案》，全面推行“微信+警务”工作法，通过“指尖”服务群众74万人次。

【智慧警务建设】2021年，全市公安机关持续推进“智慧警务”建设，推进“情指勤舆督”一体化实战化改革，在全省率先建成公安大数据中心淮北分节点，公安大数据实战应用协破案件5700余起，抓逃320余人，预警处置政府部门周边非法聚集70余次。完善警情案件管理体系和管理机制，强化“五建四抓”（“五建”：建队伍、建场所、建台账、建制度、建平台，“四抓”：抓培训、抓应用、抓巡察、抓考评）执法办案全过程、全要素监督管理措施，警情接处流转、受案立案办案、涉案财物物证、场所台账卷宗等各类要素管理日趋规范，2021年案件质量和执法办案信息化应用继续保持全省先进行列。启动全局188万卷库藏档案数字化、智能化建设。

（吴　翔）

检　察

【概况】 2021年，淮北市检察机关忠实履行宪法和法律赋予的职责，始终以“稳”的底线、“进”的姿态，扎实推动各项工作落实。刑事抗诉率、民事执行监督案件检察建议采纳率等16项主要办案指标位居全省前列。有36个集体、90人次受到市级以上表彰奖励。淮北市检察院案管办被评为“全国巾帼文明岗”，2名检察人员在全国检察机关业务竞赛中获奖，1名检察人员获全省检察机关行政检察“业务标兵”称号，且入选全国检察机关行政检察人才库。淮北市人民检察院第五检察部获评全省检察机关“加强行政检察监督促进行政争议实质性化解”专项活动优秀单位，办理的陈某与淮北市杜集区人力资源和社会保障局劳动保障行政检察监督案获评省级优秀案件，并在最高人民检察院“2021年度十大行政检察典型案例”评选活动中获评优秀案件。1起公益诉讼案件入选最高人民检察院典型案例。

【刑事检察】 2021年，淮北市检察机关全面落实“捕诉一体”办案模式，综合履行批捕、起诉职能，依法批准逮捕1039人，提起公诉2263人。强化诉前主导和审前过滤作用，对证据不足和无社会危险性的，不捕535人，对犯罪情节轻微和没有犯罪事实的，不起诉370人。持续强化刑事执行监督，对自1990年以来检察机关办理的违规违法减刑、假释、暂予监外执行案件逐一建立台账进行自查，共筛查相关案件52件，未发现检察机关存在违法违规情形；加大社区矫正检察监督力度，针对社区矫正违法违规情形，书面提出纠正意见46件，纠正率100%；深入开展财产刑专项检察活动，书面提出纠正意见28件，纠正率100%。

2021年6月25日，淮北市检察院召开庆祝中国共产党成立100周年表彰暨专题党课宣讲大会　（韩恒　摄）

【民事检察】 2021年，淮北市检察机关共办理民事监督案件241件。其中生效民事裁判、调解书监督案件135件，向淮北市各级人民法院提出再审检察建议5件，被采纳5件，采纳率100%，法院再审审结5件，改判3件、和解撤诉1件；提出抗诉4件，法院再审审结3件，改判2件、和解撤诉1件。审判人员违法行为监督案件16件，向人民法院提出检察建议9件，被采纳9件，采纳率100%。执行监督案件62件，向人民法院提出检察建议49件，已回复采纳58件，采纳率118%。支持起诉17件，法院已采纳16件。跟进监督6件，提出抗诉4件，法院均再审审结，改判3件，复查5件。民事检察部门积极践行新时代“枫桥经验”，持续推进矛盾化解工作，在案件审查中努力做到“应听证尽听证”，全市两级民事检察部门公开听证19件，切实保障群众知情权、参与权、监督权，有效回应人民群众对司法公开新要求。

【行政检察】 2021年，淮北市检察机关立案办理各类行政检察监督案件51件，其中，受理当事人申请的行政生效裁判、调解书监督案件7件，提请省院抗诉3件，法院改判2件，指定再审1件，作出不支持监督申请决定案件5件；办理对审判程序中审判人员违法行为监督案件3件，向法院提出检察建议3件，已回复采纳3件；办理行政执行监督案件13件，向法院提出检察建议6件，向行政机关提出检察建议1件，已回复采纳9件；办理行政违法行为监督案件7件，向行政机关提出检察建议7件，行政机关已回复采纳8件；办理类案行政违法行为监督案件21件，向行政机关提出检察建议3件，已回复采纳3件。开展“加强行政检察监督，促进行政争议实质性化解”专项活动，坚持执法办案与释法说理、心理疏导并重，化解行政争议案件28件。

【公益诉讼检察】 2021年，淮北市检察机关摸排公益诉讼案件线索386件，立案办理156件。向法院提起民事公益诉讼19件、刑事附带民事公益诉讼24件，已判决案件的诉讼请求全部获得法院支持。向行政机关发出诉前检察建议106件，除未满回复期限的，检察建议采纳率达100%。积极探索办理“等”外案件46件，涉及公共安全、个人信息保护等领域。

【民营经济司法保障】 2021年，淮北市检察机关坚持“少捕慎诉慎押”司法理念，对涉案民营企业家依法充分运用不批捕、不起诉、羁押必要性审查等手段，最大限度减少司法办案给企业生产带来的负面影响，为民营经济高质量发展营造宽缓的司法环境，共办理涉民企刑事案件46件，其中批准逮捕12件，提起公诉18件，不批捕4件，不起诉9件，开展羁押必要性审查2件，立案监督1件。民事案件中办理抗诉、检察建议案件28件，虚假诉讼案件2件，民事执行监督案件18件。办理行政诉讼及执行监督案件4件。开展民企约见检察长22次22人，检察长接访民营企业家8次8人，检察长带头办理涉民营经济案件16件，逐级上报案件3件，保障矫正对象请假外出依法行使经营权3次，涉民企刑事诉讼“挂案”专项清理7件，均清理完毕。

【信访工作】 2021年，淮北市检察机关积极推进信访矛盾化解攻坚战，共接收群众信访670件，7日内程序性回复率和3个月实体性答复率均为100%。发挥检察建议履行法律监督职能、参与社会治理的重要作用，积极推动有关部门建章立制、堵塞漏洞、消除隐患，共制发检察建议260件，除未满回复期限的，已回复采纳221件。

【检务公开与宣传】 2021年，淮北市检察机关5个门户网站发布信息1415条、官方微博发布信息8161条、官方微信发布信息1030期，10个新闻客户端发布信息12620条。公开案件程序性信息2976条、法律文书1535件、重要案件信息1092条。全面推开公开听证，确保公开听证在提升检察公信力、实现办案“三个效果”（政治效果、社会效果和法律效果）有机统一上发挥最大效能，共对151件案件组织听证。

【智慧检务】 2021年，淮北市检察机关办理各类技术案件166件，其中采用现代测绘领域3S技术支持公益诉讼办案的经验做法在《检察日报》上刊登，检察技术服务办案能力持续增强。深化推进“智慧淮检”建设，率先运用大数据等现代科技手段，孵化出公益诉讼线索发现应用平台，凝练出虚假诉讼线索探查模型。淮北市检察技术信息化工作得到省检察院的肯定，作为经验信息发布全省。

（徐　枫）

法　院

【概况】 2021年，全市各级法院共受理案件55573件（含诉前调案件13322件），审执结51549件，结案标的额190.02亿元，同比上升12.68%、8.97%、12.97%。其中，市中院受理

4060件，审执结3767件。淮北市中级人民法院被推荐为全国普法工作先进单位。

【刑事案件审判】 2021年，全市各级法院共受理刑事案件2230件，审结2108件，判处2223人。常态化推进扫黑除恶，审结案件3件，判处6人。依法严惩故意杀人、抢劫、强奸等严重刑事犯罪，审结案件267件，判处296人。依法打击危害公共安全、扰乱公共秩序犯罪，审结案件1114件，判处1142人。加强协调联动，严厉打击电信网络诈骗、破坏金融秩序、制售伪劣商品等犯罪，审结案件548件，判处592人。加大腐败犯罪惩治力度，审结贪污、贿赂、渎职案件27件，判处36人。贯彻新修订的《中华人民共和国未成年人保护法》，实现少年法庭两级法院全覆盖。

【民商事案件审判】 2021年，全市各级法院贯彻实施《中华人民共和国民法典》，共受理民商事案件21824件，审结20317件，结案标的额80.43亿元。依法审理人格权案件335件，审结全省首例指定遗产管理人案；妥善审理婚姻家庭案件3002件、劳动争议案件664件、人身损害赔偿案件1095件。审理买卖、租赁、民间借贷、建设工程施工等合同案件12960件。审结商标权、著作权等知识产权案件227件。审结破产案件15件，确保企业有序退出市场。

【行政案件审判】 2021年，全市各级法院受理行政案件859件，审结823件。加强行政案件集中管辖后的监督指导，案件审理周期缩短17.27天，一审服判息诉率51.63%。加强释法明理，审结房屋拆迁、土地征收、安置补偿等涉众型案件376件。审结市场监管、劳动监察、城市管理等案件249件，裁定准予执行非诉行政执行案件134件，支持行政机关履行社会管理职能。创新开展“无讼机关”联合创建，源头减少行政争议。加大行政案件协调力度，实质性化解行政争议95件。

2021年1月7日，省高院听取驻淮省人大代表、省政协委员意见座谈会在淮北市召开
（孟捍文　摄）

【执行工作】 2021年，全市各级法院受理执行案件16090件，执结15550件，执行到位12.66亿元，有财产案件执结率99.23%，终本案件合格率100%，执行信访办结率100%，执行质效位居全省法院第一方阵。执结涉抚养赡养费、劳动报酬、损害赔偿金等案件3326件，执行到位3204万元；执结涉企业账款、民间借贷等案件8973件，执行到位7.46亿元；执结金融借款等案件1596件，执行到位1.94亿元。开展“春日暖阳”等专项行动，拘传120人，执结案件217件，执行到位1148.8万元。加强信息化建设，网络查控财产信息1.3万次，举办“6·18”“11·11”网络司法拍卖节，成交3708万元。开展执行长效机制提升年、基本解决执行难“回头看”和执行信访化解年“三大活动”，提升执行规范化水平。

【诉讼服务】 2021年，全市各级法院为群众办实事914件次，深入73家企业提供“护企”“暖企”法律服务，对328家企业采取“活扣”“活封”等诉讼保全措施，盘活资金2.05亿元、土地700亩、厂房10.16万平方米；清退诉讼费541.28万元，发放执行案款8153万元；开展“送法进校园”87场，全市71所中小学6500余名学生接受法治教育。

【法院司法队伍整顿】 2021年，全市各级法院落实中央及省委、市委工作部署，高标准完成政法队伍教育整顿各项任务，中央督导组、省指导组充分肯定，群众满意度全省第一。排查整改“6+3”顽瘴痼疾问题125个，移送纪检监察机关8人。严格整治年底不立案问题，认真落实《领导干部干预司法活动、插手具体案件处理的记录、通报和责任追究规定》《司法机关内部人员过问案件的记录和责任追究规定》《关于进一步规范司法人员与当事人、律师、特殊关系人、中介组织接触交往行为的若干规定》，开展消极执行、拖延执行专项整治，增强教育整顿针对性、有效性。巩固教育整顿成果，开展“回头看”，一体推进“查改治建”，全市法院建立健全管理制度95项。

（曹成成）

司法行政

【概况】 2021年，淮北市司法局开展“攻坚突破年”主题活动，推进法治淮北、法治政府、法治社会规划和实施，积极开展法治政府建设示范创建活动。司法行政综合改革落地见效，全社会法治观念明显增强，社会治理向基层延伸，公共法律服务体系逐步健全，人民群众对于法律服务和法治保障的获得感和满意度持续提高。全市司法行政系统共获得省部级集体或个人荣誉8项，市厅级荣誉26项。

【法治宣传】 2021年，淮北市利用“江淮普法行”、“12·4”宪法宣传日等节点，开展主题普法；借助“普法茶馆”“法治文艺巡演”等普法品牌，运用民生工程宣传、送文化下乡等平台，开展融合普法；采用动漫、H5、短视频等新媒体传播方式，开展网络普法。开展《中华人民共和国民法典》宣传，近百家单位举办《中华人民共和国民法典》讲座，组织30余名律师开展“民法典进校园”活动，举办全市中小学生《中华人民共和国民法典》征文比赛，在淮北市图书馆设立《中华人民共和国民法典》学习专区，在法治宣传教育基地设立《中华人民共和国民法典》宣传栏。推进法治乡村建设，探索自治、法治、德治“三治融合”乡村治理体系。开展第七批“淮北市民主法治示范村（社区）”推荐申报工作与国家级、省级、市级“民主法治示范村（社区）”复核工作。全市建立“法在身边”微信群426个，打通法律服务群众“最后一公里”。全市培养“法律明白人”濉溪县782人、相山区63人、杜集区384人、烈山区448人。

【法律服务】 2021年，淮北市有207家企业与律师建立结对联

2021年3月12日，淮北市司法局召开《淮北市行政司法调解办法（试行）》新闻发布会　（市司法局　供）

系名册，22家律师事务所对接22家商会，对企业开展“送法进万企”和“法治体检”活动。金秋助学活动中，淮北市律师捐款11.8万余元。全年律师代理法律援助案件2499件。修订《法律援助经费管理办法》，实行经费动态调整机制，全过程跟踪控制案件质量，法律援助“刑辩团”“讨薪团”等专业团队充实到83人。全年受理法律援助案件2891件，办结案件2674件。制定《淮北市国信公证处减免公证收费办法（暂行）》，实现远程视频办理公证，探索证明材料“告知承诺制”，与公安、不动产登记等部门实现部分政务信息共享。调研推进合作制公证处创新。公证机构办理案件总数15855件，案件收费1119.32万元。司法鉴定卷宗异地评查98件，针对问题开展学习整改。办理司法鉴定案件总数5865件，案件收费294.88万元。

【社区矫正】 2021年，淮北市制定《淮北市社区矫正对象分类管理个别化矫正办法（试行）》《淮北市社区矫正工作信息化核查暂行规定（试行）》《淮北市社区矫正适用前调查评估暂行规定（试行）》。对新入矫对象实施分类矫正，帮扶教育从“无差别”向“精准化”转变。落实帮扶政策，帮助社区矫正对象解决就业就学、临时救助、生活保障等实际困难。“智慧矫正”在相山区试点取得阶段性成果后稳步推进。烈山区、相山区开展网格化管理。用“智慧矫正”一体化平台、矫正微信群、“心岸”App信息化系统全方位开展防疫宣传。加强扫黑除恶斗争宣传，建成“扫黑除恶信息收集点”（百姓说事点），确保涉黑涉恶线索第一时间受理调查、处理反馈、分析上报。开展案件核查和专项摸排，做好重点人员监管。派驻戒毒民警常驻县区，全程参与社区矫正工作，淮北市社区矫正机构改革和挂职民警经验在全省会议上作交流发言。

【人民调解】 2021年，淮北市建立知识产权纠纷调解委员会，行业性、专业性人民调解组织有效化解相关领域矛盾。印发《淮北市行政调解办法（试行）》。10月5日，《光明日报》头版头条报道“一杯茶调解法”，临涣茶馆人民调解委员会成员由创始时的7人发展到40多人，拥有“老支书团队”“兵哥团队”“闻风到团队”“街长团队”4个志愿者团队。开展人民调解日、专项工程调解室、调解夜话等活动。年内，开展婚姻家庭、建党百年、“中秋”“国庆”两节、商品房、物业和金融领域等矛盾纠纷排查化解专项行动，全面应用人民调解化解矛盾纠纷研判预警系统开展研判预警工作。探索建立网上“百姓说事点”，加强信息化建设，收集民情信息2496条，化解纠纷1334件，解答咨询9684次。培育第三批人民调解员300名。镇（街道）调委会配备专职人民调解员56名，配备比例100%。

【仲裁】 2021年，淮北市增聘14名仲裁员，共有仲裁员144名。通过网络连线，成功开庭审理1起建设工程施工合同案件，实现庭审“不见面”、交流“面对面”的零距离审理。全年受理各类民商事仲裁案件447件，涉案标的额12.89亿元；已审结案件423件（含上年结转案件），其中裁决258件、撤回或调解165件，调解和解率39%；审结案件中未发生被法院裁定撤销或不予执行的情况。

（马　俊）

【责任编辑　马世界】

军　事

淮北军分区

【思想政治建设】 2021年，淮北军分区党委坚持轮训深学、集中导学、交流研学、以会带学等方式，突出学好用好习近平强军思想，推动理论武装学深用活走实。围绕党史学习教育主题主线，抓党课辅导、重温入党誓词、过专题组织生活，加强党性教育；用足用活驻地红色资源，加强革命传统教育；开展向卫国戍边英雄群体学习，加强使命教育。加强政治监督，强化政治塑造，开展警示教育，打好意识形态领域斗争主动仗，树牢听党话、跟党走的政治根基。

【日常战备】 2021年，淮北军分区按照能打胜仗的标准要求，拟制各类方案计划，构建纵向衔接、横向配套的方案计划体系。组织专班完成重点课题研究攻关，参加上级研讨交流。常态化组织值班备勤情况检查和值班分队拉动检验。开展“周学、月训、季考”活动，组织军事训练；开展基干民兵训练，组织应急分队骨干比武考核和群众性练兵比武考核，提升实训实战水平。相山区人武部1人被军委国防动员部评为“军事训练先进个人”。

2021年3月18日，淮北军分区领导到车站为新兵队伍送行
（淮北军分区　供）

【后勤保障】 2021年，淮北军分区联合淮北市财政局下发《淮北市民兵事业费使用管理暂行办法》。加大市国防动员教育训练基地建设力度，投入资金用于土地征迁补偿，训练基地迁址新建项目开工建设。

【征兵工作】 2021年，淮北市完成兵员征集任务。

【国防教育】 2021年，淮北市出台《关于加强新时代全市中小学生国防教育工作的意见》，邀请国防教育专家围绕国家安全形势为全市党政领导干部授课，利用国防教育日、烈士纪念日等节点组织学生参观烈士陵园和军事主题场馆。开展“皖美追寻”活动，深挖17个红色场馆、24个红色人物、51个红色故事，汇编成红色故事集，作为党史学习教育资料。编写党史教育精品课"破译'红枪'精神密码，汲取奋进前行力量"，并获省军区评比二等奖。开展向新时代卫国戍边英雄群体学习活动，组织观看《守岛人》《长津湖》红色影片。以青少年学生为重点，开展以"迈向强国新征程　军民共筑中国梦"为主题的第21个全民国防教育日系列活动。

【学生军训】 2021年9月至10月下旬，淮北军分区完成淮北市普通高校和高中阶段共2.6万余名新生的军训任务。

【军民共建】 2021年，淮北军分区创新开展双拥工作，打造拥军一条街、拥军商场等拥军特色品牌，开展"最美军嫂""双拥模范人物"评选表彰活动，在淮北市主要媒体开设《立功受奖官兵光荣榜》专栏。解决"三后"（后路、后院、后代）问题，30余名军人子女全部优待入学，探索实施随军家属定向招聘。开展乡村振兴包保帮扶工作，投入资金42万余元。

（朱　雷）

武警淮北支队

【思想政治建设】 2021年，武警淮北支队通过落实制度、分解课堂、整合资源、扩大教员队伍，实行推门听课、群众评课、理论测试、推荐相应书目等，增强教育效果。开展"牢记训词，忠诚担当"主题教育实践活动，持续深化学雷锋主题实践活动，深入敬老院开展社会实践。组织官兵到淮北市廉政警示教育中心、廉政主题教育公园、双堆集烈士陵园等地参观见学，深入学校开展爱国主义教育和国防教育。每季度组织保卫委员和思想工作骨干培训。规范营区政治文化环境建设，进行全面整改。发动官兵"写感悟""随手拍"，记录军营精彩瞬间，拍摄的军犬送退伍老兵视频被人民日报抖音号转发，点赞量突破800万次。

【拥政爱民】 2021年，武警淮北支队继承发扬淮海战役精神，开展拥政爱民教育，确保拥政爱民工作落到实处。联合地方单位举办"颂党恩，铸军魂"暨最美先进典型表彰文艺晚会。与濉溪县铁佛镇黄集村结对，捐助资金，慰问困难群众，看望孤寡老人。结合驻地特点和部队实际开展形势教育，采取"走出去、请进来"等方式，组织官兵感受驻地社会经济发展变化，打牢"视人民为亲人，把驻地当故乡"的思想根基，营造拥政爱民良好氛围。驻地各界多次以赠书、书画、法律等文化艺术形式与支队共建联谊。

【基层建设】 2021年，武警淮北支队狠抓实战实训，紧盯执勤主业和军事训练中心工作，全面锻造处突维稳能力。发挥"智慧磐石"工程和执勤信息化功效，落实执勤制度，提高执勤质量。围绕节日和敏感时段，坚持日督导、周讲评、月通报，巩固中心阵地。年内，支队完成联勤武装巡逻和武装押解勤务，成功处理2起地方人员打架斗殴和1起闹市区火灾事件。定期召开队所联席会议，开展执勤隐患排查，落实战备物资储备，组织拉动演练，规范应急响应机制和紧急出动程序。处置2起地方人员向监区内羁押对象喊话和1起地方人员利用无人机航拍执勤目标事件。响应践行军委开训动员令，每月进行阶段考核并下发情况通报，严密组织刺杀教练员和防爆弹投掷集训，抽调基层中队训练骨干集中培训。支队特战分队在武警安徽总队"巅峰"比武中获第七名。

【后勤保障】 2021年，武警淮北支队牢固树立"前勤"意识，规范建管秩序，提升质量效益。着眼实战实备，持续抓好每月"一组三队"编携配装拉动演练，及时修订完善后勤装备保障方案。按照"每周下发计划、每月组织考核、每季分析建设、人人建立档案"的抓训模式，科学制定年度后勤装备训练计划，分批次对司务长、"四小工"（小泥瓦工、小水电工、小园艺工、小土木工）、炊事员、驾驶员组织集训和复训。严格车辆管控和枪弹管理，定期开展检查排查。教导队特战场地建设如期完工。加强营区管控、严格来人查验、落实包裹消毒、禁食冷链食品，官兵新冠疫苗接种率达到100%。疫情防控领导小组每日组织交班、定期召开会议、常态开展检查，确保疫情防控制度不松，严控人员出入风险地区，精准、全时掌握在外人员动态，实现“不输入、不扩散、零感染”的防控目标。

（梁　宇）

人民防空

【概况】 2021年，淮北市人民防空和防震办公室（以下简称“市防空防震办”）坚持“巩固提高、拉高标准、建章立制、创新突破”的总体思路，聚焦备战打仗核心能力提升，编制完成《淮北市“十四五”防震减灾规划》《淮北市“十四五”人民防空建设规划》。

【人防基础建设】 2021年，市防空防震办强化防空警报装备建设，增设电声警报器和多媒体警报器，对全市警报器性能进行检查维护，警报器鸣响率达到100%。依法加强人防工程建管用，全年行政审批项目109件。严格落实人防工程建设监管责任，制定《淮北市“结建”人防工程质量监督工作管理制度》，在建人防工程报监率达100%。会同市住建局联合下发《关于加强人防车位管理服务工作的通知》，制定《淮北市人民防空地下室平时使用维护与管理办法》和《关于加强人防车位管理服务的行动方案》，探索与市建投集团泊车公司的合作，对没有物业管理或者管理不善的人防车库进行托管。全年完成部分人防工程标准化改造，完成比率达到86.3%。加强自建人防工程管理，全年发放人防工程平时使用证9个，组织开展人防工程维护管理专项检查3次，对违规使用人防工程，出售、长期租赁人防工程车位等行为依法纠正，并纳入社会诚信体系联合惩戒进行管理。

【人防应急演练】 2021年，市防空防震办组织开展“9·18”防空袭演练活动，设置演练科目12个，人防专业队、民兵分队、民防志愿者队伍以及其他社会救援力量参加演练，同步组织全市中小学校开展防空袭演练。11月1—6日，参加淮北军分区组织的应急演练，主要承担通信保障任务，完成与县区武装部各项通联任务，受到表彰。10月29日，参加淮海经济区跨区综合演练，承担徐州市人员跨境疏散，完成演练任务。

【人防宣传教育】 2021年，市防空防震办与淮北电视台、《淮北日报》开展宣传合作，签订合作协议，常规和重大活动宣传做到报纸有文字、电视有图像、新媒体有发声。加强人防宣讲场所建设，将濉溪县防空防震科普教育基地、淮北地震台、烈山区防空防震体验中心和濉溪县龙池公园设为人防固定教育场所；在陈庄社区、现代花园学校、相山公园、拥军广场等22个宣传点设立固定宣传专栏和多媒体人防警报器。加大群众性人防宣教工作力度，举办人民防空和防护技能

2021年9月16日，淮北市防空防震办在中小学开展应急演练

（高鑫　摄）

讲座50余场次。科学指导基层人防宣教工作，开展10余次防空防震知识教育活动。

（王 卓）

退役军人事务

【概况】 2021年，淮北市有1个市级和4个县级退役军人服务中心，35个镇（办）、443个村（社区）服务站，建成“四级五有”（市、县、镇、村级，有机构、有编制、有人员、有经费、有保障）全覆盖工作体系，开展采集信息、悬挂光荣牌、退役军人安置就业、政策兑现、双拥工作、优抚优待、部分退役士兵社保接续等工作，协调各方力量为现役军人、退役军人、军烈属服务。

【服务保障】 2021年，淮北市退役军人事务局坚持“硬件+软件”建设思路，在“五有”全面落实、机构全部单列、编制全部到位基础上，全市4个县（区）级、35个镇（办）级、34个300人以上村（社区）级服务中心（站）建设达到国家标准，实现市县镇村“四级”全覆盖，完成退役军人全要素建档立卡工作。推动各级退役军人服务保障体系作用发挥，创新开展“双四一”（退役军人服务中心（站）要与所辖区域内的活动对象建立常态化联系机制，做到“四个知道，一个帮助”，即：知道在哪里、干什么、想什么、需要什么，帮助解决问题。活动对象在家庭生活和政策落实中遇到的困难和问题，要首先向退役军人服务中心（站）反映，做到“四个报告，一个依靠”，即：报告本人在哪里，在干什么、在想什么、需要什么，依靠组织解决问题）活动，执行“周探望、月走访、季联络”制度，落实“四尊崇、五关爱、六必访”（“四尊崇”即：新兵入伍做好欢送仪式、举行座谈、挂光荣牌、拍集体照；“五关爱”即：退役返乡做好迎接仪式、谈心谈话、宣讲政策、推介岗位、高效办事；“六必访”即：日常关怀做好退役返乡必访、立功受奖必访、英模典型必访、重要节日必访、遇到困难必访、重大变故必访）。加强常态化联系退役军人工作，联系重点对象，走访探望优抚对象，挖掘和利用红色资源，推动双堆集、临涣镇等5个服务站创建“红色服务站”。深入学习贯彻《中华人民共和国退役军人保障法》《中华人民共和国军人地位和权益保障法》，借鉴新时代“枫桥经验”，依托市县镇村四级服务体系，推广运用“一组一会”基层治理模式就地化解矛盾。构建荣誉激励机制，常态化开展“兵支书”命名活动，组织“最美退役军人”、荣立二等功以上功臣等22人外出疗养。搭建优秀退役军人资源库，吸纳乡村振兴、志愿服务、就业创业等方面退役军人，形成带头作用，激励引导退役军人参与基层社会治理。

【双拥工作】 2021年，淮北市退役军人事务局开展“最美退役军人”“最美拥军人物”“最美军嫂”评选活动和“六进”活动宣讲红色故事。申报并命名1艘护卫舰为“淮北舰”，首个退役护卫艇落户市退役军人主题文化公园，成为“网红”景点。完成110批次军供保障任务，创新“拥军专列”，赴张家口开展“走访塞外卫士 慰问家乡亲人”活动，与教育部门联动，开展小学生书写慰问信、剪纸、泥塑等活动。《军地互办实事双清单》落实率100%。动员组织爱心企业、爱心人士等，开展“爱心送进光荣门 千企进千家”走访慰问活动，帮扶慰问烈士子女、烈士遗属446人次，发放慰问金（品）15.98万元。打造“拥军一条街”“拥军商场”优惠折扣特色品牌，千余家商户参与，涵盖餐饮、教育、医疗等方面。

【退役军人优抚优待】 2021年，淮北市退役军人事务局探索建立完善政府主导、多方参与的社会优待工作机制，提升全市优抚工作水平。完成年度优抚数据审定工作，依法依规核减317人、审定新增182人；对全市残疾退役军人档案做到“应核尽核”，对其中符合换证条件人员做到“应换尽换”，档案核查率、换证完

2021年12月8日，安徽省退役军人事务厅副厅长高峰（左二）到淮北市考评全省双拥模范城创建工作　　（市退役军人事务局　供）

成率实现两个100%。做好优抚资金分配和提标，并首次采用按月打卡发放形式，及时足额拨付。落实普惠加优待，发放纾困解难优待金。优化“一站式”服务，为优抚对象办理住院、门诊补助、医疗参保等业务，支付资金358.48万元。通过夏季送清凉、端午送粽子、爱心企业帮扶、为老年烈士子女送老年机、为失能人员送轮椅等多种形式，开展“爱心送进光荣门”活动。建立与军烈属常态化走访制度，全年帮扶慰问烈士子女、烈士遗属1259人次，发放慰问金（品）42万元。利用春节、八一重要节点，走访慰问优抚对象，发放慰问品。

【烈士褒扬】 2021年，淮北市退役军人事务局对全市198处零散烈士纪念设施全面核查、登记造册，应迁尽迁，并采取措施进行保护。将烈士纪念设施建设修缮纳入当地国民经济和社会发展规划，做好双堆集烈士陵园等提质改造。联合检察机关，开展县级及以下烈士纪念设施专项行动。通过线上展示烈士家书、重温红色经典影视作品、英烈保护知识答题、有奖征文，以及线下组织机关、事业单位、社会团体开展学党史·祭英烈、向党旗宣誓等形式，讲好身边故事，传承红色基因。清明节期间，全市约30万人参与祭奠英烈活动。在双堆集烈士陵园举办“9·30”烈士纪念日向烈士纪念碑敬献花篮仪式，缅怀革命先烈，弘扬英烈精神。市党政军领导干部、功臣模范、老战士、军烈属代表和群众代表等500人参加活动。

【退役军人安置】 2021年，淮北市退役军人事务局以退役军人移交安置、技能培训和就业创业服务为重点，推进退役军人及家属安置和就业创业工作。实行“阳光安置”，做好2021年度9名军转干部、40名由政府安排工作退役士兵的安置工作。市、县（区）通过设置一站式服务窗口，接收安置自主就业退役士兵，完成2021年秋季退役士兵接收安置工作。

【退役军人就业创业】 2021年，淮北市退役军人事务局组织“线上+线下”退役军人专场招聘会16次，472家用人单位累计提供岗位19839个，2840名退役军人参加招聘会，207人达成就业意向。对接税务部门，全年减免退役军人就业创业税费351.65万元。组织开展退役军人创业创新大赛，组建就业指导团队，在全省创业创新大赛中获传统产业、新兴产业2个三等奖。参加安徽广播电台《就业赢未来》专栏访谈，面向全省听众介绍淮北市退役军人就业创业特色做法和亮点成效。采用“线上+线下”方式，对565名退役士兵进行职业技能培训，培训合格率100%，职业资格鉴定合格率91.7%，就业创业率90%，实现退伍即培训、培训即就业效果。

（肖　扬）

【责任编辑　马世界】

工 业

综 述

【概况】 2021年，淮北市规模以上工业企业实现营业收入1500.8亿元、利润132.8亿元，分别增长13.3%、7.9%；营业收入利润率8.8%，高于全省平均水平2.9个百分点。工业用电量同比增长9.9%。民营经济税收收入90.75亿元，同比增长17.9%。规模以上工业增加值同比下降4.4%，工业投资、技改投资同比分别增长0.7%和2.5%，全年新入库规模以上工业企业89家，其中新建企业63家。

【工业强市建设】 2021年，淮北市出台工业企业亩均效益评价办法和扶优扶强制造业企业政策。实施工业转型升级和技改项目197个，其中亿元以上项目113个，98个项目竣工投产。实施消费品工业“三品”（品种、品质、品牌）行动，认定省级新产品、工业精品、“三首”［首台（套）重大技术装备、首批次新材料和首版次软件］产品29个。举办徽风皖“云”推介会，新增上云企业35家、两化贯标企业38家。新增智能工厂2家、数字化车间8个，获评国家绿色工厂1家、省级绿色工厂3家，22个产品进入“节能环保五个一百”目录。新建成标准化厂房75万平方米。召开推进民营经济高质量发展大会，出台支持民营经济高质量发展“30条”。

【供给侧结构改革】 2021年，淮北市深入贯彻落实供给侧结构性改革，着力降低企业成本。在全省率先出台降低企业用电成本“10条”，节约企业用电成本1.86亿元。坚持“六个一批”，加快出清“僵尸企业”。完成处置“僵尸企业”86家，累计盘活土地6059.21亩，完成年初目标的102.5%。

【“五群十链”产业体系】 2021年，淮北市谋划布局“五群十链”产业体系，出台提升重点产业链和产业集群水平实施方案，推动多链融合。举办企业家沙龙6场，筹建成立新型建材、锂电池及铝基新材料协会。全年“五群”“十链”产业产值分别增长3.7%和7.9%；绿色食品和医药健康、新材料和精细化工、高端装备制造3个主导产业累计增加值增长14.5%。

【传统产业升级改造】 2021年，淮北市实施工业转型升级和技改项目197个，其中亿元以上项目113个，松菱电器等98个项目竣工投产。2021世界制造业大会集中签约央企民企项目33个，签约资金146.74亿元。新建5G基站810个，解决疑难站址63个，解决率100%。

【民营经济发展】 截至2021年年底，淮北市有私营企业38791户，新增7503户，同比增长2.3%；个体工商户155955户，新增34317户，同比增长43.8%。持续实施专精特新培育行动，截至年底，全市有淮北市专精特新中小企业67家，安徽省专精特新中小企业109家，安徽省专精特新冠军企业5家，国家专精特新“小巨人”企业7家。9家民营企业在“专精特新板”挂牌。

【企业经营环境建设】 2021年，淮北市常态化举办企业家沙龙等亲商活动，落实服务承诺制和“企业吹哨、部门报到”机制，健全顶格倾听、顶格协调、顶格推进服务企业机制。举办6期企业家沙龙，参与交流企业累计200余家，现场交流发言企业50余家，30家企业反映的65个问题，100%答复，100%办结。拖欠民营企业中小企业无分歧账款实现全部清零。

【工业化与信息化融合】 2021年，淮北市推进“工业设备网联化、网络接入无线化、工厂内网IP化、工厂外网智能化”的先进工业网络建设。出台工业互联网支持政策，通过云计算、大数据、物联网、人工智能等新一代信息技术，引导规模以上工业企业整合研发、设计、生产、销售、物流、售后全环节信息化应用，实现工业数据全生命周期的采集、感知和集成应用，建立以数据驱动为核心的网络化、扁平化、平台化经营管理模式。鼓励产业链上下游企业上平台、用平台，打造贯穿创新链、产业链的行业型工业互联网平台。全市规模以上工业企业通过实施“5G+工业互联网”场景运用、数字化改造等累计投入5亿多元，累计建成省级智能工厂4个、数字化车间22个、两化融合体系贯标企业83家。淮北矿业+智慧综采项目入选安徽省“5G+工业互联网”十大创新应用、5G典型应用示范；华润金蟾基于工业互联网的智能化中药房入选省工业互联网新模式应用示范。

（冯　皓）

高端装备制造产业

【概况】 2021年，淮北市高端装备制造产业集群规模以上工业企业有149家，占全市规模以上工业企业数量的23.5%，占全市规模以上工业产值的9.99%。其中，安徽省专精特新中小企业20家，占全市总数的18.3%。金属制品、通用设备制造、汽车零部件制造、电池制造为淮北市装备制造业的主要领域。通用设备制造业21家，主要有泵、阀门、压缩机及类似机械制造、轴承、齿轮和传动部件制造和烘炉、风机、包装等设备制造。专用设备制造业65家，主要有采矿、冶金、建筑专用设备制造和化工、木材、非金属加工专用设备制造。汽车零部件生产企业共27家，初步形成以汽车发动机及发动机活塞、汽车水泵、油泵、汽车减震器、刹车片、雨刮器、倒车镜、暖风电机、车用机械设备零配件等汽摩配的产业集聚。电池制造业企业23家。淮北合众机械设备有限公司、淮北市一环矿山机械有限公司、安徽中能矿机制造有限公司、安徽紫朔环境工程技术有限公司、安徽华星选矿科技有限公司和淮北市平祥感应炉有限公司申报的技术设备被评为省级首台套重大技术装备。

【企业家沙龙举办】 2021年9月，淮北市举办高端装备制造产业集群暨智能制造装备产业链企业家沙龙。活动中，省经信厅装备处处长解读了安徽省高端装备制造产业“双招双引”实施方案。安徽省矿业机电装备有限责

安徽山河矿业装备股份有限公司　　（市传媒中心　供）

任公司、安徽龙波电气有限公司等企业负责人结合实际，围绕发展的难点、堵点和痛点问题作了交流。与会市领导及相关部门负责人作回应发言。

【安徽山河矿业装备股份有限公司】 该公司是山河智能装备股份有限公司控股子公司，总占地面积21.7万平方米，其中包括6.5万平方米标准化厂房及相关配套设施。主要产品为集团工程机械配套结构件，包括旋挖钻机、液压桩机及起重机三大系列产品结构件。2021年实现销售收入2.4亿元，税收约1200万元。

【安徽省矿业机电装备有限责任公司】 该公司是安徽淮海实业发展集团有限公司独资子公司，占地面积近千亩，拥有各类机床及智能化设备2000余台，以及下料数字化生产线、液压智能化装配生产线、电镀生产线、锻造生产线、喷涂生产线等专业化生产线和液压支架试验台。专业从事煤矿综采及运输设备的研发、制造和维修业务，主导产品有液压支架、刮板输送机、带式输送机、单轨吊机车、设备列车、超前支架和煤矿井下综采工作面安装拆除装置等。液压支架通过国家安标（中心）A类支架认证，“擎宇”牌液压支架、“皖星”牌胶带输送机和刮板输送机为安徽省名牌产品。建有院士工作站、博士后科研工作站、省级技术中心、省级工程技术研究中心，是国家高新技术企业、国家煤机装备制造业骨干企业、中国煤炭行业AAA级信用企业。2021年销售收入11.5亿元。

【淮北市中芬矿山机器有限责任公司】 2021年，该公司获国家级专精特新重点“小巨人”、“皖美品牌示范企业”称号。获6项国家发明专利，拥有有效授权发明专利18项。实现产值2.58亿元、同比增长94%，销售收入2.51亿元、同比增长122%，实缴税收815万元。公司研发的GZN系列周边驱动高效智能化浓缩机直径达120米，NXZ系列中心驱动高效浓缩机直径达80米，NXZS系列液压驱动高效深锥浓缩机直径达45米。产品远销印度尼西亚、刚果（金）、巴西、俄罗斯等20多个国家和南非地区。

（纵兆纯）

安徽矿业机电设备有限责任公司　　（市传媒中心　供）

煤化工产业

【概况】 2021年，淮北市有2家规模以上工业企业（不含关联企业）。焦炭产量405.3万吨，同比增加1.4%；炼焦产业增加值下降20.8%，占全市工业比重的3.2%，下拉全市规模以上工业增速0.6个百分点。

【临涣焦化股份有限公司】 该公司成立注册资本金6亿元，总占地129.8万平方米，总规模为年产焦炭440万吨、联产甲醇40万吨。主要产品为焦炭、甲醇，副产品有焦油、硫铵、粗苯、精苯、甲苯、二甲苯、重苯、除尘灰、非芳烃、干熄焦余热发电等。2021年，累计产值突破百亿，同比增长26.5%。

【濉溪县鸿源煤化有限公司】 该公司以煤化工为主导产业，经营范围包括选煤、洗煤、炼焦、热电、煤焦化工、焦化营销。2021年，有员工500多人，公司年生产能力为60万吨冶金焦、煤气13000万立方米、焦油28000吨、粗苯7500吨、硫铵8000吨、硫磺2600吨、发电1.3亿千瓦时，公司累计产值约11亿元。

【安徽神源煤化工有限公司】该公司占地面积为13.29万平方米，注册资本金为8亿元，主要产品为煤炭。矿井保有资源储量2.97亿吨，可采储量1.21亿吨。2021年产值同比增长27.8%。公司被中国煤炭工业协会评为煤炭行业党建工作品牌示范案例、优秀案例；通过国家安全质量标准化一级矿井验收。

电子信息产业

【概况】2021年，淮北市电子信息制造业以电线、电缆制造、电子元器件为主，随着近年锂离子电池、电路板、显示器等企业的入驻和成长，产业内结构日益优化，发展后劲逐渐增强。全市规模以上电子信息制造企业32家。其中，相山区双创信息产业园5家、烈山区电子信息产业园9家、淮北高新区电子产业园18家。

【金龙机电（淮北）有限公司】该公司专业生产扁平马达、实芯马达、空心杯马达、线性马达等系类马达。2021年，公司研发手机使用的屏下发声线性马达，开拓国内品牌市场。建立开放式的产学研合作开发机制，实现借智发展。依托企业技术研发中心，与安徽大学、淮北师范大学、淮北职业技术学院建立合作关系。引进硕士3名。申报发明专利1项、实用新型专利14项。全年实现营业收入2.58亿元，纳税总额达1268万元。截至年底，累计生产手机用马达13亿只，实现产值23亿元，纳税1.06亿元。

【安徽和晶智能科技有限公司】该公司成立于2021年5月，主要从事智能控制器的研发、制造以及相关配套设施，产品门类涵盖家电控制器、工业类控制器、通信类控制器及汽车电子业务。和晶智能科技项目总投资6.5亿元，实现产值约2亿元，一期实现当年签约、投产、入规。

生物制药

【概况】2021年，淮北市生物制药规模以上工业企业65家，集聚安徽华润金蟾药业股份有限公司、安徽英科医疗用品有限公司、安徽科宝生物工程有限公司等行业重点企业。重点发展壮大中药颗粒、抗肿瘤新药、医药中间体、高端医用防护品等产品，向医疗监护设备、家用康养护理器械等领域布局。医药方面，以安徽华润金蟾药业股份有限公司为代表的中药产业发展优势明显，其主导“金蟾牌”华蟾素系列产品系国内首创、独家生产，并被列入国家中药保护品种。医疗器械产业方面，医用手套、口罩、防护服、中频惯导康复仪和义齿等相关品种生产企业较为齐全，安徽英科医疗用品有限公司为全球医用手套制造行业龙头企业。安徽科宝生物工程有限公司投资2.2亿元创办国际生物基科创产业园。

【安徽华润金蟾药业股份有限公司】该公司占地341亩，建筑面积7万平方米，注册资本1.66亿元，有员工975人。2021年，公司全面构建华润金蟾1核（中药价值创造）、2轴（质量、效率）、3新（新产品、新制造、新生态）、4化（制造智能化、产业集群化、生产平台化、产品差异化）的战略愿景。规划建设配方颗粒三期工程，建成配方颗粒全国较大较强的生产基地。开展华蟾素系列产品的中药大品种二次开发，打造中药抗肿瘤第一品类。搭建从药材的种植养殖、加工、饮片生产到药品生产、药渣生态环保利用的全产业链运营能力。构建价值百亿的产品群，由单一的生产基地向综合产业园区发展。2021年实现工业产值30.6亿元，纳税4123万元。

安徽科宝生物工程有限公司　（市传媒中心　供）

【安徽英科医疗科技股份有限公司】 该公司成立于2017年11月3日，注册资本14.18亿元，占地面积约934亩。经营一次性医用PVC检查手套、一次性医用丁腈检查手套生产与销售。拥有世界先进技术水平的PVC手套生产线100条、丁腈手套双模生产线60条。2021年营业收入61亿元，实缴税额1.35亿元，出口创汇6.4亿美元。

【安徽科宝生物工程有限公司】 该公司占地36000平方米，专业从事中药饮片、原料药研发、生产和销售，主要生产胆固醇、胆红素、胆酸、胆粉等原料药，是国内第一家人工牛黄原料全部通过药品GMP认证的企业。2021年销售收入10309万元，利润总额938.3万元，上缴税金368.9万元，胆固醇产品在全球和国内市场占有率排名第一。

食品工业

【概况】 2021年，淮北市有规模以上工业企业103家。安徽口子酒业股份有限公司总投资16亿元的口子产业园一期项目部分投产，总投资13.6亿元的年产2万吨大曲酒酿造项目开工建设。总投资5亿元的今麦郎软化饮品项目完成设备安装试产。全年生产小麦粉123.51万吨、饲料68.45万吨、饮料酒24434千升。食品产业增加值同比下降8.5%。

【安徽口子酒业股份有限公司】 2021年，该公司以“智慧工厂”建设为重点，口子工业园、口子酒文化博览园东关厂区完成智能机器人上甑系统改造。口子产业园一期6栋制曲车间、6栋共42跨酿酒车间全部投产，自动化包装车间、基酒库建设进展顺利。二期项目智能化酿造车间、制曲车间加快建设。2021年实现营业收入50.29亿元，同比上升25.37%；实现净利润17.27亿元，同比上升35.38%。通过2021年度“食安安徽”品牌认证评价。

【安徽曦强乳业集团有限公司】 该公司占地70余亩，下设奶牛场、饲料厂、饲草种植基地、乳品加工厂、商贸物流等子公司，年产能近10万吨，拥有10余条灌装生产线。生产的产品包括鲜牛奶、酸奶、乳酸饮料等4个系列。2021年实现销售收入2.2亿元。积极打造智慧工厂，成功转型为低代码数字化管理企业。生态牧场被评为市级畜禽养殖标准化示范场。公司通过2021年度“食安安徽”品牌认证评价，入选2021年度皖美品牌示范企业，获“2020—2021消费市场行业口碑品牌”。

（徐立松）

【思朗食品（淮北）有限公司】 2021年，该公司完成产量11824.28吨，销售收入14979.87万元。拥有员工200人，配置5条大型生产线，其中，2条饼干生产线、1条保健饼干生产线、1条夹心饼干生产线、1条奥地利进口威化饼干生产线，产品种类涉及酥性饼干、韧性饼干、发酵饼干、曲奇饼干、夹心饼干、糕点、功能饼干和膨化食品等，产品品项有“粗粮纤麸”“甜薄脆”“早餐饼”“果乐果香”“威化饼”“蒸薯坊”等系列。

【淮北顺发食品有限公司】 该公司是一家生产销售“幸运”牌方便面和调味料的外商投资企业。占地83.7万平方米，员工280人，有4条方便面生产线及配套调味料生产线。有省级认定企业技术中心，具备完善的企业标准体系，“幸运”牌方便面获评“安徽省名牌产品”。公司先后获安徽省农业产业化龙头企业、安徽省粮食产业化龙头企业、安徽省放心粮油示范加工企业等称号。2021年实现销售收入1.51亿元，上缴税收1000余万元。

煤炭工业

【概况】2021年，淮北市有淮北矿业股份有限公司、安徽恒源煤电股份有限公司等规模以上企业12家，市内有煤矿矿井16对，煤炭生产能力2551万吨。全年原煤产量3551.4万吨，同比下降6%；洗精煤产量1343.6万吨，同比增长2.4%；煤炭产业增加值同比下降8.9%，占比40.6%，下拉全市规上工业增速3.3个百分点。

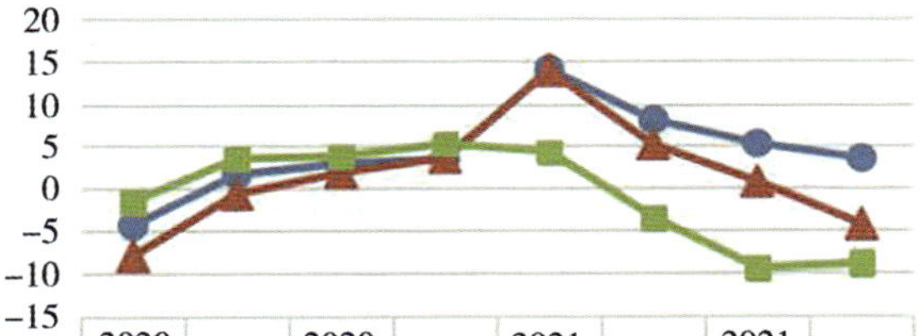

	2020年度第一季度	2020年上半年	2020年前三季度	2020全年	2021年第一季度	2021年上半年	2021年前三季度	2021年全年
GDP增速（%）	−4.4	1.5	2.8	3.3	14.0	8.1	5.2	3.4
规模以上工业增加值（%）	−7.9	−0.8	1.7	3.5	13.9	5.1	0.6	−4.4
煤炭行业增加值（%）	−1.6	3.4	3.7	5.2	4.2	−3.6	−9.4	−8.9

图1　2021年淮北市地区生产总值、规模以上工业增加值、煤炭行业增加值增速示意图

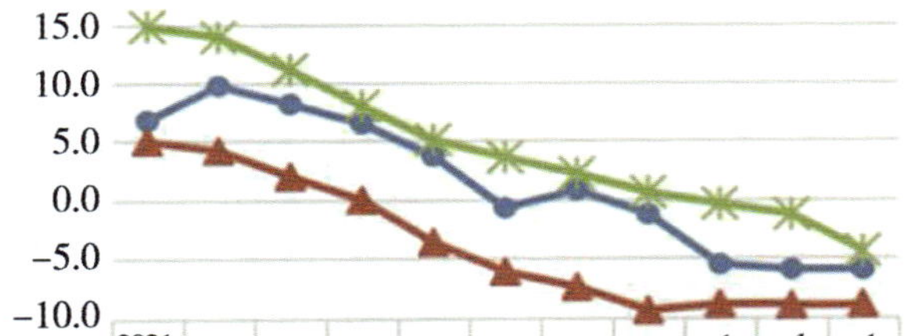

	2021年1—2月	1—3月	1—4月	1—5月	1—6月	1—7月	1—8月	1—9月	1—10月	1—11月	1—12月
原煤产量增速（%）	6.8	9.7	8.2	6.5	3.7	−0.7	0.8	−1.2	−5.5	−6.0	−6.0
煤炭行业增加值增速（%）	5.0	4.2	2.0	0.0	−3.6	−6.1	−7.4	−9.4	−8.9	−9.0	−8.9
规模以上工业增加值增速（%）	14.8	13.9	11.1	8.0	5.1	3.6	2.2	0.6	−0.4	−1.3	−4.4

图2　2021年淮北市原煤产量、煤炭行业增加值、规模以上工业增加值增速示意图

【深化改革】2021年，淮矿集团加快推进国企改革三年行动，完成总任务量的80%以上。深化“放管服”改革，对25家单位实行负面清单管理。快捷综合服务中心业务网办率95%以上，评价满意率100%。大力实施“科技强企”战略，完成研发课题144项，26项科技成果获省部级以上奖励，其中信湖矿物联网平台与单兵装备、桃园矿轨道电机车无人驾驶系统被国家能源局列入第一批能源领域首台（套）重大技术装备项目。淮矿集团拥有12家国家高新技术企业。淮北矿业控股股份有限公司连续两年被评为“安徽省百强高新技术企业”，安徽紫朔环境工程技术有限公司入选国家专精特新“小巨人”企业。

皖北煤电按照“2021年完成改革总任务的70%以上、2022年上半年基本收官”的目标，稳步推进国企改革三年行动。规范董事会建设与运行，23个子企业全部完成董事会建立工作，纳入范围的10户子企业全部实现外部董事占多数要求。推进经理层成员任期制和契约化管理，有36家子企业的143名经理层人员签订“两书”（岗位聘任协议书、年度经营业绩责任书）。加快三项制度改革，制定集团公司三项制度改革示范案例，总结形成可复制、可推广的三项制度改革经验，提升三项制度改革成效。建立市场化用工制度，各级子企业通过竞争上岗管理人员32人。拓展改革事项范围，完成皖北煤电恒馨房地产开发有限公司股权转让、安徽淮化集团有限公司依法破产等改革事项，推进安徽华江与江苏华江战略性重组等改革事项。

电力工业

【电网建设】 淮北地区有500千伏变电站1座、220千伏变电站9座、110千伏变电站24座、35千伏变电站24座，形成以500千伏为中心，220千伏双环网、110千伏及35千伏双电源、10千伏城网“手拉手”的网架结构。截至2021年年底，淮北地区各类电源共计36座，总装机容量673.94万千瓦。其中，火电厂13座、容量611.57万千瓦，光伏电站16座、容量42.33万千瓦，风电场7座、容量20.04万千瓦。

【用电量】 2021年，淮北市电力户数107.26万户。全社会用电量79.54亿千瓦时、同比增长11.28%。其中，一产用电1.86亿千瓦时、占比2.34%，增长58.88%；二产用电52.2亿千瓦时、占比65.66%，增长10.26%，其中工业用电50.91亿千瓦时、占比64.04%，增长9.94%；三产用电12.1亿千瓦时、占比15.22%，增长17.08%；居民用电13.38亿千瓦时、占比16.83%，增长5.97%。2021年1月7日达到146.35万千瓦，首次超过夏季最大负荷。

【能源低碳转型】 国网淮北供电公司积极构建新型电力系统，开建省内首个源网荷储一体化示范工程。深化开展“供电+能效”服务，市级政府能源托管、大学校园综合能源战略合作、内河零碳示范码头等项目在省内率先签约。加强对“双高”企业用电数据监测与分析，为减污降碳协同增效提供决策服务。积极服务新能源发展，年内5个风电项目全部并网。

【电力服务】 国网淮北供电公司全力保障电网安全，完成建党百年、全国“两会”等保电任务；完成援豫抗洪抢险保供电任务。争取专项资金650万元，完成77个老旧小区电力改造任务。组织客户经理主动上门服务，将高、低压用户办理环节分别压至4个、3个，保障客户早接电。深度推广“互联网+”，线上客户规模突破88万次，占总数超八成，实现低压业务“一次都不跑”。落实惠企办电政策，城区160千瓦、农村100千瓦及以下小微企业由供电企业投资至电能表，小微企业“三零”接入4785户。

（吴衍峰）

【大唐淮北发电厂】 2021年，大唐淮北发电厂完成发电量68.77亿千瓦时，同比多发电量4.25亿千瓦时，取得大唐安徽公司首个光伏电站全容量投产发电、入厂标单区域第一。外部市场实现创收1.29亿元，创效1.05亿元。青谷光伏项目通过全容量并网发电72小时试运行，实现大唐安徽公司光伏项目零的突破。12月2日，青谷光伏项目发电功率最高达到1.64万千瓦，超额定功率近10%。五沟光伏项目开工，与阜阳市颍上县五十铺乡签订10万千瓦风电项目开发框架协议，与烈山区政府签订15万千瓦风电项目开发框架协议。开展安徽省风电、光伏项目三年计划入库申报工作，申报完成淮北市、宿州市、阜阳市三地8个共31.5万千

大唐淮北发电厂1号机组维修现场 （邵军 摄）

淮北旺能环保能源有限公司对生产过程实行全监控

（市传媒中心　供）

瓦风电、光伏项目。开展配煤掺烧工作，采购掺烧煤效益完成3.19亿元。截至2021年12月31日，连续安全生产2807天。

（吕　峰）

【淮北旺能环保能源有限公司】公司是一家现代化垃圾焚烧发电企业，经营垃圾焚烧发电、垃圾处理服务、垃圾处理技术研发及相关技术服务、工业热气的生产及销售。实现生活垃圾年处理能力约55万吨，年发电量约2.4亿千瓦时。2021年，被生态环境部、住房和城乡建设部联合授予环保设施和城市污水垃圾处理设施向公众开放单位称号。

【淮北国安电力有限公司】2021年，公司发电量22.24亿千瓦时，供汽量35.3万吨，上网率94.17%。供电煤耗324.98克/千瓦时。全年累计亏损1.147亿元。安徽省能源局将公司二期2×6600兆瓦机组等容量替代项目被列入省“十四五”规划，并在省“十四五”期间完成等容量替代工作。淮北皖能储能科技有限公司储能项目2021年6月底启动，一期建设规模为103兆瓦/206毫瓦时。年内签订供热合同用户18家，实现供热17家。截至2021年12月31日，实现连续安全生产5694天。公司继续保持全国“安康杯”竞赛优胜单位称号，获评2020年度安徽省企业信用评价诚信单位、2021年度监督执法正面清单企业。

【淮北申皖发电有限公司】2021年，公司发电量56.1亿千瓦时，产值19.07亿元，同比增加1.67亿元，增幅9.6%。上缴利税2777万元，同比增加1101万元。净利润-1.36亿元，同比减少1.94亿元。公司先后获“中国电力优质工程奖”“国家优质工程奖”“全国安全文化建设示范企业”等称号。

化学工业

【概况】2021年，淮北新型煤化工合成材料基地发挥专业化工园区优势，抢抓长三角一体化、中部地区高质量发展叠加机遇，全力打造皖北承接产业转移示范区。6月，淮北新型煤化工合成材料基地被中国石油化工联合会列为“‘十四五’期间全国重点培育的具有一流竞争力的70家化工园区之一”。累计落地招商引资项目30余个，协议总投资超过200亿元，工业增加值、工业投资、财政收入等主要经济指标均保持两位数字以上增幅。全年焦炭产量405.3万吨，累计比上年同期提高1.4%。

【安徽中意胶带有限责任公司】公司主要从事输送带、高耐磨材料和橡胶、塑料及聚氨酯制品的研发、生产和销售，是全国高强力输送带和高分子耐磨材料的重要生产基地，为煤炭、冶金、电力等行业，提供优质的产品和服务。先后获得国家发明专利40多项，获“国家绿色工厂”“国家知识产权示范企业”“全国守合同重信用企业”“中国名牌产品”“中国驰名商标”“全国工业品牌培育示范企业”等荣誉称号。2021年完成产值56265万元，实现营收55702万元，创利税3882万元。

【安徽金冠玻璃有限责任公司】公司生产玻璃杯、玻璃碗碟、中高档酒瓶、饮料瓶、化妆品瓶、储物罐等6大系列2000余种产品。其中，蜡杯、蜡台系列产品，在国内同行业为加工出口数量第一。是省级高新技术企业，淮北市高新技术企业20强、淮北市最具成长型10强企业。拥有2项发明专利和16项实用新型，主编标准1项。2021年实现销售收入1.6亿元，利润总额近500万元。

（王　璞）

纺织服装业

【概况】2021年，淮北市有规模以上纺织服装企业39家，其中纺织业规模以上企业14家、纺织服装（服饰业）规模以上企业25家。受疫情影响，1—12月增加值下降20%，营业收入20.9亿元，下降22.8%；利润2.3亿元，增长6.8%。重点企业有华孚时尚股份有限公司、淮北新兴皇苑制衣有限公司、安徽福尔足袜业有限公司、淮北今一纺织制衣有限公司等。

【华孚时尚股份有限公司】公司是中国A股首家色纺行业上市公司，全球色纺产业领导品牌、全球较大的新型纱线供应商和制造商。占地面积730亩，总建筑面积达18.5万平方米，总投资20亿元，有新型纱锭20万枚，年产色纺纱2.5万吨，员工2000余人。2021年6月华孚30万锭智能纺纱产业园项目一期10万锭智能纺纱车间开工建设，9月29日完成主体封顶。2021年主营业务收入7.22亿元，利润2.3亿元，税收1699万元，研发费用2597万元。

（丁慧敏）

【安徽福尔足袜业有限公司】公司是一家专业从事各类棉袜及针纺织品研发、生产、销售的规模以上企业，产品远销欧美市场。国外主要客户包括沃尔玛、彪马、百利等大型连锁零售商，是国家《产业结构调整指导目录》中鼓励类的工业企业。2021年生产各类袜子7800万双，出口额3000万美元，税收2020万元人民币。

新型建材业

【概况】2021年，淮北市有淮北众城水泥有限公司、安徽康美绿筑新材料产业园有限公司等规模以上工业企业120家。主要由水泥、钢构、铝型材、新型墙材等行业构成。全年增加值同比下降15.8%，占全市工业比重的8.3%，下拉全市规模以上工业增速1.6个百分点。规模较大的建材企业有淮北矿业相山水泥有限责任公司、中煤远大淮北建筑产业化有限公司、安徽康美绿筑新材料产业园有限公司。

【安徽康美绿筑新材料产业园有限公司】公司是一家专注研发、设计、生产、销售新型绿色建材系列产品、装配式建材系列产品、节能和生态资源利用的综合

安徽康美绿筑新材料产业园　　（市传媒中心　供）

产业园公司。2021年，公司通过ISO 9001国际质量体系、ISO 14001环境体系和ISO 45001职业健康体系增项（ALC板、节能门窗和PC预制构件）认证。公司蒸压加气混凝土隔墙板和蒸压加气混凝土砌块（砂）先后获安徽省和江苏省新型墙体材料产品认定证书。公司获发明专利1项、实用新型专利14项，软件著作权4项，被认定为高新技术企业。2021年，公司（含子公司）实现年产值1.73亿元、销售收入1.56亿元，实缴税金460.22万元，吸纳劳动力220多人。

【中煤远大淮北建筑产业化有限公司】 公司是一家集装配式建筑研发、咨询、设计、PC构件生产、销售、现场总装于一体的综合性、现代化的绿色节能环保企业。先后荣获国家发明专利及实用新型专利20余项。配备国际先进水平的PC构件生产工厂和专业设计、施工、吊装团队，提供包括装配式建筑（住宅及公共建筑）、乡村振兴建设、地下综合管廊、海绵城市建设相关的多种产品及服务。2021年9月，获批安徽省装配式建筑产业基地，12月通过国家能源体系认证。

淮北矿业（集团）有限责任公司

【概况】 2021年，淮北矿业（集团）有限责任公司（以下简称淮矿集团）资产978亿元。在岗员工4.8万人，生产矿井18对，年产商品煤2200万吨、焦炭440万吨、甲醇40万吨、聚氯乙烯64万吨，电力总装机规模200万千瓦。拥有淮北矿业控股股份有限公司、安徽华塑股份有限公司2家沪市主板上市公司。连续20年进入中国企业500强，位列2021中国企业500强第315位、煤炭企业50强第13位，连续3年跻身长三角三省一市百强企业榜。淮矿集团先后获全国先进基层党组织、全国煤炭工业科技创新先进企业、国家首批矿产资源综合利用示范基地等称号。

【生产经营】 2021年，淮矿集团坚持“加减乘除”一体推进、“六大工具”（对标管理、内部市场化、盘活存量、政策利用、安全技术经济一体化、产选销运一体化）多管齐下，实现营收720.8亿元、利润43.3亿元。综采月单产、煤巷月单进、岩巷月单进分别达到10.3万吨、137米、91米。吨煤成本控制在合理水平，非煤可控成本同比下降3%以上，物流成本同口径同比下降7500万元。银行融资、股市融资“双轮驱动”，华塑股份IPO募集资金15.2亿元，集团综合融资成本创历史新低。实施“两降一调”（降有息负债、降负债比率、调债务结构）、“一债一策”，严控“两金”（应收账款、存货）占用，集团有息负债较年初下降73.7亿元。推进选煤“五降一提”（降灰、降水、降矸损、降煤泥产率、降加工费，提高精煤产率），落实“四个最大限度”（最大限度源头降灰，最大限度毛煤选矸，最大限度提高选煤厂精煤、中煤、煤泥产率，最大限度降低煤炭消费量），全年入洗煤灰分40%、同比下降3.82个百分点；全年争取政策性资金9亿元。

【转型发展】 2021年，淮矿集

2021年9月16日，淮北矿业集团信湖煤矿建成投产　（陈磊　摄）

团坚持做精煤电，新建15个智能化采煤工作面、2个智能化掘进工作面、1条盾构作业线、24条巷修机械化作业线。电力产业全年发电96亿千瓦时，完成光伏发电项目备案11个。做大化工，临涣焦化股份有限公司、安徽华塑股份有限公司、安徽雷鸣科化股份有限公司营收和利润再创佳绩，化工产业营收已超越煤炭产业；碳鑫科技焦炉煤气综合利用项目试生产。做活金融，淮北矿业集团财务有限公司、淮北皖淮投资有限公司全年盈利3.2亿元。做优物流，物流贸易产业全年盈利2.85亿元。做实服务，新型建筑、环保产业发展势头良好，淮北工程建设公司装配式钢结构智能建造项目正式开工，安徽紫朔环境工程技术有限公司全年营收3.5亿元。坚持绿色发展，全年投入4.8亿元用于环境治理；配合中央、省生态环保督察工作，做好整改工作；落实国家“双碳”战略，初步编制完成《碳达峰行动方案与碳中和路径探索》。

【安全生产】 2021年，淮矿集团扎实推进安全生产管理体系与国家、行业安全生产标准化管理体系深度融合，朱仙庄矿、青东煤业、神源煤化工公司3家煤矿通过国家一级标准化验收，集团一级标准化煤矿达标率超过全省平均水平。开展安全生产专项整治三年行动、煤矿安全生产大排查。开展蹲点督导，实现特殊时段安全生产。常态化开展“一通三防”及地测防治水安全评估，有效防范重大灾害事故。持续抓好常态化疫情防控，组织矿区职工接种疫苗12.4万剂次，配置各类防疫物资近700万元，矿区内实现“零感染”。

（朱　凯）

皖北煤电（集团）责任公司

【概况】 2021年，皖北煤电（集团）责任公司（以下简称“皖北煤电”）资产总额445亿元。有在岗职工2.6万人。生产原煤2317万吨、化工产品46万吨，实现营业收入395亿元。拥有生产矿井11对，核定产能2815万吨/年。托管陕西黑龙沟煤矿。电力装机总规模1485.8兆瓦，其中煤矸石热电厂3座，总装机容量69兆瓦；瓦斯（煤层气）电站4座，总装机容量16.8兆瓦；与皖能均股投资设立的钱营孜发电公司，装机容量2×350兆瓦；参股的中国国电集团宿州第二热电有限公司，装机容量2×350兆瓦。下辖中安联合煤化有限责任公司、西北能化有限责任公司、宁夏润夏能源化工有限责任公司、新淮化工工程有限公司4家化工企业。拥有皖煤国贸有限责任公司1家子公司，年交易规模200亿元以上；拥有10艘海轮，运输能力40万吨。皖北煤电先后获全国五一劳动奖状、中华环境友好煤炭企业、全国安全质量标准化企业、全国“安康杯”竞赛优胜企业等荣誉。连续多年入围中国企业500强。集团公司党委被中共中央组织部授予“全国创先争优活动先进基层党组织”称号。

【安全生产】 2021年，皖北煤电推进安全生产专项整治三年行动，修订全员安全生产责任制，完善15项专项规定。增补1.2亿元实施安全整治集中攻坚；推进瓦斯抽采提效、采掘超前精准探查等7项重点任务；制定加强班队长队伍建设指导意见；构建安全培训“云平台”，开展视频反“三违”（违章指挥、违章作业、违反劳动纪律），固化班前“一案例”警示教育。落实月度分析评估机制，构建突敏信息日分析机制；严格执行重大灾害治理“一矿一策、一面一策”；加强重点区域治理；依托国家煤矿水害防治工程技术研究中心、通防检测检验中心，强化灾害超前探测、预警和治理。落实《皖北煤电集团总部机关全员安全生产责任制》。7对矿井达到一级标准化水平，恒昇煤业、恒晋煤业实现安全生产12周年，五沟煤矿实现安全生产9周年；集团公司再创安全年，连续实现安全生产630天。

（穆亚旗）

中煤矿山建设集团有限责任公司

【概况】 2021年，中煤矿山建设集团有限责任公司（以下简称“中煤矿建集团”）是一家跨行业、多元化经营大型施工企业集团，是国内乃至国际矿山建设行业领军企业。注册资本金10亿元，资产总额330亿元。主要从事矿山建设、采煤采矿和建筑、机电、市政、公路、地铁、隧道等基础设施建设以及房地产、园林绿化等业务。

【生产经营】 2021年，中煤矿建集团实现营业收入177亿元、利润1.82亿元，同比分别增长10%和11%；新承揽项目258.5亿元，首次突破200亿元大关，同比增长43%。其中，矿建板块实现营业收入55亿元、承揽项目86.9亿元，同比分别增长10%和45.3%；土建板块实现营业收入122亿元、承揽项目171.6亿元，同比分别增长11%和42%。回收资金167亿元、经营性净现金流13.3亿元。

【科技创新】 2021年，中煤矿建集团大力推广应用新技术、新工艺、新设备，完成8条高质量机械化作业线组建，设立79个研发项目，获得5项国家发明专利、74项实用新型专利，取得2项安徽省科技进步奖；2家单位获批国家高新技术企业，国家实验室、博士后工作站通过验收；加强信息化建设，成立数字与信息化部，优化OA系统，完成统一门户平台建设。

【深化改革】 2021年，中煤矿建集团开展国企改革三年行动，完善法人治理结构，加快推进股权改革和低效无效资产处置，改革任务完成率78%，较省国资委下达指标任务提高8%。稳步推进三项制度改革，完成集团机关定编定岗定薪，职务岗位体系在全集团内实现统一，13家子分公司领导班子成员完成任期制和契约化签约，建立自有核心队伍49支，与安徽水利水电职业技术学院等3所院校签订校企合作协议，合作组建1个“订单班”。

【安全生产】 2021年，中煤矿建集团推进安全生产专项整治三年行动，加强安全生产保障体系，加大反“三违”力度，矿建板块杜绝较大以上安全生产责任事故，土建板块零星事故多发现象得到有效控制，创建2个国家级、8个省级、13个市级安全文明示范工地和26个集团安全质量标准化建设示范项目，安全生产形势总体平稳向好。

（何　海）

2021年3月31日，中煤三建可可盖矿井及选煤厂项目主斜井井筒掘砌工程TBM（DZ823）项目下线仪式举行　（邓中　摄）

安徽淮海实业发展集团有限公司

【概况】 2021年，安徽淮海实业发展集团有限公司（以下简称“淮海实业”）资产总额98亿元。下辖15家二级子公司，参照二级子公司管理的三级子公司12家，拥有省级企业技术中心5家、高新技术企业7家。产业涉及三大业务板块，包括建材建筑（水泥熟料、骨料、装配式建筑等）、现代服务（地质勘查、物流贸易、养老服务等）、装备制造（液压支架、皮带机、刮板机、洗选设备、环保装备等机械制造）。全年实现销售收入165亿元，实现利润11亿元，净资产收益率17.03%，高于省属企业平均水平8个百分点。在岗职工人均年收入8.45万元，同比增长14%。

【转型发展】 2021年，淮海实业以转型升级为主线，优化产业布局和结构调整。建材新材料以"绿色化"为目标，实施"水泥+"战略，通过在水泥、熟料及骨料等现有产品的基础上向高端建材领域延伸；现代服务业以"品牌化"为目标，实施"向价值链高端延伸"战略，通过推进生产性服务业向"制造+服务"型转变，生活服务业实施"智慧+养老工程"；装备制造业以"智能化"为目标，实施"专精特新"战略，通过对外合作，着力提升煤机装备核心竞争力。全方位参与长三角一体化发展、皖北承接产业转移集聚区建设和"融徐"发展。围绕主导产业建立首批15个项目对接清单，达成合作协议项目7个。

【科技创新】 2021年，淮海实业累计投入研发资金1.76亿元，同比增长97%。完成29项新产品、新技术研发，获得发明专利、实用新型专利授权59项。安徽矿机管状带式运输机研发成功并投入应用，实现非煤市场新的突破；18000千牛大工阻放顶煤液压支架一次性通过国家安标（中心）压架试验，跻身国内A类支架生产企业。安徽淮海实业集团华星公司完成智能筛破一体机、细颗粒物料筛分机项目研发，产品被评为安徽省"工业精品"，并通过2021年度安徽省首台（套）重大技术装备评定；正弦滚轴筛智能化监测及运行自动化控制系统通过省科技重大专项验收。中冶淮海预制钢筋混凝土板式楼梯、填充减重墙板等产品通过安徽省新型墙体材料认证。淮海新材料公司与中南大学合作完成煤矸石高效脱碳项目，此项技术为国内首创，已列入2021年省属企业"关键核心技术和产品清单"。

【深化改革】 2021年，安徽淮海实业发展集团公司深入落实国企改革三年行动，推进6个方面20项重点任务，80%改革任务落实落地。开展管技人员全员竞聘上岗、坚持常态化开展校园和社会招聘工作、强化劳动用工制度落实，深入开展"四长"人员清理整顿。持续加强董事会建设，规范决策"机构设置、制度建设、项目投资"等"三重一大"事项。深入开展低效无效资产处置，通过"关闭注销、破产清算、产权转让"等方式，将低效无效资产企业全部清退处置完毕。

【安全生产】 2021年，淮海实业持续开展"1+11+N"（"1"，即1个总体实施方案；"11"，即按照国家、省要求开展的11个专项实施方案；"N"，即淮北市重点行业领域增加的专项整治实施方案，包括特种设备、油气管道等10个）安全生产专项整治和环境保护问题隐患排查治理，深入推进6S管理提升工作，未发生轻伤以上人身事故和环境污染事件。淮北市相山水泥有限责任公司通过绩效分级B级企业验收，众城二线完成绩效分级A级企业设备设施改造工作；安徽省矿业机电装备有限责任公司被评为"省级绿色工厂"。

（茅嘉兵）

【责任编辑　马世界】

农业与农村

综　述

【概况】 2021年，淮北市实现农林牧渔业总产值145亿元，同比增长11.9%。全年粮食总产量151万吨，同比增长1.1%，实现“十八连丰”，小麦单产连续三年全省第一。蔬菜产量42.21万吨，同比增长3.8%；肉类总产16.24万吨，同比增长27.2%；水产品产量2.62万吨，同比增长2.3%。年末生猪存栏61.4万头，同比增长19%；生猪出栏97.2万头，同比增长48.9%。新增高标准农田22.5万亩。农机总动力达283.29万千瓦；农作物耕种收综合机械化水平91.5%；主要农作物良种覆盖率达99%以上。

【农业和农村改革】 2021年，全市土地流转面积达116.4万亩，土地流转率48.6%。杜集区整区推进农村闲置宅基地和闲置住宅盘活利用试点示范。巩固农村集体产权制度改革成果，提高农村“三变”（资源变资金、资金变股金、农民变股东）改革质量，量化集体资产14.25亿元，确认农村集体经济组织成员163.36万人，收录“三变”改革项目645个。实施“百村示范”工程，扶持村级集体经济，全市316个涉农村（居）集体经济经营性收入1.027亿元，同比增长22.17%，其中，50万元以上集体经济强村达到68个，占比21.52%，同比增长17.24%。淮北市入选第三批全国农村集体产权制度改革试点典型案例。

【农民收入水平持续提升】 2021年，全市农村居民人均可支配收入16504元，增速8.5%。巩固脱贫攻坚成果，新识别监测对象29户100人，及时录入系统并开展监测帮扶。衔接政策全部到位，调整优化行业部门一揽子政策25个，安排各级财政衔接资金3.66亿元。产业就业带动效果明显，建成并完善农业产业园32个，培育新型经营主体187家，带动脱贫户3387户，全市脱贫劳动力务工就业15006人。

【乡村振兴战略实施】 2021年，淮北市继续实施农产品加工“五

2021年小麦机械化打捆作业现场　　（市农业农村局　供）

个一批”（发展一批农产品加工强县、建设一批农产品加工强园、打造一批农产品加工领军企业、引进一批知名大型农产品加工企业、培育一批有影响力的农产品品牌）工程，建设长三角绿色农产品生产加工供应基地。濉溪县入围全省重点调度农产品加工20强县、百善食品工业园获安徽省农产品加工业20强。全市农产品加工业产值568亿元。规模以上农产品加工企业156家，规模农产品加工业总产值在全省占比4%。新增10亿元以上企业1家，新增50亿元以上农产品加工强园2个，新增国家级重点龙头企业1家。全市农作物秸秆、畜禽粪污综合利用率分别稳定在92.75%和90%以上，化肥农药利用率分别达41%和40.6%，废弃农膜回收利用率达81%以上。新增“三品一标”（无公害农产品、绿色食品、有机农产品和农产品地理标志）产品80个，有效期内“三品一标”产品达221个，农产品质量安全例行监测合格率达99.96%。确定市级村庄规划试点5个、县（区）级规划试点8个，完成农村道路提质改造项目177.8千米。新建卫生厕所14818户，卫生厕所普及率超过85%。18个镇政府驻地和82个省级美丽乡村中心村污水处理设施全部建成，全市农村生活垃圾无害化处理率稳定在98%以上。

【农业产业化发展】 2021年，淮北市新增国家级农业产业化重点龙头企业1家，新增省级农业产业化联合体8家，新增规模以上农产品加工企业8家。已建成凤凰山、百善、口子、宝迪4大食品加工园区，创建凤凰山、榴园、高岳、百善4个省级现代农业产业园。濉溪县、相山区开展全国农村一二三产业融合发展先导区、全国农村产业融合发展示范园创建，推进百善镇、渠沟镇全国农村产业强镇示范镇创建。烈山区榴园现代农业产业园等4个园区成功申报全国农村“创业创新”园区（基地）。

【农产品品牌战略实施】 2021年，淮北市特色农产品注册商标累计达252件，其中驰名商标7个、著名商标51个、安徽省名牌产品14个。建成15万亩设施蔬菜、3.9万亩石榴、2.5万亩葡萄、500万只淮北麻鸡等一大批农业特色产业基地。培育国家级“一村一品”示范村镇4个、省级示范村镇13个。推进“淮优”农产品公共品牌建设，认定100家155个“淮优”农产品，成立“淮优”农产品产业协会5家，建立省级长三角绿色农产品加工供应基地8个，在沪苏浙地区销售额达45.91亿元。全年新增“三品一标”认证产品80个。有效期内的“三品一标”生产经营主体全市共计111个、产品221个。

【秸秆综合利用】 2021年，淮北市秸秆产业化利用企业（500吨以上）49家，较上年新增25家；新建标准化秸秆收储中心7个。全市农作物秸秆“收贮—利用”体系逐步完善，主要农作物秸秆可收集量260.36万吨，综合利用总量241.49万吨，综合利用率92.75%；产业化利用量118.14万吨，占比48.92%。

【农业重点项目建设】 2021年，淮北市农业农村局指导县区做好项目申报、储备和实施工作，实施市重点项目7个，包括农田水利“最后一公里”项目2个、高标准农田建设项目1个、乡村振兴示范项目1个、美丽乡村示范项目1个、现代化生猪养殖产业化项目1个、农业生态基地建设项目1个。项目总投资318436万元，全年完成投资122575万元。

【新型农业经营主体培育】 2021年，淮北市新增省级示范社12家、省级示范家庭农场22家；市级专业合作社1421户，新登记84户；在册家庭农场6269户，新登记1178户。全市省级及以上示范社43家、省级示范家庭农场88家；市级示范农民合作社97家、市级示范农场165家。培育农村产业发展带头人295人，组织相关培训8次440人次。杜集区、相山区成功申报全省家庭农场农民合作社高质量发展示范创建县。中央财政及省级财政下拨淮北市支持农民合作社资金428万元，300余家县级以上示范社示范农场得到扶持。对2018—2020年新增的389个土地流转项目进行奖补，资金达1688.15万元。

【农村集体产权制度改革】 2021年，淮北市391个集体经济组织完成村集体经济组织换届工作，核实农村集体资产36.24亿元。逐步推进党支部引领合作社试点工作，首批4个试点村集体经济总收入336.41万元，同比增长40.1%，村均收入高于全市2.6倍。316个村（涉农社区）完成“三变”改革，占可实施“三变”改革总村数100%，开展股份合作的村（涉农社区）261个，占比82.59%。“三变”项目库在库项目646个，村集体收益7119.66万元，农户总收益3609.03万元。

【发展壮大村集体经济】 2021年，淮北市确定中央和省、市、县（区）扶持村62个。投入扶持资金3316万元，其中，中央及省级扶持资金1110万元，市、县（区）配套资金1990万元，省级奖补资金59万元，市级奖补资金157万元。全市村级集体经济年经营性收入1.027亿元，同比增长22.17%。50万元以上集体经济强村达到68个，占比21.52%，同比增长17.24%。年集体经济收入10万元以上的村占比86.39%，全面消除年集体经济收入5万元以下的薄弱村。

【美丽乡村建设】 2021年，淮北市2020年度37个省市级美丽乡村中心村全面建成，累计实施各类项目469个，完成投资1.25亿元，顺利通过省级验收。32个省市级中心村全面开工建设，总体建设进度超过80%。已建和在建美丽乡村中心村229个，占布点规划中心村的94.6%。完成13个试点村“多规合一”村庄规划编制和评审。相山区获“安徽省美丽乡村建设先进县”称号。

（李乐乐　张　勇　李　斌　孙　坚　罗冬生　魏丹枫　刘　璇　王　成　李　峰　陈俊峰　李　琳　周　琪）

种植业

【概况】 2021年，淮北市粮食种植面积413.01万亩，比2020年增加0.25万亩；粮食总产量151万吨，比2020年增加1.64万吨，增长1.1%，实现“十八连丰”。其中小麦单产496.61千克/亩，居全省第一位。全市培育规模种子企业17家，其中大型种子企业2家。建设优质专用麦基地146.6万亩，比2020年增加63.17万亩，发展订单面积85.4万亩，比2020年增加32万亩。

【高标准农田建设】 2021年，淮北市投资52381.07万元用于高标准农田建设，亩均建设标准由1500元提高到2250元，新增高标准农田22.5万亩，其中，濉溪县20万亩、烈山区2万亩、相山区0.5万亩（含高效节水灌溉0.2万亩）；中央财政资金23858.93万元，省级财政资金13551万元，市级财政资金7031.25万元，县级财政资金7607.89万元，自筹资金332万元。

【优质专用小麦生产】 2021年，淮北市实施完成国家小麦繁殖基地1000万元资金项目，全面提升全市种子企业种子加工、储存保管、基地基础设施功能。实施小麦种子“三圃田”建设12104亩，繁殖种子50万亩。巩固了濉溪县制种大县的地位。淮北市柳麦2020、柳麦521、新研7号、泰田麦699、柳紫黑麦1号、安科1618、皖麦818、金海719、永民豆9号等9个品种通过安徽省审定，濉1309、濉1615、濉科43等3个品种通过国家审定。实施化肥减量增效行动，开展草地贪夜蛾、小麦赤霉病等病虫害统防统治。

【蔬菜生产】 2021年，淮北市积极推行规模化种植，标准化、设施化生产，蔬菜生产稳中有升。全市蔬菜播种面积15.94万亩，同比增长3.5%。蔬菜产量42.21万吨，同比增长3.8%，其中食用菌产量3141吨。全市有设施蔬菜占地面积6万亩。

【农药监管】 2021年，淮北市全面实施农药经营许可制度，全市农药经营主体共378家，均已使用省农药数字监管平台。制定《2021年科学安全用药培训实施方案》，市、县（区）农业农村部门通过多种形式举办“科学安全用药大讲堂”培训活动60场次，累计培训3000余人次。实施农药减量化行动，落实农药减量增效技术，农药使用显著下降。

【病虫害防治】 2021年，全市农作物病虫害总体中等至偏轻发生，个别病虫害偏重发生，主要农作物病虫害发生面积386.64万亩次，防治面积1330.94万亩次，病虫害损失控制在3%以内。全市大力推广生物农药、高效低毒环境友好型药剂，推广应用植保无人机、自走式喷杆喷雾机等高效植保药械，主要农作物病虫害绿色防控覆盖率达到47.59%，主要农作物统防统治覆盖率达60.79%。

（市农业农村局）

2021年9月23日，淮北市农业农村局举办食用农产品“治违禁 控药残 促提升”三年行动宣传活动 （李楠 摄）

畜禽业

【概况】 2021年，淮北市肉类总产量10.6万吨，同比增长30.9%，高于全省15.7个百分点。生猪出栏97.2万头，比2020年增加31.9万头，增长48.9%；家禽出栏1059.2万只。年末，生猪存栏61.4万头，同比增长19%；能繁母猪存栏6.35万头，同比增长8.2%。

【动物疫病防控】 2021年，淮北市完成春秋两季重大动物疫病强制免疫和日常补免，全年免疫高致病性禽流感1586.8万羽，口蹄疫免疫147.8万头份，羊小反刍兽疫免疫32.8万头份、猪瘟和蓝耳病免疫101.7万头份，应免畜禽密度达到100%，免疫抗体合格率保持在80%以上。落实非洲猪瘟防控I级应急响应各项防控措施，加强疫情预警。连续多年未发生区域性重大动物疫情。

【定点屠宰监管】 2021年，淮北市有生猪定点屠宰企业6家，年屠宰能力400万头；禽类屠宰企业6家，年屠宰能力1.2亿只；牛羊屠宰定点企业1家，年屠宰能力肉羊100万只、肉牛10万头。全市屠宰生猪60.8万头、家禽3070.4万只、肉羊46万只、肉牛1.27万头。

（张 钦）

水产业

【概况】 2021年，淮北市加快推进水产养殖业绿色发展，实现捕捞减量。全年水产品产量26161吨，同比增长2.3%。水产养殖产量25683吨，同比增长2.49%。捕捞产量478吨，同比下降7%。推行水域滩涂养殖证制度和水产苗种产地检疫制度，渔业管理制度进一步完善。渔业生产安全、水产品质量安全形势稳定向好，渔业水域生态环境持续改善。

【养殖技术应用】 2021年，淮北市继续开展水产绿色健康养殖“五大行动”（生态健康养殖模式推广行动、养殖尾水治理模式推广行动、水产养殖用药减量行动、配合饲料替代幼杂鱼行动和水产种业质量提升行动）示范推广，推广生态健康养殖技术，推行标准化生产，开展工厂化循环水养殖，遴选推荐骨干基地1个，扩增“五大行动”基地5个。

【水产品质量监管】 2021年，市农业农村局加强水产品质量安全宣传培训和投入品使用监管，实施食用农产品白名单制度。发放水产品质量安全知识读本、渔业养殖生产日志、科学用药明白纸等资料3000份。完成省级例行抽检36批次，苗种放流检测6个，市本级风险监测105批次，监督抽查30批次，快速检测600批次，合格率100%。

【渔业安全生产】 2021年，淮北市开展渔业安全生产专项整治三年行动集中攻坚、安全风险隐患大起底大排查大整改“三大行动”、“安全生产宣传月”和“安全生产渔区行”活动，抓好渔业安全生产检查、隐患排查。全年出动执法车辆81台次，执法船（艇）10艘次，执法人员330人次，深入濉溪县、杜集区、烈山区等养殖企业开展26次渔业安全生产执法检查，检查渔业企业30家。渔业生产安全保持零事故。

（刘子梅）

农业科技

【农业科技培训】 2021年，淮北市建立新型职业农民培训师资库（市农科教讲师团），由44名农技专家组成；建立新型职业农民实训基地21家，省级农民田间学校9家，培训新型职业农民925人。举办各类农业科技培训班55场（期）次，培训人员8735人次，印发农业科技明白纸等技术资料58.34万份，发放农业科技书籍2700余册。

【农业科技服务】 2021年，淮北市继续做好基层农技推广体系改革与建设任务实施工作，构建“专家+农技人员+示范基地+示范主体+辐射带动户”的链式推广服务模式。全市266名基层农技人员结对指导1336户农业科技示范户，年进村入户服务10次以上。发布农业主推技术及其技术操作规范20项，农业主推技术到位率达100%。建立农业科技示范展示基地15个，全年开展观摩、培训4次以上。277名农技人员使用中国农技推广App应用，使用率达95%以上。全年上报日志信息34709条、农情信息15384条，提问和回答数量186254条。

（丁　玲）

农业机械

【概况】 2021年，淮北市拥有农机总动力283.29万千瓦，其中柴油机动力269.02万千瓦、汽油机动力3.74万千瓦、电动机动力10.53万千瓦。全市拥有拖拉机11.33万台，配套农具35万部，农机配套比1∶3.1；联合收割机11246台，秸秆粉碎还田机7726台，秸秆捡拾打捆机2554台；

2021年，濉溪县农田机械化深翻作业现场　（市农业农村局　供）

机动脱粒机1.41万台，谷物烘干机44台；机引犁10.46万台，旋耕机2.28万台，深松机1307台，机引耙10.21万台，播种机9.12万台；水泵1.95万台，节水灌溉机械2.67万台；机动植保机械16124台；饲料（草）加工机械设备2935台，饲养机械42台，畜产品采集加工机械17台；增氧机2895台，投饵机1734台；植保无人机147架。农机化从关键环节机械化向农业生产各个环节机械化转变，从产中机械化向产前、产后机械化全程延伸。全市农机户13.73万户，农机化作业服务专业户1858户，农机作业服务组织121个。全年完成机耕面积217.70千公顷，机播面积274.30千公顷，机电灌溉面积157.70千公顷，机械植保面积265.34千公顷，机收面积267.42千公顷。全市农作物机耕水平90%，机播水平94%，机收水平91%，农作物耕种收综合机械化水平91.5%。

【农机购置补贴】 2021年，中央财政安排淮北市农机购置补贴资金3982万元，使用率为98%，补贴各类机械6100台（套）。

【机械化生产】 2021年“三夏”期间，淮北市投入各类农机具超过10万台，完成小麦机收面积135.42千公顷，机收率100%；完成机播玉米面积82.30千公顷，机播率99.80%。“三秋”期间，全市投入各类农业机械15万台（套），联合收割机3000台。完成玉米机收面积78.95千公顷，机收率95.68%；完成机械化深耕面积39.17千公顷；完成小麦机播面积135.42千公顷，机播率100%。农机部门通过举办农机化实用技术演示现场会、培训班等形式，培训农机技术人员、农机手8485人次。

【农机安全生产】 2021年，淮北市开展农机安全现场宣传活动30次，印发农机安全宣传单1.5万份，受益人数近8000人次。举办农机安全培训30场次，培训人数近4000人。结合秸秆综合利用工作，设置农机安全宣传服务点11个。开展安全隐患排查20次，排查安全隐患16个，整改8个。注销超期变型拖拉机1884台。全年未发生较大以上农机事故，安全生产态势良好。

（刘　培）

林　业

【概况】 2021年，淮北市林业局坚持以深化新一轮林长制改革为动力，扎实推进林长制改革示范区和示范先行区建设，巩固国家森林城市建设成果，全面加强林业生态保护，科学开展国土绿化美化，加快发展绿色富民产业，全市林业重点目标任务取得显著成效。

【林长制改革】 2021年，淮北市出台《淮北市关于深化新一轮林长制改革的实施方案》。推进四级林长体系建设，在重点生态功能区域设立市级林长，全市设立林长819人。探索建立山场管护段长、古树保护树长等第五级林长，设立林长697人。完善林长制“五个一”（一林一档、一林一策、一林一技、一林一警、一林一员）平台建设，建立护林档案753个、护林方案537个，配备技术人员164人、责任民警178名、护林员511人。市委书记张永签发《淮北市总林长令》。建立林长巡林三单制度，市、县级林长共解决问题45个。开展县级林长述职评议。建立“林长+检察长”协作机制。探索“林长+党建”“林长+支部+合作社”模式。落实林长制信息报送和通报制度，印发督办单12份、林长制简报32期、林长制通报4次，更新林长制公示牌12处。举办全市深化新一轮林长制改革专题培训班。省政协农工党界别对淮北市林长制工作进行专题调研，探索淮北市林长制改革经验。

【全民义务植树活动】 2021年3月9日，淮北市党政军领导与市直单位主要领导一起参加义务植树活动。3月25日，全省深化新一轮林长制改革暨长江、淮河、江淮运河、新安江生态廊道建设全面启动仪式淮北分会场活动在花山公园举行。全年新建义务植树基地12个，参加义务植树106万人次，尽责率达95.6%。

【植树造林】2021年，淮北市完成营造林33401.42亩，占省下达33000亩任务的101.22%。其中人工造林8353.52亩，占省下达8000亩任务的104.44%；完成退化林修复5000亩；完成封山育林10002.4亩；完成森林抚育10045.5亩。全面提高农田林网建设标准，全市共新建完善农田林网50000亩。编制完成《淮北市林业“十四五”发展规划》。公布和推广16个优良乡土树种名录。

【山场森林多目标经营工程】2021年，淮北市在石质山“七步造林法”基础上，探索“七步造林法+”，突出抓好“经营、修复、提质、封育”八字诀。完成东部石质山场森林多目标经营绿化覆盖面积约1000亩山场美化彩化任务，挖穴约1.5万个，栽植侧柏、黄栌等苗木约3万株。完成泉山废弃宕口（大山头）27113平方米生态修复、双顶山西侧总面积约22049平方米废弃矿山生态修复治理项目，省长王清宪对淮北市市场化推进生态修复的做法作出批示。

【三森创建】2021年，淮北市完成濉溪县四铺镇1个省级森林城镇、濉溪县铁佛镇周圩村等19个省级森林村庄创建任务。印发《关于下达2021年“四旁四边”绿化及省级森林城镇森林村庄森林长廊创建工作任务的通知》，以深化新一轮林长制改革为抓手，将“三森创建”与乡村振兴战略、农村人居环境整治、“四旁四边四创”国土绿化提升行动等有机结合，组织县区编制规划，制定实施方案，加强城乡接合部、小集镇、村庄、河道和道路绿化提升，建设城镇森林景观，突出乡村特色，扩大“森林进村庄、经果林进庭院”规模，因地制宜“植树、栽果、养花、种草”，实行“一村一品”绿化，改善淮北市城乡生态环境和绿化面貌。

【森林资源保护】2021年，淮北市加强林地资源管理，完成林草生态综合监测评价和林草湿数据与国土“三调”数据对接融合。加强行政审批，受理452件，办结率100%，好评率100%。加强林业行政执法，共办理行政案件8件，查处率100%。加强森林防火，投资800万元建设完成智慧林业二期“东部山场森林防火视频监控系统”；做好森林防火宣传，在重点山场、林区、墓区的关键路口，张贴禁火令2000余张，发送森林防火手机短信15万余条；严格值班制度，开通护林员护林巡山App，推进“防火码”应用，全市未发生一起较大以上森林火灾。开展飞机施药防治美国白蛾等林业有害生物，防治作业138架次，防治面积约55万亩，林业有害生物成灾率控制在2.98‰。加强古树保护，全市2412株古树名木全部挂牌保护。

【自然保护地管理】2021年，淮北市出台《关于建立自然保护地管理体系的实施方案》。成立淮北市自然保护地管理中心，负责全市自然保护地管理。抓好中湖国家湿地公园（试点）建设，实施科普宣教馆和植物科普小径项目。《安徽相山国家森林公园总体规划》报省林业局评审。加强野生动物保护，不定期清查人工繁育场所、集贸市场等，建立完善繁育、交易台账，全年累计救助苍鹰、猫头鹰等野生动物55只。加强自然保护地宣传，组织开展安徽湿地日等宣传活动，发放宣传彩页5000余份。

【林业产业化】2021年，淮北市林业总产值达44.6亿元。制定《联系帮扶林业企业工作方案》，成立8个联系帮扶工作组，帮助30余家林业企业办实事、解难题。加快培育新型林业经营主体，全市有省级林业产业化龙头企业10家、省级林业专业合作示范社5家、省级家庭林场2家。实施《淮北石榴新品种选育与产业链延伸组装配套技术研究与应用》科研项目，选育出红灯笼、富安2个新品种。探索多元化林权抵押贷款模式，全市金融机构累计发放林权抵押贷款2100万元，贷款余额350万元。宣传“五绿兴林 劝耕贷”，通过省农担公司担保为林业企业提供贷款700余万元。推动政策性森林保险，完成省级公益林投保2.51万亩、特色经济林投保3.50万余亩。开展“林长制国元护林保”试点，对接国元保险公司，创新森林保险产品，开发古树名木险、苗木花卉险、生态护林员意外伤害险3个险种。

（赵洪升）

乡村振兴

【各级乡村振兴局组建】 2021年，根据省委编办批复，经中共淮北市委、淮北市人民政府批准同意，淮北市扶贫开发局重组为淮北市乡村振兴局，正处级单位。原淮北市扶贫开发领导小组撤销。6月8日，淮北市乡村振兴局举行挂牌成立仪式。相山区、杜集区、烈山区、濉溪县乡村振兴局相继挂牌成立。11月，县（区）乡镇、村（社区）乡村振兴工作站、乡村振兴工作室相继挂牌成立。

【体制机制创新】 2021年，淮北市调整成立市委实施乡村振兴战略领导小组，设立“五大振兴”（产业振兴、人才振兴、文化振兴、生态振兴、组织振兴）专项小组，出台乡村振兴战略实绩考核工作方案，把巩固拓展脱贫攻坚成果纳入乡村振兴战略实绩考核范围。研究出台有效衔接实施意见，严格落实“四个不摘”（摘帽不摘责任、摘帽不摘政策、摘帽不摘帮扶、摘帽不摘监管）要求，健全防止返贫动态监测和帮扶机制，发挥全市10134个网格、11833人网格员动态监测作用，常态化核查脱贫不稳定户、边缘易致贫户、突发严重困难户“三类群体”，分层分类帮扶农村低收入人口，坚决守住不发生规模性返贫底线。将相山区、烈山区划分成先行示范区，杜集区、濉溪县划分为正常推进区，逐步建立与乡村全面振兴相适应的政策体系，推进政策衔接、机构队伍衔接、工作衔接等，不断巩固拓展脱贫攻坚成果，加强同乡村振兴有效衔接。

【健全防止返贫致贫动态监测和帮扶机制】 2021年，淮北市出台《健全防止返贫致贫动态监测和帮扶机制的实施意见》，聚焦脱贫不稳定户、边缘易致贫户、突发严重困难户“三类群体”，以2021年家庭年人均纯收入6000元为监测范围，对全市农户开展拉网式大排查，识别出符合条件的监测对象29户100人，及时录入信息系统并持续进行监测帮扶。建立村组全覆盖的“网格化+信息化”监测网格，以村民小组为基本单元，以20～40户农户为基准，划分若干网格，由村民小组长、农村党员、创业致富带头人等担任网格员，设立网格10134个、网格员11833人，通过定期走访、收集信息、发现问题、反映情况等方式进行排查监测，切实做到“应纳尽纳、应消尽消”。严格落实“四个不摘”要求，压实帮扶责任，全市7974名帮扶干部对13444户脱贫户、监测户开展精准帮扶，制定到户帮扶“户方案、人措施”7.1万余条，调整优化帮扶措施7071条，针对新识别的监测户安排帮扶措施324条。全年市级帮扶单位帮助引进各类资金8378.69万元，实施帮扶项目49个，全市未发生返贫致贫的情况。

【巩固脱贫成果】 2021年，淮北市全面落实好各项民生保障政策，持续解决“三保障”及饮水安全增量变量问题，避免出现反弹现象。加大控辍保学力度，实施覆盖从幼儿园到大学的家庭经济困难学生资助政策，其中资助义务教育阶段困难学生19543人次765.22万元。继续执行健康脱贫综合医保政策，全市脱贫人口综合医保支出1.03亿元，惠及10.58万人次。健全农村低收入群体等重点对象住房安全动态监测机制，全市改造农村危房509户，全部竣工验收。投资1.25亿元实施农村供水保障巩固提升工程4个，完成农村饮水工程维修养护项目74处，累计覆盖服务人口46.17万人，持续排查整改农村供水问题，饮水安全得到保障。投入1.18亿元实施农业特色产业项目46个，建成并完善农业产业园32个，培育新型经营主体210家，带动脱贫户3387户。全面摸排脱贫户和监测户资金产业发展需求，新增发放“一自三合”（户贷户用自我发展，户贷户用合伙发展、户贷社管合作发展、户贷社管合营发展）小额贷款7417.54万元，认定消费帮扶重点产品610个，累计销售3.25亿元。动态摸排脱贫劳动力务工状况和就业需求，有序引导外出就业和就近就业，规范开发乡村公益性岗位在岗人数5413人，全市脱贫劳动力就业人数15371人，稳定超过2020年就业人数。淮北市脱贫人口年人均纯收入达到13506元，同比增长17%（全市农村人口年人均纯收入为16504元，同比增长8.5%），可持续发展能力显著增强。完善城镇和村庄布点规划，丰富镇区特色功能，提质改造农村公路199.2千米，所有行政村光纤和网络实现全覆盖。深化农村人居环境“三大革命”，开展村庄清洁“百日攻坚”行动，累计清理农村生活垃圾31.6万吨、乱搭乱建1569户，完成年度农村改厕任务14297户。全面完成2020年度37个省市级美丽乡村中心村建设。深入推进集体经济项目提质增效三年计划，创新开展党支部引领合作社试点工作，全市村集体经济经营性收入达到1.027亿元，50万元以上强村达到68个。纵深推进党建引领信用村建设试点工作，细化党建引领信用村建设“1+5”方案，引导涉农商业银行创新提供“点餐式”金融服务，推动更多金融资本向村集体经济组织集聚。以淮北农商银行等银行为试点地区，累计授信9370户、金额4.61亿元，累计用信2927户、金额2.75亿元。

【脱贫攻坚成果与乡村振兴有效衔接】 2021年，淮北市对照省“1+33+N”衔接政策体系，出台《关于巩固拓展脱贫攻坚成果同乡村振兴有效衔接实施意见》，主动协调配合市相关单位，完善和创设一批符合地域实情的衔接配套政策，调整优化行业部门一揽子政策25个。贯彻乡村振兴“市县乡”抓落实的要求，市委、市政府主要领导和分管领导带头开展走访调研61次，召开市级巩固拓展脱贫攻坚成果同乡村振兴有效衔接专题会议7次。建立市、县（区）乡村振兴局定期调度机制，实行一月一调度；拉紧“分级调度—问题交办—现场核查—定期通报”的督导闭合链条，市乡村振兴局集中开展5次督导调研，指导县（区）开展防范返贫致贫、产业就业、项目资金、问题整改等方面补缺补差，提升工作成效。全年安排中央、省、市、县四级衔接资金3.17亿元，统筹安排实施129个项目，其中投入1.88亿元实施产业项目68个（占比59.3%）。加强扶贫项目资产管理，清产核资、确权登记2013年以来的扶贫资产达8.2亿元。印发《中共淮北市委农村工作领导小组关于调整完善市委农村工作领导小组（市委实施乡村振兴战略领导小组）暨设立“五大振兴”专项小组的通知》，全面建立市乡村振兴组织领导体制机制。选派第八批117名驻村干部对39个村开展驻村帮扶。加强县（区）、镇（街道）分管“三农”工作人员、乡村振兴系统领导干部全员培训，组织举办各级各类培训137个班次，培训6000余人次。出台《2021年度全市实施乡村振兴战略实绩考核工作方案》，把巩固拓展脱贫攻坚成果纳入乡村振兴战略实绩考核，将全市21个镇（涉农街道）划分为9个先行示范镇、12个正常推进镇，实行分类考核。

（孙祥逊）

【责任编辑　马世界】

商贸服务业

综　述

【概况】　2021年，淮北市实现社会消费品零售总额521.3亿元，比上年增长13.1%。按经营地统计，城镇消费品零售额423.0亿元，乡村消费品零售额98.3亿元。按消费类型统计，实现商品零售485.1亿元，餐饮收入36.2亿元。从限额以上单位商品零售类值看，全市汽车类商品零售额43.9亿元，石油及制品类商品零售额19.8亿元，粮油、食品类商品零售额16.5亿元，服装鞋帽、纺织品类商品零售额5.6亿元，烟酒类商品零售额5.4亿元，日用品类商品零售额4.7亿元，家用电器和音像器材类商品零售额4.7亿元，中西药品类商品零售额4.4亿元，饮料类商品零售额2.3亿元。全市纳入统计的16家开展网络零售业务的限额以上批发零售企业，实现网上零售额5.0亿元。实现外贸进出口总额115.7亿元，比上年增长65.8%。新批外商投资企业6家，实际利用外商直接投资34825万美元，增长10%。

【商务和物流业发展规划编制】　2021年6月28日，淮北市商务局与淮北师范大学签订了“十四五”商务发展规划编制合同；11月完成规划初稿，市商务局组织征求县区商务局及业务科室意见建议，进一步修改完善并组织专家论证。市商务局根据《淮北市人民政府办公室关于统一规划体系发挥发展规划战略导向作用做好“十四五”规划编制工作的通知》要求，做好淮北市“十四五”物流业发展规划的编制工作。11月上旬，召开规划专家评审会，对“十四五”物流业发展规划进行评审，专家评审会原则同意规划。

【商贸服务设施】　2021年，淮北市有隋唐运河古镇一期商业街、新城吾悦广场、万达广场、盉街商业街、南翔云集商业街等特色商业街区，金鹰国际、家家悦真棒、大润发超市等大型商贸企业。建成安徽省中瑞农副产品有限责任公司、淮北绿皖农产品市场运营管理有限公司2家农产品批发市场，总占地面积280余亩，全年批发交易量100余万

濉溪县城北农贸市场文明菜市方便居民生活　（市传媒中心　供）

吨，交易额60余亿元。农产品来源涉及山东、河南、湖北、江苏等多省，产品主要销往淮北当地，覆盖淮北市周边80千米的萧县、砀山、永城等地。

【特殊行业监管】 2021年，淮北市加强对特殊行业的监管，规范成品油、报废机动车回收拆解、拍卖等特殊行业管理。截至年底，全市有加油站（点）156座（加油站129座、加油点27座），实际在营加油站（点）146座（加油站124座、加油点22座），停歇业加油站点10座（加油站5座、加油点5座）。现有报废机动车回收拆解企业1家（淮北市众合报废拆解有限公司），全年回收报废机动车3642辆，较上年同期增长135.73%。

消费市场

【购物促销活动】 2021年，淮北市组织47家商贸企业开展“皖美消费　乐享淮北”跨年迎新购物季促消费活动，实现销售额3.97亿元，同比增长25.7%。会同中国人民银行淮北市中心支行、市文化旅游体育局开展移动支付促进消费活动，13家银行筹集资金200万元，联动全市120多家商户，全年拉动餐饮、零售行业新增销售额2亿元以上。

【夜间经济发展】 2021年，淮北市商务局立足市情和产业优势，营造夜间经济发展良好氛围。隋唐运河古镇、岙街、濉溪老城石板街等成为网红打卡地；淮海路、中泰广场、国购广场、万达广场、吾悦广场大型商圈相继建成；友谊巷、吃货街、步行街等6条小吃街以及若干背街小巷展现“深夜食堂”独特魅力；30余家超市、168家健身场所、678家酒店宾馆、1.1万家餐饮店铺构成“夜经济”网络单元。隋唐运河古镇·隋唐草市获批安徽省夜间文旅消费十佳夜游街区（夜间文旅消费集聚区）、“安徽省特色商业示范街区”、“长三角夜间文化和消费样板街区”、“2020安徽文旅十大新晋网红打卡地”等，成为淮北市地标型、文化型夜游项目。5月，濉溪老城石板街投资7亿元打造与本土民俗风情相配套的特色民居一条街，“五一”开业期间迎来省、市内外游客约30万人次。相山区成立“夜经济”发展工作领导小组，出台《相山区关于加快推进夜经济发展的实施意见》，设置华松美食街、万达广场等17个夜间地摊点，增加3条夜间公交专线，配备12辆公交车保障运营。

【假日经济】 2021年，淮北市商务局在春节、五一、中秋、十一等法定节假日期间，引导商贸流通企业开展线上线下促销活动。金鹰国际、家家悦真棒集团、大润发超市等13家重点商贸企业节日期间共计实现销售额4.3亿元，同比增长16.2%。

物流 拍卖

【物流业】 2021年，淮北市推动现代物流发展，交通运输、仓储和邮政业实现增加值84亿元，同比增长6.9%；公路货运量完成10145万吨，同比增长9.25%。加快推进现代物流体系建设，家家悦物流园一期建设完成，中农

2021年，濉溪老城石板街“夜经济”激发消费活力　（黄鹤鸣　摄）

联农产品物流园和中瑞农产品物流园项目建设有序推进。推动口岸建设发展，开通“淮北—上海”“淮北—南京”“淮北—江阴”海铁联运班线，增开“淮北—宁波”“淮北—连云港”海铁联运班列。为安徽新选择食品科技有限公司、安徽贝宝食品有限公司和安徽爱纽牧铝业有限公司等中小外贸企业申请低价舱位和增加舱位供给，每月可为企业节省运费40多万元，并增加20个集装箱舱位。截至12月底，全市外贸企业通过海铁联运发运集装箱专列22列，其他发货班列98班次，货量约32500吨，为企业申请货运补贴100余万元，节约物流成本35%以上。

【拍卖业】 2021年，淮北市18家拍卖企业共举办各类拍卖活动546场，同比上升100%；成交额581216.81万元，同比增加33%；收取佣金624.29万元，同比增加1%。

对外贸易

【概况】 2021年，淮北市进出口总值17.9亿美元，较上年（下同）增长78%，增速居全省第一，进出口总值居全省第10位。其中，出口16.2亿美元，增长82.6%；进口1.7亿美元，增长44.6%。进出口、出口和进口增幅分别比全省平均增幅高42个百分点、43.5个百分点和12.6个百分点。全市实际利用外资3.48亿美元，同比增长10%。

【进出口企业】 2021年，淮北市进出口实绩企业117家，主要出口产品是医疗物资、铅酸蓄电池、食品纺织服装、玻璃工艺品等产品，主要进口产品是煤炭、机械设备等产品，全市出口超亿美元企业有安徽英科医疗用品有限公司、安徽理士电源技术有限公司、安徽巨成精细化工有限公司、安徽京信电子有限公司4家；出口超千万美元企业有安徽润岳科技有限责任公司、安徽瑞柏新材料有限公司、安徽力普拉斯电源技术有限公司、安徽福尔足袜业有限公司、安徽美信铝业有限公司、淮北市莱博特相框制造有限公司、淮北矿业信盛国际贸易有限责任公司、淮北市宇奇电子科技有限公司、安徽理士新能源发展有限公司、安徽建联木业有限公司、华孚色纺股份有限公司11家。

【贸促活动】 2021年，淮北市商务局组织20家市外贸企业先后参加第129、130届广交会及2021中国国际进口博览会等展会，其中安徽理士电源技术有限公司、安徽贝宝食品有限公司、淮北市莱博特相框制造有限公司等10多家企业累计意向成交6000万美元。

（刘　凯）

电子商务

【概况】 2021年，淮北市累计实现网络零售额25.68亿元，总量居全省第16位，同比增长16.52%，高于全省增速8.32个百分点（全省增速8.2%），增速位居全省第10位。线上线下融合促销，组织30家电商企业开展线上年货节促销活动，其中电商直播促销活动21场次，销售农产品、本地特产、淮优产品等150多个种类，累计销售额110万元。举办“五一电商促销”活动，通过微赞平台进行直播带货，直播期间，临涣牛肉酱、包瓜、酱菜、黑糯玉米等濉溪当地农特产品销售额达46万元。举办“6·18”网购节，30多家电商企业参与活动，实现网络零售额1300多万元。“双十一”购物节期间，淮北市网络零售额1.3亿元，同比增长30%。其中在商务部门组织的“皖美好物　濉水优品”活动中，淮北江图文化科技有限公司实现网络零售额545万元，参加此活动的10家企业网络零售额合计1609万元。淮北报业尚善商贸有限公司实施“电商企业+基地+合作社+农户”模式，带动农户发展黑花生种植400多亩、石榴种植近400亩，收购农产品43万元，线上销售16万元，带动农户35户，户均增收3200元。濉溪中瑞农副产品有限公司对接13个合作社，通过农村电商示范县建设的农产品初加工分拣配送中心，利用“中瑞买菜”“中瑞生鲜”等社区电商平台，实现线上销售额3912.5万元。

【电商培育】 2021年，濉溪县被认定为省级农村电商示范县，濉溪县临涣镇、濉溪县铁佛镇、杜集区段园镇3个镇为省级农村电商示范镇，濉溪县五沟镇北湖南村等7个村为省级农村电商示范村，淮北梓童农业科技有限公司等3家企业为年网络销售额超1000万元农村电商企业。安徽旺德福食品有限公司辣魔王魔芋毛肚、淮北金榴园文化发展有限公司金榴园100%鲜榨石榴汁2家企业品牌被评为2021年安徽好网货品牌。全市新增农村电商经营主体80家。

【电商服务体系建设】 2021年，淮北市商务局巩固提升农村电商“两中心、一站点”规范运营和上行服务功能，支持电商公共服务中心在线培训平台培训，开通在线培训服务咨询联系电话，提升创业和利用电商平台销售自产农产品能力。巩固提升143个服务网点，完善优化网点服务功能。组织致富带头人、农业经营主体、农村青年、农户等开展电商培训1063人次，其中实操培训87人次。

【电商产业园】 2021年，濉溪县电子商务产业园（淮海壹号）、淮北电商产业园获评省级电子商务示范园区，安徽中瑞农副产品有限责任公司、淮北相王电子商务有限公司获评省级电子商务示范企业。濉溪县电子商务产业园（淮海壹号）占地110亩，总投资2亿元，园区入驻60多家小微初创企业和11个创业团队，带动就业860余人，获“安徽省现代服务业集聚区——电子商务集聚区”称号。淮北电商产业园占地60亩，总投资1亿元，园区引进大中型电商企业46家，带动就业300多人。濉溪县电子商务产业园占地100亩，总投资1.6亿元，园区入驻80多家企业，带动就业1000余人。淮北杜集电商产业园占地60亩，总投资1亿元，引进大中型企业46家，带动就业300多人。

2021年淮北市省级农村电商示范镇、示范村名单

表16

示范镇	濉溪县临涣镇
	濉溪县铁佛镇
	杜集区段园镇
示范村	相山区渠沟镇桥头村
	濉溪县濉溪镇沱河西路居民委员会
	濉溪镇王冲居民委员会
	临涣镇临涣村
	铁佛镇铁佛村
	五沟镇北湖南村
	杜集区段园镇大庄村

表 17

2021 年淮北市重点电商企业名单

网销额超亿元电商企业	淮北江图文化科技有限公司
	中瑞农副产品有限公司
网销额超 1000 万元电商企业	安徽口子酒营销有限公司
	淮北钦锋家具有限公司
	淮北顶诺网络科技有限公司
	濉溪县李梅食品店
	淮北米睿电子商务有限公司
	安徽州驰科技有限公司
	淮北顺发食品有限公司
	安徽曦强乳业具体有限公司
	安徽天朗商业运营有限公司
	安徽昊辰食品有限公司
	安徽省中瑞生鲜配送有限公司
	淮北市恩佳商贸有限公司
	安徽家家悦真棒超市有限公司
	淮北大众信息科技有限公司
	淮北朗悦贸易有限公司
	淮北梓童农业科技有限公司
	淮北市乐宠电子商务服务有限公司
	安徽旺德福食品有限公司
网销额超 500 万元电商企业	淮北市天图商贸有限公司
	淮北市煜珺家具有限公司
	淮北市相山区鑫臻隆日用品商行
	淮北腾格商贸有限公司
	淮北市相山区鸿运商行
	安徽省贝鼠果电子商务有限公司
	淮北市正腾商贸有限公司
	濉溪县城南八零后酒店用品店
	淮北英图商贸有限公司
	安徽沃荣商贸有限公司
	淮北喵星人商贸有限责任公司
	淮北爱呗电子商务有限公司
	淮北市相山区美味韩国零食铺（网店）

供销合作

【概况】 2021年，淮北市供销系统营业总收入同比增长39%，利润总额增长16%，所有者权益增长66%。供销系统直属参股和控股企业实现利润633万元，同比增长50%。3月，市供销社在全省供销系统综合考核评比中，获二等奖，位列全省第6名。4月，濉溪县帮富谷物专业合作社获“国家级农民专业合作示范社”称号，石台供销社、岳集供销社获“省社级基层标杆社”称号。5月，淮北市供销合作社获“全国供销总社社情民意先进单位”称号。

【新网工程建设】 2021年，淮北市供销合作社多次赴中华全国供销总社洽谈冷链物流项目，至年底，省供销合作社把淮北市2022年冷链物流项目上报国家总社。推进古饶镇为农服务中心项目建设，该项目由淮北市供销合作社下属社有资产经营管理有限公司投资建设，总投资500万元，其中，拟申报省社新网工程资金200万元，占地6700平方米，建筑面积3265平方米。主要开展农机农资销售、农业技术服务及农村生活生产用品供应。项目土地规划已通过(属供销社商业用地)地质勘查。

【基层供销社建设】 2021年，淮北市供销合作社贯彻落实省社“3368基层组织建设行动计划”，通过“供销社+村委会+专业合作社+村民”合作方式，采取“政府主导型、社村共建型、企业带动型和为农组织合作型”方式，加强村级供销社经验做法复制推广。全市村级供销社33家，其中三区14家、濉溪县19家。村级社入社农户1500余户，供销社入股平均30%以上，吸纳农民就业2000余人，带动1300多户农民致富，带动60余贫困户脱贫，带动农户增收150多万元。带动创办农民合作社17家，创办综合服务社23家，增加村集体收入50多万元。支持鼓励社属企业、基层社在乡镇建设综合服务社(站)，搭建综合服务平台，创建三星级服务社9个，四、五星级服务社各1个。以建设和加强百善、润丰、古饶和段园等一批为农服务中心为突破口，完善农业社会化服务体系，开展土地托管、土地流转、统防统治、配方施肥、农机服务等社会化服务惠农工程。发挥淮北市杜集区润丰种植专业合作社、淮北市联友果蔬专业合作社、濉溪县田丰农机专业合作社辐射带动作用，让更多农民就地就近就业，分享产业链增值收益。成立淮北市首家农机植保服务社，开展飞防农作物工作，提供产前产中产后服务。完成土地全托管面积3万亩，加大农业社会化服务规模，共完成31万亩次。

【盘活社有资产】 2021年，烈山区古饶供销社投资近百万元，对长期闲置老旧综合楼进行改造，项目基本建成，并投入使用，年增收益10多万元；市社有资产粮库获中央预算内资金补助264万元，建成并投入使用，年获益130万元；渠沟供销社省

2021年，安徽京信电子有限公司汽车排线车间 （王猛　摄）

级农民工创业园示范园项目，获省人力资源和社会保障厅政策扶持资金120万元，改造提升项目正在推进中；杜集区高岳街道为农服务中心进展顺利；濉溪县百善镇为农服务中心项目用地10亩，建筑面积约2000平方米，完成土地审批等前期工作；筹备建成濉溪县万晟供销社，是2021年度注册成立的第一家村级供销社。对全系统经营网点租赁到期店铺、商场等资产，组织面向社会公开招租。采取社会公开竞标方式，公开招标供销大厦一楼门面房、矿山集供销社商场等。全年市供销合作社门面房招租收入330万元，同比增长10%。

（张思坤）

粮食流通

【概况】 2021年，淮北市政策性粮食销售78.45万吨，商品粮销售153万吨。政策性粮食库存139.16万吨，商品粮库存20万吨。全市地方粮食储备8.52万吨，市级成品粮储备3800吨，市级大豆油储备1000吨。

【粮食收购】 2021年，全省小麦最低收购价收购预案未启动，淮北市粮食收购以市场化收购为主。组织市区27家、濉溪县38家粮食收购企业向市县粮食行政管理部门备案，引导各类市场主体开展市场化收购。全市累计收购粮食166万吨，其中从生产者购进52万吨。

（张荣荣）

【仓储建设】 截至2021年年底，濉溪县百善粮食储备库祁集粮站3万吨粮库和濉溪县百善中心粮站3万吨粮库项目动工建设，分别预投资1800万元。

【粮油市场运行】 2021年，淮北市发展和改革委（市粮食和物资储备局、市能源局）培育龙头企业，支持粮食产业园区建设，把粮食产业化发展纳入乡村振兴和“食安安徽”品牌建设等政策规划中，全年完成粮油加工产值190亿元目标；争取省级粮食产业化专项资金，助力龙头企业发展，推荐淮北兴海面粉有限责任公司技术改造、淮北顺发食品有限公司新产品新技术研发、淮北徽香昱原早餐工程有限责任公司设备购置及技术改造等3个项目作为淮北市2021年省级粮食产业化项目；推进“中国好粮油”行动计划，濉溪县鲁王制粉有限责任公司、安徽昊晨食品有限责任公司2家粮食产业化龙头企业项目建设及验收工作开展顺利，配合省级媒体拍摄“中国好粮油”推广宣传片，获“中国好粮油”奖补资金70万元；编报2021年度“中国好粮油”行动计划，年底完成建设；引进青岛万润丰食品有限公司专用小麦粉、淮北顺发食品有限公司方便面扩产、中农联·皖北国际农产品物流园等招商项目，推荐粮油加工类龙头企业参加全国性粮油交易大会，在浙江杭州举办“濉溪好粮　皖浙共享——2021‘濉溪好粮油’浙江推介会暨粮食产销合作签约仪式”；组织淮北徽香昱原早餐工程有限责任公司参加“皖美粮油，皖美粮机”展示展销会，组织淮北顺发食品有限公司参加第十七届全国粮食产销协作福建洽谈会，助力粮油加工类企业品牌推广。

（孙旭东）

盐业专营

【盐品销售】 2021年，淮北市盐业公司销售各类盐产品8843吨，同比增加189吨。其中小包装盐销售3974吨，大包装食盐销售3367吨，工业盐销售1502吨。截至12月底，公司各类盐品的库存量1405吨，落实常态化餐饮用盐核检工作，全年完成示范店签约挂牌24个。针对家家悦、大润发、千家惠等大中型商超，优化和丰富供应品种，在家家悦淮北各门店增加“迎客松”“澳洲海盐”盐品铺货陈列。食盐和小包装盐销售分别占到专营时期平均数70%和80%以上，保持市场主渠道地位。

【盐业市场监管】 2021年，淮北市盐业公司利用“3·15”、

"5·15"以及节假日、党员活动日、商户店庆、赶集日等深入商超、社区、乡镇集市、农贸市场开展常态化健康食盐宣介活动。及时采取措施，应对下半年各类盐品采购价格轮番大幅上涨、货源紧张态势，确保市场供应稳定有序，确保储备盐库存量和日常储备。规范完善储备盐相关账册及轮库单据，修订食盐供应应急预案。加强对无碘盐的储备管理，按照本地高水碘地域分布特点合理确定无碘盐储备量，确保省级无碘盐储备量足够2个月平均销量。针对淮北水源性高碘区分布较零散特点，按村镇、分片区指定专人负责无碘盐区域供应工作，确保高水碘地区无碘盐供货及时、服务周到、配送到位，全年中高端无碘盐销售占全部无碘盐销量的46.8%。

（吴　佩）

石油专营

【石油营销】 2021年，中国石化淮北石油分公司成品油总经营量9.1万吨，同比增长1%。零售量7.22万吨，其中汽油4.87万吨、柴油2.35万吨。非油品全口径销售额7537万元，同比增长8.2%，其中基础品类销售额4709万元，同比增长25.5%；自有品牌销售额832万元，同比增长16%。天然气销售807.40万标准立方米，其中零售705.61万标准立方米，直批101.79万标准立方米。

2021年3月15日，中国石化淮北分公司开展油品质量"诚信3·15"活动 （卢明璐　摄）

【站点建设】 2021年，中国石化淮北石油分公司完成淮海西路站和南黎加油一站更换厢变自建充电桩项目，与国家电网合作完成孟山南路和南黎路2座加油站增设充电桩项目，完成渠沟等9座加油站增设光伏安装。完成雷河和南黎2座加油站防渗改造任务，完成省环保厅下达的油气在线项目，完成马桥和萧淮2座站恢复投营工作。宿永路站增加LNG加气功能项目投入运营。全年高标号汽油占汽油销售的35%。

【加油站点安全管理】 2021年，中国石化淮北石油分公司开展专项隐患排查4次、综合性隐患排查10次、设备大检查自查1次、泄露隐患排查1次、反恐督导检查1次，公司中层以上干部定点联系加油站点228次。全年累计配合执法部门取缔非法窝点20座，查获非法流动车50余辆，没收劣质油品100余吨。

（卢明璐）

烟草专卖

【卷烟营销】 2021年，淮北市烟草专卖局（公司）运用ABC分类法，新建现代星级终端280户，同比增长75%，因违规等原因退出34户，在运行524户。新安装云POS系统100户。4月份首次实现在线支付金额超过当月卷烟购进金额，后续月度稳步提升。客户档案100%实现数字化。全年评选"诚信经营示范店"100户。建立消费者会员15000多户。全市乐享小程序注册人数达8300多户，占比94%，活跃度位居全省第二。深化区域物流一体化，淮北、宿州一体探索制定区域物流建设标准、数据标准和管理标准，优化信息系统模块，实现数据实时共享。发挥三员协同优势，缩短配送响应时间。在坚持淮、宿各主体经营地位基础上，濉溪县南部地区原两组送货线路1133户交宿州配送，萧县两组送货线路1132户换淮北配送。11月初试运行，平均每天减少行驶里程104.6千米，节省2个小时。优化营销策略和客户订单方式，保证卷烟投放均衡。依据订单规模和中转车辆容量，灵活调度中转车辆，提高运载效率，相较上年同期减少12车，节约1.92万元。烟草打假打私纳入平安建设考评体系，升级烟草公安协作机制，建成以技侦支队为主导、多警种共同参与的涉烟情报研判室，建立烟邮寄递环节联合执法办公室，强化机制运行和协调领导。

【市场监管】 2021年，淮北市烟草专卖局（公司）开展“云网2021”“断流”“清网”等专项治理，全年查获5万元以上案件22起，公安机关立案11起；申报国家烟草专卖局二级重大案件1起，三级重大案件2起；拘留11人，批捕9人，判刑21人，采取刑事强制措施41人。完成国标假烟网络案件2起，省标网络案件2起，其中“6·10”案件被公安部、国家烟草专卖局挂牌督办，实现部督案件零的突破。开展“守护成长”专项行动，联合市市场监管局、市检察院、市教育局等部门走进校园，呼吁学校引导学生自觉抵制电子烟。摸排辖区电子烟实体店105个、校园周边持证户92户、无证户38户，清理电子烟实体店24家、校园周边持证户34户、无证户27户，张贴“通告”304份，淮北市直属分局（营销部）开出全市首张电子烟罚单。推进所（站）标准化建设，杜集所被评为全省系统首批新型标准化所（站）。卷烟外流总量同比下降37.2%，治理成效排在全省第3位，实现全年外流总量、年末外流排位双下降目标。出台《淮北市烟草制品零售点合理布局规定》，构建竞争适度、经营有序、理性发展卷烟零售市场环境。上线《政务服务地图》，编制《线上办事指南》，搭建线上预约平台。加强许可证后续监管，开展“清网2021”零售许可证专项检查，清查“转借证”“僵尸户”“虚拟户”，严查“大户控制小户”“一户多证”“一证多用”等情形。年末持证经营户8989户，较年初增加28户。

（武　路）

【责任编辑　马世界】

开发园区

淮北高新技术产业开发区

【概况】 淮北高新技术产业开发区由商贸综合区、龙湖园区和新区组成，核准总面积31.44平方千米。商贸综合区核准面积4.24平方千米，已建设成为淮北市政务中心；龙湖园区核准面积8.78平方千米；新区核准面积18.42平方千米。入驻企业400多家，规模以上工业企业89家，获批国家高新技术企业50家，战新企业32家，国家工程实验室1家，全国制造业单项冠军示范企业1家，全国制造业单项冠军培育企业1家，国家绿色工厂3家，国家知识产权示范企业1家，国家知识产权优势企业3家，中国专利优秀奖1项，博士后工作站4个，中国驰名商标2个、中国名牌产品1个。

【招商项目】 2021年，淮北高新技术产业开发区集聚主导产业发展，项目体量不断提升，园区共建实现突破，新增签约工业项目25个，协议总投资79.77亿元。其中5亿元以上项目4个，国轩新能源、盛御新能源、创新生物基丁二酸、高能达新能源等投资体量大、科技含量高、带动性强的项目成功落地。共有签约、在建、投产的锂电新能源相关企业29家。

淮北高新技术产业开发区企业服务中心　（市高新区　供）

【项目建设】 2021年，淮北高新技术产业开发区重点在建项目38个。全年新竣工项目9个。盛御新材料、昱翔新材料2个项目开工投产；天科泰新能源项目一季度正式投产；聚徽源新能源、拓联电子、江南新材料、伊丰新材料、人和利华生物科技、鼎固新材料等项目建成投产或试生产。

【园区基础建设】 2021年，淮北高新技术产业开发区累计投入2.6亿元，实施一批园区基础设施配套工程建设，实现“九通一平”。其中，投资约0.1亿元敷设供水管线约2.5千米、供热管线约1.7千米；投资约1亿元建设各电压等级供电线路约25千米；投资约1.1亿元新建杜庄路、西陈路等市政道路2条约5千米；投资约0.3亿元实施道路白改黑提升工程；投资约0.1亿元实施园区绿化提升工程。

【科技创新】 2021年，淮北高新技术产业开发区认定高新技术企业19家（复审2家），同比增长51.5%。入库科技型中小企业63家，同比增长53.65%。高新技术产业增加值增速26.3%。安徽理士新能源发展有限公司、淮北市杰博恒创航空科技有限公司成功备案安徽省院士工作站。陶铝新材料入选合肥综合性国家科学中心项目库，获批省新型研发机构、省技术创新中心。安徽中意胶带有限责任公司荣获第22届中国专利优秀奖，安徽力源新能源有限公司、安徽淮光智能科技有限公司、安徽中鸣科技有限公司3家企业（全市共4家）申报省级人才团队通过尽职调查。安徽陶铝新材料研究院有限公司、安徽华润金蟾药业股份有限公司、安徽方圆塑胶有限责任公司3家企业实现高新区PCT国际专利申请零的突破。

【营商环境】 2021年，淮北高新技术产业开发区制定《2021年“四送一服”工作提升行动方案》，强化“四送一服”（送新发展理念、送支持政策、送创新项目、送生产要素、服务实体经济）工作调度包保机制，收集67家企业（项目）反映的问题142项，实行主要领导督办销号制度，办结103项。举办集中宣讲会15场、专题座谈会20场，发放惠企政策2493份。开展“百家企业评部门”活动、“五群十链”企业行活动、民营企业进国企专项座谈会、锂电产业链专题调研等特色主题活动，组织17场专题要素对接会，兑现各类政策资金21739万元，提供担保贷款1970万元，为企业提供过桥资金1037万元，累计为企业解决用工4501人。

【入区项目及企业选介】 陶铝产业基地 安徽相邦复合材料有限公司、安徽陶铝新材料研究院有限公司、安徽陶铝新动力科技有限公司、安徽相腾汽车科技有限公司、安徽相泰汽车底盘部件有限公司等入驻基地，推进陶铝新材料的民用推广，汽车发动机活塞、航天型材、特种铸件、3D打印材料等实现量产。

国轩新能源项目 项目由国轩控股集团投资建设。集团旗下国轩高科股份有限公司拥有新能源汽车动力电池、储能、输配电设备等业务板块。国轩高科股份有限公司系国家火炬计划项目单位、高新技术企业、安徽省政府质量奖、安徽省环境保护创新试点单位，并且拥有国家级博士后科研工作站和省级院士工作站，国轩高科股份有限公司企业图形商标被国家知识产权总局认定为中国驰名商标。

京信电子项目 项目由韩国（株）京信会社投资，总投资3亿元，占地面积100亩，主要从事汽车排线（主要生产KIA汽车排线）和关联副产品的生产和销售。年产值约2亿元，年上缴税收约1800万元，解决就业约3500人。

理士新能源项目 项目由理士国际技术有限公司（理士国际）投资建设。总投资12亿元，占地面积220亩，总建筑面积约11.12万平方米，建设年产4亿瓦时磷酸铁锂锂电池生产线。

合派电动车项目 项目由深圳玛西尔电动车股份公司投资建设。主要生产销售沙滩车、卡丁车、玩具、娱乐休闲型电动车、运动型电动车、高尔夫球车、电动二轮车、电动三轮车、观光车、低速电动车（含无人驾驶技术）等。

美欣达循环经济产业园项目 项目是美欣达集团布局国内市场的第一个综合性静脉产业园，总投资20亿元，将立足淮北市，辐射淮海经济区。产业园项目包含报废汽车拆解、废钢加工、报废轮胎、废机油（生物油）、报废电池回收及资源化利用等固废处置，绿色纺织等产业项目。

宁丰OSB项目 项目由宁丰集团投资7亿元建设，用地350亩，年产40万立方米定向刨花板。引进世界最先进的意大利IMAL-PAL帕尔公司的筛选机、拌胶系统、铺装系统、加拿大KACANT公司的长材刨片机以及具有世界先进水平的亚联机械公司连续平压生产线设备，采用世界领先的工艺技术生产高品质定向刨花板。

天力锂能项目　项目由新乡天力锂能股份有限公司投资建设，建设锂电池正极材料生产线，总投资10亿元，分期建设，一期租用锂电产业园A区5号、6号厂房，购置6条自动化生产线，新增年产能6000吨动力电池三元正极材料。实现年产值约20亿元，年上缴税收约2748万元，解决就业约80人。

华孚时尚股份有限公司　公司一期占地面积463亩，已建成投产，主导产品“华孚牌”色纺纱为色纺行业国际品牌，全球市场占有率名列前茅，远销欧美、东南亚等地区和日本、韩国等几十个国家，是众多国际名牌服饰的首选纱线。

安徽华润金蟾药业股份有限公司　该公司位于淮北高新区龙湖工业园，占地面积341亩，是一家以生产中药制剂、中药配方颗粒为主，兼营中药饮片加工制造，中药材种植、养殖的现代化医药制造企业，系华润三九医药股份有限公司全国四大核心生产基地之一，承担中药抗肿瘤药和中药配方颗粒两大核心产品的生产任务。公司拥有14条生产线、7个剂型、37个品种、50个规格。

（周建军）

濉溪经济开发区

【概况】　2021年，濉溪经济开发区规模工业总产值309.7亿元，规模工业增加值64亿元；战略性新兴产业产值173.8亿元，同比增长20.2%；高新技术企业产值165.1亿元，同比增长3.3%。全社会固定资产投资累计完成32亿元。社会消费品零售总额1.7亿元，同比增长12.2%；进出口总额预计3.5亿美元，同比增长35.0%。规模工业综合能源消耗24万吨标准煤，同比下降24.7%。单位工业增加值能耗0.37吨标准煤，同比下降18.2%。已入驻规模企业105家、国家级高新技术企业42家。连续3年跻身全省省级以上开发区综合考核30强，位列28名，国家级开发区培育期省级开发区综合发展水平考评第六；濉溪县铝基金属材料特色产业集群（基地）在全省排名第九；获批省级绿色产业示范基地，申报安徽省濉溪县高端铝箔特色产业园，获批安徽省首批非公党建示范园区。

【招商引资】　2021年，濉溪经济开发区签约项目19个，协议总投资28.35亿元；新开工项目19个，协议总投资29.25亿元；预计固定资产完成15亿元，实际到位省外资金50.23亿元，实际利用外资9000万美元；5000万元以上规模项目14个，上报重点信息数51个，重点在谈意向项目30个。

【产业基地培育】　2021年，濉溪经济开发区培育形成主导产业：以安徽中基电池箔科技有限公司、安徽力幕新材料科技有限公司为代表的（铝基）新材料产业；以安徽广博机电制造有限公

2021年12月14日，省委书记郑珊洁（左四）到濉溪经济开发区调研　（徐国康　摄）

司、淮北矿山机器公司、淮北高罗输送装备有限公司为代表的机电装备制造产业；以濉溪县鸿源煤化有限公司、安徽巨成精细化工有限公司为代表的精细化工产业；以安徽理士电源技术有限公司、安徽奥邦科技有限公司为代表的新能源产业。铝基基地完成产值176.2亿元，同比增长13.0%；投资完成27亿元；税收完成5.0亿元，同比增长54.1%。编制《濉溪经济开发区"十四五"发展规划》《濉溪经济开发区承接产业转移实施方案》和《濉溪经济开发区"国家绿色产业示范基地建设"方案》。

【科技创新】 2021年，濉溪经济开发区净增国家高新技术企业13家、高新技术企业达42家。引进清华大学（合肥）公共安全院和湖南工业大学范才河教授人才团队，合作共建应急救援中心、省技术创新中心。濉溪电子商务产业园获批国家小型微型企业创业创新示范基地，铝基新材料产业创新中心被认定为省科普基地，安徽建业科技有限公司获省科学技术二等奖，安徽理士电源技术有限公司与安徽力普拉斯电源技术有限公司获省科技进步三等奖。安徽福尔足袜业有限公司获批省级企业技术中心，安徽力普拉斯电源技术有限公司、安徽力幕新材料科技有限公司获批省级工业设计中心，安徽理士电源技术有限公司获批省级服务型制造示范企业，安徽弘昌新材料有限公司获批安徽省专精特新冠军企业，安徽力幕新材料科技有限公司、安徽爱纽牧铝业有限公司、安徽宝隽机电部件有限公司等获批安徽省专精特新中小企业，相和环境检测、中小企业现代服务中心获批省中小企业公共服务示范平台，弘昌新材料获批安徽工业精品等。

【项目建设】 2021年，中德产业园项目发行专项债4.68亿元，到位中央预算内资金9545万元，中心建设项目、铝基产业园产业发展配套服务项目、铝基产业园基础设施建设项目、铝基产业园水环境综合治理工程项目四大板块，智能化厂房及标准化厂房建设项目、王引河水环境综合治理项目、产业园区路网建设项目、园区基础设施提升完善工程、新型金属铝材料公共服务平台及智能快递物流中心建设项目、中德国际产业小镇项目、企业安全培训基地项目（应急安全城）项目7个子项目全部开工，完成投资7亿元；中瑞冷链物流、公共服务平台、智能物流中心、标准化厂房等一批重大项目开工建设；银杏路、玉兰大道、金桂路、白杨路、国槐路、合欢路、迎春路、海棠路、银杏路跨王引河桥、白杨路跨王引河桥、玉兰路跨利民沟桥、银杏路跨利民沟桥"四纵四横四桥"路网改造完成；智能化厂房竣工，园区承载力进一步提升。处置"僵尸企业"和低效闲置用地盘活土地1002亩，梁庄、董庄、戚牌坊累计征地784亩，拆除房屋3.6万平方米。

【基层党建】 2021年，濉溪经济开发区开展"举旗帜、送理论"宣讲23次；开展"我为群众办实事"实践活动，解决群众

10月26日，2021中国（濉溪）铝基新材料加工产业高质量发展论坛在濉溪经济开发区举行 （赵天祥 摄）

和企业急难愁盼问题78件；开展“我为企业献一策”活动，将党建智慧转化为生产力增效1787万元。

【入区项目及企业简介】 *中瑞农产品物流园* 该项目占地面积320亩，由冷冻冷藏库房、交易大棚、仓储配送中心、地下停车场、地面大型停车场及其他配套商铺组成，总投资5.5亿元。建成蔬菜、水果、粮油、水产、干调、禽肉、乳品、冻品等8大交易区；建设智慧指挥、冷链仓储、加工配送、配套商服、信息服务（电子商务、电子结算、电子监控、农产品质量溯源）、检测检疫、农产品展示及信息发布、垃圾处理及停车场等8大综合配套中心。项目建设期三年（2021—2023年），2021年9月26日，一期工程冷链物流园开工建设，截至年底，完成5万平方米土建工程，完成投资1.1亿元。

淮北易工顺建筑工程有限公司装配式建筑结构生产项目 2021年11月，该项目开工建设，由安徽晶宫绿建集团有限公司投资建设，总投资5.2亿元。项目建设内容为购置切割机、锯床、剪板机、折弯机、磨光机、抛丸机等设备，生产工序包括下料、机加工、焊接、浇筑、振捣等，使用原料为钢材、水泥、油漆等，配套建设给排水、供配电等公用工程。建成后可达到年产10万吨钢结构及150万平方米PK3桁架筋预应力叠合板的生产能力。

安徽龙球铝箔科技有限公司 该公司前身为上海龙球铝箔有限公司，2021年9月，正式注册公司改名为安徽龙球铝箔科技有限公司，专业生产国内外牛奶瓶盖用铝箔、巧克力包装铝箔、优质复合铝箔和各种包装用铝箔产品。一期设计产能6000吨、预计销售收入可达2.1亿元。公司三大主导产品彩色包装箔、复合箔、容器箔，其产品质量均达到优质产品标准。

（王　翠）

安徽（淮北）新型煤化工合成材料基地

【概况】 2021年，安徽（淮北）新型煤化工合成材料基地（以下简称“淮北煤化工基地”）被中石化联合会定为“十四五”时期全国重点发展70家化工园区之一。近期规划面积20.4平方千米，远期规划面积39.21平方千米，已建成8.48平方千米。基地综合管廊、污水处理厂、增量配电网等公共配套完善。已签约化工类项目34家，协议总投资225亿元，拥有规模以上企业23家，初步形成“煤—焦—化—电—材”循环经济产业链。

【项目建设】 2021年，淮北煤化工基地坚持“双招双引”，新签约招商引资项目6个，新开工项目7个，新投产项目8个，新入统项目15个，新入规企业9家。50万吨甲醇、泓泽新材料、长淮新材料、润岳二期、龙溪医药中间体、星光新材料等项目先后投产，50万吨丁腈胶乳、60万吨乙醇、12万吨高端炭黑、1.5万吨新型农药中间体等项目

2月18日，加快新兴产业高质量发展暨2021年全省第二批贯彻“六稳”重大项目集中开工现场推进会淮北分会场开幕式现场　（黄鹤鸣　摄）

开工建设，甲醇下游产业链不断延伸。推进重点配套基础项目建设，临白路下穿立交、创新路、工业水管网、社会化停车场、智慧物流园等项目陆续投入使用。

【科技创新】 2021年，淮北煤化工基地有高新技术企业6家，新增3家高新技术企业，新增3家省级培育高新技术企业，入，库省级科技型中小企业4家。高产增加值增幅24.1%。纳入高新技术产业统计企业14家，新增7家，占规模企业总数的67%，高新技术产业产值占工业总产值超过92%。获批1家省级博士后工作站，获批5家市级工程技术研究中心，补增1家市级企业技术中心。深化校企产学研合作，新增87件专利，其中，7件发明，80件实用新型专利。参与制定国家标准1项、地方标准1项、行业标准1项。完成战新基地相关指标，完成安徽省技术成果官网登记45件，超序时进度完成全年任务150%。与淮北师范大学签约共建先进化工技术及新材料研究院，与中国科学院大连化学物理研究所合作先进碳基新材料研发及成果转化项目，与安徽理工大学、合肥工业大学、淮北师范大学、河北工业大学、中国科学院大连化学物理研究所等高校开展产学研合作，完成新增产学研8项，签订金额合计7217万元，完成省官网登记技术合同成交额2.89亿元，完成年度任务192%，域内全社会研发经费投入约4.8亿元，同比增长43.8%，研发投入强度达到2.8%。

【园区发展】 2021年，淮北煤化工基地工业增加值同比增长14.7%，固定资产投资同比增长20.5%，工业投资同比增长21.0%，一般公共预算收入同比增长53.1%，工业产值同比增长39.3%，战新产业产值同比增长65.9%，“安徽先进高分子结构材料基地”增速位居全省战新基地第四位，基地战新产业产值占比突破基地工业产值三成。全年召开入园评审会5次，摒弃安全环保高风险项目13个，检查企业70余家次，整改隐患问题1600余条，免费为企业培训近300人次。投资2000余万元建成智慧园区一期。投入4000万元进行主要道路河流的综合整治，投入2600万元建设货运停车场，投入3.5亿元实施污水处理系统改扩建工程，督促21家生产企业完成隐患整改500余条，引导孟沟两岸企业开展环保改造，孟沟水质超标问题完成销号。全年举办政策宣讲会30余场，走访企业166家次，帮助企业争取奖补资金2600余万元，分配企业战新基地奖励资金3000万元，补贴生产企业污水处理费用近6000万元，开展两批次“园区贷”业务合作，为园区企业提供融资超过6300万元，帮助企业招聘技术工人500余人，挂牌督办企业反映热点问题30余个。

【投产项目企业选介】 临涣焦化股份有限公司 公司为淮北煤化工基地的核心企业，由淮北矿业（集团）有限责任公司、上海华谊（集团）公司、南京钢铁集团公司、杭州钢铁集团有限公司、五矿发展股份有限公司、马鞍山钢铁公司6家企业联合组建，是安徽省“861”重点工程、振兴皖北经济1号工程，总占地面积1947亩，总投资55亿元，总规模为年产焦炭440万吨、联产甲醇40万吨，项目一次规划、分两期建设。生产装置采用8×55孔6米JN60型顶装焦炉生产焦炭焦炉煤气制甲醇工艺，附产粗苯、精苯、硫铵、煤焦油等。三期工程重点以做大甲醇、开展精细化工产品为方向，延伸煤化工产业链条，加快形成项目集群。公司先后获“安全生产先进单位”“国家高新技术企业”“国家级绿色工厂”“中国优质煤焦供应商”“省五一劳动奖状”“省绿色工厂”“安徽省制造业综合实力50强企业”“安徽省十佳品牌企业（质量奖）”等荣誉；获得“能源管理体系认证证书”“CNAS国家级实验室认可证书”，“中淮”牌低硫特低磷焦炭获“安徽工业精品”称号。

临涣选煤厂 选煤厂是国家“八五”重点建设工程项目、宝钢二期配套工程。经过改扩建，年入洗原煤能力达1600万吨，为亚洲最大的集中型炼焦煤选煤厂。主产品“临选”牌精煤，是绿色环保的稀有煤种，主要供应中国宝武钢铁集团有限公司、马鞍山钢铁股份有限公司、鞍山钢铁集团公司等国内大型钢铁企业及焦化厂。副产品煤泥、中煤输送至电厂作为发电燃料，矸石输送到砖厂作为建材原料。“临选”牌精煤先后被评为“世界市场中国煤炭十大年度品牌”“中国优质产品”“全国百家用户满意产品”“安徽省名牌产品”。

淮北新宇工贸有限责任公司　公司隶属于安徽淮海实业集团有限公司，注册资本8000万元，资产总额3.4亿元。主要开展煤矸石综合利用、为工业园生产生活服务、物流贸易、机械加工等业务，有在册员工360人。

淮北宝相气体有限公司　公司由上海宝钢气体有限公司全额投资成立，占地面积18.38亩，总投资额0.92亿元，为淮北矿业（集团）有限责任公司煤焦化综合利用二期工程220万吨/年焦化及20万吨/年甲醇项目提供工业气体，主要产品有管道氧气、氮气、仪表空气、工厂空气以及液氮、液氧等产品。

淮北强力矸石建材综合利用有限公司　公司占地面积168亩，总投资约7000万元，年产量1.2亿（折标砖），综合利用煤矸石30余万吨。公司获评“节能减排示范企业”“高新技术企业”“淮北市绿色工厂”称号。公司“烧结煤矸石空心砖”获“安徽省新型墙体材料产品”称号。

临涣水务股份有限公司　公司由淮北矿业股份有限公司、淮北双龙矿业有限责任公司、安徽国华投资集团有限公司共同出资组建成立，注册资本金2亿元，新三板上市企业。投资建设96千米的淮水北调管道工程、占地面积180亩的水处理厂及配套引供水管网，设计日生产工业清水23万吨、除盐水1万吨。

淮北相淮水泥有限责任公司　公司是相山水泥有限责任公司的全资子公司，隶属于安徽淮海实业集团有限公司，注册资金2500万元，固定资产原值16015万元，占地面积126亩。公司有两条2×100万吨水泥粉磨生产线，“相山”牌系列水泥畅销淮北周边地区。

临涣中利（淮北涣城）发电有限公司　公司由淮北矿业（集团）有限责任公司和安徽省能源集团有限公司合资组建的独立发电企业，拥有总装机容量为4×300兆瓦循环流化床锅炉（CFB）发电机组，是安徽省“861”行动计划重点工程之一。作为园区唯一热源点，承担现有企业的热负荷及新增的热负荷。

安徽天成新材料有限公司　公司生产醋酸衍生物及其下游产品，总投资6.6亿元，用地202亩。项目一期主要建设年产36000吨双乙烯酮、25000吨乙酰乙酸甲酯、5000吨乙酰乙酸乙酯、6000吨乙酰苯胺和3000吨乙酰邻甲苯胺、3000吨丙酮（副产）产品生产线及配套工程，项目二期主要建设年产6万吨乙醋酐生产线。产品应用于有机合成、食品添加、生物医药等领域，主要销往上海、江苏、浙江等下游配套企业，并出口印度。项目全部达产后可实现产值14.5亿元。

安徽润岳科技有限责任公司　公司的H发泡剂系列及磷系阻燃剂系列产品项目，总投资3.5亿元，用地面积124亩，投资主体为泰州仁和化工科技有限公司。项目一期建设年产1万吨发泡剂系列产品、1万吨磷酸三乙脂（TEP）、4万吨磷酸三（2-氯丙基）酯（TCPP）、0.5万吨磷酸三（2-氯乙基）酯（TCEP）阻燃剂生产线及辅助工程。二期建设年产6万吨TCPP产品生产线。三期建设年产0.9万吨双酚A-双（二苯基磷酸酯）（BDP）、0.5万吨磷酸三苯酯（TPP）阻燃剂。产品应用于塑料行业、化学建材、电子电器、交通运输、航天航空、日用家具、室内装饰等领域，广泛出口至东南亚、欧美等地。项目一期、二期已投产运营。

优耐德引发剂（淮北）有限公司　公司的引发剂项目，总投资4.6亿元，用地面积150亩。投资主体为德国优耐德集团。项目一期主要建设4万吨/年过硫酸盐生产线。产品可作为土壤修复剂，用于污染土壤修复；作为引发剂，用于PVC、LDPE、ACR、ABS、丁苯乳胶塑胶等各种高性能聚合物的生产，也可以作为电子化学品，用于印刷线路板刻蚀行业。产品市场主要集中在中东、欧美等地区和澳大利亚等国家。项目二期主要建设年产15000吨TBHP（叔丁基过氧化氢）及9590吨TBA（叔丁基醇）生产线，产品主要用作聚合反应的引发剂，不饱和聚酯的交联剂，乳化聚合、天然生胶加硫和柴油添加剂等。项目一期投产运营，项目二期在建设中，项目全部达产后可实现产值8亿元。

安徽瑞柏新材料有限公司　公司的醋酸酯项目，总投资6亿元，用地面积111亩。投资主体为江苏省瑞丰高分子新材料有限公司。项目一期主要建设年生产7万吨醋酸甲酯、3万吨电子级醋酸甲酯、7万吨醋酸乙酯和3万吨电子级醋酸乙酯生产线。采用河北工业大学、天津普莱化工技术有限公司精制分离技术，中海油天津化工研究院膜分离技术，运用树脂催化高纯合成法工艺，通过反应精馏法制得高纯醋酸甲/乙酯。项目二期主要建设年产5万吨醋酸丙酯、5万吨醋酸丁酯、3万吨电子级碳酸二甲酯提纯、36万吨甲醛、6万吨多聚甲醛。产品主要用于有机溶剂萃取剂、新能源锂电池等行业，其相关产品已经打入国内领先的锂电池生产厂商，产品出口至北美洲、欧洲、南美洲、东南亚等地区。项目一期、二期项目全部达产后可实现产值35亿元。

淮北绿洲新材料有限责任公司　公司年产3万吨高性能电子化学品项目，总投资1.5亿元，用地面积59亩。投资主体为苏州市绿洲新材料有限公司。生产的电路用无卤无铅、高频高速通讯电子胶黏剂新材料，属国内唯一，产品广泛应用于5G高频覆铜板、印制电路板、电子信息等产业。项目全部达产后可实现产值12亿元。

安徽长淮新材料有限公司　公司年产5万吨环保型功能性添加剂项目，总投资2亿元，用地面积80亩。投资主体为苏州安特菲尔新材料有限公司。项目产品为三聚氰胺氰尿酸盐（MCA）、纳米阻燃剂、超细微胶囊红磷、次磷酸铝（AHP）、二乙基次磷酸铝（ADP）、阻燃母粒、双马来酰亚胺、焦磷酸哌嗪、阻燃隔热剂、阻燃胶等，主要用于高端工程塑料、电子电工以及电线电缆等领域的无卤阻燃需求。EPDM核心技术产品广泛应用在高铁装备、军工装备制造行业。项目全部达产后可实现产值8.5亿元。

淮北晶诺环境工程有限责任公司　公司隶属于上海晶宇环境工程股份有限公司的全资子公司，以淮北煤化工基地浓盐水零排放设施的运营维护为主，总投资4.6亿元，用地面积67亩。主要采用国内外首创废水零排放及结晶盐资源化处理技术，将废水中的氯化钠、硫酸钠提取出来，达到国家工业盐标准后，实现资源循环利用。设计一期处理规模4000立方米/天，二期处理规模4000立方米/天。项目一期建成运营，二期正在建设中。

安徽融铸新型材料科技有限公司　公司的融铸新材料项目，总投资1.2亿元，用地面积60亩。主要建设2条60平方米马蹄焰型熔炉生产线，形成年产18万吨固体硅酸钠生产规模。产品广泛应用于日化、橡胶、建材及冶炼等领域。项目全部达产后可实现产值6亿元。

安徽江泰新材料科技有限公司　公司的年产17000吨甲基苯甲酸系列及其衍生物*N*，*N*–二乙基间甲基苯甲酰胺项目，总投资2.5亿元，用地面积100亩。项目一期主要建设年产邻甲基苯甲酸3000吨，间甲基苯甲酸2500吨，对甲基苯甲酸1000吨，3–甲基–4–硝基苯甲酸1500吨，*N*，*N*–二乙基间甲基苯甲酰胺1500吨及其添加剂产品生产线。二期主要建设年产6000吨邻、间、对甲基苯甲酰氯及对苯二甲酰氯产品生产线。产品用于医药、感光材料、农药、有机颜料中间体等多个领域。项目一期已投产运营。项目全部建成达产后可实现产值8亿元。

安徽泓泽新材料科技有限公司 公司的呔哔克项目，总投资8亿元，用地面积200亩。项目一期年生产1.3万吨呔哔克系列产品、7500吨氯化钠。产品广泛用于电子线路板、橡胶轮胎、油墨和涂料工业。主要销往全国各地，以及北美、中东、南美等地区多个国家。项目达产可实现产值6.5亿元。

淮北龙溪生物科技有限公司 公司的年产800吨新型医药中间体项目，总投资3亿元，用地面积90亩。投资主体为南京欧维化工有限公司。项目建成后主要生产500吨/年硫氮唑、300吨/年2-（2，6-二乙基-4-甲基苯基）丙二酸二异丙酯，形成800吨/年医药中间体生产规模。产品主要用于合成治疗心脑血管疾病的药物，部分产品打破国外企业的垄断，填补国内领域空白。项目一期建成投产，项目二期在建设中，全部达产后可实现产值9亿元。

淮北市星光新材料科技有限公司 公司的MOCA及表面活性剂项目，总投资3.5亿元，用地88亩。投资主体为滨海星光化工有限公司。项目一期建设年产10000吨聚氨酯橡胶硫化剂MOCA产品生产线。二期主要建设年产10000吨邻氯苯胺及15000吨表面活性剂生产线。邻氯苯胺可用于毛巾、色纱、色布等棉织物、黏胶织物的染色和印花显色剂，偶氮染料的重氮组份，聚氨酯制备交联剂等。项目全部达产后可实现产值10亿元。

安徽相泉化工有限公司 公司的无机盐项目，总投资1.2亿元，用地面积50亩。项目主要建设年产1000吨氟钛酸钾、1000吨氟硼酸钾、2000吨提纯氯化钾及3万吨硫酸钾、2万吨氯化铵钾产品生产线。配套产品广泛应用于航空航天、海洋工程及高技术船舶、先进轨道交通、节能与新能源汽车、建筑工程等高端领域。项目全部达产后可实现产值1.7亿元。

淮北正泰电力发展有限公司 公司为园区增量配电业务改革试点公司，是国家发展和改革委、国家能源局确定的全国第四批增量配电业务改革试点项目，总投资4.6亿元，投资主体为浙江正泰集团。项目从高压配电网新建3座变电站、扩建3座变电站、新增变电容量567兆瓦，中压配电网新建24单联络、3组单环网，新增线路54回、使用间隔54个，新建电缆线路36.7千米，新建架空线路77.8千米，新柱上开关106台，新建10座开闭所等方面分阶段实施。项目甲醇变、临白变两座变电站建成并投入运营。

淮北鑫远环保科技有限公司 公司是湖南鑫远环境有限公司出资创办的子公司，总投资1.7亿元，占地面积约75000平方米。项目为淮北新型煤化工基地污水处理厂一期工程，主要对园区企业产生的工业废水及生活污水进行处理。采用BO建设模式，设计日处理有机污水量为10000立方米，中水回用系统出水能力为20000立方米/天。

淮北泓泰热力管理有限公司 公司是新型煤化工合成材料基地配套的专业化供热公司，注册资金6000万元，计划总投资3.3亿元，建设管网总长度约80千米。

（吴振禹）

濉溪芜湖现代产业园

【概况】 2021年，濉溪芜湖现代产业园财政收入同比增长221%。工业总产值同比增长67.7%；工业增加值同比增长75.2%；战略性新兴产业同比增长69.5%。外贸进出口同比增长330%，消费品零售额同比增长13.5%。双创孵化园项目用地面积1907亩，总投资约31.58亿元，其中专项债资金15.79亿元，财政资金6.39亿元，其他资金9.4亿元。累计入驻企业71家，其中规模企业26家、国家级高新技术企业8家，连续3年跻身全省省级以上开发区综合考核30强开发区。商贸基础设施建设，建成10万平方米标准化厂房、19千米道路，累计完成投资2.4亿元。

【项目建设】 2021年，濉溪芜

湖现代产业园新签约项目22个，新开工项目14个，新投产项目16个，在谈项目14个，县级重点项目28个，总投资214.05亿元。新增锋晟锻造、奥邦包装、新诚毅汽配、虹靓玻璃、瑞耀金属、国毅手膜、铭翔纺织、江硕印务、英科手模车间标准化厂房、聚安门窗、斯图雷登汽配11个入统项目。新增安徽松菱电器有限公司、淮北奥邦包装印刷有限公司、安徽江硕印刷包装科技有限公司、安徽风正新材料科技有限公司等6个规模以上企业。园区支付政府性投资项目款项1.89亿元。建设政府性投资项目（含续建）7个，完工5个，在建2个。

【科技创新】 2021年，濉溪芜湖现代产业园为4家企业申报非连续认定的高新技术企业，2家企业获批高新技术企业。9家企业获授权专利41个，其中发明专利3个。安徽英科医疗用品有限公司、淮北市米之悦门业有限公司、安徽伯华氢能源科技有限公司获濉溪县533产业创新团队奖。安徽伯华氢能源科技有限公司获淮北市555产业创新团队奖。安徽伯华氢能源科技有限公司与中科院上海物理应用所、安徽盈科安防装备股份有限公司与安徽大学化学化工学院、安徽英科医疗用品有限公司与淮北师范大学化工学院进行深度合作。

【入园项目及企业选介】 淮北利维科技有限公司 淮北利维科技有限公司主要生产电子烟高倍率锂聚合物电池，项目总投资3.5亿元，厂房面积15000平方米，投产后年产值不低于3亿元，带动就业300人左右。

讯超高端涂覆隔膜项目 该项目由安徽讯超新材料科技有限公司投资建设，投资总额5亿元，建设周期18个月。建成投产后，年产2亿平方米涂覆隔膜，年销售收入不低于3亿元，年上缴税收不低于1000万元，提供劳动就业岗位100个左右。

福神新材料项目 该项目由安徽福神材料科技有限公司投资建设，项目位于濉芜产业园，总投资2.5亿元，建设周期12个月。项目建成后，可实现年加工6000万只电容器、2000万平方米电子铝箔，销售收入3亿元，上缴税收不低于800万元。

安徽省濉溪县劳动力市场建设项目 该项目总投资5000万元，占地面积约10亩，建筑面积8000平方米。主要配套园区提供招聘、派遣、外包服务，为求职人员提供应聘服务平台。截至2021年年底，该项目完成前期手续，办公楼开工建设，计划建设周期12个月。项目建成运营后每年可实现就业岗位安置10万～15万人次；优质保障每年派遣、外包8000～10000人次；支撑双产业孵化基地同时运营并保障服务；免费提供政策咨询及便民服务信息。

（戚红飞）

相山经济开发区

【概况】 2021年，相山经济开发区入驻工业企业163家，其中规模以上工业企业64家。完成规模以上工业总产值45.1亿元，税收1.59亿元。建成区10平方千米内实现“九通一平”，建成“四纵十二横”30千米道路、8千米供电双回路、22千米污水管网。大学科技园、信息产业园、食品产业园、科技小镇等4个创新平台项目共计47万平方米标准化厂房建成并投入使用。日处理2万立方米的信息产业园污水处理厂建成并投入使用。建设13.9千米供热管网。先后被授予“国家农业科技园区”“国家农村产业融合发展示范园区”“国家农业产业化示范基地”“全国农产品加工示范基地”“安徽省新型工业化产业示范基地”“安徽省和谐劳动关系示范工业园区”等称号。

【项目建设】 2021年，园区内省级农业产业化龙头企业8家，3年产值平均增速13%以上。推进产群集聚发展，汇聚以思朗食品（淮北）有限公司、今麦郎饮品（淮北）有限公司、安徽金富士食品有限公司、安徽苏太太食品有限公司等食品企业为主的烘焙

相山经济开发区全景图　　（陈文晓　摄）

类、软饮料类、休闲食品类、肉制品深加工类绿色食品产业群；以完美（淮北）生物科技开发有限公司、安徽盛美诺生物技术有限公司、人良生物科技（安徽）有限公司、安徽阜邦生物科技有限公司等生物科技型企业为主的功能性食品产业群；以安徽金冠玻璃有限责任公司、淮北市思朗包装印刷有限公司等企业为主的配套产业群。思朗饼干、曦强乳制品获评“中国好食品”，淮北徽香昱原早餐工程有限责任公司被评为“全国主食加工业示范企业”，安徽鑫乐源食品有限公司、安徽金富士食品有限公司、安徽贝宝食品有限公司等多家企业被评为省“专精特新”企业。

编制信息产业园规划，规划面积约10000亩，其中2300亩集中发展PCB产业。电子信息产业园一期已建成并交付使用，二期已开工建设。深化与高校院所合作联动，引进高水平创新创业团队；聚焦PCB、半导体、移动终端、可穿戴设备等产业链精准招商，引进安徽诺迅智能科技有限公司、淮北翌光科技有限公司等电子信息企业29家，总投资46.65亿元。建设信息产业园标准化厂房22.5万平方米、宿舍楼3万平方米。投入3.7亿元建设日处理能力2万吨的污水处理厂。建成大学科技园12.5万平方米标准化厂房、7000平方米研发中心、8000平方米中试车间、192套人才公寓；7200平方米食品会展中心、3400平方米食品博览馆及1790平方米美食街建成并投入使用。连续9年举办淮北食品工业博览会。

【科技创新】 2021年，园区积极引导企业加大技改投入和科技研发，加快推进“两化融合”。人良生物科技（安徽）有限公司、淮北极速时代动物营养有限公司等企业获评国家级“两化融合”管理体系评定企业。依托中国农业大学、江南大学、淮北师范大学等高校，成立中国农业大学淮北实验站、黄淮海食品检验检测中心、国家大学科技园等科技创新平台，积极构建以企业为主体、市场为导向、产学研相结合的自主创新体系。今麦郎饮品（淮北）有限公司、安徽盛美诺生物技术有限公司等企业获评省智能工厂和数字化车间。拥有省认定企业技术中心7家、高新技术企业30家、省“专精特新”企业16家，中国驰名商标5个、安徽省著名商标17个、名牌产品8个、省“工业精品”1个。

【营商环境】 2021年，园区以创建省内一流营商环境园区为目标，制定精准帮联企业行动工作方案，构建新型“亲”“清”政商关系。推动建设企业家服务中心和办事大厅，实现手续办理、融资租赁、中介咨询、讲座培训等涉企一站式服务。“十三五”期间，兑现各类优惠政策奖补资金4.51亿元，帮助企业融资发展资金20.6亿元。创新“双融合三培养”“三联三创”等非公党建模式，重点打造淮北徽香昱原早餐工程有限责任公司、安徽苏太太食品有限公司、安徽果力智能科技有限公司、安徽杨府锦调味食品股份有限公司、安徽金冠玻璃有限责任公司等5个非公企业非公党建示范带。加快推进亩均效益评价和“标准地”改革，以“亩均论英雄”，亩均税收、投资、产值大幅提升。

【园区建设】 2021年，园区固定资产投资完成16亿元，同比增长6.3%，其中工业投资完成15.9亿元，同比增长8.5%，技改投资8953万元，同比增长117%。战新产值完成13.37亿元，同比增长20.1%；高新产业产值11.38亿元，同比增长20.1%。社会消费品零售额完成3.84亿元，同比增长21.2%。完成税收1.6亿元，同比增长55%。获评“第四批省知识产权示范园区”“‘十四五’首批省级先进制造业和现代服务业融合发展试点园区”。淮北凤凰山绿色食品博览园获评国家AAA级旅游景区。

【绿色食品发展】 2021年，园区有农副食品加工及生物科技企业87家，其中规模以上农产品加工企业39家。实现规模以上农产品工业产值35.17亿元。产值超亿元企业13家，税收超100万元企业8家。招引食品制造（生物科技）及配套企业7家，其中投资亿元以上企业2家，协议总投资额5.92亿元。有省级农业产业化龙头企业8家、市级农业产业化龙头企业16家。建成家家悦真棒1000余亩蔬菜种植基地、汉芳集团3000亩芳香植物基地和薰衣草主题庄园、曦强乳业5000余头标准化奶牛养殖基地和10余家专业合作社。荣获全国农产品加工业创业基地、全国农产品加工示范基地、国家农村产业融合发展示范园区、中国食品工业产业化示范区等多项国家荣誉。

（刘星宇）

杜集经济开发区

【概况】 2021年，杜集经济开发区完成规模以上工业企业产值78.8亿元，工业增加值21.3亿元，新增规模以上工业企业9家，实现税收收入8500万元。

【园区建设】 2021年，杜集经济开发区持续完善道路、亮化、供水、雨污管网等基础设施建设。铺设雨污管网3.6千米、燃气管网11千米、供水管网5.9千米，完成青春路等6条园区道路亮化（黑化）提升，开发路、纬二路建成通车，纬四路加紧建设。完成264.2亩、198户土地征收和雨佳木业223亩土地报批，为开发区创新产业园二期、安徽拓帮输送装备有限公司等7家公司供地759亩。

【招商引资】 2021年，杜集经济开发区对接项目50余个，签约项目18个，协议投资金额35.2亿元，利用省外资金27.7亿元，新增亿元以上规模项目4个。推进“亩均论英雄”改革，盘活闲置资产7家、低效土地664.3亩、闲置厂房4.3万平方米。

【项目建设】 2021年，杜集经济开发区落实重点项目专班跟进推进机制，周调度、月通报、季督查，推进21个重点项目建设。园区标准化厂房建设项目、金鹏门窗、鸿鼎玻璃等13个项目建成投产，年产260万吨水泥绿色智能示范线、雨佳木业等9个项目正在建设中。

【转型发展】 2021年，杜集经济开发区申报长三角煤矿智能化装备研发生产基地。与高等院校、科研院所合作，开展高价值专利培育工作，专利申请量400余件。新增高新技术企业8家，高新技术产业完成产值37.5亿元。安徽省矿业机电装备有限责任公司等4家企业完成“两化融合”体系认证，淮北中清环保科技有限公司等8家企业完成“企业上云”，淮北阳光管业科技有限公司列入国家第三批专精特新“小巨人”企业，淮北市中芬矿山机器有限责任公司获评皖美企业品牌示范企业。

【园区共建】 2021年，杜集经济开发区加强与徐州高新区等长三角地区园区对接交流，与贾汪高新区签订战略合作协议，加速园区合作共建，精准承接产业和创新资源转移。在承接的徐州地区产业溢出项目中，海兰特健康设备项目落地建设，立诺铝业项目签约。

【营商环境】 2021年，杜集经济开发区成立项目落地专班，完善全流程闭合服务机制，专人负责项目洽谈、签约引进、建设经营等环节。常态化开展“四送一服”活动，走访调研企业300余家次，举办要素对接10余场次，帮助解决用工、用电、供水、融资等难题80余件，为10余家企业办理环评审批等手续30余件。

【入区项目及企业选介】 安徽省矿业机电装备有限责任公司 公司是国家高新技术企业、国家煤机装备制造业骨干企业、煤炭行业AAA级信用企业，下辖淮北迅腾贸易公司1个全资子公司，安徽淮海奥可装备再制造有限公司、安徽皖鑫锌业科技有限责任公司、淮北弘武液压机械有限公司和安徽中捷矿山运输设备有限公司4个控股子公司。主导产品有液压支架、刮板输送机、带式输送机，新产品有单轨吊机车、设备列车、超前支护产品和综采工作面拆除安装设备等，并从事采掘设备大修、电器修理，以及锻件、铸件生产。拥有“擎宇”“皖星”“拓采”等产品品牌。2021年实现产值9.3亿元，销售收入9.75亿元，实缴税收2450万元。

淮北市中芬矿山机器有限责任公司 公司设有机械研究所、自动化控制研究所、液压控制研究所及铆焊分公司、钳工装配分公司、金加工分公司等10个分公司，具有年产冶金、化工、矿山设备30000吨的生产能力。新获6项国家发明专利。2021年实现产值25173万元，同比增长122%，销售收入2.5173亿元，同比增长122%，实缴税收815万元。连续多年荣获“全国十佳选矿设备制造厂”称号，获工信部认定专精特新重点“小巨人”企业、皖美企业品牌示范企业称号。

安徽康迪纳电力科技有限责任公司 公司设有淮北市煤斗疏通工程技术研究中心、淮北市企业技术中心，专业从事电力设备安装、检修维护、技术改造与咨询服务。2021年实现销售收入8893万元，利润2667万元，上缴税收1116万元。

淮北相鹏节能科技有限公司 公司于2021年2月成立，10月投产运营，预计年产量门窗50万立方米，玻璃50万立方米。主要生产节能门窗、智能门窗、节能玻璃、安全玻璃、百叶玻璃。

淮北阳光管业科技有限公司 公司是一家专业化研发、生产和销售工矿用、燃气用、油田用、电力热力用、城镇基础设施

杜集经济开发区全景　　（梅月　摄）

用、民用、消防用、农村饮用水网用PVC管材、PE管材、钢塑复合管材、保温管材和应用技术的高新技术企业。2021年实现产值6000万元，销售收入约5800万元，实缴税收122万元。

（孙文法）

烈山经济开发区

【概况】 2021年9月，安徽省政府正式批复烈山经济开发区主导产业变更为电子信息、装备制造、新能源三大产业。截至年底，有入园企业121家，“四上”企业数64家，其中规模以上工业企业49家，规模以上服务业企业12家。2021年实现经营收入150.36亿元，工业总产值113.37亿元，税收达3.5亿元。

【园区建设】 2021年，烈山经济开发区利用电子信息产业园基础设施专项债投资，建设总建筑面积约7万平方米电子信息产业园标准化厂房二区工程，长约2千米纬一路、经二路工程，谋划实施电子信息产业园三区、智能制造产业园三区共约15万平方米标准化厂房建设工程，2千米长陶博路延伸工程，青龙山片区水环境综合治理工程及青龙山产业园绿化亮化工程。

【营商环境营造】 烈山经济开发区升级信息基础设施，统筹园区通信管道、机房、站址等，建设青龙山现代物流产城一体配套服务中心，打造智慧管理、智慧招商、智慧企业服务三大板块，全面增强开发区实时监测和动态管理能力。打造政务服务平台，依托区政府网站开设经济开发区信息专栏，汇集即时新闻、政策发布、招商引资等多功能窗口；依托皖事通，推进6670个政务服务事项在安徽政务服务网上运行，全程网办率达100%。打造7×24小时自助服务区，2021年2月入选2020年度全省政务服务改革创新优秀案例。加强服务要素保障，成立全程帮办服务中心，建立要素保障领导小组，实时更新要素保障问题反馈清单，实行月度调度机制，全力保障项目推进、企业发展。完善环境监测预警，购买环保管家服务，精准定位环保问题，量身定制企业、园区环保问题的解决方案，智能化工具助力技术团队作业，提高效率，保证质量。搭建企业智能化服务平台，建立传化智能物流平台，为企业提供合理高效物流服务；组织企业上云，金龙机电（淮北）有限公司等8家企业入选市第一批上云企业；加快工业数字化建设，金龙机电（淮北）有限公司、淮北锂动芯科技有限公司获评安徽省数字化车间，安徽省宝创电子人脸识别监控智能比对分析云平台获评安徽省首版次软件；淮北传化公路港获评安徽省第七批信息消费体验中心。

【入园项目及企业选介】 安徽和晶智能科技有限公司　该公司成立于2021年4月，注册资金2.5亿元人民币。母公司为无锡和晶科技股份有限公司。公司以“智慧生活”为发展主线，业务聚焦于“物联网业务”与“教育业务”，围绕物联网产业、教育产业进行资源整合，深化“一

安徽和晶智能科技有限公司生产车间　（梅月　摄）

核双擎”的战略格局，推动公司整体战略的实施及各业务主体之间的协同发展。公司致力于智能控制器的研发、制造以及相关配套设施。产品门类已涵盖家电控制器、工业类控制器、通讯类控制器及汽车电子业务。取得博世西门子、海尔、海信、美的、诺基亚、爱立信、美国通用电气等供方资质。工厂管理流程按照TS16949标准建立，采用ERP、MES等国际先进管理软件。

安徽乐源半导体有限公司　该公司投资建设乐源光电项目，总投资1亿元，利用孵化器二期5号厂房建设4条共享充电宝生产线、2条共享充电线生产线，项目建成后可年产共享充电宝600万套、共享充电线900万套，实现年产值2亿元，实缴税收约600万元。

淮北晟晖电子科技有限公司　该公司由晟晖科技（宿迁）有限公司投资，主要建设印制线路板用微型钻头、铣刀、槽刀等高速超硬刀具生产线。计划投资额1.1亿元。

安徽盛石电气设备有限责任公司　该公司由上海上芃电气有限公司投资，主要建设年产SF6微水密度变送器1万件、SF6远传式密度继电器1万件、SF6气体泄漏监测系统500套产品生产中心。计划投资额5500万元。

欧赫亚体育用品有限公司　该公司由江阴明德体育用品有限公司投资，主要从事LED发光球、篮球、足球、排球、橄榄球、操场球等研发、设计、制造和销售。计划投资额4000万元。

淮北海众体育用品有限公司　该公司由南通海众体育用品有限公司投资，主要从事运动球内胆的生产、销售，橡胶及原材料的销售。计划投资额3000万元。

淮北铭启体育用品有限公司　该公司由江阴泰润模具有限公司投资，主要生产各种球类。计划投资额2000万元。

淮北卓鹏新能源有限公司　该公司由深圳市东鑫源投资发展有限公司投资，主要生产锂电池PACK智能小家电。计划投资额1.1亿元。

安徽提标环保科技有限公司　该公司由安徽提标环保科技有限公司投资，主要生产环保处理设备、消毒设备等。计划投资额1100万元。

淮北联韵电子科技有限公司　该公司由东莞市贸盛达电子有限公司投资，主要生产蓝牙耳机等。计划投资额1亿元。

安徽正凯源环保科技有限公司　该公司由深圳市龙峰新型环保建材有限公司投资，主要建设处理规模为800吨/日的炉渣处理配套工程，炉渣回收利用率95%。计划投资额4200万元。

（殷溪溪）

【责任编辑　马世界】

城乡建设 水利

综　述

【概况】淮北市住房城乡建设局立足新发展阶段，践行新发展理念，顺应人民群众对美好生活的向往，深入推进改革创新，加快重点工作攻坚，高效落实目标考核任务，推动淮北市住房城乡建设事业高质量发展。淮北至宿州至蚌埠和淮北至阜阳城际铁路、淮徐快速通道等加快建设。启动城市生命线安全工程建设，全年新增建成区绿化覆盖面积22.1公顷。加快城乡饮用水源地及地表水厂建设进度。加快推进海绵城市、雨污分流工程等建设。全年完成房地产开发投资同比增长11.2%，商品房销售面积280.7万平方米，房地产市场总体呈平稳发展态势。

【城市建设管理】2021年，淮北市启动城市生命线安全工程建设，完成省级城市生命线平台与市安全监管项目（一期）平台的数据对接。完成建成区内燃气、桥梁、供水、排水项目风险评估。完成东外环防洪排涝及道路提升工程绿道、乾隆湖环境综合治理工程绿道等城市绿道建设，全年新增建成区绿化覆盖面积22.1公顷，新增建成区绿地面积21.5公顷。公共停车泊位建设完成6164个。对完成治理的8条黑臭水体建立长效机制，进行常态化运行维护。推进海绵城市建设，累计建成海绵城市面积约20.1平方千米。加强排水设施维护，累计清理市政雨水管网6.8千米。推进雨污分流工程，累计完成小区排水管道建设122.6千米。完成历史建筑普查认定工作，认定并公布历史建筑共23处。

【构筑多层次住房体系】淮北市坚持“房子是用来住的、不是用来炒的”定位，严格预售资金监管，开展房地产市场检查，规范房地产开发企业诚信体系建设。2021年，全市销售备案面积287万平方米，同比增长约15%。新建商品房销售均价稳中略升，房地产库存略有下降。完成老旧小区改造77个，总建筑面积249万平方米，涉及居民24493户。进行既有住宅加装电梯。1部电梯完工并投入使用，4部正在施工。棚户区改造建成3820套，建成率100%；建成公租房36839套，完成租金补贴目标任务。建立健全农村低收入群体住房安全保障长效机制，210户农村危房改造任务全部完成。

【深化住建领域审批改革】2021年，淮北市住房与城乡建设局聚焦工程建设项目审批制度改革，审批事项压减至34个，工程建设项目审批总时限压缩到60个工作日，工业项目压缩到30个工作日，社会简易低风险类项目16个工作日办结，项目审批时限全省最少。701个项目实现多图联审和联合验收，11个项目实现“拿地即开工”，“四个全部”（项目审批全部“承诺”、服务费用全部“免单”、报建手续全部“代办”审批模式全部“自选”）审批服务改革加速推进，老旧小区改造项目审批实现“极简”办理。工程建设项目审批事项清单、流程图、服务指南更新到3.0版本，项目审批全程代办服务实现“线上、线下”双线运行。聚焦建筑业、房地产业发展。上线运行劳务企业备案系统，有25家企业取得施工劳务企业备案证书。办理房地产预售备案面积约191.77万平方米。建筑业企业资质核准（市级）实行告知承诺，动态核查，形成“审批+信用+监管”闭环管理模式。成立“找茬”窗口，已处理各类投诉建议260个。规划核实证书实现电子证书和电子印章，实现联合验收阶段的全程电子化。

城乡建设规划

【国土空间规划编制】 2021年，淮北市推进皖北产业转移集聚区建设、皖北四化同步、段园省际毗邻区等不同层面战略在市级国土空间规划中的细化落实。市自然资源和规划局对接“十四五”各专项规划编制单位主管部门，谋划研究“十四五”各类重点项目空间用地布局，提高市级国土空间规划要素保障能力。主动融入徐州都市圈，多次赴江苏省徐州市对接两市国土空间规划融合事宜，在空间布局、交通联系、产业承接、生态延续等方面取得共识。督促市级国土空间规划编制单位结合国内已公示市级国土空间规划内容，调整完善淮北市国土空间规划初步成果内容。

【土地征收成片开发方案编制】 2021年，淮北市完成土地征收成片开发方案10个，其中获省批土地征收成片开发方案项目5个，分别为《淮北市梧桐健康小镇片区土地征收成片开发方案》《淮北市东部新城片区土地征收成片开发方案》《淮北市绿金湖片区土地征收成片开发方案》《淮北市淮海大道周边片区土地征收成片开发方案》《淮北市杜集区段园葡萄小镇片区土地征收成片开发方案》；获市批土地征收成片开发方案项目5个，分别为《安徽（淮北）新型煤化工合成材料基地北部片区土地征收成片开发方案》《濉芜现代产业园片区土地征收成片开发方案》《濉溪经济开发区片区土地征收成片开发方案》《濉溪县河西片区集中建设区土地征收成片开发方案》《濉溪县南坪镇工业集中区片区土地征收成片开发方案》。获批土地征收成片开发方案总用地面积约31134亩，拟征收土地总面积约17647亩。

淮北市住房城乡建设局综合服务窗口　　（市住建局　供）

【重点片区控规编制】 2021年，淮北市自然资源和规划局完成《淮北市绿金湖、南湖西岸片区控制性详细规划及城市设计》《人民东路南山片区控制性详细规划》《安徽口子酒业退城进区搬迁项目二期用地控制性详细规划》等规划编制工作，并经市政府批准实施。协调和督促规划编制单位加快《淮北高铁西站片区概念性规划及核心区城市设计》《淮北市绿金公建岛概念性城市设计》等规划编制进度，并将规划初步成果向市委、市政府进行汇报。

【规划管理和服务】 2021年，淮北市自然资源和规划局探索工程建设领域行政审批制度改革，推进证明事项告知承诺制，制定实施方案，编制目录清单，规范工作流程。全年办理各类行政许可事项265件，审查修建性详细规划25个。核发建设项目用地预审与选址意见书15份，面积1711.2亩；建设用地规划许可证31件，面积5023亩；建设工程规划许可证97件，面积475万平方米。拟定《淮北市建设工程设计方案批后调整及建设工程规划许可变更管理负面清单》，加强对经营性房地产项目规划和建筑设计方案批后规范管理，从源头上提升居住区规划设计和人居环境品质。

（吴正亚）

市政建设

【概况】 2021年，市政工程管理处多措并举改造提升市政设施，开展市政设施巡查，依法管理市政设施，实施市政道路设施、桥梁设施、路灯设施、排水设施日常养护维修和改造项目。全年完成市政设施建设改造投资1亿元。

【市政道路维修与养护】 2021年，市政工程管理处完成市政排水清淤、公交候车亭维修、市政沥青路面零星维修等8项工程，累计清理市政雨水管网6.8千米，清理检查井、雨水井5500座，维修公交候车亭199座，维修改造人行道1.8万平方米，维修沥青路面2.7万平方米。依法管理市政设施，严控道路挖掘、占用许可申请办理，全年办结行政许可申请93件，累计收取城市道路占用、挖掘修复费288万余元，各项受理申请均按期办结。实施道路日常维修养护工作，维修人行道板约16600平方米，修复立石1840米，修补沥青及砼坑洞14230平方米，换雨水井及检查井1090座，保障人行道和路面安全平整顺畅，完好率95%以上。

【桥梁建设与维修】 2021年，市政工程管理处完成迎宾路雷河桥、东外环3号桥（和村桥）、南黎路相阳沟桥、南黎路新濉河桥、北外环龙河桥5座桥梁伸缩缝更换，维修孟山路西流河桥、沱河路闸河桥、相山路西流河桥、迎宾路雷河桥、淮海东路闸河桥、淮海西路洪碱河桥等6座桥栏杆，更换淮海东路闸河桥、长山路跃进河桥、东外环闸河桥、新东外环1号桥、新东外环2号桥、新东外环3号桥、省道238岱河桥、淮海西路洪碱河桥等8座桥梁橡胶止水带。完成桥梁检测项目，对梧桐路龙河桥、省道238岱河桥、沱河路龙河桥、开渠路闸河桥、开渠路龙河桥、新东外环3号桥、东山路人行天桥和古城路人行天桥等39座桥梁实施检测“体检”。

【城市照明】 2021年，市政工程管理处维修更换电缆6216米、触发器850只、真空交流接触器150只、钠灯泡2314只、护导线6600米、铜管1331个、镇流器2326只、保险46个、空气开关293个、节能灯300个、熔芯319个、LED灯泡240个、无极灯电源130个、集束线900米，督促维修公园广场亮化设维修，确保市政亮化设施完好和城市道路亮灯率99%以上。

【污水处理设施运行监管】 2021年，市政工程管理处累计完成市县排水管网排查检测800.43千米，累计检测雨污水管网功能性和结构性缺陷点14048个、雨污混接点285个，市区结合排查情况制定修复改造工作任务，完成修复改造。继续推进城区雨污分流。将47.4平方千米市区面积按照排水区域划分为4个片区，采用边排查边设计施工的方式，多区域全方面对市政道路、小区进行雨污分流改造。主城区雨污分流计划完成小区及企事业单位341个，已累计完成275个；计划实施排水管道305.3千米，完成277.7千米；市政道路实施雨污分流管网完成43.5千米。

（张　瑞）

公用事业

【城市绿化】 2021年，淮北市

新增、改造提升城市绿地175.81万平方米，建成城市绿道10.9千米。完成占地约90万平方米花山公园项目，植绿造景60万平方米，建成先贤阁、童趣园、花山茗楼等景点28个、约6000平方米景观广场，铺设园路6.3千米；完成10项道路绿化工程；完成泉山立交桥桥下绿化等15处街头游园、节点绿化；试点建成相山公园南门花镜等5处特色花境。完成相山风景区儿童乐园内希望园、相山天池湖心岛环境提升工程等零星工程24项。完善公园广场座椅等便民设施94处。

【城市供水】 2021年，淮北市实现售水4200万吨，发展新用户6000户。完成供水5907万吨，售水4908万吨，发展新用户12000户。完成管径100毫米以上市政管网铺设15千米，老旧管网改造8千米。新铺设管径100毫米以上管线90千米，老旧管网改造8.025千米。水质综合合格率100%，供水压力合格率98.4%，漏损率9.53%。依托安徽政务服务网、“皖事通”等多种方式，开展“互联网+”线上办理及预约上门服务，实现用户“最多跑一次”“一次不用跑”。

【城市供气】 2021年，淮北市实现燃气销售1.72亿立方米，较上年增长14.83%；实现营业收入6.74亿元，较上年增长17.66%；新增居民用户3.4万户，居民用户数突破55万户。新建市政中压管网35千米，完成老旧管网改造21千米。全年车巡99671千米，步巡110063千米，下发施工保护单996份，重点监护1077处，发现隐患257处（高风险隐患整改率100%、一般隐患整改率84.8%）。入户安全检查35万余户，成检率89.09%。客户端安全检查发现严重隐患8496处，整改严重隐患8079处，整改率95.15%。完成各类维工单3万余单，更换超期表具18485块。查处违章用气70起，追缴燃气费117.72万元。

（张　瑞）

【城市供电】 2021年，淮北市电力用户107.26万户，全社会用电量79.54亿千瓦时、同比增长11.28%。其中，一产用电1.86亿千瓦时、占比2.34%，增长58.88%；二产用电52.2亿千瓦时、占比65.66%，增长10.26%，其中工业用电50.91亿千瓦时、占比64.04%，增长9.94%；三产用电12.1亿千瓦时、占比15.22%，增长17.08%；居民用电13.38亿千瓦

淮北市园林处新建相山公园南门花境　（吴姚春　摄）

2021年11月15日，淮北供电公司员工在老旧小区进行电力改造施工　　（王文　摄）

时、占比16.83%，增长5.97%。1月7日，全市最大用电负荷146.35万千瓦，首次超过夏季最大负荷。淮北供电公司应对近十年来最严峻电力紧张形势、供电超过5万千瓦缺口挑战，规范执行有序用电方案，做到“限电不拉闸”“限电不限民用”。争取专项资金650万元，完成77个老旧小区电力改造任务。坚持电网早规划、客户早对接、服务早启动，组织客户经理主动上门服务，将高压、低压用户办理环节分别压至4个、3个。推广“互联网+”，线上客户规模突破88万，占总数超八成，实现低压业务“一次都不跑”。落实惠企办电政策，城区160千瓦、农村100千瓦及以下小微企业由供电企业投资至电能表，小微企业“三零”（零上门、零审批、零投资）接入4785户。

（吴衍峰）

城市管理

【概况】 2021年，淮北市城市管理局（以下简称“淮北市城管局”）聚焦疫情防控、文明创建、大气污染防治、人居环境治理等中心工作，提升城市管理精细化规范化智慧化水平。加强对乱堆乱放、卫生死角等突出环境问题整治，做好公共场所卫生消杀，助力常态化疫情防控。“依托智慧平台开启城市综合管理服务新模式”获评淮北市2021年度改革创新优秀案例。

【市容秩序整治】 2021年，淮北市城管局围绕文明城市复检、病媒生物防制省级评估、大气污染防治等中心工作，针对城区背街小巷、沿街广场户外小型游乐设施、餐饮洗车等个体工商户，开展违法排水、校园周边环境、校外培训广告等常态化督查，督查整改问题12713件；审核11家建筑垃圾运输公司资质，配备新型环保运输车辆349台，开展联合执法19次，查处违规运输车辆187台次、运输企业34家次、工地7处、物业公司1家；开展餐饮油烟专项督查，督查餐饮饭店2630家，整改存在问题269个；开展户外广告安全隐患排查，清理拆除破损、陈旧、存在安全隐患户外广告13577平方米，设计、安装城市公益景观小品6处，更换设置主题公益广告1099处，面积4875平方米；支持微经济发展，因地制宜划定“夜间经济”“地摊经济”活动区域，全市设置季节性瓜果临时销售点55处，引导瓜农269户；设置餐饮、小商品等摊群点、露天微市场84个，引导经营户926户。新建电动自行车充电桩643组，充电端口6233个，全市累计建设充电桩4919组，充电插孔53419个，覆盖小区350余个。新增停车泊位1705个，改善市区停车难问题。与商户签订“门前三包”责任书、张贴责任牌9000余份。

（丛明静）

【依法行政管理】 2021年，淮北市城管局梳理市级权力清单243项，明确市城管局承担市容环境卫生、城乡规划、市政公用、城市绿化等领域职权，其中行政许可3项、行政处罚234项、行政强制5项、行政征收1

项，向社会公布。细化、优化、统一全市城市管理系统执法法律文书格式。落实“三项”制度，全年办结行政处罚一般程序案件267件。实施“721工作法”（70%的问题以优化服务解决、20%的问题用管理解决、10%的问题靠执法解决），制发《关于推进“非现场”执法工作的实施意见》，启动“非现场”执法试点工作，提升服务管理和执法水平。借助全省行政执法人员信息管理系统，实现全局138名执法人员基本信息、执法证件等信息采集录入。强化城市管理行业监管，出台《淮北市城市管理行政执法行为规范》。采取“综合+专项”培训方式，创办《城管大讲堂》栏目，共举办9期，培训县区执法队员630余人次。将执法办案与普法宣传相结合，把普法宣传教育渗透到执法办案全过程，通过文明执法促进深度普法，结合“生活垃圾分类”试点工作，发放宣传资料16700余份。发布宣传城市管理工作新闻稿件、信息等930余篇。推进“城管进社”活动，按“一街一队”原则，在街道办事处（镇）派驻城市管理执法中队，做到执法人员、车辆、装备同步到位。

（赵立法）

【城市生活垃圾无害化处置】2021年，淮北市城管局加强对生活垃圾焚烧电厂及生活垃圾卫生填埋场监管力度，全年开展检查50余次。通过第三方专业检测公司对垃圾焚烧电厂及生活垃圾卫生填埋场排放污染物进行检测，均符合国家标准。拓宽社会公众监督渠道，生活垃圾焚烧电厂公众开放日，接待700余人次。全年焚烧处置生活垃圾50.41万吨，累计发电2.13亿千瓦时，节约标准煤近11.3万吨，生活垃圾焚烧后产生飞灰1.45万吨，运至生活垃圾卫生填埋场处置，无害化处理率100%。推进生活垃圾分类工作，督促各县区开展生活垃圾分类示范片区建设，通过“两点一守”（撤桶并点、定时定点、桶边值守）分类模式，在全市47个小区开展试点，建设具备四分类功能垃圾分类投放收集点170个。联合市发展改革委等部门，加大对全市党政机关等公共机构督查力度。3月4日，组织召开《淮北市生活垃圾管理办法（试行）》新闻发布会。9月起，住建部每月通过“全国生活垃圾分类工作评估信息管理平台”对全国297个地级市开展评估，在第三季度通报中，淮北市在全国86个中等城市中排名第25位。开展生活垃圾分类宣传教育活动，联合各县区、有关单位开展垃圾分类“进社区、进学校、进机关、进单位、进商超、进广场”宣传活动，借助电视、广播、报纸、微信、公交车等平台进行宣传，扩大垃圾分类影响力，全年组织开展集中性生活垃圾分类知识培训20余次、各类垃圾分类宣传活动50余场。联合市财政局共同印发《循环经济试点示范项目补助资金使用方案》通知，对专项资金使用方向、拨付方式进行规范，全年收运处置餐厨废弃物31351.47吨，生产废弃油脂1278.79吨、沼气约125万立方米，餐厨废弃物日均进场量85吨以上。组织各县区开展联合执法，加大第三方巡查力度，加强与淮北国瑞生物科技有限公司对接协调，集中整治餐厨垃圾违法收运和餐厨垃圾桶乱摆放、不整洁等问题，公开招标采购12台新型餐厨收运车辆，不断提高收运能力。

（吴 建）

【建筑垃圾资源化利用情况】2021年，淮北市产生建筑垃圾213.16万吨，资源化利用208.37万吨，利用率为97.75%。其中，建筑工程合计199.61万吨，用于施工工地、路基回填、宕口治理、山体修复、园林绿化、塌陷区等生态修复工程，利用率为100%；装饰工程、拆除工程合计13.55万吨，8.76万吨用于资源化企业再生产处置利用，资源化利用率为64.65%。

（李 军）

【农村生活垃圾治理】2021年，淮北市东湖存量垃圾治理项目获评“2021中国城市环境卫生协会年会暨2021中国环卫博览会典型案例”，省住房和建设厅在淮北市开展农村生活垃圾治理调研。淮北市农村生活垃圾治理行政村覆盖率100%，农村生活垃圾治理市场化率100%，农村生活垃圾镇级转运设施覆盖率100%，无害化处理率达98%以上，做到“收得上来、运得出去、处理得掉”。建立市、县（区）、镇（办）、村（居）四级联动考评机制和有奖举报机制，委托第三方采取实地测评与问卷调查相结合方式，加强对全市农村垃圾治理工作常态化监管。开展农村环境卫生质量提升活动，完善非正规垃圾堆放点长效管护机制，每季度通报各县区农村生活垃圾治理督查情况，全年督查问题6489个，整改6484个，整改率99.9%，群众满意度90%以上。

（程攀登）

【智慧城管平台建设】 2021年，淮北市城管局推进智慧城管拓展系统建设升级，建设内容为城市管理执法系统和门前三包管理系统，对执法人员工作状态、沿街单位门前三包日常管理和督查实施信息化监管。升级户外广告和牌匾标识系统，精细化监督管理户外广告和牌匾标识。强化对县区智慧城管平台协调指导，创新城市管理考核机制，搭建“系统考核+专项重点工作考核+实地暗访考核”于一体全程、全域、全面综合考评新模式，推动形成统一指挥、监督有力、考评科学、运行高效监管体系。畅通群众反映问题渠道，利用微信公众号、《淮北日报》等媒体渠道，宣传推介“淮北市民城管通”小程序，引导市民群众参与城市管理。按照省、市统一要求，完成“2128888”整体并入“12345”全市政务服务便民热线。全年智慧城管平台受理各类问题55530件，办结55028件，其中，办结市民微信举报问题7906件。

（吕浩勇）

村镇建设

【城镇建设指导】 2021年，淮北市住建局争取省级小城镇建设补助资金50万元，用于相山区渠沟镇完善基础设施、改善环境，提高小城镇服务承载力。完成城镇化课题研究及实施方案，推进“四化同步”（新型工业化、城镇化、信息化和农业现代化）发展。全年组织参加省住建厅农房设计及风貌塑造培训120人次，县区组织培训累计542人次。提高农村建筑工匠施工水平，免费发放农房设计图集1200本，供农村建筑队及建筑工匠参考，指导农村房屋建设。

【农村危房改造】 2021年，淮北市住建局计划实施农村危房改造210户，实际完成213户。8月，竣工并开展验收；9月，上级补助资金466.2万元打卡到户；10月，农户档案信息全部录入住建部2021年度农村危房改造农户档案信息系统。开展农村房屋安全隐患排查整治，排查农村房屋309156户，其中用作经营自建房13635户、非经营性自建房287597户、非自建房7924户。排查发现存在安全风险257户，全部开展安全鉴定，C、D级238户，完成整治118户，及时消除农村房屋安全隐患。

（张　瑞）

房地产开发与管理

【概况】 2021年，淮北市住房体系构筑多层次格局，因城施策推动房地产市场平稳健康发展，房地产库存略有下降，房地产市场平稳发展。稳步推进老旧小区改造、既有住宅加装电梯、棚户区改造等工作，租赁补贴发放224户，完成率235.70%。建成公租房36839套，办理经适房补款业务3150户；办理房改、集资房退房业务77户，办理清房业务2515户。

【房地产市场运行情况】 2021年，淮北市完成房地产开发投资238.2亿元，同比增长11.2%，增速比上期下降12.3个百分点。总开发面积1413.5万平方米，同比增长15.2%。新开工面积419.9万平方米，同比减少8.2%。竣工面积62.0万平方米，同比减少22.7%。

2021 年淮北市房地产完成投资情况一览表

表 18

指标名称	自年初累计	同比（%）
总施工面积（万平方米）	1413.5	15.2
其中市区（万平方米）	974.2	7.0
完成房地产开发投资（亿元）	238.2	11.2
其中市区（亿元）	167.4	5.1
新开工面积（万平方米）	419.9	-8.2
其中市区（万平方米）	237.6	-20.0
竣工面积（万平方米）	62.0	-22.7
其中市区（万平方米）	39.7	-50.1

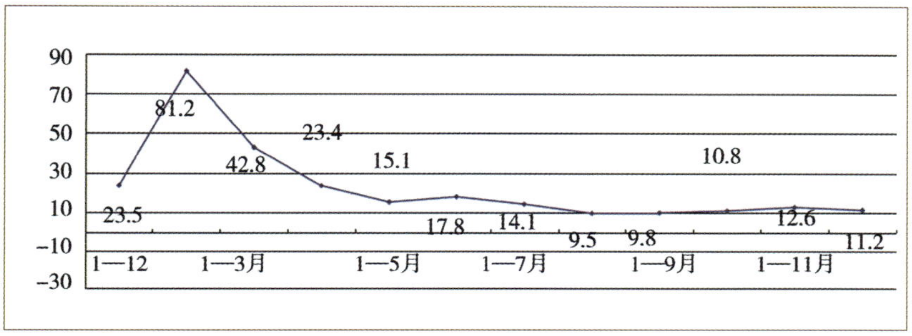

图 3 淮北市房地产投资额同比增速示意图（单位：%）

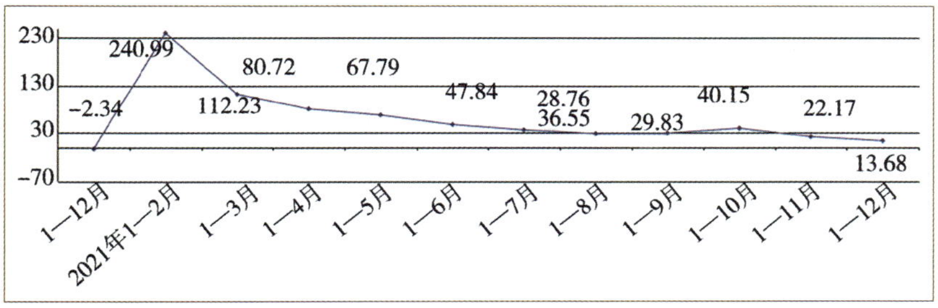

图 4 淮北市新建商品房销售备案面积同比增速示意图（单位：%）

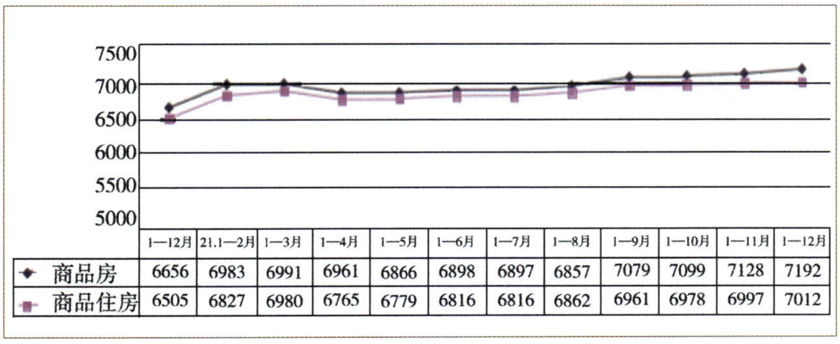

	1—12月	21.1—2月	1—3月	1—4月	1—5月	1—6月	1—7月	1—8月	1—9月	1—10月	1—11月	1—12月
商品房	6656	6983	6991	6961	6866	6898	6897	6857	7079	7099	7128	7192
商品住房	6505	6827	6980	6765	6779	6816	6816	6862	6961	6978	6997	7012

图 5 淮北市新建商品房价格变化情况示意图（单位：元 / 平方米）

【房地产市场运行】 2021年，淮北市新建商品房、新建商品住房、非住宅商品房库存分别为427.79万平方米、382.21万平方米、45.58万平方米。库存去化周期分别为23.5个月、23.0个月、28.5个月。房地产市场库存处于合理区间，房地产市场呈现平稳发展态势。新建商品房销售备案面积303.89万平方米，同比增长13.68%。二手房成交面积37.25万平方米，同比减少9.78%,其中，二手住房销售面积34.92万平方米，同比减少14.05%。全市新建商品房销售均价7192元/平方米，同比增长8.05%,其中，新建商品住房销售均价7012元/平方米，同比增长7.81%。二手房均价5740元/平方米，同比增长6.51%。全市办理新建商品房预售面积350.56万平方米，同比下降17.62%。

表 19

2021 年淮北市新建商品房销售情况一览表

区、县	销售面积（万平方米）		均价（元/平方米）	
	商品房	其中：住宅	商品房	其中：住宅
全市	303.89	276.95	7192	7012
市区	216.81	200.61	7458	7304
相山区	142.06	129.98	7942	7790
杜集区	48.45	46.31	6611	6491
烈山区	26.30	24.32	6403	6258
濉溪县	87.08	76.34	6531	6246

表 20

2021 年淮北市二手房销售情况一览表

区、县	销售面积（万平方米）		均价（元/平方米）	
	商品房	其中：住房	商品房	其中：住房
全市	37.25	34.92	5740	6057
市区	32.15	30.07	5757	6136
濉溪县	5.10	4.85	5627	5567

【保障房建设】 2021年，淮北市加大住房困难家庭住房保障力度，着力解决新市民住房困难问题，加快推进棚户区改造工作。是年棚户区改造基本建成目标任务为3820套，实际完成3918套，完成率103%。省住建厅下达2018年及以前年度棚改项目竣工率达97%以上。2010—2018年全市共计上报棚改安置房开工套数152657套，至2021年年底累计竣工148575套，竣工率达97.3%。出台《关于进一步完善公共租赁住房租赁补贴工作的实施意见》，扩大保障范围，实物配租与发放租赁补贴并举，为住房困难家庭提供多层次住房保障。

【房屋征收】 2021年，淮北市房屋征收目标任务为47万平方米，实际完成56.61万平方米，搬迁居民2084户，完成全年目标任务的120.5%。其中：濉溪县完成22.42万平方米，搬迁居民661户，完成全年目标任务的131.8%；相山区完成8.14万平方米，搬迁居民221户，完成全年目标任务的136%；杜集区完成22.47万平方米，搬迁居民1123户，完成全年目标任务的107%；烈山区完成房屋征收3.58万平方米，搬迁居民79户，完成全年目标任务的119.3%。

【老旧小区整治改造】 2021年，淮北市改造老旧小区77个，其中连片整合改造的15个片区，不能连片15个小区，共计30个项目；涉及楼栋数840个，涉及户数26044户，改造建筑面积249.7万平方米，总投资60681.97万元。主要改造内容为小区内外路面硬化修补、路灯及智慧安防系统安装、铺设停车位、绿化提升、氛围营造、养老、托育等设施改造、改造屋面漏雨、治漏防水平改坡、网线乱拉、管线入地或入管、违法搭建、拆除违建增空间，利用有限空间资源打造小型健身阵地等居民休闲设施，推动建设安全健康、设施完善、管理有序的完整居住社区。截至年底，全部完成77个老旧小区基础性改造任务。

【房屋鉴定】 2021年，淮北市住建局落实房屋所有权人主体责任、房屋使用人使用安全责任和相关部门监管责任，开展房屋安全隐患排查工作。召开淮北市三区一县住建部门负责人参加房屋安全隐患排查工作动员会。三区一县住建部门按照属地管理原则，分解房屋安全隐患排查工作至三区一县各街道办事处，按照危险房屋重大风险清单进行排查、登记、上报。全年完成三区房屋安全隐患排查283处，其中相山区245处、杜集区32处、烈山区6处，濉溪县摸排零上报。

【房屋中介代理】 2021年，淮北市住建局进行房地产估价机构资质备案1家（新增），房地产经纪机构备案（续期）35家，受理房地产估价报告备案审查2739份，备案金额16.902亿元，备案面积26.73万平方米；办理房屋租赁合同备案185起，备案面积16964.62平方米。会同市市场监管局联合制定新的存量房买卖合同，出台具有指导性的中介服务流程和规范化示范合同文本推广使用。定期不定期开展房地产中介市场（房地产经纪机构、房地产销售代理机构）巡查检查，会同市城市综合执法局、市市场监管局开展两次房地产中介机构专项联合检查。全年受理咨询、投诉问题41起（人次），调查处理结案率100%。

【物业管理】 2021年，淮北市住建局按照市、区党建引领物业行业整体要求，以家天下小区·枫林雅苑为样板，推行“红色物业”模式。推进城管执法进小区，依法纠正小区内乱搭乱建、毁绿种菜、违规装修等违法违规行为。全年累计开展检查和执法行动187次，出动检查和执法人员270人次，受理群众投诉问题435件，为群众办实事33件，对物业公司及个人进行处罚16次，累计罚款10700元。建立和完善物业服务收支事项公开公示制度，加大物业服务收费信息公开力度。委托省物业管理协会对辖区内178个物业小区开展2次物业服务质量测评，测评结果在媒体上进行公示。成立物业服务行业协会组织，加强行业自律自治；建立物业服务机构信用考评机制，推进物业信用信息系统建设，实现对物业服务机构及项目负责人信用等级评价。

【房产超市管理】 2021年，淮北市住建局按照“三集中三到位”（部门许可职能向一个科室集中、审批科室向政务大厅集中、审批事项网上办理集中，做到事项进驻大厅到位、审批授权窗口到位、电子监察到位）工作要求，配置涵盖房地产交易、房地产中介管理、住房贷款担保、房地产信息管理发布、房地产交易合同（商品房、二手房网签）备案、住房保障申报等便民服务窗口。制定《关于房产超市办心机房和网络运行维护管理等工作，及时处理问题数据、疑难业务等各事大厅领导坐班制度的通知》，实行中心领导每日值班制，一日三巡查，强化大厅管理、及时处理大厅突发事件；配合市处遗办加快推进历史遗留问题处理，尽快解决拆迁群众办证难、办证慢问题，按照市政府要求，抽调业务骨干、优化调整窗口布局，市住建局25个业务服务窗口压缩为11个，减量不降质，为群众提供优质高效的服务。

【房地产市场信息化管理】 2021年，淮北市住建局做好房地产市场信息系统平台维护管理、中心机房和网络运行维护管理等工作，及时处理问题数据、疑难业务等各类运维需求百余条，保障各部门业务有条不紊地进行。推进房改售房纸质档案数字化项目，重点对已完成的业务电子数据和扫描件进行比对挂接，核实录入数据及挂接准确性。通过数据分析、人工核验、技术处理等手段进行整改，处理问题数据4000余条。推进房管中心与不动产登记中心业务系统数据中间库数据对接及房管系统改造项目。实施“智慧房管”项目建设，明确项目总体需求、建设方案及所需硬件资源清单。完成房屋抵押合同网签备案系统项目建设。

（张 瑞）

建筑业

【概况】 截至2021年年底，淮北市具有各类资质以上建筑业企业709家，其中特级资质企业1家1项，部批一级资质16家17项，厅批二级资质96家338项，市批三级资质385家1930项。监理企业乙级升甲级3家，设计甲级1家。办理安全生产许可证331家，审核发放安管人员资格5288人次、特种操作人员资格945人次，办理施工许可证320个，为全市107个项目办理竣工备案。淮北市住房城乡建设局（以下简称“市住建局”）牵头实施工程建设项目审批制度改革，截至是年12月31日，配套制度文件出台10项，通过审批系统办理审批工程建设项目490个，办结各类审批事项1486个，“找茬”窗口处理各类投诉建议260个。

【绿色建筑暨建筑节能】 2021年，淮北市绿色建筑竣工面积152万平方米，绿色建筑占新建建筑比例为87.4%。推进绿色建筑暨建筑节能整体建设程序和管理前置，在宗地出让、划拨前，会同相关部门对房地产开发项目建筑节能、绿色建筑、可再生能源应用等方面提出意见，并严格把关落实。全年获批2个省级绿色建筑示范项目，培育3个市级绿色建筑重点示范项目，形成全市各类要素、各类等级共同参与的绿色建筑发展局面。全年新建民用建筑开工面积466万平方米，市（县、区）规划范围内全部推行新建建筑节能强制性标准，设计执行率100%，施工阶段节能执行率达100%。

2021年6月25日，淮北市首台既有住宅加装电梯开工仪式在相山北路5号供电公司小区举行 （孙建 摄）

【装配式建筑应用与生产】 2021年，淮北市装配式建筑新开工面积47万平方米，竣工面积67万平方米，装配式建筑占新建建筑面积占比达到29.19%，获批2个装配式建筑省级示范项目；培育1家国家级装配式建筑产业基地、1家省级装配式生产示范基地。打造一批新型智慧制造产业标杆企业，年产混凝土预制件30万立方米，年产ALC板20万立方米；年产系统节能门窗20万平方米。引导企业建立研发中心，加大研发力度，开展技术标准应用研究。《夏热冬冷气候区近零能耗装配式混凝土建筑关键技术研究与应用》列入安徽省建设科学技术计划项目名单，《低多层盒式螺栓连接全装配式混凝土墙—板结构体系关键技术研究与应用示范》列入安徽省2021年重点研发计划。

【建设工程质量监督管理】 2021年，淮北市住建局加强工程建设质量监管，淮北市采煤塌陷区生态综合治理工程获国家优质工程“鲁班奖”1项，吾悦广场11号楼、东岳雅苑南区2号楼、碧桂园天玺3号楼、淮北碧桂园一期7号楼工程、桓湖花园19号楼、淮北符夹铁路复线电化（扩能）配套路网工程、淮北市生活垃圾焚烧发电项目主厂房7项获省优质工程奖“黄山杯”，17项获市优质工程“相王杯”、19项获市质量标准化管理示范工程。

推进工程质量保险试点工作，落地4个试点项目。开展日常巡查检查，落实建设单位质量首要责任。开展建筑材料和商品混凝土抽查抽测，杜绝不合格材料流入建筑工地。开展全市建筑工地防雷安全、施工质量、建筑节能绿色建筑及装配式建筑专项检查并通报检查情况，质量责任制得到落实。加强对建筑企业动态监管，完善建筑业企业质量信用平台建设。严肃处理检测机构违法违规行为，房屋建筑和市政设施建设工程质量总体受控。

【建设工程安全监管】 2021年，淮北市住建局重视建设工程安全监管，进一步落实安全生产责任。市直管项目72个，监管面积782万平方米。市建管处先后召开全市住建领域安全工作会、安全生产警示分析会、安全座谈会、交流会等各类会议7次，印发文件52份，群发安全提示信息9000余条，安装安全提醒小喇叭200余个，制作宣传条幅350余幅、宣传展板160余块；开展安全集中体验、安全知识进工地、安全警示教育、安全技术讲座、应急演练指导等各类培训50余次，发放安全宣传资料和安全知识读本9000余册；开展起重机械、受限空间、危大工程、防高坠等各类专项检查10余次。全年申报省级安全标准化示范工地项目14个。

【建筑市场监管】 2021年，淮北市住建局强化建筑市场行为监管，开展建筑市场行为专项检查及勘察设计"双随机一公开"专项监督检查，落实监管责任，完成问题整改任务。调查处理各类投诉、举报案件7起，移送市城市管理局进行行政处罚3起，净化建筑市场环境，维护建筑市场各方主体合法权益。会同市公共资源交易监管局、市城市管理局联合出台《淮北市施工总承包企业（房建、市政）信用管理办法》，完善建筑市场信用制度体系，营造"守信激励、失信惩戒"市场信用环境。依托市工程建设项目审批管理系统，建成工程建设领域建筑业企业动态信用评价管理平台，在"信用淮北"网站、市级项目审批管理系统全量公示企业信用等级，供相关企业和部门查询，截至年底，127家企业通过基本信息审核，其中信用A级企业6家、B级企业121家。

（张　瑞）

【淮北矿业（集团）工程建设有限责任公司】 公司是皖北地区唯一一家特级施工企业，施工年产值均达20亿元以上，列安徽省建筑企业50强和中国建筑企业500强，是国家级"守合同重信用"企业、AAA级信用企业，获安徽省劳动保障诚信单位、安徽省优秀建筑企业等称号。具有建筑工程施工总承包特级，矿山工程施工总承包一级，市政公用工程施工总承包一级，公路工程、港口与航道工程、电力工程、水利水电工程、机电工程施工总承包二级，电子与智能化工程、防水防腐保温工程、建筑装修装饰工程、建筑机电安装工程、地基基础工程、起重设备安装工程、环保工程、古建筑工程、城市及道路照明工程专业承包一级，消防设施工程、建筑幕墙工程专业承包二级，隧道工程、钢结构工程专业承包三级，工程设计建筑行业甲级，环境工程大气污染防治工程设计资质乙级，房屋建筑监理甲级，市政公用工程监理甲级，地质灾害防治施工丙级等资质20余项。承揽各类建筑工程施工总承包、工程总承包和项目管理业务，实现项目开发、设计、施工全过程管理。通过ISO 9001质量管理体系认证、ISO 14001环境管理体系认证、ISO 45001职业健康安全管理体系认证，建立和严格执行企业工程施工工艺标准和安全质量标准。承建工程屡获煤炭行业优质工程奖、煤炭行业"太阳杯"奖、安徽省"黄山杯"奖、华东地区"华东杯"奖。

（韩　香）

城市建设投资与融资

【概况】 截至2021年年底，淮北市建投控股集团有限公司（以下简称"市建投集团"）注册资本金为82.29亿元，资产总额突破1500亿元，企业主体信用评级AA+。集团公司总部内设14个部室，下属全资一级子公司8家，全资（控股）二级子公司30多家。业务涉及城建开发、土地整理、公共服务、金融服务、交通运营、股权投资等行业。打通上交所、深交所、发改委、银行间市场交易商协会等融资渠道，产品涵盖公司债券、金融租赁、票据发行、项目贷款、专项基金、资产证券化等各个层面，保障存量债务还本付息以及棚户区改造、政府性投资工程等重点项目建设资金需求，为城市建设发展提供资金支持。组建金融控股集团，解决小微企业多样化资金需求，为中小微企业提供全方位金融服务。推出政银担、税融通、公务员助业、市政重点工程款质押、存货质押等组合式担保产品，帮助企业摆脱资产不足融资难困境。以市场化方式参与城市重大工程建设，提升产业转移承载能力，加快产业转型升级步伐。牵头实施政府和社会资本合作PPP项目，建立政府和社会资本合作机制。持有安徽省股权服务集团皖北融资中心、徽商银行、淮北市农村商业银行股份有限公司、皖能淮北能源销售有限公司、淮北华润燃气有限公司等公司股权。全面参与城市公共服务运营管理，围绕市民衣食住行提供优质公共产品，业务涉综合交通、文体教育、旅游休闲、环保处理、保卫人防等各个层面，保障城市整体平稳运行和市民群众对生活品质需求。

【招商引资与融资】 2021年，市建投集团完成招商引资备案项目7个，签约固安翌光科技有限公司、溧阳天目先导电池材料科技有限公司，总投资23.3亿元。总投资4亿元的淮北恒正电子材料有限公司项目建成投产；总投资1.18亿元武汉市巨川高热设备有限公司项目投产运营，上缴利税126万元。

【拓宽融资渠道】 2021年，市建投集团融资到位资金267.91亿元，平均融资成本5.7%。其中，直接融资到位资金143.94亿元，同比增长4.5%；间接融资到位资金112.94亿元。首次在证监会系统公开注册50亿元公司债券，创安徽省所有地市级城投公司中获批公开公司债最大额度。在香港联交所发行3亿美元境外债券，票面利率2.75%，远低于同期相同评级企业发债利率，创安徽省地市级城投公司境外发行债券利率新低。

【产业投资与发展】 2021年，市建投集团推进国有资本投资运营公司改革试点，组建淮北市科技产业投资发展有限公司、淮北市文旅集团；制定集团公司全面深化改革总体方案，拟对公司业务进行战略性调整，重组为矿产资源、金融服务、基础设施建设、城市公共服务、产业投资、文旅6大板块，促进集团内部资源整合，打造专业化、市场化、价值化投资平台。城市基础设施板块：淮北淮海建设工程有限责任公司坚持拓市场与强管理并重，全年实现营收15.54亿元，利润3494万元。城市金融服务板块：东盛（上海）融资租赁公司抓类信贷业务和降本增效，营收和利润全部首次破亿元。文旅板块：淮北市朔西湖保护开发建设有限公司采取市场化运作模式治理采煤沉陷区，其生态修复案例作为全省推介模范典型，10月1日开园试运营，仅七天长假获得门票收入23.5万元。城市公共服务板块：淮北通鸣矿业有限公司通过技术革新，挖掘生产潜力，全年实现营业收入2.75亿元、利润1.42亿元；淮北城市泊车管理有限公司新增停车泊位725个，新建停车场3座、充电桩12座，为市民提供停车服务310余万次；智能化工程实现营收1143.83万元，呈现爆发式增长。以淮北市产业扶持基金有限公司、安徽临涣工业园循环经济发展有限公司、淮北市工业投资运营有限公司、淮北市聚业基金管理有限公司为主体设立基金13个，总规模约135.01亿元，分别是：淮北安元投资基金（总规模3.01亿元）、淮北硅基产业投资基金（总规模2.51亿元）安徽高新投新材料产业基金合伙企业（总规模20亿元）、淮北市成长型中小企业基金有限公司（总规模11.9亿元）、淮北创业投资基金（总规模1.01亿元）、池州徽元中小企业发展基金合伙企业（总规模5亿元）、安徽金通新能源汽车二期基金合伙企业（总规模15.56亿元）、合肥中安瑾坤基金投资合伙企业（总规模12.02亿元）、淮北久有产业投资基金（总规模20亿元）、淮北泰润新兴产业创业投资基金（总规模3亿元）、淮北建元绿金碳谷创业投资基金（总规模20亿元）、淮北市科转投资基金合伙企业（总规模1亿元）、淮海经济区基金（总规模20亿元）。

【建投集团重点项目建设】 2021年，市建投集团完成投资90亿元，建设项目47个，其中淮北高新技术开发区新区工业标准化厂房三期、东部新城集中供热管网、市公交客运枢纽站、杜集经济开发区标准化厂房二期、安徽（淮北）新型煤化工合成材料基地综合管廊二期等10个项目完工并交付使用；淮北市科创中心、淮北市人民医院新院区、淮北市高新区邻里中心、淮北市公共卫生中心、安徽（淮北）新型煤化工合成材料基地综合服务中心、南部次中心安置房二期、智慧园区物联调度配送中心（停车场）、水资源分质结晶综合利用项目污水处理厂改扩建工程、绿金新城一期、建投时代大厦、建投桃花源房地产等重点项目在建。

【美丽乡村建设成效】 2021年，市建投集团投资美丽乡村（二期）项目，完成土地征收，涉及农户187户，总面积约160亩；确定（二期）项目拆旧区面积为99.108亩，项目总投资2600万元。选定古饶镇王店村下辖陆庄、蔡桥、小黄庄、丁庄，秦楼村下辖两半秦，太山村下辖大梅家、廖家7个村庄作为（二期）项目村庄，共签约187户搬迁安置补偿协议。依托城乡建设用地增减挂钩方式，建设用地复垦为耕地，形成可交易指标。美丽乡村（一期）项目共涉及137户农户，复垦土地127.22亩，产生建设用地指标117.843亩，实现利润约800万元。新建安置点1处（盛世新区），建设住宅96套，配套商业1662平方米，农具仓库420平方米，党群服务中心799.38平方米，完工并交付使用。

【优化债务结构】 2021年，市建投集团创新融资业务，对接房地产开发项目，落地首笔房地产开发贷款，降低房地产公司融资成本。以淮北淮海建设工程有限责任公司作为融资主体，首次开展信用证业务，解决企业流动资金需求，节约企业财务费用。化解债务风险，制定还本付息预测表，实现债务风险即时动态管理，全年如期偿还债务本息金额232.66亿元，保障集团还本付息及重点工程项目建设资金需求。

【盘活闲置资产】 2021年，市建投集团摸排掌握资产存在形式、产权归属、债权关系等情况，对闲置房产土地、股权债权等资产进行盘活，全年盘活7处闲置经营性房产，房屋租赁收益2156万元。

【精细化管理】 2021年，市建投集团推进任期制和契约化管理，制定《淮北市建投控股集团有限公司任期制和契约化管理办法》《集团公司所属企业2022—2024年度任期经营目标及2022年度经营业绩考核目标》，强制规定考核结果等级与经营层任期激励收入对应关系，设置以量化指标体系为主的经理层任期和年度经营业绩考核指标体系，并将服务全市战略、推进国有经济优化布局和取得科技创新成就等长期发展指标纳入考核计分项。开展重点亏损子企业治理，制定《淮北市建投控股集团有限公司亏损子公司专项治理活动方案》，制定至2024年年底集团公司分阶段实现亏损企业清零目标，督促处于亏损状态子企业制定并落实扭亏为盈、减亏增盈工作方案，2021年度同创担保集团扭亏为盈。推进深化改革，集团公司薪酬制度改革工作落地，集团公司建立多序列、多层级职业发展机制和任职资格体系，制定《淮北市建投控股集团有限公司员工职业发展员工职级体系及职业发展管理办法》，修订《淮北市建投控股集团有限公司薪酬管理办法》。优化绩效考核体系，制定《集团公司2020—2021年度淮北市建投控股集团有限公司本部部室绩效考核方案》，实现对一线业务部室和二类管理部室分类考核；制定《集团公司2020—2021年度淮北市建投控股集团有限公司下属子公司经营绩效考核方案》，对不同领域、不同行业子公司制定差异化考核指标。修订《淮北市建投控股集团有限公司绩效考核办法》，明确基于分类考核绩效考核指标体系，推进精细化考核。

（孟　琦）

住房公积金管理

【概况】 2021年，淮北市缴存住房公积金39.73亿元，同比增长5.81%，其中，市中心（含县管理部）缴存19.93亿元，同比增长6.86%。全市提取住房公积金31.99亿元，同比增长13.24%，其中，市中心提取14.71亿元，同比增长18.47%。全市发放个人住房贷款22.75亿元，同比增长2.62%，其中，市中心发放个人住房贷款11.81亿元，同比增长1.98%。全市共实现增值收益2.04亿元，同比下降10.34%，其中，市中心实现增值收益0.92亿元，同比增长8.94%；淮矿分中心实现增值收益0.78亿元，同比下降35.27%；皖北分中心实现增长收益0.34亿元，同比增长51.04%。全市住房公积金房地产市场贡献率25.65%，位居安徽省第四；个人住房贷款市场占有率27.81%，位居安徽省第一。7月20日，在全国公积金系统专题视频会议上，淮北市住房公积金管理中心作典型交流发言。

【住房公积金制度扩面管理】 2021年，淮北市住房公积金管理中心利用社保、统计等部门共享数据，动态掌握“四上企业”（规模以上工业企业、资质等级建筑业企业、限额以上批零住餐企业、限额以上服务业企业）情况，重点针对新增规模以上工业企业、大型商业综合体等单位开展催建催缴工作，扩大制度覆盖面。创新探索“政银合作”扩面方式，制定出台住房公积金归集扩面计划，督促委办银行协助开展建缴业务，发挥银行渠道优势，对在该行建立基本户暂未建缴公积金的企业进行宣传，选择优质客户，精准扩面。深化“五进”（进园区、进企业、进社区、进楼盘、进广场）扩面模式，建立中心领导联系开发区（园区）扩面工作机制，成立专班、明确任务、压实责任，推动开发区（园区）企业建缴工作，维护企业职工合法权益。全市新增企业开户204家，新增个人账户10340户。

【住房公积金发放使用】 2021年，淮北市实现住房公积金业务“同城通办”，缴存职工可不受缴存地域限制，自行选择市或县办理公积金业务。完成开发企业网厅建设，公积金贷款合作申请、楼盘准入申请等业务基本实现网上办理。落实企业住房公积金开户“一网通办”，实现住房公积金单位登记开户、信息变更、缴存业务等工作“全程网办”。落实住房公积金“跨省通办”服务工作，“个人住房公积金缴存贷款等信息查询”“单位登记开户”“单位及个人缴存信息变更”“退休提取住房公积金”“出具贷款职工住房公积金缴存使用证明”“出具住房公积金个人住房贷款全部还清证明”“提前还清住房公积金贷款”“异地购房提取”8项业务实现全程网办，落实让群众跑腿更少、异地就近可办。推广“住房公积金小程序”应用，通过“住房公积金小程序”办理异地转入业务812笔、金额989.27万元；异地转出业务393笔、金额745.84万元。

【保障资金安全】 2021年，淮北市住房公积金管理中心完善《淮北市住房公积金管理中心月统计分析制度》，每月对公积金收支形势进行科学分析，把握业务资金运作规律，合理制订资金调拨使用计划，防范和控制住房公积金资金流动性风险，保障资金安全有效运行。推进电子稽查工作，实行常态化管理，通过加大风险隐患疑点排查，梳理制定整改措施，进行分类处置，加大整改力度，增强中心风险隐患排查能力。落实内部稽核制度，组织稽核小组按时完成对各分中心及县管理部年度内审稽核工作，发现问题提出改进措施，强化风险防控，确保全市住房公积金安全运行。落实逾期贷款催收工作，每月定期发送逾期催收短信，督促担保中心逾期催收，月末定时清偿逾期贷款，截至年底，贷款逾期率保持为零。

（周全哲）

水利水务

【概况】 2021年，市水务局完成《淮北市“十四五”水利发展规划》。规划“十四五”期间淮北市水利项目匡算总投资84.04亿元，其中争取省级以上投资42.27亿元，市级配套17.43亿元，县区配套24.34亿元。完成地表水源地规划选择工作，推进节水新技术推广运用。推进节水型社会建设，2021年万元GDP用水量及万元工业增加值用水量分别比2015年下降40%和49.6%，位居全省前列。2021年2人分别荣获全国“优秀河长”“先进工作者”称号，濉溪县河长制办公室荣获第10届全国“母亲河奖”优秀组织奖。

【水利工程建设】 2021年，淮北市水务局加快工程建设。推动濉溪县怀洪新河洼地治理、烈山区新北沱河治理、杜集区龙岱河及支流治理工程建设，总投资2.3亿元，其中中央投资1.3亿元，省级投资0.5亿元，地方配套0.5亿元（3个项目累计完成投资1.9亿元）。推动南山片区排洪除涝工程、科创大厦片区排水工程等防洪除涝工程建设，确保汛前完工并发挥实效。

【城乡供水一体化建设】 2021年，淮北市“喝上引调水工程”由原水工程（水源地建设）、清水工程（地表水厂建设）、农村供水配水工程（管网建设及兼并单村水厂）三部分组成。根据2021年8月13日市委专题会议精神，淮北市水务局开展城乡地表水厂水源地规划编制工作，4次现场查勘，7次赴省水利厅、省引江济淮办、省水利勘测设计研究总院协调规划相关事宜，组织省环保、水利专家召开咨询会，将水源地规划选址与引江济淮二期工程充分衔接。组织国土、住建、建投、淮矿集团等相关单位召开对接会6次，启动城乡地表水厂水源地规划工作。

【河湖治理】 2021年，淮北市完善水利基础设施，开展病险水闸、水库、堤防等维护，实施水闸标准化管理达标，完善智慧水利平台建设。完成列入水利普查38条（个）河湖管理范围的划定工作，完成49条规模以下10千米以上河流划界任务。常态化开展河湖“清四乱”（乱占、乱采、乱堆、乱建）活动，压紧压实河湖长职责。完成乾隆湖、古乐湖、中湖、新北沱河4个省级幸福河湖建设。强化河湖水域岸线管护。遵循河湖自然属性，统筹河湖保护管理，累计投资1100万元，依法依规划定14条行洪河道、15条大沟、49条中沟，9个湖泊、5座水库、101座涵闸管理范围，共计埋设界桩5668个、界牌785个，明确河湖岸线管理长度2566千米。完成浍河、新沱河、萧濉新河、南湖、东湖等10个主要河湖岸线保护与利用规划编制。与宿州、亳州、蚌埠三市对接完成5个跨市河流规划汇总，1406千米滩槽分界线全省统一上图。将涉河建设项目审批纳入河湖长制管理内容，实现部门并联审批制度，加强涉河监督检查，出具涉河规划选址意见31件，消除涉河项目施工防洪隐患点4处。

【水土保持】 2021年，淮北市水务局充分发挥水土保持工作部门联席会议制度优势，全覆盖开展生产建设项目水土保持方案跟踪检查和报备核查工作，严肃查处生产建设项目水土保持违法违规行为。2021年度水土流失面积比2020年减少0.2平方千米。

（王晓佳）

【水资源管理】 2021年，淮北市水务局持续推行最严格水资源管理制度，严格总量强度双控，实现重点用水单位水量实时在线监控（监控点374个），关停自备水源井46眼，推进淮北国安电力有限公司、淮北通鸣矿业有限公司等用水大户生产再生水利用。淮北市最严格水资源管理制度考核连续5年在全省位居优秀等次。推进节水新技术推广运用，持续深入推进节水型社会建设，创建省、市级节水型企业11家、省级节水型高校1所、省级节水型工业园区1个、省级中小学节水教育社会实践基地1家、水利行业节水型单位5家。开展节水载体建设，加强非常规水源利用，全市再生水利用量约2350万立方米。推动淮水北调水源置换。淮水北调供水管网覆盖范围内的工业企业已全部完成水源置换，全市关停自备水源井46眼，压采置换地下水约255万立方米。开展淮北市污水厂尾水湿地建设项目概念性规划方案的选址和论证工作，初步选定利用老濉河堤滩地（南三桥以南西岸河滩地约300亩）及乾隆湖南侧铁路交叉三角地（约300亩）作为尾水湿地过滤用地。匡算投资约1.8亿元。实施配水工程，提升自来水普及率，巩固拓展脱贫攻坚农村供水成果。完成投资1.25亿元，新解决4.40万人的饮水入户问题，全市自来水普及率提高到93%。完成中央资金补助农村饮水安全工程维修养护项目，共维修养护农村供水工程74处，覆盖服务人口46.17万人。

【水资源开发利用】 2021年，淮北市制定完成《淮北市“十四五”水利发展规划》，规划“十四五”期间淮北市水利项目匡算总投资84.04亿元，其中争取省级以上投资42.27亿元，市级配套17.43亿元，县区配套24.34亿元。推动濉溪县怀洪新河洼地治理、烈山区新北沱河治理、杜集区龙岱河及支流治理工程建设，总投资2.3亿元，其中中央投资1.3亿元，省级投资0.5亿元，地方配套0.5亿元（3个项目累计完成投资1.9亿元）。做实2022年15个项目前期工作，涉及中小河流治水工程、引调水工程、排洪除涝工程。

【水政执法】 2021年，全市共立案查处水事违法案件17件，当年结案17件，罚款58万元，没收违法所得、非法财物1.02万元，有效地维护正常的水事秩序。出台淮北市闸站标准化管理实施方案，推动重要闸站标准化管理。河湖长制实施情况：推动河湖管理高质量发展。完成列入水普38条（个）河湖管理范围的划定工作，完成49条规模以下10千米以上河流划界任务。常态化开展河湖“清四乱”活动，压紧压实河湖长职责。多举措打造幸福河湖建设样板。完成乾隆湖、古乐湖、中湖、新北沱河等4个省级幸福河湖建设。乾隆湖高分通过流域幸福河湖验收。近年来河湖长制省级考核，2年第一，2年前五。2021年2人分别荣获全国“优秀河长”“先进工作者”称号，濉溪县河长制办公室荣获第十届全国“母亲河奖”优秀组织奖。

【防汛抗旱】 2021年，淮北市严格落实监测预警、指挥调度、值班值守等各项责任，实行跨区域会商和上下游联动机制，汛期淮北市与河南省永城市、安徽省宿州市积极会商，统一调度，实现了河湖安澜。完成淮北市水旱灾害防御防汛指挥中心建设，实时监测水库、水闸水位、水量和防洪调度情况。积极开展河道疏浚、堤防加固等各类防汛抗旱工程建设，科学调度各类闸站、水库运行，有效应对多次强降雨和台风“烟花”影响。

（王晓佳）

【责任编辑　袁志毅】

生态建设与环境保护

综　述

【概况】 2021年，淮北市$PM_{2.5}$平均浓度41微克/立方米，比2020年同期下降14.6%，降幅全省第二；优良天数比例78.4%，比2020年同期上升7.1个百分点，增幅全省第二；夏季臭氧污染防治攻坚优良天数102天，在全省三个完成任务的城市中位居第一；臭氧年均浓度同比上年下降9.0%，降幅全省第一。地表水水质指数变化率较上年度改善6.38%，居全省第四。12月24日，省委、省政府下发《关于2020年度设区的市污染防治攻坚战成效考核情况的通报》，淮北市被评为“优秀”等次。

环境质量

【大气环境质量】 2021年，淮北市环境空气二氧化硫、二氧化氮、可吸入颗粒物、细颗粒物年均浓度分别为7微克/立方米、23微克/立方米、73微克/立方米、41微克/立方米，一氧化碳日均值第95百分位浓度为1.0毫克/立方米、臭氧日最大8小时平均值第90百分位浓度为152微克/立方米。二氧化硫、二氧化氮年均浓度均达到《环境空气质量标准》(GB 3095—2012)一级标准要求；一氧化碳日均值第95百分位浓度和臭氧日最大8小时平均值第90百分位浓度均达标；可吸入颗粒物、细颗粒物年均浓度均超过标准要求。空气质量级别为优良天数占78.4%，空气质量级别为轻度污染天数占14.8%，中度污染天数占5.2%，重度及以上污染天数占1.6%(其中，沙尘天气传输引起重度污染的天数占0.3%，严重污染天数占0.8%)。空气环境首要污染物为细颗粒物和臭氧。

(刘旭东)

【水环境质量】 2021年，淮北市地表水4个国控出境断面中，濉河符离闸、沱河后常桥、浍河东坪集监测指标均值达到《地表水环境质量标准》(GB 3838—2002)Ⅳ类水质，澥河李大桥闸断面监测指标均值达到《地表水环境质量标准》(GB 3838—2002)Ⅲ类水质，均达到国家考核目标要求。主要污染物为高锰酸盐指数、化学需氧量、氟化物等。城市集中式饮用水源地(地下水)，监测6个汇水区饮用水源地水质符合《地下水质量标准》(GB/T 14848—2017)Ⅲ类标准，饮用水源地水质达标率为100%。

(杨永超)

【声环境质量】 2021年，淮北市城市区域环境昼间噪声平均值为53.8dB(A)，对应声环境质量等级为二级，区域昼间声环境状况较好。城市交通干线昼间噪声平均值为65.1dB(A)，对应道路声环境质量等级为一级，城市交通干线昼间噪声质量评价等级为好。

(刘旭东)

【土壤环境质量】 2021年，淮北市农用地暂无污染点位，工业用地土壤环境质量污染地块相对较少，仅为长源焦化(淮北)有限公司污染场地，该地块风险管控工程施工完毕。完成2021年度土壤及地下水自行监测并提交有毒有害物质排放报告。整体土壤环境状况在可控范围内。

（杨永超）

生态保护

【河湖长制实施】 2021年，淮北市严格落实河湖长制党政领导责任机制，市委、市政府主要负责人主持召开全市总河长第五次会议，以总河长令形式部署2021年度全面推行河湖长制重点工作。不断健全河湖长制组织体系，新增组织部部长担任市级河长，明确各级河长职责，协调各方力量，形成一级抓一级、层层抓落实的工作格局。全年市委、市政府主要负责人深入萧濉新河、中湖、新沱河等河湖调研水资源配置、水环境生态治理情况。8位市级河长湖长25次督查调度河湖长制工作。全市各级河长湖长累计巡河18767次，解决各类河湖突出问题1180个。认真落实暗访督查制度，市河长办牵头，组织检察、生态环境、住房城乡建设、农业农村等部门成立4个督查工作组，先后2次对县（区）河湖长制落实情况开展督查。组织人员连续3个月，对110余名镇、村基层河长湖长履职情况进行随机抽查，推动河长湖长履职尽责。落实“河湖长制+”工作机制。落实“河湖长制+检察长+河湖警长”工作机制，发布检察意见书8份，河湖警长“一对一”参与市、县、镇三级河长湖长巡检。规范四河四湖“企业河长”工作职责，推行“企业河长”每周报送制度。建立跨界河流联合河长制。与毗邻商丘、亳州、蚌埠、宿州等四市，在24条跨界河流建立跨界河流联合河长制，明确跨界市、县、镇三级跨界河长54名。与宿州市建立联合跨界河流河长制互查机制，实现河湖监管无死角。常态化开展水政执法巡查。组建4个河湖巡查专班，累计巡查2712人次，巡查河道1.8万千米，依法处理非法取土行为3起，移交公安机关依法查处7人。夯实河湖长制工作基础。建成市河湖长制信息管理系统，实现省市县三级数据贯通，市县镇村四级应用，大力推广“河长通”App巡河模式。采取无人机空中巡、巡逻艇水面巡、巡河志愿小分队沿岸巡方式，形成“水陆空”立体监管模式，进一步提高巡察效率，确保巡察范围全覆盖。开发河湖长制信息管理系统公众参与模块，在政府网站、微信公众号设置群众参与河湖管理监督功能，实现24小时实时接收社会各界监督信息，为全民参与河湖管理提供信息化通道。发动250名河湖保护志愿者，走到街头、河湖岸边进行“爱河、惜河、护河”特色宣传活动，发放河湖保护宣传册5000余份，制作宣传推广视频3部，着力营造全社会关爱河湖、保护河湖的良好氛围。

【水生态修复】 2021年，淮北市开展采煤沉陷区生态综合治理。投资18亿元，实施朔西湖、乾隆湖、凤栖湖采煤沉陷区综合治理，修复陆域面积25215亩，恢复水域面积6083亩，建设生态亲水岸线近20千米，蓄水库容2500多万立方米。实施外调水工程。规划建设引江济淮二期工程，疏挖水系连通河道22.2千米，新建翻水站1座、涵闸21座，增加凤栖湖、朔西湖调蓄库容1405万立方米。开展中小河流治理。总投资近1.9亿元，完成新北沱河、龙岱河、怀洪新河洼地治理工程，清淤疏浚修复河道岸线114.4千米，提高行洪排涝能力。推进幸福河湖示范建设。列入省级年度计划的4条（个）示范河段（湖区）完成建设任务，同步推进6条（个）市级幸福河湖示范河段（湖区）建设。

（市水务局）

【自然保护地管理】 2021年，淮北市出台《关于建立自然保护地管理体系的实施方案》。成立淮北市自然保护地管理中心，负责全市自然保护地管理。抓好中湖国家湿地公园（试点）建设，实施科普宣教馆和植物科普小径项目。《安徽相山国家森林公园总体规划》报省林业局评审。加强野生动物保护，不定期清查人工繁育场所、集贸市场等，建立完善繁育、交易台账，全年累计救助苍鹰、猫头鹰等野生动物55只。加强自然保护地宣传，组织开展安徽湿地日等宣传活动，发放宣传彩页5000余份。

（赵洪升）

【采煤沉陷区综合治理】 2021年，淮北市土地复垦整理中心（采煤塌陷区综合治理中心）博士后科研工作站正式揭牌并开展博士后课题研究。出台《探索利用市场化方式支持采煤沉陷区综合治理实施办法》，淮北市绿金湖矿山地质环境治理项目通过自然资源部遴选，入选中国生态修复典型案例。采煤塌陷区生态综合治理工程获2020—2021年度中国建设工程“鲁班奖”。“采煤沉陷区综合治理推动全面绿色转型”作为案例入选2021年度地方全面深化改革典型案例。《淮北市烈山区新北沱河烈山片区山水林田湖草生态修复工程实施方案》通过省自然资源厅、财政厅和生态环境厅联合组织的专家论证评审，进入第一批省级拨款项目库，总治理面积1.3万亩，总投资1.2亿元，至年底，完成农田整治3192亩，清淤沟渠5.63千米、渠系建筑物59座，修建田间道路6.38千米。

（朱成文）

【农村人居环境整治】 2021年，淮北市实施农村无害化卫生厕所改造14818户，完成年度任务的103.6%；摸排2013年以来各级财政支持改造的农村户用厕所95878座，查找出不能使用和不能全年使用问题厕所2547座，完成整改2243座；濉溪县获批农村改厕提升与长效管护机制省级示范县，21个镇（涉农街道）全部设立农村改厕管护服务站，农村厕所“一站两体系”（农村改厕管护站，厕具检查维修体系和粪污清掏及资源化利用体系）管护机制全面建立。完成17个行政村生活污水治理和1条纳入国家管控的农村黑臭水体治理任务。农村生活垃圾治理行政村覆盖率100%，农村生活垃圾治理市场化率100%，农村生活垃圾镇级转运设施覆盖率100%，全年收集处理农村生活垃圾23.38万吨，无害化处理率达到98%以上。组织开展主题为“共建清洁家园、喜迎建党百年”的村庄清洁行动，聚焦铁路、公路及河道周边沿线，集中开展“三线”环境综合整治，推深做实“五清一改”（清理农村黑臭水体、清理农业生产废弃物、清理无功能建筑、清理乱搭乱建和乱堆乱放、清理废旧广告牌，改变影响农村人居环境的不良习惯），6.4万多人次参加村庄清洁行动，清理村内沟塘918口，清理农村生活垃圾31.6万吨，清理农业生产废弃物2.26万吨，清理乱搭乱建1569户，清理无功能建筑2.6万平方米。实施省级畜禽粪污资源化利用整县推进项目，全市规模养殖场粪污处理设施装备配套率100%，畜禽粪污综合利用率达到90%以上。

（陈俊峰）

污染防治

【主要污染物减排】 2021年，淮北市氮氧化物减排1177吨、挥发性有机物减排316吨、化学需氧量减排303吨，氨氮减排25吨（注：国家“十四五”期间不再核算削减率指标）。

（黄培培）

【大气污染防治】 2021年，淮北市出台《淮北市2021年应对气候变化和大气污染防治重点工作任务》《淮北市关于开展VOCs（挥发性有机物）污染治理专项行动的实施方案》《淮北市臭氧重污染天气应急预案》《淮北市2021—2022年秋冬季大气污染防治攻坚行动实施方案》《淮北市重污染天气应急减排措施清单》，推进大气污染防治工作，改善环境空气质量。落实日调度、周通报、月考核制度，实施分级分类约谈。加强空气质量监测预警，常态化开展监督巡查，组织联合执法行动，减少污染排放。巩固水泥、电力行业超低排放改造成果，推进工业炉窑大气污染综合治理，强化区域氮氧化物和挥发性有机物管控，强化挥发性有机物深度治理，实施挥发性有机物有组织排放和无组织排放治理，开展夏季臭氧攻坚行动，启动臭氧重污染天气预警。加强细颗粒物和臭氧协同控制，开展$PM_{2.5}$和臭氧污染协同防控“一市一策”跟踪研究。优化调整产业结构，完成淮北矿业相山水泥有限责任公司、淮北众城水泥有限责任公司、淮北松山水泥有限责任公司3家企业新厂房建设，实施工业转型升级和技改项目193个。调整交通结构，购置新能源公交车250台，报废81辆国三及以下大型货车，淘汰1251台柴油货车。加强建筑工地、道路和混凝土搅拌站扬尘治理，做好《扬尘污染防治管理办法》立法工作。推进秋冬季大气污染防治攻坚，落实秋冬季“一厂一策”应急减排清单管控措施，加强重污染天气区域应急联动。完善大气监测监控网络，实现科学治污，建设柴油货车OBD监控系统；建设完成31套镇（街道）大气环境标准站。

（黄培培）

【水污染防治】 2021年，淮北市开展10条河流“一河一图一策一单”专项行动，对154条一级支沟水质开展监测，排查备案97处污染问题并溯源治理。加强与宿州、蚌埠汛期跨界水体联防联控工作。累计建设小区雨污水管道280千米。推进河湖长制，市级总河长巡查督导新北沱河、萧濉新河、绿金湖3次，全市各级河湖长累计巡河18767次。完成49条规模以下河湖管理范围划界任务，8个建制镇、12个中心村驻地生活污水处理设施建设。启动开展乾隆湖、新北沱河等4条省级幸福河湖示范建设。发挥“河湖长制+检察长”作用，发布检察意见书3份。关停自备水源井108眼，压采地下水2300多万立方米。

（杨永超）

【农村面源污染防治】 2021年，淮北市开展农村生活污水治理、农村黑臭水体治理、乡镇政府驻地生活污水处理设施提质增效工作。完成17个行政村农村生活污水治理任务、1条纳入国家管控黑臭水体治理任务、5个乡镇政府驻地生活污水处理设施提质增效任务。

（段志鹏）

【建设项目环境管理】 2021年，淮北市生态环境局与市发展改革委、市自然资源和规划局等部门配合，为招商引资项目出具环保预审意见，主动办理环评审批手续。重点服务安徽口子酒业股份有限公司20000吨大曲酒酿造提质增效项目、淮北光明生态智慧牧场有限责任公司濉溪12000头奶牛养殖示范场新建项目、淮北市龙铁医疗废物处理有限责任公司医废处置中心设备提标改造等，依法按程序办理环保手续，助推项目落地建设。

（陈　倩）

【建筑施工扬尘管理】 2021年，淮北市生态环境局开展工地扬尘常态化检查巡查和市县区互查，加大处罚力度，实施建筑工地黑名单管理制度，对违反相关规定纳入黑名单的企业，实施约谈、量化计分，停止其继续施工行为

2021年5月25日，淮北市生态环境保护综合行政执法支队执法人员在淮北申皖发电有限公司检查雨水排放口　（梅月　摄）

等措施。开展“洁净相城”行动，清洗公共设施、交通护栏、绿化隔离带等积尘浮土，清除护栏下和道牙石周边泥土、下水道淤泥等，清扫城郊接合部和进出城道路。开展道路积尘负荷走航监测，定期通报污染路段，针对污染道路排名进行考核，精确传导责任压力。严格施工扬尘监管，加强对雨污分流施工工程和市政道路作业全面检查、巡查力度，明确施工现场扬尘防治三级责任人，采取约谈、停工整改等措施，督促重点工程扬尘防治工作制度化、规范化、常态化。规范渣土运输管理，开展专项治理行动，加大巡查力度，严查各类渣土道路运输违法行为。

（黄培培）

【交通噪声治理】 2021年，淮北市生态环境局开展加强综合治理，建立部门联动机制，严格执行24小时值班制度，加大社会生活噪声整治力度，控制和改善全市声学环境质量。加强道路交通噪声监管，配合公安、交通部门在市区主干道设立禁鸣标识，在各学校所在路段和办公场所等敏感区域附近设禁鸣区和限速区，加强对乱鸣笛现象监管力度。加强城区噪声污染防治，协同城管、公安、市场监管、文化、住建等相关部门，定期地对公共场所噪声污染进行现场检查，严格规定文化娱乐场所等必须履行环评审批手续，并达到环境功能区划要求。强化企业采取降噪措施力度，对距离声敏感区较近的噪声污染企业，要求加强厂区边界立体绿化，采用生物降噪、工程降噪等方式，减小噪声对周边环境影响。建立施工噪声审批制度，对建筑施工噪声实施严格建设审批制度，同时，采用突击抽查或检查方式监督其噪声排放情况。开展绿色护考专项行动。联合公安、住建、城管、市场监管、教育、文化等部门组成检查组，开展高考、中考禁噪护考行动。

（黄培培）

【医疗和工业危险废物处置】 2021年，淮北市危险废物申报单位343家，其中，工业企业149家、经营单位9家（含1家豁免单位）、医疗机构130家、实验室单位6家、机动车维修保养单位40家、生活垃圾焚烧厂1家、垃圾填埋场1家、小微企业7家。全年危险废物产生量5.6万余吨，其中，委托有资质单位利用（处置）量5.2万余吨，贮存量1300余吨，自行利用（处置）量3400余吨。淮北市龙铁医疗废物处理有限公司处置全市医疗垃圾1200余吨。

（王　健）

节能减排

【概况】 2021年，淮北市新增国家级绿色工厂1家、国家级绿色设计产品11个、国家级绿色供应链1家、省级绿色工厂3家、市级绿色工厂6家。21家企业（产品、技术）入选省工业领域节能环保推介目录。淮北市经济和信息化局推进绿色制造体系建设，落实绿色制造体系实施方案，建立2021年绿色制造名单培育库，入库企业20多家。举办重点企业绿色工厂创建培训会，20家企业负责人参加培训。开展用地集约化、生产清洁化、废物资源化、能源低碳化等特点的绿色工厂创建活动。安徽中意胶带有限责任公司被认定为国家绿色工厂，安徽省矿业机电装备有限责任公司、安徽雷鸣科化股份有限公司、安徽正大源饲料集团有限公司3家企业被认定为省级绿色工厂。锂电池、铅酸电池、通信电缆等11种产品被认定为国家绿色设计产品。安徽华润金蟾药业股份有限公司被认定为国家级绿色供应链示范企业。推动淮北市高新技术区、濉溪县经济开发区国家绿色园区创建工作。截至年底，全市累计创建国家绿色工厂5家、省级绿色工厂12家，国家绿色设计产品25种，国家级绿色供应链示范企业2家、国家绿色设计示范企业1家。形成绿色工厂、绿色设计产品、绿色供应链等为单元的绿色制造体系。

【工业节能】 2021年，淮北市经济和信息化局推进工业领域节能环保产业发展，以安徽紫朔环境工程技术有限公司、安徽三星环保工程有限公司等企业为重点，推广新一代环境治理技术及应用；以资源化利用为重点，将新材料技术、新能源技术、节水技术、智能信息技术融入产业链，推进环境治理、资源节约技术及应用向高端化、尖端化发展。重点推进“焦炉烟气尘硫硝一体化排放净化装置”在焦化、农林生物质电厂、垃圾电厂、玻璃行业等领域应用，静音除尘器在水泥等行业应用，实现超低排放。以芯淮电子有限公司为重点，推进VOC气体传感器、半导体甲烷传感器等环保产品研发、推广使用。以安徽富林环保科技有限公司、淮北强力矸石建材综合利用有限公司、安徽南黎环保科技有限公司等企业为重点，开展节能环保材料、废塑料循环利用等技术开发与应用。在全市范围内遴选25家企业节能节水环保先进技术、产品、装备、项目，编制淮北市工业领域节能节水环保产品、技术暨生产企业推介目录，并向社会公开发布。鼓励企业开展省工业领域节能环保推介目录、国家工业节能技术装备、国家鼓励发展的重大环保技术装备目录申报，在全省、全国开拓市场，21家节能环保优质生产企业、新技术、新产品新装备、重点改造项目企业入选2021年省节能环保推介目录，在全省推介。淮北砼友乐环保科技有限公司混凝土行业废水、废渣零排放系统列入国家工业资源综合利用先进适用工艺技术设备目录（2021年版），在全国推广。

（王志强）

【交通节能】 2021年，淮北市交通运输局开展以“深化交通绿色发展、助力碳达峰碳中和”为主题的交通运输行业节能活动，清理1808辆高能耗、高污染国三柴油货车。落实《道路运输车辆燃料消耗量检测和监督管理办法》，对3217辆车进行燃料消耗量限值核查，从源头限制高耗能和非法改装车辆进入道路运输市场。建立实施汽车排放检验与维护制度，推进拟定11家汽车尾气治理站（M站）建设工作，组织400辆4.5吨以上柴油车进行OBD（远程在线监控）设备安装，用于防治在用汽车排放污染。

（李　丽）

【公共机构节能】 2021年，全市公共机构节约型机关创建单位212家，比上年增加147家。市生态环境局开展生活垃圾分类示范点建设，全市2个集中办公区、1处窗口单位、2家医院、2家学校建成公共机构生活垃圾分类示范点。开展公共机构生活垃圾分类督查工作，多次对党政机关等公共机构生活垃圾分类容器设施配置、可回收物登记回收等情况开展督导检查。推行合同能源管理，在党政机关办公区开展合同能源管理集中示范，推进濉溪县税务局、相山区相城医院、淮北市行政中心等公共机构开展合同能源管理示范点建设。

（冯柯菁）

【节能管理】 2021年，淮北市经济和信息化局推进重点用能企业节能管理，落实《工业节能管理办法》，强化对重点耗能企业节能管理，对9家水泥企业实施阶梯电价专项监察。对5家企业开展能源审计，督促企业落实审计建议。对8家企业开展节能诊断服务，提出节能改造措施建议22条，预计节约20多万吨标准煤。推进资源综合利用，开展煤矸石、粉煤灰等一般工业固废物产生和综合利用情况调查，全面了解掌握全市煤矸石、粉煤灰等一般工业固废物产生和综合利用情况。引导企业发展以煤矸石、粉煤灰、炉渣为主要原料的新型建材产品、电力及其他产品，提高大宗工业固体废弃物综合利用量，提升粉煤灰等综合利用产品档次和附加值，最大限度减少工业固废堆放及雨水冲刷带来的扬尘、水质等环境污染。临涣中利发电有限公司、淮北涣城发电有限公司、安徽恒力电业有限责任公司、淮北新源热电有限公司等利用煤矸石、煤泥发电机机组，年发电60亿千瓦时以上，年利用煤泥150万吨、煤矸石170万吨以上；淮北相山水泥有限责任公司、淮北众城水泥有限责任公司、安徽众联水泥有限公司等水泥企业9

家，年利用粉煤灰、脱硫石膏、炉渣等180万吨。有利用煤矸石生产墙材企业73家，年利用煤矸石586万吨。

【节能技能技术推广应用】2021年，淮北市经济和信息化局引导重点用能企业围绕高效电机能效提升、节能锅炉（窑炉）改造、余热余压利用、能量系统优化、绿色照明改造等提升工业能效和资源综合利用水平。重点推进淮北相山水泥有限责任公司年产260万吨绿色智能示范项目、安徽金冠玻璃有限责任公司高效节能环保窑炉及配套生产线改造项目、安徽雷鸣科化有限责任公司空气能热泵与模温机联合供热项目、安徽弘昌新材料有限公司功能性碳纤维复合材料清洁生产技术改造项目等17个节能技术项目实施，加强项目实施过程的指导和服务，确保项目按期完成，在减少能耗同时，降低环境污染。（王志强）

环保监管

【行政审批】2021年，淮北市生态环境局推行“环境影响区域评估+环境标准”。推动重点项目建设，提高环评审批效率。梳理646个重点项目和102个市领导联系重点项目环评进展情况，建立环评审批调度清单，提前介入、指导和帮助建设单位做好环境影响评价前期准备工作。主动服务环评审批“正面清单”项目，豁免、简化清单内建设项目环评审批手续，推进助企惠企工作。全年审批179个项目环评文件，组织5个省级开发区修订区域评估。制定空间准入、环境质量管控、污染物排放总量管控限值、环境准入“四个清单”，免费提供给区域内入驻企业使用，为项目落地节约时间与成本。

【大气环境监测】2021年，淮北市有国控城市空气自动监测站点4个：市监测站、淮北职业技术学院、烈山区政府、杜集区人民检察院。省控空气自动监测站点2个：濉溪县环保局、濉溪中等职业技术学校。有3个VOC空气自动监测站运行，其中新建2个。

东湖湿地公园（陈文骁　摄）

【水质监测】2021年，淮北市小王桥、李大桥闸、后常桥3个国控水质自动监测站、1个省控赵集水质自动站、13个市控水质自动站联网运行。地表水监测：对辖区内濉河、沱河、浍河、澥河等主要河流21个省控断面开展12次监测，对8个市控断面地面水水质进行4次例行监测，对生态补偿断面水质进行12次例行监测；与宿州市开展新北沱河蔡桥闸生态补偿断面联合监测12次；开展地表水国控断面“采测分离”工作12次。地下水监测：对910厂、自来水厂（东部汇水区）、市一中、自来水公司、财校、市政工程处6个汇水区水质每月开展1次监测，监测项目为常规39项，3月、7月开展2次全指标93项水质监测。

（刘旭东）

【环境监管与执法】2021年，淮北市生态环境局结合“我为群众办实事”，开展“环企直通车”“助企信用修复”等活动。制定《淮北市关于开展全市生态环境系统“规范执法年”活动的实施方案》《淮北市关于优化生态环境保护执法方式提高执法效能的实施意见》等，从执法计划、执法程序、执法普法、执法能力建设等进行规范。推进企业ABCD绩效分级管控。组织550余家企业制定“一厂一策”重污染天气应急减排清单，63家企业纳入执法“正面清单”。开展非现场检查340多次，执法帮扶企业900多次。构建告知承诺约谈处罚“闭环链”，做到监管有力度、服务有温度。运用《中华人民共和国环境保护法》及4个配套办法，查处案件73件，实施行政处罚76件，罚款1736万元。

（杨永超）

【环境污染事故处置】 2021年，淮北市生态环境局印发《关于成立淮北市生态环境局生态环境安全保障工作领导小组的通知》《关于迎接建党百年加强汛期高温天气等重点时段生态环境安全保障工作的通知》，修订《淮北市突发环境事件应急预案》。完成行政区域风险评估工作、濉河“南阳实践”“一河一策一图”编制和演练工作、“2021年淮北市危险化学品事故应急救援演练”。完成突发环境事件应急预案备案767件（重大风险等级10件、较大风险等级65件、其他为一般风险等级）、工业园区备案7个（中等风险3个、低等风险4个）。在重要节点、重大活动期间，每日调度突发环境事件情况。加强重点行业企业环境安全隐患排查，共排查84家，发现并整改环境安全隐患问题17个；开展开发园区及化工产业环境问题整治“回头看”工作，对整治清单20家企业开展“双随机”检查5家，发现3家企业存在问题，整改完毕。

（周　舜）

【环境保护宣传】 2021年，淮北市生态环境局开设“同心筑美丽相城，人与自然和谐共生”“淮北市大气污染周排名和月排名”等专栏定期宣传。刊载播发“生态环保督察在行动”督察信息380余篇次。利用双微平台发布环境保护原创信息200余条。展出全市中小学生“美丽中国我是行动者”主题绘画比赛获奖作品近100幅。

【环保督察】 2021年，淮北市生态环境局解决一批突出生态环境问题。中央和国家层面交办问题共364件，完成销号352件，完成率96.7%；省级层面发现问题共549件，完成销号540件，完成率98.4%。中央环保督察交办淮北东湖存量垃圾突出环境问题，经综合整治，该项目入选2021年度全国环卫行业典型案例。

（杨永超）

2021年5月25日，淮北市生态环境保护综合行政执法支队执法人员在淮北旺能环保能源有限公司中控室检查运营情况　（梅月　摄）

交通 邮政 通信

交通综述

【概况】2021年，淮北市完成公路客运量404万人次，同比增长82.01%；客运周转量45780万人公里，同比增长100.72%。旅游、包车客运企业6家、车辆215台，班车170台，运营线路86条。公交3家，整合后1家，车辆660台，从业人员约1000人，线路49条，线路长度1155千米，年客运量3100万人次。公路货运量10145万吨，同比增长109.25%；货运周转量1931639万吨公里，同比增长109.18%。货运企业324家，货运车辆31215台。危险品运输企业13家，车辆261台。驾培学校31家，一级、二级、三级驾校分别为6家、7家和18家，教练车1100余台，年培训能力7万人。各类汽车维修企业516家（其中濉溪县223家）。出租车企业4家，车辆1638台，从业人员3200余人。网约车平台企业13家，车辆519台。

【交通基础设施建设】2021年，徐淮阜高速公路（淮北段）前期工作基本完成，12月17日招标，12月23日土地“二合一”方案通过评审，12月31日用地预审获批。省道101线淮徐快速通道等9个国省干线公路项目在建。国道237路面中修工程主体工程完成。G3京台高速双堆集互通工程开工。开展省道410濉刘路、省道235濉唐路三期、省道305墩阜路二期前期工作。临涣船闸主体工程全面开工，孙疃码头加快建设，沱浍河航道李临段整治工程工可行性报告完成。实施农村公路提质改造项目177.802千米、养护提升工程195.9千米、生命防护工程100.9千米、危桥改造工程9座。全年完成交通基础设施建设投资12亿元，超年度计划2亿元。

【智慧交通建设】2021年，淮北市交通运输局做好交通强国试点任务建设，初步建成集区域内经营业户、营运车辆、从业人员、运营线路、运输业务、运行监测、公共服务等多类要素数据为一体的行业大数据中心，并实现与公安交警、市场监督等部门信息互通。全年市交通运输大数据中心接入行政区域内经营业户、营运车辆、从业人员、运营线路等各类基础数据254006条，网约车订单数据120万条，班线客运、旅游包车、危险品运输等运单数据232338条，营运车船卫星定位数据7.5亿条，公安车辆行驶证与驾驶证数据1149406条，市场监督局企业注册数据317370条，公安与交通卡口通行数据24.6亿条。覆盖全市出入境口、重点路段、客货运输场站、集散地、港口码头等关键部位运行智能监测网络初步建成。完成重要路段超载超限动态检测点建设42处。完成第一批重点货源单位出场称重和视频监控设备安装15家。完成客运场站、公交场站、火车站、汽车站站前广场、高速出口等重点部位视频监控53处，港口码头、航道、船闸等港航视频监控11处，公路、桥梁、涵洞等重点路段视频监控157处。完成与公安部门联合共建道路动态检测点116处。完成与公安、交通卡口7500余路视频与图像抓拍信号互通互用。日增运行与监测数据1200余万条。

【交通运输安全】 2021年，淮北市交通运输局利用运行监测、大数据、人工智能、区块链等多种技术手段，对运输企业安全教育、隐患排查、整改落实及驾驶员出车例检、安全教育、危险驾驶等行为实施智能化管控和考核。纳入全市交通运输安全生产监管平台实施监管的重点运输企业512家、运输车辆16981台（含挂车）、从业人员12488人。全市交通运输企业制定各类规章制度1091项，开展安全自查920次，组织安全例会2440场次、集中安全学习1167场24402人次，安排远程安全教育40149人次，落实风险管控104次、隐患治理723次，制定各类应急预案509项，组织应急演练164次。全年开展1136次安全生产监督检查，下发隐患整改通知书8次，整改完毕8起，挂牌督办2家单位。全市营运车辆危险驾驶行为从2019年每月近54000起下降到2021年每月1500起左右，下降幅度97.3%。全市交通运输行业初步形成安全生产层级责任链条完善、监督管理责任落实和企业主导、政府监管、社会监督、科学有效的安全生产管理模式。

【交通行政执法】 淮北市交通执法模式以“非现场执法”为主，“现场执法”围绕“非现场执法”开展工作。“线上”智能发现与“线下”执法跟进协同配合，推动执法效率和执法质量双提升。2021年，全市立案各类交通运输违法违规案件5334件，其中现场执法案件1493件，非现场执法案件3784件，其他案件57件。由淮北市交通运输局起草、淮北市市场监督管理局发布的全国首部《交通非现场执法执法规范》《交通非现场执法动态检测卡点建设规范》等4项科技治超地方标准，确立利用非现场执法适用性。全市6家重点货运源头企业全部安装源头监管系统，并接入联网治超平台正常运行。淮北科技治超做法获国务院推进政府职能转变和放管服改革协调小组办公室简报第134期（2021年9月29日）专题刊发。10月，第三届苏鲁豫皖四省十三市区域治超协作会议召开，淮北交通部门自主研发的“苏鲁豫皖四省交通运输协作监管平台”免费向各协作地市推广应用，推动交通运输许可、协查、抄告等基础信息在淮海、中原经济区内各城市间共享互认，破解交通运输违法违规行为跨区域协同监管难题。2021年12月，淮北市交通运输局组织召开《苏鲁豫皖四省十五市交通运输跨区域协同监管平台》应用培训视频会议。

（李　丽）

公　路

【概况】 2021年，淮北市境内有国、省普通干线公路总里程485.859千米，其中：国道4条155.046千米，省道10条330.813千米。一级路公路174.047千米、二级公路208.091千米、三级公路96.312千米、四级公路7.409千米，全市国、省干线公路密度为187.66千米/百平方千米。截至年底，全市农村公路总里程4581.4千米，其中：县道662.8千米、乡道1040.8千米、村道2877.8千米，占公路总里程94.3%。农村公路密度为136.9千米/百平方千米。淮北市通乡镇公路全部达到三级或三级以上沥青（水泥）路；行政村水泥（沥青）路通达率100%；自然村通硬化路率100%，基本形成与高速公路、国道、省道公路、城市道路等相衔接、适应社会和经济发展的农村公路网。

【公路路网建设】 2021年，淮北市公路在建项目6个，其中：新开工项目2个（省道305南坪至岳集改建工程、省道101淮徐快速通道），续建项目4个（国道237二期五里郢段、国道344淮北段改建、省道101二期收费站、省道254二期跨铁立交桥及匝道），计划总投资5.7亿元。全年完成投资5.8亿元，完成年度计划102%。国道237二期工程(五里郢段)、国道344淮北段改建和省道101淮徐快速通道完成年度施工计划；受征迁进度影响，省道305南坪至岳集改建工程施工队伍开始路基施工；省道101二期收费站主体工程完成，综合楼投入使用；省道410濉刘路完成施工图设计，省道254二期跨铁立交桥及匝道完成主体工程。

【公路养护与管理】 2021年，淮北市公路养护质量优良路率全省排名第一。年内完成投资5456.3万元，推进养护大中修工程。具体为：投资903万元，实施省道306墩阜路路面修复与预防性养护工程项目；投资510万元，实施国道237济宁线路面修复与预防性养护工程项目；投资2619万元，实施危旧桥梁改造及桥梁安全防护项目；投资1297万元，实施公路安全提升工程项目；投资30.3万元，实施公路专项养护项目。

【农村公路监管】 2021年，淮北市农村公路提质改造项目在省交通运输厅年度质量巡检抽查中位居全省第一。省厅下达淮北市农村公路建设计划提质改造工程建设任务177.802千米，养护提升工程目标任务190千米，危桥改造9座，村道安全防护工程100.902千米。全年提质改造项目完工177.802千米，完工率100%；养护提升工程完工195.9千米，完成目标任务103%；危桥改造项目完工9座，完工率100%；村道安全防护工程项目全部完工。截至年底，淮北市所有乡镇通三级及以上公路达100%，建制村通双车道(6米以上)公路达71%。

【公路运输安全监管】 2021年是淮北市交通运输安全生产专项整治三年行动“集中攻坚年”，公路运输安全监管以“两客一危一货”为重点，淮北市交通运输局组织开展安全生产月、冬季安全生产“强基固本”百日行动、危运行业集中整治等专项行动。发挥交通运输市场监管协同云平台作用，开展安全隐患排查，排查问题隐患14项，全部整改完毕。汲取“3·7”等交通安全事故教训，开展公路沿线搭接平交道口排查，排查隐患点(段)1028处，经梳理合并需整治隐患点(段)555处，争取市财政拨付治理资金406万元。全年安全检查889次，出动执法人员3112人次，发现问题694个，整改问题694次。

【汽车维修行业管理】 2021年，淮北市交通运输局开展对全市一类、二类维修企业质量信誉考核工作，一类企业获AA级35家、A级1家，二类企业获A级75家，缓审10家，停业5家。组织参加安徽省乡村振兴职业技能大赛——第三届全省农民工职业(维修)技能竞赛并获二等奖。会同环保、公安部门认定11家机动车尾气排放性能维护站(M站)。全年10家综检站对3217辆车进行燃料消耗量限值核查，技术等级评定车辆18149辆，营运客车类型划分373辆。全年出动执法人员760余人次，检查机动车维修企业190余家，重点检查维修企业安全环保措施落实情况，针

2021年，正在建设中的S101淮徐快速通道 （梅月 摄）

对检查过程中发现的问题，要求汽车维修企业限期整改。

【汽车驾驶员培训管理】 2021年，全市有机动车驾驶培训学校32家，其中，一级驾校6家、二级驾校7家、三级驾校19家（含暂停招生整改1家）。其中，新增驾校4家，新增教练车68辆（含濉溪县2辆）。全市驾培机构有教练车1100余台，聘用教练员1100余人，年培训能力7万人左右，共培训学员4.5万余人。对28家驾驶培训机构质量信誉进行考核并向社会公布考核结果，其中AAA级1家、AA级18家、A级8家、停业1家。推行“信易+驾培”应用，定期向社会公布驾校培训质量排行榜、驾校学员三年内交通违法情况和驾校投诉举报排行榜。3月1日，道路货物运输驾驶员从业资格考试制度落地，改革后新核发道路货运驾驶员从业资格证1843件。4月，在全省驾校和教练员评比活动中，淮北市汽运驾校被评为“2020—2021年度全国行业自律先进驾校”，4名驾校教练员获全省“最美教练员”称号。

（李　丽）

铁　路

【概况】 2021年，中国铁路上海局集团有限公司淮北车务段（以下简称“淮北车务段”）管辖青阜、符夹、京沪、宿淮、淮萧客车联络线五条线路上26个车站（其中二等区段站1个，二等中间站2个，三等站9个，四等站14个），营业里程408千米，共有16个车站办理货运业务，7个车站办理客运业务。淮北车务段管内各条铁路线路图定列车数为：京沪线145.5对，其中客车69对；符夹线70对，其中客车28.5对；青阜线71对，其中客车15.5对；宿淮线3对，其中客车2对；淮萧联络线13对，其中客车12对。

【运输经营】 2021年，淮北车务段化建立路企联系协调机制，加强日常调度指挥，及时掌握装卸作业进度，提高调机利用效率，压缩在站停留时间，加快车辆周转。全年卸车完成410763车，同比增幅9.4%；停时完成20.5小时，压缩2.5小时；中时完成3.1小时，压缩0.5小时。其他业务收入完成1778.15万元，比年初预算增加581.15万元。实现经营利润3305.09万元，超预算2073.1万元，其中主营利润604.66万元，其他业务利润1477.1万元，其他收益1223.33万元。开车补贴1223.33万元，总利润实现3305.1万元，同比增加1702.3万元。客运收入完成29844.4万元，同比增加137.6万元，增幅0.5%，完成年初计划的100.1%。发送旅客403.7万人，同比减少22.4万人，减幅5.3%，完成年初计划的96.1%。

【安全生产】 2021年，淮北车务段确定并推动98项具体的安全工作。建立健全安全管理体系，修订全员安全生产责任制，动态完善安全奖惩机制，推进安全管理规范化。分析研判安全风险85项，盯住关键要害和薄

2021年5月17—18日，淮北车务段在青龙山站专用线举办淮北车务段调车工种职业技能竞赛　（黄儒文　摄）

弱环节，加强隐患排查和分类整治，消除突出安全隐患10个。推进安全保障体系建设，更新音视频记录仪，配置一键报警装置、安装防穿越报警系统。强化安全责任落实，制定履职尽责负面清单，加强以安全生产过程管理为重点的履职督查，全年启动问责25次，追责47人。强化重点时期安全控制，建立节假日、双休日安全检查机制，突出重点、偏远岗点和关键时段管控。截至年底，实现安全生产1501天，连续实现第4个安全年。

【基础设施建设】 2021年，淮北车务段对所辖灵璧站、西潘楼站等站点基础设施进行改造和启用。

灵璧站货场改造后启用 9月9日，灵璧站货运业务正式开通。灵璧货运站货场位于宿州市灵璧县经济开发区境内，货场总面积33055平方米，一次装卸车能力为3辆，设计年发运量10万吨，主要以粮食为主。建有仓库1196平方米、钢结构货棚2279平方米，硬面化11301平方米。其中货物作业线2条，分别建有46个、31个货位，主要办理成件货物发送，并配有电子平台秤、电子汽车衡、皮带输送机等货运设备。

西潘楼站货场改造后启用 12月10日，西潘楼站货场改造后开通启用，新增货物线1条，装卸有效长度700多米。货场新建吊装作业区5735平方米、产集装箱堆场1612平方米，配有铁道货车超偏载检测装置。

符离集站新货场开通启用 12月28日，符离集站货场启用，占地面积550亩，分为房建办公区，包装成件货物作业区，集装箱、笨重作业区，预留区四大功能区域。货场建有货物线4条，货物站台18742.5平方米，军用站台151.2平方米，雨棚15000平方米，配有铁道货车超偏载检测装置、叉车、单轨吊、龙门吊等。货场北侧预留符离集物流园专用线。

淮北站候车室改造 原有淮北站既有的候车室室内进站门厅太小，遇客流高峰时，实名验证和安检区域常发生旅客进站拥堵，为使旅客安全快捷进站候车，同时减少人工实名制验票工作强度，经与淮北市政府协商，由地方政府投资287.08万元，对候车室进行改造，在站房南侧新建室外进站门厅，建筑面积231.5平方米，将人工实名制验证台、自助实名制核验闸机移至门厅内，工程于12月10日动工建设。

（黄儒文）

水　路

【概况】 2021年，淮北市有规划航道3条，分别为萧濉新河航道、沱河航道和浍河航道。规划航道总里程138.94千米。2021年仅浍河航道临涣闸下35.72千米通航，占规划通航航道26%。有港口码头1个，设计年吞吐量84万吨，码头长200米，泊位3个，最大靠泊能力500吨。

表21

2021年淮北市辖区内通航河流及航道一览表

河流名称	分界起讫点	航道里程（千米）	通航里程（千米）	航道规划等级
萧濉新河	黄闸—闸河口	23.24		四级
沱　河	大王庄桥—大周排灌站	44.48		四级
浍　河	黄沟—李口桥	71.22	35.72	四级
合计		138.94		

注：沱河、浍河均为规划复航航道

表22

2021年淮北市辖区内航运企业一览表

企业名称	所在地	船舶数（艘）
安徽省淮北市航运公司	安徽省淮北市相山区相山中路翰林学府5号楼1702	35
安徽新文和航运有限公司	安徽省淮北市相山区人民路北新城国际1幢3单元2106号	32
安徽省濉溪县远洋航运有限公司	濉溪县淮海南路东侧濉溪县农业综合楼二楼	38
合计		105

【沱浍河航道建设】 南坪船闸工程位于南坪闸北89米处，建设规模为长200米、宽23米、门槛水深4米的500吨级船闸，年通过能力1343万吨，2021年10月30日竣工验收，完成投资2.8亿元。浍河航道南坪闸至临涣闸段整治工程按四级航道标准建设，航道长30.5千米，2021年6月26日竣工验收，完成投资6.41亿元。孙疃码头工程位于孙疃镇，建设500吨级兼顾1000吨级5个散货泊位，设计年吞吐能力572万吨，工程计划投资5亿元，2021年7月开工建设，完成投资6300万元。临涣船闸工程位于临涣闸南88米处，建设规模为长200米、宽23米、门槛水深4米的500吨级船闸，年通过能力1343万吨，2021年5月船闸主体开工建设，项目总投资7.01亿元。

【港口航道管理】 2021年，南坪码头按照企业安全生产标准化要求，建立安全生产责任制、安全管理制度和操作规程，规范运输生产行为。淮北市交通运输局推进《淮北市港口和船舶污染物接收转运及处置设施建设方案》实施，改造完成100～400总吨船用生活污水收集接收设施80艘。新增配置船舶生活污水和油污水接收桶各3个，移动式雾炮机3台，晒水车、雨旺全自动洗轮机各1台，封闭式皮带运输机1台，治理港口扬尘污染。南坪港码头岸线总长200米，一期3个500吨级散货泊位，预留二期建设2个500吨级散货泊位。2021年，南坪港口吞吐量达180余万吨。

【船舶管理】 2021年，淮北市接收处置船舶垃圾总量1.68吨，接收船舶生活污水总量2.16吨，接收船舶含油污水0.10吨。按照船检“规范服务、提速增效”要求，全年办理船舶登记业务58件，核发船舶最低安全配员证书41本，换发船员适任证书、船舶服务簿279本及船舶营业运输证89本。按照运输船舶“底数清、情况明、看得见、控得住”的思路，淮北市交通运输局开展运输船舶逃避监管和非法挂靠专项整治行动，整治运输船舶逃避监管、挂靠经营和船舶管理公司“代而不管”等违法违规行为，对辖区内3家水运企业开展自查自纠。开展绿色码头审计整改，唯一运营的南坪码头环保手续齐全。开展“防风险、遏事故、保畅通、庆华诞”风险防控专项行动，全年港口、航道巡查343次，巡查里程4410余千米，发现安全问题及隐患8项，全部整改。

（李　丽）

公共交通

【出租车运营】 2021年1月10日起，淮北市巡游出租汽车执行新的城区客运出租车（巡游车）运价标准。7个网约车平台公司在淮北市分别注册分公司，取得网络预约出租汽车经营资质，全市有网约车平台公司13家。9月，淮北市网约车行业工会联合会成立，新组建市级网约车行业工会1家，规模企业工会4家，吸纳会员485名。11月，淮北市95128出租汽车约车服务电话暨非急救转运业务启动，完成95128老年人电话约车和非急救转运业务组合。出租车党总支“党员一带十”获评第二届交通运输部优秀党建品牌。

（李　丽）

【城乡客运一体化建设】 2021年，淮北市交通运输局新开通123南路（火车站南广场—渠沟镇刘楼村）、129路（恒基首末站—杜集区朔里镇官庄村）公交；对原淮北—杜集区石台镇梧桐村农村客运班线进行公交化改造，新开通121路（恒基首末站—梧桐村）公交；9路延长一台次至杜集区朔里镇罗里、坡里；126路延长一台次至烈山区古饶镇谷山村；3路延长一台次至杜集区石台镇学田村；2路车延长一台次至杜集区朔里镇沈集，增设公交站牌60块。濉溪县具备条件乡镇、建制村通客车率达100%，县城20千米范围内农村客运班线公交化运行率达70%以上，新能源公交通车率达100%。全市建成17个镇级交通综合服务站，其中烈山区3个，杜集区3个，相山区1个，濉溪县10个。建成32个行政村交通综合服务点，开通市区—四季榴园、市区—南山2条旅游公交线路。

（李　丽）

【城市公共汽车运营管理】 2021年1月28日，淮北市开通3条夜间经济特色公交专线，共12台公交车，3条专线分别为1号线，相山区（市公交公司环线）；2号线，杜集区（市八中环线）；3号线，烈山区（烈山区实验中学—濉溪县—电厂）。12月20日，市政府采购200台新能源公交车陆续投放线路运营，分别投放在2路、3路、6路、10路、19路、21路、22路等市区主要线路。5月21日，淮北市公共交通有限公司开展“5·20”全国公交驾驶员关爱日活动。6月30日，举办淮北市客运行业“安康杯”职工安全生产知识竞赛活动。

（邓成龙）

【公共自行车运行】 2021年，淮北市城市管理局完成国购广场东区、市规划馆西门等5个公共自行车站点调整迁建和湖畔御景东门、四海绿洲花园西门等8个站点扩容加桩，复建因道路改造施工临时拆除的7个站点。全年新办租赁卡893张，服务热线接听量22876个，车辆调度总数838915次。全年更换站点电瓶14143次，维修锁头、锁耳、扩音器等16512次、自行车13152辆次，更换站点老化线路1400米，排查处理电线破损站点25处，实现全年安全零事故。做好五一、十一、淮北食品工业博览会、淮北市石榴文化旅游节等节庆期间以及中考、高考期间骑行高峰用车服务保障。系统运行起至2021年年底，全市共办理公共自行车租赁卡17万余张，扫码租车日均6000余人次，累计借用车1亿多次。

（王立新）

【淮北市公共交通有限公司】 淮北市公共交通有限公司成立于1962年，2003年8月18日企业改制，由淮北市政府与南京中

淮北市交通运输局连续16年开展“绿丝带爱心送考”活动，为考生保驾护航　（市交通运输局　供）

北(集团)股份有限公司共同投资，组建成立淮北中北巴士有限公司。2017年12月28日公司更名为淮北市公共交通有限公司。2021年9月10日，淮北市交通投资控股集团有限公司挂牌成立，淮北市公共交通有限公司整体划转由其经营管理。2021年9月17日，淮北市公共交通有限公司开展“倡导绿色出行、促进生态文明”主题宣传活动，推动绿色公交、平安公交、智慧公交、幸福公交建设。截至2021年底，有公交车辆267台(其中新能源车75台，新能源车占比28.09%)，公交线路22条，年度总行驶里程1449.27万千米，客运总量2474.58万人次。总营业收入2406.85万元，总营业成本8440.32万元，净利润-2664.06万元。

(邓成龙)

邮　政

【概况】 2021年，淮北市邮政管理局推进“快递进村”工程，县、镇、村三级电子商务物流配送体系完善，全市277个行政村实现全覆盖，完善县乡村三级物流体系。淮海经济区快递物流综合分拨中心建设等项目纳入《淮北市国民经济和社会发展第十四个五年规划和2035年远景目标纲要》《淮北市交通强国建设试点实施方案》《淮北市“十四五”交通运输业发展规划》。推动落实财政事权划分改革工作。截至年底，全市邮政营业网点56个，机要通信网点2个，邮乐购(便民服务)站点602个，信箱(筒)58处。有快递品牌13个，邮政快递企业19家，各类邮政快递运营车辆1089辆，从业人员3000余人。全市邮政业务总量实现7.38亿元，同比增幅35.54%，居全省第3位；快递业务量完成4317.71万件，同比增长55.05%，居全省第5位。全年报刊流转额2491万元，其中党报党刊926万元。县以上城市党政机关《人民日报》《安徽日报》当日见报率均达100%。

【快递网点网络建设】 2021年，全市有快递企业18家(含EMS)，许可快递分支机构49个，备案末端网点300个。有邮政快递物流园区3处，分别是：凤凰山电商快递物流园，坐落在相山区食品工业园区内，入驻企业8家；勿相忘电商快递产业园区，坐落在濉溪县濉芜产业园区内，入驻快递企业3家；传化物流园，坐落在烈山区传化公路港内，入驻快递企业2家。在建1处，申通快递智慧物流园，坐落在烈山经济开发区。共有快递处理场地12处，智能快件箱14组，干线车辆95辆，城市末端公共服务站79个。有县级邮政快递电商物流配送中心1个、乡镇分中心7个、村级配送服务点215个。高校快递服务全覆盖，邮政快递企业入驻淮北师范大学、淮北职业技术学院、淮北理工学院、安徽矿业职业技术学院4所高校。

【快递行业管理】 2021年，淮北市邮政管理局精简许可申请材料，严格审批工作时限。实现分支机构设立申请及备案网上办理，严把准入关口，对所有新设分支机构坚持做到100%现场核查。全年完成快递业务经营许可有效期延续企业1家，完成快递业务经营许可新增企业2家。制定《全市快递市场秩序整顿专项行动工作方案》，开展各类执法检查147次，出检49天，出检301人次，发现安全隐患26处，责令整改15起，立案查处8起。及时更新行业安全生产监管、企业及分支机构名录、邮政业荣誉等信用信息，引导和推动快递企业建立健全内部信用管控体制。

【快递行业安全监管】 2021年，淮北市邮政管理局与企业签订安全生产责任书，落实好“三项制度”(收寄验视、实名收寄、过机安检)。通过实时监控、系统通报、专项检查、约谈等多种方式，实名率始终位居全省前列。推进行业安全监管“绿盾”工程建设，首批4家企业13个摄像头接入视频巡查监管系统，在线率100%；安检机联网工程首批接入2家企业，开机率100%。实施“1+11+N”(“1”即1个总体实施方案；“11”即按照国家要求开展的11个专项实施方案；“N”即根据安徽省实际在特种设备等11个重点行业领域增加的专项实施方案）专项行动，开展违法寄递危险化学品、涉枪涉爆隐患专项整治。督促企业严格执行安全生产相关标准，对全市所有寄递企业处理场所人车分流、堵缝两项重点工作进行检查。按时召开季度邮政快递业安全生产会，联合开展“两会”、庆祝中国共产党成立100周年大会、中共十九届六中全会等重大活动期间寄递渠道安保专项检查，查堵禁寄物品流入寄递渠道。完善邮政快递烟草联合打假机制，常态化开展执法检查。配合对全市邮政快递三轮车上牌达95%，实现行业揽投车辆文明规范通行。建立健全安全监管常态机制，建立问题、责任、整改“三个清单”，确保整改措施、责任、资金、时间和预案“五落实”。全面落实《疫情防控期间邮政快递业生产操作规范建议（第七版）》要求。强化国际进口邮件快件疫情管控，督促企业做好消毒处置工作，落实好相关人员定期免费进行核酸检测。推动从业人员及相关人员疫苗接种工作，截至年底，接种率分别为98.67%、99.66%。

【中国邮政集团有限公司淮北市分公司】 2021年，公司邮政业务收入突破3亿元，完成计划的101.69%，排名全省第5位；收入规模位居全省第15位，收入增长率为11.87%，居全省第4位。全省网点神秘客检查，居全省第1位；全年客户满意度居全省第1位。淮北邮政机要工作实现连续31年通信质量全红。抓住“惠农合作”项目，做好“抗疫消费扶贫”工作，运作“黑糯玉米”和“本地鸡蛋”两个万单农产品项目。推进“快递进村”，全市邮快合作建制村覆盖率91.70%。组织交邮合作，携手濉溪县交通运输局、濉溪恒瑞电动公交有限公司，推进“交通一体化示范县”项目落地，完成10个镇级交通运输站快递代投基础设施布放。主动贴合地方发展特色，助力第三产业发展。突出绿色邮政渠道优势，带动金融、电商、文传业务统筹发展，做亮红色乡村主题旅游产业。融入老城石板街改造，打造石板街主题邮局。围绕建党一百周年主题活动，主推“历历在幕”笔记本、在线理论学习社学习卡等集团公司文创产品。

【中国邮政速递物流淮北市分公司】 2021年，公司寄递业务收入6752万元，居全省第3位；增长率27.19%，居全省第2位。中标相山区法院综合送达项目，实现法院集约送达项目零的突破；推进电动车上牌项目，实现板块联动发展，全年电动车上牌量10.97万辆。按照“互联网+”运作模式，开发健康证寄递项目，通过“皖事通”预约健康证寄递，深化与政府部门合作。

（马　涛）

通信服务业

【中国铁塔股份有限公司淮北市分公司】 2021年，公司完成淮北市所有乡镇5G基站建设，拓展信息化应用，助推数字淮北建设。依托铁塔公司电力保障运营

淮北市首辆快递三轮车上牌　　（市邮管局　供）

经验、专业化维护能力和可视、可管、可控智能监控系统，向全市各行各业提供多元化能源服务。利用挂载监控摄像机、北斗地基增强站、地震监测、环境监测仪等多种设备，服务于公安、环保、气象、地震、农林、国土、渔政、交通、水利等各行业信息化应用。利用基站站址资源开展智慧换电业务，服务于轻型电动车使用群体，顺丰、邮政等物流电动车速度“不掉电”，为外卖骑手、快递小哥提供电池保障换电站点，解决配送续航难题，服务城市用户超过10万户。结合居民实际需求、场地条件等因素，重点考虑旧城改造区域和商圈，加快低速电动充电桩建设，累计建成充电桩端口超过15000个，解决重点区域充电难问题。（蔡　明）

【中国电信股份有限公司淮北分公司】 2021年，公司加快建设5G网络，市县主城区、主乡镇实现连续覆盖。提升千兆光网能力，全年新增千兆OBD覆盖77个重点小区，支撑千兆宽带发展。强化云改运营支撑，云网质量及数字化运营能力双提升专项行动排名全省第一。做好产业数字化能力储备，云资源池及IDC机房等保加固通过三级等保测评，具备差异化优势，本地安全资源池硬件部署完毕。通过建设政府、养老、乡村、警务、治理、园区、教育、住建、医疗、交通等“数字淮北”十大工程，加快推进“数字淮北”建设。强化触点服务规范，营业员、渠道经理、销售经理、装维经理4大触点分类管理。云网安业务实现一站式交付，工单流程由多人多点管控优化为一点管控。基础服务评价累计得分94.2分，全省排名第二。维护网信安全，建立“大安全”工作机制。加大防范通信诈骗，涉诈号码总量比上年同期下降38%。

（周允华）

中国电信淮北分公司建设5G精品网　　（电信淮北分公司　供）

【中国移动安徽公司淮北分公司】 2021年，公司完成5G无线网工程、5G三期工程、5G四期工程、5G边缘共享UPF核心网工程等，实现淮北地区乡镇以上5G网络连续覆盖及农村热点区域覆盖。完成全省第一个地市级医疗保障信息平台，为全市所有医疗机构提供统一信息化应用服务，实现全市所有医疗信息互通互联。与淮北矿业（集团）公司合作，利用5G技术高速、低时延、高密接入等业务特性，实现杨柳煤矿智慧综采应用，获评2021安徽省“5G+工业互联网”十大创新应用。推进宽带建设，实现城区全覆盖、农村大部分区域基本覆盖，加强城乡小区宽带网络覆盖。推进“提速降费”工作，开展核心层网络优化调整，完成全量100兆以下用户升级到100兆及以上提速工作（除校园、无线宽带），200兆及以上带宽占比达40.5%；融合产品最低门槛调整为69元。推出老年人优先叫号、“10086尊长专席”直接接入、孝心卡/孝心包老年人专属优惠资费、老年人智能应用辅导等适老服务举措。开展“倾听客户之声”、“客户接待日”、技能比赛及服务明星评选等活动，提升服务质量。防范电信诈骗，推进“断卡”行动，落实电话用户实名制，畅通诈骗电话举报渠道，加强防诈骗宣传和提醒，强化涉案信息查询处置，对诈骗电话进行集中打击，建立诈骗电话治理长效机

2021年，中国联通淮北市分公司实施隔离点宽带+IPTV工程

（中国联通淮北市分公司 供）

制，净化通信网络环境，维护广大市民合法权益。关停异常号码1500户，开展线上反电诈宣传257余次，覆盖用户500万人次。

（史 静）

【中国联合网络通信有限公司淮北市分公司】 2021年，公司考核口径营业利润同比增长220%。发挥“数字信息基础设施运营服务国家队、网络强国数字中国智慧社会建设主力军、数字技术融合创新排头兵”信息优势，助力淮北数字信息化发展，5G基站同比新增135%，实现城区、乡镇、开发区连续覆盖。利用监控杆微站、地下室宏站天线、楼面射灯覆盖等方式，多重提升网络质量。4G/5G质差小区比例、宽带ONU光衰合格率及OLT在服率等指标保持较好水平。依托数字融合创新技术，建立全省第一个“平台+网+X”医疗监管系统。按需建设各类云资源、及时动态扩容，为政务、交通、旅游、农业、医疗、工业互联网六大领域信息化协同发展提供技术支撑。综合评价全年总体得分全省排名第一。

（刘 虹）

【中国广电安徽网络股份有限公司淮北市分公司】 2021年，公司在加快5G网络建设的同时加快城区网络新建及改造和农村网络建设。完成全市智慧警务1300多处前端点位勘察、设计，光缆链路布放约880千米。完成相山北路淮北市公安局智慧警务机房建设。全年累计发展宽带新用户1800余户。签约淮北传媒中心“线路维护费”项目、淮海翰府智能化等建设项目、安徽省安泰科技有限公司投标的淮北智慧警务链路建设、数据传输和机房机柜设备托管项目，并完成全部项目建设，为推动“数字淮北”建设提供新型智慧融合网络。

（张淑兰）

【责任编辑 袁志毅】

财政 税务

财 政

【概况】 2021年，淮北市一般公共预算收入预计完成88.7亿元，完成预算109%，同比增长10.8%；上级转移支付收入77亿元；一般债务转贷收入16.59亿元；调入资金等49.19亿元；收入总计231.48亿元。全市一般公共预算支出预计完成190亿元，完成预算100%，同比增长3.4%；一般债务还本支出、体制上解及补充预算稳定调节基金等支出41.48亿元，支出总计231.48亿元。全市预算实现收支平衡。

【财政管理改革】 2021年，淮北市出台教育、科技、自然资源、应急、生态环境等领域财政事权和支出责任划分改革方案，明晰市县财政支出责任。制定部门预算事前绩效评估办法，实现预算绩效自评全覆盖。深化国库集中支付改革，加强直达资金跟踪督查，实施预算管理一体化系统建设。落实国有企业改革三年行动实施方案，推进市建投控股集团有限公司系列改革。

【支持经济转型升级】 2021年，淮北市落实减税降费阶段性政策，新增减税降费9.7亿元，减轻企业负担。围绕实施工业强市战略，聚焦“五群十链”，统筹资金4亿元，支持关键产业链补链强链、传统产业转型升级、重大产业项目建设、战略性新兴产业壮大、“专精特新”民营企业发展。拨付创业担保贷款贴息和奖补资金1100万元，发放创业担保贷款1.1亿元；设立续贷过桥资金1.77亿元，为120多家次中小企业提供过桥贷款8亿元，缓解中小企业融资困难。推进实施创新驱动发展战略，投入研发资金4500万元，推进企业自主创新和高新技术产业发展。

【保障重点项目建设】 2021年，淮北市统筹政府资金40.65亿元，重点支持高铁新区、东部新城创新大道、城区雨污分流工程等重点项目建设。累计拨付运营补贴资金24.13亿元，完成投资70多亿元，推进淮水北调等10个PPP项目建设和运营，其中6个项目［中湖矿山地质环境治理、省道101合相路改建及省道254古毛路（宋疃至古饶段）改建、梧桐中路建设、淮水北调淮北市配水项目、老濉河水生态环境综合整治、濉溪县农村生活垃圾治理一体化］工程建设完成转入运营阶段、4个项目（淮北市第一中学东校区建设、濉溪县乡村医养结合、濉芜现代产业园商贸基础设施建设、濉溪南部次中心起步区基础设施建设）正在施工中。

【财政监督】 2021年，淮北市财政局对10家市级预算单位13个项目和13个部门整体开展重点事前绩效评估，资金规模达36.43亿元，评减资金2965.68万元。新组建淮北市交通投资控股集团有限公司和淮北市科技产业投资发展有限公司，建成国资国企在线监管系统，组织专项审计和企业负责人经营业绩考核。办理市人大代表建议，抓好审计整改落实，向市人大常委会提交国有资产管理情况综合报告，配合推进预算联网。

税 务

【概况】 2021年，淮北市税务局组织税费收入250.45亿元，增长46.8%。其中，税收收入126.84亿元，增长12.4%；社会保险费收入67.68亿元，增长34%；非税收入52.41亿元，增长1240.3%。坚持规范执法，推行税务证明事项告知承诺制，执行首违不罚清单制度。通过网格包保、持续辅导、数据扫描，推动各项税费优惠政策落地。坚持服务升级，税收营商环境不断优化，税收营商环境7项测评指标办结率均为100%。淮北市税务局获全国“2016—2020年普法工作依法治理创建活动先进单位”称号，31人荣获“全国百佳税务所长（书记）”“安徽省五一劳动奖章”荣誉，27个集体获“全国三八红旗集体”“全国工会职工书屋示范点”等称号。

【减税降费】 2021年，淮北市税务局落实落细减税降费政策，推动研发费用加计扣除、电力保供和制造业中小微企业缓税等政策落地，全市新增减税降费超过12.67亿元，增值税留抵退税9.27亿元。全年办理出口退税6.51亿元，平均退税时间较上年缩短1个工作日。

【税收征管】 2021年，淮北市税务局贯彻落实中办、国办《关于进一步深化税收征管改革的意见》，做好深化税收征管改革，推进智慧税务信息化建设进程，“一户式”2.0系统、社保费征管信息系统（标准版）上线。全域实现不动产登记办税一体化及网上办税。电子专票开票占比位居全省前列。加强税费种精细管理，完成18个土地增值税清算项目，做好财产行为税合并申报和增值税、消费税与附加税费申报表整合工作，完成土地闲置费等6项非税收入职能划转，完成企业和个人所得税汇算清缴工作。

【纳税服务】 2021年，淮北市税务局拓展“非接触式”办税缴费，创新打造“线上+线下+自助”智慧导税链。办税服务质效综合排名、税收营商环境7项测评指标办结率均居全省前列。开展便民办税春风行动、社会满意度大提升行动，细化推出11类35项121条便民办税举措。全年包保走访纳税人3万余户，帮助解决问题2500余个。开展“春雨润苗”专项行动，利用银税互动，为478户纳税人提供银税互动贷款5.97亿元。

【税务稽查】 2021年，淮北市税务局建立“两级分析、分类应对、扎口管理、各有侧重”风险管理模式，全年推送实时风险监控任务14批次涉及95户，查补税款711.7万元。将16户走逃失联企业录入惩戒“黑名单”。建立税务、公安、海关、人民银行4个部门联合打击虚开骗税合作机制，利用“大数据”打击税收违法行为，全年立案检查134户，查补收入5058.71万元。

（张诗瑶）

2021年4月17日，国家税务总局淮北市相山区税务局在淮北食品工业博览会上开展依法诚信纳税倡议书签名活动　（邱炜炜　摄）

民生保障

【概况】 2021年，淮北市集中财力保重点惠民生，全年财政民生支出161.5亿元，占一般公共预算支出85%，重点投入33项民生工程资金43.9亿元。拨付环保专项资金1.09亿元，促进生态环境持续改善。

【教育保障】 2021年，淮北市新建扩建幼儿园10所，维修改造农村地区义务教育学校校舍11.6万平方米。落实“两免一补”（指对农村义务教育阶段中家庭经济困难学生实行免除教科书费、免杂费和补助寄宿生生活费）政策，惠及学生24万人，补助家庭经济困难学生1.9万人次；落实教育“双减”（减少校内作业、减少校外补课）财政扶持政策。支持淮北理工学院、淮北卫校、淮北市一中新校区建设。

淮北市财政支持淮北一中新校区建设　（市史志室　供）

【支持社会保障和就业】 2021年，淮北市实现新增城镇就业3.8万人，居民基本养老保险基础养老金最低标准提高到110元。推进健康淮北建设，统筹疫情防控资金3.45亿元，重点用于设备和防控物资购置、疫苗接种等，完成新冠病毒疫苗接种372万剂次。助力城乡基础设施建设，实施老旧小区改造项目77个，改造棚户区3918户。

【支持实施乡村振兴战略】 2021年，淮北市投入资金2.4亿多元，优先保障农村贫困人口“两不愁三保障”（不愁吃、不愁穿，保障其义务教育、基本医疗和住房安全）成果和美丽乡村建设；通过“一卡通”发放惠农资金7.5亿元，拨付政策性农业保险保费补贴资金0.8亿元，为32万户次提供19亿元风险保障；统筹各级财政资金5亿元，建设高标准农田22.5万亩。市级投入1000万元，扶持村级集体经济发展，年收入50万元村有65个。

（郭建平）

【责任编辑　袁志毅】

金 融

金融运行

【概况】 2021年，中国人民银行淮北中心支行（以下简称“市中心支行”）坚持“稳”字当头，保持货币政策落实的连续性、稳定性和可持续性。推动地方政府出台企业直接融资奖励办法，全市发行人民银行管理债券77.5亿元，其中非金融企业债务融资工具70亿元。设立金融支持党建引领信用村建设再贷款专用额度，引导法人金融机构为试点地区提供优惠信贷资金2.46亿元，累计办理绿色票据再贴现2.17亿元，截至12月末，全市银行业金融机构累计运用再贷款再贴现资金36.12亿元。实施房地产金融宏观审慎管理制度，促进房地产市场发展。与有关单位联合召开法人机构房地产贷款集中度管理座谈会，建立月度监测、季度评估制度。对房地产贷款增速过快的法人机构进行工作提示和约见谈话，推动超限机构按时完成压降序时进度。

【存款与贷款】 2021年12月末，淮北市本外币各项存款余额为1799.14亿元，比年初增长123.23亿元，增幅为7.35%；全市住户存款余额1099.29亿元，比年初增长103.13亿元，增幅为10.35%；全市非金融企业存款余额382.45亿元，比年初增长6.06亿元，增幅为1.61%；全市财政性存款余额20.97亿元，比年初减少5.77亿元，降幅为21.59%；机关团体存款为294.36亿元，比年初增加18.70亿元，增幅为6.79%；淮北市本外币各项贷款余额为1419.81亿元，比年初增长141.20亿元，增幅为11.04%；全市住户贷款余额为440.73亿元，比年初增长85.56亿元，增幅为24.09%；全市企（事）业单位贷款余额为979.05亿元，比年初增长55.63亿元，增幅为6.02%。

【货币政策落实】 2021年，市中心支行支持法人机构办理普惠小微企业贷款本金延期85234万元，支持发放信用贷款55835.06万元。设计开展金融“牵手助力”中小微企业和个体工商户专项行动，全市小微企业贷款同比增长16.99%，高于全部贷款增速5.95个百分点；开展“千名行长进万企”活动，累计为349家普惠小微企业发放贷款9.38亿元。推进金融支持巩固脱贫攻坚成果与乡村振兴衔接工作，会同银保监部门开展法人银行机构金融支持乡村振兴考核评估，截至12月末，全市累计发放脱贫人口小额信贷1581户，金额7640.64万元。加入淮北市碳达峰碳中和工作小组及碳排放统计核算工作组，摸排并向上推荐符合条件的碳减排贷款和项目储备，全省首笔3000万元碳排放权抵押贷款在淮北市落地，年末淮北市绿色贷款余额73.98亿元，同比增长30.3%。落实利率市场化改革措施，降低小微企业融资成本。推动法人金融机构完善内部资金转移定价机制，释放LPR改革潜力，引导贷款利率合理下行，1—12月全市小微企业贷款加权平均利率较上年同期下降0.25个百分点，减少企业利息支出约0.64亿元。

【金融稳定措施】 2021年，市中心支行联合市地方金融监管局、市市场监管局对融资担保公司和小额贷款公司进行现场检查，协同推进类金融机构风险防控。针对法人机构重大投资风险和重大信用风险，联合市银保监分局采取约见谈话等措施。金融风险总体可控，全市银行业金融机构不良贷款率处于全省较低水平。创建全省首家乡镇存款保险宣传示范点，构建金融机构与村社结对宣传机制，组建三级存款保险宣讲队伍。

【货币流通】 2021年，市中心支行建立硬币按月回笼及硬币自循环余缺调剂机制，累计为濉溪县恒瑞公交公司解决460余万元硬币积压难题及日常兑换问题。创新开展“现金服务大走访”“我为现金服务献一策”活动，摸排城乡现金需求并对症下药，强化现金服务和管理。举办全市银行业金融机构人民币管理知识竞赛。学习落实新修订的《中国人民银行人民币发行库管理办法》，强化发行库安全管理。

【外汇管理】 2021年，市中心支行引导银行及企业落实“风险中性”理念，套期保值率位居全省前列。提高行政许可办理效率。支持企业境外融资，完成3亿美元外债登记工作。对银行落实便利化政策情况进行暗访，暗访覆盖面达80%以上。对65户重点外贸企业贸易信贷报告情况进行非现场核查，对2家银行进行现场核查。提高行政许可办理效率，做到网上申请业务100%在分办当天办结，现场办理业务100%当场办结，贸易信贷业务报告网上办理率达到100%。

【支付结算管理】 2021年，市中心支行自主开发银行账户监测系统，开展涉案银行账户排查，可实现按天对新开销户信息进行自动筛选。优化企业账户服务，推动金融机构加入政府“一网通办”平台，减免账户管理等费用约600万元。举办“支付为民　毅行老区”推进会，濉溪县“云闪付”App交易量和月均活跃用户量在全省县域中分别排名第一和第二，淮北市“云闪付”App渗透率在全省排名前列。推进支付服务适老化建设，全市所有银行网点均设立适老化服务便捷窗口，其中授牌10个网点。

【国库管理】 2021年，市中心支行及时准确办理国库各项收支业务，完成全市个人所得税汇算清缴退税工作，做好财政直达资金拨付和监督工作。创新建立“送国债下乡示范点”，开展逾期凭证式国债催兑工作，保持国库资金运行分析高水准。研发安徽省重点企业信息监测工具并在7个地市试用，修改完善国库月报制作程序并协助上级行编制月报。创新开展“现场巡查+非现场检查”工作方式，提高国债巡查覆盖面，全市共销售储蓄国债6.60亿元。

【反洗钱管理】 2021年，市中心支行会同市公安局制定《涉案资金核查和打击上游犯罪活动合作方案》，联合市纪委监委、公检法等部门建立反洗钱协作机制，推动淮北市首例洗钱罪落地宣判。自主整理全省洗钱风险提示并编制成册，加强对金融机构工作指导和提示。开展异常交

6月22日，2021年度“美好安徽智汇行”淮北市项目签约仪式举行

（黄鹤鸣　摄）

易客户等3项异常情况排查，发现高风险属性客户7000余户。研发“银行天眼”资金分析系统。开展常态化反洗钱宣传，开展集中宣传近40次，受众近30万人次。

【金融风险防控】 2021年，市中心支行强化协调疏通金融风险堵点，强化金融司法合作，联合金融法庭推出《金融借贷风险防范50条》。完成对法人机构的偿付风险和流动性风险评估，下发2份风险提示函。针对法人机构重大投资风险和重大信用风险，联合市银保监分局采取约见谈话等风险警示措施3次。

【金融消费者权益保护】 2021年，市中心支行创新金融知识教育形式及机制，与淮北理工学院签署《金融素养提升工程合作备忘录》。与有关部门联合印发《关于推进淮北市金融纠纷多元化解机制建设的意见》，建立调解员选任机制并组建调解员队伍。

（王　佳）

地方金融监管

【概况】 2021年，淮北市有银行业金融机构13家、财务公司1家、保险机构30家、证券机构4家、区域性金融服务平台1家、融资担保机构9家、小额贷款公司17家、典当行11家。截至年底，全市各项贷款余额1419.81亿元，较年初增加141.20亿元；存量存贷比78.92%，较年初上升2.63个百分点；实现直接融资177.66亿元。制定淮北市百家资本市场业务培训专项行动方案，全面开展“线上+线下”多层次资本市场业务培训工作，提升企业和各级领导干部利用资本市场的意识和能力。全年举办11场资本市场业务培训，共计334家企业、872人参加培训。

【深化金融创新】 2021年，淮北市地方金融监管局通过整合数据、技术、金融服务等资源，建设淮北市综合金融服务平台，打造线上银企对接通道，提升中小微企业金融服务可得性。13家金融机构入驻平台，提供76个信易贷产品，实现线上授信9680.10万元。搭建税融通合作平台，加快推进税融通业务。12月末，全市税融通贷款余额15.62亿元，全年累计发放贷款24.90亿元，缓解中小企业抵押物不足问题。对接省信用担保、普惠担保、科技担保、农业担保等机构，借助省级资源优势，推进银担总对总批量担保、劝耕贷、园区贷、科技担保等创新业务，发挥融资担保作用和银行体系优势。年末新型政银担在保余额57.86亿元，全年累计担保28.20亿元。推进党建引领信用村，建成党建引领信用村市级服务平台，完成新一轮信用评级，杜集区35个村全部获评“信用村”，22231户农户获评“信用户”。金融机构累计对选点地区授信3.57亿元，发放贷款1.99亿元。在全省率先开展活体质押贷款，濉溪农商行通过肉牛活体质押为安徽木兰农牧科技有限公司贷款1500万元；淮北矿业集团财务公司向淮北涣城发电有限公司发放首笔3000万元碳排放配额质押贷款；交行淮北分行通过“科技E贷”为科技型企业提供线上授信2000万元。

【融资规模】 2021年，淮北市累计实现直接融资177.66亿元；淮北绿金产业投资股份有限公司向香港联交所递交审核材料，推进上市工作；9家完成股份制改造并在省区域性股权交易市场挂牌。市政府出台《促进企业上市（挂牌）及直接融资若干政策》，鼓励优质企业利用资本市场加快发展。摸排市优质企业，分层次建立健全上市（挂牌）后备资源库。市地方金融监管局赴县区、园区专题走访10余次，走访企业30余家，梳理筛选出行业潜在竞争力较强的淮北绿金产业投资股份有限公司、淮北润岳科技有限公司等多家企业作为重点推进项目，并依次培育。

【防范化解金融风险】 2021年，淮北市地方金融监管局发挥大数据监测预警系统作用，将“套路贷”、非法集资等非法金融活动线索排查纳入网格管理，构建线上线下全方位监测预警体系。根据大数据监测及日常排查情况，全年发布风险预警14次。组织开展防范非法集资宣传进社区、进农村等“七进”等活动131场次。全年新发涉嫌非法集资案件1起，为全省最低。制定《全市政府性融资担保机构追偿挽损专项行动实施方案》，会同相关部门，开展全市范围内政府性融资担保机构追偿挽损工作，跟踪调度淮北市同创融资担保集团有限公司，各县区及时报送风险项目台账、追偿挽损实施方案、风险等级分类。依据《淮北市支持金融机构抵债资产处置实施方案》，落实财政奖励，鼓励银行、担保机构处置抵债资产。联合相关部门对地方金融组织实施现场检查抽查，1家融资担保公司退出融资担保行业、4家小额贷款公司被取消试点经营资格、1家典当行退出典当行业、1家融资租赁分公司正在申请注销。对全市348家财富投资类公司进行摸底排查，其中有11家列入经营异常名录，切实防范行业风险。

（华　寒）

银　行

【中国农业发展银行淮北分行】 截至2021年年底，全行各项贷款余额200.24亿元，较年初净增9.67亿元，增幅5.07%，贷款规模居全市14家银行机构第二位。累计投放各类贷款51.16亿元，同比多放11.37亿元，增幅28.58%。年末小微企业贷款余额和当年增量、年末涉农贷款余额均排全市银行机构第一位。年末对公存款余额39.04亿元，较年初净增7.08亿元，增幅22.15%；日均对公存款余额45.5亿元，较年初增长13.54亿元，增幅42.37%。实现账面利润2.13亿元，增幅74.83%；实现FTP利润2.19亿元，不良贷款持续为零。

2021年7月15日，农发行淮北市分行与交行淮北分行签署服务乡村振兴全面合作协议　（李园　摄）

做好中央和地方粮棉油储备、增储、轮换等资金供应，依托地方国有粮食企业、优质民营企业拓展市场化粮油业务，引导合作社、家庭农场与龙头企业合作对接；在国家执行粮食去库存政策背景下，全年投放粮棉油各类贷款10.55亿元，其中储备及轮换贷款3.99亿元，市场化粮棉油贷款6.56亿元，实现收购粮食4.99亿公斤；夏粮收购期间共投放粮棉油贷款6.95亿元，秋粮收购期间共投放粮棉油贷款1.95亿元。支持乡村振兴建设，全年累计投放中长期项目贷款39.09亿元，支农中长期贷款余额154.32亿元。聚焦城市发展，投放25.77亿元棚改贷款；聚焦美丽乡村建设，为临涣煤化工基地累计提供资金支持3.46亿元；聚焦全域农村土地整治，投放贷款0.47亿元；聚焦城乡融合发展，为市人民医院（新区）提供资金支持1.23亿元，为相山区信息产业园区标准化厂房和生物孵化基地提供资金支持4亿元，为市高新区的标准化厂房提供资金支持1.6亿元；聚焦全域生态环境治理和升级，为保障200辆新能源公交车投运，给予资金支持1.46亿元，对濉溪县全域生态环保给予资金支持1亿元，对杜集区段园镇蔡王庄避险搬迁给予0.1亿元首笔支持；把帮扶贷款工作与市场化收购、小微企业等工作结合起来，共投放帮扶贷款1.97亿元，帮扶贷款余额34.77亿元。统筹做好普惠小微企业信贷业务，年末普惠小微企业贷款余额2197.85万元，普惠小微企业贷款加权平均利率3.51%，同比下降1.59个百分点，全市最低。加大对绿色经济、低碳经济、循环经济支持，推进绿色低碳业务高质量发展，至年末，绿色信贷余额35456万元，较年初增加28156万元，增速达385.7%，绿色信贷增速在全市银行业中排名第一。全年推广银联扫码收单业务5户，金额48.48万元；9月底办理安徽农发行系统首单116笔6362万元电子银行承兑汇票业务，全年办理银行承兑汇票266笔，金额16495万元；推广网银业务，累计开通有效网银客户53户，电子渠道签约客户覆盖率达到100%；支持供应链金融模式，累计为链条上客户投放贷款3.35亿元；通过信用保证基金模式，按照1∶10给予信用敞口，累计投放贷款3.49亿元，解决企业抵质押物不足问题。

（李　园）

【中国工商银行股份有限公司淮北分行】 截至2021年年底，全行各项存款余额234.55亿元，较年初增加14.17亿元；各项贷款余额123.98亿元，较年初增加14.19亿元；不良贷款率0.19%。工行淮北牡丹支行获中国银行业协会“2021年银行业营业网点文明规范服务千佳示范单位”称号。

服务地方经济发展，2021年新增制造业贷款4.36亿元，增速65.37%；新增绿色贷款5.04亿元，增速53.92%；普惠贷款增速达56.8%。推出金融服务乡村振兴行动方案，累计支持农户89户，授信2180万元，实现贷款投放1820万元；加大与养殖场、家庭农场等新型经营主体客户对接，解决农户种植、养殖、生产与经营过程中合理资金需求。推进人民满意银行建设，深化“您身边的银行”建设，在网点统一搭建“工行驿站”场景，向市民提供空调、休息座椅、饮水设施、手机充电、Wi-Fi无线上网、点验钞机、老花镜等惠民服务设施；推进网点适老化场景改造，为网点配齐专属服务区、专属座椅、轮椅、拐杖、老花镜、药箱、小推车、报纸杂志等物品；在百善镇道口行政村、高岳街道李洼村设立普惠金融服务点，推进普惠金融服务下沉乡村；深化“可信赖的银行”建设，打击“套路贷”、非法集资等涉黑涉恶行为，以“断卡”行动为重点，防范、堵截各类电信、网络等诈骗风险事件。

（密恒昕）

【中国银行股份有限公司淮北分行】 截至2021年年底，全行各项存款时点余额96.93亿元，较年初新增3.54亿元。其中个人存款时点余额56.63亿元，较上年新增2.07亿元；公司存款时点余额40.29亿元，较年初新增1.46亿元。截至12月末，本外币贷款余额88.98亿元，较年初新增5.59亿元；个人贷款余额345591.72万元，较上年增长65725.03万元，增幅23.48%，全省排名第二；住房贷款余额320504.61万元，较上年增长56288.95万元，增幅21.3%，全省排名第二；银保监普惠余额70862万元，较年初新增31038万元，增幅约78%；全年信贷计划完成率101.76%，其中对公条线新增22334万元，增幅88%，任务完成率101.52%；对私条线普惠余额年内新增8704万元，增幅约60%，任务完成率102.04%。全年银保监口径普惠户数960户，新增237户，增速32.78%；在全省普惠金融12项得分指标中，该行10项得到封顶分。为安徽力幕新材料科技有限公司实现贷款投放3000万元，为安徽美信铝业有限公司批复3000万元流动资金贷款额度。截至年末，不良贷款余额2085.24万元，较年初减少1892.94万元，降幅47.58%；不良率0.23%，较年初下降0.25个百分点。其中零售贷款不良余额1104.87万元，较年初减少1032.02万元，银行卡不良余额560.64万元，较年初减少808.49万元。关注类贷款余额35299万元，较年初增加

528.37万元，增幅1.52%，关注率3.97%，较年初下降0.2个百分点。实现表内清收3379万元，实现表外清收613万元。

（邹　丹）

【中国建设银行股份有限公司淮北分行】　截至2021年年底，全行一般性存款余额240.07亿元，新增7.26亿元。各项贷款余额160.12亿元，新增16.63亿元，增幅11.33%，高于全市平均水平。中间业务净收入1.32亿元，超额完成全年计划。资产质量主要指标均控制在综合经营计划内。加强长三角一体化对接，引导域外资金入淮，等高对接沪苏浙金融机构，为市建投集团引入建信保险资管资金7亿元，开创本地金融机构通过保险资金投资当地基础设施先河，投资认购该集团公司债、中期票据8.2亿元；协同建信金融投资助力安徽华塑股份有限公司在A股主板挂牌上市。加大重点领域信贷投放，制造业贷款余额12.68亿元，居四行（工行、农行、中行、建行）第一；民营企业贷款余额35.50亿元，新增13.54亿元，增幅61.66%；网络供应链服务客户36户，贷款余额3.32亿元。支持地方重大项目建设，为“五群十链”258家企业累计投放贷款17.39亿元；为淮北苏伊士环境服务有限公司、安徽宁亿泰科技有限公司、安徽力幕新材料科技有限公司、安徽英科医疗用品有限公司等重点“双招双引”项目提供贷款支持超15亿元；为淮北市本级及“三区一县”淮—宿—蚌铁路、长三角一体化承接产业转型示范、安徽中德产业园等12个非标专项债项目承接资金20亿元。促进复工复产，为临涣中利发电有限公司投放贷款8000万元；为安徽英科医疗用品有限公司提供国际结算服务，发放项目贷款2亿元。做实减费让利政策，为1179户小微企业（含线上快贷）延期还本累计9.93亿元，帮助小微企业纾困解难；贷款收益率下降11个BP，对于省市级政府批量合作平台、专精特新、政银担等平台类客户贷款利率最低至3.55%。做好第三代社保卡换发，在全辖网点提供社保卡一站式服务，累计发卡61285张，居全市第二。做优商户服务，服务维护高贡献商户（加权后）31890户，新拓活跃商户1436户，收单交易额93.41亿元，金融系统排名第五，计划完成率133%。做强外贸外资服务，国际结算量、结售汇量分别突破1.5亿美元和1亿美元，同比增速分别为142%和166%；跨境人民币业务量实现2.67亿元；“单一窗口共享盾”绑定客户、跨境快贷客户、跨境撮合平台活跃客户均超额完成计划。推动RPA应用，做到网点全覆盖，智慧政务STM服务客户43230户，政融支付交易额4520万元；实现烈山区“二镇一办”智慧村务平台全覆盖；为濉溪县、烈山区共6个乡镇上线总行农村三资监管平台；烈山区洪庄村全国首家实现智慧村务和政融支付融合上线，提升了乡村基层治理数字化能力；烈山区社保银社直连代收全省首家上线；“市本级+三区”不动产税费一码清线上线下并行使用；为濉溪县域26家公立幼儿园上线建融慧学，

2021年建行淮北惠黎支行联合市传媒中心利用周末网点轮休的机会，共同举办“淮北小记者”金融知识普及培训活动　（建行办公室　供）

助力学费汇缴；“政融支付”嵌入市公积金管理中心网上办事大厅，实现公积金汇缴“一网通办”。做好巩固拓展脱贫攻坚成果同乡村振兴衔接，保持涉农贷款稳定增长，“皖农产业贷”实现投放8000万元，惠及农户147户；深耕“裕农通”服务点，乡村覆盖率94%，服务点活跃率100%，新签约账户数等六项指标居系统第一；新增善融扶贫兴农交易额2018万元。

（刘　露）

【中国农业银行股份有限公司淮北分行】 截至2021年年底，全行各项存款余额206.68亿元，较年初增加8.38亿元；各项贷款余额168.07亿元，较年初净增24.66亿元，贷款增幅17.1%。涉农贷款余额净增16.4亿元，同比增多4.3亿元。实现中间业务收入0.98亿元，营业收入6.95亿元；净利润3.26亿元，同比多盈0.78亿元。制造业贷款余额12.1亿元，较年初增加5.6亿元；战略性新兴产业贷款余额6.26亿元，较年初增加3900万元。对有纳税记录的中小企业优先发放信用贷款，授信金额1000万元以下普惠型小微企业较年初增加4.8亿元，增幅82.8%，新增贷款户664户。实施《农行淮北分行金融服务乡村振兴行动计划》，与区、县人民政府签订“乡村振兴”政银战略合作协议。组建21支乡村振兴先锋队，进村入户为农户“建档立卡”，“惠农E贷”余额7.42亿元，较年初新增4.7亿元；对农户贷款执行普惠利率，惠及全市农业经营主体4400户，做到增量、扩面、让利。全年清收处置不良贷款4553万元，不良贷款余额2566万元，不良率0.16%。助力提升金融消费风险防范意识，开展送金融知识进乡村、进社区、进企业、进学校等活动56次，向市民宣传普及“扫黑除恶、非法集资、反洗钱反假币、防电信诈骗”等金融常识，堵截多起电信网络诈骗。

（闫化强）

【交通银行股份有限公司淮北分行】 截至2021年年底，全行各项存款日均余额40.60亿元，较年初增加2.29亿元，增幅5.97%。其中对公存款24.72亿元，较年初增加0.56亿元，增幅2.34%；个人存款15.89亿元，较年初增加1.72亿元，增幅12.17%。各项贷款日均余额55.17亿元，较年初增加12.98亿元，增幅30.75%。其中对公贷款34.32亿元，较年初增加6.60亿元，增幅23.82%；个人贷款20.85亿元，较年初增加6.37亿元；增幅44.02%。有机构网点2家，均为综合型网点；2家离行式自助银行；1家自助单点。贯彻落实长三角一体化建设要求，投放交行系统内首笔绿色矿山固定资产贷款4亿元。协助省分行与淮北市政府签署全面战略合作协议，联合淮北市工商联与淮北市浙江商会开展政银企对接会，联合淮北市科技局与淮北市科创企业开展政银企对接会，联合农发行淮北市分行走进杜集区城投集团对接乡村振兴金融需求，为淮北市科创企业及退役军人推出定制贷款产品“淮北市科创E贷”及“拥军贷”，利用自身产品特色解决部分小微企业融资难题，超额完成年度普惠贷款投放

2021年1月15日，淮北市人民政府与交通银行安徽省分行签署战略合作协议　（黄鹤鸣　摄）

任务。为淮北市重点企业发行20亿元3年期中期票据。联系交银集团旗下交银理财子公司、交银国际信托公司为淮北市重点市属国企在直接融资方面提供资金支持6.8亿元，降低企业融资成本，助力企业发行债务融资。截至12月末，线上抵押贷授信户数259户，较年初新增86户，贷款余额13164万元，较年初新增5218万元；推出创新金融产品"淮北市科创E贷"授信户数5户，贷款余额626.5万元；推出创新金融产品"普惠E贷3.0"，依托省行与省担保搭建"银担直联"系统，与担保公司在线传输担保资料并办理相关手续，实现担保贷款申请、审批、担保、提款全流程线上化。与淮北市大型农贸市场签订合作协议，协助推进线上"菜篮子"工程，全年补贴费用40800元。与农发行淮北市分行签订全面合作协议，加强在乡村振兴和普惠金融领域合作交流，加强对小微客户、"三农"、产业链客户、创业创新和偏远地区金融服务。全年为1户农业龙头企业授信1000万元，全部提用。支持乡村振兴产业项目建设，涉农客户线上抵押贷款余额611.1万元，涉农企业线上贷款业务余额1267.21万元。聚焦安徽省在长三角一体化中重大建设项目规划和实施进程，梳理客户清单，探索将普惠涉农小微企业法人贷款、普惠型农户经营性贷款、扶贫小额贷款、商业承兑汇票快捷贴现、快易付（快捷保理）、县域银银合作平台等纳入乡村振兴产品体系。全年县域企业开展表内表外信贷业务余额16888.66万元。

（刘　畅）

【招商银行股份有限公司淮北分行】 截至2021年年底，全行人民币各项存款时点余额26.33亿元。其中单位存款时点余额15.61亿元，储蓄存款时点余额10.72亿元。全折人民币自营贷款时点余额为19.03亿元。其中一般性对公贷款为4.21亿元，个人贷款为9.07亿元；票据融资余额5.75亿元。不良贷款余额78.79万元，不良贷款率0.04%。定期梳理账户异常线索，全年协助人行排查异常线索10685户，录入风险证件8708户，采取管控措施195户；各经营机构堵截对公违规开户96户。全年报送4篇重点可疑交易报告，共涉及3户个人客户、2户对公客户，其中1户个人账户线索移交公安，2户对公账户公安立案。全年报送风险提示5份，协助落实协查函82份、风险排查函2份、监管通知书1份。

（侯晓晨）

【徽商银行股份有限公司淮北分行】 截至2021年年底，全行资产总额300.84亿元，比年初增加2.39亿元，增幅0.8%；其中：各项贷款余额223.66亿元（含贴现），比年初增加16.89亿元，增幅8.17%，占全市贷款市场份额15.75%，占比全市排名第一；负债总额298.67亿元，比年初增加1.29亿元，增幅0.43%；各项存款在总负债中占比为97.04%，比上年末下降0.89个百分点；各项存款余额为289.83亿元，比年初下降0.25亿元，降幅0.09%，占全市存款市场份额为16.3%，占比全市排名第一；各项经营收入合计10.73亿元，其中：利息收入10.32亿元，占比为96.17%；金融机构往来利息收入0.01亿元，占比

2021年12月1日，淮北市政府与徽商银行签订政银战略合作协议
（田红　摄）

为0.09%；中间业务收入0.35亿元，占比为3.26%；全年实现经营利润2.17亿元。连续两年被安徽省人社厅授予“安徽省劳动保障诚信示范单位”称号，被省总工会、省文明办命名为“安徽省职工职业道德建设优秀单位”，获2021年度执行外汇管理规定A类银行，连续6年获中国人民银行授予的“人民币流通管理优秀单位”称号。员工赵春晖入选2021年“安徽好人榜”。

（张政权）

保　险

【中国人民财产保险股份有限公司淮北市分公司】 2021年，公司累计实现保费收入5.92亿元，其中车险业务3.14亿元，社保业务1.46亿元，商业非车险业务9781.6万元，农险业务3339.2万元。为省、市重点企业、产业园提供近100亿元保险保障。为相关科技企业提供1.9亿元新材料首批次应用风险保障、1.3亿首台（套）重大技术装备综合保险保障、272万元软件首版次质量安全责任保险保障。累计提供农险风险保障金额达6.82亿元；累计赔款2519.47万元，受益农户4819户次。为相山区490户、1207位贫困人口提供7.23亿元农业保险及人身意外伤害风险保障。承办淮北市新农合大病保险、城镇居民大病保险以及濉溪县城乡居民大病保险等社保业务，三年服务参保人数567.99万人次，累计处理报补案件39.5万余笔，报补金额3.54亿元。

（张建中）

【中国太平洋财产保险股份有限公司淮北中心支公司】 2021年，公司实现保费收入1.314亿元，支付赔款7839.8万元，缴纳地方各类税收1222.14万元，提供就业岗位267人次。为高新技术企业提供3.5亿元产品责任保险保障，为全市重点项目和企业提供超过10.09亿元的风险保障。履行反洗钱义务，开展防范非法集资、打击治理电信网络诈骗、打击保险欺诈等工作，防范金融风险，守住风险底线。融入淮北地方经济社会发展大局，服务实体经济，保障社会民生，发挥保险“经济减震器”和“社会稳定器”作用。在支持长三角一体化发展、助力脱贫攻坚、服务乡村振兴、新冠肺炎疫情防控、支持企业复工复产、抢险救援、参加社会公益等各个方面主动作为。

（李靖文）

【中国平安财产保险股份有限公司淮北中心支公司】 2021年，公司保费收入35845.86万元，增速-6.54%。其中车险保费30069.73万元，增速-10.2%；非车险保费5776.14万元，增速17.6%。理赔服务累计接报案20997笔，截至12月31日，累计完成结案20850笔，报案结案率99.3%；理赔全年赔款支出21292.87万元，同比增长21.67%，其中车险赔款20030.31万元，非车险赔款1262万元。超50万元大额车险理赔案件32笔，合计赔款2365万元，均为车险三者人员伤亡案件。财产险5万元以上大额案件22笔，赔款金额共640.55万元。整体1万元以下案件结案时效10.5天（含人伤），投诉量同比下降超过50%。累计缴纳各类税款4052.83万元。参与银企对接活动15场次，其中线上对接活动12场，线下对接活动3场，签约企业户数26户。保险保障金额26.66亿余元，其中高新技术企业保障金额11.10亿余元。拓展社会责任险领域，共为500余家企业单位提供风险保障10.89亿元。

（况作恒）

【都邦财产保险股份有限公司淮北中心支公司】 2021年，公司完成保费收入1589.01万元，保费同比增长4.05%，连续11年实现承保盈利。全年缴纳各项税金84.86万元，累计支付保险赔款640.97万元。优化流程，从售前、售中到售后各个环节，了解和满足客户需求，为客户提供诚信规范、专业精细、优质高效服务。

（胡培培）

【国元农业保险股份有限公司淮北中心支公司】 2021年，公司实现保费收入13000.9万元，累计赔付12246.08万元。坚持“一主（农险）引领，两翼（商业险、健康险）驱动”推动业务高质量发展。全年主要大宗作物承保面积370.4万亩，同比增长4.6%，巩固小麦、玉米种植“基本险+大灾险+商业险”三级保障体系。秋季作物因受台风“烟花”过境及多轮降水等因素影响，农作物相继遭受涝灾、病害，部分田块受灾较重，公司利用农险移动App、卫星遥感技术和地理信息系统等高科技手段，科学查勘、合理定损、及时赔款。克服特色农险招标经办限制，开发适合当地种养殖生产需要的保险产品，满足新型农业经营主体对特色种养殖保险产品需求，先后承保露地蔬菜、菊花、白芍、淡水养鱼等特色农产品保险1500亩，累计向规模经营主体支付理赔款39.21万元。开办“国元护林保”业务，为淮北市“名木古树”上保险，提供116万元风险保障。支持濉溪县重点农业产业高油酸花生项目发展，公司与安徽中园科技有限公司、濉溪农商行、百善工业产业园签订四方合作协议，创新开发高油酸花生完全成本保险，为15户种植户、4647亩高油酸花生撑起“保护伞”，提供种植风险保障464.7万元。灾后赔付47.04万元，简单赔付率198%。深化车商合作，参与政府和企业保险招标，加强与市、县、开发区企业合作，办理政府和企业团意险业务，逐步拓展客车及非车险新保业务。全年累计完成非营运客车843万元，同比增加60.57%；非车险198万元，累计同比增加205%。公司取得淮北市城镇职工和城乡居民意外伤害保险经办权，与淮北市人民医院和矿工总医院两家医院签订病案评审合作协议，成立17名集骨科、脑科、普外科等科室医师组成的淮北市意外伤害病历评审专家库。为濉溪县1.3万户脱贫户、重点监测户提供“特色种养殖+健康保险+意外伤害保险”等一揽子保险，构建淮北市“3+N”综合保障保险体系，衔接乡村振兴，助力“三农”经济共同发展。

（李　伟）

【中国人寿财产保险股份有限公司淮北市中心支公司】 2021年，公司总保费收入8.12亿元，为参保单位和参保市民弥补经济损失3.68亿元，交纳各类税费0.88亿元，提供就业岗位180人次。支持战略新兴产业、科技产业、制造业发展。全年为1450家企业单位承保财产综合险、财产一切险、机器损坏保险等54个险种，保费2160.07万元。依照淮北市“五群十链”企业名单，承保名单中企业145家，保额59.4亿元。农业保险累计保费收入353.6万元，共为3367户农民提供风险保障6655.6万元。在淮北市建成三农保险服务站22个，全市涉农乡镇（街道）实现100%覆盖；三农保险服务点277个，全市涉农行政村（社区）覆盖率91.72%；警保联动交通管理站1个、交通劝导站4个，基本实现农村保险市场全地域一站式全覆盖。与烈山区宋疃镇和村社区居民委员会签订“淮北市金融服务乡村振兴示范点支部共建协议书”。

（魏晨清）

【中国平安人寿保险股份有限公司淮北中心支公司】 2021年，公司实现规模保费76448.72万元，承保利润1431.04万元。推出“智慧客服”项目，通过远程视频办理业务，改善传统受理模式，解决客户因路途遥远、身体不便、无法亲临办理难题。针对社会普遍反映“理赔难”“理赔慢”问题，依托安E赔为基础，推动理赔服务创新举措——“闪赔”服务，从上传资料到结案通知仅用时30分钟。在业内首推重疾先赔服务举措（40种重大疾病可申请重疾先赔）。针对累计重疾险保额最高不超过50万元且重疾险保单生效或最后复效满两年客户，客户在出险后3日内报案的，主动提供上门服务，协助客户申请重疾理赔，并在第一时间受理、审核并结案。

（孙彬彬）

【中国太平洋人寿保险股份有限公司淮北中心支公司】 2021年，公司实现规模保费13138.32万元，同比增长6.6%；原保险保费12418.14万元，同比增长7.24%；赔付支出（包含医保合作项目）7229.98万元，同比上升1500.79%。扩大商业保险范围，商业保险服务延伸至社会保障难以覆盖的区域及人群，为广大市民提供医疗、养老等保障服务。承办保单质押借款业务，向客户提供贷款。9月14日，“金融知识普及月”宣传活动进入淮北市第二实验小学校，通过悬挂条幅、发放反洗钱、防范非法集资、打击非法放贷、扫黑除恶等宣传彩页、发放太保蓝本宣传小扇子的方式，普及金融安全知识，倡导科学理性消费理念。

（周　涛）

【新华人寿保险股份有限公司淮北中心支公司】 该公司以下简称“新华保险淮北中支”，截至2021年末，公司累计实现规模保费收入20522.95万元，同比增长54.8%；原保险保费20522.95万元；承保利润119.10万元；赔付支出569.82万元，同比增长-10.87%；给付支出4287.85万元，同比增长45.63%。截至年末，交保单保费5万元以上88件，合计保费594.36万元；趸交保单保费10万元总计415件，保费9798.61万元。理赔金额1万元以上（10万以下）总计86件，赔偿金额239.74万元；理赔金额10万元以上（20万以下）11件，赔偿金额139.55万元；理赔金额20万元以上4件，赔偿金额100.35万元。制定“银发驿站，智慧相伴”柜面窗口智能服务专项关爱活动细化实施方案，聚焦老年人在运用智能技术中的现实困难与实际需求，推出“保险服务便利站”“智能服务科普站”“生活服务助力站”三类18项服务。连续5年向淮北市2000余名城区环卫工人赠送2亿元保额意外伤害保险。（张　鹤）

2021年淮北市保费收入情况一览表

表23　　单位：万元

项目	本年累计	同比
原保险保费收入	429607.26	6.02%
财产险业务	154040.51	-0.54%
其中：机动车辆保险	97667.87	-11.17%
企业财产保险	2683.62	14.53%
家庭财产保险	685.69	-32.24%
工程保险	589.22	62.13%
责任保险	10594.73	46.43%
信用保险	0.00	-100.00%
保证保险	845.17	28.10%
船舶保险	187.41	127.42%
货物运输保险	2063.30	43.72%
意外险	6250.62	34.18%
健康险	21995.52	19.42%
农业保险	10274.36	27.42%
人身险业务	275566.75	10.07%
其中：寿险业务	222311.43	13.12%

续表23

项目	本年累计	同比
健康险业务	49655.89	0.08%
意外险业务	3599.43	-14.47%

2021年淮北市部分人身险公司主要指标一览表

表24　　单位：万元

公司名称	原保险保费收入累计（万元）	同比增长	市场份额	赔付支出（万元）	同比增长	满期给付（万元）	同比增长
中国人寿淮北分公司	60160.21	-7.41%	21.83%	17798.03	21.27%	11884.5	25.14%
平安人寿淮北市中支	59005.9	-4.56%	21.41%	11026.34	22.49%	3719.25	16.82%
新华人寿淮北市中支	20522.95	54.80%	7.45%	2512.44	29.70%	1569.72	69.13%
太平人寿淮北市中支	15293.75	-5.22%	5.55%	1703.54	-16.70%	70.48	-78.29%
太平洋人寿淮北市中支	12418.14	7.31%	4.51%	8981.64	323.47%	875.05	-9.06%
泰康人寿淮北市中支	11133.93	-4.11%	4.04%	4351.26	22.59%	2875.84	23.86%

2021年淮北市部分财产险公司主要指标一览表

表25　　单位：万元

公司名称	原保险保费收入累计值（万元）	同比增长	市场份额	同期市场份额	同比变动	赔付支出（万元）	同比增长
人保财险淮北市分公司	59163.86	3.93%	38.41%	36.76%	1.65%	41099.41	25.54%
平安产险淮北市中支	35845.86	-6.54%	23.27%	24.76%	-1.49%	21292.87	21.67%
太平洋产险淮北市中支	13138.2	0.52%	8.53%	8.44%	0.09%	7839.8	-0.63%
国寿财险淮北市中支	12613.62	-3.18%	8.19%	8.41%	-0.22%	7167.32	17.32%
国元农业淮北市中支	13000.9	-0.14%	8.44%	8.41%	0.03%	14128.7	1.07%
太平产险淮北市中支	3815.81	-6.25%	2.48%	2.63%	-0.15%	2021.91	42.66%

银行保险业监管

【概况】 2021年，淮北市银行业存款、贷款余额分别为1780.12亿元、1419.02亿元，分别较年初增加131.04亿元、141.98亿元，增幅分别为7.95%、11.12%。新增存贷比108.35%，居全省第9位。12月末，淮北市原保险保费收入42.96亿元，同比增长6.02%，保费规模居全省第13位。财险公司保费收入15.4亿元，其中农业保险收入0.81亿元，人身险公司保费收入27.56亿元。保险业累计赔付支出16.93亿元，同比上升32.94%；财险公司赔付支出10.21亿元，人身险公司赔付支出6.72亿元。

【金融服务】 2021年，中国银行保险监督管理委员会淮北监管分局（以下简称“淮北分局”）开展金融支持种业调研，服务煤电企业合理融资需求，排查影响商品市场正常秩序不当做法和异常交易。建立政银保担企月度对接机制，举办金融支持县域经济、战略性新兴产业等专题对接会，对接企业76家、金额51.4亿元。助力小微企业发展，截至12月底，普惠型小微企业贷款完成年度计划113.83%，增速高于各项贷款增速16.43个百分点；小微企业信用贷款、中长期贷款占比分别较年初上升1.66和2.93个百分点；持续推进减费让利，普惠型小微企业贷款平均利率5.37%，较年初下降0.52个百分点。牵头印发淮北银行业“提标、收敛、补短”助力经济高质量发展专项行动方案。

【防范化解金融风险】 2021年，淮北分局领导班子成员分别带队对“机构、区域、问题、风险”进行专项全覆盖督查，发现问题136个，整改121个，整改率88.97%。加大违规行政处罚力度，全年对9家机构发出行政处罚决定书19份，警告10人次，罚款238万元，银行机构处罚覆盖率达42.86%。印发《进一步推进不良资产处置工作的通知》，召开推进会，逐家制定处置目标。开展不良贷款处置合规性督查，辖内银行金融机构信贷资产质量位居全省第三。

【支持地方经济发展】 2021年，淮北分局制定推动银行业保险业支持科技创新和战略性新兴产业发展实施方案，细化金融支持长三角一体化发展监测评价办法，指导市银行业协会成立长三角一体化专委会，推动淮北农商行开展科技支行试点。发展科技保险，提供相关风险保障6.86亿元。开展“两新企业”（科技创新型企业、战略性新兴产业）融资帮扶活动，加大对特色产业集群支持力度，做好皖北承接产业转移集聚区金融服务，承办全省皖北地区金融服务座谈会。组织召开淮北市“五群十链”暨绿色项目专项政银保担企对接会，12月底，战略性新兴企业和科技创新型企业贷款增幅分别高于各项贷款增速32.14和9.75个百分点，制造业贷款增速高于各项贷款平均增速6.25个百分点。联合市农村农业局开展服务乡村振兴示范点创建工作，加大农业保险服务力度，全年为33.57万户农户提供风险保障20.49亿元，保障金额同比增长32.29%。12月底，涉农中长期贷款较年初增加47.75亿元，增幅16.54%，占比较年初上升4.78个百分点。普惠型涉农贷款较年初增加12.65亿元，增幅24.96%，高于各项贷款增速13.84个百分点。绿色信贷较年初增加11.04亿元，增幅18.69%。

2021年10月25日，淮北同理银行保险消保中心挂牌成立
（苏鑫　摄）

【保护金融消费者】 2021年，淮北分局推动全市商业保险“一站式理赔直付”建设，在市人民医院设立“一平方”商保理赔直付窗口。通过走访、座谈、下发提示等方式，防范交通安全统筹互助等“类保险”业务风险。指导财险公司做好货运车辆、特种车辆交强险承保工作，推动营运车辆商业保险应保尽保。成立全省首个民办消保中心——淮北市同理银行业保险业消费者权益保护中心，完善“投诉+调解+裁决”一站式金融纠纷多元化解工作机制，被《安徽日报》报道。全年线上派驻金融法庭调解员

调解投诉事项249件，调解成功184件，成功率73.9%。

【保险业执法检查】 2021年，淮北分局严厉打击违法违规行为，对保险机构虚列费用、销售误导等行为共做出行政处罚决定3件，处罚保险机构3家次，罚款68万元，处罚责任人员5人，罚款5万元。快速处理保险机构信访举报58件，召开专题会议2次，约谈高管层4次，责令机构内部问责、诫勉谈话3人，批评教育3人，对11人进行品质扣分、罚款18600元，经济处罚17人、金额16200元。重点加强车险市场和人身险业务非现场监测，发现苗头性问题及时进行约谈或下发风险提示，全年累计召开约谈会、专题会6次，下发风险提示书11份。

【保险业风险防控】 2021年，淮北分局印发《关于进一步做好保险行业消费者投诉处理工作的通知》，指导市保协制定保险销售宣传行为负面清单，列举保险消费者不当引导等16个方面69项负面案例，对35名存在内部及行政处分的保险从业人员纳入不良信息记录。会同市保协建立车险监测预警指标，分类设定市场增速限制，实行“双线监控”，督促财险公司强化手续费真实性，辖内车险费用率同比下降12.19个百分点。加强保险机构高管人员履职回避监管，印发专项通知部署履职回避工作，向3家机构省分公司发函提示风险，建立保险机构高管人员履职回避台账，10家保险机构负责人完成履职回避。做好2家保险机构接托管工作，及时掌握公司舆情、人员异动等风险情况。

（苏　鑫）

证　券

【证券交易】 2021年，淮北市证券机构末证券账户（沪深合计）数量18.14万户。累计证券代理交易额2002.07亿元，实现营业收入0.67亿元、各种税收0.82亿元。

【上市企业】 截至2021年年底，淮北市累计上市企业4家、新三板挂牌企业5家、280家企业在省区域股权市场挂牌；新增省区域股权市场挂牌企业43家，其中完成股改企业9家。

（华　寒）

2021年淮北市证券公司主要业务指标一览表

表26　　单位：万元、人

项目 机构名称	资产总额	负债总额	全年证券交易金额	账户数量	全年营业收入	全年累计上缴税金	从业人数
华安证券	31743.66	30244.04	7414376.39	52866	2686.23	206.22	25
国元证券	28641.53	28041.53	5581616.41	51159	2244.43	458.19	26
海通证券	24589.85	23052.17	6452646.49	69758	1632.29	7478.97	30
中金财富证券	1204.66	1204.66	572018.64	7621	148.77	8.19	5
全市合计	86179.70	82542.40	20020657.93	181404	6711.72	8151.57	86

2021年淮北市上市企业及新三板挂牌企业一览表

表27

序号	企业名称	主营业务	上市及挂牌时间	上市板块
1	安徽恒源煤电股份有限公司	从事煤炭开采、洗选、销售等业务	2004年	上交所
2	华孚时尚股份有限公司	纯棉纱线、混纺纱线、纯棉坯布、混纺坯布等的生产和销售	2005年	深交所
3	安徽口子酒业股份有限公司	从事白酒生产和销售	2015年	上交所
4	淮北矿业控股股份有限公司	煤炭采掘、洗选加工、销售、存储；煤化工产品的生产销售；化工原料及制品销售	2018年	上交所
5	安徽千一智能设备股份有限公司	机械设备、智能控制装置、矿用综采设备的研发、制造和销售	2016年	新三板
6	安徽琪嘉日化股份有限公司	家用洗涤用品的研发、生产和销售	2016年	新三板
7	临涣水务股份有限公司	从事工业用水的生产和销售	2017年	新三板
8	安徽大自然种猪股份有限公司	从事纯种杜洛克等种猪的繁育、饲养、销售	2017年	新三板
9	淮北九天测绘股份有限公司	大地测量、工程测量、地理信息系统工程、测绘航空摄影、不动产测绘	2019年	新三板

经济综合管理

发展和改革

【概况】 2021年，淮北市综合实力稳步提升。全年地区生产总值突破1200亿元、增长3.4%。战略性新兴产业快速发展。淮北高新技术产业开发区智能化竖井钻井装备重大新兴产业专项获安徽省第五批重大新兴产业专项认定，先进高分子结构材料基地产值和陶铝及铝基高端金属材料基地产值分别增长50.5%和13.1%，分居全省第4位和第19位（全省27个省级基地）。全年战略性新兴产业产值增速36.8%，居全省第3位。服务业增长贡献突出。新增规模以上服务业企业15家、省级服务业集聚区2家。全年服务业增加值增长7.3%，拉动地区生产总值增长3.7个百分点。投资需求加快释放。全年固定资产投资增长9.7%，高于目标0.7个百分点，高于全省平均0.3个百分点。重点项目50万吨焦炉气综合利用制甲醇竣工投产，宁亿泰新型农药开工建设，60万吨乙醇EPC正式进驻。淮北至宿州至蚌埠城际铁路、淮北至阜阳城际铁路加快推进，淮北至商丘（永城北）高铁联络线列入省“十四五”规划。全年市重点项目完成投资630亿元，超年度目标任务12.8个百分点。其中，省级重点项目完成投资550亿元，超年度目标任务16个百分点。争取上级预算内资金11.7亿元，争取债券额度55.7亿元，发行专项债券37.5亿元。城乡融合加快推进，制定出台《淮北市推进市城乡融合发展试验区改革实施方案》，淮北市全域纳入省城乡融合发展试验区名单。烈山区农村产业融合发展示范园入选第三批国家农村产业融合发展示范园创建名单。统筹抓好41项市“十四五”专项规划编制，印发19项。淮北市综合信用指数居全国（261个地级市）第17位、居全省第1位，“双公示”评估居全省第3位。出台并落实《淮北市构建更加完善的要素市场化配置体制机制工作任务分解方案》，要素市场体制机制建设健全。区域评估改革获全省推广，在全省率先出台降低企业用电成本“10条”举措，直接交易电量规模扩大，降低企业用电成本1.86亿元。区域合作不断拓展，10个项目纳入国家《长三角发展规划“十四五”实施方案》重大项目库，开通淮北—上海港海铁联运班列，新增淮北至上海、合肥、连云港之间高铁8列班次。与徐州市签订战略合作框架协议，徐州—宿州—淮北共同打造“3+N”省际毗邻地区新型功能区列入省“十四五”规划。举办2021年全国资源型地区转型发展暨采煤沉陷区综合治理经验交流现场会，谋划储备生态文明建设专项中央预算内项目21个，总投资约29亿元。完成全年“能耗”双控目标任务。全国大宗固体废弃物综合利用基地、濉溪经济开发区获批省级绿色发展试点示范。第二气源省级天然气干线管网宿州—淮北—萧县—砀山段项目获得核准批复，配套工程淮北市天然气第二门站开工建设。平山电厂二期135万千瓦机组完成168小时整套启动试运，全市总发电量

225.3亿千瓦时、增长9.5%，送出电量约占64.7%。全市粮食库存171万吨，市县小麦储备满足3个月供应需求、市级成品粮油储备满足7天供应需求。4家市属粮食企业2021年经济效益位居全省前三。组织种植养殖专业合作社及大户50多家与大型超市、批发市场直接对接供应。依托大型超市20个平价直销区，每天推出15个以上品种“惠民菜”，平抑市场物价。全省价格认定案卷评查会议在淮北召开，淮北市价格认定局连续多次被评为全国先进价格认定机构，在全省综合考评中连续多年位居前列。

（余　恒）

【重点项目工程建设】 2021年，淮北市重点工程建设项目稳步推进。

淮北至宿州至蚌埠城际铁路　安徽高速铁路网的重要组成部分，线路从淮北北站引出，向南经淮北、宿州、蚌埠3个市，连接京沪高铁蚌埠南站，新建线路全长164.39千米，新设淮北西、宿州西、双堆集、固镇南4座车站，设计时速350千米，总投资242.73亿元。其中淮北市境内59.8千米，新设淮北西和双堆集站，投资97.12亿元。淮北西站和双堆集站站房设计实施方案通过国家铁路集团审查；项目社会稳定风险评估、征地补偿安置公告完成，土地组卷报批。

淮北至阜阳城际铁路　安徽高速铁路网的重要组成部分，线路自淮宿蚌高速铁路双堆集站引出，经蒙城、利辛至阜阳西站，新建线路全长142.5千米，新设利辛、蒙城2座车站，设计时速350千米，总投资236.61亿元。其中淮北市境内23.3千米，投资38亿元。项目施工图通过国家铁路集团审查。

徐淮阜高速公路　项目总投资约44亿元，北起徐州、南至阜阳，在淮北境内起于相山区渠沟镇北端萧县界，线路沿相山区凤凰新区西侧布设，向南进入濉溪县，经刘桥东、濉溪开发区西、濉芜产业园西，终于盐洛高速交叉处，路线全长32.184千米。项目启动社会资本方招标工作。

沱浍河航道临涣船闸工程　项目总投资7亿元，位于濉溪县韩村镇临涣节制闸南侧，由安徽省淮北港航投资有限公司投资建设，工程包括新建临涣船闸和改建S203浍河大桥。临涣船闸按Ⅳ级标准建设，设计代表船型为500吨级（兼顾1000吨级），设计单向年通过能力1308万吨。改建的S203浍河大桥采用钢管混凝土系杆拱结构，一跨过河，通航净高不小于8米。S203浍河大桥改建工程在架设钢架结构；浍河航道临涣船闸主体工程全面开工建设，进行匝室施工。

50万吨焦炉煤气综合利用制甲醇　项目总投资16.87亿元，位于淮北新型煤化工基地，由安徽碳鑫科技有限公司投资建设，总建筑面积6.38万平方米，主要建设综合利用焦炉气制甲醇工程，包括气化工段、净化工段、合成工段，以及配套公用工程设施、辅助工程设施，达到年产50万吨甲醇生产能力。项目竣工。

年产7.2万吨高端双零铝箔　项目总投资14.19亿元，位于濉溪经济开发区，由安徽美信铝业有限公司投资建设。总建筑面积6万平方米，购置进口分切机、进口磨床等设备287台，形成年产7.2万吨铝箔生产能力。项目竣工。

【重点项目谋划】 2021年，淮北市按照《安徽省人民政府办公厅关于进一步加强全省重大项目谋划储备工作的通知》精神，谋划储备投资体量大、产业带动力强、经济社会效益好的优质项目，全年谋划重点项目992个，总投资7346亿元，形成谋划一批、储备一批、推进一批、开工建设一批。落实《淮北市项目谋划前期工作经费使用管理办法（试行）》要求，分批次开展项目谋划前期工作经费申报工作，审核通过10个项目，前期工作经费补贴合计534.16万元。

（汪　玮）

【信用城市建设】 2021年，淮北市累计归集信用数据400余万条，新增归集“双公示”数据7.15万条。探索信用审批制度改革，全市20家市直单位198个事项实行告知承诺。在市场监管、税务、交通和安全生产等43个领域进行分级分类评价，依据企业信用情况采取差异化监管措施。依法依规规范失信约束机制，完成失信约束措施清理规范工作。完成“屡禁不止、屡罚不改”严重违法失信行为专项治理，淮北市近3年受到行政处罚超过10次且失信信息仍在公示的治理对象43家，被法院纳入“失信被执行人名单”10次以上治理对象26家，全部退出治理台账。截至年底，信用贷款余额346.15亿元，余额占比34.97%。建成市级综合金融服务平台，与国家和省“信易贷”平台连通，助力中小微企业缓解融资难题。推广“信易阅”“信易行”等16项信用惠民便企产品，成为全省首批5家“信用交通市”建设试点单位。开展信用园区建设，选取烈山经济开发区和相山经济开发区作为试点，评定信用企业43家，累计向35家信用企业发放贷款7.48亿元。召开社会信用体系建设工作推进会暨信用示范城市复评工作调度会，召开社会信用体系建设工作进展情况新闻发布会，回答社会关注的信用建设热点问题；通过各类宣传平台，结合“3·15”国际消费者权益日、“6·14”信用记录关爱日等重要节日节点，宣传报道信用建设工作举措和动态。

（朱婷婷）

【区域合作】 2021年，淮北市调整由市委、市政府主要负责人任双组长的全市推进长三角一体化发展领导小组成员，加强统筹协调，完善协同机制。与沪苏浙党政领导层开展互访交流，4月，淮北市随安徽省党政代表团赴沪苏浙学习考察；2月、11月，淮北市党政代表团两赴徐州市学习考察对接合作。建立与长三角部分城市常态化干部挂职锻炼机制，在全省率先大规模选派5批160名优秀年轻干部赴上海普陀、闵行、嘉定、杨浦四区学习锻炼。10月，在徐州参加长三角城市经济协调会第21次全体会议，在临沂参加淮河生态经济带第3次省际联席会议和城市合作市长会商会，在济宁参加淮海经济区协同发展协商会议。组建102个市级县干招商组，聚焦先进高分子结构材料、铝基新材料等“五群十链”，围绕大项目、龙头企业开展招商活动。对接华润（集团）有限公司、光明食品（集团）有限公司、郑州煤矿机械集团股份有限公司等重点企业，推动淮北市产业向产业链、创新链最高端攀升。与上海申能集团合作的平山电厂二期国家示范工程并网发电，与上海华谊合作的安徽（淮北）新型煤化工合成材料基地实现年销售收入近300亿元。推动互联互通，加强与沪苏浙交通规划对接，完善周边区域城市间综合交通网络，加快构建内通外联现代综合交通运输体系。开工建设淮北至宿州至蚌埠、淮北至阜阳城际铁路，淮北至商丘至郑州高铁联络线项目，加快淮徐快速通道建设，推进淮北至徐州观音机场高速公路前期工作，商丘至淮北至宿州水运通道通航。举办2021年中国（淮北）食品工业博览会、2021淮北长三角（苏州）投资洽谈会等活动。举办“东西南北，传奇淮北”淮北市文旅宣传推介会，先后赴徐州、商丘、枣庄等周边地市开展文旅推介，邀请徐州30多家旅行社到淮北采风踩线。依托淮北海关，推动区域通关一体化，开通淮北至上海港、南京港、江阴港海铁联运班线，发挥青龙山物流中心海铁联运作用，积极打造皖北物流集聚中心和开通“一带一路”中欧班列。

（丁海坡）

【创新驱动】 2021年，淮北市战略性新兴产业产值同比增长36.8%，高于全省平均增速（28.8%）8个百分点，全省排名第3位。战略性新兴产业产值占全市规模以上工业总产值比重为28.8%，较上年（22.5%）提高6.3个百分点。其中濉溪县战新增速37.6%，战新产值占全市比重68.7%；相山区战新增速20.1%，战新产值占全市比重3.1%；杜集区战新增速9.2%，战新产值占全市产值比重2.9%；烈山区战新增速71.5%，战新产值占全市产值比重5.5%；市高新区战新增速34.3%，战新产值占全市产值比重19.8%。2021年，全市战新企业调入26家，调出15家，企业数量由138家调整为133家，其中濉溪县67家，相山区15家，杜集区8家，烈山区11家，市高新区32家。

重点基地建设　淮北市拥有2个省级重大新兴产业基地（淮北市陶铝新材料和铝基高端金属材料重大新兴产业基地、淮北市先进高分子结构材料重大产业基地）。2021年，淮北市陶铝新材料和铝基高端金属材料重大新兴产业基地有规模以上企业52家，高新技术企业33家。产值、固定资产投资、税收三大预期目标任务分别为132.7亿元、23.4亿元、3.92亿元。全年实现产值约181.83亿元，同比增长16.5%；固定资产投资预计完成27亿元，同比增长-2.53%；税收预计完成5.04亿元，同比增长54.13%；分别完成全年目标任务137.02%、115.38%、128.57%。淮北市先进高分子结构材料重大产业基地现有规模以上企业34家，其中高新技术企业9家。产值、固定资产投资、税收三大预期目标任务分别为63亿元、23亿元、4.2亿元。全年实现产值约92亿元，同比增长55.9%；固定资产投资25.8亿元，同比增长18.9%；完成税收4.35亿元，同比增长17.5%；分别完成全年目标任务的146.0%、112.1%、103.5%。

重大工程和重大专项建设　2021年，淮北市拥有1个省级重大新兴产业工程（烈山区新型元器件）和3个省级重大新兴产业专项（陶铝新材料研制及产业化，动物副产品精深加工生物医药中间体、天然营养品产业化，淮北高新技术产业开发区智能化竖井钻井装备），其中陶铝新材料研制及产业化重大专项通过验收。烈山区新型元器件重大工程计划投资2亿元，实际完成投资5.59亿元，投资完成率279.5%；陶铝新材料研制及产业化专项计划投资1.7亿元，市级完成投资0.411亿元，投资完成率24%；动物副产品精深加工生物医药中间体、天然营养品产业化专项计划投资0.8亿元，实际完成投资1.03亿元，投资完成率128.75%；淮北高新技术产业开发区智能化竖井钻井装备计划投资0.455亿元，实际完成投资0.46亿元，投资完成率101.1%。淮北市1个省级重大工程和3个省级重大专项2017—2020年度评估获4个年度优秀，均为合格。

创新平台建设　2021年，淮北市发改委全市企业、高校、研发机构申报国家级、省级企业技术中心、工程研究中心、产业创新中心等创新平台，推进全市国家及省级创新平台创建工作。陶铝新材料应用研发项目（首期）入选合肥综合性国家科学中心项目库，为合肥省会城市项目之外唯一入选地市项目。淮北师范大学申报安徽省认知行为智能计算与应用工程研究中心和安徽华润金蟾药业股份有限公司申报安徽省抗肿瘤中成药工程研究中心获批2家省级工程研究中心。截至2021年年底，全市拥有国家企业技术中心1家，国家工程研究中心1家，省级工程研究中心（实验室）9家，省级产业创新中心1家。

争取省“三重一创”引导资金情况　2021年，淮北市获2021年度省级引导资金6639.32万元，其中重大新兴产业基地6000万元，重大新兴产业工程78.33万元，重大新兴产业专项244.39万元，支持高新技术企业成长144万元，支持新建项目83.6万元，制造业融资贴息89万元。

（刘新艺）

国有企业改革和国资监管

【概况】2021年，淮北市国有企业实现营业收入178.2亿元，同比增长27.1%；利润总额23.7亿元，同比增长21.5%。其中，市国资委监管企业实现营业收入149.1亿元，同比增长19.8%；利润总额21.1亿元，同比增长15.9%。市本级国有资本经营预算入库收入6.8亿元，比上年增长235%；支出中用于企业支出1.07亿元。

【资产统计】 截至2021年年底，淮北市有20家国有企业，资产总额1785.4亿元，负债总额983.1亿元，所有者权益总额802.3亿元。其中，市国资委监管企业资产总额1235.6亿元，负债总额703.6亿元，所有者权益总额532.0亿元。市建投控股集团资产总额1210.1亿元，负债总额688.5亿元，所有者权益总额521.6亿元，分别占全市企业的67.8%、70.0%、65.0%。

【推进国资国企改革】 2021年，淮北市国资委印发《淮北市落实国企改革三年行动任务清单》《2021年度淮北市国企改革三年行动实施情况绩效考核实施细则》。9月，组建淮北市交通投资控股集团公司，建设市交通领域集投融资、建设、经营、服务于一体的平台；打造产业资本投资运营平台。12月，完成淮北科技产业投资发展公司的组建。市国资委监管一级及各级子企业共36家，企业实施经理层成员任期制和契约化管理。建立健全按业绩贡献决定薪酬的分配机制和合理增长机制，实行市属企业工资总额预算管理。涉改部门及相关企业改革方案全部审核通过。

【国有资本监管】 2021年，淮北市国资委印发《关于建立国资监管制度落实情况督查长效机制的通知》，修订《淮北市市属企业负责人经营业绩考核与薪酬管理暂行办法》。完成市国资国企在线监管系统项目一期建设，内容涵盖数据采集交换平台、“三重一大”决策运行、大额资金动态监测等重点应用系统，实现与省国资委在线监管系统对接。实行市直党政机关和事业单位经营性国有资产集中统一监管，建立市纪委监委、市委宣传部等部门参与的部门协作监管机制。

（郭建平）

审　计

【概况】 2021年，淮北市审计局立足新时代审计监督职责定位和使命任务，围绕经济社会发展大局，坚持依法审计，聚焦主责主业，强化审计监督，全年组织实施51个审计项目，圆满完成各项审计任务。

【政策落实情况跟踪审计】 2021年，淮北市审计局关注乡村振兴、公共卫生体系建设、财政奖补政策支持实体经济发展、社会基本公共服务和基本民生建设、生态环保等政策措施落实情况，推动中央及省市重大决策部署落地见效。围绕社会保险基金、转移支付资金和直达资金管理等方面组织实施专项审计和审计调查。

【财政预算执行审计】 2021年，淮北市审计局重点审计市财政局四本预算执行情况及市科技局、市卫健委预算执行情况，通过“集中分析、发现疑点、分散核查、系统研究”，实现对市直79家一级预算部门及所属243家二级预算单位预算执行情况审计全覆盖。对全市税务机关预算执行开展审计，促进深化预算管理改革。

【政府投资建设项目审计】 2021年，淮北市审计局实现由重点关注工程造价向重点关注工程管理全过程转变，压实建设单位主体责任。组织实施公共投资EPC项目建设情况审计，提出规范EPC项目管理相关建议。组织实施公共投资项目招投标情况审计，加强制度建设，推动政府采购、招投标工作规范化。完成结算审计抽查复核、征收补偿费用审计等，重点关注社会中介机构执业质量，解决工程建设领域腐败案件高发顽疾。

【经济责任审计】 2021年，淮北市审计局坚持党政同责、同责同审，聚焦权力运行和责任落实，对29名领导干部开展经济责任审计，重点关注重大经济决策、工程建设、招标采购、资产处置、公共资金分配管理等重点领域和关键环节。加强与经济责任审计联席会议成员单位沟通协调，修订领导干部离任经济责任事项交接、经济责任审计进点程序等文件。

【民生工程审计】2021年，淮北市审计局组织实施住宅专项维修资金、高标准农田建设、农村饮用水安全巩固提升工程等专项审计调查项目，注重揭示损害群众利益的体质机制问题，促进打通民生政策落实“最后一公里”，服务和保障民生改善。在住宅专项维修资金审计中，相关部门采纳审计建议，完善维修资金管理机制，优化审批支取流程。

【内部审计】2021年，淮北市审计局将内部审计工作情况纳入审计评价内容，强化审计机关对内部审计工作日常指导和监督；制定《淮北市审计局“以审代训”人员管理暂行办法》，加强对内部审计人员实务性指导和实战性培训。

【审计质量管理】2021年，淮北市审计局落实审计组审核、业务部门复核、审理机构审理的质量控制机制，加强对审计结论性文书审核、审定，发挥逐级审核、层层把关作用，加强审计工作全过程管控。所有审计项目对照标准量化计分，检查结果在全市审计机关公开通报并作为评先评优依据。连续10年推荐参评审计项目均获评全省审计机关优秀审计项目，形成优秀项目审计案例3篇、审计案例故事6篇。组织实施市征收办2019年度预算执行审计及重点建设项目征收补偿情况审计，调查项目被省审计厅推荐参加审计署优秀项目评比，乡村振兴审计项目作为全省唯一市级审计机关重点交流项目，在全省优秀审计项目培训工作会议上作发言。

（张晓旭）

统计管理

【统计监测服务】2021年，淮北市统计局建立市、县（区）、部门领导手机信息共享平台，实现统计数据“实时监测、实时研判、实时预警”，提高监测预警时效性。建立“报前研判、报中监测、报后分析”数据监测机制，提高监测预警精度。定期发布《监测预警》《统计快报》《统计信息》《统计分析》《统计专报》《统计月报》《统计专报》等服务产品。全年撰写专题调研报告10篇、统计分析报告63篇，编发统计专报29期、统计信息36期70篇，撰写各类信息230余条。其中33篇统计专报、分析和信息被市领导批示，5篇分析信息被国家统计局网站采用，3篇信息被省政务要情采用，20篇统计分析被省局网站采用，176篇信息被省统计局网站相关栏目采用，18篇信息被市“两办”信息采用。每季度召开新闻发布会。加大新闻媒体发布频率。在全省率先解决中央供给人员转隶难题。

【统计服务直通车】2021年，淮北市统计局采用“七个一”工作法，即“一企一卡一书一卷一端一单一评价”（一企一卡：针对服务的企业，编印《企业统计服务台账卡》，各级行动领导小组对所有服务企业建立一对一服务档案卡，并记录服务内容台账；一书：组稿最新统计知识和统计法律政策，编印并发放《淮北市统计服务直通车统计法律实务和统计业务知识读本》，供企业翻阅；一卷：制作《统计服务直通车调研问卷》，了解企业的统计基层基础情况、统计工作情况、经营现状和企业反馈的问题及建议；一端：微信公众号“安徽统计”中“统统知道”小程序，指导企业使用小程序，增强统计业务知识掌握的便捷性；一单：企业问题反馈单，把企业反馈的生产经营方面的问题，形成清单，反馈给相关主管部门；一评价：制作《统计服务效果评价卡》，了解企业对统计服务的评价和相关建议）工作法，开展统计服务，以“事前收集、事中服务、事后跟踪”为发力点，切实解决企业实际困难，同时兼顾企业培训指导，强化企业统计业务水平。全市统计系统服务企业152家、市直部门8家、基层统计站8个，其中省局服务千企行动选定对象103家，完成服务103家。企业反馈生产经营困难和需要政策帮扶，结合“四送一服”活动，及时向有关部门反馈，做到有求必应。采纳企业、部门、基层统计人员工作建议，优化服务内容，提高统计服务质量。采用线上线下相结合方式，线上通过制作“统计法律小课堂 报表迟报也违法”等微视频，在统计局网站、微信公众号等载体宣发短视频，扩大统计工作普及面；线下通过服务现场，向企业宣讲支持实体经济发展相关政策清单。

【常规化统计调查】 2021年，淮北市统计局组织实施农业、工业、建筑业、批零住餐业、重点服务业等行业，以及投资、能源、人口、就业、文化等领域各项常规统计调查工作。做好农村社会调查、企业用工、劳动工资和常住人口变动调查等工作。加强基本单位名录库管理，维护更新名录库。做好“四上”企业（规模以上工业企业、资质等级建筑业企业、限额以上批零住餐企业、国家重点服务业企业）和投资项目入库申报审核工作。

【统计基层基础建设】 2021年，淮北市统计局根据统计方法制度新变化新要求，修订完善全市数据质量评估办法，强化数据评估科学性。印发《关于进一步规范名录库相关工作的通知》，规范明确各县（区）和专业科室工作职责，提升名录库数据质量。落实入规企业核查制度，创新“三二一”（“三”，指“三查”，企业申报入库前，要查看三项内容。一是查看现场情况。查看企业是否正常生产、是否具备上报数据的硬件设施、是否有专职或兼职统计人员等基本情况。二是查看统计数据计算情况。要求统计人员现场演示计算方法，并模拟填报。查看企业能否执行相关统计报表制度，是否能提供统计数据原始支撑材料。三是查看统计基层基础情况。对照《联网直报企业统计基层基础规范化建设检查表》《联网直报企业（单位）统计资料档案盒实施内容》等要求查看统计基层基础是否规范。“二”，指“二考”：一是考企业统计人员基本法律法规知识；二是考企业统计人员基本统计业务知识。“一”，指“送服务”：对企业开展统计服务培训指导。包括统计知识应知应会、企业依法统计应知应会等，明确直管统计机构业务人员及联系方式）工作法，对拟入规企业实行“三查”“二考”“一服务”，确保入库企业质量。制定《持续深化开展统计基层基础规范化建设实施方案》，坚持常态化实地检查，实施抽检合格发证办法，推动全市统计基层基础规范化建设再上新台阶。推广服务业统一企业台账试点成果，印发《关于完善服务业统计工作规范的通知》《服务业企业统计工作资料规范操作标准（试行）》，提高基层统计资料档案化管理水平。加强基层统计人员培训强度，实地开展业务讲解和平台操作指导。针对GDP统一核算改革、统计业务知识等内容对市直相关部门开展近10次培训和一对一统计业务指导。

【统计法制建设】 2021年，淮北市统计局制定普法责任清单，将《中华人民共和国统计法》纳入全市重点普法目录。结合“4·15”全民国家安全教育日、统计开放日、《中华人民共和国统计法》颁布纪念日、统计服务直通车、统计数据核查、全市经济形势分析会、统计知识进党校等形式，局领导带头为全市各级领导干部、企业员工、社会大众等普及统计法律法规知识，营造全市依法统计的良好社会氛围。全年局主要领导、分管领导和执法监督部门负责人、县（区）局长等先后12次为市、县（区）委党校、市直、区直有关经济部门专题辅导依法统计和统计基础知识。

【第七次全国人口普查】 2021年，淮北市统计局开展人口普查数据审核、评估、汇总和分析工作，组织力量起草人口普查公报，向社会各界发布人口普查数据，同步做好人口普查数据解读工作。向市委、市政府及社会各界提供人口数据服务。完善普查电子地图，完成普查总结表彰等工作。淮北市第七次全国人口普查工作得到国家和省人口普查领导小组充分肯定，9月，淮北市统计局被国务院第七次全国人口普查工作领导小组表彰为“第七次全国人口普查先进集体”，颛孙婷婷被表彰为第七次全国人口普查先进个人。

（陈宗月文）

价格监督管理

【价格和收费管理】 2021年，淮北市发展改革委联合市交通运输局出台《淮北市发展和改革委员会　淮北市交通运输局关于调整淮北市城区客运出租车（巡游车）运价的通知》，加强出租车运价管理，规范春运期间运输价格行为；印发《淮北市发展改革委关于印发落实〈促进皖北承接产业转移集聚区建设的若干政策措施〉降低企业用电成本促进我市经济发展的通知》，全年降低大工业企业用电成本1.34亿元。扩大全市电力直接交易规模和范围，直接交易电量占工商业电量比例达90%以上，全年直接交易电量28.3亿千瓦时，为企业优惠让利5224.8万元；停止收取工商业工程安装中供气供水计量器具费用每年约300万元，联合市市场监管局对县（区）市场监管价格检查人员进行转供电政策业务培训，同时开展转供电价格清理工作，对29家转供电主体单位进行检查，退还多收款40多万元；动态调整市级涉企收费清单，梳理收费政策变化情况，联合市财政局、市经信局出台《关于公布淮北市市级涉企收费清单（2021年）的通知》，减轻企业收费负担；联合市教育局、市市场监督管理局出台《关于淮北市义务教育阶段学科类校外培训收费监管有关事项的通知》，规范管理学科类校外培训机构收费标准和行为。

【价格监测调控】 2021年，淮北市发展改革委完成国家、省常规21类、应急10类价格监测报表上报，涉及监测品种298个，上报监测数据36394条。做好新冠肺炎疫情防控相关商品价格监测和信息上报工作。保障与预防疫情相关主副食品、药品、防护用品等商品价格稳定，疫情防控期间，深入生产基地、主要农副产品批发市场、大型超市、四大农贸市场，加强对粮、油、肉、禽、蛋等主要副食品价格、供应量监测巡查。开展精准预测研判，实施预先和适时调控。依托大型超市20个平价直销区，每天推出15个以上品种“惠民菜”，以低于市场均价15%销售，同时推出部分两元菜，猪肉、鸡蛋价格低于市场价5%向市场供应，平抑市场物价。在重大节期间对平价商店做出特别要求，加强督查，春节、中秋、国庆节期间平价销售副食品568.37吨，让利金额57.439万元。加大主副食品市场保供信息公布，向社会发布“价比三家”45期、“监测数据中心”12期，向市政府及省发展改革委价格监测机构报送价格形式分析约110篇、专题调研报告7篇。

【稳价保供】 2021年，淮北市发展改革委做好疫情期间稳价保供工作，关注统计部门公布CPI指数变化情况，达到启动条件，及时启动困难群体价格临时补贴，稳定低收入群体基本生活。组织多部门联合指导商超、企业拓宽进货渠道，组织货源，合理增加库存。实施农超对接，组织种植养殖专业合作社及大户50多家与大型超市、批发市场直接对接供应。全市成品食用粮政府储备3800吨、商业储备约3000吨，成品食用油政府储备1000吨、商业储备约2000吨，蔬菜商业储备约2100吨，鸡蛋商业储备101.6吨，生猪活体商业储备10000头约500吨，保障全市生活必需品市场供应充足，经济运行总体平稳。

【价格认定】 2021年，淮北市价格认证中心开拓价格认定新领域，提升价格认定服务水平，开展各类价格认定5404例，标的金额67.4亿元，为市财政增收土地收益金4900万元。获“2021年度全省价格认定案卷评查优秀单位”称号。

（马慧梅　周　荣　刘　旭）

公共资源交易监督管理

【概况】 2021年，淮北市完成交易项目1647个，成交金额累计255亿元，同比增长15.91%，节约金额17.83亿元，增值金额36.65亿元。市本级完成交易项目1017个，成交金额累计192.86亿元，节约金额10.98亿元，增值金额33.22亿元。完成工程建设交易项目357个，成交金额90.18亿元；政府采购项目458个，成交金额17.29亿元；产权交易项目155个，成交金额26.74亿元；国土资源交易项目47宗，成交金额58.65亿元。

【公共资源交易监督体制改革】 2021年，淮北市公共资源交易管理局（以下简称“淮北市公管局”）构建多维度监管格局，在开展工程建设领域突出问题专项行动中，建立与市纪委监委、市公安局、信用监管三方联动，构建常态化协作机制，实现对打击围标串标行为全过程监控。全年核查线索9宗，办结5宗，立案查处围标串标企业10家，开出10张行政处罚单，罚没款21.6万元，冻结投标保证金80万元。推行政府采购十日办结制，每个政府采购项目平均办结用时3.75个工作日，办件时限压缩近18个工作日。推行招标代理机构星级管理模式，出台《淮北市招标代理机构星级评定制度（试行）》，建立优胜劣汰市场竞争机制。

【网上交易平台建设】 2021年，淮北市公管局推进“互联网+”公共资源电子化、智能化交易，打造智慧交易平台，实现市场主体登记及数字证书业务办理“零跑腿”。开发远程异地评标调度系统，对接安徽省远程异地评标平台，实现专家评委资源全省互联共享，提高公共资源交易开评标效率；与亳州市等地签订远程异地评标合作框架协议，实现远程异地评标。推行“线上+线下”多渠道办理，提供“线上办、快递送”服务，简化办理流程，减轻企业负担。面向全市供应商开展“徽采商城”第六次征集，新入驻徽采商城供应商138家，入围徽采商城供应商类目调整38家。各采购人按照规定以直接采购、议价、网上竞价采购方式方便快捷实施徽采商城采购工作。在工程建设、政府采购等领域，推行以保险、保函等替代现金缴纳涉企保证金，减轻企业现金流压力。自7月下旬起所有政府采购项目一律免收投标保证金。

【公共资源交易主体监管】 2021年，淮北市公管局开展招投标文件随机抽查，对重大项目开展专家论证，对存在倾向性、排他性条款招标文件的项目单位进行约谈，并下发监管意见函。统一政府采购文件模板，对公开招标、竞争性谈判、询价、竞争性磋商等4类采购文件重要条款进行固化，制定出版本格式、评分标准、规范要求采购文件模板，减少人为因素干扰。强化事中事后监管，加强项目负责人变更行为管理，与市住房城乡建设局联合出台《关于进一步加强建筑施工现场项目负责人变更行为管理的通知》，加大对施工现场项目负责人在岗履职情况监督检查，从源头杜绝工程项目经理、项目总监挂靠等违法违规行为，落实建设工程项目负责人终身责任制。印发落实《关于进一步做好工程建设项目履约信息公开的通知》，确保凡进入淮北市公共资源交易平台交易的工程建设项目，均按照要求公开履约信息。

（柳　洁）

市场监督管理

【概况】 2021年，淮北市市场监管系统聚力监管服务，市场主体持续增长、市场安全稳定向好、规范市场秩序、加强知识产权保护、推进质量强市。新建12315消费维权服务站29家，ODR企业62家。12315平台接收消费者咨询、投诉、举报2.49万件，为消费者挽回经济损失236万元。市市场监督管理局先后获评全国“小个专”党建工作表现突出集体、全国清理整顿人力资源市场秩序专项行动先进单位、全国12315效能评价工作第八名。2人分别获评全国市场监管系统扫黑除恶专项斗争工作成绩突出个人和全国消费维权先进个人。

【商事制度改革】2021年，淮北市市场监管局深化“放管服”改革，推进审批制度改革。在全省率先探索歇业备案制，相山区、杜集区各办理1家。推进“证照分离”改革，涉企经营许可事项按照“四扇门”（“闭门”补脑子、“出门”探底子、“开门”寻方子、“上门”开单子）方式落实，推动涉企经营许可事项简化优化办理流程。巩固“一日办结”成果。完善企业开办“六个一”（一窗受理、一网通办、一次采集、一套材料、一档管理、一日办结）体系标准化建设，实现企业开办“一日办、六环节、零成本”。烈山区个体工商户登记实现智能化审批。电子营业执照应用在金融领域，企业档案电子化工作序时完成。全年新登记企业8038户，比上年增长10%；个体工商户34317户，同比增长43.8%。全市拥有市场主体19.78万户，同比增长12.4%。建立扶持个体工商户发展部门联席会议制度，从提供便捷市场准入服务等10个方面扶持个体工商户发展。阳光花店获评全省个体工商户十佳。常态化开展“四送一服”工作，电话联系、走访市场主体1500余次，办理反映问题28个。

【安全监管】2021年，淮北市市场监管系统把食品安全、药品安全、产品质量安全、特种设备安全监管放在各项工作突出位置，严格落实地方政府、市场主体、主管部门三方责任，强化日常监管，推行“互联网+智慧”监管。坚持食品全链条安全监管，推动落实“食安安徽”品牌建设，安徽口子酒业股份有限公司、淮北徽香昱原有限责任公司等5家单位获得首批认证。加强冷链食品排查，严格报备进口冷链食品9500多吨。开展夏季食品安全、校园食品安全、农村假冒伪劣食品等一系列整治行动，查办违法食品案件657件，完成食品抽检10318批次，合格率为97%。实现食用农产品批发市场规范治理达标率、食品销售者风险分级动态管理覆盖率100%。推进食品安全“你点我检”进社区、“随机查餐厅”活动。坚持药品医疗器械清单式监管，市县两级政府均成立食品药品安全专业委员会，建立政府领导班子成员责任清单。加强新冠病毒疫苗保质保供监管，对2家承担新冠病毒疫苗储存配送疾病预防控制机构和59家承担新冠病毒疫苗接种点进行全覆盖检查。开展药品安全春风行动，药品、医疗器械、化妆品等专项检查3399家次，立案133件。建设药品科普站4家，完成药械化抽检447批次，其中不合格2批次，合格率为99.6%。坚持特种设备信息化监管，开展电梯、起重机械、压力容器等8项安全生产隐患排查整治，检验特种设备1.51万台，检验压力管道41.63千米，完成特种设备职业人员考核3092人。电梯安全信息化监督管理平台运行实现电梯维保无纸化及应急救援信息化监管。持续推进气瓶安全信息化管理系统应用，在用气瓶实现一瓶一码登记。濉溪县搭建“市场监管智慧平台”，加强食品药品、特种设备安全风险管控。坚持产品质量安全风险监管，开展非医用口罩等防疫物资质量专项整治“回头看”、水泥质量提升等20余项专项整治，综合运用日常监管、专项检查、监督抽查、质量帮扶等多种手段开展监督检查，检查企业3450多家次，责令整改问题80余条，非医用口罩等防疫物资产品专项整治经验做法作为全省6家典型之一被省市场监管局予以收录。开展质量“巡回问诊”、隐患排查等活动，完成监督抽查1556组。

【质量强市建设】2021年，淮北市市场监管局把夯实质量发展、计量管理、标准化建设、认证认可四项基础作为推动高质量发展主要抓手，推动质量强市战略向纵深发展。持续开展“四个一”（抓住一个关键环节、细化一份责任清单、健全一体工作机制、执行一套管理制度）质量提升行动、质量基础设施“一站式”服务、市政府质量奖评选等工作，相山区获评“安徽省质量强区”，淮北矿业(集团)公司杨杰获得省政府质量奖提名奖，濉溪县铝产业质量提升和质量基础设施“一站式”服务分别入选2021年度全省十大典型案例。缺陷产品召回次数、数量排名全省前列，受安徽省市场监督管理局肯定。开展“计量服务中小企业行”活动、民生计量专项行动、小微企业质量管理体系认证提升行动、能源计量审查工作等，全年新建9项社会公用计量标准，培育诚信计量示范单位149家。开展标准化提升行动，新主持制定实施7个国家标准、11个行业标准、2个地方标准，推动100家企业实行企业标准总监制度。以机动车安检机构和检验检测机构为重点，全面规范检验检测行为，安检机构监督检查实现全覆盖。推进成立陶铝新材料和高端铝基材料标委会，淮北高新技术开发区陶铝新材料被列为省局2021年专利导航服务基地重点支持项目。推进国家铝基材料及制品质量检验中心批筹工作，省铝制品检验中心通过CNAS权威认证，跻身“国家认可实验室”行列。

【市场秩序监督管理】 2021年，淮北市市场监管局围绕关系国计民生食品药品、价格、广告等重点领域开展专项执法。强化综合执法，牵头开展整治非法经营成品油专项行动，取缔21个非法加油站点。开展民生领域案件查办“铁拳”行动，推进打击传销、反垄断、反不正当竞争、价格、广告、网络等执法工作，全系统办结各类违法案件2333件，同比上升13.1%。退还转供电环节多收价款43.4万元。查办某教育培训中心发布违法广告案入选省2021年虚假违法广告典型案例，王某利用网络销售有毒有害食品案获全省案例宣讲大赛二等奖。及时处理投诉举报，加强核查处置，推进在线消费纠纷解决机制，畅通投诉渠道，妥善化解各类消费纠纷。强化盐政执法，重点检查食盐购进渠道是否合法、是否查验供货者食盐定点批发资质并保存合法有效凭证、食盐质量是否符合要求、是否将工业盐作为食盐销售使用等。检查过程中，还对食盐经营相关政策进行宣传，要求食盐经营者要按照国家政策，严把进货关，落实索证索票、进货查验等制度，维护食盐质量安全，规范全市食盐经营秩序，保障市民食用盐安全。全年开展检查1400家次。

【消费者权益保护】 2021年，淮北市12315三级网络受理消费者咨询、投诉、举报24945件，投诉举报案件处理率100%，为消费者挽回经济损失236.17万元。办理市长热线、人民网留言、省长信箱、政风行风热线等80余件。市消保委以政府名义组织召开淮北市2021年“3·15”国际消费者权益日纪念活动新闻发布会，多家单位部门发布2020年消保维权工作做法及成效，曝光一批侵害消费者权益的典型案例，解读消费年主题，明确新年度消费维权重点工作任务。3月15日当天开展假冒伪劣商品公开集中销毁活动，集中销毁30余吨、价值130余万元假冒伪劣商

2021年9月2日，淮北市市场监管局检验人员开展食品安全“你点我检　你送我检”活动
（梅月　摄）

品。紧扣“守护安全　畅通消费”消费年主题，联合30余家行政部门及多家公共服务企业开展宣传活动，开展消费维权“进社区、进商超、进企业、进校园、进市场”五进活动。鼓励引导商家开展线下购物无理由退货公开承诺活动，全市275家企业承诺开展线下退换货活动。针对液化石油气、消防产品、小家电、肥料、儿童用品等群众消费最集中、最直接流通领域，加大抽检力度，依法查处销售不合格产品违法经营行为，从源头上防范消费侵权行为发生。

（崔　勇）

知识产权

【概况】 2021年，淮北市市场监管局推动市委、市政府出台《关于强化知识产权保护的实施方案》，建立知识产权联席会议机制，设立中国（安徽）知识产权维权援助淮北分中心，实现县（区）工作站全覆盖。开展专利“铁拳”专项执法行动，查处知识产权案件212件，罚款48.83万元。

【知识产权创新和运用】 2021年，淮北市市场监管局培育知识产权品牌，相山区通过国家知识产权试点区验收，相山经济开发区、淮北高新区被列为省级知识产权示范培育园区，安徽力普拉斯电源技术有限公司、安徽中意胶带有限责任公司获第二十二届中国专利优秀奖，7家企业获第八届省专利奖。举办知识产权质押融资“入园惠企”银企对接沙龙活动，全市办理质押融资40笔，融资金额2.38亿元。

【知识产权公共服务】 2021年，淮北市市场监管局设立淮北商标注册受理窗口，全年商标申请4329件。指导淮北矿业（集团）公司临涣选煤厂申请驰名商标保护，“淮北麻鸡”被认定为国家地理标志产品。烈山区申报国家地理标志保护产品，“和村苹果”公示结束。兑现2020年度知识产权奖补政策878.83万元。全市发明专利拥有量1655件，每万人发明专利拥有量8.5件。

（崔　勇）

海　关

【概况】 2021年，淮北市海关进出口总值115.7亿元，较上年增长65.8%，提升41.6个百分点。其中，出口104.5亿元，增长69.9%；进口11.2亿元，增长35.3%。

【打击走私综合治理】 2021年，淮北海关制定《淮北海关打击走私“国门利剑2021”行动方案》，统一推进打击走私冻品、成品油、洋垃圾、象牙等濒危物种。抓好淮北市政府反走私综合治理机制日常工作和“平安淮北”建设中打击走私任务落实工作，建立部门协作、集约集成工作机制，加强与领导小组办公室成员单位、其他隶属海关沟通协作，拓宽线索渠道，形成工作合力。全年线索移交5起，行政立案5起，罚没6.8万元。

【强化监管】 2021年，淮北海关开展外来有害生物监测、重大动物疫情防控、进出口危险货物及包装检验监管和进出口食品化妆品监督抽检及风险监测，维护国家政治安全、经济安全和生物安全。截至年底，累计截获外来有害生物2批次、9种次，检出危险货物包装不合格210批次。累计完成核查作业指令14个，均为定期管理类核查，全部按期办结，办结率100%，发现问题线索1起。开展进出口商品风险信息预警，做好进出口食品监督抽检和风险监测工作，完善进出口食品安全风险预警和快速反应机制，实施监督抽检和风险监测工作。截至年底，淮北辖区国家进出口食品化妆品抽样送检全部按照时间节点完成，出口食品E-CIQ法定抽检5批次，涉及5个样品，18个检测项目。开展AEO企业培育，完成通过1家高级认证企业现场认证。

【落实贸易便利措施】 2021年，淮北海关加强流程管理，梳理作业流程，畅通代理公司、外贸企业沟通衔接，宣传“两步申报”模式优势，促进跨境贸易便利化；针对辖区单量较大企业建立关企联络员制度，开展“一对一”辅导，助力企业纾难解困；赴连云港等口岸海关开展工作交流，探索建立属地海关与口岸海关顺畅联系配合机制；配合做好长三角海关特殊货物检查作业一体化改革试点工作，建立转关联系机制，简化企业出口联运中转手续，加快各环节运转速度；探索以企业为单元的各类税收担保改革，整合优化担保要求，确保政策红利充分释放。截至年底，淮北海关进口整体通关时间为1.36小时，居关区第一；出口整体通关时间为1小时，同比压缩1.55%；出口提前申报率87.3%，较上年相比提升7.3个百分点；“两步申报”应用率达94.42%，居关区第二。

（吴孙娟）

安全生产监督管理

【概况】 2021年，淮北市发生生产安全事故31起，死亡37人。其中：建筑施工发生事故10起，死亡13人；道路交通发生事故8起，死亡11人；工贸企业发生事故9起，死亡9人；非煤矿山发生事故1起，死亡1人；铁路运输发生事故1起，死亡1人；其他事故2起，死亡2人。

【隐患治理专项攻坚】 2021年，淮北市应急管理局先后开展冬春安全大检查、涉水行业督查检查、有限空间、压力容器、水上运输船舶风险防控、特种作业、工程建设、“防风险、保平安、迎七一”、城镇燃气、安全风险隐患大起底、秋季安全生产专项整治、“安全绳、安全帽”等各类专项整治行动15次。全市累计开展安全生产监督检查812次，排查整治隐患1万余条，查处违法违规行为1532项，行政处罚68次，责令停产整顿55家，关闭4家，罚款471.68万元。

【重点行业安全监管】 2021年，淮北市应急管理局开展煤矿安全大排查，累计开展执法检查78矿次，排查各类安全隐患和问题333条，立案18起，罚款105.5万元，停止采掘头面3个（含1个采区），停用设施设备2台（套）。在危化方面突出“两重点一重大”（重点监管的危险化工工艺、重点监管的危险化学品和重大危险源的监管），共开展各类安全检查100余次，查处各类安全隐患800余条，立案处罚5起，罚款3.9万元。在非煤矿山方面，执法检查57矿次，发现各类隐患和问题395条，立案4起，行政处罚43万元。在工贸方面，累计开展检查92家次，查处隐患904条，立案查处企业16家，处罚金额106.35万元。

【参与安全知识竞赛】 2021年，在全国安全知识网络竞赛“测测你的安全力”中，淮北市以350多万总积分在全省各地市中名列第四，其中相山区积分281万分，在全省各县区排名第二；9月23—26日，在安徽省第四届危化品救援知识竞赛中，临涣焦化危化品应急救援分队取得团体第二、单项个人第一。

（耿　耿）

煤矿安全生产监管

【概况】 2021年10月，国家矿山安监局安徽局正式挂牌成立。安徽煤矿安全监察局淮北监察分局更名为国家矿山安全监察局安徽局监察执法二处（以下简称“省局监察二处”），主要对淮北矿业（集团）公司所属煤矿制定安全保障措施、派驻工作组督导盯守，加强安全生产监管。

【安全生产监管】 2021年，省局监察二处坚持执法和普法相结合，加强《中华人民共和国安全生产法》《中华人民共和国刑法修正案（十一）》等宣传贯彻，做到逢矿必讲、逢查必考、以考促学，营造法治氛围，提高依法办矿、依法管矿意识，全年抽考各类人员350名。对发现的共性问题、突出问题和涉及上级公司责任的问题向集团公司职能部门开展责任监察、座谈交流，下达监察意见书，督促落实监管责任。督促淮北矿业（集团）公司根据辖区煤矿实际情况调减产量计划220万吨，祁南、涡北、石台等5对生产被动矿井调减利润1.78亿元。督促煤矿企业加大三年行动集中攻坚力度，动态更新“两个清单”（安全生产责任清单和安全生产工作清单）；聚焦突出问题，持续加大整治力度，制定三年行动重点任务清单，明确时限、责任人，并纳入日常考核内容。

【煤矿安全监察】 2021年，省局监察二处实施监察125矿次，发现各类隐患815条（重大隐患1条），责令73个采掘工作面停止作业、168台（套）设备停止使用，对284项违法违规行为罚款1004.9万元，同比增加393.6万元，辖区煤矿发生事故1起、死亡1人。对淮北矿业（集团）公司职能部门开展责任监察、座谈交流，下达监察意见书，督促落实监管责任。督促淮北矿业（集团）公司根据辖区煤矿实际情况调减产量计划220万吨，祁南、涡北、石台等5对生产被动矿井调减利润1.78亿元。全年重点关注重大风险124项，消除80项。坚持日查看、周调度、月分析、季会商制度，动态分析掌握煤矿重大风险管控情况。对出现新的重大风险或风险程度增大、可能产生重大隐患或者违法违规行为，向煤矿下达重大风险预警告知书，全年下达预警告知书29份，纠正许疃矿82下采区采掘布局不合理问题，消除石台矿Ⅲ317老空水对Ⅲ319风巷掘进的威胁。

推动辖区煤矿建成30个智能化采煤工作面、2条盾构机施工线，建成杨柳、信湖和界沟3对智能化矿井。开展全系统各环节监察，对21对矿井开展监察22矿次，查处隐患420处，罚款265.5万元，形成大排查报告，分析105条突出问题。开展防溃水溃砂、采掘接续、“雨季三防”、瓦斯防治和防灭火等专项监察。督促童亭、朱庄等矿在极端天气及时撤人，督促2对提高开采上限工作面矿井重新进行论证。针对朱仙庄“5·23”瓦斯高值超限事故暴露出的造假行为、桃园煤矿Ⅱ1044大倾角工作面连续发生大面积漏顶导致工作面停产和“一井一制”等问题，向企业下达监察意见书4份。督促淮北矿业（集团）公司下发《关于开展煤矿安全生产“打假”专项行动的通知》，明确28种造假情形，开展打假专项行动，查处造假行为13起，6名矿级干部被挂“红牌”；督促淮北矿业（集团）公司成立桃园矿工作专班，驻矿现场督导，消除安全隐患。针对部分煤矿副井提升机钢丝绳检测不符合规定，督促淮北矿业集团公司职能部门消除安全风险。对企业上报采掘接续自查报告进行初审，提出初审意见32条。

【瓦斯和水、火综合治理】 2021年，省局监察二处科学编制“一矿一策、一面一策”灾害治理方案，推进新技术新工艺新设备新材料应用，推进过断层为治断层。突出瓦斯、水、火三个重点。瓦斯防治紧盯瓦斯基础参数测定、近突出煤层掘进、过应力集中区及地质构造带、石门揭煤、钻孔施工、抽采达标评判、初放等关键环节工序；水害防治紧盯提高上限开采、老空水探放、过地质构造带及异常体“两探”措施落实、效果验证评价；防灭火紧盯近距离煤层群开采、放顶煤回采、工作面收作、沿空掘进、动火作业等综合防灭火措施落实，确保过程管控到位、灾害治理到位、效果检验达标。推动煤矿企业树立区域治理、综合治理、超前治理和系统治理四大治灾理念，推进地面井压裂抽采及卸压抽采瓦斯、水害防治地面区域治理，井下定向长钻孔治理瓦斯和水害、千米钻机等新技术新工艺新设备应用。推动企业修订和地测防治水技术管理规定。

【精准监察】 2021年，省局监察二处深化精准监察，做到矿井分类、监察计划、检查方案、检查方法、重点盯防和隐患追责“六精准”，以监察执法信息化推动实现安全动态信息掌握、执法流程、执法统计、执法分析、监察员量化考核和执法监督“六个精确”。坚持线上、线下，事前提醒、事中事后监督，全流程开展精准执法监督工作，全年召开查审分离会19次，提出问题47条；对省局网上执法监督、上半年执法案卷评查和异地执法文书互查发现的问题建立整改台账，明确责任单位、责任人。对邹庄矿7401大倾角厚煤层沿底掘进、袁一矿1033里风巷防突掘进、桃园矿Ⅱ1044大倾角工作面等开展精准监察30矿次。对许疃煤矿瓦斯异常开展精准监察，立案3项。联合市有关监管部门召开4次重大风险管控会商暨监管监察执法通报会，解决刘东矿单班入井超员和杨柳矿107下部块段采区划分等问题。

【推行“互联网+监察”】2021年，省局监察二处巩固完善“互联网+监察”，按照“五个可视化”（数据监测、灾害治理、关键工序、操作行为和设备管理）要求和许疃“4·21”打钻喷孔、朱仙庄“5·23”瓦斯高值超限暴露的问题，推动T钻、T2甲烷传感器实行视频监控，强化视频管理，消除监管盲区。坚持每天查看监测预警系统，发现问题及时开展现场核查。全年查处各类问题96项，立案72项，罚款367.3万元。通过工业视频发现孙疃煤矿探放水钻孔造假、许疃煤矿打钻喷孔未按规定记录等问题，均按上限处罚。

【安全事故查处】2021年，省局监察二处针对孙疃煤矿大排查监察问题多、安全管理滑坡和朱仙庄、许疃、邹庄瓦斯超限等问题，约谈矿级管理人员14名，被记入违法违规档案副矿级领导17名。针对青东矿隐患整改造假、违法行为“屡禁不止、屡罚不改”等情形，给予该矿10万元罚款；对朱仙庄矿人为造成甲烷传感器失效重大隐患，给予相关责任人免职处理。对重大风险失控的许疃、朱仙庄和邹庄等煤矿罚款203万元。召开公开裁定会，约谈3对煤矿矿长、总工程师等11人次，记入副矿级档案4人次；推动企业运用家法问责45人（其中3人撤职、1人免职、3人降级），罚款20.5万元。对祁南矿防灭火措施执行不到位、邹庄矿防突措施落实不到位等4起典型案件开展公开裁定。对许疃“10·27”事故整改和防范措施落实情况进行评估，督促企业修订完善巷道密闭、启封、探查、密闭区域瓦斯抽放、瓦斯排放等相关规定，用事故教训推动安全生产工作。全年查处“两类隐患”（一般事故隐患、重大事故隐患）288项，罚款456万元，实现“零突出”“零着火”“零突水”目标。

（陈　富）

自然资源管理

【概况】2021年，淮北市“三调”数据成果通过省级验收，完成三调成果、城镇村庄土地利用状况等分析报告及2020年度国土变更调查变化流量提取、上图、调查举证、入库、上报等工作。开展2021年度国家基础性地理国情监测工作，汇总完成市发改委、市交通局等16家单位40余项行业资料。完善工程建设项目审批综合服务窗口整体功能，实现“一个窗口申请、一套资料办理、一个流程办结”。搭建“多测合一”共享平台，推行“互联网+不动产登记”，实现不动产登记业务苏鲁豫皖四省“跨省通办”。开展“四送一服”（送新发展理念、送支持政策、送创新项目、送生产要素，服务实体经济）工作、创优“四最”（政策最优、成本最低、服务最好、办事最快）营商环境工作，办理各类行政许可事项265件。

【规划编制】2021年，淮北市自然资源和规划局开展《淮北市国土空间总体规划（2021—2035年）》编制，完成永久基本农田、生态保护红线、城镇开发边界3条控制线划定。开展城市重点片区控规编制，编制完成《淮北市绿金湖、南湖西岸片区控制性详细规划及城市设计》《人民东路南山片区控制性详细规划》《安徽口子酒业退城进区搬迁项目二期用地控制性详细规划》并经市政府批准实施。推进《淮北高铁西站片区概念性规划及核心区城市设计》《淮北市绿金公建岛概念性城市设计》编制进度。配合杜集区政府、市建投集团分别完成《淮北市杜集区段园镇全域统筹规划研究》《大唐淮北电厂旧址片区城市设计》等规划编制。

【要素保障】 2021年，淮北市自然资源和规划局落实承接省政府委托用地审批权工作，印发承接省政府委托用地审批权工作实施方案，报市政府审批建设用地48宗5722.50亩，经批准33宗4711.77亩，保障省道101淮徐快速通道、G3京台高速、市高新区等重点项目建设。统计汇总全市全民所有自然资源资产清查价格体系建设基础数据资料。办理驾考中心、高岳九年一贯制学校等39个项目划拨供地手续，依法依规办理淮北市建投控股集团有限公司、淮北矿业（集团）有限责任公司等23宗土地使用权转让事宜。严格国土空间用途管制，批准土地面积512.38公顷，其中使用工矿废弃地复垦计划批准土地127.68公顷，城镇批次及单独选址项目批准土地282.14公顷，使用增减挂钩计划批准土地102.56公顷。

【耕地保护】 2021年，淮北市印发《中共淮北市委淮北市人民政府关于印发〈淮北市推行耕地保护田长制的实施方案〉的通知》，建立市、县（区）、镇（街道）、村（社区）四级耕地保护田长制，推动耕地保护责任落到实处。加强永久基本农田保护动态巡查监测，管好、护好208.25万亩永久基本农田，补充耕地3440亩，办理设施农用地手续69宗，面积3250.7亩。

2021年11月18日，淮北市土地复垦整理中心（采煤塌陷区综合治理中心）博士后科研工作站揭牌仪式举行 （市自规局 供）

【矿业权管理】 2021年，淮北市自然资源和规划局协助矿业权人到省自然资源和规划厅办理采矿权延续、变更、保留等手续，出具矿业权人核查意见表7份。摸排整治全市露天矿山，维护矿产资源开发利用秩序。公开出让淮北市烈山区高楼山矿区1.64亿吨建筑石料用灰岩采矿权，成交收益金15.1亿元。公开出让淮北市杜集区程蒋山矿区南段9780.1万吨水泥用灰岩矿、建筑石料用灰岩矿采矿权，成交收益金4.21亿元。

【矿产资源保护监督】 2021年，淮北市自然资源和规划局加强矿产资源储量管理，开展矿产资源储量动态检测。完成全市33家持证矿山企业及15个勘察项目信息公示工作，信息公示率100%。开展绿色矿业发展示范区建设，至是年底，淮北市有9家矿山纳入国家级绿色矿山名录，占全市矿山总数31%。

【国土空间生态修复】 2021年，淮北市自然资源和规划局完成省下达的10个废弃矿山生态修复治理任务，治理恢复面积2374.05亩，总投资13544.5万元。完成在建生产矿山治理面积1422.27亩，使用基金11523.06万元。泉山采石宕口生态修复项目探索利用市场化方式推进矿山生态修复，打造市场化推进矿山生态修复“淮北模式”。

【地质勘察与灾害防治】 2021年，淮北市自然资源和规划局编制《淮北市2021年地质灾害防治方案》《淮北市地质灾害防治规划（2021—2025年）》。落实主汛期24小时值班和灾险情“零报告”制度，开展地质灾害汛前、汛中、汛后“三查”工作，建立群防群测网格化监测预警体系，是年，淮北市未发生地质灾害。

【建设用地报批】 2021年，淮北市自然资源和规划局上报建设用地72宗9039.97亩，经批准51宗7685.69亩。完成淮北市国防动员教育训练基地、徐淮阜高速公路淮北宿州段、淮海东路延伸工程等11个建设项目用地预审与规划选址项目审批审查工作，项目用地总面积6600.89亩。

【用地审批与服务】 2021年，淮北市自然资源和规划局合并办理建设项目规划选址、用地预审、建设用地规划许可证和用地划拨决定书事项，实施工程建设项目联合测绘。办理各类行政许可事项265件，审查修建性详细规划25个，核发建设项目用地预审与选址意见书15份、面积1711.2亩，建设用地规划许可证31件、面积5023亩，建设工程规划许可证97件、面积475万平方米，保障相山区公共卫生应急服务中心、绿金学校、高岳九年一贯制学校、淮北师范大学相山附校等项目落地实施。

【土地市场交易】 2021年，淮北市本级收储土地39宗，面积4099.33亩，招拍挂出让土地47宗，面积5049.99亩，成交价款58.65亿元。在全市开发区全面推行“标准地”制度，指导各园区对需要按照“标准地”模式供地，提出建设项目投资、能耗、环境、建设、亩均税收等至少五项控制性指标。共收储“标准地”7宗，面积408.16亩。

【采煤塌陷村庄搬迁】 2021年，淮北市自然资源和规划局加强全市村庄搬迁督察督办力度，按照“周督查、月调度”制度，对全市11个乡镇25个安置点项目建设进度进行不定期督查49次，及时掌握村庄搬迁动态，维护采煤企业正常生产秩序。组织召开8次协调会，对接采矿企业查问题、找原因、定措施，一事一议协调解决韩村镇薛场，渠沟镇梁楼、张店等村庄搬迁安置问题。新开工采煤沉陷村庄新村主体工程5个（濉溪县孙疃镇朱行庄，五沟镇大于家、小于家、戚家，韩村镇沙垄孜），完工2个（临涣镇祁庄、前李场）。截至年底，2011—2018年度淮北市列入省采煤沉陷村庄搬迁计划165个自然村，涉及搬迁群众约11.14万人，其中98个新村主体工程基本完工、搬迁入住约6.6万人，23个在建，地矿对接协商44个。

【城市地价管理】 2021年，淮北市自然资源和规划局开展城市地价动态监测工作，划分42个监测区段，设立72个地价监测点，按季度进行动态监测，综合分析全市地价变化形势。综合地价水平值为1425元/平方米，环比地价增长率为0.14%，同比增长率为0.49%。其中，商业地价水平值为3047元/平方米，环比地价

2021年2月23日，淮北市不动产登记中心与市税务局等部门工作人员指导东山街道做好政策解读等工作　　（市自规局　供）

增长率为0.07%，同比增长率为0.30%；居住地价水平值为1968元/平方米，环比地价增长率为0.10%，同比增长率为0.61%；工业地价水平值为328元/平方米，保持稳定。12月，市辖区集体建设用地、集体农用地基准地价制定成果以及2021年城区标定地价更新成果分别经市政府批准公布施行，实现淮北市城乡基准地价和城镇标定地价全覆盖。

【不动产登记】 2021年，淮北市自然资源和规划局累计受理各类不动产登记业务13.51万件，同比上升15.08%，发放登记证书9.98万本、证明3.62万份。为实体经济企业办理房屋首次登记927件，土地首次登记74件，各类抵押登记531件，涉及抵押金额91.69亿元。业务办结时限由最多3个工作日压缩至最多2个工作日，线下平台做到大部分业务即办即结。8月10日，全面启用电子证照，产权证书实现电子化、信息化，在业务系统中实现自动生成电子证照，在政务服务外网实现不动产登记电子证照查询、下载、核验等功能。延伸服务“全市通办”，7月中旬，市辖三区分别成立不动产登记分中心并入驻各区政务服务中心，在三区政务服务中心共设置12个服务窗口，实现不动产登记服务全市通办、就近办、一次办。

【测绘管理】 2021年，淮北市自然资源和规划局开展测绘地理信息行业监管、法制建设和机制创新，推动基础测绘转型升级、基础数据更新。总投资3600余万元的智慧淮北时空大数据与云平台项目通过省级验收。完成2021年测绘地理信息质量“双随机”监督抽查工作，更新淮北市域内约50平方千米进行无人机航测并加工制作倾斜影像，绘制1：500，1：1000，1：2000比例尺地形图，更新天地图200平方千米影像数据。搭建淮北市“多测合一”服务平台，印发《淮北市工程建设项目联系测绘技术规程（试行）》，编制《淮北市“十四五”测绘地理信息规划（方案）》。

【自然资源执法】 2021年，淮北市、县（区）、镇、村四级巡查网络开展动态巡查2500余次，发现违法行为130余次，下达责令停止违法行为通知书108份，立案查处10个，保护耕地180余亩。经整改，全市卫片执法违法问责比例降至0.35%。报送自然资源领域扫黑除恶问题线索17起，对10件“三书一函”（监察建议书、司法建议书、检察建议书，公安提示函）问题进行查处整改。结合卫片执法检查，新增4宗农村乱占耕地建房问题全部整改到位。

【自然资源确权登记】 2021年，全市宅基地390398宗，其中相山区24199宗，杜集区33000宗，烈山区54085宗，濉溪县279114宗；集体建设用地838宗，其中相山区86宗，杜集区112宗，烈山区251宗，濉溪县389宗。全市各县区农村房地一体确权登记发证项目进行市级验收，有序推进登记发证、数据汇交工作。

（朱成文）

教　育

综　述

【概况】 2021年，淮北市有各级各类学校（不含高校）785所，比上年增加41所。其中普通高中学校21所，初中学校101所，小学279所，幼儿园375所，特殊教育学校2所，中职学校7所。小学同比减少5所、幼儿园同比增加47所，中职学校减少1所。全市各级各类学校（不含高校）在校学生总数为393350人，比上年增加7056人。其中，普通高中在校生39161人，比上年减少759人；初中在校生76592人，比上年增加2314人；小学在校生171529人，比上年增加4328人；幼儿园在园幼儿80504人，比上年增加559人；特殊教育类学生在校生1389人，比上年增加1人；中职学校在校学生数24292人，其中，全日制普通中专在校生17119人，高校附设中职班2358人，技工类学生4815人。全市幼儿学前三年毛入园率95.01%，比上年增加0.62%；普惠性幼儿园在园人数76589人，同比增加742人，占全市在园幼儿总数95.14%，同比增加0.01%；公办幼儿园在园幼儿42550人，占全市在园幼儿总数的52.85%，同比增加0.03%。小学、初中适龄人口入学率继续保持在100%；小学升学率为100.41%，比上年增加0.4%；初中毕业生升学率为96.8%，比上年增加0.23%；九年义务教育巩固率为103.7%，比上年增加5.69%；高中阶段毛入学率为94.19%，比上年增加0.09%，残疾儿童少年入学率107.84%。全市普通高中大班额问题全部化解完毕，义务教育大班额较上年大幅降低。

全市各级各类学校教职工总数为26884人，比上年增加1326人。基础教育教职工25752人，比上年增加1216人。其中，普通高中教职工3307人，比上年减少79人；初中学校教职工6528人，比上年增加67人；小学教职工9472人，比上年增加43人；幼儿园教职工6397人，比上年增加493人；特殊教育学校教职工48人，比上年减少1人。中等职业学校教职工1132人，比上年增加110人。其中，中职学校双师型教师427人，占专业课、实习指导课教师比79.8%。

【新时代教育评价改革】 2021年6月，中共淮北市委教育工作领导小组印发《淮北市深化新时代教育评价改革工作任务清单》。12月，中共淮北市委、淮北市人民政府印发《淮北市深化新时代教育评价改革工作方案》，围绕党委和政府、学校、教师、学生、社会五类主体，重点设计五大方面改革任务。申报完善中小学、幼儿园及其领导人员（管理人员）考核评级标准及实施，艺术类科目纳入中考试点和开展职业学校办学水平评价并建立评价结果公开机制3个改革试点项目，全部列入省首批深化新时代教育评价改革试点项目。

【全面落实“双减”政策】 2021年，《淮北市进一步减轻义务教育阶段学生作业负担和校外培训负担的工作方案》印发。中共淮北市委教育工作领导小组建立“双减”工作专门协调机制和分层调度机制，实行“半月”调度，市教育局成立“双减”工作专班，形成推动“双减”政策落地的有效合力。严控学生作业总量，印发“五项管理”工作细则，出台义务教育“零起点”教学、提高作业管理水平、规范学校考试管理等系列文件，全市380所义务教育学校全部建立作业公示制度。全面推开课后服务，至是年底，全市义务教育学校课后服务覆盖率100%，参加课后服务学生136454人，参加率93.69%，教师参与人数7618人，实现义务教育阶段学校全覆盖、有需要的学生全覆盖。出台《关于建立“双减”工作承诺制的通知》《关于建立校外培训机构包保巡查制度的通知》《关于开展寒假期间校外培训机构专项治理工作的通知》等配套文件，开展拉网式摸底排查，分类建立工作台账，大幅压减学科类培训机构，69家学科类培训机构全部注销。

【中小学素质教育】 2021年，淮北市加强红色教育基地、爱国主义教育基地等校外教育实践场所建设，建有省级以上爱国主义教育基地6个，省级以上研学旅行基地10个，青少年校外活动中心3个，辖区基地建设覆盖率100%。全市中小学全部按规定开齐开足思想政治、道德与法治课，改进德育方式方法。推动形成“一校一品”及“一校多品”办学格局，至年底，全市有3所学校获评全国文明校园，4所学校入选全国中小学中华优秀文化艺术传承学校，4所学校入选全国学校体育工作示范学校，9所学校被评为全国中小学国防教育示范学校，83所学校被教育部命名为全国青少年校园足球特色学校。打造中小学生花样跳绳、软式垒球等一批素质教育品牌项目，获多项全国性、国际性奖项。出台《中共淮北市委　淮北市人民政府关于全面加强新时代大中小学劳动教育的实施意见》，成立淮北市劳动教育教学指导委员会，组织开展“学生劳动教育宣传周”活动。拓展劳动实践场所，建立以县为主、政府统筹规划配置中小学劳动教育资源的机制，强化县级青少年校外活动场所的劳动教育功能。各县区教育局和市直各学校全面开展学生心理健康普查活动。市教育局在梅苑学校成立心理健康援助中心，整合教育和社会资源，针对性开展未成年人心理健康教育。各县区和学校建立医教协同、家教协同机制，完善学生心理危机预防快速处理反应机制。

【教育资助】 2021年，全市资助学前教育幼儿3197人，资金254.125万元，园内资助4996人，资金459.83万元。发放普通高中学生国家助学金10507人、资金1373.5万元，普通高中学生免学杂费1685人、资金188.8万元，校内资助6515人、资金517.1万元，社会资助243人、资金61.95万元。发放中职国家助学金3361人、资金460.95万元，中职免学费18714人、资金3697.11万元，校内资助4234人、资金75.74万元，职业技能资助2911人、资金291.1万元，

2021年10月11日，“请党放心　强国有我”淮北市纪念少先队建队72周年主题队会活动举行　（市教育局　供）

发放国家奖学金25人、资金15万元。落实对建档立卡家庭资助政策，资助原建档立卡普通高中学生1018名，发放国家助学金223.8万元，免除学杂费111.82万元；发放原建档立卡学生中职国家助学金636人、资金105.65万元；免除原建档立卡学生中职学校学费797人、资金156.23万元。开展滋蕙计划，对普通高中及中等职业学校应届毕业通过高考、高职单招考入全日制普通高等院校（含高职）的家庭经济困难新生补助交通费及入学后短期生活费。2021年资助大学新生720名，发放资金45.25万元。

【教育督导】 2021年，淮北市印发《关于深化新时代教育督导体制机制改革的实施方案》。出台《关于组织全市中小学责任督学开展“五项管理”督导工作的通知》（加强中小学生作业、睡眠、手机、读物、体质管理，简称“五项管理”），对全市挂牌学校“五项管理”工作进行实地督查，落实教育督导问责机制。下发《关于开展县域学前教育普及普惠督导评估工作的通知》，10月底完成2021年度全面自评。完成市县两级政府履行教育职责评价工作和县级党政领导干部教育履职督导考核工作，对县区政府上年度目标管理绩效和党政领导干部履行教育职责情况进行考核和复查并上报省督导办。做好相山区（含市直）、濉溪县接受国家义务教育质量监测工作，沟通联动当地卫生防疫、公安、财政、保密、交通、电信、电力等部门，确保完成监测。做好幼儿园办园行为督导评估工作，成立市级复评组，抽取26所幼儿园复评并现场反馈，提出整改意见和要求。是年，教育部幼儿园办园行为督导评估系统，淮北市404所幼儿园中，自评391所，自评完成率96.78%；督评375所，督评完成率92.82%，三区自评率、督评率均为100%，濉溪县自评率94.74%、督评率88.26%。

【平安校园建设】 2021年，淮北市教育局推进教育系统安全生产专项整治三年行动，梳理全市校园及周边安全隐患，组织检查组进行定期和不定期专项检查，对于重大隐患进行挂牌督办。聚焦保安配备等短板问题，投入资金用于加强一键式紧急报警、视频监控、前哨监控等系统建设，4个100%目标全部达标。规范校车管理，统一购买专用校车，聘用驾驶员和随车照管人员，实行“资源共享、统一调度、错时共用”的运营方式，建立监控视频集中平台，实行双巡查监管，校车公司配备专门人员负责校车运行日常监控。淮北市有专用校车249辆，专业驾驶员260名，随车照管老师260人，接送学生3万余人。开展学校危化品的专项整治行动。各学校配齐配足危险化学品柜，建立健全实验室危险化学品管理“三账一卡”（总账、明细账、低值易耗品账，橱柜卡），落实“三双制度”（双人、双锁、双账），规范危化品管理。印发《淮北市中小学幼儿园安全风险点查找指导手册（试行）》《淮北市校园安全规范管理工作手册》2000余册，落实“日查月报”隐患排查整治机制，规范隐患整改工作。多次召开全市中小学校园安全培训会，通过专家讲座、示范学校参观等方式培训校园安全管理人员。

【教育信息化建设】 2021年，淮北市完成乡村中小学校79所和小规模学校（教学点）31所智慧学校建设，实现全市170所公办乡村中小学校智慧学校建设全覆盖。启动教育教学微视频制作技能大赛，1000余件教师作品入选；开展全市中小学教师教育教学信息化优秀作品征集活动和教师网络空间应用案例评选活动，约1.8万名教师参与活动，180余件作品被评为市级优秀作品，其中2件作品被中央电教馆作为“第二十五届全国教师教育教学信息化交流活动”优秀作品进行展示交流；开展全市智慧课堂教学应用培训，全市1万多名教师参加培训；上报参加省级立项评审课题8个，市级教育信息技术研究课题30个。开展庆祝中国共产党成立100周年淮北市中小学生电子板报创作大赛，收到作品近800件；开展“学生信息素养提升实践活动”参展作品征集活动，全市近2万名学生参与活动；开展淮北市中小学生创客展示活动，包含智能设计创客、编程创客、无人机创客、STEM科学实验创客、3D打印建模创意设计5个项目，467名学生报名参加此次展示活动。

【民办教育】 2021年，淮北市有各级民办学校283所，在校生74827人。其中，中职学校1所，在校生1596人；高中7所，在校生4680人；初中20所，在校生18276人；小学10所，在校生12320人；幼儿园245所，在园幼儿37955人。政府对民办学校投入资金5983万元用于民办学校义务教育“两免一补”资金及各类学生资助资金。修订民办学校章程，把党组织建设有关内容纳入学校章程，健全党组织参与决策和监督机制，健全党建带团建、队建工作制度。至年底，有184所民办学校建立党组织，派驻党建指导员的学校覆盖数263所。实现公办民办学校同步报名、同步开展录取、同步注册学籍。对民办学校的办学方向、办学条件等方面的情况进行量化考核。规范教学管理，各学校开齐开足国家课程，促进学生德智体美劳全面发展，推动学校教学常规管理制度健全。依法保障民办学校教师权益，民办学校教师在资格认定、职称评聘、培养培训、课题立项、评优表彰等方面享有与公办学校教师同等的权利。实行民办职业学校招生和专业备案管理，支持民办职业教育加强专业建设，拨付树人中等专业学校传统武术特色技能项目竞赛经费2.57万元。

学前教育

【概况】 2021年，淮北有幼儿园375所，幼儿园在园幼儿80504人，学前三年毛入园率95.01%。普惠性幼儿园在园人数76589人，占全市在园幼儿总数95.14%；公办幼儿园在园幼儿42550人，占全市在园幼儿总数的52.85%。幼儿园教师3993人，占教职工比62.25%，比上年增加2.6%。是年，淮北市学前教育促进工程共规划新建改扩建幼儿园10所，其中新建幼儿园3所，新建面积8900平方米；改扩建幼儿园7所，面积8214平方米。

【学前教育普及普惠发展】 2021年，淮北市教育局出台《淮北市支持学前教育发展资金管理办法》《淮北市支持学前教育发展（奖补）资金分配方案》，设立支持学前教育发展专项资金，每年预算安排400万元，对办学规范、收费合理、社会效益良好的公办园、普惠性民办园（含城镇小区配套园）进行奖补。印发《淮北市幼儿园与小学科学衔接行动方案》，遴选杜集区作为幼小科学衔接省级实验区，制定《关于印发〈杜集区幼儿园与小学科学衔接行动方案〉的通知》，其中6所省级试点园和2所省级试点校分别制定实施方案，在2021年秋季学期开始先行试点推进幼儿园入学准备和小学入学适应教育。

【淮北市市直机关第一幼儿园】 淮北市市直机关第一幼儿园是安徽省一级一类幼儿园、安徽省

2021年1月1日，淮北市市直机关第一幼儿园师生开展“欢欢喜喜迎新年”活动　　（范瑾　摄）

语言文字规范园、安徽省绿色幼儿园。拥有5个园部，56个班级，2100余名幼儿，200余名教师。2021年，该园被评为“安徽省三八红旗集体”“安徽省女教职工工作先进集体”等。教师王淑玲获“淮北市优秀党务工作者”称号，赵庆梅被评为淮北市“最美教师”，李道海被评为淮北市“诚信教师”，赵芷桦被评为淮北市“优秀班主任”。赵芷桦获安徽省幼儿园自主游戏大赛一等奖，刘妍秋获淮北市幼儿园优质课大赛一等奖，2人获市教育系统幼儿早期阅读绘本教学设计比赛活动一等奖，1人获市教育系统幼儿园教师技能大赛（讲故事）评选活动一等奖。

义务教育

【概况】 2021年，淮北市有义务教育学校380所，其中，初中学校101所，小学279所。义务教育学校在校生计248004人，同期增加6642人；其中初中76475人，同比增加2314人；小学171529人，同比增加4328人。义务教育学校在校生占全市在校学生总数（不含高校）的62.5%，小学、初中适龄人口入学率继续保持在100%。义务教育学校专任教师总计14784人，占教职工比92.4%。其中：初中学校专任教师5852人，占教职工比89.64%；小学专任教师8932人，占教职工比94.3%；义务教育学校专任教师本科以上学历人数11109人，占比75.14%。其中，初中教师本科以上学历5071人，占比为86.7%，小学教师本科以上学历6038人，占比为67.6%。普通初中生均图书50.5册，比上年增加4.66册；每百名学生拥有数字终端31.73台，比上年增加6.27台；生均教学仪器值3354.47元，比上年增加612.52元；生均校舍面积18.77平方米，比上年减少0.9平方米。小学生均图书19.17册，比上年增加2.33册；每百名学生拥有数字终端16.3台，比上年增加2.02台；生均教学仪器值1390.73元，比上年增加122.63元；生均校舍面积5.71平方米，比上年增加0.17平方米。

【义务教育均衡发展】 2021年，淮北市落实联防联控工作机制，部署各县区联合乡村振兴局、残联等部门全面排查义务教育阶段适龄儿童少年就学情况和适龄残疾儿童底数，建立市级控辍保学台账和残疾儿童台账。是年，淮北市义务教育阶段学校无辍学学生。出台《关于做好2021年度智慧学校建设工作的通知》。全市投入8760万元，完成建设乡村中小学校智慧学校79所，27所小规模学校（教学点），实现公办乡村中小学校智慧学校建设全覆盖，各校智慧课堂开课数量和科目超省教育厅“智慧课堂开设课程科目不少于3门、且开课总节数平均不少于6节/周”要求，受到省教育厅表彰。全面实施教师“无校籍管理”“县（区）管校聘”管理体制改革，采取多种交流方式逐步解决不同区域、学校、学段、学科之间教师结构性缺编等问题。全年市直及三区一县实现义务教育阶段教师交流1096人次，校干交流117人次，选派58名市直学校教师赴乡村或薄弱学校支教，14名乡村或薄弱学校教师赴市直学校挂职锻炼。各县区制定区域内中小学教师工资待遇落实保障长效机制方案，健全经费保障长效机制和义务教育教师工资随当地公务员待遇调整联动机制，义务教育教师和当地公务员均同步调整、同步核算、同步发放。淮北市义务教育学校教师年均工资收入均不低于当地公务员年均工资收入。

【义务教育学校标准化建设】 2021年，淮北市实施义务教育薄弱环节改善与能力提升工程，公开招投标，实行合同管理制、项目公示制、企业信用记录制。实施义务教育薄弱环节改善与能力提升工程，建设符合标准的教学用房、运动场地，配备适合学生身心发展特点的图书，添置必要的教学、运动仪器设备、器材，保障乡村学校基本办学条件。修建食堂，配备必要的洗浴、卫生、安全设施，保障师生生活方便、居住安全。是年，淮北市规划义务教育薄弱环节改善与能力提升工程项目土建项目13个，面积42116平方米，资金1360万元；规划设备采购项目30个，采购设备181278台（件、套），资金1435万元。

【教育资源合理配置】 2021年，淮北市落实重点区域中小学布局规划任务。新建、改扩建学校13所。实施《淮北市重点发展区域中小学布局规划（2020—2035）》，环湖小学、市三实小中湖校区、市二实小东校区、华师大港利实验学校等一批新建、改建学校投入使用，新增学位15230个。2021年秋季学期，2所公办新学校开始招收一年级新生。市三实小中湖校区，为中湖明月小区配建的九年一贯制学校，建设规模63个教学班，可新增学位2940个；相山区环湖小学，为锦绣府邸住宅小区配建学校，规划24个班，可新增学位1080个。

【淮北市第一实验小学】 2021年，淮北市第一实验小学有62个教学班，3413名学生。在岗教师159人，其中特级教师3人、高级教师12人，有国家级名师工作室首席名师1人、淮北市名校长工作室首席1人、淮北市英语名师工作室首席1人、市名班主任师工作室首席1人。学校荣获“第三批全国中小学中华优秀传统文化传承学校”“安徽省巾帼建功先进集体”称号，获2021年度全国软式棒垒球锦标赛一等奖。在第四届“中国STEM教育发展大会”上第一轮获全国并列第9名，安徽省第1名；第二轮获全国第28名，安徽省第2名，提交课例入选该届STEM教育发展大会优秀课例集；第三轮以全国第6名，安徽省第1名的成绩获评“明星团队”；三轮总成绩进入全国前20强，是安徽唯一入选第一方阵的学校，成为全国STEM教育的“TOP20团队”。

【淮北市第三实验小学】 2021年，淮北市第三实验小学中湖校区交付使用，有70个教学班，在校生4000多名，教职工140多名。杨秋梦获淮北市“红领巾心向党”少先队辅导员学党史演讲比赛一等奖，袁圆获淮北市“学党史　强信念　跟党走”微团课竞赛一等奖，情景剧《我最崇拜的人》、经典诵读《红色记忆》、诗朗诵《信念永恒》被选为学党史经典项目，其中《红色记忆》获淮北市经典诵读评比一等奖。在淮北市第二届优秀教科研成果奖评选中，有3项成果分获一等奖、二等奖、三等奖。组建3支代表队参加长三角阅读马拉松大赛，“一点微光”代表队获第二名。韩东获评安徽省十佳青年教师、安徽省金牌职工、安徽省特级教师等，并参与“中国中小学师生学科阅读书目”的研制，苏雅巍、赵彩香、韩东3人被评为市学科带头人，蔡香梅、营群、单思敏等10人被评为市骨干教师。赵彩香获“2021年度教师网络空间应用案例评选活动”全市第一名，黄继涛的课例获评省级精品课。

【淮北市首府实验小学】 2021年，淮北市首府实验小学2个校

2021年3月30日，淮北市第三实验小学邀请抗美援朝老兵陈孝德讲党史　（万善朝　摄）

区共开设57个教学班，在校生3191名，在编教师112人，其中高级教师10人、市级学科带头人2人、市级骨干教师12人、市级名师工作室和学科核心组成员3人。教师张甜甜获“中国梦 劳动美——永远跟党走 奋进新征程”全市职工演讲比赛二等奖。学生赵洋获“读党史 守初心 担使命”全民阅读主题演讲比赛获小学组一等奖，徐飒获全市中小学生“学党史、讲党史、重温红色历史故事”系列学习教育暨第28届爱国主义读书活动讲故事比赛获二等奖。作品《百年恰是风华正茂》获市级青少年党史学习教育经典诵读比赛一等奖。学校获“安徽省先进基层党组织”“安徽省优秀少先队集体”等称号，《德育为首 五育并举 构建幸福教育同心圆》获评教育部2021年“一校一案”落实《中小学德育工作指南》典型案例。2名教师获省级优质课比赛一等奖，1名教师获省级优质课比赛三等奖，6名教师获市级优质课比赛一等奖；参加教具制作比赛，3名教师获省级一等奖，2名教师获省级三等奖，6名教师获市级一等奖。苗妙妙参加第十届长三角地区中小学班主任基本功大赛安徽省选拔赛获省二等奖。

【淮北市濉溪路小学】 2021年，淮北市濉溪路小学有34个教学班，在校学生1821人。学校获安徽省第四届校园读书创作活动师生素养提升成果展演节目奖、淮北市青少年航模锦标赛团体第二名、淮北市首届青少年创意编程智能设计大赛获优秀团队奖、淮北市第十一届运动会跳绳团体一等奖、淮北市中小学生篮球联赛三等奖。教师顾凤获评市级优秀教育工作者，董婷婷、丁晓棠、罗琛皞、王璐获评市级骨干教师，马秀珍获评市级最美教师，赵娣获评市级“优秀班主任”。教师张晨曦参加2021年全国中小学思政课教师教学基本功展示交流活动，获省一等奖，并代表安徽省参加全国大赛；袁化奎书法作品分获省二等奖、市二等奖，朱阳、张晨曦人工智能课例获市一等奖，孙韦韦教学设计获市一等奖，张晨曦微视频制作获市一等奖、黄金华获指导教师一等奖，焦秀侠、王子明获民法典征文大赛指导教师一等奖，董婷婷获全市中小学生“学党史、讲党史、重温红色历史故事”列学习教育暨第28届爱国主义读书活动小学生故事会指导教师一等奖。

【淮北市黎苑小学】 2021年，淮北市黎苑小学有32个教学班，在校学生1500多人。其中本科以上学历的教师占95%，中高级职称教师占63%，省市级骨干教师16人。学校获“全国青少年人工智能活动特色单位”、“安徽省家庭教育创新实践基地”和安徽省“诚信之星”称号。教师盛波、孟胜东评为市教育系统“先进党务工作者”和“优秀共产党员”，孙莹玥等5人获“市级骨干教师”称号，1人获“市级学科带头人”称号。郝莹在安徽省少先队辅导员学党史演讲比赛中获一等奖，刘婷婷等4人在市级教学比赛获奖，吕海云等人

2021年5月，首府实验小学学生参加课后服务特色社团活动
（王同同 摄）

在市级征文、书法比赛中获奖，李雪等3人在市级人工智能优秀课例评比中获奖，高玮绘画作品在《中国教育美术》发表。冯米拉等200余位学生在电子板报制作、机器人大赛、庆六一文艺调演、演讲、宪法知识竞赛、书法绘画等活动中获奖项。

【淮北市人民路学校】 2021年，淮北市人民路学校有61个教学班，在校学生3200余人，在职职工160余人。学校有特级教师1人，省骨干教师3人，市级学科带头人、教坛新星、骨干教师、优秀教师30余人。学校被评为第二届全国名校联盟示范校、淮北市十佳小记者站。在淮北市第十一届运动会上，校足球队获中学组冠军。孙丽执教课例“那个星期天”在第三届全国统编小学语文教科书课例征集活动中获二等奖；徐雁、赵立武在淮北市优质课比赛中分别获小学心理学科一等奖和初中物理一等奖并代表淮北市参加省级比赛。学校被淮师大、淮北市职业技术学院、工业与艺术学校列为实习基地。

【淮北市泉山路学校】 2021年，淮北市泉山路学校有4个年级，24个教学班，学生1135人，教职工45人。打造数学省级精品课1节，2人获市中小学学科教学基本功大赛一等奖，2人获淮北市优质课大赛二等奖，1人获班主任基本功比赛一等奖。1人被评为安徽省优秀共青团干部，1人被评为安徽省三八红旗手，3人被评为淮北市骨干教师。1项省级、1项市级课题结题，4项市级课题立项。

【淮北市梅苑学校】 2021年，淮北市梅苑学校有教学班级94个，学生5400多人，教师236人，研究生学历10人，学历达标率100%。建有淮北市未成年人心理健康辅导中心、市智慧校园名师工作室、初中语文名师工作室。学校获团中央全国“申报示范类”“小平科技创新实验室”建设学校、淮北市五一劳动奖状、淮北师范大学研究生实践基地、淮北市体育传统项目学校等称号，教师周文娟等10人获第四批市级“骨干教师”称号，袁红获市级小学英语“学科带头人”称号。

【淮北市实验学校】 2021年，淮北市实验学校有8个年级，54个班级，在校学生2896人，教职工130人。学校获评“第二届淮北市文明校园”、市级体育项目传统学校（篮球）。在市中小学生篮球联赛屡获初中男子组冠军，并代表淮北市参加2021年安徽省青少年篮球（乙组）锦标赛获男子组亚军；在市中小学校校园足球联赛中获小学男子乙组二等奖、精神文明奖；在庆祝中国共产党成立100周年淮北市中小学生电子板报创作大赛中，5人获一等奖，1人获二等奖。教师祝鹤获“京师杯”全国教师数字化教学展示大赛全国特等奖；张娟获安徽省第四届校园读书创作活动教师组一等奖；曹静获全市音乐教师劳动竞赛活动暨“第二届中小学音乐教师声乐大赛”一等奖；张小颖、秦慧敏获淮北市学前和义务教育阶段优质课一等奖。

2021年4月16日，淮北市泉山路学校举办小学生“红色运动会”
（万善朝　摄）

【淮北市第二中学】 2021年，淮北市第二中学有校区2个，教学班58个，学生3200余人，教职工207人。学校在教育系统“读党史 守初心 担使命”全民阅读演讲比赛教师组比赛中获得二等奖。有10余位教师分别获教学比赛一等奖、市骨干教师、优秀班主任、最美教师等荣誉。任蓉获全国语文基本功大赛观摩课一等奖。学校获全市第十一届运动会游泳比赛青少年组团体第一名、安徽省篮球传统项目学校比赛第六名，多名学生参加省市级羽毛球、柔道、航模、书画比赛并取得优秀成绩。

【淮北市海宫学校】 2021年，淮北市海宫学校有31个教学班，在校学生1673名，教职工112名。在2021年安徽省青少年武术套路锦标赛暨U系列比赛中，学生张旭获男子传统通臂拳和传统单双鞭双第一。穆莉莉获淮北市学前及义务教育阶段优质课一等奖并代表淮北市参加省级比赛，朱孝喜、田敏、徐莉等分别获评淮北市“优秀教育工作者”“优秀班主任”“优秀教师”和“最美教师”等称号。

【淮北市西园中学】 2021年，淮北市西园中学有38个教学班级，在校生2069人，在编教师146人。淮北市西园中学教育工会获评“安徽省女职工工作先进集体”；在淮北市阳光体育大会上获团体一等奖和体育道德风尚奖，连续五年蝉联冠军；西园中学软式垒球连续三年获全国冠军。

普通高中教育

【概况】 2021年，淮北市有普通高中21所，在校生39161人，校均在校生规模1865人，专任教师2934人，生师比13.34%。高中阶段毛入学率为94.19%，比上年增加0.09%，比省定考核指标高2.1%。全市有省示范高中8所，分别是淮北市第一中学（以下简称“淮北一中”）、淮北市实验高级中学（以下简称“淮北实验高中”）、淮北市第十二中学、淮北师范大学附属中学、濉溪中学、濉溪县第二中学、濉溪县孙疃中学、濉溪县临涣中学。

【教育教学改革】 2021年，淮北市出台《淮北市普通高中新课程新教材实施方案》。推进普通高中育人模式创新，推进新高考综合改革。将培育学科核心素养和学生发展核心素养贯穿整个教育过程，探索互动式、启发式、探究式、体验式等课堂教学。全面落实选课走班，制订选课走班办法，分类分层设计课程，利用信息化手段统筹班级编排、学生管理、教师调配、教学设施配置等方面。建立专兼结合的指导教师队伍，利用各种社会资源构建学校、家庭、社会协同指导机制。完善综合素质评价工作，举办淮北市中学生综合素质评价培训会，邀请专家解读政策；各区县、各中学同步成立综合素质评价工作领导小组，建立日汇报制度，2021—2022学年度中学生综合素质录入率提高。继续开展省示范高中自主招生工作。在淮北一中、淮北实验高中等8所省示范高中开展自主招生，招生名额为自主招生学校本年度招生计划的3%，共自主招生263人。将省示范高中普通班招生计划的80%作为定向生招生指标，逐步减少市县交叉定向指标分配计划。

【普通高中教育质量提升】 2021年，淮北市教育局贯彻落实《安徽省深化普通高校考试招生综合改革实施方案》，从2021年秋季入学的高一年级学生开始实施，到2024年淮北市普通高校统一考试招生录取，将建立基于同一高考和普通高中学业水平考试成绩、参考综合素质评价的招生录取新机制。推动普通高中教育布局调整，加快淮北一中东校区、濉溪中学新校区建设。发挥淮北一中、濉溪中学作为教育部普通高中历史学科、化学学科安徽教研基地实验校的学科优势，加强校本教研和课题研究，探索形成可借鉴、可推广的经验做法和典型案例。集中全市骨干教师力量，以讲座、公开课等形式开展教研活动。全年进行新教材集体备课256次，开设名师、骨干教师、青年教师示范课例340节，邀请国家、省市级专家讲座107次，淮北一中、淮北实验高中、临涣中学被安徽省教育厅遴选为普通高中新课程新教材实施省级示范校。深化普通高中课程改革，分学科成立新教材培训工作核心组，打造名师精品课堂，建设高中阶段优课资源，推选出45节精品课参与省级遴选，19节课被评为省级精品课。

【淮北市第一中学】 淮北一中有教学班62个，在校学生3158人，教职工295人。有正高级教师4人、特级教师4人、全国优秀教师4人、中学高级教师150余人。2021年，在教育部、国家语委举办的“诵读中国”经典诵读大赛中，淮北一中获优秀奖。在省、市“两红两优”评选表彰中，学生李简获评“安徽省优秀共青团员”；高二（12）班团支部获评淮北市“五四红旗团支部”，学生叶瀚文和宫上珺获“优秀共青团员”称号。在安徽省第四届校园读书创作活动中，淮北一中获师生素养提升成果展演节目奖。学生王馨蕊获全国中学生模拟联合国大会“最佳立场外交官”称号。

（孙　宇）

【淮北市实验高级中学】 2021年，淮北实验高中有教学班93个，学生近5000人，教职工395人。是年，张厚学名师工作室被评为淮北市“工人先锋号”，艺术心理组被评为淮北市“青年文明号”，张厚学被评为安徽省最美教师，刘芳申报淮北市高层次人才储备金；2名教师代表安徽省参加国家级教学比赛，19名教师在淮北市优质课竞赛中获一等奖，16名教师代表淮北市参加安徽省高中优质课比赛；3名教师被评为淮北市学科带头人，17名教师被评为淮北市骨干教师；“多学科融合的高中美育模式”研究项目入选第六届中国教育创新成果博览会，谢晓军的案例入选2021年全国中小学班主任基本功和思政课教师教学基本功展示交流活动典型经验；2个团队获安徽省教育科学研究课题立项，2个团队获安徽省教育信息技术研究课题立项。1名学生被评为安徽省“勤学上进好青年”；1名学生获全省跳高亚军；男子篮球队获安徽省篮球传统项目学校比赛男子第四名、女子篮球队获第六名，男子足球队获全市冠军；1名学生获安徽省校园读书创作活动二等奖，5名学生获三等奖；1名学生在安徽省中学生职业模拟大赛中获一等奖。

3月30日，淮北市“4·6建市日”十八岁成人宣誓仪式活动在淮北一中举行　（孟飞　摄）

【淮北市第十二中学】 2021年，淮北市第十二中学有教学班43个，在校学生2268人，专职教师178人。许铁军获安徽省“五一劳动奖章”；政治学科马万兴、生物学科李炳恩、物理学科董强、地理学科罗小三获淮北市优质课一等奖，并代表淮北市参加省级优质课评比。曹西文等13人被评为市级骨干教师。徐敬争、张传斌2人被评为市级学科带头人。在江淮创新教育发展联盟同课异构教学竞赛中，政治学科邹敏霞获全国一等奖，历史学科蔡继春获全国总冠军。在淮北市第二届优秀教科研成果奖评比活动中，1个课题获一等奖、3个课题获二等奖、2个课题获三等奖。全年学校教师发表和获奖论文35篇。指导学生获省市级奖项101人次。

【淮北市第五中学】 2021年，淮北市第五中学有初中16个班、高中19个班，在校学生1700多人，有教职工102人。学校积极探索“课后服务”校本特色，开发24门初、高中特色校本课程，选课率100%。4名教师获“淮北市骨干教师”称号；在全市高中优质课比赛中，有2位教师获淮北市一等奖并代表淮北市参加全省高中优质课比赛。李冬冬指导学生徐鹏辉制作的微视频《身边的小美好》在第二十二届全国学生信息素养提升实践活动被选为全国一流作品展示；李冬冬和李根指导徐鹏辉、王硕制作的科普视频《海市蜃楼》在2021年安徽省中学生气象科普作品竞赛中获二等奖；学校制作的廉洁文化微电影《不一样的助学金》入选省纪委廉洁文化教育影视库。

特殊教育

【概况】 2021年，淮北市有淮北市特殊教育学校、濉溪县特殊教育学校2所特教学校。有适龄残疾儿童少年1288人，实际在淮北市就读的残疾儿童少年1389人，适龄残疾儿童少年入学率为107.84%，比上年高3.94%，比省定标准高12.84%。在特教学校就读的学生有210人，在普通中小学随班就读的有760人，送教上门407人。淮北市形成涵盖培智康复、听障语言康复、听障职业高中在内的学前教育、九年义务教育及职业教育“三位一体”的特殊教育新体系，实现学前、义务教育12年免费基础教育，对残疾学生实施“四免”（免学杂费、教科书费、作业本费、住宿费）。做好全市义务教育阶段残疾学生信息摸底和学籍比对，按照“一人一案、分类安置”的原则，建立适龄残疾儿童少年安置工作台账。

【校际交流活动】 2021年，淮北市特殊教育学校组织21名教师参加淮北师范大学特殊需求群体认知发展与教育会议，9月，选派2名优秀青年教师到马鞍山参加为期1周的“自闭症儿童康复教育”校际交流学习活动。组织教师参加“长、珠三角八城‘新特教’教研伙伴联盟第二期教研活动”“中国教育学会特殊教育分会2021年学术年会”“淮北市中小学教师国家安全教育在线培训”“2021年义务教育阶段特殊教育学校教材国家级师范培训”等，参与人数120人次。对接淮北师范大学2名研究生和14名本科生进校实习，为每名实习生指定2名实习导师，针对教学业务和班级管理等进行指导。

【淮北市特殊教育学校】 2021年，淮北市特殊教育学校有14个教学班，180名学生；在职教职工44人，建有汽车美容装潢、烘焙、中西式面点制作3个职业中专实操实训教室；配备有运动康复、多感官综合训练、陶艺、书法、手工制作等10多个功能教室。学校举办师生手工艺术作品展、培智生活技能大赛、班级文化建设及文艺会演等多项活动，其中，第七届“品读经典　滋养人生　提升素养”教职工读书交流活动被市总工会命名为“终身学习品牌项目”。

职业教育

【概况】 2021年，淮北市有7所中职学校，在校生24292名，生师比为36.8∶1，“双师”素质专任专业教师总数为602人、教职员工总数1132人、专任教师总数894人，硕士研究生及以上学历专任教师81人，占比为9.9%，高级专业技术职务专任教师占比42.3%，比上年提高0.9%。共开设29个专业，2所学校被列入省级示范特色中等职业学校重点建设学校，建成9个省级名师工作坊、3个省级现代学徒制试点建设项目，有16个省级实训基地、15个省级重点特色专业。高中阶段职普比例为47%，比上年的42%提高5个百分点。职业学校生均校园占地面积46.2平方米，比上年的25.8平方米提高20.4平方米，生均校舍建筑面积35.3平方米，生均教学仪器设备值1.21万元，比上年的1.17万元提高400元。纸质图书数235000册，比上年的218000册增加17000册。电子图书数13万册，比上年增加3万册。

【职业教育管理教学改革】2021年，全市中职学校完成57个专业人才培养方案的修订整改和市级备案工作。实施中高职衔接"3+2"招生、高职院校分类招生对口高考、高职扩招等，搭建职业教育人才成长成才"立交桥"。推行活页式、工作手册式教材，推广项目教学、情境教学虚拟教学，推广淮北工业与艺术学校线上精品课程资源建设试点工作，支持淮北卫校、烈山中专校建成口腔医学技术、老年护理和中餐烹饪3个虚拟实训系统建设。参与思政课程改革与实践，推进思想政治课教学创新团队建设。推出一系列举措加快推进思政课改革创新。濉溪职业技术学校德育和思政典型工作法入选安徽省德育和思政典型工作法案例，并在全省进行推广。新增《护理礼仪》《中式面点制作技艺》《平面图形图像处理》《幼儿歌曲弹唱与应用》活页式教材编写、在线精品课程建设项目。

【教育质量提升】2021年，淮北市中职院校参与教育部提质培优行动计划，51个建设项目持续推进建设。承担20个安徽省职业教育创新发展试验区建设任务，进入建设阶段。全市职业学校教师在全国职业院校技能大赛教学能力和班主任业务能力比赛中3人获国家级奖项，17人获省级奖项，18人获市级奖项，分别比上年增加1人、10人、10人。淮北工业与艺术学校、淮北卫生学校、濉溪职业技术学校3所试点学校31个专业2079名学生参加教育部组织的"1+X"证书制度试点工作。淮北市、徐州市等10个城市的10所技师学院加强淮海经济区技工院校协同发展合作，徐州技师学院和安徽淮北技师学院结成友好帮扶学校。淮北工业与艺术学校主动融入"长三角旅游职业教育联盟"，与上海市西南工程学院达成合作友好学校协议，与长三角40所中高职学校一起谋求校际、校企间的区域联动发展。

【参加职业技能大赛】2021年，举办淮北市中职学校职业技能大赛，7所中职学校780名选手参加56个赛项角逐，遴选优秀选手组队参加2021年全省职业技能大赛。在2021年安徽省职业院校技能大赛中，淮北市获43个奖项，其中一等奖4个、二等奖9个、三等奖30个。学生在国家级技能大赛中获金牌2枚、银牌3枚、铜牌1枚。组织参加安徽省技能大赛、"淮海杯"创业大赛，获奖人数和获奖等次均有提升。

【安徽淮北技师学院·淮北工业与艺术学校】2021年，安徽淮北技师学院·淮北工业与艺术学校启动总投资2.7亿元、5.5万平方米的二期建设工程。各类教学实训仪器设备总值6976万元，图书馆纸质藏书约20万册、电子图书13万册。学校组织申报A类办学水平评估，通过线上评估。全年招生3361人，有全日制在校生8257人。校培训中心与南京大学等7所联办高校开展成人函授与远程教育，学员近2000人。全年安排学生到金龙机电（淮北）有限公司、安徽京信电子有限公司等企事业单位实习1200人次，与中煤远大淮北建筑产业化有限公司、淮北和晶科技有限公司等6家本地企业签订校企合作协议。1530名毕业生就业率99%，其中，本地就业606人，省内外地市就业186人，省外就业61人，升入高校677人。6个专业2个学科的学生组成9支团队参加2021年教学能力大赛及班主任大赛，获1个国家级二等奖，1个省级一等奖、7个省级二等奖、1个省级三等奖，学校获2021年全省中等职业学校教育教学技能竞赛校级比赛优秀组织奖。参加省三优评比活动，申报优秀论文17篇、优质课11节、优秀教学软件14节，共获省一等奖3件、省二等奖3件、省三等奖13件。参加第二届全国技能大赛汽修、工业机器人项目，分获全省第一名、第三名。参加淮北市首届职业院校就业和创业指导课程教师教学技能大赛，2人获一等奖、在3人获二等奖；参加安徽省职业技能大赛——第二届全国人工智能应用技术技能大赛安徽省选拔赛，获职工组第三名，入选全国决赛。组织学生参加国家、省市各级各类技能比赛和创新创业大赛，获全国职业院校技能大赛一等奖1项、二等奖2项，在“淮海职教杯”创业大赛中获一金一银一铜，在全市教育系统中小学师生廉洁文化书画作品展上，获一等奖6个、二等奖7个、三等奖1个。

【淮北卫生学校】 2021年，淮北卫生学校新校区投入使用，占地421亩，建筑面积7.5万平方米，在校生6000余人，教职工196人。开设护理、康复技术、药剂、医学检验、医学影像、口腔技术等11个专业，护理（老年护理）被列为国家重点专业，护理专业、康复技术专业、药剂专业被列为省级重点专业，形成护理养老类、康复保健类、医学技术类和药品食品类等四大专业群。全年招生3359人，成人教育招生226人；开辟实习就业基地（医院）40个，完成1371名学生的实习安置工作；开展校企合作和产教融合，2021年，毕业生2203人，就业率92.7%。实施教育部“1+X”职业技能等级证书考核，开展“1+X”幼儿照护等5个项目，参加人员587人。通过护士执业考试学生275人，其中高职157人，通过率80.51%。获评淮北市最美教师1人、淮北市优秀教育工作者1人。承办淮北市“天堰杯”红十字急救大赛；承办淮北市技能大赛护理、中药等四项赛事，获4个项目一等奖；获安徽省教学能力大赛一等奖1个、三等奖1个；在2021年安徽省中等职业学校优秀教研论文、优秀教学软件和优质课评选中，获二等奖2个、三等奖3个；作品《守住“锣鼓点”，唱好“廉政戏”》入选《安徽廉政文化精品库》；在全市“少年工匠心向党，青春奋进新时代”主题教育活动中，《党啊，我们为您歌唱》获一等奖。

【安徽矿业职业技术学院】 安徽矿业职业技术学院拥有东区、西区、新区3个校区，占地227亩，建筑面积11.44万平方米，资产总值17617万元。2021年，有在岗教职工240人、在校生1799人。全年开展中高级技师、安全技术、特殊工种、管理干部等各级各类培训，参培4万人次。完成招生562人，其中高职扩招录取203人。新建智慧教室39间，组织编写线上课程8门。获批安徽省第四批1+X证书制度试点高职院校；组织承办市级技能大赛项目7个。全年在各级各类技能大赛中获一等奖12个、二等奖14个、三等奖33个。从淮北矿业（集团）有限责任公司引入杨杰、扣红卫、纪海矿等工匠大师，成立工匠大师工作室，组建大师团队。扣红卫工作室被命名为“中国长三角地区劳模工匠创新工作室”，纪海矿工作室被命名为“省级技能大师工作室”。

（杨　子）

高等教育

【概况】 2021年，淮北市有3所普通高等院校。淮北师范大学、淮北理工学院和淮北职业技术学院当年共招生12624人，在校学生41484人，当年毕业学生9701人。

【淮北师范大学】 2021年，淮北师范大学本科生录取5294人，研究生录取813人，大学生创新创业训练计划项目获国家级立项53个、省级立项158个。大学生获国家级学科竞赛奖励108项、省部级808项。新建实习基地18个。1个国家级大学生创新创业训练计划项目被《中国教育报》、“学习强国”学习平台等进行专题报道，1个项目入选第十四届全国大学生创新创业年会。大学生创新创业实践基地暨绘梦空间被批准为安徽省科技厅众创空间、淮北市众创空间。校创新创业实践基地入驻企业参加第三届全国创业就业服务展示交流活动。毕业本科生初次就业率87.17%。毕业研究生初次就业率92.18%。成人教育超额完成招生任务，在线资源及应用位居全省第一。组织国培、省培和社会类培训2000余人，获批2项安徽省国培计划项目。新增一级学科硕士学位授权点1个及硕士专业学位授权点3个。获批2021年度高峰学科建设经费1040万元，博士学位授予单位立项建设经费1500万元。博士学位授予单位建设4项核心指标，师均科研经费和生均经费达标，生师比和专任教师博士比持续改善。

积极融入长三角一体化发展，与华东师范大学签订合作备忘录，与上海交通大学开展陶铝新材料协同创新合作，与浙江省安吉县人民政府签订校地人才合作战略协议。举办“科技创新—巾帼行动”系列活动，获批安徽省科学技术三等奖2项。获批国家基金项目5项、省部级项目141项。学报编辑部获学习《习近平给〈文史哲〉编辑部全体编辑人员回信》活动“先进单位”称号。学报（哲社版）、学报（自科版）均被评为第七届华东地区优秀期刊。图书馆获省高校图书馆“先进集体”称号。

年内引培博士24名、柔性引进博士20名（含特聘专家、讲席教授）。委培博士28名、“博士化工程”返校5名；资助6名中青年骨干教师赴国（境）外高校访学。实施高水平人才“一人一议”政策，与3名优秀人才签署年薪制引进协议。认定表彰从教满30年教师104名。2人入选国家级“互联网+”大赛国评专家库。3人获评2021年度“安徽省师德先进个人”，1人获评“安徽省巾帼建功标兵”，2人获评安徽省教科文卫体女工工作先进个人，1人获评“淮北市三八红旗手”。成立深化新时代教育评价改革领导小组，制定并落实学校《深化新时代教育评价改革实施方案》。入选国家级一流本科专业建设点6个、省级一流本科专业建设点4个。拟撤销7个不适应经济与社会发展专业。2个专业通过教育部师范类专业第二级认证。加强3个卓越实验班人才培养工作。构建“三位一体”教师教育协同育人机制（地方政府、高等学校、中小学协同育人），2100余人次音体美专业学生到30余所中小学开展教育见习。8名学生在“田家炳杯”第七届全国师范院校师范生教学技能竞赛中获奖。6门课程获评省教育厅推荐申报国家一流课程。推荐221个项目参加省级质量工程申报。获批教育部产学合作协同育人项目27项。新增国外合作办学单位3所。

2021年，淮北师范大学创新“党史+文艺”学习方式，开设《庆祝中国共产党成立100周年》《党史与党建研究》专栏。召开学校第二次党代会2021年年会暨八届五次“两代会”、2021年度全面从严治党工作会议。44人获“光荣在党50年”纪念章。1个先进基层党组织、3名优秀共产党员和党务工作者获省“两优一先”表彰。启动“三全育人（全员育人、全程育人、全方位育人）”综合改革试点学院立项建设工作。遴选“三全育人”综合改革试点学院10个、培育学院5个。教育学院获批为安徽省第四批“三全育人”综合改革试点院（系）。推进课程思政建设，评选师范生课程思政教学、课程思政教学优秀案例278个。

年内，淮北师范大学成立乡村振兴帮扶工作领导小组，优选驻村干部2名，落实乡村振兴设立专项资金60万元，为毛雷庄村排水防涝投入12.97万元；定点帮扶学生81人。服务支撑“三地一区”（科技创新策源地、新兴产业聚集地、改革开放新高地、经济社会发展全面绿色转型区）建设行动，落实市校共建协议。承担28家淮北市政府部门和90余家社会企业的技术委托、开发等项目。产学研合作数量和质量均有增加，签订129份横向合作协议，签约横向项目经费为2451万元，转化科技成果6项。2名教师参加安徽省2021年度“四送一服”双千工程活动。合作出版《淮北历史文化丛书》，在安徽省党史地方志部门优秀科研成果奖评选中获奖。

（褚晓萌）

【淮北理工学院】 淮北理工学院前身是淮北师范大学信息学院，2021年经教育部批准独立设置为全日制普通本科学校。2021级在册学生2474人；专任教师282人，高级职称教师75人。

学校占地面积1003.51亩，规划建筑面积约78万平方米。2021年一期工程完工，建成教学楼、艺术楼、体育馆、食堂、宿舍、实训楼等21万平方米校舍；建有30多个校内实验实训室，包括VR+物流一体化综合实验室、ERP实验室、人工智能（智慧）教室、电子商务实验室、电子电工实验室、大学物理实验室、电子信息工程实验室、通信工程实验室、金工实训中心等，艺术中心配有琴房、舞蹈房、画室等。

学校设有马克思主义学院、经济管理与建筑工程学院、教育学院、电子与信息工程学院、生物与化工学院、通识教育中心等教学单位，有26个本科专业，通信工程专业为省级一流专业，电子信息工程、电子商务等专业为省级特色专业，人力资源管理、经济学专业为省级改革试点专业，物流管理专业为省级一流品牌专业。

（张小芸）

【淮北职业技术学院】 淮北职业技术学院有2个校区，占地面积近千亩，校舍建筑面积45万平方米，固定资产8亿元。高职教育设有9个教学系部，另有电大工作部、成人教育处和培训中心。2021年，有教职工558人，其中，教授27人、副教授142人，双师型教师218人，博士学位2人、硕士学位244人。有在册学生2万余人，其中高职生16383人。2021年毕业生就业率达94%，留淮北就业率30%以上。

2021年，学校组织开展各类职业培训和技能鉴定近2万人次。新增1+X证书项目14项，截至2021年，累计承担29个证书项目，专业覆盖率达70%以上，其中18个证书项目完成考核，考核人数1365人；参加全国纺织服装领域“岗课赛证”融通职教联盟，并当选副理事长单位。在省教育厅组织的教师教学能力大赛中，学院有11支团队参赛，10支团队获奖，其中二等奖3项、三等奖7项，学院获“最佳进步奖”。学生参加省级以上技能大赛累计获奖达173项。加强师资队伍建设，招聘引进专职辅导员、思政教师、专业课教师、党政储备人才23名，4人获批淮北市高层次人才储备金项目，建成卢洪洲、杨参军、孙丙宇大师工作室和杨杰等劳模工匠学院。

全年学院获批省级质量工程项目30项、省级科研项目11项；申报各类专利25项，其中《一种用于汽车电池的自动化码垛装置》和《一种汽车座椅调节装置》技术发明申报国家发明专利。实施“三教改革”（教师、教材、教法），抓教学诊改工作，完善诊改复核基础材料和诊改平台数据，在省教育厅专家组网上和现场复核工作中，赢得4个“显效”。推进提质培优行动计划，承接28项建设任务。承办第十五届安徽省大学生职业规划设计大赛皖北赛区半决赛，申办安徽省职业院校财会职业技能拓展大赛。是年，学院获批为安徽省地方技能型高水平大学建设单位、安徽省“三全育人”综合改革试点校。

（陈成文）

【责任编辑　郝建华】

科学技术

综　述

【概况】2021年，淮北市高新技术企业219家，新增67家，同比增长44%，增幅全省第一，入围全省百强高新技术企业4家；实现高新技术产业增加值增幅7.5%。新增创新研发平台28家，其中认定国家级科技企业孵化器1家，获批省技术创新中心1家，备案省级众创空间1家，组建并通过省科技厅首批备案外籍院士工作站2家，组建先进高分子材料等产业研究院2家；备案市级工程技术研究中心26家。科技项目研发投入获批立项各类省、市科技项目27项，其中获批省科技人才团队项目4项、省科技重大专项1项、省重点研发项目5项、市科技重大专项17项；投入市财政科技研发及政策奖补资金5600万元，拉动全社会研发投入20.3亿元，同比增长21.4%，增速居全省第五，R&D经费占GDP比重1.82%，居全省第七。是年，科技成果转化获安徽省科技进步奖一等奖2项、二等奖2项、三等奖6项；完成科技成果登记470项，企业技术合同吸纳额71.6亿元，同比增长214%，增幅居全省第二，输出额35.5亿元，同比增长548%，增幅居全省第一。

【科技政策支持】2021年，淮北市科技局制定实施《淮北市进一步加大全社会研究与试验发展经费投入实施方案》《高新技术企业三年倍增行动方案（2020—2022年）》，分县区、园区举办加强科技研发投入、推进高新技术产业发展专题培训6场次，培训科技人员281人。帮扶120余家科技型企业加强科技创新基础工作、提质高企申报、规范高产统计。利用科技活动周、“四送一服”工作开展送科技进园区入企活动。强化《中华人民共和国科技进步法》《安徽省促进科技成果转化实施细则》《安徽省支持科技创新若干政策》等法律法规宣传。举办《企业研究开发费用税前加计扣除政策》《国家高新技术企业认定管理办法》《科技型中小企业评价办法》《安徽省科技成果登记实施细则》《关于加快集聚产业人才推动“五群十链”产业高质量发展若干政策》等政策宣传解读培训活动。制定实施《2021年市科技重大专项立项项目及资金分配方案》《2021年度推进创新型城市建设若干政策等科技创新政策兑现资金安排方案》，为8类科技创新项目兑现奖补，资金总额3900.79万元，其中市科技政策兑现2767.39万元，配套省科技创新政策1133.4万元。

【科技交流与合作】2021年，淮北市人民政府加强与中国科学技术大学、上海交通大学、浙江大学、安徽中医药大学等高校开展市校合作，达成人才培养和交流、共建创新平台、科技成果转化等合作意向。与安徽大学签订全面战略合作协议，推进合办高等研究院建设。全年举办产学研合作活动10次，其中市委、市人大、市政府主要负责人带队开展产学研合作活动5次。搭建交流平台推进成果交易，组织60

余家企业参加中国（安徽）科技创新成果交易会、淮海经济区科技成果对接会，签署淮海经济区科技创新联盟协议，征集发布重大技术需求42项，展示淮北市重大科技成果32件。全年走访科技型企业200余次，针对企业反映的项目凝练、高企申报、政策兑现、研发归集、人才引进、技术公关等问题，邀请省成果转化中心专家、合肥纳核科技有限公司技术人员及中国科学技术大学、上海大学、安徽工程大学、安徽农业大学、淮北师范大学等高校教授作专题培训12次，培训企业管理及科技人员800余人次，帮助企业凝练科技项目120余项。参与“五群十链”产业发展集企业家沙龙，对企业家沙龙反映的科技问题给予充分反馈，答复率100%。

【科技惠民服务】 2021年，烈山农业科技园被新认定为省级农业科技园。市科技局开发绿色种养殖、农产品精深加工、绿色营养保健方便食品开发等凝练农业科技研发项目，支持农业企业加强与中国农业大学、江南大学、合肥工业大学食品学院、安徽农业大学、安徽农科院等高校院所合作开展科技攻关。争取省乡村振兴科技重大专项1项、重点研发项目1项，备案县级乡村振兴科技项目9项，累计支持乡村振兴科技经费200万元。推荐备案省科技特派员工作站14家。开展科技培训23场次，培训群众2200余户，发放资料4000余份。支持社会领域开展专项和特色科研活动，下达科技民生指导性计划37个，其中，气象污染防治1项、医疗卫生攻关36项。

【高新技术产业发展】 2021年，淮北市落实《高新技术企业三年倍增行动方案（2020—2022年）》，借力市人大常委会高新技术产业评议，推进“双招双引”助力高新技术企业招引、高新技术产业发展。开展高新技术企业政策解读、培育申报及国家科技型中小企业备案专题培训12班次，指导100家企业完善高新技术企业申报材料。全年高新技术企业同比净增67家，总数达到219家，同比增长44%，增幅居全省第一；备案国家科技型中小企业262家。实现高新技术产业增加值增幅7.5%。开展国家科技型中小企业备案工作，支持企业挖掘申报专利、加强科技成果登记、开展产学研协同创新，提高企业科技含量，全年登记备案国家科技型中小企业262家。

科技资源

【概况】 2021年，淮北市有国家工程技术研发中心1家、国家企业技术中心1家、国家科技企业孵化器1家、国家众创空间1家、省技术创新中心1家、省重点实验室2家、省工程技术研发中心16家，组建产业技术研究院3家，新备案市级工程技术研究中心26家。

【安徽陶铝新材料研究院有限公司】 2021年，陶铝新材料应用研发项目（首期）被纳入合肥综合性国家科学中心入库项目名单。建成原位合成研究中心、组织调控研究中心、铸造工艺研究中心、变形工艺研究中心、增材制造研究中心和科研服务中心六大中心。申请12件发明专利，其中包括4件德国实用新型和8件中国发明，获授权证书4件。与中国航天科工集团围绕陶铝新材料在航天结构上的应用及航天结构上的轻量化技术等进行交流和合作研发。与中国商用飞机有限责任公司合作围绕陶铝新材料和陶铝型材完成批次生产及性能评估，并进行装机应用工艺试验。与军工企业合作，实现稳定供货。与淮北师范大学签署合作发展协议，聘用教授王浩伟为淮北师范大学特种材料研究中心主任，双方共同研究国家主导产业和战略性新兴产业的先进功能复合材料重大科技创新、技术转移与成果转化等，共同申报安徽省重大科技专项和安徽省重大研发计划。

【安徽相邦复合材料有限公司】 2021年，安徽相邦复合材料有限公司获批安徽省新型研发机构，为淮北市首家。公司建有博士后科研工作站、陶铝新材料工程研究中心等2个省级研发中心。公司与上海交通大学建立长期性产学研合作关系，与西北工业大学共建学生实习基地。公司发明专利3项、实用新型4项，申请国防专利2项，上海交通大学独家授权专利9项；编制国家标准1项、企业标准9项。公司获国家级高新技术企业、省专精特新单位等称号；通过汽车、航空航天等质量管理体系及武器装备科研生产许可认证等。陶铝新材料获批省“三重一创”重大产业专项、国家新材料生产应用示范平台建设项目，连续3年列入《重点新材料首批次应用示范指导目录》。

【工程技术研究中心】 2021年，淮北市26家工程技术研究中心被列入淮北市工程技术研究中心组建计划，建设期3年。

2021年度淮北市工程技术研究中心组建备案名单一览表

表28

序号	中心名称	依托单位	所在县区
1	淮北市新型环保汽车燃油泵工程技术研究中心	安徽宝隽机车部件有限公司	濉溪县
2	淮北市营养挂面工程技术研究中心	淮北旭源食品有限公司	濉溪县
3	淮北市新型方便食品工程技术研究中心	淮北顺发食品有限公司	濉溪县
4	淮北市大豆育种工程技术研究中心	安徽永民种业有限责任公司	濉溪县
5	淮北市种猪育种工程技术研究中心	安徽大自然种猪股份有限公司	濉溪县
6	淮北市智能浓缩装备工程技术研究中心	淮北民生矿山机器有限公司	相山区
7	淮北市职业病防治工程技术研究中心	安徽相王医疗健康股份有限公司	相山区
8	淮北市食用香精和调味料工程技术研究中心	淮北德兰和创生物科技有限公司	相山区
9	淮北市特种作业机器人与智能装备工程技术研究中心	安徽相品智能科技有限公司	相山区
10	淮北市生物活性肽工程技术研究中心	安徽盛美诺生物技术有限公司	相山区
11	淮北市土木工程施工工程技术研究中心	安徽重标建筑工程有限公司	相山区
12	淮北市婴幼儿食品工程技术研究中心	淮北市欣然食品有限责任公司	相山区
13	淮北市园艺工程技术研究中心	淮北师范大学	相山区
14	淮北市多孔碳材料生产工艺及设备工程技术研究中心	淮北中清环保科技有限公司	杜集区
15	淮北市智能勘探装备工程技术研究中心	淮北华博机械制造有限公司	杜集区
16	淮北市声波红外温热应用工程技术研究中心	淮北卫家健康科技有限公司	杜集区
17	淮北市锂离子电池工程技术研究中心	淮北市锂动芯新能源科技有限公司	烈山区
18	淮北市储能和动力锂电池工程技术研究中心	安徽理士新能源发展有限公司	高新区
19	淮北市高容量长循环锂电池工程技术研究中心	安徽力源新能源有限公司	高新区
20	淮北市高性能锂电正极材料工程技术研究中心	安徽天力锂能有限公司	高新区
21	淮北市大气污染治理关键技术装备工程技术研究中心	安徽福岩环保装备科技有限公司	高新区
22	淮北市煤电机组改造升级工程技术研究中心	临涣中利发电有限公司	煤化工基地
23	淮北市工业水处理工程技术研究中心	临涣水务股份有限公司	煤化工基地
24	淮北市电子级醋酸酯工程技术研究中心	安徽瑞柏新材料有限公司	煤化工基地
25	淮北市甲基苯甲酸系列及其衍生物工程技术研究中心	安徽江泰新材料科技有限公司	煤化工基地
26	淮北市羧基丁腈胶乳工程技术研究中心	安徽凯泽新材料有限公司	煤化工基地

2021年淮北市高新技术企业名单一览表

表29

序号	企业名称	辖区
1	安徽中能矿机制造有限公司	濉溪县
2	安徽正华生物仪器设备有限公司	濉溪县
3	安徽中持环境科技有限公司	濉溪县
4	安徽皖雪食品有限公司	濉溪县
5	安徽雷博机车部件有限公司	濉溪县
6	安徽永民种业有限责任公司	濉溪县
7	安徽金力泵业科技有限公司	濉溪县
8	安徽恒源煤电股份有限公司	濉溪县
9	安徽新品源电池技术有限公司	濉溪县
10	淮北旭源食品有限公司	濉溪县
11	安徽昊晨食品有限公司	濉溪县
12	安徽艾瑞库车业有限公司	濉溪县
13	安徽元通水处理设备有限公司	濉溪县
14	淮北高罗输送装备有限公司	濉溪县
15	安徽双林生物质燃料有限公司	濉溪县
16	安徽标王农牧有限公司	濉溪县
17	安徽利和水务有限公司	濉溪县
18	安徽力幕新材料科技有限公司	濉溪县
19	安徽天凯光通信技术有限公司	濉溪县
20	淮北市华明工业变频设备有限公司	濉溪县
21	淮北三友塑胶有限公司	濉溪县
22	濉溪县博诚包装制品有限公司	濉溪县
23	安徽广博机电制造股份有限公司	濉溪县
24	安徽柳丰种业科技有限责任公司	濉溪县
25	安徽金环电气设备有限责任公司	濉溪县
26	安徽理士电源技术有限公司	濉溪县
27	安徽斯瓦克汽车配件有限公司	濉溪县
28	安徽赛宇汽车部件有限公司	濉溪县
29	安徽相王网络信息技术有限公司	濉溪县
30	淮北宇鑫新型材料有限公司	濉溪县
31	安徽奥邦科技有限公司	濉溪县
32	安徽弘昌新材料有限公司	濉溪县
33	安徽中色研达科技有限公司	濉溪县

续表 29

序号	企业名称	辖区
34	安徽巨成精细化工有限公司	濉溪县
35	安徽省元亨金属科技有限公司	濉溪县
36	淮北嘉吉农牧科技有限公司	濉溪县
37	淮北双收种业有限责任公司	濉溪县
38	安徽耘读生态农业发展有限公司	濉溪县
39	安徽英科医疗用品有限公司	濉溪县
40	淮北市珍艺家居有限公司	濉溪县
41	安徽建业科技有限公司	濉溪县
42	安徽家园铝业有限公司	濉溪县
43	安徽美信铝业有限公司	濉溪县
44	安徽爱纽牧铝业有限公司	濉溪县
45	淮北市长兴安全节能钢化玻璃有限公司	濉溪县
46	安徽力普拉斯电源技术有限公司	濉溪县
47	淮北银丰铝业有限公司	濉溪县
48	淮北市莱博特相框制造有限公司	濉溪县
49	安徽名开机车部件有限公司	濉溪县
50	安徽宝隽机车部件有限公司	濉溪县
51	安徽北工汽车部件有限公司	濉溪县
52	安徽相恒气体科技有限公司	濉溪县
53	淮北中阳矿山机械有限公司	濉溪县
54	淮北九百电子科技有限公司	濉溪县
55	安徽相和环境检测有限公司	濉溪县
56	淮北华大农牧科技有限公司	濉溪县
57	安徽牧仕达饲料科技有限公司	濉溪县
58	安徽福尔足袜业有限公司	濉溪县
59	安徽宝博新材料科技有限公司	濉溪县
60	安徽富士特铝业有限公司	濉溪县
61	安徽蓝帜铝业有限公司	濉溪县
62	安徽省正大源饲料集团有限公司	相山区
63	淮北市宇奇电子科技有限公司	相山区
64	安徽杨府锦调味食品股份有限公司	相山区
65	安徽果力智能科技有限公司	相山区
66	淮北矿业股份有限公司	相山区
67	安徽启电自动化科技有限公司	相山区

续表 29

序号	企业名称	辖区
68	安徽中成检测有限公司	相山区
69	淮北市建筑勘察设计研究院有限公司	相山区
70	中煤科工集团淮北爆破技术研究院有限公司	相山区
71	安徽通运计算机科技有限公司	相山区
72	安徽省中坤元新型建材有限公司	相山区
73	安徽金冠玻璃有限责任公司	相山区
74	淮北工业建筑设计院有限责任公司	相山区
75	安徽金富士食品有限公司	相山区
76	淮北工科检测检验有限公司	相山区
77	安徽相王医疗健康股份有限公司	相山区
78	安徽极速时代动物营养有限公司	相山区
79	淮北智信堂生物科技股份有限公司	相山区
80	安徽旺德福食品有限公司	相山区
81	淮北九天测绘股份有限公司	相山区
82	淮北市盛世昊明科技服务有限公司	相山区
83	淮北德兰和创生物科技有限公司	相山区
84	安徽雷根生物技术有限公司	相山区
85	淮北徽香昱原早餐工程有限责任公司	相山区
86	人良生物科技（安徽）有限公司	相山区
87	安徽汉芳生物科技有限公司	相山区
88	安徽曦强乳业集团有限公司	相山区
89	安徽澳瑞药业有限责任公司	相山区
90	安徽建国电力有限公司	相山区
91	中煤特殊凿井有限责任公司	相山区
92	安徽纵横数据有限公司	相山区
93	安徽尊龙环保节能建材有限公司	相山区
94	安徽溪龙环保科技包装有限公司	相山区
95	淮北蒂源水处理设备有限公司	相山区
96	奇扬智能科技（淮北）有限公司	相山区
97	淮北市思朗包装印刷有限公司	相山区
98	淮北民生矿山机器有限公司	相山区
99	淮北合众机械设备有限公司	相山区
100	淮北巨盾矿山机械有限公司	相山区
101	安徽鑫乐源食品有限公司	相山区

续表 29

序号	企业名称	辖区
102	吉源（淮北）食品科技有限公司	相山区
103	安徽味知轩食品有限公司	相山区
104	安徽贝宝食品有限公司	相山区
105	淮北市油西环保建材有限公司	相山区
106	淮北江图文化科技有限公司	相山区
107	淮北朵美包装有限公司	相山区
108	淮北新生代钢化玻璃有限公司	相山区
109	淮北宇光纺织器材有限公司	杜集区
110	安徽东石软件科技有限公司	杜集区
111	淮北市富一晟机电设备有限公司	杜集区
112	淮北市森化碳吸附剂有限责任公司	杜集区
113	安徽淮海奥可装备再制造有限公司	杜集区
114	淮北扬帆有色冶金科技有限公司	杜集区
115	安徽雷鸣科化有限责任公司	杜集区
116	淮北市大金矿山机器有限责任公司	杜集区
117	安徽瑞赛生化科技有限公司	杜集区
118	安徽祺商建设工程有限责任公司	杜集区
119	淮北中清环保科技有限公司	杜集区
120	淮北市中芬矿山机器有限责任公司	杜集区
121	安徽中捷矿山运输设备有限责任公司	杜集区
122	淮北市中安矿机设备有限公司	杜集区
123	淮北科源矿山机器有限公司	杜集区
124	淮北四兴工贸有限责任公司	杜集区
125	淮北阳光管业科技有限公司	杜集区
126	安徽金达节能材料发展有限公司	杜集区
127	淮北华源电气设备有限公司	杜集区
128	淮北林光钻探机电工程有限公司	杜集区
129	安徽中联绿建钢构科技有限公司	杜集区
130	淮北康乐美生物工程有限公司	杜集区
131	安徽科汇钢结构工程有限公司	杜集区
132	淮北良信矿山机器有限公司	杜集区
133	北京世纪京美家具（淮北）有限责任公司	杜集区
134	安徽紫朔环境工程技术有限公司	杜集区
135	安徽康迪纳电力科技有限责任公司	杜集区

续表 29

序号	企业名称	辖区
136	安徽龙太电气科技有限公司	杜集区
137	安徽省矿业机电装备有限责任公司	杜集区
138	淮北市平祥感应炉有限公司	杜集区
139	淮北华博机械制造有限公司	杜集区
140	安徽德高矿山科技有限公司	杜集区
141	安徽安上装备科技有限公司	杜集区
142	辉煌阳光新能源科技有限公司	杜集区
143	淮北市思苑科技有限公司	杜集区
144	安徽皖鑫锌业科技有限责任公司	杜集区
145	淮北市协力重型机器有限责任公司	烈山区
146	安徽三山新材料科技有限公司	烈山区
147	安徽北科机械有限公司	烈山区
148	安徽科宝生物工程有限公司	烈山区
149	金龙机电（淮北）有限公司	烈山区
150	淮北合鸣农业装备有限公司	烈山区
151	安徽中达液压机电再制造科技有限公司	烈山区
152	淮北市锂动芯新能源科技有限公司	烈山区
153	淮北旭日建材有限公司	烈山区
154	安徽融泰机械制造有限公司	烈山区
155	中煤远大淮北建筑产业化有限公司	烈山区
156	安徽华星选矿科技有限公司	烈山区
157	淮北新骏电子科技有限公司	烈山区
158	安徽融合云月生物科技有限公司	烈山区
159	安徽亚太洗涤用品有限公司	烈山区
160	安徽省宝创电子商务有限公司	烈山区
161	安徽康美绿筑新材料产业园有限公司	烈山区
162	安徽圣方机械制造有限公司	烈山区
163	安徽艾特斯电力科技有限公司	烈山区
164	淮北摩兰科技有限公司	烈山区
165	安徽金岩高岭土科技有限公司	高新区
166	安徽规矩铝模科技有限公司	高新区
167	安徽方园塑胶有限责任公司	高新区
168	安徽宝光特钢集团万里电力铁塔有限公司	高新区
169	中勘资源勘探科技股份有限公司	高新区

续表 29

序号	企业名称	辖区
170	安徽华淮新材料有限公司	高新区
171	淮北市众泰机电工程有限公司	高新区
172	安徽相邦复合材料有限公司	高新区
173	安徽中意胶带有限责任公司	高新区
174	淮北五星铝业有限公司	高新区
175	淮北祥泰科技有限责任公司	高新区
176	安徽科力达电气设备有限公司	高新区
177	淮北津奥铝业有限公司	高新区
178	安徽相源新能源有限公司	高新区
179	安徽品优电池有限公司	高新区
180	安徽庆丰涂料科技有限公司	高新区
181	安徽附利整体家居有限公司	高新区
182	淮北万里龙波电气有限公司	高新区
183	淮北新旗氨基酸有限公司	高新区
184	安徽华润金蟾药业股份有限公司	高新区
185	和济科技有限公司	高新区
186	安徽亚凡科教设备有限公司	高新区
187	淮北龙泽工矿产品制造有限责任公司	高新区
188	淮北佳平工矿装备技术服务有限公司	高新区
189	淮北智淮科技有限公司	高新区
190	安徽四惠电缆有限公司	高新区
191	安徽千一智能设备股份有限公司	高新区
192	淮北元力金属制品有限公司	高新区
193	安徽龙波电气有限公司	高新区
194	安徽华淮澄膜科技有限公司	高新区
195	安徽芯淮电子有限公司	高新区
196	安徽天路航空科技股份有限公司	高新区
197	华孚时尚股份有限公司	高新区
198	淮北市卓创科技服务有限公司	高新区
199	安徽力源新能源有限公司	高新区
200	荣盛家居有限公司	高新区
201	安徽海斯特水处理设备有限公司	高新区
202	安徽创奇监测设备有限公司	高新区
203	安徽陶铝新动力科技有限公司	高新区

续表 29

序号	企业名称	辖区
204	淮北金源工贸有限责任公司	高新区
205	庄飞电缆有限公司	高新区
206	安徽宙恒建设工程项目管理有限公司	高新区
207	安徽旭奇数据技术有限公司	高新区
208	安徽大唐润和建设科技有限公司	高新区
209	淮北市作科新能源有限公司	高新区
210	安徽理士新能源发展有限公司	高新区
211	淮北市普十新能源科技有限公司	高新区
212	淮北思尔德电机有限责任公司	高新区
213	淮北鸣朋环保科技有限公司	高新区
214	临涣焦化股份有限公司	煤化工
215	淮北强力矸石建材综合利用有限公司	煤化工
216	安徽润岳科技有限责任公司	煤化工
217	淮北绿洲新材料有限责任公司	煤化工
218	优耐德引发剂（淮北）有限公司	煤化工
219	安徽长淮新材料有限公司	煤化工

备注：按县区划分，濉溪县 61 家、相山区 47 家、杜集区 36 家、烈山区 20 家、高新区 49 家、煤化工基地 6 家

科技活动

【科技普及】 2021年，淮北市举办“网络科技活动周”宣传活动，主题为“百年回望：中国共产党领导科技发展”，设立“百年回望”“科技创新”“科普动态”“领军人才”“网上展厅”“科技金融”6个栏目，展示科技型企业科技成果42项，宣传高科技创新创业人才典型事例20件。联合市委组织部、市总工会、市高新区管委会举办以“科技创新决胜未来”为主题的淮北市创新创业大赛，44个项目参加比赛。

【科技咨询】 2021年，淮北市科技局依托农业科技服务组织、农业产业化龙头企业等组建科技特派员工作站28家，其中省级备案科技特派员工作站14家，选派省、市、县（区）科技特派员200人，支持科技特派员开展农业新品种推广、深入田间地头技术服务、指导培养农村适用人才创业发展等科技服务。全年市县科技特派员开展科技培训23场次，培训农户2200余户，发放资料4000余份。推广“濉1309”“柳丰618”“永民麦718”等小麦新品种种植69.8万亩，实现农民增收10910万元。

【科技服务】 2021年，市科技局举办“科技创新　决胜未来”淮北市创新创业大赛，市传媒中心对总决赛全程直播，场外观众近10万人观看。开展“科技人员服务企业行动”活动，举办科技型中小企业管理创新培训班、专家科普讲座、大学科研机构科普基地（场馆）开放等活动，全市高校、企业及社会各界积极参与。

科技成果

【科技项目和成果】 2021年，安徽省正大源饲料集团有限公司、安徽雷根生物技术有限公司、淮北师范大学、中煤远大淮北建筑产业化有限公司、安徽汉芳生物科技有限公司5家企业获2021年省重点研究与开发项目立项，获支持资金270万元。安徽昊晨食品有限公司获省重大科技专项立项，获支持资金60万元。引进高层次科技人才项目9个，其中省科技厅立项4个，获省级专项扶持资金1800万元。围绕“五群十链”产业技术提升，组织实施2021年市科技重大专项，经企业（事业）单位申报、专家评审、公平竞争审查、合法性审核、报市政府批准，“5G通信基站用锂电池及智能管理系统关键技术开发”（安徽理士新能源发展有限公司）等17个项目获得立项，支持资金1700万元。下达科技计划指导性项目37项，支持社会领域开展专项和特色的科研活动，其中，实施气象污染防治1项、医疗技术攻关36项。发布科技成果470项，其中产业化应用210项。登记科技成果470项，完成企业技术合同吸纳额71.6亿元，同比增长214%，增幅居全省第二，输出额35.5亿元，同比增长548%，增幅居全省第一。

【科技成果转化】 2021年，淮北市签订产学研合作协议215项，企业吸纳技术合同成交额71.6亿元。组织60余家企业参加中国（安徽）科技创新成果交易会、淮海经济区科技成果对接会，签署淮海经济区科技创新联盟协议。联合中国科学技术大学、浙江大学、安徽大学、安徽中医药大学等举办产学研合作对接会。与安徽大学签署全面合作框架协议，与中国科技大学达成共建先进高分子结构材料产业技术研究院合作意向，推动安徽华润金蟾药业股份有限公司与安徽中医药大学共建省重点实验室工作。组织全市100余家高新技术企业走进淮北师范大学，对接合作项目16个。组织参加中国（安徽）科技成果交易会，发布21项科技成果，其中安徽碳鑫科技有限公司与延长（中科）科技有限公司签署“60万吨/年甲醇制乙醇”技术合作项目，合同金额6800万元。

【科技成果奖励】 2021年，淮北市提名申报省科技奖34项，10个项目获省科学技术进步奖，其中一等奖2个，二等奖2个，三等奖6个。

2021年度安徽省科技进步奖获奖项目名单一览表

表30

序号	项目名称	完成单位	授奖等次
1	难采煤层智能精准开采关键技术与装备	淮北矿业股份有限公司、安徽理工大学、四川航天电液控制有限公司、郑州煤机液压电控有限公司	一等奖
2	高潜水位煤粮复合区采复耦合下耕地修复与水资源高效利用关键技术	安徽省皖北煤电集团有限责任公司、中国矿业大学（北京）、安徽理工大学、中国矿业大学、安徽恒源煤电股份有限公司、浙江大学	一等奖
3	淮北矿区松软强突煤层群井上下一体化高效瓦斯治理成套技术	淮北矿业股份有限公司、中煤科工集团重庆研究院有限公司、中煤科工集团西安研究院有限公司、淮北矿业（集团）有限责任公司	二等奖
4	耐爆炸冲击铝合金材料关键技术及应用	安徽建业科技有限公司、湖南工业大学、湘潭大学、北京卫星制造厂有限公司	二等奖

续表30

序号	项目名称	完成单位	授奖等次
5	复杂环境下城市交通隧道冻结法设计与施工关键技术	中煤第三建设(集团)有限责任公司、中煤特殊凿井有限责任公司、中国矿业大学、安徽理工大学	三等奖
6	淮北矿区大倾角煤层综放开采关键技术研究及应用	淮北矿业股份有限公司、中国矿业大学(北京)	三等奖
7	工业有机废水深度处理新技术的开发与推广	安徽瑞赛生化科技有限公司、徐州瑞赛科技实业有限公司、中国医学科学院医药生物技术研究所、徐州奥格曼新材料科技有限公司	三等奖
8	新型铅炭储能电池及其绿色生产关键技术开发与产业化	安徽理士电源技术有限公司、安徽力普拉斯电源技术有限公司	三等奖
9	复合极强含水层下帷幕截流与煤炭绿色开发技术研究与应用	淮北矿业股份有限公司、中煤科工集团西安研究院有限公司	三等奖
10	厚坚硬顶板自燃煤层切顶卸压沿空留巷关键技术及应用	安徽省皖北煤电集团有限责任公司、河南理工大学、河南明德矿山技术开发有限公司	三等奖

【双创平台】 2021年，淮北市新增国家级科技企业孵化器1家、省级众创空间1家。全市有国家级双创平台2家、省级双创平台7家、市级双创平台4家、在孵企业422家。

2021年科技企业孵化器、众创空间一览表

表31

序号	平台名称	运营机构	所属地域	认定级别	认定时间(年)
1	源创客科技企业孵化器	源创客控股集团有限公司	相山区	国家级	2021
2	淮师大绘梦空间	淮北师范大学	相山区	省级	2021
3	宝创众创空间	安徽省宝创电子商务有限公司	烈山区	市级	2021
4	源创客众创空间	源创客控股集团有限公司	相山区	国家级	2020
5	国兰科技企业孵化器	安徽中持环境科技有限公司	濉溪县	市级	2020
6	梧桐树众创空间	淮北市科创技术服务有限责任公司	高新区	省级	2019
7	濉溪经济开发区创业服务中心	淮北相王电子商务有限公司	濉溪县	省级	2018
8	淮海壹号众创空间	淮北壹号众创空间投资管理有限公司	濉溪县	省级	2018
9	方正智谷众创空间	淮北方正智谷科技园管理有限公司	相山区	省级	2016
10	方正智谷科技企业孵化器	淮北方正智谷科技园管理有限公司	相山区	市级	2016
11	淮北市凤凰山科技企业孵化器	淮北市生产力促进中心	相山区	市级	2016
12	矿山机电众创空间	淮北众帮机电装备科技企业孵化器有限公司	杜集区	省级	2015
13	淮北矿山机电科技企业孵化器	淮北众帮机电装备科技企业孵化器有限公司	杜集区	省级	2014

【源创客科技企业孵化器】 源创客科技企业孵化器2016年建成运营，占地面积40507平方米，累计帮助企业融资超1500余万元，入库科技型中小企业22家，申请各类专利220余件，毕业企业23家，其中高新技术企业2家，入驻中小微企业和创业团队269家，总产值约1.8亿元，实现就业人数2200人。先后被认定为安徽省科技企业孵化器、安徽省科技服务业集聚区、安徽省小型微型企业创业创新示范基地、国家众创空间、国家级科技企业孵化器。

2021年7月28日，预报员在严密监测台风“烟花”动向
（张永芹　摄）

气象观测与服务

【概况】 2021年，淮北市有国家级气象观测站2个、区域自动气象观测站42个，开展“96121”电话自动答询系统的台站1个，开展人工影响天气业务的单位2个；有天气预报服务网站1个、卫星云图接收站2个、温室气体观测站1个、土壤水分观测站2个。淮北市气象局建成应急广播发布系统，开展气象灾害综合风险普查工作。淮北地区人工增雨防雹作业基地暨淮北市国家气象观测站投入使用。淮北市气象局被评为“优秀全国气象科普教育基地”和“安徽省气象系统综合目标考核特别优秀单位”。多名职工获“安徽省优秀气象业务科技骨干”“安徽省优秀值班预报员”等称号。

【综合气象观测】 2021年，淮北市气象局各类气象观测设备均达到业务运行要求，及时更换超检及损坏的设备和传感器等。全面巡查全市区域自动站，参加装备有关培训3次，采购备用观测仪器1套，配合省气象局安装、调试、使用冻土自动观测系统。

【气象科研】 2021年，淮北市气象局推进《淮北市汛期降水趋势预测方法研究》《淮北大雾特征分析及预报方法研究》2个研究型业务；交流发表论文6篇，其中在期刊发表2篇，获优秀论文奖1篇。省气象局科研课题结题验收2项，成功申报市科技局课题1项。

【气象服务】 2021年，淮北市气象局对重大天气过程监测和预报会商，做到预报准确、气象情报传递及时。利用广播、电视、报纸、96121、手机短信、电子显示屏、微博、微信等渠道做好各类气象服务工作。在做好节假日、春运、重要农事季节及转折性天气预报服务的同时，做好中高考期间的气象保障服务。全年发布《气象信息专报》《重大气象信息专报》《气候影响评价》《周报》等各类气象服务材料222期，发布预警信号258条、气象服务短信436条，服务人次109万人次。对出现在全市区域内的高温、暴雨、雷雨大风等强对流天气，提前准确发布预警信息。汛期，与市应急管理局、市水务局、市农业农村局、市住房和城乡建设局等相关单位联合制订防汛抗旱会商制度，根据可能出现的灾害性天气，部署防汛抗旱工作，加强部门间的信息共享、沟通合作与应急联动。与淮北市水务局、宿州市水文局建立视频联合会商机制，与河南省永城市气象局等周边地市开展灾害性天气联防。同市生态环境局联合会商，做好大气污染防治工作。利用智能网格化预报产品，开展空气污染气象条件预报；联合市公安局和交通运输局，建设淮北市高速公路恶劣气象条件监测预警平台，全市实现24个高速公路能见度观测站和2个国家气象观测站能见度仪的视频接入，数据每10分钟更新一次。

【农业农村气象服务】 2021年，淮北市气象局与市农业部门联合开展小麦赤霉病防治工作，利用气象短信平台，连续20天向各级领导、专家、种植大户发布小麦赤霉病预警信息和防治措施。气象信息员利用宣传栏、手机短信、微信群、QQ群、网络、微博等方式，及时传递气象服务信息，使广大农民朋友及新型农业主体方便快捷地了解天气变化情况。全年发布各类农业气象服务材料69期、气象服务短信129条，服务达60余万人次。年内，淮北市落实《安徽省人民政府办公厅关于加强长三角绿色农产品生产加工供应基地建设的实施意见》，与长三角绿色农产品生产企业淮北市石台金禾家庭农场、淮北市烈山镇塔仙石榴专业合作联社、濉溪县四铺绿色家庭农场对接，根据企业气象服务需求，制作精细化农业服务产品。

【气象行政执法】 2021年，淮北市气象局联合市应急管理局开展防雷安全检测检查，针对城镇燃气部门、重点旅游景点开展多次联合检查。对施放防雷重点单位监管检查38次，对施放气球活动监督检查11家次。成立由市经济和信息化局、市应急管理局、市住房和城乡建设局、市气象局分管领导担任组长、各联席会议成员单位联络员担任成员的4个督查组，督查检查全市一县三区政府等19家单位。完成21家市直单位日常办公场所雷电防护装置公益性防雷检测。落实行政审批制度改革，所有行政审批事项均通过国家局审批系统和安徽政务服务网办理，大厅气象窗口办件67件。组织集体学法、旁听庭审、培训测试，加强气象法律法规和气象灾害防御知识宣传。开展市级气象部门权责清单、公共服务清单和行政权力中介服务清单的宣传工作，“按单行权”“依单服务”。

【气象科普宣传】 2021年，淮北市气象局开展气象科普宣传工作，为市应急管理局、市水务局、淮北军分区单位负责人以及三区一县应急管理等部门负责人和业务技术人员普及气象基础知识；举办科普活动36次，发放资料5000余份，接受气象咨询1200余次，累计有15所学校6000余名学生参加中学生气象科普作品竞赛。

（张永芹）

防震减灾

【地震观测站】 2021年，淮北市有地震观测台、站和监测中心7个。分别是淮北朱庄矿地震台、濉溪县地震前兆台、濉溪县姚湖地震前兆台、淮北皖22井观测站、淮北皖35井观测站、淮北市地震监测中心、濉溪县地震监测中心，形成“三台二站二中心”的观测网络，区域台网全覆盖。完成皖22井、皖35井台站标准化改造和朱庄矿地震台观测环境改造。新增朱庄地震台测震、濉溪地震前兆台气象三要素和地震预警系统、濉溪姚湖地震台GNSS和流动重力等观测项目，淮北市观测手段包括测震（三台套）、流体（七台套）、电磁（两套）、GNSS（一套）、地震预警系统一套、气象三要素仪四套。通过安全运行巡查、维修仪器故障，保障仪器正常运行，提高数据完整率。全省监测预报工作质量检查评比，《淮北市2022年度地震趋势研究报告》获会商报告评比第一名，朱庄地震台电磁扰动观测资料获电磁扰动观测第一名，淮北皖22井水位观测资料获流体组水位评比第二名，濉溪姚湖台水温获第二名。

【地震监测预防】 2021年，淮北市防空防震办印发《2021年度淮北市年度震情跟踪工作方案》《淮北市防空防震办2021年全国“两会”地震安全保障服务实施方案》等文件，部署元旦、春节、清明、端午、五一期间的地震安全保障服务工作；与县区地震部门签订《2021年度震情跟踪及应对县区工作责任书》。核查宏微观2起，核查非天然地震事件1起，应对辖区内有感地震1起：1月16日、1月30日濉溪前兆井水位异常下降变化和7月26日皖22井水位异常下降变化，8月3日快速应杜集区1.7级地震，11月11日核实一起非天然地震。通过核实，均排除为地震前兆异常。建立健全地震群测群防宏观网点，举办地震群测群防培训班，开展宏观网点检查，指导网点工作，及时调整、更新网点信息。建立淮北市地震群测群防宏观网点QQ群、微信群，加强宏观信息上报，及时回复省局地震宏观异常及谣传日志，全年无缺。淮北市有群测群防宏观网点32个，乡镇防震减灾助理员32名、村级防震减灾助理员兼宏观网点信息员15名、灾情速报人员47名，灾情速报网络覆盖各乡镇。

【地震灾害防御】 2021年，淮北市防空防震办将抗震设防要求纳入基建办理程序，在市行政服务中心设立地震服务窗口，并将抗震设防要求核定纳入市政府投资项目在线审批平台。地震窗口全年对12项工程进行抗震设防要求核定。印发《淮北市第一次全国自然灾害综合风险普查工作方案》，安排落实全市自然灾害综合风险普查工作。三区一县均与省地震工程研究院签订合作协议，地震灾害风险普查工作全面展开。地震部门纳入规划委员会，与环保、城管等部门建立联合执法机制，依法对建设工程抗震设防进行监管。开展“双随机一公开”检查，对本辖区内抗震设防要求落实情况进行随机检查。淮北城市活动断层探测项目实施方案于10月份通过国家地震局评审，进入全面实施阶段。淮北市6个经济开发区区域性地震安全评价工作全部完成，开展区域性地震安全评价成果应用。开展建设工程抗震设防排查工作，杜集区地震易发区房屋设施抗震设防信息采集和动态更新工作展开，7月份，淮北市防空防震办联合杜集区住建局（地震局）召开工作推进会。举办农村工匠培训班，全市70余名农村工匠参加培训。

【防震减灾宣传】 2021年，淮北市防空防震办与淮北电视台、《淮北日报》开展人防形象宣传合作，签订合作协议，做到常规和重大活动宣传统筹。濉溪县防空防震科普教育基地、淮北地震台、烈山防空防震体验中心和濉溪县龙池公园被设为人防固定教育场所；在陈庄社区、现代花园学校、相山公园、拥军广场等22个宣传点，设立固定宣传专栏和多媒体人防警报器，紧扣群众关心热点和人防宣教关键点，及时更新宣传内容。加大群众性人防宣教工作力度，派遣人防业务专员、防空防震讲师团成员到社区、学校举办人民防空和防护技能讲座50余场次，介绍应对防空袭等灾害的应急防护和自救互

2021年3月22—26日，淮北市防空防震办开展地震准军事化演练
（高鑫　摄）

2021年5月12日，淮北市防空防震办在相山公园开展防震减灾科普宣传　　（高鑫　摄）

救方法，提高群众防护技能。科学指导基层人防宣教工作，在东关社区、张楼社区、陈庄社区等10个社区所辖企事业单位、学校开展10余次防空防震知识教育活动。

（王　卓）

地质勘探

【地质勘查】 2021年，325地质队承担大小项目64个。其中完成淮北市高楼山北坡灰岩矿二期补充勘查，通过矿床开采的概略经济研究，按年处理矿石量800万吨规模，矿山服务19.50年；完成淮北市、宿州市域内水泥原料用灰岩矿资源分布情况调查，筛选出14个水泥原料用灰岩资源分布地，获水泥用石灰岩潜在资源量约14.22亿吨，建筑石料潜在资源量约19.48亿吨；完成淮北市程蒋山矿区南段水泥用石灰岩矿矿产资源开发利用方案，查明矿区的地层层序、矿床层位、岩性组合、构造形态、岩溶裂隙等地质特征；完成安徽太平矿业有限公司前常铁铜矿、烈山区廖家铁矿、陈庄铁矿、高楼山矿区建筑石料用灰岩矿矿山地质环境保护与土地复垦方案，针对矿区地质环境问题提出经济可行的地质环境恢复治理与土地复垦方案；完成濉溪县百善镇丁楼村年出栏15万头生猪养殖项目煤矿采空区场地稳定性评价报告，判定拟建场地的工程建设适宜性为基本适宜区；完成界沟煤矿西一采区地面地质补勘孔的勘查工作，钻探进尺500米，编写地质勘查报告。

【地质服务】 2021年，325地质队完成淮北市全民所有自然资源资产清查价格体系建设基础数据资料收集汇总，数据库及报告提交。完成2021年度淮北市市级发证采矿权超层越界动态监测实地核查。完成濉溪县韩村镇双沟村、马桃园村沟渠等复垦项目与矿权重叠区稳定性论证。完成淮北市历史遗留矿山核查工作，查清2465个图斑的责任主体、破坏情况，明确治理责任。完成《濉溪县矿产资源总体规划（2021—2025）》，查明矿产资源消耗、保有资源储量、现有采矿权、探矿权及矿产地分布情况等内容。完成淮北市31家在建与生产矿山生态修复核查，落实好生态保护与修复任务监督检查工作。协助市自然资源和规划局做好中央督察组第七批材料填报工作，完成相山区自然灾害综合风险农村公路承灾体普查工作。完成杜集区石台镇农村房地一体宅基地确权登记项目、淮北市建设用地供地监管项目等项目。开展烈山区、濉溪县1∶5万地质灾害风险调查项目，完成项目设计审查，并进行野外地质调查。

（陈国兵）

【责任编辑　郝建华】

文化 旅游 体育 传媒

文化事业综述

【文艺精品创作】 2021年，淮北市文化旅游体育局（以下简称“市文旅体局”）以中国共产党成立100周年等为题材，相继创编现代大戏《永远的嫁衣》、现代小戏《二月的鲜花》、大型舞剧《隋唐古韵》等舞台剧目，编创《新时代的春风》《沿着小康道路上》《喜讯传北京》等多首弘扬社会主义核心价值观的优秀歌曲。青年画家张树波的中国画《中国古镇临涣茶馆》入选国家艺术基金资助项目，《永远的嫁衣》《二月的鲜花》入选2021年度安徽省戏剧创作孵化计划项目，美术作品《来来往往》入选文化和旅游部线上全国画院创作人才培养和扶持计划教学成果作品展。《我的土地》《永远的嫁衣》入选安徽省建党百年优秀剧目展演。12月底，在“运河情·江南韵”大运河民族音乐文化传承展示周上，由安徽相山之声文化艺术中心和濉溪县文化馆编排的民族合奏《喜迅传北京》代表安徽省参加展演。

【文艺人才培养】 2021年，淮北市文化馆面向全市成年人和未成年人开办素描、国画、戏曲表演、古筝、萧、钢琴、剪纸、古琴等公益艺术培训班，参与人数6000余人次。7月，淮北市图书馆举办唐力教授歌曲创作讲座，60余人聆听。入选安徽省地方戏“名师传戏”工程1人，获“第十三届中国音乐金钟奖声乐比赛”安徽赛区民族唱法铜奖1人，入选2021年首批安徽省优秀青年文艺工作者“551”（五年一届，五个门类，分别遴选10名左右优秀青年文艺者）选拔培养计划1人。

【文化惠民活动】 2021年，淮北市公共文化场馆均免费对外开放，开展送戏下乡277场、送戏进校园5场、农村电影放映3605场。春节期间，市文旅体局举办“云上合家欢　就地过大年”30项春节群众文旅体活动。举办以“生态美城　传奇淮北”为主题的淮北市文化惠民消费季活动，“智游淮北”旅游服务平台启动上线。文化惠民消费季活动包括百万文化惠民消费券发放、千名学子游淮北、文化艺术进基层、夜间消费示范点评选、智慧旅游平台建设、“皖美好味道，百县名小吃”美食评选活动六大惠民活动。年末，2021年优秀文化进万家下基层惠民巡演活动在濉溪县蒙村村部广场、相山区康乐社区广场、烈山区榴园米粮坝广场和相山区钟楼村村部广场开展4场巡回演出，活动内容有舞蹈、诗朗诵、小品、戏曲联唱等33个文艺节目。

【全民阅读推广活动】 2021年，淮北市、县（区）、乡镇以及各系统、各行业开展全民阅读活动2000余次，参与人数20万余人次。举办第八届“书香淮北　全民阅读”暨主题阅读活动。开展以“爱心传递真情，书籍成就梦想”“童心向党，我爱阅读”等为主题的“4·23”世界读书日宣传活动。市文旅体育局主办“庆百年华诞　启航新征程”

全民阅读朗诵会和“诵红色经典 庆百年华诞”全民阅读朗诵比赛。发动农家书屋管理员、读者参与“我爱阅读100天”读书打卡活动。濉溪县图书馆开展“阅读推广进军营”活动，为武警濉溪中队官兵送去300余种书籍。杜集区朔里镇开展咪咕阅读之乡村阅读季推广活动。在“我的书屋·我的梦”农村少年儿童阅读实践活动中，推荐上传作品600余件，其中311件作品在安徽省数字农家书屋网站上展出，比上年增长109%，20件入围作品进入评审环节。

【群众文化艺术节】 2021年，淮北市文旅体局采取线上线下相结合方式，举办“云上合家欢 就地过大年”“我们的节日”“庆祝中国共产党成立100周年”等系列群众文化活动，其经验做法信息《淮北市“四朵云”助力市民就地过大年》被中宣部《宣传工作》采用。春节期间，杜集区依托新时代文明实践中心、村级文化中心等基层宣传文化阵地，组织“丹青绘小康·翰墨书华章”线上书画展、“欢歌盛世·喜迎新春”文艺演出、国家级非遗项目“淮北花鼓戏”线上展演10场。指导群众自编、自演线上“乡村春晚”活动6场。市文化馆、杜集区公共文化服务中心获安徽省“2021年春节期间基层群众文化活动线上服务优秀组织单位”称号。11月14日，由14支舞蹈队参赛的“奋进新征程 舞动相城美”2021淮北市市民广场舞集中展演在体育中心广场举行。

【公共文化服务】 2021年，淮北市文化馆、濉溪县文化馆获评国家一级馆。建成全市第一座有声数字书屋、3家图书馆分馆，建设“相城书房”城市阅读空间2处，配备自助图书借还机。市文旅体局推进文化旅游领域居民服务“一卡通”应用，市图书馆于3月26日正式开通社保卡“一卡通”图书借阅服务，实现图书借阅积分信用管理模式。“十一”期间，淮北市图书馆正常开放，累计接待读者10563人次。其间，市图书馆举办庆国庆百米长卷绘画活动、红色经典电影观影活动，推出2场STEAM科学实验课。市博物馆组织开展各类传统文化系列社会教育活动、系列主题讲座约50次。市文化馆有社会业余团体45支，包括戏曲、舞蹈、健身、模特、声乐、器乐、朗诵等，共1200余人参加，每团每周免费开放2次。

【基层文化阵地建设】 2021年，淮北市有村级（社区）综合文化中心434个，覆盖率达98%；建成乡镇（街道）综合文化站33个，实现乡镇（街道）全覆盖；有农家书屋427家，累计建成数字农家书屋431家，实现全覆盖。全年农家书屋采购图书26786册、报刊2类371份，平均每个农家书屋补充图书计63册。淮北市及三区一县均按照招标程序采购出版物，及时配送到每一家农家书屋。组织市新华书店、优秀民营书店开展出版发行单位与村级党组织结对共建农家书屋活动，捐赠各类书籍。杜集区南山村农家书屋被设为市图书馆“流动图书服务点”。招募大学生、青年志愿者深入农家书屋开展志愿服务，为留守儿童提供课业辅导、兴趣培养、心理疏导、阅读推广等帮扶。组织读书会、四季阅读、传统文化讲座、诗词竞答等活动。

文艺创作

【戏曲创作】 2021年，淮北市歌舞剧院创作的大合唱《幸福的淮北人》在首届长三角合唱歌曲创作大赛中获金奖。歌曲《百年梦圆》参加“庆祝中国共产党成立100周年”主题歌曲创作征集活动，获评优秀歌曲。歌曲《誓言》《百年梦圆》登上安徽“学习强国”学习平台。歌曲《柳江谣》《誓言》《百年梦圆》《俺曾当过兵》入围香港卫视文旅台《世界华语原创音乐金曲榜》栏目原创歌曲MV征集活动，在全球157个国家和地区展播。歌曲《俺曾当过兵》、民乐合奏曲《欢腾的节日》入围安徽省第三届群星奖（音乐类）。泗洲戏小戏《爱在花香时》获第三届华东六省一市地方小戏大赛银奖。组织市歌舞剧院编排舞蹈《启航》《南湖的那一天》《绽放》，创作歌曲《新时代的春风》《颂歌献给党》等。

【美术书法创作】 2021年12月初，国家艺术基金管理中心公布国家艺术基金（一般项目）2020年度资助项目名单，淮北市书画院青年画家张树波的中国画《中国古镇临涣茶馆》入选美术创作资助项目。在“童心向党”2021年安徽省少儿书画大赛中，淮北市选送的92幅作品获一等奖10名、二等奖17名、三等奖14名。

文化产业

【文化产业扶持】 2021年，市文旅体局编制《淮北市旅游发展总体规划（2021—2035）》《淮北市“十四五”文化旅游体育发展规划》，牵头起草《淮北市人民政府关于加快文旅产业高质量发展的实施意见》《淮北市人民政府关于加快文旅产业高质量发展的若干政策》。配合市委宣传部参加深圳文博会、长三角文博会等活动。淮北市莱博特相框制造有限公司、相山之声文化艺术有限责任公司等4家单位获评安徽省第七届文化产业示范基地，淮北市莱博特相框制造有限公司获评2021—2022安徽省文化出口重点企业。

【文旅融合发展】 2021年，淮北市谋划文旅项目93个，优选22个重点项目编制成《淮北市文旅项目招商手册》。市文旅体局主动与上海景域驴妈妈集团、上海文广实业有限公司、中青旅控股股份有限公司、中国航天科技集团等知名文旅企业集团联系沟通，邀请重点企业到淮北市实地考察，洽谈文旅项目投资和合作。隋唐运河古镇景区打造成为集吃、住、行、游、购、娱于一体的文化旅游综合体。乾隆湖濉溪古城景区以传统文化复兴、老街生活复原、运河文化植入为主要形式，打造彰显明清酒乡独特魅力的“口子 · 酒香古镇”。临涣古镇、南翔云集特色文化商业街区等重大文旅项目稳步推进。年内，市财政安排550万元打造文旅智慧平台，开通“智游淮北”微信小程序，至12月底拥有关注用户4万余人。

文化遗产保护

【大运河文化带建设】 2021年，国家文化公园——柳孜运河遗址区建设项目《大运河淮北段文化保护传承利用实施规划》公布实施，《柳孜运河遗址国家文化公园规划》《柳孜运河遗址永久性保护大棚设计方案》编制完成，并上报国家文物局审批。项目建设中病害处理整治工程建设完成，遗址本体得到保护；环境综合治理项目获批资金2000万元，于2021年9月开工建设；遗址永久性保护大棚项目获拨资金4000万余元；隋唐运河古镇“隋唐草市”建成并对外开放；濉溪古城南大街和石板街改造后对外开放，水街项目正在建设中。淮北市隋唐大运河文化研究会、濉溪隋唐大运河文化研究院、临涣古镇文化研究会等研究机构相继成立，系统挖掘大运河文化内涵；推动成立安徽柳孜大运河文化旅游开发有限公司、濉溪大运河文化发展有限公司等10余家文化发展公司。中央电视台《新闻直播间》《直播大运河》专栏播出淮北市在保护好、传承好、利用好大运河遗产方面的“淮北方案”。

【文保单位维修管理】 2021年1—3月，淮北市在博物馆和文物建筑管理使用单位开展文物火灾防控工作自查，市文旅体局和各区县文旅体局检查辖区文物消防安全，发现文物单位隐患和问题41项。对督查中存在隐患问题较多的淮北市博物馆、赵氏宗祠、淮海战役总前委旧址纪念馆等单位，要求限期整改完毕。6月中旬，开展文物安全生产大检查大整治督导，发现和责令整改安全隐患14处。7—9月，全市部署开展文物单位安全隐患排查整治工作，发现并责令整改隐患和问题44项。市文旅体育局拨付12万元专项经费用于刘开渠故居修缮。10月，做好中秋、国庆两节期间文物安全隐患督查整治工作，加强重点风险单位的督查检查，整改柳孜运河遗址保护范围内违法搭建钢构敞篷问题、淮海战役双堆集歼灭战纪念馆存在无微型消防站问题。争取财政资金750万元用于修缮保护、展陈提升淮海战役双堆集烈士陵园等4处革命遗址。

【非遗项目传承与保护】 2021年春节期间，淮北市文旅体局组织开展“非遗过大年 文化进万家”系列活动，向市民宣传《中华人民共和国非物质文化遗产保护法》。2月6日，淮北市首届“非遗产品年货节”直播活动在市传媒中心举办，现场进行非遗技艺展演，直播间上架剪纸、面塑、香包布艺等19种商品，累计浏览量43.9万次。“政府引领+文化助力+线上引流+粉丝消费”的新模式，得到文旅部官方微信、网站的专题推荐宣传。淮北市博物馆举办“老手艺新传承——糖画”非遗文化体验主题社会教育活动、“体验殷派面塑文化——向人民警察致敬”主题社会教育活动、“甜蜜糖人吹吹吹”非遗吹糖人社教活动、“非遗殷派面塑文化进校园”等多种非遗体验活动。11月，淮北市文化馆开展“非遗项目志愿服务行”非遗进社区活动，组织“宗式剪纸”“淮北香包布艺”“刺绣”等传统民俗走进桂苑、城里、康乐等社区。10月中旬，淮北泥塑、淮北瓷刻、宗氏剪纸亮相第五届中国非物质文化遗产传统技艺大展。12月，淮北市被安徽省文化和旅游厅认定为2022—2024年安徽省非物质文化遗产传承基地（商派面塑和淮北泗州戏）。

【考古发掘】 2021年2月，淮北市淮海西路与凤凰山路交会处御龙国际一期项目（北地块）施工过程中发现古墓葬，市文旅体局配合该建设项目组织抢救性考古发掘。该抢救性考古发掘从3月11日开始至4月16日结束。实际考古发掘古墓葬16座，出土文物近百件，珍贵文物有青铜镜、铜带钩、铜环首刀、釉陶壶、铺首衔环纹陶壶、陶鼎、陶钫、陶楼等。

2021年1月19日，淮北市开展戏曲进校园活动 （梅月 摄）

文化设施

【淮北市文化馆】 淮北市文化馆设有音乐教室、舞蹈教室、美术教室、文化教室、多功能厅、小排练厅以及小型剧场等公共活动场地，拥有室外活动场地近2000平方米。2021年，市文化馆开办未成年人艺术培训班310班次，参与人数34100人次；举办非遗未成年人培训班80班次，参与人数1600人次；开办成年人艺术培训班370班次，参与人数7000人次；开办非遗成年人培训班40班次，参与人数1200人次；开展非遗进校园活动180场次，参与人数5400人次；开展讲座4场，参与人数300人次。定期举办全市文化惠民送戏下乡演出、音乐歌舞大赛、少儿文艺调研等活动。11月，入选第五次全国文化馆评估定级拟命名一级文化馆名单。

【淮北市图书馆】 淮北市图书

馆拥有馆藏纸质图书25.23万册、电子图书60万册。2021年拥有坐席约480个，因疫情限流，坐席数量较上年减少120个。内设少儿绘本馆、少儿图书借阅室、综合图书借阅室、期刊报纸阅览室、自修室、多媒体阅览室、多功能展厅、视障人士阅览室等多个对外开放区域。增设“左图右诗”咖啡吧，提供休闲娱乐服务。市图书馆全年借阅图书25690人次，借阅量183935册次；开展讲座20场，参加1060人次；举办展览15次，参观4600人次；培训10次，培训320人次。

【淮北市博物馆】 淮北市博物馆馆藏文物数万件，占地面积40余亩，建筑面积10670平方米，陈列面积5000平方米。设置隋唐五代陶瓷、宋金元陶瓷、运河遗韵、茶具鉴赏、运河城市摄影展、运河城市书画展、古相遗珍、淮北汉画像石、淮北历史名人9大展区，同时设立临时展厅2个，不定期地举办各种展览。展陈专题有陶瓷、汉画像石、宋代瓷器、证券文物、书画等。柳孜隋唐大运河遗址的出土文物占到该馆馆藏文物的70%以上。2021年，市博物馆接待参观群众12.58万余人次，开展73场社教活动，开展文化进学校、社区、企业、公园等32场次。

【淮北市矿山博物馆】 淮北市矿山博物馆占地约16亩，建筑面积3642平方米，有序厅、多媒体演示厅、巷道模拟厅、综合厅、矿山安全厅、煤炭资源利用与产业链厅、企业风采厅、煤与淮北序厅、煤与淮北主展厅、城市就是公园厅、留言壁过厅12个展厅。展陈面积2800平方米，电子设备36套，矿石标本973件，实物200余件。2021年，该馆暂停对外开放。

文化市场管理

【印刷出版市场监管】 2021年，淮北市有各类印刷企业81家、出版物发行单位161家、公开报刊发行单位8家、连续性内部资料出版物出版单位11家。市文旅体局加强印刷发行行业市场监管和内部资料性出版物管理，多次组织开展“双随机一公开”专项抽查工作，开展“护苗”“剑网”等专项行动，对全市中小学校园周边出版物市场开展专项整治。全年开展专项执法行动10余次，检查出版物市场经营场所397家次，立案办理侵权盗版出版物案件3起、非法出版物案件4起。开展内资专项清理整治行动，重点清理未办理“准印证”擅自编印的内部资料，加大对印刷企业是否承接未提供准印证或提供过期准印证的内部资料印刷业务监督，从源头上规范内部资料编印工作。

【文化市场综合执法】 2021年，淮北市文化市场综合执法支队出动市级文化市场综合执法人员7770人次，检查文化经营场所2942家次，立案办理一般行政处罚案件27起，罚款20余万元，收缴各类非法盗版出版物4万余册，取缔无证摊点4家次。开展禁止内容类、行业内无证、农村文化市场等专项整治活动，突出行业整治、安全生产、意识形态等重点问题，发现并整改安全生产措施落实不到位场所18家次。开展文旅市场疫情防控常态化检查，发现并整改疫情防控不到位场所20余家次。

【版权保护】 2021年，淮北市文旅体局推进版权保护工作，切实增强版权保护意识。落实市县属公立医院和全市知识产权示范企业软件正版化工作，做好正版软件制度建设和管理维护工作。引导著作权人进行版权作品登记，拓展作品登记覆盖面。发布《安徽省作品登记办理指南》，至10月底，共办理作品版权登记122件。结合日常监管，深入印刷发行单位，向广大经营业主发放新修订《中华人民共和国著作权法》宣传单。

旅　游

【概况】 2021年，淮北市接待国内游客1232.66万人次，同比增长21.35%，旅游总收入80.05亿元，同比增长27.25%。“十一”期间，接待游客120万人次，实现旅游收入6.3亿元，接待人数同比翻番。

【文明旅游宣传】 2021年，淮北市文旅体局组织开展文明旅游“六进”活动。2月7日，开展文明旅游走进康乐社区宣传活动，志愿者们向社区居民发放《文明旅游倡议书》、《文明旅游简明读本》和文明旅游提醒语等各类宣传手册100余份，并为居民提供旅游指南、现场咨询等服务。3月23日，在世纪广场开展文明旅游进广场宣传活动。6月9日，在凌云宾馆开展“倡导文明用餐、杜绝餐饮浪费——文明旅游进星级饭店”宣传活动，指导凌云宾馆进行食物中毒桌面演练，组织饭店员工参与“倡导文明用餐、杜绝餐饮浪费”签名活动。6月18日，开展文明旅游进梅苑学校宣传活动，组织学校师生观看《文明旅游　为中国加分》宣传视频，发放文明旅游宣传资料，介绍文明旅游注意事项。11月中旬，组织文明旅游志愿者走进相山风景区、政务大厅开展文明旅游宣传活动。

【旅游资源开发与保护】 2021年，淮北市新申报省级“512”旅游重点项目（50个省级、100个市级、200个县级旅游项目）15个，总投资86亿元，新入选项目个数和投资总额位居全省前三。重点文旅项目建设加快推进，濉溪古城、朔西湖景区正式对外开放，龙脊山提升改造、濉溪古城二期水街、隋唐运河古镇大观园和南市金街等一批重点文旅项目建设推进。新增乾隆湖风景区、凤凰山绿色食品博览园2家AAA级旅游景区，南山村获评“全国乡村旅游重点村”，隋唐运河古镇获批首批安徽省旅游休闲街区和安徽省级服务业集聚区（旅游休闲类）。淮海战役双堆集烈士陵园、淮海战役总前委旧址（临涣文昌宫、小李家）红色旅游景区入选“建党百年百条红色旅游线路”。推进乡村旅游品牌创建，烈山镇、双堆集镇、临涣镇获评省级特色旅游名镇。投资500多万元的智慧旅游项目于12月底正式投入使用。

【旅游发展规划编制】 2021年，淮北市出台《关于将旅游业培育成为重要支柱产业的实施意见》。市文旅体育局、市财政局出台《淮北市市级文化旅游发展专项资金使用管理办法》，每年安排2000万元专项资金支持文旅产业发展。市文旅体局牵头起草并推进《关于加快文化旅游产业高质量发展的实施意见》《关于加快文化旅游产业高质量发展的若干政策》出台。全年谋划文旅项目93个，优选22个重点项目编制成《淮北市文旅项目招商手册》。

【景区质量提升】 截至2021年12月底，淮北市各旅游景区景点、通景道路沿线、旅游集散中心、旅游购物场所等110个旅游厕所完成“一厕一码”布置工作。市民游客可以通过支付宝、微信扫描标牌上的二维码，了解旅游厕所基本信息，对旅游厕所进行线上评价。

【旅行社管理】 2021年8月17日，淮北市文旅体局发布《关于做好近期全市文化旅游体育行业疫情防控工作的通告》，要求全市各类旅行社和在线旅游企业密切关注旅游目的地疫情防控形势，不组团前往中高风险地区旅游，不开展前往中高风险地区的“机票+酒店”业务。10月29日，市文旅局召开全市旅行社疫情防控工作会议，33家旅行社主要负责人、具体经办人60余人参加会议。年内，市文旅体局联合多部门开展执法检查，重点对旅行社安全管理制度、疫情防控预案、旅行社责任险、旅游电子合同签订、旅游租车管理等情况进行检查，督促旅行社对旅游产品、旅游线路进行安全评估，选择合格供应商和正规交通运输企业，签订规范租车合同，落实疫情防控措施，加强导游安全教育，避免组团到自然灾害频发的区域旅游。对检查中发现的部分旅行社存在网点信息未及时备案、未规范签订租车合同、团队信息未如实填报等问题，现场下达整改通知书。

【旅游市场整治】 2021年3月11日，淮北市文旅体局组织开展“信用让旅游消费更放心”宣传活动，现场设置“旅游企业、旅游从业人员诚信品质公约”展板。9月26日，开展“提升服务质量 乐享优质旅游”宣传活动，同时加强旅游市场安全检查，重点检查旅行社是否与顾客签订旅游合同、是否涉嫌不合理低价游、是否存在虚假宣传等情况，并对其开展相关业务指导。

【旅游安全管理】 2021年，淮北市文旅体局下发《关于认真做好2021年旅游安全工作的通知》《关于做好当前旅游安全工作的通知》《关于做好“五一”期间旅游安全工作的通知》《关于做好汛期旅游安全工作的通知》《2021年淮北市中秋国庆文化和旅游假日市场安全生产工作实施方案》等文件，部署旅游安全工作。年初，与各区县文旅体局签订《2021年度安全生产和消防工作目标管理责任书》，确保旅游安全生产工作有人抓、有人管、有人落实。采取上下联动、部门协作的方式，春节、五一、七一、国庆等重点时段对文旅企事业单位进行安全生产和消防工作大检查，指导旅游企业履行安全主体责任，完善应急预案，加强隐患排查，落实安全措施。4月27日，全市旅游行业假日安全工作暨消防安全培训会召开，提高旅游从业人员的应急处置和隐患防治能力。加大A级景区监督检查力度，对相山风景区、隋唐运河古镇等重点景区落实“安康码”+体温检测、客流管控、警示标识设置、汛期隐患排查治理、假日安全应急预案等情况进行检查，督促景区对大型游乐设施设备加强安全检查。

【节庆旅游活动】 2021年“五一”期间，隋唐运河古镇推出“网红陪你游古镇”、短视频大赛等活动。乾隆湖风景区举办“水上飞人中国杯”公开赛、中国动力冲浪板挑战赛和首届乾隆湖水上嘉年华活动。柳孜文化园景区免费发放万张主题乐园代金券，举办“‘抖’来柳孜花海 我为柳孜文化园代言”抖音短视频大赛。中秋假期，隋唐运河古镇景区推出“中秋国潮游园会”活动。濉溪古城开展“月落古城，穿越而来——中秋游园荟”活动。柳孜文化园景区开展《秋意来袭·FUN享童心》大型系列活动，现场开展非遗表演、金秋彩灯夜等活动。烈山区通过“游安徽”平台，拍摄南湖、天街、四季榴园等景区短视频，开展线上旅游精品线路介绍。同时，开展石榴、灵枣等农产品线上宣传推介。杜集区文化旅游体育局在南山汉文化博物馆举行汉服表演秀。

【旅游营销】 2021年3月底，第三届“春游江淮请您来”百家媒体采风团走进淮北，宣传推介淮北。采风团利用媒体平台，发表《隋唐遗韵传千古》《汉风吹遍古相城》等多篇报道。淮北市组织人员到澳门、徐州、枣庄等地开展旅游宣传营销推介活动，邀请徐州市旅游业界同行到淮北市采风踩线，开展“运河寻梦游”主题宣传推介活动和中国旅游日主题活动。参加“美好安徽风情淮河”“美好安徽传奇皖北”等系列宣传推介活动。9月28日，“东西南北，传奇淮北”淮北市文旅宣传推介会在山东枣庄举办，宣传推广淮北市文化旅游产品，加强与枣庄市的文化旅游合作。参加“安徽美食百城千味”评选宣传活动，淮北榴园地锅鸡、淮北响肚和淮北油茶获安徽省招牌菜称号。拍摄淮北文旅宣传片，设计《淮北旅游攻略》画册和文旅系列宣传卡片，通过宾馆酒店、景区景点对外展示。推出“传奇淮北寻梦游”“炫彩相城夜色游”“峥嵘岁月红色游”等10条精品旅游线路。9月底，组织城市文旅精品展亮相第三届大运河文化旅游博览会。12月初，组织县区文旅体局、相山风景区、南湖景区、隋唐运河古镇等重点旅游景区以及部分非遗传承项目组团参加第四届中国国际旅游景区装备博览会，推介淮北文化旅游创新融合发展新成果，提升“生态美城 传奇淮北”文化旅游品牌知名度。组织参加苏州第三届大运河文化旅游博览会、广东国际旅游博览会、上海大世界中国魅力城市榜单发布会等活动。

体 育

【竞技体育】 2021年，淮北市加强运动员注册工作，新注册844人。9月，淮北市8名运动员随安徽代表团出征中华人民共和国第十四届全国运动会（以下简称“会运会”），另有众多运动员参加全运会群体项目比赛，相山区代表队获健身舞分项城市街道（社区）组一等奖。11月，在全国第十一届残疾人运动会暨第八届特殊奥林匹克运动会上，淮北市获金牌1枚、银牌1枚、铜牌3枚，奖牌总数位居全省第三。10月16日，淮北市第十一届运动会暨第五届职工运动会、第四届残运会在市体育中心开幕，全市48个代表团近7000名运动员参赛。10月27日，由安徽省体育局、安徽省教育厅主办，安徽省重竞技运动管理中心、安徽省摔跤运动协会、安徽省柔道运动协会、淮北市文旅体局承办的2021安徽省青少年摔跤锦标赛暨U系列比赛在市体育馆闭幕，比赛为期6天，全省的1059名摔跤健儿，展开近500场争夺赛。承办第五届“盛大杯”淮海经济区青少年足球精英赛等赛事。

【群众体育】 2021年，淮北市城市社区15分钟健身圈基本实现全覆盖。建成全市第一条智慧健身步道，杜集区全民健身中心对外开放。淮北市第四届《国家体育锻炼标准》达标赛总体成绩好于前三届。5月1—2日，“万达杯”百公里毅行活动举行，合肥、六安、阜阳、淮南以及河南省共100名外地毅行爱好者参加。6月20日，淮北市健身瑜伽协会开展以“全民健身·瑜你有约”为主题的瑜伽展演活动。9月16—17日，“巡回教学，送教上门”健身气功走基层志愿服务系列活动举办。推广普及健身气功，市本级及三区一县实现健身气功协会全覆盖。9月16—17日，淮北市中老年人广场舞、体育舞蹈、健身球、柔力球网络交流赛在市体育馆举行。10月17日，淮北市空竹爱好者100余人相聚世纪广场，展示空竹绝技。10月31日，“行走大运河”全民健身健步走淮北分会场活动在绿金湖畔举行。11月13—14日，45名篮球爱好者参加淮北市篮球二级社会体育指导员培训。空竹、轮滑、围棋等项目二级社会体育指导员培训同步开展。指导、举办和参加足球、篮球、乒乓球、羽毛球、广场舞5个项目的省市县三级联赛。指导各县区举办县区三级联赛选拔赛，组织举办市级各项三级联赛选拔赛。国家体育总局表彰2017—2020年度全国群众体育先进单位和先进个人，淮北市有6个单位、5名个人上榜。

【学校体育】 2021年，淮北市文旅体局配合教育局做好青少年体育工作，制定青少年体育竞赛计划，举办羽毛球、篮球、乒乓球、游泳、田径足球等比赛。12月11—12日，2021年安徽省青少年“未来之星”阳光体育大会淮北分会场比赛在市体育中心举行。比赛由市文化旅游体育局、市教育局、共青团淮北市委主办，市体育文化旅游传媒有限责任公司承办，共设五人制足球、三人制篮球、拔河、跳绳、踢毽子5个项目，吸引全市8支代表队的100余名运动员、教练员参加，淮北市西园中学代表队获团体第一名。举办第五届淮北市青少年“未来之星”阳光体育大会。

【体育产业扶持与发展】 截至2021年，淮北市统计的法人体育企业194家，其中当年新增94家；个体经营户651家，其中新增139家。相山区濉河体育公园、杜集区南山体育公园申报2021年体育强省资金支持项目，争取资金300万元。规划建设烈山球类产业园，推动沃盛体育用品、泰润体育项目、明启体育、海众体育等球类生产企业落地和生产，全年签约体育产业类项目4个，总投资1.3亿元。

【体校与训练基地建设】 2021年，淮北市新增市级体育传校6所。12月，举办为期5天的体育传统项目学校体育教师培训班，参加培训49人。3月底，淮北市体育中学获评柔道、射击2个项目省高水平体育后备人才单项训练基地（2019—2022年）。市体育中学有4名专职射击教练员。10月，市体育中学申请资金3万余元，用于对原校园网络结构调整和网络软硬件的维修改造。

【体育场所管理】 2021年，市体育中心通过购买公共服务的方式，聘请有资质的物业管理公司负责绿化、卫生工作；建立智能泊车系统，由淮北城市泊车管理有限公司对体育中心的车辆进行规范管理；购置安装直饮机和智能储物柜，免费向市民开放使用；筹措专项资金500余万元，修缮场馆设施，完善场地功能。加强全民健身服务体系建设，新建15个全民健身苑，新增成立3家体育社团。

【公共体育场馆服务】 淮北市体育馆主场馆为低收费开放场馆，常年开展羽毛球项目；室外场地包括室外田径场、门球场、篮球场、健身路径和市民健身广场，常年开展门球、篮球、足球等项目，全部为免费开放；淮北市体育场主场馆为免费开放场馆，常年开展全民健身活动，并为竞技体育提供训练场地；室外场地包括笼式足球场、篮球场、健身步道、健身路径和市民健身广场，常年开展田径、篮球、足球、广场舞等项目。（聂珍珍）

传 媒

【概况】 2021年，淮北市传媒中心拥有《淮北日报》1个纸媒，新闻综合、公共、科教3个电视频道，新闻综合、交通2个广播频率，淮北新闻网1个网站，“相信”新闻客户端以及淮北发布、淮北传媒发布等多个微信公众号，全媒体覆盖受众近200万人。与淮北市下辖三区、重点企业、政府机构签署建设融媒体分中心合作协议，构建一地一中心的媒体机构布局。与安徽省内城市、淮海经济区10座核心城市合作，构建传媒联盟，形成重大主题宣传联动，重大产业项目联营。是年，市传媒中心入选全国新闻出版深度融合发展媒体类创新案例，为全省唯一市级媒体。获评安徽新闻奖一等奖2件、二等奖3件、三等奖5件。举办庆祝《淮北日报》创刊50周年系列活动、全省加快区域主流媒体深度融合发展座谈会、全省城市广电台“台长年会”、全省学习贯彻党的十九届六中全会精神和党史宣讲艺术理论与实践研讨会、省广电局加快推进媒体深度融合发展现场会等，湖北鄂州、江苏宿迁等及省内20余家媒体到淮北市考察交流。融媒体平台、应急广播、城市云屏等六大项目进展顺利。

（邹晨光）

【媒体深度融合】 2021年，淮北市传媒中心构建以移动互联网为核心的现代传播体系和媒体发展格局。改版升级“相信”客户端，实现政务、商务、服务在App中集中呈现。全面建成淮北市应急广播播控系统并投入使用，在三区实现全覆盖，受众群

2021年，市传媒中心建成覆盖三区的应急广播体系
（陈文骁　摄）

体超过100万人。与浙大网新科技股份有限公司合作，实施“城市智屏”工程，利用5G、物联网技术，将公交屏、电梯屏、户外屏等室外屏纳入融媒体指挥平台进行一元化综合播控。聚焦中国共产党成立100周年和党史学习教育，宣传淮北建设发展成就，开设《奋斗百年路·启航新征程》等专题专栏。围绕《淮北日报》创刊50周年，以深度报道、图片专版、文学作品、公益宣传等多种形式，制作112个版的《风华》特刊。生产短视频、微电影、公益广告、有声新闻等产品。淮北新闻网、“相信”客户端、淮北传媒发布、抖音号、视频号等网络平台聚合粉丝。全年“相信”客户端平台下载用户3.2万余户，中心抖音官方号全年发布作品1200余条，粉丝数43.3万人。淮北市市级媒体所属新媒体平台（账号）20余个，有效聚合网络用户超过200万人。

（宗兆宣）

【主题主线宣传】 2021年，淮北市传媒中心聚焦庆祝中国共产党成立100周年和党史学习教育主题，做好新闻策划。在报纸、电视和新媒体平台开辟专题专栏，宣传阐释习近平总书记“七一”重要讲话精神。开设《学习贯彻党的十九届六中全会精神》专栏，报道各地各部门传达学习十九届六中全会精神的动态新闻。宣传淮北市第九次党代会，推出《党旗引领高质量发展》《汇聚动能风帆劲》《春风化雨润无声》等报道，发布《凝心聚力推进更高质量转型发展　全面开启建设新阶段现代化美好淮北新征程　中国共产党淮北市第九次代表大会隆重开幕》等报道。宣传阐释习近平总书记关于党史学习教育的重要论述，做好各地各部门加强“四史”学习以及“我为群众办实事”实践活动的动态报道，开展《重温百年党史　启航奋进征程——“红韵淮北”》全媒体宣传活动。

（崔全胜）

【疫情防控宣传】 2021年，淮北市传媒中心准确宣传党委、政府关于做好疫情防控和疫苗接种工作的决策部署，刊播疫情防控重要新闻和市疫情防控应急综合指挥部的通报通告。宣传报道全市新冠病毒疫苗接种一线的广大党员干部、医务工作者、社区工作者和志愿者抗疫精神，市传媒中心记者常态化在疫苗接种一线和乡镇、村居，采写《日夜坚守只为护佑百姓安康》《五沟镇“志愿红”助力疫苗接种》《携手同心筑牢免疫屏障》等一批感人故事。以消息、通讯、新闻特写、图片新闻、视频、音频等多种形式，集中做好疫苗接种和疫情防控宣传。《淮北日报》全年累计刊发疫苗接种和疫情防控新闻稿件700余篇（幅），电视和广播共计发稿420余条；淮北发布、淮北传媒发布、《淮北日报》等微信公众号和微博、新闻客户端、抖音、快手、视频号等累计发稿上千条。新媒体作品《高效推进疫苗接种　筑牢全民免疫屏障》《揭秘杜集网红喊话哥：原来他……》《青少年疫苗接种知识知多少？》等在网络空间传播。

（崔全胜）

【产业多元发展】 2021年，淮北市传媒中心发展教育培训、文化创意、车友惠等潜力产业，筹划推进研学旅游产业。加快淮北文创中心建设，打造和培育拥有知识产权的自主品牌，适时启动新型产业发展项目。全年经营收入541.37万元，同比增幅43.74%。淮北尚德传媒创立淮北市峰巢文创中心，提供创意研发、产品孵化、线上线下销售、非遗传承示范、知识产权IP转化、文旅产业、展会展示等一体化服务，承办第十七届深圳文博会。开展淮北市车友惠线下主题活动，树立品牌形象。尚学教育完成招募2022年度小记者4561人，同比增幅35%，新引进上海绘声绘色创意空间美术培训项目，完善拓宽培训业务板块。

（宗　锐）

【扩大对外宣传】 2021年，淮北市传媒中心在省级以上媒体（不含网络）发稿874篇（条）。

2021年9月23日，淮北市传媒中心记者在中国农民丰收节采访（梅月 摄）

其中，中央级媒体140篇（条），同比增长30%。中央电视台发稿单条1条，《安徽新闻联播》头条13条、单条17条。央视新闻频道《淮北："五群十链"赋动能 高质量发展促转型》等17个单条在《安徽新闻联播》播出。紧盯市委关注"五群十链"产业发展，在人民日报社《中国城市报》整版图文刊发《安徽省淮北市："五群十链"擘画蓝图"四链合一"聚才融智》；图片新闻《党的盛典 人民的节日 建党100周年文艺演出》登上《人民日报》。《人民日报·海外版》图文刊发整版稿件《再现大运河繁荣之景》。5月，市传媒中心配合央视在淮北市开展大型直播活动2次，中央广播电视总台《新闻直播间》以5分56秒时长讲述运河文化的淮北故事；中央广播电视总台新闻频道《庆祝中国共产党成立100周年》特别节目《今日中国 安徽篇》，以直播连线的方式聚焦淮北市朔西湖生态治理华丽蝶变，时长近7分钟。

（黄 顺）

【活动品牌创建】 2021年，《淮北日报》推出评论栏目《评"新"而论》，受到淮北市委宣传部阅评组表扬。融媒体直播节目《架职连城》以"招聘企业现场多点直播+网友互动"的方式，在淮北交通广播、"相信"客户端、微信"云享生活"直播间等平台播出。广播电视打造的《第九菜系》栏目，挖掘整合相山区美食资源，全年制作播出美食专题250期。全年策划户外活动50多场。举办"爱心助考"活动，传递爱心助学精神；举办"非遗好物 云享生活"2021淮北市首届"非遗产品年货节"直播活动，由淮北市传媒中心新闻客户端、官方抖音号、快手号、视频号4大平台同步直播。举办"诵读红色家书 传承优良家风"故事诵读会活动、"我们的节日"系列活动、2021年"文化和自然遗产日"系列活动、淮北市第一届妇女创业创新大赛活动等，受到社会各界好评。

（宗兆宣）

【责任编辑 郝建华】

卫　生

综　述

【医疗卫生事业发展】 2021年，淮北市各级财政对医疗卫生事业发展投入共计15.09亿元。截至年底，全市有医疗机构897家，其中医院76家、基层医疗卫生机构804家、专业公共卫生机构16家、其他卫生机构1家。建成三级甲等综合医院2家（淮北市人民医院和淮北矿工总医院）、三级甲等中医医院1家（市中医医院）、三级专科医院1家（安徽皖北康复医院）、三级妇幼保健院1家（淮北市妇幼保健院）、三级综合医院1家（濉溪县医院）。全市有卫生技术人员14474人，其中，执业（助理）医师5757人、执业医师4754人，实有床位13711张。全市医疗卫生领域建设重点项目15个，总投资约44.43亿元。

濉溪县列入省级医防融合试点县，入选全国基层卫生健康综合试验区。市人民医院和淮北矿工总医院紧密型城市医联体城市社区卫生服务中心成员单位增加到13家，覆盖全市76%城市社区卫生服务中心，超省规定60%以上要求。高品质医院和区域医疗高地建设成效初显，蚌埠医学院直属淮北人民医院揭牌；淮北市人民医院签约徐州医科大学附属医院紧密型医联体。

【新冠肺炎疫情防控】 2021年，淮北市新冠肺炎疫情防控实现"零输入""零传染""零感染"。保持常态化防控指挥体系和工作机制高效运转，建立疫情防控战时指挥体系和"五网四图三治"（组织网、责任网、宣传网、信息网、服务网，资源图、责任图、态势图、流程图，行业自治、街区共治、院落自治）疫情防控体系，坚持"外防输入、内防反弹"总策略，"动态清零"总方针，落实"四方"（属地、部门、单位、个人）责任和"四早"（早发现、早报告、早隔离、早治疗）要求，坚持人、物、环境同防。全年发布市疫防指通告2次，市疫防办通报1次、通告4次，紧急健康提示提醒21次、紧急寻人7次。摸排并集中隔离管控密接、次密接等风险人员，对重点人员等开展核酸检测。指定市人民医院为新冠肺炎定点救治医院，同时托管市传染病医院收治散发感染者，指定濉溪县医院为市级后备定点医院。26个市疫情防控医疗救治与院感防控组、21个医疗救治专家组和3个梯队119名医疗救治医务人员随时待命。完成淮北市人民医院、淮北矿工总医院、淮北市妇幼保健院、淮北市第四人民医院、濉溪县医院、濉溪县中医医院、淮北朝阳医院等7家医院发热门诊改造工程。组建市、县区和镇街三级疫情现场流调处置小分队280支、570人。储备隔离点53家、隔离房间4122间。全市核酸检测能力超20万单管（10：1混检200万人）/天。开展病例救治、流调溯源、全员核酸检测、新闻发布等演练。在全省率先实施基层医疗卫生机构发现报告新冠肺炎患者奖励政策、率先在医疗机构实行25条常态化疫情防控措施、率先对外省到淮北和出省返淮北报告人员开展免费核酸检测，率先完成学生核酸检测抽检目标。依规安全有序推进新冠病毒疫苗接种，在全省首创60~75岁老人“双评估”接种新冠病毒疫苗。截至12月31日，全市累计报告接种新冠病毒疫苗3725880剂次。

【智慧医疗建设】 2021年，淮北市卫生健康委员会（以下简称“淮北市卫健委”）推动“智医助理”建设，提高基层机构电子病历规范率。截至年底，淮北市人民医院、淮北矿工总医院、淮北市妇幼保健院、濉溪县医院完成互联网医院建设；建成市级电子健康卡管理系统，淮北市人民医院、淮北市中医院、淮北市妇幼保健院、濉溪县医院完成电子健康卡用卡环境改造工作，并实现发卡。完成“健康淮北”App开发工作，居民通过“健康淮北”App实现预约就诊、查看电子健康档案、查询附近药房等功能。建成健康档案浏览器，基层就诊数据与公共卫生数据实现互联互通。市级全民健康信息平台电子病历库、电子健康档案库、全员人口库等与省平台实现数据传输和共享。

【医养结合】 截至2021年年底，淮北市医养结合机构9家，其中养办医5家、医办养4家，医养签约32对，全市二级以上综合医院均设立老年病科。淮北市获评省级医养结合综合示范区，淮北矿工总医院杨庄分院、烈山公信医院和相山区幸福社区卫生服务站、濉溪镇烈山南路卫生服务站分别获评第四批省级医养结合示范机构和省级医养结合示范中心。完成全国第二批安宁疗护试点地区终线调查工作，开展第二批安宁疗护试点机构遴选，新增1家安宁疗护试点机构，全市有6家安宁疗护试点机构。在全市所有综合性医院、中医医院、康复医院、护理院和基层医疗机构开展老年友善医疗机构创建工作。

【医药卫生体制改革】 2021年，淮北市医改领导小组出台6份政策文件，市政府召开2次医改领导小组会议部署全市医改工作，统筹协调“三医”联动改革。落实“17+13+X”种抗癌药惠民落地，完成抗癌药采购金额1603万元。落实国家组织药品集中采购和使用试点扩围工作，超额完成第一批“4+7”次年及第三批“4+7”药品集中带量采购任务量。启动DRG付费方式改革，制定按病种分组付费病种及医保支付标准，城乡居民345个病种、城镇职工医保113个病种实行按病种付费。淮北市卫健委出台《关于深化医疗保障制度改革实施方案》，建立健全职工门诊共济保障机制。提高基本医保筹资标准，居民医保财政补助标准由550元提高至580元，个人缴费标准由280元提高至320元。下发各类定、调价文件4份，批复同意7家医疗机构新开展医疗服务项目价格文件15份，涉及新开展

2021年淮北市医养结合服务机构情况表

表32

序号	机构名称	地址
1	皖北康复医院	淮北市相山区相山北路3号
2	淮北朝阳医院	淮北市相山区南湖路6号
3	相山区虎山北路社区北养老服务站	淮北市相山区虎山北路社区世顺小区2栋1-7号
4	相山区幸福社区卫生服务站	相山区友谊巷1号16栋106室
5	淮北静安养亲苑	淮北市烈山区静安观澜郡C号楼
6	淮北矿工总医院杨庄分院	淮北市烈山区杨庄矿工人村
7	烈山区烈山镇蒋疃敬老院	淮北市烈山区烈山镇蒋疃行政村
8	烈山公信医院	淮北市烈山区迎宾大道169号国购汽车城1号楼
9	濉溪镇烈山南路社区卫生服务站	濉溪镇溪河路东段

医疗服务项目185项。淮北市人民医院和淮北矿工总医院2家三甲医院牵头组建医联体，医联体内有社区卫生服务中心13家，占市区17家社区卫生服务中心的76.5%。濉溪县入选为省内8个医防融合试点县之一，并申报全省综合医改示范县。国家卫生健康委确定8个县市为全国基层卫生健康综合试验区，濉溪县是安徽省唯一入选县市。11月，国家卫生健康委召开紧密型县域医共体建设试点进展情况新闻发布会，濉溪县做典型交流发言。

【公立医院改革】 2021年，淮北市成立公立医院党建工作指导委员会，出台《淮北市公立医院党建工作重点任务清单》，完成二级及以上公立医院、设党委的公立医院章程制修订审核工作。组织校园招聘8场次，招聘医药卫生类专业技术人员71名。3家市直医院面向社会公开招聘，招聘人员57名。绩效工资实行二次分配制度，向临床一线倾斜，三级公立医院绩效工资均突破2倍限制，最高达3.5倍。全市建成50多个临床质控中心，落实医疗质量安全管理制度和岗位管理制度，实施药品耗材带量采购，实行零差率销售，三级医院自聘总会计师实行精细化管理。淮北市人民医院五大中心均授牌，成为皖北地区首家中国血友病治疗中心；淮北市中医院跻身全国百强中医医院，为安徽中医药大学附属医院，院校共建省级博士后科研工作站。市财政列出1200万元公立医院绩效考核奖金，通过以奖代补方式支持公立医院发展。组织开展2020年度市级公立医院绩效考核，根据公立医院规模、发展特点及承担重点任务等因素，结合绩效考核结果，1200万元资金以实施项目形式拨付给到医院。

【卫生人才队伍建设】 2021年，淮北市卫健委组织市直3家公立医院分别赴省内和东北医学类高校进行校园招聘9场次，招聘签约各类专业技术人才165名，其中硕士研究生32人。盘活、用好编制周转池制度，市直3家医院231名医疗专业技术人员纳入编制周转池，68名周转池人员向自建池流转。加强公共卫生人才培养，市级公共卫生单位招聘各类专业技术人员7名。加强高层次人才培养，1人获评“全国中医临床优秀人才”，3人获安徽省第四届“江淮名医”称号，4人获评安徽省第一届“徽乡名医”，6人申报市高层次人才储备金，卫生系列副高级专业技术资格评审通过公示178人。加强重点学科建设，入选省级重点专科一般项目2项，财政拨付市级公立医院学科专项经费740万元，市直公立医院累计投入学科经费421万元，1项技术入选安徽省第六批卫生健康适宜推广技术。与10名学员签订免费农村订单定向协议，落实订单定向毕业生7名，委托培养乡村医生9名。加强全科人才培养培训工作，选派住院医师规范化学员55名，56名学员通过基层全科医师转岗培训结业考核，加注全科执业范围。

【基层卫生服务能力提升】 2021年，淮北市卫健委实施社区医疗卫生机构和村卫生室标准化建设民生工程项目，184个城市社区医疗卫生机构和村卫生室达到民生工程标准化建设标准。推进中心卫生院创建二级综合医院、一级甲等医院和乡镇卫生院特色专科建设，截至年底，有达到二级综合医院服务水平的中心医院2家、一级甲等医院3家，创建乡镇卫生院特色专科19个，创建社区卫生服务中心特色专科6个。实施加强村医队伍建设三年行动计划，动态消除村卫生室及村医“空白点”，为1171名在岗村医购买养老保险，落实村医退出补助1474人。强化乡镇卫生院和社区卫生服务中心疾病预防职责，补齐基层公共卫生服务体系短板，要求每个乡镇卫生院配备不少于1名专职公共卫生医师。组织专家组对全市“优质服务基层行”自评达到基本标准单位进行现场复审，杜集区朔里镇卫生院等3家卫生院（社区卫生服务中心）通过市级验收，濉溪县铁佛镇、孙疃镇卫生院通过省级验收，达到国家推荐标准。结合需求制定2021年度培训计划，明确培训目标，完成县乡村人才能力提升项目54名学员线上和线下培训，完成率100%。

【职业卫生健康】 截至2021年年底，全市职业卫生技术服务机构3家，职业卫生培训机构4家，职业健康体检机构6家。通过查询职业病危害项目申报系统，梳理存在职业病危害用人单位431家（另濉溪县169家），其中煤矿8家，非煤矿山4家，其他用人单位419家。向431家企业发放《职业病防治主体责任告知书》1293份。“双随机”抽查62家用人单位，煤矿和非煤矿山以及职业卫生技术服务机构全覆盖，出动执法车辆130车次、卫生监督员526人次，出具卫生监督意见书38份，行政处罚7件（4件警告，3件警告并罚款），罚没金额15万元。

【卫生健康民生工程】 2021年，淮北市卫健委牵头实施包括幼儿托育、妇幼健康和职业病防治，防治出生缺陷，城市社区医疗卫生机构和村卫生室标准化建设，农村适龄妇女“两癌”免费筛查等四项民生工程，截至年底，全市完成新增托位1180个。婚前健康检查26162人，婚检率达96.1%；疾病检出3327人，疾病检出率12.7%；全市三区一县规范化婚检门诊建设均于2020年提前通过省级复核，完成“全市婚检率稳定在85%左右，三区一县妇幼健康机构婚检门诊达规范化建设要求”年度目标任务；全市累计接种免疫规划疫苗435653剂次，序时进度为92.08%，完成年度目标任务90% ～110%要求范围；全市6家职业健康检查机构通过职业病与职业卫生监测信息系统填报43211条职业健康检查个案信息，完成年度目标任务“收集职业健康核心指标不低于11000条”的392.83%。全市产前筛查9753人，孕妇建册12573人，产前筛查率77.6%，其中，符合筛查条件建册孕妇9997人，筛查人数占符合筛查条件建册孕妇的97.5%，孕妇咨询9753人，孕妇咨询随访率100%。完成“产前筛查率60%以上、孕妇咨询随访率80%以上”年度目标任务。达到标准化建设城市社区医疗卫生机构和村卫生室数184个；乡村医生岗位培训人数885人；具有执业（助理）医师村医进修人数50人；政府办社区卫生服务中心进修人数8人，完成年度目标任务。10275人完成妇女宫颈癌检查，3248人完成乳腺癌检查。

公共卫生服务

【公共卫生服务体系建设】 2021年，淮北市委、市政府在全省率先出台《关于加强公共卫生体系建设的实施意见》，提出完善公共卫生应急指挥体系、改革完善疾病预防控制体系、完善早期监测预警体系等10个方面33项工作任务，细化《淮北市改革完善疾病预防控制体系实施方案》《淮北市医防协同工作实施方案》等8个实施方案。推进淮北市人民医院和淮北市传染病医院新院区室内装饰施工，投资3.5亿元、占地56亩的现代化的淮北市公共卫生中心项目开工建设。人均基本公共卫生服务经费补助标准提高到79元，184个城市社区医疗卫生机构和村卫生室完成标准化建设，相山区人民医院新院区投入使用，濉溪县医院南院区主体结构整体完成80%，杜集区人民医院完成住院楼、门诊楼、行政办公楼等主体工程建设。明确26家部门和县区爱国卫生运动工作职责，结合疫情防控开展病媒生物防治等工作。

【家庭医生签约服务】 2021名，淮北市卫健委印发《关于做好家庭医生签约服务工作的通知》，全市成立家庭医生签约服务团队625个，17万余人签订有偿服务包。加强信息平台建设，上传家庭医生签约省级信息管理平台数据，质控通过率达95%以上。完善家庭医生有偿签约服务收入分配政策，指导县区建立绩效考核机制进行考核分配，将家庭医生签约服务项目细化分值，纳入“两卡制”（身份认证卡、虚拟绩效卡）考核系统，实现签约服务自主考核和资金考核分配。

【传染病防控】 2021年，淮北市报告乙类、丙类法定传染病15种，累计报告7491例；市辖三区共救助艾滋病患者269人，完成救助任务的199.3%，发放医疗救助款64.4万元；救助贫困结核病人196人，发放医疗救助款17.6万元；手足口病完成监测任务的150.8%；累计监测流感样病例6228例，采集1050例流感样病例样本，完成流感监测任务。全年开展免费预防性健康体检38103人。

妇幼保健

【出生人口】 2021年，全市出生人口17258人，其中：一孩出生数6396人，二孩出生数7877人，二孩出生数占当年总出生数比例45.64%，多孩出生数2985人。

【托育服务】 2021年，淮北市卫健委完善3岁以下婴幼儿照护服务工作联席会议制度，17个部门密切配合，推动解决工作难题，促进普惠性托育工作快速发展。市卫健委出台《淮北市普惠性民办托育机构补助经费管理的指导意见》，完善普惠性民办托育机构投入保障机制。申报普惠性托育服务项目5个，共计370个托位，争取中央预算内资金370万元。新增托育托位1180个，完成“新增托位850个”年度目标任务的138.8%。截至年底，全市3周岁以下婴幼儿照护服务机构43家，备案通过34家。

【免疫规划】 2021年，淮北市卫健委印发《关于开展全市规范化预防接种门诊建设暨民生工程进程督导的通知》，召开免疫规划项目工作推进会，做好儿童免疫规划，预防接种工作。全年免疫规划信息系统在册管理0～6周岁人口198088人。扩大国家免疫规划，疫苗累计接种435653剂次，完成全年民生工程任务。一类疫苗适龄儿童接种率超90%，符合国家和省规定标准。

【妇幼健康】 2021年，全市孕产妇死亡率、婴儿死亡率和5岁以下儿童死亡率分别为12.1/10万、2.12‰、3.15‰，均优于省考核要求。投入322万元资金，专项用于人类辅助生殖技术工作场所建设等工作。开展妇幼保健机构绩效考核，压实妇幼保健机构职责任务。新批准濉溪县医院开展产前筛查技术服务，截至年底，全市产前诊断机构1家、产前筛查机构3家。开展出生缺陷综合防治，强化三级预防。全市婚前医学检查2.6万人，叶酸补服1.5万人，产前筛查1万人，新生儿遗传代谢病筛查、听力筛查各1.6万人。新增新生儿疾病筛查项目先天性肾上腺皮质增生症筛查，筛查6178人。高危孕产妇管理率和住院分娩率均达99.9%以上。遴选32名妇产科专家组成剖宫产病例市级专家库，按季度开展剖宫产病历评审，评审助产医疗机构10家、病例354份。全市剖宫产率34.1%，较上年下降1.9个百分点。

卫生应急处置

【突发公共卫生应急处置】 2021年，淮北市卫健委加强新冠肺炎战时指挥体系建设，完善平战转换机制，定期开展突发公共卫生事件监测预警和风险评估。强化流调溯源公安、公卫、工信“三公”联合机制，及时发布通告和健康提示，组织疫情重点地区人员摸排和管控，巩固拓展全市疫情防控成果。规范处理淮北职业技术学院诺如病毒疫情、濉溪临涣中心校食源性疾病等4起突发公共卫生事件，报告及时率和网报率均为100%。

【应急能力建设】 2021年，将公共卫生应急能力建设列入全市公共卫生体系建设的重要内容。淮北市公共卫生中心项目开工建设。三区疾病控制机构单独设置，明确编制和职能，拟于2023年独立运行。购置移动核酸检测方舱1座、移动核酸检测车2辆，强化移动核酸检测能力。组建18支卫生应急小分队，保持24小时通信畅通，随时集结待命。加强应急值守，重要节点和汛期落实24小时值班和领导带班制度。

【市紧急医疗救援（市120急救）中心建设】 2021年，淮北市新建2个标准化120急救站，其中1个正式运行。按照“就近、就急、就专科救治能力、尊重病人（家属）意愿”原则，全年处理各类电话161171次，出车33182车次，有效出车17801车次，处置病人15955人次。做到“处理及时、转诊迅速、分流有序、操作规范”，调度工作实现“零投诉”。完成各类应急演练或重大社会活动医疗保障16场次、新冠肺炎疫苗接种现场医疗保障任务2500余场次。举办全市首届救护车驾驶员综合技能竞赛，开展全市急救中心（站）“院前急救规范管理年”活动。修订应急预案，组织桌面推演和现场演练，增强应对突发事件能力。组织开展“我为群众办实事——党建引领，健康百姓”急救知识“五进”科普宣教活动26场次。市120急救中心获评2021年度“淮北市三八红旗集体”“安徽省巾帼文明岗”。

爱国卫生

【省级卫生城市创建】 2021年，淮北市通过省级卫生城市复审病媒生物防制工作评估。市政府专题召开省级卫生城市复审工作推进会。调整市爱国卫生运动委员会组成单位和人员，明确市卫健委、市发展改革委、市生态环境局等26家市直部门、驻淮北单位和县区政府工作职责。制定省级卫生城市复审迎检工作实施方案，细化复审工作1000分评分标准，明确各县区、各部门工作任务和完成时限。成立10个督查组，重点对省爱卫会反馈病媒生物防制等问题整改情况，实行日查日报。8家责任部门对农贸市场、餐饮行业、垃圾转运站等落实全方位、无死角整改，消除病媒生物孳生地。邀请国家级和省级专家到淮北市开展模拟检查，并就创建卫生城市标准、细则和病媒生物防制知识等作专题培训，市爱卫会成员单位、市辖三区、镇街、社区、有关医疗卫生机构等单位400余人参训。开展爱国卫生法制宣传周等活动，组织专家进社区、进企业、进乡村、进学校、进厂矿宣讲《安徽省爱国卫生条例》。开展网上知识有奖问答，在抖音、快手、市传媒中心等微视频平台播放健康公益视频，点击率达万余人，张贴海报3000份，发送手机短信10万条次。

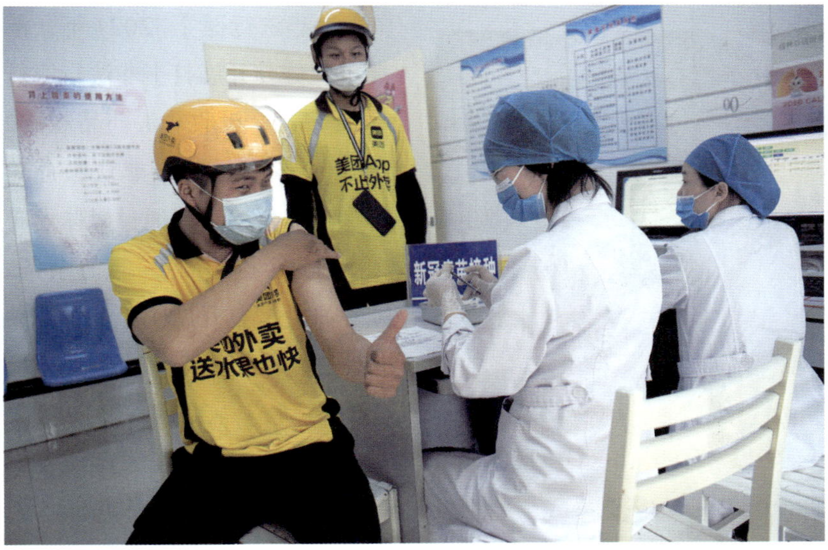

2021年5月25日，市妇幼保健院为快递人员接种新冠病毒疫苗
（李群　摄）

【医疗机构环境卫生整治】 2021年，淮北市卫健委加强医疗机构病媒生物防治，开展除“四害”活动。新冠肺炎医疗废物处置督查全覆盖，对定点救治医院、民营医院、乡镇卫生院、个体诊所等全市范围内各级各类医疗机构开展拉网式全覆盖监督检查。开展医疗废物处置日常巡查、专项检查，排查全市医疗机构医疗废物产生量、类别、储存、流向等情况。在21家二级以上医疗机构设置医疗废物暂存点，按照就近、省时、省力原则，在县区统一规划设置47个医疗废物暂存点，集中收集医疗废物，指定淮北市龙铁医疗废物处理有限公司专门置医疗废物，实现医疗废

物源头管理。巩固医疗卫生机构“厕所革命”，做到“六有一免”（即有卫生保洁标准、有保洁岗位责任制、有定时清扫保洁消毒制度、有清扫保洁作业流程、有设施维修保养制度、有卫生监督检查制度，免费提供厕纸、洗手液）。

【健康素养促进】 2021年，全市评选市级健康素养巡讲专家45名，2人获评省级健康素养巡讲专家。对全市健康素养2个监测点开展健康素养调查，完成入户调查900人次，相关数据报请省疾控中心复核。推进健康促进示范区（县）建设，濉溪县通过省级健康促进示范县复审。濉溪县、烈山区参加全国“万步有约”健走大赛，引导居民关注身体健康。

【城乡环境卫生整治】 2021年，淮北市卫健委结合文明城市创建工作，落实街道社区、乡村，特别是老旧小区、城中村和城乡接合部等薄弱区城环境卫生保洁制度，发挥物业、社区等作用，确保有专人负责，定时定点清理垃圾和废弃物，消除卫生死角。加强居民楼道间和房前屋后乱堆乱放、乱搭乱建清理整治。对人员集中和使用频次高的值班岗亭、单元楼道口、电梯、小广场、小区门禁、垃圾收集点、公厕、健身器材等公共场所和设施定时进行清洁消毒。城镇重点做好背街小巷、集贸市场、城中村、城乡接合部、居民小区、公共场所、城镇入口、河渠、建筑工地、公（铁）路沿线以及“五小行业”（小食品经营及加工单位、小理发美容店、小旅店、小浴室、小歌舞厅）等场所环境卫生治理，建立长效管理机制，解决马路市场、废品收购站、露天烧烤、路边洗车、占道经营、夜市摊区等群众反映强烈热点问题，全面清理乱搭乱建、乱拉乱挂、乱贴乱画等问题。

2021年9月26日，淮北市疾控中心工作人员在高岳街道菜市场开展肠道传染病外环境监测 （李群 摄）

卫生监督

【卫生监督综合执法】 2021年，淮北市卫健委监督检查医疗机构、公共场所、学校、生活饮用水等各类被监督单位5000余户次，全年结案119件，罚没金额70万余元，受理投诉举报65件，依法规范办结并反馈65件。完成国家“双随机”监督检查工作，对全市592家单位进行“双随机”监督检查，查处案件84件，任务完成率100%。开展农村集中式供水专项监督及农饮水检测工作，对54家农村集中式供水设施数监督协管巡查达到全覆盖，采集农村饮水水样300份，针对不合格单位进行现场指导并要求供水单位限期整改。

【惩治非法行医】 2021年，淮北市卫健委开展打击非法行医行动11户次，没收非法药品器械2箱（台）。开展打击非法医疗美容专项监督检查，通过媒体发布“医疗美容提醒信息”1万余条。立案查处擅自开展医疗美容活动行为2起。开展医疗美容专项检查，出动车辆21台次、执法人员50余人次，检查医疗美容机构21户次，立案查处3起。

【医疗行业监管】 2021年，淮

北市卫健委开展规范医疗机构诊疗服务行为专项整治行动，严厉打击医疗卫生违法违规行为，结案70件，罚没款37.90万余元，吊销2家医疗机构诊疗科目，暂停3名医师6个月执业活动。对289户次医疗机构和26人次医务人员给予不良记分。

中医中药

【中医药人才培养】2021年，淮北市卫健委完成全国基层名老中医药专家罗翠萍名传承工作室的验收，遴选省基层名中医黄贞银建设省级基层名中医工作室。推动淮北市中医医院博士站建设，与安徽省中医药大学签订合作协议，柔性引进博士1名。推进“西学中”培训计划，完成2批次150人的培训和考核。开展安徽省传统医学师承出师考核和确有专长人员考核报名工作，通过市级确有专长人员31人，全年对16名师承人员进行备案。市中医医院孙钰获“全国中医临床优秀人才”称号，申报“第七批全国老中医药专家学术经验继承”指导老师1人、江淮名医1人。获批省级科研项目1项、市级科研项目6项，获安徽中医药科技奖2项、“十四五”省级中医优势特色专科和特色专科项目2项。获批与省中医院协同攻关慢阻肺疾病“安徽省重大疑难疾病中西医协同攻关项目”。医院中药制剂柴葶宁肺和前列通瘀颗粒2个品种获得制剂批准文号备案。

【中医医院建设】2021年，淮北市卫健委推进市中医医院提档升级，该院跻身全国百强中医医院，获批国家发改委中医特色重点医院建设项目，在省卫健委通报2019年度全省三级公立中医医院绩效考核中综合排名第三、地市级中医医院排名第一，患者和医务人员满意度评价位居全省前列，在全国中医综合类医院排名第146，较上一年度前进70个位次。先后获批省级中医医疗中心建设单位、国家中医药系统2018—2020年改善医疗服务先进典型医院、国家中医心血管疾病临床医学研究分中心网络成员单位、安徽省全科医生转岗培训基地。市中医医院省级博士后科研工作站启动，首批博士后进站开展工作。

【基层中医药服务能力建设】2021年，濉溪县获“全国基层中医药工作先进单位”称号。淮北市卫健委推动濉溪县中医院完成三级医院登记准备工作，加强标准化、规范化建设，完善医院医疗核心管理制度和服务创新，改善优势专科条件，加强专科人才培养和中药文化建设，申报中医药文化宣传阵地。新建中医馆1家，全市乡镇卫生院、社区服务中心中医馆建设率达100%，实现中医馆建设全覆盖。各社区卫生服务中心、乡镇卫生院按照要求设置中医科室，配备诊疗设备并有中医医师坐诊。在基层医疗机构开展中医药适宜技术技能培训，全年培训500余人次。全市社区卫生服务中心、乡镇卫生院均可开展6种以上中医药服务；社区卫生服务站、村卫生室均可以提供4种及以上中医药服务。

健康养老服务

【基层老年协会规范化建设】2021年，淮北市老龄办组织对全市437个村居、社区基层协会组织建设情况、制度情况、经费及活动场所、基层协会发挥作用情况开展调查摸底，掌握老年协会在当地为老服务发挥作用情况，对作用发挥好的协会进行通报，对还没建全村级老年协会的进行督促。贯彻落实省老龄办《关于加强老年协会规范建设的通知要求》，召开协会建设推进会，要求各县区从加强和规范基层老年协会建设、发挥城乡老年协会作用入手，建立健全和完善工作制度，加强组织建设、队伍建设、设施建设，健全基层老年协会。

【健康产业发展】2021年，淮北市卫健委印发《关于建立完善老年健康服务的实施方案》，完善全市老年健康服务体系。2名专家入选安徽省老龄健康专家库。完成全国第二批安宁疗护试点地区终线调查工作，开展第二批安宁疗护试点机构遴选，新增1家安宁疗护试点机构。全市有安徽科宝生物工程有限公司、安徽华润金蟾药业股份有限公司等现代医药生产企业6家，淮北英科医疗用品有限公司、安徽雷根生物技术有限公司等医疗器械生产企业15家。整合文化、旅游、养生等优势资源，建设皖北健康休闲旅游景区，打造淮海健康融合发展景点。修缮后的濉溪古城正式对外开放，新增乾隆湖和凤凰山绿色食品博览园2家AAA级旅游景区。烈山镇、双堆集镇、临涣镇获评省级特色旅游名镇。

【“敬老月”活动】 2021年，淮北市老龄办开展“敬老月”活动，动员社会各界深入村居、社区走访慰问老年人。其中，市慈善协会开展“慈善助老情暖夕阳”活动，出资6.2万元慰问市社会福利中心和一县三区5所敬老院，每所敬老院发放1万元慰问物资，慰问10位百岁老人，每位百岁老人发放慰问金1000元，2位困难高龄老人每位发放慰问金1000元。相山区老龄办和志愿者协会在城区开展志愿服务活动，上门为老人提供保洁、照料、信息咨询、心理疏导等服务，并为老人们送上节日慰问品。淮北市人民医院、淮北矿工总医院组织专家志愿者走进杜集区敬老院、社区开展义诊活动。濉溪县为困难老年人统一办理“老年人意外伤害综合保险”。

【示范性老年友好型社区创建】 2021年，淮北市卫健委围绕提升为老年人服务质量、丰富老年人精神文化生活等7个方面，开展示范性老年友好型社区创建。其中，相山区东街道供电社区组建“为老服务帮帮团”，长期为特困特殊老人开展形式多样服务项目，建立“三实服务”机制（构“实”服务网路、落“实”服务项目、控“实”服务质量）；烈山区杨庄街道铁运社区创建“社区电子便民超市”，为老年人代办水、电、燃气、话费等缴费业务，开办“银铃多彩大学”，开展多类培训、普法教育、讲座等精神文化活动。相山区东街道供电社区、濉溪县刘桥镇彭楼村、杜集区高岳街道任庄村、烈山区杨庄街道铁运社区、濉溪县濉溪镇王冲孜村5个社区（村）获评2021年全省示范性老年友好型社区，其中，相山区东街道供电社区和濉溪县刘桥镇彭楼村获评全国示范性老年友好型社区。

【“智慧助老”进社区活动】 2021年，淮北市卫健委结合“我为群众办实事”实践活动要求，在全市范围内开展“智慧助老”进社区活动。动员各方力量为老年人提供志愿者服务和培训。依托各类老年大学（学校、站点）、涉老相关社会组织、老年协会、志愿服务组织、养老机构、社区等，编写图文并茂、通俗易懂培训教材，开设老年人使用智能手机培训班。采取线上线下相结合培训方式，帮助老年人提高运用智能技术能力和水平。针对老年人在日常生活中手机应用困难，组织行业培训机构、社区服务人员、技术能力较强专家等，开展常态化专题培训。鼓励老年志愿者、党员干部参与“智慧助老”技术培训行动。采取“一对一”或“一对多”形式面向老年人开展以智能技术为主题志愿培训活动。

医政管理

【医疗质量管理】 2021年，淮北市新增4家公立医院参加2020年公立医院绩效考核，全市5家三级公立医院、2家二级公立医院、参加公立医院绩效考核。将违反诊疗常规等行为纳入绩效考核，建立违规诊疗行为约谈制度，建立不良执业行为记分和信用体系。加强医疗质量控制体系建设，新增市级互联网医院质控中心、临床营养管理质控中心，全市53个专业质控中心，15个县级质控中心。全年各质控中心组织开展现场督查107次，督查医院835家次，下发整改通知书527份。启用安徽省医疗质控管理平台，规范促进医疗质量控制管理工作，全年经医政备案质控平台发文231份。开展“规范医疗机构诊疗服务行为专项整治行动”“民营医院管理年”“不合理医疗检查规范诊疗行为专项治理行动”等活动。

【医疗秩序维护】 2021年，淮北市卫健委从医疗执业环境、医疗服务质量、医疗纠纷、医院治安防控能力等方面，健全完善平安医院建设长效机制。畅通医疗服务投诉制，多元化解各类医疗纠纷，全年接收电话、网络及现场投诉90余次。医疗纠纷调解委员会调解医疗纠纷115件，调解成功案件102件，调解成功率89%。完善医疗风险责任分担机制，205家医院参加医疗责任保险，其中三级医院6家，二级医院15家，其他医疗机构184家。会同公安机关对全市二级及以上医院安保工作进行全覆盖检查，排查风险隐患，二级及以上医院均设置安全监控中心，门、急诊等重要医务人员值班室安装一键报警装置，并与医院安全监控中心联网。

【血液安全与管理】 2021年，淮北市卫健委强化疫情防控常态化采供血工作，全年采集血液16152人，30000单位，机采血小板1032人，2060治疗量。6月14日，围绕“献血，让世界持续跳动”主题开展世界无偿献血者日宣传活动，其间，186人参加无偿献血，总量58600毫升。强化提升血液质量安全保障能力，重点加强清洁消毒、个人防护、健康征询、医废处置4个方面规范性督导检查。加强血液安全检测，酶免检测血液标本17207份、核酸检测标本16862份。做好血液成分制备，保证临床需求。临床供应红细胞27262单位、血浆9248单位、单采血小板2038治疗量。发挥输血质控中心作用，做好临床输血技术沟通交流，全年成分血使用率99.98%。

（梁　仓）

医疗单位简介

【淮北市人民医院】 淮北市人民医院是三级甲等综合性公立医院，淮北地区医疗、科研、预防、保健、康复、急救中心，为蚌埠医学院直属淮北人民医院、安徽医科大学临床学院、徐州医科大学临床学院。2021年，医院有省级医疗卫生重点专科2个、省“十三五”重点特色专科4个、市级重点学科11个。在册职工1760人，副高及以上卫生专业技术人员322人，江淮名医7人，省学科带头人培养对象2人，淮北市高层次人才20人，淮北名医38人。

2021年，市人民医院入选“长三角普惠医疗健康发展联盟”理事单位，正式挂牌蚌埠医学院直属淮北人民医院，通过徐州医科大学淮北临床学院考察评估，与徐州医科大学附属医院签约紧密型医联体。省级博士后工作站获批，住院医师规范化培训基地超额完成首次招生任务；消化内科、神经内科获评省医疗卫生重点专科建设项目，中医科一病区入选安徽省中医药传承创新发展研究项目，5项科研课题首获安徽省教育厅科研立项，2个项目获安徽省医院协会科技创新奖；获得省级科技成果1项、市级科技成果9项；2人入选安徽省第四届“江淮名医”名录，6人获批淮北市第六类高层次人才储备金。

（李　骏）

【淮北矿工总医院】 淮北矿工总医院为三级甲等医院，是集医疗、教学、科研、预防、保健、康复于一体大型综合性医院，是蚌埠医学院非直属附属医院、徐州医科大学附属淮北医院、国家矿山医疗救护中心安徽省分中心。下辖朱庄分院等11家分院，总床位2152张，服务半径辐射苏鲁豫皖。2021年，总院开放床位1450张。在职职工1414人，其中高级职称227人，博士1人，硕士研究生56人。拥有11个省市级重点专科、特色专科，16个市级专业质量控制中心，区域内最大规模血透中心，是全国临床合理用药示范基地、淮北市首家国家级标准版胸痛中心、国家卒中协会卒中中心、国家级创伤中心创建单位、淮北市危重孕产妇救治中心和危重新生儿救治中心。2021年度中国现代医院管理典型案例获药事管理类第五名。全年三四级手术突破1.25万台次，开展主动脉夹层等心脏大血管手术98例。获国家专利4项，1项省级科研和2项市级科研结题；立项省级科研项目1项、蚌埠医学院自然科学基金项目6项、淮北市科技计划项目10项；心内科、急诊科2个项目入选2022年国家级继续医学教育项目；发表论文35篇，其中核心期刊25篇。与安徽医科大学临床学院签订协议，组织临床专家参与高校教师培训考试；开办蚌埠医学院临床教学班；完成徐州医科大学附属淮北医院教学基地现场验收工作。开设院内、体育场方舱、相王、朱庄等6个接种点，参与疫苗保障任务3700余人次，疫苗接种36.8万人次。选派12名医护人员驰援广德隔离点、宿州、许昌等地完成抗疫任务。开展“我为群众办实事”主题义诊、健康讲座、家访等活动142场次，服务群众1万余人次。开展“坐上轮椅去体验”等患者体验提升活动，形成4项可推广应用的患者服务最佳实践。构建医联体框架，加快医联体建设，签约7家医联体单位，接待基层医院转诊住院患者300余人次。

（张晓波）

【淮北市中医医院】 淮北市中医医院是二级甲等中医医院、全省示范中医医院、安徽中医学院教学医院、全国百强中医院，2020年11月，安徽中医药大学附属淮北中医院挂牌成立。2021年被国家发展改革委立项为国家中医特色重点医院建设单位，入选安徽省全科医师转岗培训基地、安徽省中医医疗中心。2021年有编制床位554张，24个临床科室和6个医技科室。其中国家级中医重点专科1个、省级中医重点（特色）专科6个、市级重点专科6个。医院有职工558人，其中专业技术人员463人，拥有全国中医临床优秀人才1名，全国老中医药专家学术经验继承工作指导老师1名，全国中药特色技术传承人3名，全国中医临床特色技术传承骨干1名，全国中医护理骨干2名；安徽省名中医2名，安徽省名老中医3名，江淮名医3名，省级中医药领军名人才1名，省级名中医继承人4名，安徽省中青年中医学术带头人6名，省级中医护理骨干2名，淮北市名老中医2名，淮北市名医7名，淮北市优秀中青年中医5名，淮北市高层次名才储备金人才7名，“淮北市高层次人才培育计划”1名。医院获批省级科研项目1项，市级科研项目6项。获安徽省中医药科学技术奖一等奖1项、安徽省中医药科学技术奖三等奖1项。中医妇科获批“十四五”省级中医优势特色专科建设项目。在国家中医药局通报表扬中医药系统2018—2020年改善医疗服务先进典型中，医院获评全国先进典型医院、治未病科王洪刚获评先进个人。

（葛德昇）

【淮北市妇幼保健计划生育服务中心】 淮北市妇幼保健计划生育服务中心（淮北市妇幼保健院）是三级妇幼保健院、国家级爱婴医院，是淮北市儿科质控

2021年8月17日，淮北市中医医院省级博士后科研工作站启动暨首批博士后进站仪式举行

（葛德昇　摄）

中心、产科质控中心、病理质控中心、淮北市产前筛查和产前诊断质控中心挂靠单位，是安徽省儿童医院、南京市妇幼保健院医联体协作单位，并以淮北市妇幼保健院为核心成立淮北市妇幼保健专科医联体。设有孕产保健部（包含孕产群体保健科、产科病区、产房）、儿童保健部（包含儿童群体保健科、儿科病区、新生儿科）、妇女保健部（包含妇女群体保健科、妇科病区）三大部，经批准内设淮北市超声中心、淮北市病理诊断中心、淮北市产前筛查和产前诊断中心、淮北市新生儿救治中心，以及内科、外科、检验科、中医科等临床医技科室。2021年核定床位619张，实际开放床位306张；有在职职工578人，专业技术人员529人，其中医疗卫生专业技术人员475人，占职工总数82%，医疗卫生专业技术人员中高级职称46人，中级职称158人，研究生13人，本科学历287人。全年门、急诊人数达323338人次，同比增长21.86%；出院人数13137人次，同比降低2.98%；分娩活产数4146人，同比降低12.24%；手术2195台次，同比降低9.18%。收入1.71亿元，同比增长27.21%，其中医疗收入1.44亿元，同比增长26.03%；药占比13.66%（不含疫苗，含疫苗是29.7%）。

（刘　伟）

【淮北市第四人民医院】淮北市第四人民医院是淮北市南部地区唯一集临床医疗、创伤急救、康复、公共卫生管理为一体的二级综合性医疗机构。医院总用地面积为18719.66平方米，建筑面积10252.98平方米。2021年有在岗职工162人，其中，副高职称12人，中级职称71人，初级职称62人。开放床位213张，设有内科、外科、妇科、儿科、中医科、五官科、骨科等临床科室，骨科为特色专科。承担临涣矿、临涣选煤厂、中利电厂和焦化厂等保健站工作任务。医院采取建立慢病个人健康档案、定期回访、上门测血压、每周“摆药盒”加“私人医生微信群”等方式，管理矿区慢性病500余人。PCR实验室为淮北市南部唯一核酸检测实验室。先后11次进驻临涣矿、临涣焦化厂、临涣选煤厂、中利电厂、临涣化工园区等企业现场为厂矿职工接种新冠病毒疫苗，2021年接种50199人次。与上海复旦大学附属金山医院建立联系，选派1名副高级职称人员到金山医院进修学习危化品救治。

（张　红）

【相王医疗健康股份有限公司】2021年，相王医疗健康股份有限公司完成营业收入2.11亿元，利润总额1728万元。医药商贸推进电商销售平台建设，线上销售额达528万元。体检中心完成体检人数46585人次，同比增长31%。监护中心开拓集团外市场，增效创收200多万元。加强与中康医联体合作交流，参加“康复护理总论”“孤独症康复治疗”等8个远程培训项目，医生进修、规培9人次，老年医学人才培训2人次，培养康复专科护士3人、跌倒坠床评估师1人，晋升高级职称12人。培训学校与地方机构联合开展线上线下培训2300人次，同比增长10%。中医科加大对中医中药“治未病”宣传力度，推广中医特色治疗、中草药治疗等新诊疗项目。评价中心通过专家评审验收，取得职业卫生技术服务机构资质证书，完成118家地方企业检测任务，外部市场拓展到宿州、亳州等地。神经内科抓好危重疑难病例诊治，儿童康复中心在孤独症、脑瘫等康复评估与治疗中形成独特治疗体系。肺灌洗科完成尘肺灌洗手术300例，同比提升50%。理化实验室深入三区一县乡村拓展水质检测，业务量同比增长25%。老年公寓探索医养结合养老服务新模式，全年完成收入77万元，同比增加67%，被国家卫健委确定为第二批老龄健康医养结合远程协同服务试点机构。创建成为安徽医科大学康复治疗专业教学医院，与蚌埠医学院第一附院建立医联体。完成科技部重点研发项目“矿山职业危害防治关键技术及装备研究”相关子课题研究，获实用新型专利4项。

（王　娴）

【责任编辑　袁志毅】

社会民生

人力资源和社会保障

【概况】 2021年，淮北市人力资源和社会保障局（以下简称“市人社局”）认真贯彻落实中央及省委、省政府和市委、市政府的决策部署，牢牢把握稳中求进的工作总基调，坚持民生为本、人才优先的工作主线，坚持在发展中保障和改善民生。全年城镇新增就业3.8万人，城镇登记失业率2.67%；全市城镇居民人均可支配收入39688元，居全省第9位；增速9%，高于全国平均水平0.8个百分点，居全省第9位。淮北市人社局被省委、省政府授予“全省脱贫攻坚先进集体”称号。淮北矿业集团公司王忠才获人社部第十五届中华技能大奖。

【人才高地建设】 2021年，淮北市新增专业技术人员8000余人、安徽省学术技术带头人2人，省级博士后科研工作站2个，引进5名博士进站开展工作。截至年底，全市专业技术人员13.53万人、博士后科研工作站20家（国家级站5个、省级站15个），在站博士后27名，拥有省学术技术带头人及后备人选42人，省战略性新兴产业技术领军人才95人，享受国务院和安徽省政府特殊津贴73人；培训专业技术人员4万人次。淮北市人社局开展技能脱贫培训365人，完成省厅下达民生工程任务的365%。开展企业新录用人员岗前技能培训13738人，完成民生工程任务的124.89%；开展新技工系统培养2407人，完成民生工程任务的200.58%；开展在岗职工技能提升培训11561人，缓解技能人才短缺的结构性矛盾。组织参加省农民工职业技能竞赛，获团体二等奖、砌筑工一等奖、汽车维修工二等奖。

【事业单位人事管理】 2021年，淮北市人社局开展事业单位公开招聘工作，招聘事业单位工作人员113名。推进淮北煤化工基地干部人事制度改革，公开招聘雇员13名。优化教师队伍结构，全市中小学引进158名优秀骨干教师和优秀毕业生任教。规范开展事业单位岗位设置和人员聘用管理，对74家事业单位岗位设置方案进行核准、变更，对95家单位486名人员进行岗位聘用认定。

【工资福利管理】 2021年，淮北市人社局落实中小学生开展课后服务工作实施方案，按照政策规定核定课后延时服务绩效工资，推进课后服务工作常态化、规范化。完成两批次市直公立医院外聘人员纳入编制周转池管理，按照事业单位新进人员标准，查阅档案、定岗定级、核定待遇，逐步纳入事业单位单位工资统发库。

【就业创业】 2021年，淮北市人社局统筹推进巩固拓展脱贫攻坚成果与乡村振兴衔接，引导促进15371名脱贫人口务工就业。落实援企稳岗政策，实施返还失业保险费政策，为中小微企业发放就业风险储备金1088万元，稳定就业岗位19.12万个。全年发放创业担保贷款3.26亿元，带动就业4832人，兑现市级电子创业券40万元。促进高校毕业生多渠道就业，制定就业见习实施方案，全市新开发就业见习岗位2988个，新增见习人员1095人；托底安置就业困难群体就业，开发公益性岗位2148个，共安置1306人就业。启动淮北市人力资源服务产业园建设工作。加强创业载体建设，各类创业载体入驻中小微企业和创业团队385个，带动就业5032人。开启网络招聘、就业创业政策宣传新模式。《架职连城》作为典型案例被安徽省推荐为长三角媒体融合成长项目。

【劳动保障监察】 2021年，淮北市处理拖欠农民工工资举报投诉731件，帮助7040名农民工追发劳动报酬1.25亿元。在全省率先出台根治欠薪“三函两单一通报”（欠薪风险警示函、欠薪线索转交函、欠薪问题建议函；欠薪事项督办单、未落实《保障农民工工资支付条例》问题移送单；根治欠薪工作情况通报）工作机制，向相关责任县区（园区）和责任部门发送欠薪线索转办函474份、欠薪线索督办单6份、问题移送单6份，印发根治欠薪工作通报2起。指导督促濉溪县设立淮北市濉溪县驻常州市皖籍农民工服务站。

【人事劳动调解仲裁】 2021年，淮北市人社局多元化解劳动领域矛盾纠纷，做好淮北矿业（集团）有限责任公司与淮北建洲人力资源有限公司因清退、划转井下劳务派遣工引发的集体争议案，化解涉及1600多人清退转岗分流问题。经省综合评估确定，相山区东山街道办劳动人事争议调解委员会、安徽山河矿业装备股份有限公司劳动争议调解委员会、烈山开发区劳动人事争议调解委员会3家单位为省级金牌劳动人事争议调解组织。

【养老保险】 2021年，淮北市累计参加企业职工基本养老保险（在职）38.22万人，机关事业单位养老保险（在职）3.84万人。为全市11.8万名企业离退休人员发放养老金346379万元，为2.07万名机关事业单位退休人员发放养老金118898万元，为2.72万名被征地农民发放养老金5589万元，为21.69万名城乡居民发放养老金33959万元。各项社会保险待遇社会化发放率均达到100%。推进城镇企业职工基本养老保险全国统筹问题数据整理工作，清理完成15125条异常数据。

【工伤保险】 2021年，淮北市城镇在职职工工伤保险参保人数34.33万人，工伤保险基金收入30744万元，基金支出28011万元，工伤受理申请并完成认定1640件，受理劳动能力鉴定2000人次。对接市场监管、税务等部门，推进小微民营企业优先参加工伤保险。推行“线上线下”双管齐下，落实工伤保险项目参保实名制，完成146家工程建筑项目参保登记数据信息补录工作。

【失业保险】 2021年，淮北市城镇在职职工失业保险参保人数26.89万人。落实援企稳岗政策，为符合条件的4053家中小微企业发放就业风险储备金1088万元，为2633家企业返还失业保险金3334.39万元。失业保险金由每人每月1242元提高至每人每月1350元。为2.02万人次发放失业补助金855万元。为3.01万人次失业人员代缴医疗保险费951万元。发放求职补贴、职业技能提升补贴、就业补贴1029万元。

【社保基金管理】 2021年，淮北市人社局对全市城乡居民基本养老保险基金进行调查摸底和测算，综合考虑全市基金收支结余和存储结构等因素，年初计划2021年度归集委托投资基金1.91亿元，至年底分两期全部归集到位。开展养老保险疑点数据核查，并督促追缴养老保险，189人涉及多领资金146.73万元，已全部追回。

（卜梦娇）

民政事务

【基层自治组织建设】 淮北市推动村（居）民委员会换届选举

工作，截至2021年12月16日，淮北市308个村、135个社区完成村（社区）“两委”换届。调整社区治理工作领导小组，召开全市城乡社区治理工作会议，烈山区、杜集区、濉溪县刘桥镇、相山区惠苑路社区在会上进行经验交流。推进村级议事协商创新实验试点工作，濉溪县刘桥镇王堰村入选全国村级议事协商创新实验试点单位。开展“新时代新社区新生活”社区服务案例征集工作，相山区相南街道春秋社区“三心”（责任心、耐心、细心）换“三心”（放心、舒心、开心）获评全省第二批优秀社区工作法。推进智慧社区建设，在铁运处社区、杨庄社区、赵楼社区、新华社区、锦华苑社区开展智慧试点，杨庄社区入选全省第四批智慧社区建设试点。

【社会救助】 2021年7月起，淮北市最低生活保障标准由每人每月641元提高到每人每月673元。全市累计保障城乡低保对象62.08万人次，支出资金2.97亿元。出台《淮北市改革完善社会救助制度重点举措》《淮北市低收入人口认定及救助暂行办法》，突出困难群众基本生活保障、低收入人口动态监测机制建设等重点工作，改革完善社会救助制度，健全社会救助保障体系，全方位服务保障好各类困难群体基本生活。全市开展临时救助1362人次，支出救助资金419.15万元。

【特困人员供养】 2021年7月1日起，淮北市特困人员救助供养基本生活财政补助标准由每人每月833元提高到每人每月875元。完全丧失生活自理能力特困人员照料护理标准由每人每月242元提高到每人每月255元；部分丧失生活自理能力特困人员照料护理标准由每人每月165元提高到每人每月175元。截至年底，全市有特困供养人员5722人，累计发放基本生活保障资金6147.05万元，发放照料护理补贴资金1175.39万元。其中有失能、半失能特困人员529人，集中供养826人，集中供养率为63.2%。

【社会组织管理】 截至2021年底，淮北市有社会组织1193家，其中，社会团体438家、社会服务机构753家、基金会2家。其中市级社会团体208家、社会服务机构132家、基金会2家。加强日常监管。市级社会组织2020年度检查参检255家，年检合格率99.2%。对38家社会组织进行集中约谈，并列入社会组织活动异常名录。是年，淮北市民政局对市级27家“僵尸型”社会组织采取整治措施，其中注销登记2家，撤销登记13家，限期整改12家。开展打击整治非法社会组织专项行动，根据相关线索和举报情况安排专人进行实地走访查看，掌握4家涉嫌非法社会组织相关线索。开展社会组织等级评估工作，对符合参评条件的社会组织共16家，经第三方专家评估，7家社会组织获AAAAA等级、1家社会组织获AAAA等级、4家社会组织获AAA等级，获AA和A等级社会组织共4家。开展“双随机—公开”检查，随机抽取市级社会组织10家，对存在问题社会组织负责人进行约谈，责令其限期整改。与市市场监管局联合抽取市级行业协会商会10家进行检查。培育发展社区社会组织。淮北市民政局制定《淮北市培育发展社区社会组织实施举措（2021—2023年）》，在全市培育发展社区社会组织，成立淮北市培育发展社区社会组织领导小组，量化工作目标，明确10项工作任务。市社会组织培育发展中心第4期孵化结束，培育社会组织14家。全年开展淮北市2021年初创期社会组织运营管理类培训讲座12场；发起各类参观、交流活动3次；“淮北社会组织”微信公众号共推送文章222篇，浏览总人数约27370人次。召开行业协会商会秘书长联席会议2期，累计参会人数约60人，涉及行业协会商会约40家。组织社会组织开展公益活动。开展“手牵手”助力乡村振兴消费助农活动，40多家社会组织参加现场活动，各社会组织通过网上预订和现场购买西瓜2万多斤，价值4万余元，助力农民增收。

【多层次养老服务体系建设】2021年，淮北市民政局起草《淮北市居家养老服务条例（草案）》，建立淮北市养老服务体系联席会议制度，印发《淮北市“十四五”养老服务发展规划》《关于建立健全养老服务综合监管制度促进养老服务高质量发展的实施方案》《淮北市健全养老服务体系推进养老服务高质量发展行动计划（2021—2023年）》，优化营商环境，引导和激励养老服务机构诚信守法经营、转型升级、优化服务。坚持推进居家和社区养老服务改革试点。全市建成县（区）级养老服务指导中心4个、街道养老服务中心12个、镇养老服务中心18个、社区养老服务中心152个、村级养老服务站61个，形成全覆盖社区居家养老服务供给体系。全市建成5家嵌入式养老服务示范机构，11家具备助餐功能养老服务示范中心，全部实行社会化运营，构建起为老年人提供生活服务、文化休闲、养生健康、老年教育等15分钟居家养老服务圈。全年全市统筹各类资金1亿多元（其中中央财政补助资金848万元、地方配套及其他渠道资金4000万元、社会资金6000万元）用于支持养老事业发展。发放各类养老机构建设补贴832.6万元，运营补贴1165.44万元。全市各类养老服务机构备案182家，从业人员1000余人。组织培训各类养老服务人员1000余人次，开展健康讲座32场。完善“1+4+N”智慧养老服务网络，全市新增智慧养老机构2家，共有智慧养老机构6家。累计投资额346万元，实行全天候、全流程、全方位智慧监管体系规范养老机构管理。引入国家工业和信息化部“5G+医疗健康应用试点”项目，解决农村养老服务中医养资源匮乏问题。落实高龄津贴普惠养老政策，为80周岁（含）以上老年人发放高龄津贴，津贴标准为80周岁至99周岁老年人40元/月·人，100周岁及以上老年人600元/月·人，全年为58488名老人发放高龄津贴2760.27万元。发放低收入养老服务补贴742.34万元，低收入养老服务补贴全面覆盖。对城乡低保、城市“三无”、农村“五保”等4100名特殊困难老年人，通过政府购买服务方式开展15大类近50项涵盖精神慰藉、居家保洁、医疗协助、健康管理、助餐助浴、家电维修、适老改建等方面居家养老服务，服务工时超28.4万时，服务金额554.79万元。开展居家适老化改造工程，全市适老化改造民生工程任务为164户。通过对全市特殊困难老年人家庭基本情况进行摸排，了解到急需改造特困家庭较多，确定500户适老化改造任务，按照每户5000元标准，共投入250万元。全年累计完成528户改造任务，超额完成省下达民生工程目标。

2021年7月7日，相山区人民医院医护人员为敬老院老人健康体检
（陈文骁　摄）

【婚姻登记】2021年，淮北市4家婚姻登记机关按照国家3A级婚姻登记机关标准建设，均有独立办公场地。开展婚姻登记机关行风建设行动，公布举报监督电话，邀请新闻媒体和社会组织机构作为监督员，落实行风教育、推进依法行政、打造优质服务窗口、严禁婚姻登记机关乱收费或变相收费四大任务。举办婚姻登

记业务培训班，提高工作人员业务能力和综合素质，婚姻登记员持证上岗率100%。全市办理结婚登记15317对，办理离婚登记4102对。

【殡葬管理】 2021年1月，淮北市民政局、市委统战部、市委网信办等14个部门和单位联合印发《淮北市违建墓地专项整治成果巩固提升实施方案》，由淮北市整治违规建设殡葬设施领导小组统一部署安排，明确和细化部门职责分工，协调各方力量共同参与。依据《淮北市城乡困难群众殡葬救助实施意见》，基本殡葬服务费用由救助对象（包括城乡低保户、农村五保户、城市“三无人员”、生活困难重点优抚对象）户籍所在地市、县财政负担。全年市、县殡仪馆共火化遗体9437具，发放殡葬补助1569份，共计74.25万元。

【困难残疾人生活和护理补贴】 2021年，淮北市14364名残疾人享受困难残疾人生活补贴983.59万元；24337名残疾人享受重度残疾人护理补贴1768.36万元。

【孤儿生活保障】 2021年，淮北市452名儿童享受孤儿基本生活保障待遇，发放资金597.72万元。制定《2021年度淮北市孤儿基本生活保障实施方案》《淮北市孤儿基本生活保障实施办法》，成立淮北市未成年人保护工作委员会。市、县福利中心孤残儿童交接工作完成。加强儿童福利机构“养治康教安”工作水平，科学喂养，均衡膳食；对婴幼儿、残疾儿童24小时起居、饮食等工作进行细化，明确护理员工作职责；注重心理健康，开展心理疏导；加强医疗保障，参保城乡居民基本医疗保险；抓好机构内九年义务教育工作，为符合条件在校孤儿发放相关补助费用，资助标准为每人每学年1万元。优化一对一帮扶走访制度，开展散居孤儿和事实无人抚养儿童走访评估工作，完善一人一档资料建设。全年开展446场宣讲，参与人数约1.88万人。结合《中华人民共和国未成年人保护法》实施，组织开展“未成年人保护工作宣传月”活动，发放宣传册1万余份，参与人数近5000人。

【福利彩票】 截至2021年底，全市有福利彩票在售站点144家。完成福彩销售11687万元，其中，电脑票销售10163万元，即开票销售1524万元。

【地名服务管理】 2021年，淮北市民政局组织开展苏皖线徐州淮北段第四轮行政区域界线联合检查。规范地名命名程序，完成15家居民住宅区及大型建筑物名称审批和1个更名备案工作。注重地名文化传承和保护，加大地名信息成果转化，编纂出版《淮北市地名录》《濉溪县地名志》《相山区地名志》《烈山区地名志》。设置立杆路名牌210个、门楼牌650块、企事业单位大门牌26块、村级地名标志牌28块。

（李　轶）

医疗保障

【医疗保险】 2021年，淮北市城乡居民基本医疗保险基金收入13.76亿元，支出13.18亿元，累计结余9.5亿元。淮北市出台《淮北市城镇职工大病保险实施办法（试行）》。全市城镇职工（生育）医疗保险基金收入21.48亿元，支出15.66亿元，累计结余30.2亿元（统筹基金累计结余10.1亿元，个人账户基金累计结余20.1亿元）。

【医保基金监管】 2021年，淮北市出台《中共淮北市委淮北市人民政府关于印发〈深化医疗保障制度改革实施方案〉的通知》，夯实基层医保监管服务体系；出台《淮北市人民政府办公室关于推进医疗保障基金使用监管的实施意见》，形成基金监管长效机制。全年曝光典型案例11批29起，检查定点医药机构1145家次，约谈、限期整改498家次，暂停、解除医保协议21家，处理医保医师100人，移交卫健委、市场局处理33家，移送纪委监委3人，行政处罚1名参保人、2家医疗机构2.81万元，追缴、扣除医保基金5734.31万元。

【药品和医疗服务价格管理】 2021年，淮北市全面执行12批次药品、耗材集中采购中选结果：国家药品集中采购药品平均降幅55%；耗材集中采购平均降价80%以上，最高降幅97%；高血压、糖尿病用药降幅超60%。减轻群众用药负担2.42亿元。

【医保支付改革】 2021年，淮北市医疗保障局开展按疾病诊断相关分组（DRG）支付方式改革并纳入省级试点，制定一系列DRG支付方式改革实施方案和支付、监管等配套政策，7月1日开始模拟运行，12月接受省DRG付费省级试点调研评估专家组现场评验，翌年1月进入正式实施阶段，较国家、省要求分别提前两年、一年。

【医保经办服务】 2021年8月10日，淮北市医疗保障局在全省首家上线国家（安徽省）医保信息平台。医保电子凭证激活129.3万人，覆盖全市所有定点医药机构，二级及以上医疗机构使用占比68.71%，位居全省第二。11项医保公共服务纳入皖事通“7×24小时”不打烊“随时办”服务地图，个人医保公共服务事项实现全部全程网办；实施“互联网+移动药房”项目，开展线上药品配送工程，群众在家就能享受所需医保服务。推进参保人员个人信息授权查询和使用国家试点，开通24小时智能语音客服电话，建立11个乡镇“医保便民服务站”，6项高频医保业务下沉至三区，住院和门诊手工报销办结时限降幅33%，慢性病待遇资格审批由每季度审批改为每天受理、按月鉴定。住院费用跨省直接结算覆盖全国所有省份，开通全国异地就医住院费用联网结算医院5.29万家，结算6.48万人次。门诊慢特病实现省内直接联网结算，全市665家定点零售药店实现省内异地零售药店购药双向结算，66.18万人次享受待遇。异地门诊费用直接结算覆盖长三角区域苏浙沪全部地市，全年结算3.24万人次。

（肖亚东）

2021年4月12日，安徽省按疾病诊断相关分组付费试点工作推进会召开（市医保局 供）

人民生活

【城镇居民收入与消费】 2021年，淮北市城镇居民人均可支配收入39688元，比上年增加3260元，同比增长9.0%。其中，杜集区、相山区、烈山区、濉溪县城镇居民人均可支配收入分别为38333元、45004元、37090元和35990元，同比分别增长8.8%、9.0%、8.8%、9.2%。城镇居民人均工资性收入24379元，同比增长9.0%；城镇居民人均经营净收入5400元，同比增长9.6%；城镇居民人均财产净收入2477元，同比增长6.9%；城镇居民人均转移净收入7433元，同比增长8.9%。城镇居民人均消费支出23376元，同比增长9.8%，恩格尔系数为31.8%，比上年同期增加0.7个百分点。八大类消费支出“六升两降”，其中，食品烟酒、衣着、生活用品及服务、交通通信、教育文化娱乐、其他用品和服务支出同比分别增长12.2%、2.8%、7.7%、92.2%、3.2%、13.0%，居住、医疗保健支出同比分别下降17.5%、1.3%。

【农村居民收入与消费】 2021年，淮北市农村居民人均可支配收入16504元，比上年增加1286元，同比增长8.5%。其中，杜集区、相山区、烈山区、濉溪县农村居民人均可支配收入分别为17401元、16976元、16735元和16391元，同比分别增长8.3%、10.6%、10.5%、8.1%。农村居民人均工资性收入6148元，同比增长2.2%；农村居民人均经营净收入5898元，同比增长13.3%；农村居民人均财产净收入277元，同比降低14.6%；农村居民人均转移净收入4182元，同比增长13.6%。农村居民人均消费支出14105元，同比增长21.5%，恩格尔系数为33.5%，比上年同期增加2.7个百分点。八大类消费支出“六升二降”，其中，食品烟酒、衣着、居住、生活用品及服务、教育文化娱乐、其他用品和服务支出同比分别增长32.4%、33.6%、14.3%、49.0%、34.8%、192.8%，交通通信、医疗保健支出同比分别下降2.3%、32.4%。

2021年淮北市城镇居民人均可支配收入和消费支出构成表

表33　　单位：元

指标名称	绝对数	增速（%）
可支配收入	39688	9.0
一、工资性收入	24379	9.0
二、经营净收入	5400	9.6
三、财产净收入	2477	6.9
四、转移净收入	7433	8.9
消费支出	23376	9.8
一、食品烟酒	7441	12.2
二、衣着	1835	2.8
三、居住	3526	-17.5
四、生活用品及服务	2688	7.7
五、交通通信	3428	92.2
六、教育文化娱乐	2241	3.2
七、医疗保健	1408	-1.3
八、其他用品和服务	808	13.0

2021年淮北市农村居民人均可支配收入和消费支出构成表

表34　　单位：元

指标名称	绝对数	增速（%）
可支配收入	16504	8.5
一、工资性收入	6148	2.2
二、经营净收入	5898	13.3
三、财产净收入	277	-14.6
四、转移净收入	4182	13.6

续表34

指标名称	绝对数	增速（%）
消费支出	14105	21.5
一、食品烟酒	4728	32.4
二、衣着	1161	33.6
三、居住	3047	14.3
四、生活用品及服务	1100	49.0
五、交通通信	1305	-2.3
六、教育文化娱乐	1618	34.8
七、医疗保健	738	-32.4
八、其他用品和服务	409	192.8

2021年淮北市调查队月度价格数据表

表35

指标名称	12月累计
居民消费价格指数（CPI）	100.7
1.食品烟酒	98.9
2.衣着	100.9
3.居住	100.4
4.生活用品及服务	100.3
5.交通和通信	105.2
6.教育文化和娱乐	102.8
7.医疗保健	100.8
8.其他用品和服务	96.0

（肖　悦）

民族宗教事务

【概况】 2021年，淮北市有37个少数民族，共5589人，无民族乡（镇）、民族村（社区）和民族中（小）学。有宗教团体17个，市级4个、县区级13个。宗教场所216个（佛教10处、伊斯兰教1处、天主教7处、基督教198处），其中，濉溪县122处，相山区35处、杜集区25处，烈山区34处。

【民族团结进步工作】 2021年，淮北市委统战部印发《2021年全市民族团结进步宣传教育工作方案》，组建“民族团结进步先进事迹”宣讲报告团，深入县区、宗教活动场所宣讲10余场。举办民族团结进步网上有奖答题、优秀民族团结电影放映周等“民族团结进步宣传月”系列活动。贯彻落实《关于铸牢中华民族共同体意识进一步做好新形势下民族团结进步创建工作的通知》，推进创建活动进机关、进企业、进社区、进乡镇、进学校、进宗教活动场所，并向新经济组织、新社会组织拓展延伸。突出干部、青少年、知识分子、信教群众等群体，加大重点行业、窗口单位和新经济组织等创建力度。培育淮北市民族团结进步教育基地，开展民族团结进步创建示范区（单位）、民族团结进步之星、民族团结进步模范集体、模范个人等评选活动。

【民族事务管理】 2021年，淮北市民族宗教事务局依托6家少数民族服务站，做好适龄儿童入学、集体宗教活动等服务管理工作。做好新疆籍务工人员服务管理工作，新疆墨玉县、皮山县政府先后赠送锦旗。申请专项资金9万元，支持少数民族种植养殖专业合作社，巩固脱贫攻坚成果。

【宗教团体建设】 2021年，淮北市委统战部指导各宗教团体建立健全规章制度，组织市宗教团体坚持例会制度，加强宗教团体自身建设。

【宗教事务管理】 2021年10月11日，淮北市承办宗教工作推进会。10月18日，承办苏鲁豫皖交界地区基督教工作协作交流机制第二次会议，中央统战部副部长、国家宗教局局长王作安出席会议，并作重要讲话。推进非法宗教组织和非法宗教活动摸排治理工作，依法处置私设聚会点4处、涉组织非法宗教活动人员5人。加大非法宗教活动严管力度，依法采取行政拘留、警告等方式处罚非法传教人员4人。完成宗教工作服务平台信息采集录入工作。健全完善三级网络两级责任制，全市423个村（社区）全面配备宗教协理员，出台村（社区）民族宗教工作协理员管理办法，厘清工作职责。依托全市党支部书记示范培训班等主体班次，宣传宣讲宗教政策法规，组织镇、村宗教协理员专题培训3次。

（章明月）

2021年4月27—29日，淮北市消防救援支队举办“学党史，强信念，跟党走”第二十八届春季运动会 （李小锐 摄）

消防救援

【概况】 2021年，淮北市消防救援支队新建、改建城市消防站4个（高新经济开发区消防救援站、南黎路消防救援站、东山路桥消防救援站、青谷路消防救援站），新购各类消防车10辆，配齐器材装备7943件（套），泡沫液46吨。与政府相关职能部门、大型超市和24小时餐饮企业建立联勤保障体系，与供电、供水、大型机械等单位签订联勤协议。普及推广电子地图消火栓定位技术，将其纳入指挥中心地理信息管理。市红十字会、蓝天、众邦等救援队纳入协调调度体系，协调公安部门构建手台通信网络，即时推送处置要点、作战安全及注意事项。完成162名消防救援人员落户。

【消防训练】 2021年，淮北市消防救援支队举办2期支队全勤指挥部、大队、消防救援站和安全员作战安全培训。深化全员岗位练兵，开展“战训大讲堂”10期，建立完善6支灭火救援专业队伍，制作数字化预案500余份。开展支队级实战拉动演练10余次，举办13场支队级战评研讨。举办水域、地震、山岳等救援培训班，开展全市消防救援队伍第28届体育运动会、第三届“火焰蓝”杯比武竞赛。10名消防救援人员取得水域救生员培训等级证书，支队在全省冬训考核中获第六名。

【救援处置】 2021年，淮北市消防救援支队成功处置“2·12”油库门口槽罐车泄漏、“5·25”深井救援等事故。完成增援河南抗洪救援工作，调派37人、8辆消防车、4艘舟艇，转移疏散群

2021年11月4日，淮北市消防救援支队到淮北师范大学开展消防宣传演练活动　（李小锐　摄）

众1100余人，排水排涝近30万立方米，防疫消杀2000平方米。全年接警出动2922次，抢救被困人员162人，抢救财产价值1100余万元。

【火灾隐患治理】 2021年，淮北市消防救援支队推进消防安全三年整治行动，试点推行政府专职队“四员一队”工作模式。紧盯“小火亡人”治理，开展专项整治3次，排查自建房和沿街门店1318家，约谈电焊铺、门窗经营户业主200余人，发放《安全告知书》800余份，推动“开窗”200余扇。开展“平安2021”系列行动，摘牌销案省、市政府挂牌督办10处重大火灾隐患，对全市85家新型特殊场所进行消防安全检查指导。规范基层队站战备秩序，开展执勤备战及灭火救援督察35次。

【消防监管】 2021年，淮北市发挥安委会、消委会平台作用，成立13个行业部门督导检查组，推动各行业领域消防安全隐患排查整治。调整灭火救援专家组成员，召开联席会议。优化监管服务模式，开展社会单位“双随机一公开”检查1249家次。在淮北市注册的消防技术服务机构全部纳入监管单位库，抽查使用领域消防产品748次。火灾事故调查率100%，全年未出现火灾复核、信访事件。拓宽宣传教育渠道，在中央电视台等中央级媒体发稿60余篇；开通科普教育基地微信预约服务，接待人数1.3万人次；全市消防学习平台推广注册近9万人，开展消防宣传“五进”100余次。

（杨　帆　杨振鹤）

【责任编辑　袁志毅】

县区概况

濉溪县

【基本县情】 濉溪县位于淮北市南部，东临宿州市，南接蒙城县、怀远县，西连涡阳县和河南省永城市，北依淮北市相山区，下辖11个镇，1个省级经济开发区，239个村（居），总面积1981.6平方千米。户籍人口114.2万人。2021年，全县实现地区生产总值540.8亿元，按可比价格计算，同比增长1.4%，总量居全省59县（市）第八位。规模以上工业增加值下降5.3%，固定资产投资增长10.9%，社会消费品零售总额增长13.4%，一般公共预算收入增长15.4%，城镇和农村常住居民人均可支配收入分别增长9.2%、8.1%。新增城镇就业人口1.52万人，新增私营企业2257户，新增个体工商户9676家。

【农业】 2021年，濉溪县农林牧渔业总产值99.3亿元，同比增长11.9%。粮食种植面积339.5万亩，总产量125.2万吨。蔬菜产量18.9万吨，同比增长5.1%。生猪出栏75.7万头，同比增长45.6%；牛出栏1.3万头，同比增长54.9%；羊出栏20.8万只，同比下降9.1%；家禽出栏812.7万只，同比下降1.1%；肉类总产量8万吨，同比增长30.9%；禽蛋产量2.9万吨，同比下降7.2%。建设高标准农田20万亩，3个小麦品种通过国家审定，获1.5亿元国家制种大县资金奖励。深化实施农村人居环境整治，推进24个美丽乡村中心村建设。

【工业】 2021年，濉溪县新增规模以上工业企业38家，认定国家级高新技术企业29家。规模以上工业增加值同比下降5.3%，高新技术产业增加值同比增长9.6%，战略性新兴产业产值同比增长37.6%。规模以上工业企业实现营业收入同比增长16.7%，利润总额同比增长56.9%，应交增值税同比增长47.7%。铝产业基地入选国家火炬特色产业基地、省重大新兴产业基地和县域特色产业集群（基地）。濉溪经济开发区入选首批省际产业合作园区，连续三年跻身省级以上开发区综合考核30强。安徽理士电源技术有限公司、安徽英科医疗用品有限公司入选省民营企业百强和制造业百强，淮北矿山机器制造有限公司入选省机械工业百强，安徽弘昌新材料有限公司获评省专精特新冠军企业，濉溪县跻身全省制造业发展综合十强。全县有资质等级以上建筑企业11家。成立皖北铝基新材料产业技术研究院，登记科技成果114项，实现技术合同交易额8.6亿元。实施产学研合作项目17项，获省市级科技项目6项。新增专利授权1310件，其中发明专利131件。

【固定资产投资】 2021年，濉溪县固定资产投资同比增长10.9%。全年施工项目243个，其中新开工项目72个。项目投资同比增长3.8%，其中，5000万元及以上项目同比增长7.3%，500万～5000万元项目投资同比下降32.5%。一产投资同比增长17.2%；二产投资同比下降3.3%，其中工业投资同比下降3.9%，工业技改投资同比增长20.6%；三产投资同比增长21.0%。房地产开发完成投资70.9亿元，同比增长29.1%。其中住宅投资同比增长33.3%。商品房销售面积89.1万平方米，同比增长20.1%，其中住宅销售面积85.2万平方米，同比增长14.9%。重点项目完成投资236亿元，英科二期、中瑞物流园等一批优质项目加快建设。争取中央预算内投资项目26个，总投资7.85亿元；申报专项债券项目2个，总投资16.25亿元。

【重点工程建设】 2021年，濉溪县推进多项重点工程项目：棚户区改造项目共有李乡一期安置房、老濉河西（九香美城）棚户区安置房、北关二期棚户区安置房、韩村煤化工搬迁安置房、新仓新村（隆湖宝邸）棚户区改造、叶刘湖片区棚户区改造、“限房价、竞地价”棚改7个项目，总面积144.22万平方千米，年底完成投资45910.42万元，年底主体均完工。有序推进银华康养综合服务中心项目、石板街历史街区保护与更新项目、乾隆湖环境综合治理项目、双创孵化园项目、濉溪县国家档案馆项目、中德产业园基础设施提升完善工程、理想城小区项目、乾湖云著小区项目、老旧小区改造项目、县城关中心学校建设项目等。实施城区雨污分流完善及城西沟黑臭水体治理，完成西支流五里郢及毛毛幼儿园北、东支流及黄桥沟黑臭水体综合整治；完成河西区紫薇路、合欢路、濉河西路等冬春绿化工程；小溪河治理及生态环境修复项目完成河道清淤和可施工区域——合欢路桥东侧、国槐路至紫薇路段等景观绿化施工；盛世花园北、时代之光西、淮矿东仓库街头游园及南环路入城口提升、国道237线与省道101线交叉口、老城闸立面整治6个项目于五一建成开放。

【镇村经济发展与环境建设】 2021年，濉溪县村级集体经济实现年经营性收入4917.31万元，同比增长17%。年经营性收入10万～30万元以上的村129个，30万～50万元以上的村17个，50万元以上的村27个，100万元以上的村4个（百善镇道口村、南坪镇任集村、五沟镇大陈村、临涣镇高皇村），年经营性收入5万元以下的薄弱村全面消除。安徽省、淮北市批复濉溪县12个省级中心村、12个市级中心村美丽乡村建设项目，涉及临涣、百善、铁佛、四铺、韩村、五沟、南坪、双堆集8个镇，建设投资7530万元。开展市级村庄规划试点2处，分别是韩村镇淮海片区、四铺镇新庄片区。开展县级村庄规划试点2处，分别是铁佛镇古城村、临涣镇徐楼村。新增完成12个行政村环境整治，村庄生活污水治理率达65%、黑臭水体整治率达85%、集中饮用水水源地规范化整治完成率达85%，通过县级验收，市级复核，完成省级评估验收。濉溪县农村生活垃圾治理与中航环卫有限公司签订《濉溪县农村生活垃圾治理一体化PPP项目》服务合同，服务范围覆盖10个镇集镇区和濉溪镇下属5个行政村，对生活垃圾进行清扫、保洁、收集和转运。

濉溪县河西新区全景图　　（黄鹤鸣　摄）

【南部次中心建设】 2021年，濉溪县推进淮北南部次中心基础设施项目建设，总投资26.38亿元。起步区基础设施PPP项目开工雁鸣大道、龙腾路等9条道路、2条管廊和雁栖公园，完成投资约5.45亿元。推进青沟路等7条道路建设，完成投资约4.1亿元。雁鸣大道东延及九年制学校总投资7.2亿元，年底完成雁鸣大道东延路基、管网、管廊主体施工，学校食堂、宿舍楼、综合楼、AB栋教学楼封顶，C栋教学楼、地下车库进行主体施工，完成投资约2.73亿元。县公安局技术业务用房主体实现封顶，县医院南院区、濉溪职业技术学校等项目正在建设中，濉溪中学南校区、县委党校、雁栖公园、双创大厦、种业研发中心、农产品展示中心、智慧城市运营中心、科创大厦8个项目进行规划设计和土地报批等前期工作。雁鸣湖畔5个安置房项目建成25万平方米共1788套，完成移交。

【商贸服务】 2021年，濉溪县培育入统限额以上商贸单位33家。实现社会消费品零售总额159.7亿元，同比增长13.4%，其中限额以上单位消费品零售额23.5亿元，同比增长12.8%。城镇限额以上单位实现零售额21.6亿元，同比增长10.7%；乡村限额以上单位实现零售额1.9亿元，同比增长26.4%。限额以上单位餐饮收入1.8亿元，同比增长29.8%，限额以上单位零售额21.7亿元，同比增长11.6%。新增服务业企业9家。老城石板街、南大街等特色街区开街，闸河路、二关路商贸综合体建设加快。出台农村电商奖补政策，推进电商直播基地建设，完成电商交易额23.9亿元，培育电商主体22家、跨境电商企业4家；创建省级示范镇2个、示范村5个。濉溪县获省级农村电商示范县称号，濉溪电商产业园获评国家小型微型企业创业创新示范基地。修订促进外贸发展若干政策，新增备案企业13家。全年实现外贸进出口10.4亿美元，同比增长134%。

【社会民生】 2021年，濉溪县全年民生支出54.6亿元，占一般公共预算支出的85%，33项民生工程扎实推进。城乡居民医保参保94.3万人，在全省率先建成13家医保服务站。全县城镇基本养老、医疗、失业保险参保人数分别为11.2万人、5.8万人和4.8万人。城乡居民基本医疗保险参保人数94.3万人。城乡居民基本养老保险参保人数51.5万人，续保33.6万人。城镇居民最低生活保障人数4046人，农村居民最低生活保障人数24598人。

（吴晓燕）

【濉溪县辖镇简介】 濉溪镇 位于濉溪县境最北部，是濉溪县人民政府所在地，面积45.63平方千米。辖八里、杜庙、蒙村、王冲孜、黄桥5个村，东关、南关、北关、二里、大街、淮海南路、王冲、郭楼桥、浍河西路、沱河西路、闸河东路、闸河西路、濉河中路、濉河西路、濉河东路、沱河东路、十南街、十北街、烈山南路、烈山北路、浍河东路、北环路、南环路23个城市社区。户籍人口103693人。2021年，实现财政收入9.18亿元，同比增长29%；固定资产投资为53.2亿元，同比增长20%。粮食生产1.69万吨，其中小麦0.94万吨、大豆0.02万吨、玉米0.73万吨。规模工业完成总产值7.08亿元，规模工业增加值完成1.67亿元，规模工业营业收入完成7.3亿元，工业固定资产投资完成5591万元，工业技术改造投资完成5591万元。新增个私企业930家，新增个体工商户1820户。全镇规模以上服务业总数12家，规模以上服务业营业收入比上年同期增长22.6%。社会消费品零售总额完成10.84亿元，比上年同期增长12.9%；新增限额以上商贸企业10家。完成招商引资内资6.5亿元，外资2000万美元。新签约长源供应链、淮海智慧物流园、麦祺食品、才德食品等4个亿元项目。新建和续建老城智慧农贸市场、闸河路商业综合体、东关康养中心、亿方置业新能源、老城仿古商业街5个项目。

刘桥镇 位于濉溪县城西5

千米，西与河南省永城市接壤，北接相山区渠沟镇，东连濉溪镇，南邻濉溪经济开发区、铁佛镇，面积82.53平方千米。辖刘桥、彭楼、陈集、丁楼、关帝庙、前吕楼、后吕楼、小城、任圩、孟口、周大庄、周口、王堰、千庄、火神庙、杨庄、留古17个村，户籍人口61241人。2021年，完成财政收入1.74亿元，全社会固定资产投资完成12.99亿元，战略性新兴产业产值0.21亿元。新增规模以上企业3个，规模工业营业收入增长13.3%。产业到户奖补494户170.75万元，获批复到村项目13个。利用省外资金11亿元。新签约昊兴铁尾矿砂、新集凤栖苑商住综合体等5个项目。培育电商主体10个、网货产品5个，网络零售额实现1080万元；限额以上单位社会消费品零售额8285.2万元，增速14.8%；培育限额以上单位3个；新增个私企业111家，新增个体工商户600余户；处置"僵尸企业"2家，释放土地180亩。夏粮总产量3.47万吨，同比增产0.16万吨。

百善镇　位于濉溪县中部，东连四铺镇，南邻临涣镇，西接铁佛镇，北靠濉溪镇。面积242.71平方千米。辖百善、茶庵、鲁店、青卫、张庄、叶刘湖、柳孜、黄新庄、道口、王司、前营、桥头、宋庙、马乡、丁楼、苇菠、郭屯、徐楼、闫集、龙桥、龙沱、龙北22个村，1个现代化工业园区和百善现代农业综合开发示范区管理委员会，户籍人口122741人。2021年，财政收入（税收）约1.76亿元；社会消费品零售总额1.96亿元；农村居民人均可支配收入15260元。固定资产投资累计完成22亿元，较上年同期增长22.2%。镇域农业总产值53.82亿元，全镇种植业以小麦、大豆、玉米为主。粮食种植面积48.84万亩，产量25.85亿吨。工商注册家庭农场323家、合作社207家，其中百善镇域内获国家级农业示范合作社2家，省级家庭农场11家、合作社5家，市级家庭农场16家、合作社9家，农业产业化龙头企业27家，规模以上农产品加工业17家，居全县第一名。农产品认证总数14个，其中无公害农产品2个、绿色农产品12个。招商引资完成规模工业项目固定资产投资总额3.26亿元；利用省外资金8.575亿元并完成利用外资1000万美元任务。固定资产投资中累计完成工业投资4.5亿元，技改投资完成1.18亿元；工业总产值累计完成61.78亿元。有规模以上商贸流通业10家，商贸零售业收入1.96亿元。

临涣镇　位于濉溪县城中南部，距县城37千米，东连韩村镇，南邻五沟镇，西与涡阳县石弓镇、青疃镇接壤，北接百善镇。面积167.41平方千米。辖徐庙村、沈圩村、临涣村、铚城村、高皇村、张楼村、临南村、湖沟村、夹河村、梁庙村、石集村、陈口村、徐楼村、海孜村、沈桥村、四里村、姚湖村、大高家村、刘油坊村19个行政村，户籍人口98598人。2021年，实现规模工业总产值27.81亿元，规模工业营业收入完成27.35亿元。实现固定资产投资8亿元。实现财政收入1.51亿元。粮食产量18万吨。培育新型农业经营主体50家，新增规模养殖企业1家，家庭农场及规模农业企业15家、认证"三品一标"农产品2个。盘石农业科技负责人入选全国农村创业优秀带头人典型案例，华川禽业合作社获评长三角绿色农产品生产加工供应示范基地，利民禽业加工有限公司获安徽名优产品暨农业产业化交易会参展产品金奖。镇内工业企业以铸造、机械制造、食品加工、水泥建材为主。有淮北相丰水泥有限公司、淮北青东煤业有限公司等规模以上工业企业15家。新增注册个体经营户630户、商贸企业125家。组织40余家特色农产品、"老字号"、"非遗"商家参加各级展销活动，实现销售额100余万元。

南坪镇　位于县境东南部，东连宿州市祁县镇、桃园镇，南邻双堆集镇、蒙城县许疃镇，西与孙疃镇、五沟镇接壤，北接宿州市。面积225.29平方千米。辖南坪、钱铺、庙台、任圩、任集、桃花、香山、老家、太平、耿庙、蒋湖、大王、街西、坪西、黄沟、路东、浍北、朱口、半铺、葛圩20个村。总人口104679人。2021年，实现财政收入8526.91万元，固定资产投资6.1亿元；重点项目投资1.62亿元。新增淮北易电新能源有限公司、淮北鑫能光伏电力有限公司、濉溪县天淮新能源有限公司3个战略性新兴企业；新增淮北市诚佳人力资源1家参与核算的服务业企业。利用省外资金6.2亿元。限额以上单位社会消费品零售额增速17%；培育限额以上单位南坪好又多超市。培育新登记注册并开展电商经营业务的主体12个，培育新网货产品1个，网络零售额实现852万元；电商培训101人。完成粮食总产19.68万吨。有家庭农场225家、农民专业合作社76家。新增省级示范合作社1家、县级示范家庭农场1家。村集体经济总收入611.26万元；村集体经济收入100万元以上村1个、50万元以上村3个，其余村均在10万元以上。

韩村镇　位于濉溪县南部，东临孙疃，南依五沟，西与临涣接壤，北靠百善。面积120.85平方千米。辖祁集、淮海、双沟、胜利、马桃园、和谐、河涯、韩村、光明、马店、大殷、大李、大庄、建元、小湖村15个村，自然庄200个。户籍人口72129人。2021年，完成财政收入2.6亿元，固定资产投资38亿元，规模工业总产值190亿元，工业增加值同比增长25%。新增个私企业200户，新增个体工商户700户。农村居民人均可支配收入增长8.5%。境内有临涣煤矿、海孜煤矿、童亭煤矿、袁店煤矿大型煤矿4座。有规模企业49家、限额以上商贸企业8家、大个体11家、规模以上服务业企业4家。新增规模工业企业11家、限额以上商贸企业2家。完成电商交易1095万元，培育电商主体16家。完成新建和续建项目固定资产投资6.8亿元，利用省外资金1.52亿元。夏秋两季农作物播种面积22.6万亩，粮食总产量12.36万吨。全年出栏生猪3.2万头、羊1.2万只、禽90万只。申报省级示范家庭农场1家。和谐村通过省级森林村庄验收。

五沟镇　位于濉溪县西南部，东与孙疃镇、南坪镇为邻，南与蒙城县交界，西与涡阳县接壤，北接韩村镇。面积188.74平方千米。辖五沟、白沙、白寺、魏庙、藕池、界沟、张圩、南湖南、北湖南、王圩、邵长营、曹坊、孟集、童亭、大陈、石门、国政、土楼、庙前、袁店、肖店21个村，户籍人口110607人。2021年，财政收入22305.11万元，固定资产投资3.35亿元，限额以上单位社会消费品零售总额0.9亿元。农民人均纯收入16391元。有家庭农场89家、农村专业合作社45家。年生猪存栏9.5万头，出栏12.3万头；羊存栏1.95万只，出栏1.35万只；家禽存栏16.9万只，出栏5.7万只。工业以煤炭、建材为主，有企业15家，工业总产值21.665亿元；实现工业增加值13亿元，比上年增长13.2%。

孙疃镇　位于濉溪县中南部，南北与南坪镇、四铺镇接壤，东西分别与宿州市埇桥区和本县五沟镇相邻。面积205.00平方千米。辖孙疃、任李、秦口、六八里、王楼、刘寨、尤沟、四李、燕头、炮楼、杨柳、沟西、刘圩、陈楼、楼坊、代庙、耿圩、王圩、大田、郭集、部桥、徐圩22个村，自然庄245个。户籍人口111235人。2021年，完成财政收入10900万元，固定资产投资50100万元，限额以上单位社会消费品零售总额累计实现11270万元。培育和发展新型农业经营主体89家，完成植树造林35585亩。新建标准化饲养小区（场）5个，以养殖猪、牛、羊、兔、家禽为主，有养殖大户1000余家。境内有淮北矿业（集团）有限公司孙疃煤矿和杨柳煤矿。工业主要以农产品加工、新型墙材、农机具生产、风电行业为主，全年规模工业总产值255338万元，规模工业销售收入253367万元。有城乡集贸市场7个，年成交额10亿元以上。

双堆集镇　位于县境东南部，东与宿州市埇桥区接壤，南与蚌埠市怀远县为邻，西邻亳州市蒙城县，北接南坪镇。面积253.49平方千米。辖曹坊、张圩、沈湖、施刘、双堆、吴井、李圩、陈桥、芦沟、大桥、罗集、熊庙、刘楼、魏圩、三和、谢店、高家、祝庙、张集、马沟、陈集、赵元、邹圩23个村。户籍人口111770人。2021年，财税收入完成1510万元；全社会固定资产投资完成2.5亿元，工业固定资产投资完成2068万元；新增个私企业43家、个体工商户591户。主要农作物有小麦、玉米，特色经济作物有桃、葡萄、洋葱、黑花生等。有实体家庭农场、合作社共104家，农村社会化服务组织15家，农机合作社27家。全镇有个体户3509户、个私企业115家、农民专业合作社142家；限额以上单位社会消费品零售总额5195.6万元，较上年增长12.1%。生猪饲养量9.2万头，年末存栏2.6万头；羊饲养量2.82万只，年末存栏1.29万只；家禽年饲养量196.63万只，年末存栏量30.56万头。拥有养殖业大户30家，其中500头以上养殖场8家，百头以上养羊户5家。

四铺镇　位于濉溪县东部，北靠烈山区，西连百善镇，南接韩村镇和孙疃镇，东临宿州市。面积195.8平方千米。辖四铺、五铺、三铺、大郭、新风、北陈、大曹、洪南、界洪、谢岭、周陈、新建、八里、梁圩、湖涯、新庄、五里铺、颜道口、侯庙、张圩20个村。总人口92829人。2021年，完成财政税收收入11200.9万元，乡镇级收入4844.62万元。全社会固定资产投资4亿元。限额以上单位社会消费品零售总额为3049万元，同比增速14.6%；拥有城乡集贸市场6个，年成交额1.63亿元。发展特色种植、养殖业，建设颜道口村西瓜基地、五铺村芹菜基地、周陈村中药材加工、五铺村养牛等项目。发展设施蔬菜种植4000亩，果树1400亩，发展8个家庭农场。生猪饲养量7.8万头，年末存栏3.6万头；牛饲养量0.2万只，年末存栏0.12万只；家禽饲养量42.3万只。有养殖大户13户，其中500头以上养殖场7家。有规模企业7家，工业总产值完成7.4亿元，同比增长34%。利用省外资金1亿元。工业投资项目4个，投资1.8亿元；工业技术改造项目2个，投资1.03亿元。有个体户3330户、个私企业342家、农民专业合作社117家。

濉溪县双堆集镇万亩麦田　（黄鹤鸣　摄）

铁佛镇　位于县境西南部，东连百善镇，西连永城市侯岭乡，南连临涣镇，北连刘桥镇。面积257平方米。辖道口、周圩、刘楼、北张楼、店孜、卧龙、和谐、黄集、赵集、铁佛、张庄、七口、张黄庄、岳集、茂铺、油榨、朱庙、大王、古城、孟楼、崔楼、梁楼、朱暗楼、南张楼、梁庄、邹楼26个村，总人口137842人。2021年，完成固定资产投资2.1亿元，工业固定投资完成5053万元。实现税收入库4201.67万元，同比增长1.9%；实现镇级收入1154.25万元，同比增长73.91%；完成工业投资5053万元，完成工业技术改造2554万元，工业总产值完成5亿元，同比增长12.5%；限额以上单位社会消费品零售总额1.3亿元。全镇新增土地流转面积4000亩，累计流转面积达

4.2万亩，其中千亩以上规模种植大户6家。培育新型农业经营主体115个，培育农业产业化龙头企业淮北汉世伟食品有限公司等6家，新增濉溪县同德食品有限公司等3家农业规模企业，新增众合谷物种植专业合作社粉丝、恒乾果蔬种植专业合作社辣椒、西瓜农业品牌3个。全年培育农村产业发展带头人15人。全镇粮食总产量26.19万吨，比上年增加0.18万吨。规模以上农产品增加值9%以上，农业总产值约10亿元。规模以上工业企业累计5家，其中年产值5000万元以上企业1家。有限额商贸企业3家、城乡集贸市场14个、大型购物超市10家、商业网点3695个、电商便民服务点26个。

（李　鑫）

相山区

【基本区情】 相山区是淮北市主城区，总面积141.7平方千米，辖1个镇、8个街道和1个省级经济开发区，有75个社区、13个行政村，常住人口约51.1万人。2021年，全区实现地区生产总值412.9亿元，同比增长4.5%，高于全市1.1个百分点，总量和增速均居全市第2位。其中第一产业增加值5.3亿元，第二产业142.9亿元，第三产业264.7亿元。固定资产投资增长9.2%；实现限额以上单位社会消费品零售总额220.3亿元（占全市的42.3%），同比增长13.5%；一般公共预算收入8.8亿元（税收收入占95.4%），增长18.6%；城镇、农村居民人均可支配收入分别增长9.0%、10.6%，限额以上单位社会消费品零售总额增长10.5%。

【乡村振兴工作】 2021年，相山区开工建设乡村振兴项目36个，完成24个，涉及资金6.67亿元。新增新型农业经营主体24家，培育省级示范家庭农场4家。实施扶持壮大村级集体经济项目13个，50万元以上集体经济强村达7个（张楼村、油坊村集体经济达100万元以上）。巩固拓展脱贫攻坚成果项目16个，涉及资金2070万元。

【重点项目建设】 2021年，相山区推进新区建设，编制高铁西站片区规划，人民西路、西山北路基本建成，淮宿蚌城际高铁、徐淮阜高速等项目推进加快。实施重点项目232个，总投资1195.8亿元，年计划投资162.2亿元，全年累计完成投资178.5亿元，完成年计划的110%。其中续建项目54个，计划新开工项目78个，储备项目100个。截至年底，老旧小区改造、雨污分流、多成电路板等51个项目开工，世贸云图小区、碧桂园黄金时代小区、御龙国际小区等105个项目在建，运河大观园、南翔云集街区、信息产业园标准化厂房一期等42个项目竣工；大连第一楼海产品、山水文苑三期、味知轩改扩建等6个项目转化实施。区级重大项目50个，总投资335.8亿元，年计划投资72.4亿元，全年累计完成投资75.6亿元，完成年计划投资104.4%。城镇基础设施和房地产项目16个，总投资121.1亿元，2021年投资18.2亿元；雨污分流工程、朱东朱西安置房等8个项目在建。社会事业项目16个，总投资39.4亿元，年度投资11.4亿元，丁楼学校、家家悦产业园等13个项目在建。

【绿色食品产业】 2021年，相山区有农副食品加工及生物科技企业87家，其中规模以上农产品加工企业39家，实现规模以上农产品工业产值35.17亿元。产值超亿元企业13家，税收超100万元企业8家。招引食品制造（生物科技）及配套企业7家。思朗饼干、曦强乳制品获评“中国好食品”，淮北徽香昱原早餐工程有限责任公司被评为“全国主食加工业示范企业”，安徽鑫乐源食品有限责任公司、安徽金富士食品有限责任公司、安徽贝宝食品有限责任公司等企业被评为省“专精特新”企业。建成家家悦真棒1000余亩蔬菜种植基地、安徽汉芳集团有限责任公司3000亩芳香植物基地和薰衣草主题庄园、安徽曦强乳业集团有限责任公司5000余头标准化奶牛养殖基地和10余家专业合作社。建成大学科技园12.5万平方米标准化厂房、7000平方米研发中心、8000平方米中试车间、192套人才公寓，7200平方米食品会展中心、3400平方米食品博览馆及1790平方米美食街建成并投入使用。

【工业经济】2021年，相山区调整优化产业结构，加快培育食品制造（生物科技）、信息产业2个百亿主导产业集群。新增安徽欧米莱生物有限责任公司、淮北聚德新能源科技有限责任公司、淮北泽力新能源科技有限责任公司等规模以上企业15家。实施工业转型升级和技术改造项目20个，完成今麦郎凉白开技改、金冠玻璃窑炉技改、贝宝食品智能化改造等13个项目。淮北徽香昱原早餐工程有限责任公司、人良生物科技（安徽）有限责任公司等6家企业获评国家级两化融合管理体系评定企业。雷鸣科化、今麦郎饮品被评为省级智能工厂，淮矿集团、思朗食品、盛美诺生物被评为省级数字化车间。依法处置和盘活“僵尸企业”14家，涉及土地1021.26亩，完成市下达年度任务的102.1%。全年规模以上工业企业总产值增长17.1%，高于全市1.6个百分点；工业投资增长8.4%，高于全市7.7个百分点；技改投资增长4.7%，高于全市2.2个百分点；高新技术产业增加值增长22%，战略性新兴产业产值增长20.1%。全区初步形成以安徽曦强乳业集团有限责任公司、今麦郎饮品（淮北）有限公司、安徽苏太太食品有限责任公司等企业为主的绿色食品产业群；以完美（淮北）生物科技开发有限公司、安徽盛美诺生物技术有限公司、安徽阜邦生物科技有限公司等企业为主的生物科技产业群；以深淮电子、多成电子、诺讯科技等智能制造为主的电子信息产业群，为培育发展新兴产业和先进制造业打下基础。

2021年9月26日，相山区举办电子信息产业链企业家沙龙
（相山区经济开发区　供）

【创新驱动】2021年，相山区与淮北师范大学合作共建大学科技园，入驻高新技术企业10余家。引导和鼓励企业持续加大研发投入，淮北德兰和创生物科技有限公司、安徽盛美诺生物技术有限公司等20余家企业与高校院所签订产学研合作协议，入库产学研合作项目139个，获科技成果80项。全社会研发经费投入约11.2亿元，同比增长15%。净增高新技术企业19家，高新技术产业增加值增长22%。汉芳生物集团有限责任公司摘得2021年长三角科技创新联合攻关专项。安徽省正大源饲料集团有限公司、安徽雷根生物技术有限公司等4家企业获批省重点研究与开发项目。安徽贝宝食品有限责任公司、中煤特殊凿井有限责任公司等5家企业获省级研发资金支持。出台《相山区重点产业链链长制工作方案》，加速建链补链强链，实施荣丰食品、味之轩等食品产业升级和技术改造项目20个。工业投资增长约10%，新增规模以上工业企业15家。信息产业园污水处理厂一期投入使用，集中供热管网基本建成，国家大学科技园三期开工建设。出清“僵尸企业”14家，盘活土地1021.3亩。培育深度“上云

企业”16家。加快战略性新兴产业集聚发展，战新产业产值增长20%。今麦郎饮品（淮北）有限公司、安徽盛美诺生物技术有限公司等5家企业获评省智能工厂和数字化车间。

【商贸服务业】2021年，相山区制作播出日播美食栏目《第九菜系》200余期，举办“第九菜系·淮北美食”第一季、第二季、第三季评选活动，为获奖餐饮单位授牌颁发“第九菜系·淮北美食”牌匾。开展皖美消费乐享江淮——相山区“约惠相城·云享欢乐GO”2021金秋消费季系列促销费活动，参与商户200余家，参与市民累计达百万人次，发放消费券100万元，拉动消费7000多万元。在全市率先出台《相山区关于加快推进夜间经济发展的实施意见》，开设3条夜间公交专线，合计6564个班次，运送39286人次，引导发展夜间消费。隋唐运河古镇——隋唐草市获评“省级特色商业示范街区”“安徽省十佳夜游街区”“长三角夜间文化和消费样板街区”“安徽省服务业集聚区”等。推进电商发展，实现网络零售额19.869亿元（居全省第27位），同比增长20.89%；农产品网销额实现12.03亿元，同比增长7%。全区累计获评省级农村电商示范镇1个、示范村5个、示范点2个，全省农村产品上行年网络销售额超1000万元农村电商企业有2家、销售额超100万元农村电商品牌有2个。运河古镇二期商业街、大观园主体竣工完成，南翔云集文化特色街区项目试营业，家家悦综合产业园项目一期常温仓投入运营。辅导商贸企业先后申报2021年省级流通业资金项目5个，其中4个项目获批扶持资金114.14万元；申报农产品供应链体系建设项目资金461.47万元；推荐淮北万达广场、淮北金鹰国际购物申报国家绿色商场，通过省商务厅初审。推动安徽中拓电气有限责任公司、淮北市复营贸易有限公司、淮北市森丁商贸有限公司、安徽菲掣进出口有限公司4家企业实现自营出口。全区有外贸进出口实绩企业33家，兑现2020年度区级外贸出口奖励资金219万元。指导48家企业申报政策奖励资金212万元，服务业实现增加值276.5亿元，同比增长8.5%。出台《相山区建设皖北承接产业转移集聚区实施方案》，明确产业承接重点方向。组团赴徐州、昆山、深圳等地考察，深化与上海莘庄、浙江长兴战略合作关系，先后选派8名干部到上海市嘉定区、闵行区、普陀区等地挂职锻炼，加强沟通对接，探索共建园区、共享税收合作机制。参加第四届中国国际进口博览会、世界制造业大会、2021淮北食品工业博览会、安徽淮北电路板行业高峰论坛，集中签约项目24个。实际利用外资7144万美元，外贸进出口总额增长35.7%。国家级全域旅游示范区创建通过省级初审，凤凰山绿色食品博览园获批国家AAA级旅游景区，隋唐运河古镇获评安徽省旅游休闲街区。

【生态环境治理】2021年，相山区推进大气污染防治，$PM_{2.5}$平均浓度41.1微克/立方米，同比下降15.8%；优良天数占比78.4%，同比提高7.9%。推进水污染防治，实施凤翔沟、湘西沟、申家沟水环境综合治理，饮用水源地水质达标率100%。开展土壤状况调查评估，推进“固体废物非法转移、倾倒、处置”等专项治理行动，全年未发生域外危固废进区倾倒现象。落实碳达峰、碳中和重大决策，强化源头管控，遏制“两高”（高耗能、高排放）项目盲目上马。组织安徽尊龙环保节能建材有限公司、安徽中成检测有限公司等3家企业申报工业污染防治、绿色制造体系、节能环保“五个一百”等政策项目。安徽雷鸣科化有限责任公司、安徽省正大源饲料集团有限公司2家企业获评省级绿色工厂。新增植树造林面积500亩，森林覆盖率达26.01%。

【社会救助】2021年，相山区发放城市低保金3879.19万元，保障73705人次，人均月补助526元；发放农村低保金954.44万元，保障19839人次，人均月补助481元；发放特困供养资金346.06万元，保障4055人次；发放特困供养人员护理补贴20.69万元；下拨各镇街、开发区临时救助备用金48.52万元，发放临时救助金60.95万元，救助230人次；发放艾滋病病人生活救助金23.88万元，救助1536人次；发放精简社救资金7.23万元，救助52人次。核发社会养老机构一次性建设资金46.2万元、运营经费242.46万元。开展城乡养老服务三级中心一次性建设补贴和运营补贴的联合验收、认证工作，发放资金385万元。联合第三方机构和辖区街道、社区以及社区老人代表，不定期对各机构运营情况进行督查。实现80岁以上高龄补贴应发尽发，为9774位高龄老人发放高龄津贴480.492万元。做好流浪乞讨人员救助工作，累计录入全国救助系统28人，救助资金7.1万元。做好重度残疾人护理补贴和困难残疾人生活补贴发放工作，发放重度残疾人护理补贴247.338万元、救助41223人次，发放困难残疾人生活补贴122.6377万元，救助21720人次。完善儿童福利制度，做好依法收养登记工作；发放孤儿基本生活保障59.07万元，救助575人次。

【养老服务业】 2021年，相山区投资57万元对114户老年人家庭进行房屋适老化、无障碍厕所等设施改造。提高养老服务智慧化水平，支持各镇街、开发区推广应用智能养老产品，鼓励家庭安装智能安防设备。淮北市相山区朝阳老年公寓创建智慧养老省级示范机构。8月，民生社区养老服务中心依托幸福社区卫生服务站获评第四批安徽省医养结合示范创建单位；12月，相山区朝阳老年公寓作为淮北市代表参加安徽省2021年中医药健康养生与养老发展高峰论坛暨博览会（安徽省老博会），并拍摄视频资料参加老博会云展。

【民生工程】 2021年，相山区投入5.8亿元实施29项民生工程，民生领域支出占财政总支出86.2%。发放稳定就业补贴693.57万元，新增城镇就业13250人。城镇登记失业率控制在2.8%以内。城乡医保参保人数24.9万人，医疗救助9200人次，“基本医保+大病保险+医疗救助”三重保障制度健全。处理房地产领域历史遗留“难办证”问题，133个项目办理总产权，79608套住房办理分户不动产权。淮北师范大学相山附校、翠峰中学等7个新建、改扩建工程开工建设，全区39所公办中小学实现宽带网络全覆盖。新增医疗机构15家，区人民医院投入使用。区级智慧养老服务平台建成运营，全区养老机构床位总数2029张。新增托育机构6家、托位数520个，3岁以下婴幼儿照护服务工作走在全省前列。

【相山区辖镇及街道简介】 渠沟镇 地处淮北市西郊，面积62.2平方千米，辖桥头、土楼、大梁楼、油坊、瓦房、钟楼、徐集、张楼、张集、郭王、刘楼、孟庄、鲁楼13个行政村，常住人口4.3万人，耕地5.2万亩。2021年，完成财政总收入1.5亿元，年均增长12%，固定资产年均增长10%，工业总产值年均增长8%，农村居民可支配收入年均增长8.9%。实现7个村集体经济收入50万元以上，3个村集体经济收入100万元以上。全年新增商贸企业4家。安徽鼎阳再生资源有限公司、淮北皖骏汽车制造有限公司、淮北秦氏服装加工有限公司3家工业企业完成纳统。淮北市鸿济新型建材和安徽桓君耐火材料两个5000万元以上工业项目建成投产。全镇芳香作物种植面积4500余亩，投资357万元的鲁楼温室花卉基地和1400万元的郭王冷链物流项目建成使用。新增土地流转面积8521亩，新增新型农业经营主体29家，培育省级示范家庭农场4家、省级示范合作社1家。发展订单农业，种植越冬菠菜1000余亩，小麦良种繁殖1000余亩。谋划村级集体经济项目78个，村级集体经济收入696.02万元。推进支部领办合作社项目试点工作，张楼村成立由村支部书记为责任人的合作社，建立起“党支部+合作社+企业+农户”发展模式，村领导带头注入20%股金，入社村民占股80%

（按照每亩900元土地流转金折合股金）。动员256户村民参与，流转土地600余亩，种植油葵经济作物，每亩收益约2000元，带动村民共同致富。

任圩街道　位于相山区境东南部，面积26.5平方千米，辖寇湾、李桥、陈庄、新星、南湖、红星、代庄、光明、余庄、任圩、古镇、权园、园林13个社区，常住人口4.92万人。2021年，限额以上单位社会消费品零售总额完成273886.3万元，同比增长14.4%；城镇居民可支配收入增长10.2%。累计完成固定资产投资32.8亿元，同比增长56.8%。利用省外资金13.7亿元，超额完成年度目标任务。完成实际利用外资5600万美元。实施重点项目26个，总投资271.7亿元，年度计划投资29.4亿元。续建项目完成投资26.5亿元，实现新开工项目5个，完成投资6.2亿元，储备项目转化3个，完成投资6.2亿元。拥有汽车销售企业89家，汽贸后市场配套物流、出租企业56家，配套商贸企业24家，检测、维修、中介等服务企业15家，其他企业32家，累计登记入驻企业达216家。实现营业收入50亿元，税收4300多万元，就业人数2360人。依托万达商贸，打造综合体商圈，全年客流达950万人次，销售额实现6.3亿元。完成古城北路147亩地块、万达北115亩地块、淮北师范大学附校及周边项目、方安路雨水箱涵项目、相山区公共卫生应急服务中心建设项目等5块地块征收清零，实施寇湾小丁楼和长山南路西地块棚改，小丁楼项目322户签约309户、拆除135户，长山南路西地块138户签约128户，拆除128户。

东街道　位于相山区境东北部，面积3.1平方千米，辖铁路、闸河、机厂、供电、幸福、民生6个社区，常住人口4.71万人。2021年，完成固定资产投资10.77亿元。限额以上单位社会消费品零售总额同比增长14%以上，限额以上小微企业同比增长9.5%以上，限额以下样本点同比增长38.5%以上；新增限额以上商贸企业1家、个体经营户1家。批发业限额以下销售额增速35.5%，零售业限额以下销售额增速4.9%，零售业限额以下销售额增速45.9%；住宿业限额以下营业额增速−22.3%，住宿业限额以下营业额增速111.2%；餐饮业限额以下营业额增速33.1%。利用省外资金5.4亿元。重点在谈项目4个：中药材深加工（中药饮片研发）项目、现代农业产业园项目、联森工业产业园项目、友谊巷街区改造项目。老旧小区改造2个社区、2个小区、406户、3.508万平方米。截至年底，低保户124户199人，发放保障金1286927元。临时救助申请享受7户，发放临时救助金18600元。享受廉租住房保障补贴户3户8人，发放补贴金4851元。为207人进行失业登记，办理就业失业登记证57人，为30人办理就业援助申请；小额担保贷款43人，申请金额430万元；为78人申请灵活就业人员社保补贴，补贴金额188700元。通过职业指导、职业介绍、职业推荐帮助235人实现失业再就业。城乡养老保险完成参续保缴费515人，任务完成率103%。

西街道　位于相山区境西北部，面积4.7平方千米，辖安康、新华、体育、利民、洪山、建安、鹰山、鹰南8个社区，常住人口5.73万人。2021年，完成固定资产投资27544万元，同比增长319%；工业总产值完成6.3亿元；限额以上单位社会消费品零售总额完成26.19亿元，同比增长8.4%；限额以上小微企业完成1.47亿元，同比增长34.4%；限额以下样本点同比增长52.9%。完成新增限额以上商贸企业3家、大个体经营户1家。批发业限额以上销售额增速30.5%，全区排名第1；批发业限额以下销售额增速64%，零售业限额以下销售额增速8.8%，零售业限额以下销售额增速45.3%，住宿业限额以上营业额增速3.5%，住宿业限额以下营业额增速78%，餐饮业限额以上营业额增速43.7%，餐饮业限额以下营业额增速77.8%。利用省外资金1.93亿元。全年有45户68人享受低保，发放低保金526318元；孤儿2人，按月发放基本生活费；为280名重度残疾人发放护理补贴201600元；为28名困难残疾人发放生活补贴，其中一二级23人、18400元，三四级5人、2000元；发放特扶金68人、40.8万元；发放特扶老年护理补贴20人、4.8万元。发放16周岁以下独保费428人次、113800元。发放独生子女退休一次性奖励188人、376000元。城居养老保险参保缴费530人，完成率106%。城居养老保险人均缴费994元，高于全市273.69元人均缴费水平。

相南街道　位于相山区境中部，是市、区政府所在地，面积4.3平方千米。辖春秋、海宫、西城、中城、桓谭、相阳、黎苑、惠苑、杏林9个社区，常住人口7.58万人。2021年，完成固定资产投资完成13.041亿元，完成率100.4%。完成外贸进出口428万美元，实际利用外资403万美元。限额以上单位社会消费品零售总额同比增长18.9%，限额以上小微企业同比增长23.1%。限额以下样本点同比增长99.3%，新增限额以上商贸企业3个、个体经营户2个。批发业限额以上销售额增速29.2%，零售业限额以上销售额增速-13.2%，住宿业限额以上营业额增速20.1%，餐饮业限额以上营业额增速25%。利用省外资金6亿元。新增规模以上服务业3家、省重点2家。

东山街道　位于区境东北部，面积1.5平方千米。辖祥和、东山、翰林、建国、周庄、马庄、方顶7个社区，常住人口2.65万人。2021年，完成固定资产投资19.4亿元。限额以上单位社会消费品零售总额同比增长35.8%以上，限额以上小微企业同比增长32%以上；新增限额以上商贸企业1家、个体经营户4个；批发业限额以上销售额增速17.4%。新增优质服务业纳统企业规模以上1家、省重点2家。利用省外资金12.2亿元。办理城乡居民社会养老保险1831人、城乡居民基本医疗保险约7500人；发放残疾人护理补贴236人、高龄津贴987人；办理低保申报，在册保障179户289人；家庭医生签约1626人，发放独生子女退休一次性奖励61人、独生子女保健费286人、特别扶助对象52人。

三堤口街道　位于区境南部，面积3.8平方千米。下辖董庄、朱庄、纺织、庆相桥、虎山北路、三堤口、濉溪、口子、恒源和刘桥10个社区居委会，常住人口6.18万人。2021年，固定资产投资在库项目8个，完成投资98684万元，同比增长918.7%。完成规模工业总产值4976.2万元，同比增速10.5%。限额以上单位社会消费品零售额完成16655.1万元，同比增长11.2%；限额以上小微企业完成零售额2942.5万元，同比下降1.5%；限额以下样本点完成零售额24.3万元，同比增长76.5%；新增限额以上商贸企业1家、个体经营户1家。新增省重点服务业1家。完成外贸进出口额463万美元。利用省外资金完成认定9亿元（香榭左岸项目）。城镇居民人均可支配收入增长20.2%；城乡居民养老保险缴纳1428人，完成目标任务的102%。为辖区221户困难群体办理低保，大病救助3户、临时救助1户。为361人办理残疾人护理补贴，为86人办理创业证，就业帮扶177人。

南黎街道　位于区境东南部，面积8.0平方千米，下辖丁楼、学院、桂苑、李楼、梅苑、康乐、城里、锦华苑、曙光9个社区，常住人口12.32万人。2021年，完成固定资产投资16.3亿元，工业总产值增长15.5%；限额以上单位社会消费品零售总额同比增长11.5%以上，实际完成17.8%；新增限额以上商贸企业4家、个体经营户8个；实际完成3家限额以上商贸企业、2家个体经营户。批发业限额以上销售额增速8%，实际完成-41.5%；批发业限额以下销售额增速16%，实际完成43.5%；零售业限额以上销售额增速9%，实际完成8.7%。住宿业限额以上营业额增速20%，实际完成14.5%。餐饮业限额以上营业额增速30%，实际完成46.5%；餐饮业限额以下营业额增速35%，实际完成33%。外贸进出口完成760万美元、实际利用外资2000万美元。利用省外资金9.5亿元。低保保障621户、893人、920793元；城镇医疗救助458人次、527630.19元；临时救助18人次、35000元（困难居民临时救助9人次、12400元；困难大学生临时救助9人次、22600元）；新申请残疾人生活补贴31人，护理补贴54人；生活补贴删除130人，护理补贴删除109人；生活补贴降级11人；残疾儿童康复填表20人，辖区孤儿补贴63000元；为辖区80周岁以上不满百岁的老人申请高龄津贴，发放301120元；为4位百岁老人发放高龄津贴28800元。

曲阳街道　位于区境西部，面积14.8平方千米，下辖濉河、刘庄、渠沟、惠民、任井、滨河、前黄、下街、黄里9个社区，常住人口5.34万人。2021年，固定资产投资累计完成12.96亿元。在库社会消费品零售单位16家，限额以上单位社会消费品零售额累计完成11668万元，累计增速为25.8%。限额以上批发业完成销售额49348.9万元，同比下降3.8%；限额以上零售业完成销售额5199.3万元，同比增长54.8%；零售业限额以下销售额同比增长50.4%；限额以上住宿业完成营业额2652万元，同比增长27.7%；限额以上餐饮业完成营业额7442.9万元，同比增长30.7%。利用省外资金完成4.1亿元。新增优质服务业纳统企业1家。对各社区享受低保589户865人进行年审；为辖区内304人重度残疾人及215名贫困残疾人发放生活补贴，救助残疾家庭子女23名；排查摸底2021年度低保大学生11人，发放救助金25700元；享受医疗救助235人，落实救助金额2707415元。

（陈金川）

杜集区

【基本区情】　杜集区位于淮北市东北部，辖段园、石台、朔里3个镇和高岳、矿山集2个街道，1个省级经济开发区，1个市级工业集中区，55个村（社区），面积233.17平方千米，常住人口23.8万人。2021年，完成地区生产总值136.6亿元，固定资产投资增长11.9%，一般公共预算收入5.9亿元、同比增长11.6%，社会消费品零售总额增长13.6%，居民人均可支配收入同比增长8.9%。

【工业经济】　2021年，杜集区新入规企业20家。工业投资、技改投资同比增长40%、45%。中冶淮海有限责任公司、亚玖环保有限责任公司等9家企业通过国家两化融合标准评定，中清环保有限责任公司、林光钻探有限责任公司等9家企业完成“企业上云”。获批省级绿色工厂2家、省级智能工厂1家，获批省“五个一百”节能环保优秀企业4家。出清“僵尸企业”25家，盘活低效土地1320亩、闲置厂房19万平方米。

【现代农业】　2021年，杜集区完成耕地质量提升6.6万亩，建成优质专用小麦原料基地6.8万亩，粮食总产量8.5万吨。新增国家级水产健康养殖示范场1家、国家级示范合作社1家，建成省级长三角绿色农产品生产加工供应基地1个。润丰黄桃、国贵加州鲈获省农交会参展农产品金奖。淮北市飞达养牛专业合作社、安徽融和农牧科技发展有限公司获批省级标准化养殖示范场。杜集区获评全省家庭农场合作社高质量发展示范县区。新增“三品一标”（无公害农产品、绿色食品、有机农产品和农产品地理标志）主体15家。开展“房地一体”确权登记发证，完成农村宅基地权籍调查3.3万宗。开展闲置宅基地和农房盘活利用试点。集体经济50万元以上村31个，占比73.8%；100万元以上村10个。37家村集体经济组织、162家新型农业经营主体获评A级及以上等级。累计授信8700多户，授信金额3.87亿元，用信2.4亿元。

【商贸服务业】　2021年，杜集区龙溪奥莱广场、格林豪泰酒店开业运营。电商交易额1.3亿元，同比增长29%；农产品网销额3465万元，同比增长25%，电子商务经营主体达40家。

【项目建设】2021年，杜集区纳入市级重点项目92个，实现投资113.5亿元，完成年度计划的114.7%。年产2万吨大曲酒酿造提质增效、科创园（一期）等项目开工建设。淮北理工学院实现是年获批、建成、招生。总投资1.15亿元的龙岱河及支流治理工程开工建设。

投资4990万元，改造完成老旧小区5个。时代天境、春月美庐等商品住宅建设加快。棚改项目同步收尾，东岳雅苑、双龙雅舍、和谐新家园、朔湖佳苑、孙谢里5个新建居民小区分配入住，绿景庭院、都市花园、朔湖东苑、福兴雅苑、罗马公馆5个居民小区建设收尾，启动方安路300亩旧城改造。金鹏智能门窗、焕备智能制造等17个项目竣工投产，协议投资17.8亿元。雨佳木业、中匠新材料、相山水泥年产260万吨水泥绿色智能示范线等30个项目开工建设，协议投资56.6亿元。

【创新创业】2021年，杜集区内安徽紫朔环境工程技术有限公司、阳光管业有限责任公司入列国家第三批专精特新“小巨人”企业，专精特新企业总数累计达23家。国家火炬杜集高端矿山特色装备产业基地通过验收。新认定高新技术企业15家，获评省级新产品5个。登记认定技术合同金额突破10亿元。淮北大众信息科技有限公司开发的“天下淮北系统V1.0版”获评安徽省首版次软件产品。

【生态环境治理】2021年，杜集区完成中央生态环境保护督察组交办的环境信访件25件，全部整改销号。朔西湖环境治理（一期）建成开园，形成以市场主导投入为代表的采煤沉陷区治理3.0模式。新增造林500余亩，栽植苗木3.5万株。全区$PM_{2.5}$平均浓度为43微克/立方米，同比下降18.9%；优良天数比例为77.8%，同比上升9.2%。获批水生态断面考核补偿资金1350万元。乡镇及农村34个集中式饮用水源地水质达标率100%。

【社会民生】2021年，杜集区民生支出15.4亿元，占财政总支出的85%。新增城镇就业9561人，城镇登记失业率控制在2.7%以内。开发公益性和就业见习岗位774个，新聘用事业单位工作人员43名。段园农民工返乡创业园建成运营。改造提升农村敬老院2所，朱庄社区嵌入式养老中心建成并投入使用。完成特殊困难老年人家庭适老化改造108户。发放城乡医疗救助资金484万元，救助困难群众8500余人次。杜集区实验幼儿园入选全国家园共育百所示范幼儿园。投资2亿元的高岳学校开工建设。撤并规模较小学校14所，投资2000余万元，全面改善办学条件。建成体检中心5家，完成基层医疗机构达标建设27家。配租公租房3215套。加快南山国家AAAA级旅游景区提升、东湖欢乐世界水上乐园三期、朔西湖北岸乡村旅游项目、梧桐谷生态旅游项目、段园葡萄示范基地建设、百莲百荷旅游配套综合体等文旅产品开发。新建全民健身苑4个，新增体育场地3万平方米。举办庆祝中国共产党成立100周年暨群众文化艺术节系列活动80场次。杜集区蝉联安徽省民间文化艺术之乡，矿山集街道南山村获评全国乡村旅游重点村、中国美丽休闲乡村。

【杜集区辖镇及街道简介】高岳街道　位于杜集区西部，总面积45.947平方千米。辖5个村、6个社区，常住人口8万人。2021年，固定资产投资完成23.84亿元；规模以上工业总产值完成4.25亿元；工业投资20827万元，同比增长18.8%；技改投资1885万元；限额以上单位社会消费品零售总额25.26亿元，增长15.6%。城乡居民人均可支配收入39299元，同比增长11.9%；其中城镇居民收入42242元，同比增长12.1%；农村居民收入18868元，同比增长12%。村级集体经济收入511万元，双楼村、高岳社区突破100万元。现代农业产业园区入驻企业15家，培育农民专业合作社12家。

矿山集街道　位于杜集区东部，总面积45.90平方千米，辖3个村、6个社区，常住人口5.4万人。2021年，完成地方财政收入5210.4万元；固定资产投资10.2亿元，同比增长3.4%；规模工业总产值11.5亿元，新增规模以上企业2家；限额以上单位社会消费品零售总额1.01亿元，同比增长15.6%。居民人均可支配收入29401元，同比增长11%；城镇居民人居可支配收入39913元，同比增长8.9%；农村居民人均可支配收入17849元，同比增长8.3%。阳光假日农场"阳光玫瑰"葡萄连续两届蝉联淮北市"葡萄王"称号，佳和农场草莓获国家绿色食品认证，特色农产品有无花果、黄金蜜梨、香水柠檬、火龙果、太阳杏、核桃、贡薯等蔬果。

朔里镇　位于杜集区北部，北与宿州市萧县接壤。面积49.69平方千米。辖9个村、1个社区，常住人口5.21万人。2021年，实现规模以上工业总产值24.49亿元，战略性新兴产业产值5.9亿元；全社会固定资产投资16.53亿元；利用省外资金16.62亿元。一般公共预算收入3340万元；限额以上单位社会消费品零售总额13.39亿元。朔里镇先后被评为"全国重点镇""安徽省矿山机械制造产业集群专业镇""安徽省特色小镇""安徽省文明村镇"。

石台镇　位于淮北市东北部，总面积50.95平方千米，辖7个村、1个社区，常住人口4.36万人。2021年，完成地方财政收入2427.1万元，同比增长31%；固定资产投资同比增长25.23%，工业技改投资同比增长86.81%；限额以上单位社会消费品零售额同比增长14.1%。城镇居民年人均可支配收入36343元，同比增长8.8%；农村居民年人均可支配收入17276元，同比增长8.5%。新增省级示范家庭农场1个，新增绿色食品认证2个。全镇实现村级集体经营性收入390万元，其中，童台社区超100万元，梧桐村超90万元，子张湖社区超50万元。

段园镇　位于苏皖两省交界处，东与徐州市相邻，西与萧县接壤，面积40.83平方千米，辖7个村、4个企业社区，人口6.3万人。2021年，完成地方财政收入2603.18万元，工业总产值32亿元；固定资产投资同比增长51%；限额以上单位社会销售品零售总额同比增长16%；完成省外投资项目资金22.57亿元。段园葡萄种植区被评为"全省特色农产品优势区"，段园镇获评第十批"全国'一村一品'示范镇"。

（卢心怡）

烈山区

【基本区情】烈山区位于淮北市主城区东南部，下辖3镇、4个街道、1个省级经济开发区。总面积384.88平方千米，常住人口24.9万人。拥有中国土地复垦示范区、全国经果林建设百强县区、全国农业旅游示范区、中国软籽石榴基地等多张国家级城市名片，"塔山石榴""黄营灵枣""和村苹果"等获国家地理标志保护产品。2021年，全区实现地区生产总值132.8亿元，同比增长12.4%；实现工业增加值增长8.9%，战兴产业产值增长71.5%；完成固定资产投资增长9.6%；一般公共预算收入4.04亿元，增长12.7%；实现限额以上单位社会消费品零售总额65.6亿元，增长10.6%，其中限额以上消费20.8亿元，增长8.5%；城乡居民人均可支配收入分别为37090元、16735元，分别增长8.8%、10.5%。

【项目建设】2021年，烈山区安排区级重点项目108个，累计完成投资85亿元，超额完成年度计划。7月，承办全省重大项目集中开工淮北分会场，总投资10亿元；康美装配式建材、宏优视讯等项目竣工投产，烈山区人民医院新院区、开发区电子信息产业园、采煤沉陷区治理等6个专项债券项目开工建设，累计获债券资金约8亿元。

【招商引资】 2021年，烈山区组建12个招商团、3个招商分局。全年新签约工业项目24个，重点在谈项目59个。盘活闲置厂房1.74万平方米、土地400余亩，帮助企业解决用工2000余人。

【农业生产】 2021年，烈山区农业（种植业）增加值12.84亿元，同比增长10.1%。建成高标准农田1.4万亩，全年粮食总产量13.8万吨，实现“十八连丰”。生猪出栏11.03万头，同比增长78.2%；家禽出栏103.4万只，同比增长1.1%。肉类总产1.31万吨，同比增长46.6%。经济作物种植面积同比增长7.6%，蔬菜及食用菌年产量达61056.9吨，同比增长5.0%。

【产业转型】 2021年，烈山区出台《烈山区工业转型升级三年行动计划（2021—2023年）》《烈山区关于壮大基础产业集群和完善新兴产业链实施方案》等专项政策，重点打造绿色建材产业集群，完善高端制造、新能源、数字经济3条产业链。新增相湖御龙湾项目、和晶科技控制器生产项目，淮北市长兴矿业有限公司等规模以上工业企业10家，规模以上工业增加值同比增长10%。

【科技创新】 2021年，烈山区省级重大新兴产业工程及专项数量位居全市县区第一。促成产学研合作项目10个，实施大唐淮北发电厂青谷光伏等重点技改项目10个，新增高新技术企业7家，经备案科技型中小企业24家，战略性新兴产业产值增长74.5%。

【现代服务业】 2021年，烈山区有规模以上服务业企业9家、省重点企业2家、限额以上商贸业24家，全年服务业增加值同比增长8%。加快推进龙脊山旅游基础设施提升、文创科教城、港利实验学校等重点服务业项目，青龙山铁路无水港、传化公路港“双港”联动、七彩和村等4个省级服务业集聚区获批，跻身省级服务业综合改革试点区。

【生态环境综合治理】 2021年，烈山区试点生态环境专项监督长制，布设空气自动监控微观站点42个，秸秆禁烧连续7年“零火点”，空气质量综合指数改善幅度全市领先。首创五级林长制，林木绿化率44.74%，获批省级林长制改革示范先行区。推深做实河（湖）长制，城市黑臭水体基本消除，地表水考核断面全部达到Ⅳ类以上。

【城乡建设】 2021年，淮北市人民医院东院区、淮北市汽车客运中心、淮北市一中新校区基本建成。相湖综合片区开发起步，相湖公园、府前路开工建设，桃花源小区、相湖春晓小区等地产项目在建。丁楼一期棚户区改造项目、新北花园一期棚户区改造项目按期交付，杨庄矿社区和焦化厂小区老旧小区改造完成。实施“四好农村路”（建设好、管好、护好、运营好）养护提升43.4千米，改造农村危房

9月23日，淮北市2021年中国农民丰收节开幕仪式在烈山区举行
（杜磊　摄）

115户，户改厕1153户，城乡环卫一体化实现全覆盖。

【乡村振兴】 2021年，烈山区巩固拓展脱贫攻坚成果，实施产业扶贫项目5个，落实保障措施54项，动态监测帮扶不稳定户和边缘易致贫户13户40人。建设黄营“省级美丽乡村”，打造七彩和村“省级特色小镇”，创建省级农业科技园区。榴园社区入选“全国乡村特色产业亿元村”名单，和村社区获评国家级“一村一品”示范村，烈山镇被命名为“安徽省首批特色旅游名镇”。

【社会事业】 2021年，烈山区28项民生工程完成投资2.89亿元。新增城镇就业9850人，城镇登记失业率控制在2.4%以内。改造完成10所中小学校设施。烈山区获国家第二批革命文物保护利用片区。完成新冠疫苗全程接种任务。智慧养老服务平台和33个居家社区养老服务中心规范运行。

【烈山区辖镇及街道简介】 烈山镇 位于烈山区西北部，总面积123.47平方千米，总人口6.2万人。下辖14个村（社区）。2021年完成财政收入1.22亿元，固定资产投资增长55.1%，工业产值增长7.3%，限额以上单位社会消费品销售额同比增长26.9%，农村居民人均可支配收入和城镇居民可支配收入1.79万元、3.64万元，同比增长10.8%和9.1%。全镇14个村（社区）村级集体经济收入均突破20万元，村级集体经济总收入1205万元。建成市级美丽乡村1个、区级美丽乡村1个，改建“四好农村路”20.83千米，城乡环卫一体化实现全覆盖。完成农村改厕1600余户，建成高标准农田8000余亩。获评省级农村电商示范镇，榴园社区被评为全国乡村旅游重点村、全国“一村一品”示范村镇。全镇民生支出累计投入6.12亿元，新增就业4855人，转移农村劳动力就业5436人。全镇城乡低保1443户，发放低保金1493万余元，发放困难群众临时救助资金12.6万余元。

宋疃镇 位于烈山区东南部，面积95.5平方千米，总人口约4.5万人。下辖12个行政村、1个居委会，96个自然村。2021年完成财政收入1.3亿元；规模以上工业总产值6.4亿元；固定资产投资8.6亿元；限额以上单位社会消费品零售总额3200万元；农村居民人均可支配收入18100元。和村社区、黄营村分别获评全国、省级“一村一品”示范村。年产1100万平方米高档陶瓷的安徽鑫成功瓷业科技有限公司投产运营，二期项目在建；国安电力、大唐淮北发电厂煤棚改造项目完工；七彩和村农旅小镇项目在建。城乡居民基本养老保险缴费人数9650人，转移就业702人，新增就业1539人。马场棚改遗留户拆除完毕，办理缘山小区一期房产证1044户。开展各类安全生产隐患排查171次，消除隐患66处。

古饶镇 位于烈山区东南部，面积153.03平方千米，总人口8.6万人。辖21个村民委员会。2021年完成财政收入0.62亿元；固定资产投资累计5.43亿元；工业投资1.28亿元；规模以上工业增加值0.58亿元；工业总产值2.17亿元；限额以上单位社会消费品零售总额1.23亿元，同比增长6.6%；城镇居民人均可支配收入3.71万元，农村居民人均可支配收入1.67万元；村级集体经济总收入561.15万元。签约淮北蓝奥能源科技发展有限公司烈山区分散式风电项目，投资1.38亿元。在库固投项目13个，完成投资5.74亿元；有规模以上工业企业7家，预计全年累计完成2.2亿元，同比增长26%；全年利用省外资金17.26亿元。50万元以上集体经济强村5个。复耕土地面积约20.3亩，恢复耕地非粮化42.6亩，地质环境恢复面积约40亩。全镇小麦总产8.0万吨。完成高标准农田建设1.36万亩，新增土地流转12827亩，新增家庭农场13家，获批省市区级示范家庭农场10家。认证农产品绿色食品5家，赵集黄梨、张庄西瓜、草庙艾草等一批特色农产品品牌效应初步形成。整治沱河、新北沱河生态领域环境12.6平方千米，完成新北沱河疏浚工程12.6千米。完成造林1000亩，道路绿化20千米。完成20个美丽乡村建设，实施“四好农村路”提质改造工程10.24千米，养护提升工程4.95千米。城镇新增就业1331人，农村劳动力转移就业任务857人。

杨庄街道　位于烈山区西北部，为烈山区主城区，面积约10.12平方千米，常住人口3.3万人，下辖8个社区。2021年完成财政收入6000余万元，同比增长约3.4%；固定资产投资完成3.6亿元，同比增长50%；限额以上单位社会消费品零售额完成8.54亿元，同比增长12%。保障府前路西延项目建设，推进相湖御龙湾小区、桃花源小区等房地产项目建设。完成焦化厂小区等2个老旧小区改造任务。二郎庙粉皮加工厂建成投产。新签约重点项目2个，总投资约1.65亿元。新增就业人员1024人，发放小额担保贷款70万元。为563户920人办理城市低保，发放保障金490297元。医疗救助17人，发放救助金79391元；临时救助17户，发放救助金49140元。为266名困难残疾人、445名重度残疾人、62名困难精神残疾人发放生活补贴、护理补贴、精神药费补助。

临海童街道　位于濉溪县韩村镇境内，辖区总面积1.75平方千米，辖5个社区居委会，常住人口1.4万人。临涣煤矿、临涣焦化等13家大型企业坐落辖区内。2021年发放低保户补贴14.2万元、高龄补贴3.56万元。为317名残疾人提供护理、生活补贴，补贴金额1.8万元；救助困难大学生35人，办理残疾证13张，办理精神病人药费补贴32人次。新增就业人员500人，实施大龄就业困难人员就业援助10人，办理灵活就业社会保险补贴21人，发放补贴资金5.7万元。排查整改危房99户、液化气罐安全隐患16处、人员密集场所消防安全隐患15处，逐项逐户完成整改任务。

百善街道　位于烈山区西南部，面积约0.7平方千米，辖1个百善社区居委会，常住人口3213人。辖区内有恒源煤电股份有限公司机械总厂、陕西北遇实业有限公司2个大型企业。2021年，新增就业50人，发放39户、56人低保资金4.25万元。特困帮扶家庭结对帮扶5户，慰问2户计生困难家庭，为17户独生子女家庭发放一次性奖励，23对家庭获得独生子女保健费。组织开展重点时段安全生产、消防安全大排查等各类整治行动20余次，整治各类隐患8处。

任楼街道　位于烈山区最南部，总面积约0.44平方千米。辖西园社区1个社区，2857户，常住人口5077人。2021年，城镇居民养老保险完成203人（新增6人），办理养老保险基础金认证41人、就业援助4人，为180人提供免费技能培训，开发见习就业岗位2人、公益性岗位1人。审核办理低保户14户24人、老龄补贴26人；发放困境儿童慰问金、精神病人补助、残疾人护理补贴计12740元。开展生产安全、消防安全、食品药品安全大检查等活动22次，排查整治各类隐患10处。

（程江玲）

【责任编辑　袁志毅】

人 物

中国工程院院士

姜 涛 男，1963年10月生于淮北市，现任中南大学教授。国家杰出青年科学基金获得者，教育部“长江学者奖励计划”特聘教授。长期从事黑色金属矿产资源团矿精加工与短流程冶金研究。围绕中国钢铁生产的重大需求，姜涛教授带领团队持续攻关，革新炼铁精料制备技术，变革镍铁制备工艺，发明直接还原铁制备新方法。研究成果在中国大部分骨干钢铁企业应用并推广到巴西、印度尼西亚、澳大利亚等国家，推动中国炼铁精料、镍铁和直接还原铁生产技术的升级换代，为中国钢铁工业的高质量发展和绿色低碳转型做出突出贡献。获国家级科技奖3项（2项排名第一）、省部一等奖8项（5项排名第一）。出版专著、手册8部（2部获国家级图书奖），发表论文370篇（获评爱思唯尔2020矿业工程类中国高被引学者）。授权国家发明专利90件（1件获中国专利优秀奖）。当选为矿物、金属和材料学会火法冶金学术委员会主席，组织国际学术会议12次，主编出版国际会议论文集5部，应邀国际学术报告39次。姜涛教授长期工作在教学科研第一线，培养博士、硕士98人，建成国内外有较大影响的学术团队，获湖南省创新团队奖。2021年11月18日，中国工程院正式公布2021年院士增选结果，姜涛教授当选化工、冶金与材料工程学部院士。

全国五一劳动奖章获得者

闫兴亚 男，1978年4月出生，安徽省矿业机电装备有限责任公司液压车间机四班班长。2022年被授予“全国五一劳动奖章”。

闫兴亚从一名学员成长为车工高级技师、数控“大拿”，他根据多年工作实践摸索出多套既实用又提高功效的加工技巧和工装夹具，并与刀具厂家合作，共同开发出针对公司产品的专用刀具，为公司创效100多万元，被职工亲切称为“刀具技改大王”。在生产中，他利用滚动代替滑动的原理，设计制造出“一种用于内外螺纹加工的公司工具”，此工具用机床快速走刀替代了人推拉尾座，工具上的轴承滚动替代了尾座移动，大大降低工人的劳动强度，人均效率提高三倍以上，且质量稳定可靠，获实用新型专利证书。他积极参加导师带徒活动，传授技能技巧，定期开展劳模工作室大讲堂，授课30多课时，受众200余人次，提高了职工技能水平，为公司培养一批技术骨干。

安徽省劳动模范

丁长军 淮北相山水泥有限责任公司众城分厂厂长助理

丁　胜　中国建设银行股份有限公司淮北市分行公司业务部客户经理

门振宇　安徽天路航空科技股份有限公司董事长兼技术总监

马金云　安徽京信电子有限公司管理部电工

王正波　国网安徽省电力有限公司淮北供电公司运维检修部党支部书记、副主任

王　林　中煤第三建设（集团）有限责任公司三十工程处猛虎掘进队队长

冯　影（女）　濉溪县绿锦花卉种植场负责人

刘雷锋　中国邮政集团有限公司安徽省濉溪县分公司投递员

许春梅（女）　淮北市杜集区石台镇开心家庭农场负责人

孙全福　安徽省亳州煤业有限公司信湖煤矿党委副书记、矿长

孙芳芳（女）　淮北徽香昱原早餐工程有限责任公司工会主席

孙　超　安徽皖雪食品股份有限公司董事长

李　明　安徽恒源煤电股份有限公司任楼煤矿通防部班组长

杨　庆　临涣焦化股份有限公司高级技师

杨维平　淮北林光钻探机电工程有限公司党支部书记、车间主任

汪茂雷　淮北市保安有限公司武装押运二中队中队长

沈文同　淮北市烈山区舞彩灵枣种植专业合作社社长

项红光　淮北市排水有限责任公司管网管理所所长

南晓军　安徽宁亿泰科技有限公司行政专员

徐宾朋　安徽科宝生物工程有限公司总工程师

徐　强　安徽巨成精细化工有限公司研发部部长

盛江峰　安徽润岳科技有限责任公司董事长

谢　琳（女）　淮北市个体货车司机

路思远　淮北矿业股份有限公司袁店一井煤矿通风区监测队队长

安徽省先进工作者

马万山　淮北市人民政府办公室（外事办公室）副主任

朱　峰　淮北市劳动保障监察综合执法支队综合科科长

祁　争　淮北市第三实验小学党总支书记、校长

许小光　安徽淮北相山经济开发区管理委员会经济发展部部长

张　恒　淮北市公安局交通警察支队一大队副大队长

周　健　濉溪县乡村振兴服务中心副主任

黄　辉　淮北市人民医院大内科主任、神经内科主任

魏明杰　淮北市交通运输局运输管理科科长、四级调研员

入选“中国好人榜”的淮北人

2021年，淮北市7人荣登“中国好人榜”

葛治国　男，1978年10月出生，杜集区朔里镇环卫所所长。白天，葛治国是朔里镇环卫所所长，奔波在大街小巷督导检查环境卫生，为百姓美好生活环境努力工作。夜晚，他又“变身”为电影放映员，守着一台电影放映机，用光与影为群众送去公益电影，传递社会正能量。他开展送电影下乡活动15年，放映电影4000余场次，丰富了村民的精神文化生活。2021年2月葛治国荣登“中国好人榜”。

李跃文　女，1973年4月出生，生前担任杜集区人民法院审判委员会专职委员、四级高级法官。22年的审判生涯中，李跃文共审理案件2856件，无一错案，无一超审限案件。她先后获“全国法院办案标兵”“安徽省人民满意的公务员”“安徽省首届百姓心中的好法官”“安徽省三八红旗手”“全省优秀法官”等称号。2020年初，李跃文被确诊为胃癌晚期，在住院治疗的间隙，她仍然心系工作，上半年坚持办结案件59件。2020年12月被评为“安徽好人”，2021年3月荣登“中国好人榜”。

扣红卫 男，1975年10月出生，高级技师，淮北矿业集团淮北煤电技师学院工匠大师工作室核心成员。1992年，扣红卫从淮北煤矿技校毕业后，成为淮北矿业集团临涣煤矿一名井下机电维修工。29年来，他潜心学习新技术，钻研新技能，积累丰富的电气故障处理经验。先后进行主、副井提升防超载保护等70多项技术改造，为机电领域新技术、新工艺推广、矿井提质增效和安全生产做出突出贡献。他先后获“全国劳动模范”、“安徽省劳动模范”安徽省“十大带徒名师”安徽省“五一劳动奖章”，“安徽省技术能手”、全国煤炭行业“五四青年奖章”“全国煤炭行业技能大师”等称号。2021年4月扣红卫荣登“中国好人榜”。

王士宏 男，1962年7月出生，任濉溪县临涣镇法律服务所主任。27年来他坚守梦想和初心，坚持做义务宣讲的“草根演说家”，他带领临涣镇“乡村小喇叭”理论政策宣讲志愿服务队，以镇上的茶馆为阵地，把党的好声音送入寻常百姓家。近年来，他积极参与开展习近平新时代中国特色社会主义思想、党章党史等宣讲活动，搭建了一座党和群众的连心桥。2021年5月王士宏荣登“中国好人榜”。

赵纯清 男，1969年10月出生，烈山区古饶镇山西村卫生室医生。为了让乡亲们在家门口看上病，他从公立医院辞职回乡当起一名乡村医生；他以“随叫随到”的姿态服务乡邻，在最基层的医疗卫生工作岗位上守护村民的健康。他以一颗“赤子之心”，用24年的风雨守护当好村民健康“守门人”。先后获得“全国优秀乡村医生”“全国最美乡村医生”“安徽好人”“安徽省最美村医”“安徽省五一劳动奖章”等荣誉，2021年被评为“安徽省优秀共产党员”，同年7月荣登“中国好人榜”。

赵先强 男，1983年3月出生，烈山区古饶镇草庙村村委会主任，“淮海战役华东野战军指挥部”旧址纪念馆义务讲解员。赵先强依托古饶镇草庙村的红色基因，谋划“传承红色文化，助力乡村振兴”的工作思路，把传承红色基因作为重要抓手，着力打造以红色文化为核心的美丽乡村。深入挖掘红色文化资源，自掏腰包搜集整理珍贵、翔实的历史资料，筹建“淮海战役华东野战军指挥部”旧址纪念馆。先后为152家单位开展党史教育，听众达2万多人次，被亲切地称为“村主任讲解员”，被评为2020年淮北市新时代文明实践“十佳百姓宣讲员”。2021年10月赵先强荣登“中国好人榜”。

宋良友 男，1928年出生，1949年入伍。战争时期，他九死一生立下赫赫战功，在抗美援朝战争中荣立两次一等功、两次三等功、三次四等功，并被志愿军总部授予“战斗英雄”称号。和平年代，他合上功劳簿，深藏功与名，近70年如一日，始终对自己的过往只字不提。1984年，他以一名普通矿工的身份，坚守煤矿工人的平凡岗位，从烈山煤矿退休。先后获得“安徽省最美心动人物”“第七届安徽省道德模范”“安徽好人”等荣誉称号。2021年11月宋良友荣登“中国好人榜”。

入选“安徽好人榜”的淮北人

（入选2021年“中国好人榜”的不再重复记述）

2021年，淮北市9人入选“安徽好人榜”

魏玉芬 女，1976年12月出生，烈山区烈山镇司法所副所长、烈山镇人民调解委员会副主任。她践行“枫桥经验”，25年来坚持用法、用情、用心“三用”调解法，倾听群众呼声，为民分忧，推动基层调解工作，保障群众合法权益，先后获司法部全国模范人民调解员、安徽省司法厅“人民调解能手”、安徽省高院和司法厅“优秀人民调解员”等多项称号。2021年2月魏玉芬入选“安徽好人榜”。

刘红丽 女，1982年6月出生，中国电信股份有限公司淮北分公司政企客户部项目管理中心管理员。18年来，刘红丽从一名电信业务的“门外汉”成长为带领团队拼出耀眼业绩的“领头人”。她不忘初心，全方位提升管理和服务水平；面对疫情，她勇担使命，不惧风险，紧急调试开通云业务摄像头，第一时间实现新冠肺炎隔离病房实时监控和互动，通过信息化手段缓解医护人员的压力，减少病毒传播。以她名字命名的“刘红丽劳模创新工作室”被评为“安徽省劳模创新工作室”，拥有20余项创新成果，团队25人先后被评为全国用户满意服务明星、全省五一巾帼标兵等。2020年，刘红丽获评“全国劳动模范”。2021年获“安徽省优秀共产党员”称号，2021年6月被评为“安徽好人”。

程升华　男，1969年6月生，生前任濉溪县公安局临涣派出所三级警长，二级警督衔。2021年10月1日，程升华值班期间，所里共接处警19起。在参与处置警情的间隙，他还入户走访了20户群众。第二天，交接班后仍然坚守岗位。13时50分，他突感心脏不适，因抢救无效因公牺牲，年仅52岁。15年来，他一直扎根在基层、工作在一线，他走遍辖区7个村、64个自然庄，走访群众12169户，做实做细公安基础工作，推动矛盾纠纷精准排查化解3916件，有效提升辖区群众安全感、满意度。2021年10月程升华入选“安徽好人榜”。

赵春晖　男，汉，1986年2月出生，徽商银行淮北相山支行员工。2020年，赵春晖的第二个孩子出生时患有肝门部胆管闭锁，手术治愈的成功率较低。为了给孩子生的希望，他辗转多地求医，坚决割肝救女，与女儿同“肝”共苦，书写了新时代孝老爱亲的感人故事。2021年11月赵春晖入选“安徽好人榜”。

谢现雷　男，1982年2月出生，濉溪县百善镇黄新庄村居民，退役军人。8年军旅生涯，他多次荣获军功，并资助5名汶川特大地震孤儿。退伍后，他长期坚持扶贫助困，安置和资助20多名贫困人员，回报乡梓。河南暴雨灾情期间，他捐款捐物，奔赴400千米，带头抗灾。作为一名优秀江淮义警，他无私奉献，用实际行动展现了一名退伍军人的英勇和担当。2021年12月谢现雷入选“安徽好人榜”。

附　录

文献辑存

中共淮北市委关于制定国民经济和社会发展第十四个五年规划和二〇三五年远景目标的建议

（2021年1月6日中国共产党淮北市第八届委员会第十三次全体会议通过）

淮发〔2021〕1号

“十四五”时期是我国全面建成小康社会、实现第一个百年奋斗目标之后，乘势而上开启全面建设社会主义现代化国家新征程、向第二个百年奋斗目标进军的第一个五年。中国共产党淮北市第八届委员会第十三次全体会议，认真学习贯彻党的十九届五中全会及省委十届十二次全会精神，深入分析我市发展形势，就制定国民经济和社会发展“十四五”规划和二〇三五年远景目标提出以下建议。

一、全面建成小康社会，开启新阶段现代化美好淮北建设新征程

（一）决胜全面建成小康社会取得决定性成就。“十三五”时期是全面建成小康社会决胜阶段。面对错综复杂的国际形势、艰巨繁重的改革发展稳定任务特别是新冠肺炎疫情严重冲击，在以习近平同志为核心的党中央坚强领导下，市委始终坚持以习近平新时代中国特色社会主义思想为指引，认真落实中央及省委决策部署，坚持中国碳谷·绿金淮北发展战略和“一二三四五”总体发展思路，扎实做好稳增长、促改革、调结构、惠民生、防风险、保稳定各项工作，高质量转型发展步伐坚实、成果丰硕。总体看，“十三五”时期是我市转型发展质量好、城乡面貌变化大、群众得到实惠多、城市知名度美誉度关注度高的时期。综合实力实现历史性重大跨越，全市地区生产总值跨越四个百亿元台阶和千亿关口，提前一年实现比2010年翻一番目标，2020年将突破1100亿元。预计城乡居民人均可支配收入分别达36637元、15036元，比2010年翻一番。财政收入提前一年完成“十三五”规划目标。文明创城梦、开通高铁梦、拥湖发展梦、淮水北调梦、煤化工振兴梦、群众安居梦、自办本科高校梦相继实现。城市转型实现历史性重大突破，供给侧结构性改革成效显著，传统产业加快提档升级，“四基一高一大”战略性新兴产业发展势头强劲，产业结构由“二三一”调整为“三二一”，拥有陶铝新材料、平山电厂135万千瓦机组等一批“世界领先”的技术和企业，习近平总书记考察安徽，充分肯定陶铝新材料等“智”造成果，城市转型经验获国务院办公厅、省政府办公厅通报表扬，《人民日报》《光明日报》头版头条连续报道。改革开放取得历史性重大成果，新型智慧城市建设等41项国家级、34项省级改革试点取得重大进展，财税金融、城市规划建设管理、建投市场化改革、农业农村改革等重点改革工作取得显著成绩，房企破产和解"淮北模式"、社会信用体系建设、"七步造林法"等多项改革成果在全省乃至全国复制推广。长三角一体化发展等国家战略深入实施，中原经济区、淮海经济区、淮河生态经济带等重大合作事项深度推进，淮北海关通关运行，淮北至宁波港海铁联运班列正式开通，外贸进出口总额翻番，跨过10亿美元大关。城乡面貌发生历史性重大变化，粮食生产实现"十七连丰"，全域城镇化、美丽乡村建设成效显著，东部新城、南部次中心、高铁新区等新城新区建设日新月异，依山拥湖格局充分彰显，城市框架全面拉开。基础设施不断完善，形成长达一百公里的城市大外环，高速公路环城四方，高铁直达市中心，浍河航道通江达海，内通外联交通网络更加便捷。城市品位实现历史性重大提升，污染防治卓有成效，19.8万亩采煤沉陷区成功治理，20多万亩石质荒山染绿天际，南湖、绿金湖等滨湖公园串珠成链，相山、龙脊山等森林公园处处皆景，文化事业、文化产业蓬勃发展，运河文化、红色文化、好人文化等优秀文化广泛弘扬，中华环境优秀奖、全国绿化模范城市、国家森林城市等"国字号"荣誉相继荣获，全国文明城市实现"两连冠"。民生福祉实现历史性重大改善，精准脱贫攻坚战、棚改攻坚战、抗洪救灾保卫战、新冠肺炎疫情防控阻击战等重大民生战役众志成城、连战连捷，民生工程工作连续十年稳居全省第一方阵，市民受教育程度持续提升，医疗、养老等基本公共服务均等化水平稳步提高，一批长达10~30年的房地产领域历史遗留"难办证"问题有效化解，国家总体安全观深入人心，"一组一会、五治融合"社会治理模式成效明显，扫黑除恶专项斗争纵深开展，"皖北地区最稳定的城市、全省最稳定的城市之一"的局面巩固深化。民主法治建设实现历史性重大进步，人大及其常委会立法主导作用有效发挥，人民政协作为协商民主重要渠道作用充分彰显，爱国统一战线巩固发展，工会、共青团、妇联等群团组织桥梁纽带作用进一步发挥，法治淮北建设取得新进展，国防动员和后备力量建设持续加强。全面从严治党取得历史性重大成效，"不忘初心、牢记使命"主题教育成果巩固深化，先后开展"讲看齐、见行动"学习讨论和"讲重勇作促""讲严立善新""三个以案"系列警示教育，干部队伍建设持续加强，党内政治监督谈话规范化常态化，全国城市基层党建工作示范市持续叫响，省委巡视、省委专项巡视及巡视"回头看"反馈问题整改完成，形式主义官僚主义整治靶向精准，不敢腐、不能腐、不想腐体制机制建设一体推进，政治生态风清气正。"十三五"规划目标任务已经完成，为开启新阶段现代化美好淮北建设新征程奠定了坚实基础。

（二）新发展阶段面临的新机遇新挑战。从国际看，当今世界正经历百年未有之大变局，不稳定性不确定性明显增加，新冠肺炎疫情影响广泛深远，世界进入动荡变革期，但新一轮科技革命和产业变革深入发展，人类命运共同体理念深入人心，和平与发展仍然是时代主题。从全国看，我国已转向高质量发展阶段，制度优势显著，治理效能提升，经济长期向好，市场空间广阔，发展韧性强劲，社会大局稳定，将为我市发展创造良好的外部环境。从全省看，我省具有左右逢源、双向多维的独特优势，特别是习近平总书记考察安徽提出"强化'两个坚持'、实现'两个更大'"的目标要求，将激发加快建设新阶段现代化美好安徽的综合效应，带动我市更高质量转型发展。从自身看，迎来服务构建新发展格局历史机遇期，淮—宿—蚌、淮阜城际铁路等一批重大工程加速推进，有效破解淮北长期以来交通瓶颈制约，加速打通人流、物流、资金流、信息流循环"大通道"；迎来区域发展战略叠加效应集中释放期，国家大力推进长三角一体化发展，加快中部崛起，深化中原经济区、淮海经济区、淮河生态经济带建设，我省加快皖北振兴步伐，有利于我市破除体制机制障碍，提升对外开放层次；迎来转型崛起加速推进期，经过多年打基础、管长远的工作，重大项目的带动作用、新兴产业的支撑作用、营商环境的保障作用充分发挥，我市将进入平稳较快的发展阶段；迎来“两山”通道黄金转换期，通过一以贯之推进生态文明建设，持续改善环境质量，成功实现由“煤城”到“美城”的华丽转身，有利于我市推进生态产业化、产业生态化。同时，我市发展不平衡不充分、不稳定不确定问题仍然突出，重要领域和关键环节改革任务依然艰巨，发展动能不够强劲，新兴产业支撑能力仍需增强，民营经济发展不够充分，生态环保任重道远，民生保障短板依然存在，社会治理还有弱项。全市上下要胸怀“两个大局”，深刻认识新发展阶段带来的新方位新机遇，深刻认识社会主要矛盾变化带来的新特征新要求，深刻认识错综复杂的国际环境带来的新矛盾新挑战，对国之大者心中有数，办好淮北的事，善于在危机中育先机、于变局中开新局。

（三）到二〇三五年基本实现社会主义现代化远景目标。展望二〇三五年，我市经济实力、科技实力、综合实力显著增强，经济总量和城乡居民人均可支配收入较二〇二〇年翻一番以上，人均地区生产总值超过全省平均水平，同长三角地区平均水平差距明显缩小，创新能力进一步跃升，进入创新型城市行列；基本实现新型工业化、信息化、城镇化、农业现代化，建成现代化经济体系；治理体系和治理能力现代化基本实现，人民平等参与、平等发展权利得到充分保障，基本建成法治淮北、法治政府、法治社会；国民素质和社会文明程度不断提升，建成文化强市、教育强市、人才强市、健康淮北，文化软实力显著增强；全面绿色转型树立新样板，绿色生产生活方式全面普及，宜居宜业宜游的公园城市基本建成；改革开放持续深化，部分改革试点走在全省乃至全国前列，融入长三角一体化发展机制高效运转，参与国内外经济合作竞争优势明显增强；城乡区域发展均衡协调，城乡居民生活水平差距显著缩小，人民基本生活保障水平与长三角平均水平大体相当，基本公共服务实现均等化，中等收入群体显著扩大；平安淮北建设水平全面提升，建成人人有责、人人尽责、人人享有的社会治理共同体；人民生活更加美好，人的全面发展、全体人民共同富裕取得更为明显的实质性进展。

二、“十四五”时期淮北经济社会发展总体要求和主要目标

（四）“十四五”时期淮北经济社会发展指导思想。高举中国特色社会主义伟大旗帜，深入贯彻党的十九大和十九届二中、三中、四中、五中全会精神，坚持以马克思列宁主义、毛泽东思想、邓小平理论、“三个代表”重要思想、科学发展观、习近平新时代中国特色社会主义思想为指导，认真贯彻落实习近平总书记考察安徽重要讲话指示精神，全面贯彻党的基本理论、基本路线、基本方略，统筹推进经济建设、政治建设、文化建设、社会建设、生态文明建设的总体布局，协调推进全面建设社会主义现代化国家、全面深化改革、全面依法治国、全面从严治党的战略布局，立足新发展阶段，贯彻新发展理念，构建新发展格局，坚持稳中求进工作总基调，以推动高质量发展为主题，以深化供给侧结构性改革为主线，注重需求侧管理，以改革创新为根本动力，以满足人民日益增长的美好生活需要为根本目的，统筹发展和安全，持续实施五大发展行动计划，深度融入长三角一体化发展进程，加快打造苏鲁豫皖四省交汇区域改革开放新高地、承接长三角产业转移示范区、全国资源型城市全面绿色转型发展样板区和民生福祉更加厚实的幸福城，加快建设现代化经济体系，推进治理体系和治理能力现代化，实现经济行稳致远、社会安定和谐，在构建以国内大循环为

主体、国内国际双循环相互促进的新发展格局中实现新的更大作为，在加快建设新阶段现代化美好淮北上取得新的更大进展，为我市社会主义现代化建设开好局、起好步。

（五）“十四五”时期淮北经济社会发展必须遵循的原则。

——坚持党的全面领导。坚持和完善党领导经济社会发展的体制机制，坚持和完善中国特色社会主义制度，不断提高贯彻新发展理念、构建新发展格局的能力和水平，为新阶段现代化美好淮北建设提供根本保证。

——坚持以人民为中心。坚持人民主体地位，坚持共同富裕方向，始终做到发展为了人民、发展依靠人民、发展成果由人民共享，维护人民根本利益，激发全体人民积极性、主动性、创造性，促进社会公平，增进民生福祉，不断实现人民对美好生活的向往。

——坚持新发展理念。把新发展理念贯穿新阶段现代化美好淮北建设全过程和各领域，服务构建新发展格局，持续推进产业转型、发展转轨、城市转向、动力转换、共建共享，推动质量变革、效率变革、动力变革，实现更高质量、更有效率、更加公平、更可持续、更为安全的发展。

——坚持创新核心地位。把发展基点放在创新上，加快推进以科技创新、产业创新为核心的全面创新，贯通第一要务、第一资源、第一动力，深化创新型城市建设，塑造更多依靠创新驱动、更多发挥先发优势的引领型发展，在全省创新发展格局中展现新作为。

——坚持深化改革开放。坚定不移推进改革、扩大开放，主动融入国家、省区域重大战略，加强治理体系和治理能力现代化建设，破除制约高质量转型发展、高品质生活的体制机制障碍，强化有利于提高资源配置效率、有利于调动全社会积极性的重大改革开放举措，持续增强发展动力和活力。

——坚持系统观念。加强前瞻性思考、全局性谋划、战略性布局、整体性推进，办好发展安全两件大事，着力固根基、扬优势，补短板、强弱项，注重防范化解重大风险挑战，实现发展质量、结构、规模、速度、效益、安全相统一。

（六）“十四五”时期淮北经济社会发展的主要目标。

——综合实力显著增强。高质量发展体系更加完善，创新能力不断增强，产业基础高级化、产业链现代化水平大幅提升，地区生产总值增速明显高于全省平均水平，高新技术产业增加值占规模以上工业增加值比重、万人发明专利拥有量等主要创新指标明显上升。濉溪县力争跻身全国县域经济综合竞争力百强县。

——服务构建新发展格局能力水平显著提升。高质量供给持续扩大，综合立体交通网络基本形成，现代流通体系更加完善，消费市场充满活力，产业循环、市场循环、经济社会循环更加顺畅，进口和出口、投资和消费、贸易和产业协调发展格局加快形成。

——区域协调发展显著优化。城乡区域发展协同性明显增强，基础设施、产业体系、公共服务联通融合水平不断提高，中心城区带动作用明显增强，新城新区联动发展，新型城镇化加速推进，合理分工、功能互补、协同高效的空间布局更加优化。

——改革开放广度深度显著扩大。重要领域和关键环节改革取得重大进展，资源型城市转型的体制机制不断完善，部分改革试点走在全省乃至全国前列。区域合作水平不断提高，全面融入长三角一体化发展取得显著成效，招商引资与对外贸易的质量和水平全面提升，更高水平开放型经济新体制基本形成。

——社会文明程度显著提高。社会主义核心价值观深入人心，人民思想道德素质、科学文化素质、身心健康素质明显提高，公共文化服务体系更加完善，文化事业和文化产业发展活力迸发，全国文明城市创建成果巩固提升，创新型文化强市建设迈出更大步伐。

——生态环境显著改善。国土空间开发保护格局不断优化，生产生活方式绿色转型成效显著，能源资源利用效率大幅提高，主要污染物排放总量持续减少，山水林田湖草系统治理水平不断提升，城乡人居环境明显改善，“一带双城三青山、六湖九河十八湾”的城市风貌更加彰显。

——民生福祉显著增进。民生投入力度持续加大，就业更加充分，收入分配更加合理，中等收入群体比例持续扩大，城乡居民人均可支配收入超过全省平均水平，基本公共服务均等化水平明显提高，教育发展水平大幅提升，多层次社会保障体系更加健全，卫生健康体系不断完善，脱贫成果巩固拓展，乡村振兴战略全面推进，人民生活品质持续提高。

——社会治理取得显著进步。法治淮北、法治政府、法治社会建设取得积极进展，民主法治更加健全，服务型政府公信力和执行力不断增强，基层治理水平明显提高，平安淮北建设不断深化，防范化解重大风险体制机制不断完善，突发公共事件应急能力显著增强，自然灾害防御水平明显提升，“皖北最稳定城市、全省最稳定的城市之一”的局面持续巩固，统筹发展和安全更加有力。

三、坚持创新驱动发展，建设高水平创新型城市

坚持创新在现代化建设全局中的核心地位，深入实施创新驱动战略、人才强市战略，营造良好创新生态，全面提升协同创新水平。

（七）组织实施科技项目攻关。落实科技强国行动纲要。围绕产业链布局创新链，瞄准碳基、铝基、硅基、生物基和高端装备制造等重点产业，谋划实施一批产业重大科技攻关项目，攻克一批产业关键技术难题，开发一批高新技术产品，形成一批新技术、新工艺，促进产业转型升级。

（八）推动“政产学研用金”协同创新。深入推进绿金科创大走廊建设，加快创建国家级高新技术产业开发区、国家级经济开发区，主动对接合肥综合性国家科学中心、中关村国家自主创新示范区、上海张江高科技园区，深化与中科院、上海交通大学、上海财经大学等大院大所战略合作，全面提升陶铝新材料研究院、中科（淮北）产业技术研究院建设水平，加快推进陶铝新材料国家检验中心建设，积极争创一批省级技术创新中心、重点实验室、工程技术研究中心等创新平台。充分发挥政府的组织协调作用，实现多渠道发现科技成果，多途径培育科技成果，多主体推进科技成果转化和产业化。加强创新创业孵化平台建设，建成投用科创中心，整合方正智谷、源创客、淮北师范大学国家大学科技园等现有平台资源，打造双创平台新高地。加大金融支持力度，推动资本要素对接创新成果转化全过程、企业生命全周期、产业形成全链条。

（九）提升企业技术创新能力。强化企业创新主体地位，扎实开展高新技术企业培育攻坚行动，促进各类创新要素向企业集聚。支持企业牵头组建创新联合体，承担国家、省重大科技项目。发挥大企业引领支撑作用，支持创新型中小微企业成长为技术创新重要发源地。鼓励企业加大研发投入，落实企业投入基础研究、应用技术开发税收优惠政策，支持研发公共服务平台建设。

（十）激发人才创新活力。落实“新阶段江淮人才政策”，深入实施新时代“相城英才计划”，深化编制周转池等制度建设，建立吸引高素质年轻人流入留住机制。优化整合人才计划，支持国内外高层次人才来淮创新创业，鼓励和支持科研人员积极投身科技创业，促进高层次人才集聚。加大优秀人才引进力度，给予急需紧缺人才生活补贴、住房补助，推进人才公寓、青年公寓建设，提升人才综合服务水平。加强创新型、应用型、技能型人才培养，壮大高水平工程师和高技能人才队伍。积极推进新时代产业工人队伍建设改革，壮大高素质产业工人队伍。加快发展现代职业教育，支持淮北职业技术学院建设安徽省技能型高水平大学，支持职教园区建设，打

造皖北地区和淮海经济区职业教育基地。全力推动淮北师范大学申报博士点工作，支持建设特色鲜明的高水平大学。

（十一）完善科技创新体制机制。深入推进科技体制改革，推动重点领域项目、基地、人才、资金一体化配置。建立以政府投入为引导、企业投入为主体、社会投入为补充的多元化投入机制，加大对基础前沿研究支持力度，加强知识产权创造、保护、运用、管理和服务。弘扬科学家精神和劳模精神、劳动精神、工匠精神，加强科普工作，营造崇尚创新的社会氛围。

四、坚定实施工业强市战略不动摇，构建具有淮北特色的现代化产业体系

坚持工业立市、工业强市，把做实做强做优实体经济作为主攻方向，坚定不移建设制造强市、质量强市、网络强市、数字淮北，推进产业基础高级化、产业链现代化，提高经济质量效益和核心竞争力。

（十二）提升产业链供应链稳定性和现代化水平。开展产业链补链固链强链行动，编制工业强基发展目录、重点领域补短板产品和关键技术攻关目录、重点领域产业链升级施工图，推行产业集群群长制、产业链供应链链长制，分行业做好供应链精细设计和精准施策。立足我市产业特色优势、配套优势和部分领域先发优势，打造新兴产业链，发展服务型制造。实施“专精特新”培育工程，打造一批“单打冠军”“隐形冠军”和行业“小巨人”企业。实施产业升级“个十百千”工程，推动个转企、小升规、规改股、股上市，力争“十四五”末培育形成宁亿泰科技等纳税过亿元工业企业25家，建成碳鑫科技甲醇综合利用、英科医疗产业园（三期）等投资超十亿元制造业项目50个，催生口子酒业、华润金蟾等营业收入超百亿元制造业企业10家，基本形成碳基、铝基、硅基和生物基“四基”三千亿板块。支持淮北矿业、皖北煤电、淮海实业、中煤矿建等省属企业进一步做大做强。对标国内一流园区，建设高标准基础设施，提供高水平配套服务，全面提升5个省级开发区承载能力。

（十三）培育壮大战略性新兴产业。以“四基一高一大”产业为重点，加快发展新兴产业。推进陶铝新材料和铝基高端金属材料省级重大新兴产业基地建设，加快关键技术研发和产业化推广应用，确保航空航天型材和汽车轻量化生产线等项目投产达产。推进先进高分子结构材料省级重大新兴产业基地建设，延展焦炉气深加工、粗苯深加工、煤焦油深加工三大产业链，构建无卤阻燃材料、电子信息和半导体芯片产业专用化学品、先进化工新材料、生物医药及中间体四大产业集群。做大做强电子信息骨干企业，积极布局集成电路、虚拟现实技术、高速高频电路板等新一代信息技术细分行业。推动绿色装配式建筑产业集聚发展。支持骨干企业扩能，推动大健康产业基地建设，发展壮大中药保健、生物医药等行业。推动装备制造业转型升级，打造长三角煤矿智能化装备研发生产基地。大力支持濉溪县铝基新材料、氢能源，相山区电子信息，杜集区高端装备制造，烈山区电子元器件等重大项目建设。进一步做好“无中生有”文章，加快发展一批具有牵动作用的新兴产业。

（十四）改造提升传统产业。实施产业数字转型、绿色制造、企业培育、技术改造、品质提升等重大工程，推动煤电、纺织、食品、建材等传统优势产业智能化、高端化。建设清洁高效煤电一体化坑口和资源综合利用电厂，提高煤炭集中高效发电比重。发展粮食、果蔬、肉制品等农产品加工业，培育发展方便休闲食品、营养保健食品、绿色有机食品等现代食品，打造全国有重要影响的绿色食品产业基地。推进纺织服装产业升级，推动智能制造与绿色制造在纺织服装领域应用。发展装配式建筑部品部件、建筑新材料等为主的新型建材产业，打造长三角重要的装配式建筑产业基地。

（十五）大力实施数字经济赋能。牢牢把握新一轮信息技术变革和数字化发展趋势，推进人工智能、5G、工业互联网、大数据、区块链和现代农业、先进制造、文化旅游、教育健康、交通出行等深度融合，加快建设大数据中心、城市大脑、数字经济产业基地，支持工业、城市公用设施、建筑等物联网应用和智能化改造，创建智能双千兆宽带示范市，力争第五代移动通信网络覆盖能力进入全省前列。以“5G+工业互联网+人工智能应用”为重点，发展网络化协同研发制造、大规模个性化定制、云制造等智能制造新业态新模式，创建省级及以上智能工厂（数字化车间）。支持以煤化工基地“移动危险源智慧监管平台”为引领的工业互联网平台建设，打造一批特色“工业App”，全面推进“淮企上云”，力争到“十四五”末新增“登云”制造业企业300家以上，通过国家两化融合管理体系标准认证企业50家以上。

五、实施扩大内需战略，拓展经济发展空间

紧紧扭住扩大内需这个战略基点，把实施扩大内需战略同深化供给侧结构性改革有机结合起来，以创新驱动、高质量供给引领和创造新需求。

（十六）积极融入国内国际双循环。打通各类要素循环堵点，贯通生产、分配、流通、消费各环节。优化供给结构，改善供给质量，促进上下游、产供销有效衔接，推动农业、制造业、服务业、能源资源等产业融入全国产业循环。推动贸易和投资自由化便利化，加快形成同国际贸易和投资通行规则、管理、标准相衔接的市场规则制度体系。谋划建设保税物流中心和综合保税区，打造对外发展新平台。大力实施外贸增长工程，加强对外贸企业的培育和支持，打造跨境电商示范园，积极促进内需和外需、进口和出口、引进外资和对外投资协调发展。

（十七）全面激活消费潜力。适应消费升级大趋势，加大多元化、个性化、多层次供给，大力发展会展经济、夜间经济、体育经济、文娱经济、节日经济，提升传统消费、培育新型消费、适当增加公共消费，推动汽车、住房等大宗消费健康发展，形成需求牵引供给、供给创造需求的高水平动态平衡。鼓励消费新模式新业态发展，发展线上消费、无接触交易服务，开拓城乡消费市场，促进消费向绿色、健康、安全发展。严格落实带薪休假制度，扩大节假日消费。支持和鼓励各类文化体育场馆、院校运动场地免费或优惠向市民开放。提升消费质量，加快发展金融服务、研发设计、现代物流等服务业，推动生活性服务业向高品质和多样化升级。打造南翔云集、运河大观园、濉溪石板街等一批特色商业街区，积极争创国家级文化和旅游、体育消费试点城市，开展放心满意消费创建活动，强化消费者权益保护。

（十八）精准扩大有效投资。深化“四督四保”“三个走”“集中开工”等项目工作机制，推行“容缺受理+承诺”服务。全面推进铁路、公路、水路、气路、电网建设，建成淮—宿—蚌、淮阜等城际铁路、徐—淮—阜高速公路，加快推进淮徐快速通道、淮北—徐州观音机场快速通道、淮永快速通道等交通项目建设。建成沿浍河快速通道，完善市内省级道路建设，实现镇域之间高等级公路快速通达，打造皖北区域性综合交通枢纽。大力推进重大科研设施、公共卫生、物资储备、防灾减灾、应急保障等一批强基础、增功能、利长远的重大项目建设。用足地方政府专项债券政策，激发民间投资活力，形成市场主导的投资内生增长机制。

（十九）统筹推进现代流通体系建设。围绕区域性综合交通枢纽的定位，加快综合交通运输能力建设，推动淮北与周边地区互联互通，到长三角中心城市快捷通达。完善农村商贸流通基础设施，支持关系居民日常生活的商贸流通设施改造升级，引进大型电商平台和骨干流通企业，积极培育和发展网络零售、跨境电商等新业态新模式。持续提升社会信用体系建设示范市水平，加快建设重要产品追溯体系，健全完善以信用为基础的新型监管机制，强化支付结算等金融基础设施建设。围绕物流产业价值链关

键环节，引进和培育一批技术手段先进、主营业务突出、核心竞争力强的现代物流企业，构建现代物流运营体系，提升淮北物流竞争力和辐射力，加快建成皖北区域性物流分拨中心和仓储中心、特色物流中心和公路枢纽型节点城市。

六、全面深化改革，推动有效市场和有为政府更好结合

坚持和完善社会主义基本经济制度，充分发挥市场在资源配置中的决定性作用，更好发挥政府作用，使一切有利于社会生产力发展的力量源泉充分涌流。

（二十）激发各类市场主体活力。落实国有企业改革三年行动实施方案，支持国有企业以市场化经营推动改革创新，推进国有资本投资运营公司改革试点，促进国有资产保值增值，推动国有资本做强做优做大。加快国有经济布局优化和结构调整，推动国有资本更多投向新型基础设施、战略性新兴产业、优势产业、公共服务等领域。深化混合所有制改革和专业化整合，推进国有企业资产证券化、股权多元化。完善管资本为主的国有资产监管体制，稳步推进自然垄断行业改革。持续推进开发区体制机制改革，加快建立更加激励竞争的干部人事管理制度、更加灵活实用的开发运营机制、更加精简高效的管理体制。支持民营经济发展，深入实施民营经济上台阶行动计划。弘扬企业家精神，加快建设“淮字号”一流企业。

（二十一）推进要素资源高效配置。深化要素市场化配置改革，建设高标准市场体系，促进土地、劳动力、资本、技术、数据等要素在更大范围畅通流动。落实民法典和相关法律法规，健全以公平为原则的产权保护制度。全面实施市场准入负面清单制度，健全公平竞争审查机制。加快完善土地管理机制，落实省域内补充耕地指标调剂机制，推动不同产业用地类型合理转换。健全劳动力和人才社会性流动体制机制，加快建设全市人力资源服务大市场，创新完善人才分类评价体系。推进自主知识产权市场化运营，健全知识产权激励机制。拓展完善公共资源交易平台功能，培育数据要素市场。

（二十二）打造“四最”营商环境。常态化开展“四送一服”专项行动，全面落实减税降费政策，确保各项纾困措施直达基层、直接惠及市场主体。加大金融服务实体经济力度，充分运用信贷等金融工具，支持产业链上下游企业通过应收账款等方式融资，进一步畅通供应链、产业链、资金链。鼓励引导企业在多层次资本市场挂牌融资。持续开展银企对接活动，促进产融有效对接、精准匹配。深化“放管服”改革，完善7×24小时不打烊“随时办”服务机制。构建亲清政商关系，健全政企沟通长效机制，依法平等保护民营企业产权和企业家权益，完善促进中小微企业和个体工商户发展的政策体系。

七、优先发展农业农村，打造新时代幸福新乡村

坚持把解决好“三农”问题作为重中之重，坚持新型工业化、信息化、城镇化、农业现代化同步发展，全面实施乡村振兴战略，建立健全五级书记抓乡村振兴的领导体制和工作机制，促进农业高质高效、乡村宜居宜业、农民富裕富足。

（二十三）提高农业质量效益和竞争力。坚决扛稳粮食安全重任，落实最严格的耕地保护制度，积极稳妥推进农村乱占耕地建房问题整治，实施高标准农田改造提升工程、粮食生猪综合生产能力提升工程，深化与中农大、安农大等高等院校、科研院所的合作，组建淮北市农科院，提高农业科技支撑能力，实施好重要农产品保障战略和现代种业提升工程，创建国家早熟机收玉米育种基地。推动农业供给侧结构性改革，优化农业生产力布局，构建南粮、北菜、东部沿山特色水果、近郊休闲观光农业四大产业板块，推动品种培优、品质提升、品牌打造和标准化生产。加快建设相山区凤凰山国家农村产业融合发展示范园，深化百善镇、渠沟镇国家农业产业强镇示范建设，支持榴园省级现代农业示范区、高岳现代农业示范区转型升级，推动农产品加工业

集聚集群集约发展，争创国家现代农业产业园，打造“淮优”农产品区域公共品牌，建设长三角绿色农产品生产加工供应基地。强化绿色导向、标准引领和质量安全监管，争创国家农业现代化示范区。实施粮食节约行动。大力发展设施农业、休闲农业、生态循环农业、农村电商，推进濉溪县一二三产业融合发展先导区建设。

（二十四）实施乡村建设行动。统筹县域城镇和村庄规划建设，编制多规合一的村庄规划。加大农村基础设施建设力度，加快“四好农村路”和“村组通”建设，继续实施农村饮水安全巩固提升工程，推进农田水利“最后一公里”建设，健全农村公共基础设施管护机制。实施数字乡村行动。增加农村公共服务供给，促进公共教育、医疗卫生、公共文化、社会保障、养老设施等资源向农村倾斜。深化以“三大革命”“三大行动”和“五清一改”为重点的农村人居环境整治，建设石榴小镇、芳香小镇、健康食品小镇等一批省级特色小镇，打造美丽乡村淮北升级版。保护利用乡村传统文化，加强镇村史志编修。实施乡村振兴人才成长计划，吸引各类人才返乡入乡创业。

（二十五）深化农村改革。健全城乡融合发展机制，争创国家级、省级城乡融合发展试验区。衔接落实第二轮土地承包到期后再延长三十年政策，大力发展农民合作社、家庭农场等新型农业经营主体，健全农业专业化社会化服务体系，实现小农户和现代农业有机衔接。健全城乡统一的建设用地市场，有序推进农村集体经营性建设用地入市。稳步提高土地出让收入用于农业农村比例，鼓励市县设立乡村振兴投资基金。探索宅基地所有权、资格权、使用权分置实现形式。保障进城落户农民土地承包权、宅基地使用权、集体收益分配权，鼓励依法自愿有偿转让。巩固提升农村集体产权制度改革和农村“三变”改革成果，探索成立乡村振兴公司，深入推进村级集体经济高质量发展，全面消除“空壳村”“薄弱村”。健全完善农村金融服务，提升为农服务能力。深入推进“一抓双促”工程，深化“四提升行动”，巩固党建引领信用村建设工作成果。

（二十六）实现巩固拓展脱贫攻坚成果同乡村振兴有效衔接。落实“四个不摘”要求，分类做好脱贫攻坚政策统筹衔接，保持财政投入力度总体稳定，在资金、项目、政策等方面继续予以倾斜。健全防止返贫监测和帮扶机制，加强脱贫不稳定户、边缘易致贫户的跟踪管理和后续服务，强化扶贫项目资产管理和监督，继续做好“四带一自”产业扶贫，不断增强农村内生发展动力。健全农村社会保障和救助制度。探索建立解决相对贫困的长效帮扶机制，对巩固脱贫攻坚成果和乡村振兴任务重的村派驻第一书记和乡村振兴工作队，坚持和完善社会力量参与帮扶机制。

八、优化国土空间布局，推动区域协调发展

全面贯彻国家区域重大战略、区域协调发展战略、主体功能区战略，健全市域协调发展体制机制，推进以人为核心的新型城镇化，构建高质量发展的市域国土空间布局和支撑体系。

（二十七）强化国土空间开发保护。坚持规划引领，编制《淮北市国土空间总体规划（2020—2035年）》，优化城市生产、生活、生态空间和功能布局，形成“一主一副、两轴一带”的市域城镇空间结构。科学划定“三区三线”，优化基础设施、公共资源布局，形成主体功能明显、优势互补、高质量发展的国土空间开发保护新格局。推动总体规划与专项规划、详细规划有机衔接，构建“多规合一”的国土空间规划体系。强化规划监督实施，严格审批和监管，确保“一张蓝图干到底”。

（二十八）推动各区域板块协调发展。充分发挥中心城区集聚、辐射作用，高标准高质量建设东部新城，支持濉溪县建设南部次中心，加快推进高铁新区、凤凰新区和双堆集中心镇新城建设，统筹规划建设淮北西站新

区，全面提升城市能级和要素吸纳能力。中心城区优化提升核心功能，集聚发展现代服务业，建设成为市域行政服务中心、商业金融贸易中心、文化娱乐中心。东部新城着力打造科教一体化基地、高科技产业示范区和高品质生活区。南部次中心、双堆集中心镇新城着力打造市域南部人口和产业集聚区、对外交通枢纽。高铁新区着力打造创新发展新平台、现代商贸和高端康养产业集聚地、高颜值的城市北大门。凤凰新区、淮北西站新区着力打造城市西延发展新平台。

（二十九）加快推进全域新型城镇化。坚持人民城市人民建、人民城市为人民，树牢“宜居宜业宜学宜游宜养”五宜城市建设理念，深化“四创一建”，加强城市建筑形态管理工作，实施城市更新行动，将全生命周期管理理念贯穿“公园城市”规划、建设、管理、营运全过程各环节，提高城市治理现代化水平。强化历史文化保护，塑造城市风貌，变“工业锈带”为“生活秀带”。加强城镇老旧小区改造、棚户区改造和社区建设，实施城市防洪体系建设工程和城市内涝治理整体工程，建设海绵城市、韧性城市，不断提高城市宜居舒适度。坚持房子是用来住的、不是用来炒的定位，促进房地产市场平稳健康发展。有效增加保障性住房供给，扩大保障性租赁住房供给。深化户籍制度改革，强化基本公共服务保障，加快农业转移人口市民化。引导老城区人口有序向新区转移，提升城市品质，促进投资和消费。推进以县城为重要载体的城镇化建设。

九、扎实推进长三角一体化发展，高水平打造承接长三角产业转移示范区

紧扣一体化和高质量两个关键词，立足比较优势，深化跨区域合作，全面融入长三角区域协调发展新格局，打造引领高质量发展重要动力源。

（三十）加快建设承接长三角产业转移示范区。全面落实国家、省促进皖北承接产业转移集聚区建设若干政策措施，用足用好用地保障、人才培育引进、电力和天然气价格市场化改革等重大政策。加强与长三角中心区、省际毗邻地区深层合作，主动融入徐州都市圈，探索创新濉溪（上海）、濉溪（南通）、相山（上海莘庄）、相山（浙江长兴）合作共建园区运行机制，支持市高新区、新型煤化工基地、三区采取园中园、委托管理、投资合作等模式与沪苏浙及合芜马等地共建合作园区，探索建立要素投入共担和财税利益共享机制。重点围绕“四基一高一大”等战略性新兴产业开展全产业链招商引资工作，主动融入长三角产业链、供应链和创新链，形成高质量发展新的增长极。积极引入沪苏浙创新型领军企业和孵化机构，构建面向创新要素、创新主体、产业应用和创新网络的协同创新平台，打通创新链到产业链的“最后一公里”。统筹示范区生产生活生态空间，完善园区基础设施，加快体制机制创新，强化要素保障，优化营商环境，努力打造沪苏浙产业转移首选地。

（三十一）深度融入长三角一体化发展。充分发挥淮北与上海人缘相亲、经济相融的优势，深化与上海的产业协作，积极推进与上海申能、上海电气、中国宝武等大企业合作，吸引更多上海企业来淮投资发展。依托长三角城市经济协调会合作平台，积极与长三角区域城市增进互信、携手合作，加快产业合作、基础设施、公共服务、绿色发展、体制机制一体化进程。围绕“四基一高一大”战略性新兴产业，主动寻求同沪苏浙关联产业和重点企业的合作，形成与沪苏浙优势互补、分工合理、共同发展的产业格局。加强与沪苏浙的交通规划对接，全面推进铁路、公路、水路、气路、电路建设，加快重要节点枢纽工程建设，打造长三角区域重要交通节点城市。引进长三角地区高端优质教育资源，加强与沪苏浙高水平医院合作，开通淮北至上海等长三角城市旅游专列，推动公共服务共建共享。加强区域大气污染防治协作，强化跨界水体污染联防联控，合力打击非法转移倾倒固体危废。继续选派优秀年轻干部

赴沪苏浙学习锻炼，学习先进经验，实现体制机制等高对接。积极推动淮海经济区联盟发展，加强（徐州—淮北）段园产业园区合作，建立完善高层对接机制，深入推进产业、技术、人才、信息、资金等优势资源互动合作。

十、繁荣发展文化事业和文旅产业，加快建设创新型文化强市

坚持马克思主义在意识形态领域的指导地位，坚定文化自信，坚持以社会主义核心价值观引领文化建设，加强社会主义精神文明建设，提高公共文化服务水平，发展壮大文化产业，不断提升淮北文化软实力和社会文明程度。

（三十二）建设更高水平、更高质量的全国文明城市。用好“学习强国”学习平台、新时代文明实践中心（所、站）、开放式党校、“E学习”远教联播平台等载体，推动学习贯彻习近平新时代中国特色社会主义思想常态化制度化。加强党史、新中国史、改革开放史、社会主义发展史教育，用好淮北党史资源，大力弘扬淮海战役“三全”精神和“小推车”精神。积极培育和践行社会主义核心价值观，充分发挥市历史档案馆和城市展示馆展示人文历史、展现发展成就、展望美好前景的重要窗口作用，进一步激发干部群众团结奋进、干事创业热情。深入推进新时代公民道德建设，放大“美城大爱”品牌效应，持续建设“好人之城”。实施文明创建提升行动，开展新时代文明实践志愿服务，推动文明创建常态化、精细化、长效化。持续开展“江淮净网”专项行动，发展积极健康的网络文化。

（三十三）提升公共文化服务水平。实施文艺作品质量提升工程、文化艺术精品工程、地方戏曲振兴工程，建立淮北文艺创作题材库，聚焦中国共产党成立100周年、党的二十大等重要时间点，推出一批“四个讴歌”重点作品。推动媒体深度融合，实施全媒体传播工程，做强新型主流媒体，建强用好市县级融媒体中心。加快构建哲学社会科学学科体系、学术体系，着力打造哲学社会科学“淮北品牌”。推进城乡公共文化服务一体化建设，创新实施文化惠民工程，开展优秀文化进万家、文化惠民消费季、市民文化节等活动，丰富群众文化生活。传承弘扬中华优秀传统文化，建立健全四级非遗名录保护机制，积极申报省级以上非遗项目。建设体育强市，筹办好省第六届全民健身运动会。

（三十四）健全现代文化产业体系。坚持把社会效益放在首位、社会效益与经济效益相统一，深化文化体制改革，实施文化产业优化升级工程，加大工业遗址、矿区铁路轨道等旅游资源开发利用力度，扩大优质文化产品供给，推动文化市场健康发展。以“全域旅游+”理念创新业态、丰富功能，建成一批融合“+生态、+康养、+文化、+体育、+乡村”等新业态精品项目。统筹文化旅游资源，打造精品旅游线路，着力提升柳孜运河遗址、临涣古镇、四季榴园、南山景区、黄里景区等影响力，深入推进濉溪县大运河国家文化公园柳孜运河遗址区建设，加大历史文化遗址保护和修复力度，抓好文化资源开发利用，打造淮海经济区知名旅游目的地。深入挖掘红色文化资源，建设淮海战役支前纪念馆，改造提升淮海战役纪念馆和烈士陵园，完善丰富淮海战役总前委旧址内部陈列展示，打造长三角重要爱国主义教育基地。支持相山区、杜集区、烈山区创建国家全域旅游示范区。

十一、践行“两山”理念，打造全国资源型城市全面绿色转型发展样板区

坚持生态优先、绿色发展，深入实施可持续发展战略，进一步探索生态优势向经济优势转化的新路径，着力推动经济社会发展全面绿色转型。

（三十五）加快推进绿色低碳发展。以“碳达峰、碳中和”为引领，巩固深化国家第三批低碳城市试点成果，开展节能环保“五个一百”专项行动，推进煤炭、电力、建材等传统产业绿色化改造，培育壮大节能环保、循环经济、清洁生产、清洁能源等绿色新产业新业态。强化能源消费总量和强度双控制度，建设清洁低碳、安全高效的现代能源体系。推进多层标准厂房建设，盘活存量工业用地。积极推进绿色建筑发展，开展既有建筑节能改造，逐步构建绿色低碳建筑体系。实施绿色生活创建行动。建立控制碳排放总量制度，编制市级温室气体排放清单，提高低碳发展管理能力。

（三十六）持续改善环境质量。坚决打好蓝天碧水净土保卫战，坚决抓好中央及省环保督察反馈问题整改工作，确保生态环境质量持续提升。聚焦打赢蓝天保卫战，强化“五控”措施，持续开展大气污染防治四个专项行动和秋冬季大气污染综合治理攻坚行动，加强重点行业污染治理，网格化推进污染防控。聚焦打好碧水保卫战，深化“三大一强”专项攻坚行动，强化河湖长制，完成老城区雨污分流工程，基本消除黑臭水体，完善流域生态补偿机制，促进源头治理、上下协同。聚焦打好净土保卫战，强化土壤污染管控修复，不断改善土壤质量；强化农业面源污染防控，提升畜禽养殖废弃物资源化利用和秸秆综合利用水平。推进“智慧环保”建设。开展污染防治攻坚战成效考核，完善市级生态环境保护督察制度。

（三十七）着力打造山水在城中、城在山水中的“公园城市”。统筹推进山水林田湖草一体化保护和修复，加强相山、龙脊山、南湖湿地公园等重要生态功能区保护，进一步彰显山水相望、和谐共生的生态美城特色。全面建设全国林长制改革示范区，支持烈山区创建林长制改革示范区先行区。实施国土绿化提升行动，推进烈山和卧牛山公园、花山公园等项目建设，加快泉山等采石宕口覆绿工作，推动县乡公路和河流沿线绿化提升，巩固国家森林城市建设成果，争创一批国家级森林乡村、省级森林村庄。扎实推进濉溪县、杜集区国家采煤沉陷区综合治理试点，加大凤栖湖、朔西湖生态环境修复力度，提升绿金湖、碳谷湖、乾隆湖、化家湖治理品质，打造“中心湖带”新风貌。支持杜集区创建河长制改革示范区。

（三十八）全面提高资源利用效率。开展工业园区循环化改造示范工程，推进安徽（淮北）新型煤化工合成材料基地、市高新区、濉溪经济开发区等循环经济园区示范建设，加快实施相山、杜集经济开发区循环化改造，争创省级园区循环化改造试点。稳步推进国家餐厨废弃物资源化利用和无害化处理试点建设，深入推进城市生活垃圾分类试点，提高垃圾处理减量化、资源化和无害化水平。加强工业废弃物、建筑垃圾等废弃物资源化综合利用，推进大宗固体废弃物综合利用基地建设。深入推进节水型社会建设，继续加大淮水北调水源置换及地下水压采工作推进力度，促进水资源优化配置和高效利用。

十二、实行高水平对外开放，打造苏鲁豫皖四省交汇区域改革开放新高地

坚持实施更大范围、更宽领域、更深层次对外开放，不断扩大市场、深化合作，实现互利共赢。

（三十九）大力推进招商引资。抢抓安徽自由贸易试验区政策机遇，紧盯中国国际进口博览会、世界制造业大会溢出效应，瞄准世界500强、央企、行业龙头企业、新兴产业企业等重点企业，突出产业转型重点产业，加大招商引资力度。完善招商引资考核体系，坚持全链条精准招商、以商招商、“基金+招商”和“基地+招商”，重点引进龙头企业、牵引项目、高新技术、战略资本，积极发展总部经济，全面提升招商引资质量效益。

（四十）积极对接安徽自由贸易试验区建设。复制推广自由贸易试验区改革试点经验，用足用好自由贸易试验区政策红利，探索建设联动创新体制机制，加强与自由贸易试验区三个片区及省内其他城市、园区的合作，强化政策对接、产业对接、项目对接，进一步提高经济外向度。

（四十一）全面扩大开放合作。扩大与“一带一路”沿线国家和地区经贸合作，支持优质企业“走出去”，更好利用国际国内两个市场、两种资源。深化长三角、中原经济区、淮海经济区、淮河生态经济带等多领域合作，推动产业、企业、科技、人才、资本与国内外市场深度融合，加快构建更高水平开放型经济新体制。依托淮河流域水系和引江济淮工程，加快浍河、沱河、萧濉新河航道建设，积极发展临港经济。充分发挥青龙山铁路“无水港”作用，加强与宁波港等港口的合作对接，提升通江达海、联通世界水平。

十三、改善人民生活品质，打造民生福祉更加厚实的幸福城

坚持把实现好、维护好、发展好最广大人民根本利益作为发展的出发点和落脚点，尽力而为、量力而行，提高民生工程精准度，健全基本公共服务体系，完善共建共治共享的社会治理制度，全力打造现代化幸福城市。

（四十二）提高人民收入水平。坚持按劳分配为主体、多种分配方式并存，提高劳动报酬在初次分配中的比重，创新实施中等收入群体倍增工程。健全各类生产要素由市场评价贡献、按贡献决定报酬机制，努力提高居民工资性收入，增加居民经营性收入，拓宽居民财产性收入渠道。落实工资制度改革，健全最低工资标准调整、工资集体协商和企业薪酬调查制度，健全农民工工资支付机制。提高低收入群体收入，扩大中等收入群体。发展慈善事业。

（四十三）千方百计扩大就业。强化就业优先政策，拓宽就业创业渠道，支持机关、事业单位带头开发见习岗位，统筹用好安徽公共招聘网、专场招聘会等线上线下平台，鼓励高校创建省级大学生创新创业示范基地，支持建设退役军人创业孵化基地（创业园区）和培训基地，有效保障高校毕业生、农民工、退役军人等重点人群就业稳定。积极推进就业帮扶，扎实开展“四进一促”稳就业专项活动，深化“三业一岗”就业扶贫模式，对有就业意愿的困难人员实行公益性岗位托底安置，实现零就业家庭动态“清零”。实施技能淮北行动计划，建设技工强市。

（四十四）建设高质量教育体系。全面贯彻党的教育方针，坚持立德树人，全面深化新时代教师队伍建设改革，健全师德师风建设长效机制。深化思政课改革创新，重视青少年身体素质和心理健康教育，培养德智体美劳全面发展的社会主义建设者和接班人。统筹抓好各级各类教育，完善普惠性学前教育和特殊教育、专门教育保障机制，加强城镇小区配套幼儿园建设管理，提升公办园占比。推进义务教育优质均衡发展，增加城镇学位供给，全面消除大班额。推动普通高中多样化、特色化发展。创新发展职业教育，深化产教融合。建成淮北理工学院、华东师范大学淮北港利实验学校和淮北市第一中学、淮北卫生学校等新校区。支持和规范民办教育发展，规范校外培训机构办学行为。推动优质教育资源（学校）集团化发展、一体化布局，发挥优质教育资源配置促进城市发展的作用。

（四十五）健全多层次社会保障体系。全面实施全民参保计划，加快健全覆盖全民、统筹城乡、公平统一、可持续的多层次社会保障体系。有序衔接基本养老保险全国统筹，完善城乡居民养老保险基础养老金正常调整机制，落实机关事业单位养老保险政策，健全职业年金运行制度。落实渐进式延迟法定退休年龄政策。落实异地就医结算，稳步建立长期护理保险制度。健全灵活就业人员社保制度。健全退役军人工作体系和保障制度。健全分层分类的社会救助体系。健全城乡困境儿童和妇女、老年人、残疾人关爱服务体系和设施，完善帮助残疾人、孤儿等社会福利制度。

（四十六）推进健康淮北建设。改革和强化疾病预防控制体系，统筹推进传染病、重大疾病、职业病危害防治，推进医防协同创新。健全公共卫生应急管理体系，构建重大疫情分级分层分流医疗救治体系，强化应急物资战略储备，提高疫情应急处置能力。加强优质医疗资源扩容和均衡布局，建成市人民医院和三区人民医院新院区，深化紧密

型县域医共体和城市医联体建设，争创国家级卫生城市。实施乡村医疗卫生服务能力提升“百千万”工程、村医队伍建设三年行动，提升基层医疗服务能力。深化药品、医用耗材集中带量采购制度改革，健全分级诊疗、现代医院管理等制度。推进中医药传承创新发展，加快实现中医药现代化。深入开展爱国卫生运动，加快发展健康产业，引导市民养成文明健康生活方式。

（四十七）积极应对人口老龄化。落实国家生育政策，发展普惠托育服务体系，降低生育、养育、教育成本，促进人口长期均衡发展。巩固拓展全国居家和社区养老服务改革试点成果，开展分层分类精准养老，推动养老事业和养老产业协同发展，推行基本养老公共服务清单制度，发展普惠性养老服务和互助性养老服务，深入推进公办养老机构改革，实施智慧养老建设示范工程，打造一批健康养老示范基地，构建居家社区机构相协调、医养康养相结合的养老服务体系。

（四十八）推进新时代淮北治理现代化。完善市域社会治理现代化体制机制，争创“全国市域社会治理现代化试点合格城市”。加强城乡基层治理体系建设，持续推进“一组一会、五治融合”基层治理新模式，构建共建共治共享新格局。推动社会治理重心向基层下移，深化街道服务管理创新，减轻基层特别是村级组织负担，加强基层社会治理队伍建设，构建网格化管理、精细化服务、信息化支撑、开放共享的基层管理服务平台。加强政法领域智能化建设，建设市域社会治理综合指挥调度平台，构建城乡统筹、网上网下融合、人防物防技防结合、打防管控一体的“大防控”格局。

十四、统筹发展和安全，建设更高水平的平安淮北

践行总体国家安全观，把安全发展贯穿经济社会发展各领域和全过程，更好维护政治安全、经济安全、人民安全、社会安全、军事安全，形成发展和安全协调共进、互促双赢的良好局面。

（四十九）加强国家安全体系和能力建设。深入落实市委“1+9+N”方案体系，分领域完善风险监测预警指标，全方位防控各领域重大风险。健全完善国家安全工作机制，加快推进我市国家安全体系和能力建设。加强国家安全宣传教育，增强全市人民国家安全意识，巩固国家安全人民防线。坚定维护国家政权安全、制度安全、意识形态安全，加强网络保障体系和能力建设。严密防范和严厉打击敌对势力渗透、破坏、颠覆、分裂活动。

（五十）确保经济安全。加强经济安全风险预警、防控机制和能力建设，实现重要产业、基础设施、战略资源、重大科技等关键领域安全可控。确保粮食安全，维护水利、电力、供水、油气、交通、通信、网络、金融等重要基础设施安全。提高水资源集约安全利用水平。完善地方金融监管机制，守住不发生系统性风险底线。确保生态安全，维护新型领域安全。

（五十一）保障人民生命安全。坚持人民至上、生命至上，全面提高公共安全保障能力。完善和落实安全生产责任制，加强安全生产科技和信息化建设，持续开展“铸安”行动，深化煤矿和非煤矿山等重点行业领域安全专项整治。强化生物安全保护，开展食品安全放心工程攻坚行动，健全食品药品质量安全追溯体系。强化河流湖泊安全、城市防洪安全，开展堤防全面达标建设，提升城市防洪能力。完善应急管理体系，加强应急能力建设，提高防灾减灾抗灾救灾能力。推进相山区国家综合减灾示范区试点建设。

（五十二）维护社会稳定和安全。坚持和发展新时代“枫桥经验”，完善信访制度，畅通和规范群众诉求表达、利益协调、权益保障通道，开展信访积案攻坚化解活动，全面解决房地产领域历史遗留“难办证”问题。推进“百姓说事点”试点工作，加强人民调解，完善矛盾纠纷多元化解机制。深化“平安淮北”建设，完善社会治安

防控体系，建强用好“雪亮工程”，落实重大决策社会稳定风险评估制度，持续推进各级综治中心标准化规范化建设，完善平安建设实体化运作制度机制，加强平安淮北基层组织、基础工作、基本能力建设。坚持专群结合、群防群治，常态化机制化开展扫黑除恶斗争，扎实推进“守护平安”行动，坚决打击黄赌毒和各类刑事犯罪，推进新型网络社会综合治理，增强群众安全感满意度。

（五十三）加强国防动员体系和能力建设。深化资源要素共享，强化政策制度协调保障，推动经济建设和国防建设协调发展、平衡发展、兼容发展。完善国防动员体系，推进市县（区）两级国防动员基础设施建设，加强基层武装部和民兵营（连）部建设，夯实基层武装基础。推进后备力量建设转型发展，加强现代人民防空建设，提升军地联合应急能力。强化全民国防教育，落实退役军人保障法，深入推进“双拥”工作，巩固军政军民团结。

十五、加强党的全面领导，凝聚全社会力量，为实现“十四五”规划和二〇三五年远景目标而奋斗

实现“十四五”规划和二〇三五年远景目标，必须坚持党的全面领导，充分调动一切积极因素，广泛团结一切可以团结的力量，形成推动建设新阶段现代化美好淮北的强大合力。

（五十四）发挥党总揽全局、协调各方的领导核心作用。贯彻新时代党的建设总要求和新时代党的组织路线，落实党把方向、谋大局、定政策、促改革的要求，完善上下贯通、执行有力的组织体系，巩固“不忘初心、牢记使命”主题教育成果，推动全市广大党员、干部增强“四个意识”、坚定“四个自信”、做到“两个维护”。落实全面从严治党主体责任、监督责任，提高党的建设质量。强化理想信念教育和党性教育，教育引导全市广大党员、干部坚持共产主义远大理想和中国特色社会主义共同理想，坚定信念、不忘初心、牢记使命，为党和人民事业不懈奋斗。全面增强城市、农村、非公等领域党组织政治功能和组织力，充分发挥基层党组织战斗堡垒和党员先锋模范作用，为建设新阶段现代化美好淮北提供坚强组织保障。加强干部队伍建设，落实新时代好干部标准，完善干部考察政治“CT”制度，深入推进“三案”精准管理，大力发现培养选拔优秀年轻干部，提高干部特别是年轻干部的“七种能力”，完善容错纠错机制，以正确用人导向引领干事创业导向。坚持大抓基层的鲜明导向，深入践行“三严三实”，锲而不舍落实中央八项规定精神，持续纠治形式主义、官僚主义，切实为基层减负。加强政治监督，推动党内政治监督谈话规范化、常态化，强化对公权力运行的制约和监督。持续整治群众身边腐败和不正之风，推动全面从严治党向基层、向一线、向群众身边延伸。深化“三个以案”警示教育，强化党章党规党纪教育。充分发挥巡察利剑作用。坚持无禁区、全覆盖、零容忍，一体推进不敢腐、不能腐、不想腐，不断巩固正气充盈、政治清明的良好政治生态。

（五十五）集聚全市各界共同力量。坚持党的领导、人民当家作主、依法治国有机统一。坚持和完善人民代表大会制度，扎实推进代表工作“2121”工程，加强人大对“一府一委两院”的监督，拓宽人大代表同人民群众联系渠道，健全代表议案建议交办、办理和督办机制，提高人大履职能力。坚持和完善中国共产党领导的多党合作和政治协商制度，加强人民政协专门协商机构建设，完善“请你来协商”平台建设，推动政协协商嵌入“一组一会”工作，提高建言资政和凝聚共识水平。完善大统战工作格局，健全同党外知识分子、民营经济人士、新的社会阶层人士的沟通联络机制，健全民族宗教工作体制机制，加快少数民族事业发展，创新新时代港澳台侨工作。发挥工会、共青团、妇联等人民团体作用，把各自联系的群众紧紧凝聚在党的周围。健全基层群众自治制度，增强群众自我

管理、自我服务、自我教育、自我监督实效。

（五十六）推进依法治市。坚持习近平法治思想，编制《法治淮北建设规划（2020—2025年）》，深入推进法治淮北、法治政府、法治社会一体建设，争创国家级、省级法治政府建设示范城市。健全保证宪法全面实施的体制机制，加强重点领域、新兴领域立法，提高依法行政水平，完善监察权、审判权、检察权运行和监督机制，促进司法公正，大力推进“八五”普法，深入开展法治宣传教育，有效发挥法治固根本、稳预期、利长远的保障作用，在法治轨道上推进新阶段现代化美好淮北建设。

（五十七）健全规划制定和落实机制。按照本次全会精神，制定市“十四五”规划纲要和专项规划，形成定位准确、边界清晰、功能互补、统一衔接的规划体系。健全政策协调和工作协同机制，完善规划实施监测评估机制，完善动态调整修订和监督考核机制，分解落实工作责任，确保党中央及省、市委关于“十四五”发展的决策部署落到实处。

实现市“十四五”规划和二〇三五年远景目标，意义重大，任务艰巨，前景光明。全市上下要更加紧密地团结在以习近平同志为核心的党中央周围，同心同德，顽强奋斗，为夺取全面建设社会主义现代化国家新胜利作出淮北更大贡献！

（此件公开发布）

淮北市人民政府
关于加强行政立法工作的实施意见

淮政〔2021〕32号

濉溪县、各区人民政府，市政府各部门、各直属机构：

为深入贯彻习近平法治思想，进一步规范行政立法活动，充分发挥行政立法对全面推进依法治市、建设法治政府的引领和推动作用，根据《安徽省人民政府关于加强行政立法工作的意见》（皖政〔2020〕43号）精神，结合我市实际，提出如下实施意见。

一、牢牢把握立法工作原则

（一）坚定立法政治方向。坚持以习近平新时代中国特色社会主义思想为指导，全面贯彻习近平法治思想，坚持党对立法工作的领导，确保立法工作充分体现党的主张，按照党委领导、人大主导、政府依托、公众参与的立法工作格局要求，严格落实重大立法事项向市委请示报告制度，政府立法计划以及涉及重大体制和重大政策调整等，应当向市委报告。市政府立法计划应当与人大立法计划相衔接。发挥政府在行政立法中的重要作用，统筹做好地方性法规草案的起草和政府规章立项、起草、审查、审议、决定、公布、备案和解释等工作。坚持立法为民，反映人民意志、得到人民拥护，以良法促进发展、保障善治。

（二）统筹立法研究规划。加强重要区域、重要领域、跨区域立法研究，主动对接参与长三角地区和淮海经济区立法工作协同，将有关区域或重要领域协调发展的立法项目作为立法计划重点，加快立法进程。立法工作要统筹规划，突出重点，既要维护社会主义法制的统一，又要从实际出发，突出地方特色。本着急需、专门、精准、务实、管用的原则，围绕城乡建设与管理、环境保护、历史文化保护等方面的地方立法权限，立足长远，稳步推进创制性立法，科学规范行政行为，确保立一件成一件，以高质量立法保障和促进经济社会持续健康发展。

（三）提高立法工作质量。规章内容必须合法、适当，符合宪法、法律、行政法规和其他上位法的规定，不得违法减损公民、法人和其他组织的合法权益或者增加其义务，规章之间要保持协调、衔接。加强立法必要性、可行性论证研究，没有必要或者条件不成熟的，不得制定或暂缓制定。强化问题导向，找准突出问题，深入调查研究，主动回应社会关切。严格遵循立法技术规范，确保表述严谨周密、文字精炼准确。

二、不断推进立法科学化

（四）科学编制立法计划。加强行政立法的针对性、前瞻性。起草部门要对立法建议项目的有关基础情况进行充分调研，做到底数清、情况明，准确分析制度的短板和弱项，对立法的必要性和可行性进行充分研究论证，从源头上把好立项关。司法行政部门要对立项申请和公开征集的立法项目建议进行评估论证，在充分调研、论证的基础上，拟订市人民政府年度规章制定工作计划。

（五）健全起草工作机制。探索建立多元化立法起草机制，推行立法工作者、实务工作者、专家学者相结合的草案起草方式，专业性、技术性较强的立法项目可以委托第三方起草。起草部门要组建起草工作小组，落实工作责任，建立主要领导亲自抓、分管领导具体抓的工作机制。起草完成后要将经起草单位领导班子集体研究的草案送审稿及说明、依据表和其他有关材料，按程序报送审查。司法行政部门应提前介入立法项目起草工作，加强对起草工作的协调和指导。

（六）坚持全面审查把关。认真落实《安徽省行政立法审查工作规程》等相关法律法规，司法行政部门收到起草部门报送政府的立法项目送审稿后，应当按照规定的审查标准，从合法性、合理性、可操作性、规范性等方面进行审查。在立法内容审查上，司法行政部门要重点审查立法草案是否符合宪法、法律、行政法规等规定；是否切实保障公民、法人和其他组织的合法权益；是否体现改革创新精神，符合本市发展实际，对经济社会发展起到促进作用；是否符合社会主义核心价值观的要求；是否维护社会稳定、促进社会和谐发展；是否与有关法规规章协调衔接；是否正确处理有关机关、组织和社会公众对草案主要问题的意见和建议。在立法技术审查上，司法行政部门要重点审查立法草案在结构体例、文字表述上是否符合国家和省立法技术规范要求。行政机关以及法律、法规授权的具有管理公共事务职能的组织，在制定市场准入和退出、产业发展、招商引资、招标投标、政府采购、经营行为规范、资质标准等涉及市场主体经济活动的规章时，应当进行公平竞争审查，评估对市场竞争的影响，防治排除、限制市场竞争。

（七）加强立法工作协调。起草部门对立法草案中涉及其他部门职责或者与其他部门紧密相关事项，要充分征求相关部门意见。起草部门与相关单位对立法草案涉及的管理体制、职责分工、主要措施等有不同意见的，要充分协商；经过协商不能取得一致意见的，要在上报草案送审稿时说明情况。司法行政部门对草案中的分歧意见，要认真研究，提出解决方案。经协调，不能达成一致意见的，应当将分歧意见报市政府协调决定。

（八）实行集体审议决定。规章审议实行集体研究讨论制度。规章草案要经市政府常务会议或者全体会议讨论决定，不得以传阅、会签、个别征求意见或者其他形式替代集体讨论决定。集体讨论要充分发扬民主，确保参会人员充分发表意见。参会人员意见、集体讨论情况和会议决定要如实记录，不同意见要如实载明，做到有据可查。

（九）及时公开发布宣传。规章审议通过后，由市政府统一发布，并及时通过政府公报、政府网站、政务新媒体、报刊、广播、电视、公示栏等向社会公布。认真落实“谁执法谁普法”责任制，实施部门要在市政府规章公布后，及时综合运用新闻发布会、专家访谈、权威解读等多种形式开展宣传，全面介绍立法背景、主要内容、落实措施及惠民利民举措、新旧政策差异等，便于群众知晓和遵守。对涉及重大利益调整、社会关注度高的规章，实施部门要加强舆情收集，及时研判处置，主动回应社会关切。

（十）依法及时报送备案。司法行政部门应当依据国务院《规章制定程序条例》的规定，自规章公布之日起30日内报国务院、省人大常委会、省政府和市人大常委会备案，主动、自觉接受监督。

三、有序推进立法民主化

（十一）广泛征集行政立法项目。拓宽行政立法项目征集渠道，扩大征集范围。在政府相关部门申报立法项目的同时，通过报纸、网络、电视等新闻媒体，向社会公开征集立法项目，引导公众提出立法建议。

（十二）落实公开征求意见机制。立法草案除依法需要保密的外，都要面向社会广泛征求意见和建议，征求时间不得少于30日。起草部门或司法行政部门可以通过政府网站、政务新媒体、报刊、广播、电视、公示栏等便于群众知晓的方式，公布立法草案及说明等材料，并明确提出意见和建议的方式和期限。根据需要采取实地走访、座谈会、论证会、听证会、邀请列席政府或部门相关会议等形式听取意见和建议，特别是要注意听取利益相关方的意见和建议。立法涉及重大利益调整事项的，除要听取利益相关方意见和建议外，还要充分听取党代表、人大代表、政协委员、民主党派、无党派人士等意见和建议。对涉及企业生产、经营活动的立法草案，要听取企业特别是民营企业和相关协会、商会的意见和建议。

（十三）健全专家咨询论证制度。科学选配立法咨询专家库人员，对专业性强的立法事项，要向有关专家、专业技术人员进行咨询论证；涉及重要改革内容的，要就立法的必要性、科学性、可行性、操作性等问题，邀请有关方面专家进行评估论证。要将咨询意见作为立法的参考依据。

（十四）建立基层立法联系点制度。选择镇人民政府、街道办事处、村（居）民委员会、企业事业单位和行业协会商会、高校等作为行政立法的基层联系点，拓宽公民有序参与立法的途径，保证其参与立法起草、审查、论证等工作，充分吸收其意见和建议，广泛凝聚社会共识。

（十五）及时反馈意见采纳情况。起草部门和司法行政部门要加强与社会公众的沟通，充分体察社情民意，对公众提出的意见和建议，要及时通过电话、电子邮件、书信、当面答复、网上集中回复等方式反馈采纳情况，不予采纳的要及时回复并说明理由。

（十六）坚持政府规章清理制度。规章施行后，实施部门会同司法行政部门按照规定对规章的实施效果、社会认可度以及是否适应改革要求等内容进行评估，提出继续执行、修改、废止的意见。结合意见，对与上位法规定不一致的、不适应改革要求的，及时修改或废止。

四、切实加强组织保障

（十七）加强组织领导和保障。把好立法工作方向，保障立法工作经费，确保立法计划全面实施。要将立法工作纳入市政府年度重点工作内容，定期听取汇报，协调解决重大问题。要加强立法机构建设，通过配备与立法任务相适应的立法人员或购买服务等形式强化立法工作力量。

（十八）加强立法队伍建设。市政府相关部门应高度重视立法人员的选拔、培养，推进专业人才培养和储备。通过开展立法培训、经验交流、实践锻炼等多种形式，不断提高立法人员的专业能力和水平。

（十九）强化立法工作责任。起草部门要确保立法草案起草工作机构、人员、时间和任务落实，严格按照立法项目进程表向市政府报送立法项目送审稿，并积极配合司法行政部门做好审查工作。未能按期完成政府规章起草任务的，起草部门应当向市政府作出书面说明。起草部门草案起草、报送情况纳入法治政府建设年度考核。

统计资料

淮北市2021年国民经济和社会发展统计公报

一、综合

年末全市户籍人口218.5万人，比上年减少2532人，其中城镇人口124.3万人，乡村人口94.2万人；常住人口197.4万人，比上年增加0.4万人。户籍人口城镇化率56.90%，比上年提高0.9个百分点；常住人口城镇化率64.78%，比上年提高0.62个百分点。

表 36：2021 年末全市户籍人口及构成

指标	年末数（人）	比重（%）
全市户籍人口	2185497	—
其中：城镇人口	1243499	56.90
乡村人口	941998	43.10
其中：男性	1121211	51.30
女性	1064286	48.70
其中：0~17岁	472873	21.64
18~34岁	513697	23.50
35~59岁	844499	38.64
60岁以上	354428	16.22

初步核算，全年全市实现GDP1223.0亿元，同比增长3.4%。其中，第一产业增加值86.3亿元，同比增长9.6%；第二产业增加值514.3亿元，同比下降2.5%；第三产业增加值622.4亿元，同比增长7.3%。三次产业结构比例为7.1∶42.0∶50.9，与上年相比，第一产业比重下降0.1个百分点，第二产业比重提高0.3个百分点，第三产业比重下降0.2个百分点。

表 37：2021 年全市生产总值（GDP）

指标	完成数（亿元）	比上年增长（%）
地区生产总值	1223.0	3.4
其中：第一产业	86.3	9.6
第二产业	514.3	-2.5
第三产业	622.4	7.3

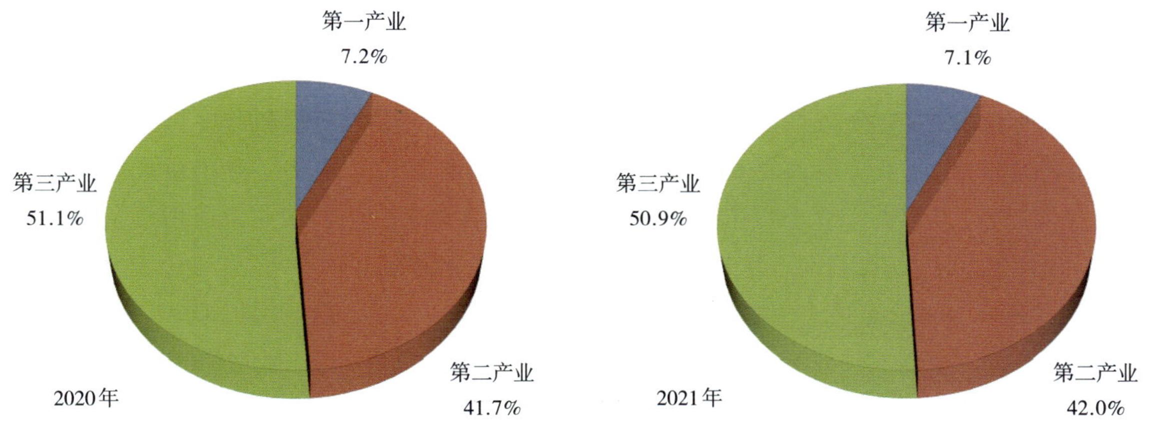

图1　2020—2021年三次产业结构比例

全年居民消费价格上涨0.7%，构成居民消费的八大类商品价格“六升二降”。其中交通和通信类上涨5.2%，衣着类上涨0.9%，居住类上涨0.4%，生活用品及服务类上涨0.3%，教育文化和娱乐类上涨2.8%，医疗保健类上涨0.8%，食品烟酒类价格下降1.1%，其他用品和服务类下降4%。

表38：2021年价格指数（以上年为100）

指标名称	指数
居民消费价格指数（CPI）	100.7
食品烟酒	98.9
粮食	97.5
鲜菜	105.2
畜肉	82.2
水产品	109.0
蛋	108.8
鲜果	100.0
衣着	100.9
居住	100.4
生活用品及服务	100.3
交通和通信	105.2
教育文化和娱乐	102.8
医疗保健	100.8
其他用品和服务	96.0
商品零售价格指数	101.6

全年新增城镇就业岗位3.8万个，8245名失业人员实现再就业，城镇登记失业率控制在2.67%。年末新增私营企业7127户，新增注册资金288亿元；新增个体工商户3.2万户，新增个体从业人员5.5万人。年末全市实有个体工商户15.5万户，个体从业人员36.4万人；实有私营企业4.8万家，注册资金2427亿元。

二、农业

全年实现农林牧渔业总产值（现价）145亿元，按可比价格计算，比上年增长11.9%。全年粮食播种面积413万亩；全年粮食总产量达到151万吨，其中小麦101.1万吨，增长1.2%，玉米42.1万吨，增长2.2%，豆类7.7万吨，下降5.9%；小麦单产496.6公斤，玉米单产332.7公斤。油料产量7365.3吨，增长44.3%；水果产量31.7万吨，下降6.5%；蔬菜产量42.2万吨，增长3.8%。全市营造林3.3万亩，其中人工造林8353亩，完成森林长廊示范段建设10.1公里，折合面积300亩。义务植树368万株。湿地面积5545.82公顷。全年出栏肉猪97.2万头，增长48.9%；出栏牛2.9万头，增长21.9%；出栏羊29.8万只，下降7.3%；出栏家禽1059.2万只，下降5.5%；肉类总产量10.7万吨，增长30.9%；禽蛋产量3.8万吨，下降10.5%。水产品产量2.6万吨，增长2.3%。年末全市生猪存栏61.4万头、牛存栏3.1万头、羊存栏16.2万只、家禽存栏394万只。

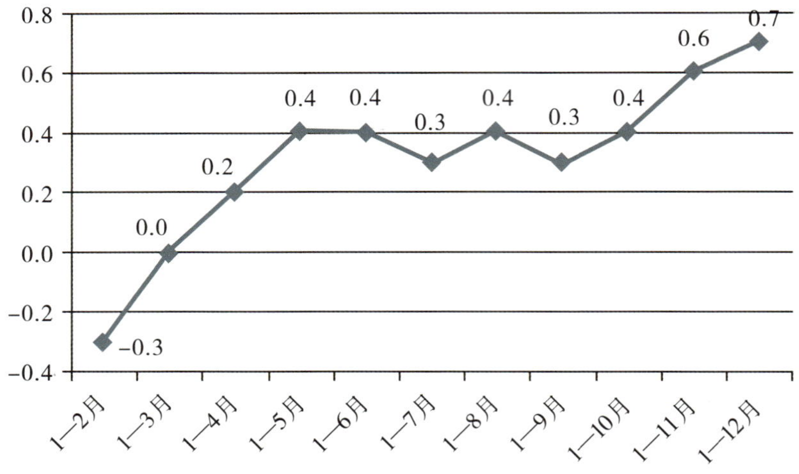

图2 2021全市物价月度累计上涨幅度(%)

表39：2021年主要农产品产量

产品名称	完成数(万吨)	比上年增长(%)
粮食	151.0	1.1
小麦	101.1	1.2
玉米	42.1	2.2
油料	0.7	44.3
花生	0.4	54.3
油菜籽	0.2	24.2
蔬菜	42.2	3.8
水果	31.7	-6.5
肉类	10.7	30.9
禽蛋	3.8	-10.5
水产品	2.6	2.3

三、工业和建筑业

年末全市规模以上工业企业达到699家，规模以上工业增加值下降4.4%；全市36个工业行业中有15个行业增加值实现增长，其中计算机、通信和其他电子设备制造业增长158.6%，医药制造业增长52.5%，电气机械和器材制造业增长11.8%，电力、热力生产和供应业增长11.2%，通用设备制造业增长6.3%，化学原料和化学制品制造业增长5.3%。非煤工业占全市工业增加值比重为48.4%，比上年降低3.1个百分点。全年战略性新兴产业产值同比增长36.8%，占规模以上工业比重达到28.8%，比上年提高6.3个百分点；高新技术产业增加值增长7.5%，占规模以上工业比重达到26.8%，比上年提高2.2个百分点。全年“五群”和“十链”产业产值分别增长3.7%和7.9%。

在重点统计的11种工业产品中，产品产量“5升6降”。其中，发电量213.9亿千瓦时，增长3.6%；小麦粉114.2万吨，下降7.5%；服装1215.2万件，下降48.7%；焦炭405.3万吨，增长1.4%；白酒24516千升，增长0.4%。原煤产量3551.4万吨，下降6%；洗精煤产量1343.6万吨，增长2.4%；饲料89万吨，增长30.1%；纱4.1万吨，下降1.7%；日用玻璃制品4.8万吨，下降3.8%；水泥673.1万吨，下降6.6%。

全年规模以上工业企业实现营业收入1500.8亿元，同比增长13.3%；实现利润总额132.8亿元，增长7.9%。规模以上工业产品产销率95.3%，比上年同期增长1.1个百分点。

表 40：2021 年全市规模以上工业增加值增长速度

指标	比上年增长（%）
规模以上工业增加值	-4.4
煤炭开采和洗选业	-8.9
非金属矿物制品业（主要为建材）	-15.8
电力、热力生产和供应业	11.2
酒、饮料和精制茶制造业	1.9
电气机械和器材制造业	11.8
医药制造业	52.5
化学原料和化学制品制造业	5.3
专用设备制造业	-18.8
石油、煤炭及其他燃料加工业（主要为焦炭）	-20.8
农副食品加工业	-6.1

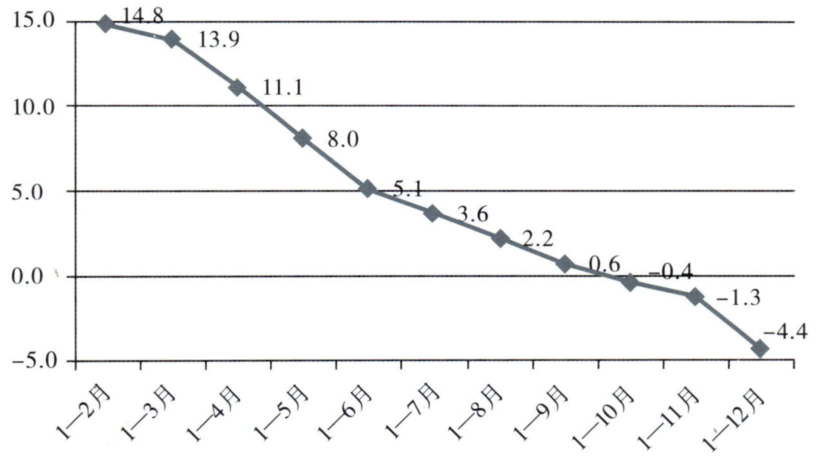

图 3　2021 年规模以上工业增加值月度累计增长速度（%）

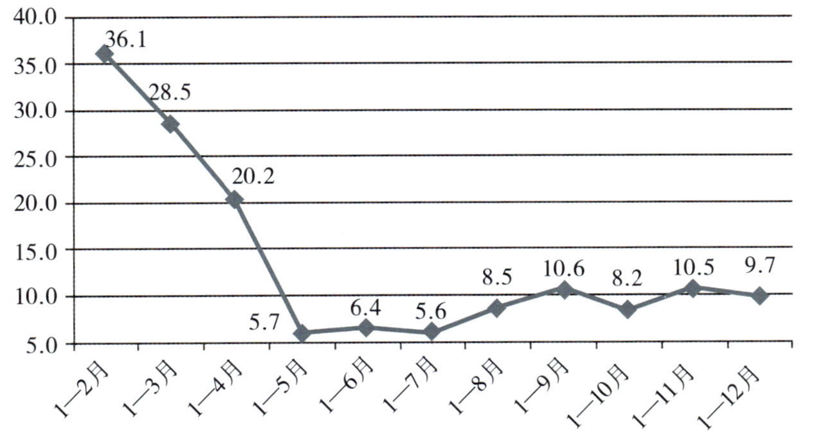

图 4　2021 年固定资产投资月度累计增长速度（%）

年末全市资质内总承包和专业承包建筑业企业41家；全年完成建筑业总产值88亿元，增长16.5%；竣工产值25.3亿元，增长32.1%。

四、固定资产投资

全年全市固定资产投资同比增长9.7%；其中，房地产投资同比增长11.2%；项目投资同比增长8.6%。从三次产业看，第一产业完成投资同比增长7.3%；第二产业完成投资同比增长1%；第三产业完成投资同比增长14.4%。从工业投资看，全市完成工业投资同比增长0.7%。其中，采矿业投资同比增长30.9%；电力、燃气和水的生产供应业投资同比下降26.2%；制造业投资同比增长1.6%。全市累计完成工业技改投资同比增长2.5%，技改投资占工业投资比重达到16.2%，比上年降低0.1个百分点。

全年完成房地产开发投资同比增长11.2%，其中住宅投资同比增长18.5%。商品房销售面积280.7万平方米，增长11.7%，其中住宅销售建筑面积266.8万平方米，增长9%；房屋施工面积1413.5万平方米，增长15.2%；房屋竣工面积62.0万平方米，下降22.7%。

全年全市开工总投资5000万元以上市级重点项目145个，其中，5000万～1亿元项目23个，1亿～3亿元项目60个，3亿～5亿元项目17个，5亿元以上项目45个。

表 41：2021 年工业主要产品产量及增长速度

产品名称	计量单位	完成数	比上年增长（%）
原煤	万吨	3551.4	-6.0
洗精煤	万吨	1343.6	2.4
发电量	亿千瓦时	213.9	3.6
小麦粉	万吨	114.2	-7.5
饲料	万吨	89.0	30.1
白酒（折65度商品量）	千升	24516	0.4
服装	万件	1215.2	-48.7
焦炭	万吨	405.3	1.4
水泥	万吨	673.1	-6.6
锂离子电池	万只	9518.7	22.9
精甲醇	万吨	31.6	-16.9
铝材	万吨	32.4	9.8
电子元件	万只	1260.0	2.4

表 42：2021 年全市分产业固定资产投资增长速度

行业	比上年增长（%）
固定资产投资	9.7
第一产业	7.3
第二产业	1.0
第三产业	14.4

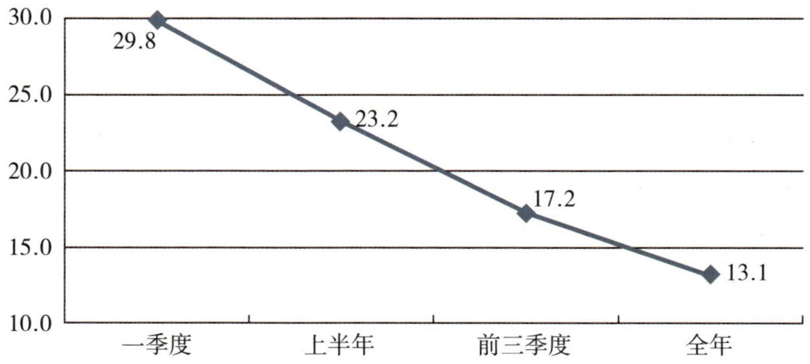

图 5　2021 年社会消费品零售总额季度累计增长速度（%）

五、国内贸易

全年实现社会消费品零售总额521.3亿元，比上年增长13.1%。按经营地统计，城镇消费品零售额423.0亿元，增长12.8%；乡村消费品零售额98.3亿元，增长14.5%。按消费类型统计，实现商品零售485.1亿元，增长10.9%；餐饮收入36.2亿元，增长54.9%。从限额以上单位商品零售类值看，全市汽车类商品零售额43.9亿元，增长10.4%；石油及制品类商品零售额19.8亿元，增长15.3%；粮油、食品类商品零售额16.5亿元，增长3.3%；服装鞋帽、针（纺）织品类商品零售额5.6亿元，增长12.2%；烟酒类商品零售额5.4亿元，增长2.5%；日用品类商品零售额4.7亿元，增长7.1%；家用电器和音像器材类商品零售额4.7亿元，增长0.4%；中西药品类商品零售额4.4亿元，增长11.2%；饮料类商品零售额2.3亿元，增长8.9%。全市纳入统计的16家开展网络零售业务的限额以上批发零售企业，实现网上零售额5.0亿元，下降0.5%。

六、对外经济和旅游业

全年实现外贸进出口总额115.7亿元，比上年增长65.8%。其中出口104.5亿元，增长69.9%；进口11.2亿元，增长35.3%。全年新批外商投资企业6家，实际利用外商直接投资34825万美元，增长10%。

全市有相山风景区、隋唐大运河博物馆、四季榴园、南湖风景区、双堆集烈士陵园、临涣文昌宫淮海战役总前委旧址及乾隆湖风景区18处A级景区，其中AAAA级景区3处，AAA级景区13处，AA级景区2处；拥有口子国际大酒店及凌云宾馆等星级宾馆3家，其中五星级1家，3星级2家；旅行社33家；省级旅游农家乐18家；旅游商品定点企业13家；旅游从业人员4500多人。成功举办石榴文化旅游节、段园葡萄采摘节等节庆活动。

七、交通邮政

全年公路客运量404万人，旅客周转量4.6亿人公里，公路货运量1.0亿吨，货运周转量193.2亿吨公里。年末全市公路里程5305.1公里（包括村道）。其中高速公路89公里，国道256公里，省道298.1公里，县道695.6公里，乡道1088.6公里，村道2877.8公里。年末全市民用汽车拥有量37.3万辆，比上年增长6%，其中私人汽车拥有量33.8万辆，增长6.1%。

全年邮政行业完成业务总量7.4亿元，较上年增长35.5%；实现业务收入6.1亿元，比上年增长20.3%。其中快递业务量达到4317.7万件，比上年增长55.1%；快递业务收入3.2亿元，比上年增长33.2%。年末全市邮政营业网点56个，机要通信网点2个，村邮站602个，信箱（筒）58处；全市共有快递企业18家，其中邮政速递物流公司（EMS）1家，民营快递企业17家，快递网点349个，各类车辆1089辆，从业人员3000人。

八、财政、金融和保险业

全年完成一般公共预算收入88.8亿元，增长10.8%。其中，税收收入65.2亿元，增长14%；非税收入23.6亿元，增长2.9%。全市完成一般公共预算支出195.8亿元，增长6.6%。其中一般公共服务支出14.9亿元，下降12.8%；社会保障和就业支出24.3亿元，增长7.8%；卫生健康支出21.2亿元，增长3%；农林水事务支出19.7亿元，增长8.4%；教育支出36.6亿元，增长3.6%；节能环保支出4.1亿元，增长0.5%；文化体育与传媒支出1.9亿元，增长4.4%。

表43：2021年一般公共预算收支情况

项目	完成数（万元）	比上年增减（%）
一般公共预算收入	887501	10.8
税收收入	651706	14.0
非税收入	235795	2.9
一般公共预算支出	1958262	6.6
一般公共服务支出	149193	-12.8
公共安全支出	85315	-1.7
教育支出	365549	3.6
科学技术支出	79503	213.3
社会保障和就业支出	242562	7.8
卫生健康支出	212159	3.0
节能环保支出	40731	0.5
城乡社区事务支出	309565	10.7
文化体育与传媒支出	19008	4.4
农林水事务支出	196952	8.4
住房保障支出	100364	25.3

年末全市金融机构人民币各项存款余额1794.9亿元，比年初增加122.8亿元，比上年增长7.3%。其中住户存款余额1097.5亿元，比年初增加103.1亿元，增长10.4%；金融机构人民币各项贷款余额1419.6亿元，比年初增加141.1亿元，增长11%。金融存贷比79.1%，比上年提高2.6个百分点。

表44：2021年末全市金融机构人民币各项存贷款余额及增长速度

指标	年末数（亿元）	比年初增加（亿元）	比上年末增长（%）
金融机构人民币各项存款余额	1794.9	122.8	7.3
住户存款	1097.5	103.1	10.4
非金融企业存款	380.0	5.7	1.5
机关团体存款	294.4	18.7	6.8
财政性存款	21.0	-5.8	-21.6
非银行金融机构存款	1.2	1.1	1054.1
金融机构人民币各项贷款余额	1419.6	141.1	11.0
住户贷款	440.7	85.6	24.1
企（事）业单位贷款	978.8	55.5	6.0
短期贷款	367.0	-15.8	-4.1
中长期贷款	551.3	69.2	14.3

全年保费总收入43.0亿元，比上年增长6.0%，其中财产险业务保费收入15.4亿元，下降0.5%；人身险业务保费收入27.6亿元，增长10.1%。全年赔付支出16.9亿元，增长32.9%，其中财产险业务赔付支出10.2亿元，增长17.2%；人身险业务赔付支出6.7亿元，增长66.9%。

全市4家证券机构证券账户（沪深合计）数量18.1万户，证券代理交易额2002.1亿元，分别比上年增长7.5%和4.7%。43家企业在省区域四板市场挂牌。

九、教育和科学技术

年末全市普通高等院校中，淮北师范大学、淮北理工学院和淮北职业技术学院，共有当年招生12624人，在校学生41484人，当年毕业学生9701人。全市共有各类中等职业技术学校7所，其中普通中专学校7所；当年招生8150人，在校学生19477人，当年毕业学生5251人。普通中学122所，当年招生38407人，在校学生115636人。其中高中21所，当年招生13086人，在校学生39161人；初中101所，当年招生25321人，在校学生76475人。小学279所，当年招生29467人，在校学生171529人；幼儿园375所，入园儿童27409人。小学学龄人口入学率100%，初中学龄人口入学率100%；小学毕业生升学率100.4%，初中毕业生升学率96.8%。年末全市各级各类学校（不含普通高校）共有教职工26884人，其中专任教师22955人。全市普通高中生均占有校舍建筑面积22.4平方米，普通初中生均占有校舍建筑面积18.8平方米，小学生均占有校舍建筑面积5.7平方米，中职生均占有校舍建筑面积26.8平方米。

表45：2021年全市各类学校基本情况

指标	学校数（所）	招生数（人）	在校生数（人）	毕业生数（人）
普通高等教育	3	12624	41484	9701
中等职业教育	7	8150	19477	5251
高中	21	13086	39161	13430
初中	101	25321	76475	22999
小学	279	29467	171529	25217

深入实施创新驱动战略，陶铝新材料入选合肥综合性国家科学中心项目库，智能化竖井钻井装备获省重大新兴产业专项，战新产业产值增长36.8%，稳居全省前列；新增产学研合作项目200项，登记科技成果425项，建成双创平台13个。全市国家高新技术企业221家；其中新认定69家，同比增长45%，增幅居全省第一。全市规模以上工业高新技术企业达到158家，占规模以上工业企业的比重为23.6%。获批省级以上科技项目6项；获省科技进步一等奖2项、二等奖2项、三等奖6项。全年共签订各类技术合同215项，增长70%，完成技术交易额71.5亿元。全年专利授权量为4534件，其中发明专利授权量为588件，拥有有效发明专利1655件，每万人有效发明专利拥有量8.4件。全年全市全市产品质量监督抽查1123家企业52类110种1412个批次产品和商品；完成强制检定计量器具5.9万台（件、组）；年末全市共有国家地理标志保护产品4个。

全市有气象台站2个，开展96121电话天气自动答询的台站1个；开展人工影响天气业务的单位2个；防雹、增雨累计收益面积2000平方公里，增雨量10000万立方米。全市有天气预报服务网站1个，卫星云图接收站2个。全年降水量1294.4毫米，年平均气温16.1℃，无霜期364天。

十、文化、卫生和体育

年末全市共有各级档案馆6个，其中国家综合档案馆5个，专业档案馆1个，馆藏档案资料126.2万卷、62.6万件、资料3.8万册，库馆总建筑面积3.1万平方米。全年全市报纸出版发行1589.2万份，销售收入1005.2万元；出版物发行单位161家，销售总额3.2亿元。年末全市有广播电视台2座，中波发射台1座，电视转播台4座，有线电视和有线数字电视户数分别13.9万户和7.0万户，全市广播综合人口覆盖率100%，电视综合人口覆盖率99.78%。全市共有13家数字影院，83块影幕。全市有文艺表演团体51家（其中国有艺术院团2家），国有博物馆8家，公共图书馆和文化馆各5家，音像制品经营单位1家，歌舞娱乐场所53家，网吧76家，电子游戏场所8家。全年共举办大型文化活动2场，群众性文化活动3620次，专业文艺团体演出139场，各类表演团体送文化下乡365场，创作剧（节）目28个。

年末全市共有卫生机构897个（含村卫生室），床位12314张，卫生技术人员14473人。其中医院76个，床位9228张，卫生技术人员8621人，执业医师及助理医师3038人；乡镇及街道卫生院28个，床位1440张，卫生技术人员1575人，执业医师及助理医师803人；妇幼保健院（所、站）5所，床位739张，卫生技术人员594人，执业医师及助理医师205人；疾病预防控制中心5所，卫生技术人员155人，执业医师及助理医师99人；诊所、卫生所、医务室233个，执业医师及助理医师285人；村卫生室354所，执业医师及助理医师454人。

坚持常态化疫情防控不松懈，累计完成新冠病毒疫苗接种373.8万剂次，全程接种率达98.48%，防输入防风险成果持续巩固。

全年举办全民健身活动70次，其中1000人以上活动5次，参加活动总人数30万人次。组织开展安徽省足球、篮球、乒乓球、羽毛球、广场舞三级业余联赛淮北市选拔赛、第五届“盛大杯”淮海经济区青少年足球精英赛、淮北市中老年人（广场舞、体育舞蹈、健身球、柔力球）网络交流赛、水上飞人中国杯中国动力冲浪板挑战赛暨首届乾隆湖水上嘉年华活动等大型群体活动。淮北市运动员在省级以上比赛中获金牌28枚、银牌37枚、铜牌29枚。

十一、人民生活和社会保障

全年居民人均可支配收入30738元，比上年增加2611元，增长9.3%。城镇居民人均可支配收入39688元，比上年增加3260元，增长9.0%。全年城镇居民人均消费支出23376元，增长9.8%。其中食品烟酒支出7441元，增长12.2%；衣着支出

1835元，增长2.8%；居住支出3526元，下降17.5%；生活用品及服务支出2688元，增长7.7%；交通通讯支出3428元，增长92.2%；教育文化娱乐支出2241元，增长3.2%；医疗保健支出1408元，下降1.3%。年末城镇居民人均住房建筑面积30.4平方米。每百户城镇家庭拥有家用汽车38.5辆，电冰箱96.6台，洗衣机103.4台，热水器101.1台，空调170.4台，彩色电视机107.4台，计算机48.8台，移动电话263.4部。农村居民人均可支配收入16504元，比上年增加1286元，增长8.5%。全年农村居民人均消费支出14105元，增长21.5%。其中食品烟酒支出4728元，增长32.4%；衣着支出1161元，增长33.6%；居住支出3047元，增长14.3%；生活用品及服务支出1100元，增长49.0%；交通通信支出1305元，下降2.3%；教育文化娱乐支出1618元，增长34.8%；医疗保健支出738元，下降32.4%。年末农村居民人均住房建筑面积49.2平方米。每百户农村家庭拥有家用汽车26.7辆，电冰箱100.7台，洗衣机105.2台，热水器88.7台，空调121.9台，彩色电视机109.1台，计算机4.6台，移动电话292.5部。

表46：2021年居民人均可支配收入、消费支出及增长速度

指标名称	全体居民		城镇居民		农村居民	
	指标值（元）	比上年增长（%）	指标值（元）	比上年增长（%）	指标值（元）	比上年增长（%）
工资性收入	17445	9.3	24379	9.0	6420	6.8
经营净收入	5426	7.8	5400	9.6	5467	5.1
财产净收入	1653	7.5	2477	6.9	344	6.1
转移净收入	6213	11.1	7433	8.9	4273	16.1
消费支出	19796	13.1	23376	9.8	14105	21.5
食品烟酒支出	6393	17.7	7441	12.2	4728	32.4
衣着支出	1575	10.4	1835	2.8	1161	33.6
居住支出	3341	-8.3	3526	-17.5	3047	14.3
生活用品及服务支出	2075	14.7	2688	7.7	1100	49.0
交通通信支出	2609	62.2	3428	92.2	1305	-2.3
教育文化娱乐支出	2000	11.7	2241	3.2	1618	34.8
医疗保健支出	1149	-11.3	1408	-1.3	738	-32.4
其他用品和服务支出	654	33.5	808	13.0	409	192.8

年末全市参加城镇职工基本养老保险人数55.9万人，比上年末增加7.3万人。参加城乡居民基本养老保险人数74.9万人。参加失业保险人数26.9万人，增加9814人。年末全市领取失业保险金人数2616人。参加工伤保险人数34.3万人，增加5620人，其中参加工伤保险的农民工8.9万人，增加2.9万人。

全市享受城市居民最低生活保障的人数为1.6万人，享受农村居民最低生活保障的人数为3.5万人。发放家庭经济困难学生补助金274.8万元。年末各类收养性单位52家，床位8191张，收养各类人员2167人。建立各种社区服务机构1984个，其中社区服务中心164个，网点1820个。全年销售社会福利彩票1.2亿元，筹集社会福利资金1418万元。

坚持城乡统筹，城市宜居水平稳步提高。加速城市更新行动，实施77个老旧小区改造，实现既有住宅加装电梯“零突破”。启动城市生命线安全工程建设，完成建成区内燃气、桥梁、供水、排水项目风险评估。推动棚户区改造与老旧小区整治、公共设施完善相结合，实施棚改项目6个，基本建成棚户区改造项目3918套，基本建成率全省第9。

全年培训残疾人780人次，28名残疾人实现就业再就业。投入1109万元，帮扶救助14363名贫困重度残疾人和1951名贫困残疾学生、贫困残疾人家庭子女。为残疾人免费配发辅助器具1661件；969人次残疾人得到康复服务。

十二、城市建设、环境保护和安全生产

淮—宿—蚌和淮—阜城际铁路、淮徐快速通道、临涣船闸、孙疃码头加快建设。徐淮阜高速公路即将开工。淮北—商丘高铁联络线纳入省“十四五”规划。加快城乡饮用水源地及地表水厂项目进度。启动城市生命线安全工程建设，完成建成区内燃气、桥梁、供水、排水项目风险评估。全年新增建成区绿化覆盖面积22.1公顷，新增建成区绿地面积21.5公顷；全市公园17个，公园面积1088.1公顷，绿道长度227.5公里。

全市PM_{10}平均浓度降至72.6微克/立方米，同比下降5.1微克/立方米，完成省控目标。建污水管网1.6公里。全年空气质量优良天数286天，优良率78.4%；集中式饮用水源地水质达标率100%；声环境质量符合功能区划标准，昼间年平均值53.8分贝；危险废弃物安全处置率100%。年末全市拥有环境空气监测点37个。空气主要污染物二氧化硫、二氧化氮、PM_{10}、$PM_{2.5}$平均浓度分别为7、23、72.6、41.1微克/立方米，臭氧日最大8小时滑动平均第90百分位数为152微克/立方米，一氧化碳日均值第95百分位数为1毫克/立方米。

全年全市共发生各类安全生产事故31起，死亡37人，与上年相比，事故起数增加7起，上升29.2%，死亡人数增加13人，上升54.2%，发生3人以上较大事故2起。其中，金属与非金属行业共发生安全生产死亡事故1起，死亡1人；工矿商贸共发生安全生产死亡事故19起，死亡22人（建筑行业发生事故10起，死亡13人；轻工行业发生事故1起，死亡1人；建材行业发生事故5起，死亡5人；工商贸其他行业发生事故3起，死亡3人）；其他事故2起，死亡2人；道路交通共发生死亡事故9起，死亡12人，与上年相比，事故起数减少5起，下降35.7%，死亡人数减少2人，下降14.2%。

注：

1.本公报数据为2021年末初步统计数。

2.生产总值及各产业增加值绝对数按现价计算，增长速度按可比价计算。

3.国家统计局对三次产业和行业实行相对分离的划分标准，第一产业指农林牧渔业（不含农林牧渔服务业），第二产业指工业（不含开采辅助活动，金属制品、机械和设备修理业）和建筑业，第三产业指除第一产业、第二产业以外的其他行业。

4.规模以上工业统计范围为年主营业务收入2000万元及以上的工业企业；固定资产投资统计范围为计划总投资500万元以上项目及房地产；有资质的建筑业的统计范围为有总承包、专业承包资质的建筑业法人单位；限额以上批发和零售业的统计范围为年主营业务收入2000万元及以上的批发业、年主营业务收入500万元及以上的零售业法人单位；限额以上住宿和餐饮业的统计范围为年主营业务收入200万元及以上的住宿和餐饮业法人单位；房地产开发经营业的统计范围为有开发经营活动的全部房地产开发经营业法人单位。规模以上服务业的统计范围为年营业收入2000万元及以上服务业法人单位，包括：交通运输、仓储和邮政业，信息传输、软件和信息技术服务业，水利、环境和公共设施管理业三个门类和卫生行业大类；年营业收入1000万元及以上服务业法人单位，包括租赁

和商务服务业，科学研究和技术服务业，教育三个门类，以及物业管理、房地产中介服务、房地产租赁经营和其他房地产业四个行业小类；年营业收入500万元及以上服务业法人单位，包括：居民服务、修理和其他服务业，文化、体育和娱乐业两个门类，以及社会工作行业大类。

5.“五群十链”是将全市5个产业集群和10个产业链明确为产业攻坚方向，即培育壮大陶铝和铝基高端金属材料、先进高分子结构材料和精细化工、绿色食品和医药健康、高端装备制造、新型建材5个产业集群，聚焦提升陶铝新材料、铝基高端金属材料、先进高分子结构材料、绿色食品、医药健康、智能制造装备、纺织服装、锂电池、电子元器件、氢能源10条产业链。

淮海经济区核心区域城市简介

淮北市　地处苏豫皖三省交界，下辖濉溪县、相山区、杜集区、烈山区，面积2741平方千米，户籍人口218.5万人，是中原经济区、淮河生态经济带、长三角城市经济协调会重要成员。2021年，完成地区生产总值1223.0亿元，同比增长3.4%。三次产业结构比例为7.1∶42.0∶50.9。一般公共预算收入88.8亿元、增长10.8%。一般公共预算支出195.8亿元，增长6.6%。固定资产投资总额增长9%以上，社会消费品零售总额增长10%以上，外贸进出口总额17.5亿美元、增长70%以上，城镇和农村居民人均可支配收入分别增长8%、11.6%。坚持工业强市，积极构建“五群十链”现代产业体系。深入实施创新驱动战略，陶铝新材料入选合

淮北市城区一隅　（李新华　摄）

肥综合性国家科学中心项目库，智能化竖井钻井装备获省重大新兴产业专项，战新产业产值预计增长40%；新增产学研合作项目200项，登记科技成果425项，建成双创平台13个。新认定高新技术企业67家，同比增长44%，增幅居全省第一。实施工业转型升级和技改项目195个。累计组织10次重大项目集中开工，实施重点项目400个、完成投资630亿元。50万吨甲醇竣工投产，60万吨乙醇、宁亿泰、华润金蟾中药配方颗粒等项目加快建设。濉溪石板街、龙溪奥莱广场等特色街区、商业综合体建成运营。出台支持民营经济高质量发展“30条”，新增规模以上工业企业89家、国家级“小巨人”企业4家，省级“专精特新”企业达到109家。全面对接多层次资本市场，加入长三角资本市场服务基地联盟，新增42家企业在省股权托管交易中心挂牌。

菏泽市　位于山东省西南部，鲁苏豫皖四省交界地带，下辖2个、7个县，总面积12238.62平方千米。2021年，完成地区生产总值3977亿元，可比增长8.8%；一般公共预算收入283.9亿元，增长19.3%；规模以上固定资产投资增长15.8%；规模以上工业增加值增长14.2%；社会消费品零售总额达1916亿元，增长17%；城乡居民人均可支配收入分别增长8.5%、11.7%。三次产业比例由10.8:44.5:44.7调整到9.8:41.6:48.6。淘汰退出化工企业30家，新增高新技术企业251家，入选“科创中国”试点城市。7个产业集群、7家企业分别入选山东省“十强”产业“雁阵形”集群和领军企业，“四新”经济增加值占全市生产总值的比重达到28%。新增规模以上企业1057家，新培育国家级重点“小巨人”企业2家、专精特新“小巨人”企业2家，省级专精特新中小企业64家、瞪羚企业10家、技术创新示范企业4家、特色产业集群2个。生物医药产业规模以上企业产值突破600亿元。现代医药港累计签订项目40个、总投资130亿元。东明石化集团被列为山东省“十强”产业领军企业。旭阳集团总投资33亿元的尼龙66等6个产业链延伸项目加速建设。农副产品精深加工、机电设备制造投资分别增长75.3%、46.4%。高新技术产业产值增长37%，鲁西南大数据中心获批省级数字经济园区，大唐5G微基站项目成为中国信科集团覆盖全国的5G网络运营总部。

济宁市　位于山东省西南部，辖11个县市区，总面积1.1万平方千米。常住人口835.8万人。2021年，完成地区生产总值5069.96亿元、同比增长8.5%。一般公共预算收入440.5亿元、同比增长7%。一般公共预算支出727.2亿元，增长12.9%。规模以上工业增加值同比增长13.1%；规模以上工业营业收入4612.7亿元、同比增长25.3%；固定资产投资同比增长12.4%。城建重点项目开工123个、开工率95.35%，完成投资77.66亿元。培育形成高端装备、高端化工2个千亿级产业集群，新一代信息技术500亿级产业集群，新材料产业、医药产业2个400亿级产业集群，新能源产业300亿级产业集群。制造业占地区生产总值比重持续提升，规模以上制造业增加值增长15.7%、高技术制造业增加值增长22.9%，分别快于规模以上工业2.6个、9.8个百分点。

临沂市　位于山东省东南部，地近黄海，东连日照，西接枣庄、济宁、泰安，北靠淄博、潍坊，南邻江苏。下辖3个区、9个县，总面积17191.2平方千米，是山东省面积最大的市。2021年，完成地区生产总值5465.5亿元，按可比价格计算，比上年增长8.7%；一般公共预算收入409.5亿元，增长17%；规模以上工业企业发展至3479家，规模以上工业增加值同比增长13.1%；有资质等级的总承包和专业承包建筑企业667家，完成建筑业总产值1197.4亿元、增长9.6%；固定资产投资同比增长11.4%；消费品市场实现零售额2931.1亿元，增长15.9%；临沂商城实现市场交易额5402.6亿元，增长22.7%；实现网络零售额440.2亿元、增长24.8%；实现进出口总额1766.8亿元、增长51.4%。工业投资增长18%，“四新”投资增长8.5%、占全部投资的48.8%；民间投资增长17.2%，占全部投资的76%、同比提高3.8个百分点；实现房地产开发投资703.6亿元、增长10.9%，新开工面积1799.1万平方米、下降5.9%；引建招商项目1141个，到位市外资金1390.3亿元、同比增长11%。

商丘市　位于河南省东部，豫鲁苏皖四省接合处。下辖2个区，6个县，1个县级市，总面积1.07万平方千米。处于黄河、淮河两大流域之间，拥有144千米明清黄河故道。2021年，完成地区生产总值3083.32亿元，同比增长4%；固定资产投资同比增长8.3%。一般公共预算收入190.1亿元，同比增长8.6%；居民人均可支配收入22698.9万元，同比增长7.5%，规模以上工业增加3.7%，社会消费品零售总额增加5.6%。全市510个重点建设项目完成投资2267.47亿元，年度计划投资完成率113.37%，签约亿元以上项目227个，总投资1585亿元，实际到位省外资金807亿元，实际吸收外资4.7亿美元。完成新开工项目271个，完成竣工项目113个。62个省管重点项目全年完成投资504.63亿元，年度计划投资完成率138.18%。

宿迁市　位于江苏省北部，下辖2个区、3个县，总面积8555平方千米。2021年，完成地区生产总值3719.01亿元，按可比价格计算，比上年增长9.1%；一般公共预算收入267.82亿元，比上年增长21.1%；工业生产维持高位增长并逐渐趋稳；固定资产投资比上年增长6.5%；实现社会消费品零售总额1460.36亿元，比上年增长16.1%；限上单位零售额继续回升，实现社会消费品零售总额391.35亿元，比上年增长14.7%；实现服务业增加值1752.51亿元，增长9.5%；实现服务业税收收入268.92亿元，增长29.3%；全体居民人均可支配收入29122元，同比增长10.2%。工业投资增长20.7%，高于全部投资14.2个百分点，拉动全部投资增速10.9个百分点；高技术产业投资比上年增长30.6%；占全部投资的比重为12.3%，高于上年2.2个百分点。实现进出口总额69.7亿美元，同比增长45.7%。其中，出口总额60.7亿美元，增长45.9%。实际使用外资8.52亿美元，同比增长53.4%。

宿州市　地处安徽省北部，皖苏鲁豫四省交会区。下辖1区、4县，总面积9939平方千米。2021年，完成地区生产总值2167.7亿元，比上年增长8.5%；一般公共预算收入147.9亿元，比上年增长11.0%，其中税收收入增长7.1%；一般公共预算支出474.1亿元，比上年下降2.5%；规模以上工业增加值比上年增长9.5%；固定资产投资比上年增长15.8%；市场销售逐步回稳，进出口总额较快增长；年末，金融机构各项存款余额2931.3亿元，增长7.8%；金融机构各项贷款余额2636.3亿元，增长13.1%；市城乡居民人均可支配收入24290元，比上年增长9.9%；居民消费价格同比上涨0.9%。全市规模以上工业增加值增长9.5%。战略性新兴产业产值占比较上年提升3个百分点；高新技术产业对全市规模以上工业增长贡献率77.0%；家居建材、绿色食品、装备制造三大主导产业增长10.2%，高于全市规模以上工业0.7个百分点；宿马园区、市高新区、市经开区规模以上工业增加值增速超全市平均水平12个百分点以上，对全市规模以上工业增长的贡献率为49.9%；全市在库工业项目695个，比上年增加119个，工业投资增长13.7%。

徐州市　地处苏鲁豫皖四省接壤地区，是淮海经济区中心城市，长江三角洲区域中心城市，徐州都市圈核心城市，新西兰产品中国展销中心总部驻地，国际性新能源基地。下辖5个市辖区、3个县、代管2个县级市，总面积11258平方千米。2021年，完成地区生产总值8117.44亿元，同比增长8.7%；一般公共预算收入完成537.31亿元，同比增长11.5%；固定资产投资同比增长8.1%。其中，民间投资增长

9.7%；规模以上工业增加值同比增长13.0%。六大战略性新兴产业培育力度持续加大，产值增长19.7%；工业和制造业投资额分别增长17.4%和19.5%，通用设备制造业，增幅高达121.8%；年末，金融机构人民币存款和贷款余额分别达到9914.81亿元和8128.51亿元，分别增长8.5%和16.9%。年内，举办粤港澳大湾区（深圳）、长三角（上海）、杭州投资推介会、中欧校友企业家投资恳谈会、徐州第二十四届投资洽谈会等活动；其中粤港澳大湾区投资推介会签约项目44个，长三角产业合作发展恳谈会签约项目46个，第二十四届投资洽谈会集中签约项目48个。

枣庄市　位于山东南部，东依沂蒙山，南与徐州市为邻，西濒微山湖，北临济宁。下辖5个区、代管1个县级市，总面积4564平方千米。2021年，完成地区生产总值1951.57亿元，同比增长8.3%；公共预算收入完成158.9亿元，增长12.9%；规模以上工业增加值增长10.8%；新一代信息技术产业增加值增长40.7%，高端装备增长34.2%，锂电产业增加值增长55.1%；固定资产投资增长6.5%；工业技改投资增长3.2%；金融机构本外币存款余额2590.78亿元，增长7.5%；金融机构本外币贷款2011.18亿元，增长16.2%；实际使用外资45236万美元，增长48.3%；居民消费价格上涨1.1%；居民人均可支配收入29772元，增长8.7%。年内，举办滕州现代化强市建设招商大会，现场签约合作项目12个，总投资近200亿元。高端化工产业链进一步延伸，鲁南高科技化工园区累计招引入驻各类企业200余家，其中投资超过30亿元的企业有5家，项目累计完成投资300余亿元；山东威达重工股份有限公司、山东鲁南机床有限公司、山东山森数控技术有限公司、山东鲁南瑞虹化工仪器有限公司4家企业入选《山东省高端装备制造业领军（培育）企业库企业名单》。园区玻璃深加工产品产量占国内市场的近四分之一。

连云港市　地处江苏省东北部，海州湾西岸，东濒黄海，西连徐州、宿迁，南邻淮安、盐城，北接山东日照、临沂。下辖3个区、3个县，总面积7615平方千米。2021年，连云港被列为全国沿海27个主要港口之一，正式确定为国际枢纽海港。完成地区生产总值3727.9亿元、增长8.8%；实现一般公共预算收入274.81亿元，增长12.1%，一般公共预算支出534.05亿元，同比增长6.4%；实现工业应税销售收入4038.8亿元、增长33.8%；规模以上工业企业突破1000家，36家强优企业实现工业应税销售收入2512.2亿元、增长30.5%，总量占全市的62.2%；贷款余额5197.05亿元，较年初增加938.32亿元，增长22.03%。余额存贷比达到108.57%。352个市级重点项目完成投资1089亿元，16个省重大项目完成投资544.7亿元。全市重点在谈、签约招商引资在库项目616个、总投资4929亿元，其中当年新转签约290个，签约转开工208个，签约率51.6%、同比提高1.8个百分点；开工率41.9%、同比提高1.2个百分点。盛虹炼化一体化项目建成，卫星石化、中化国际等龙头项目相继投产达效。“中华药港”核心区高端化学制剂、国际医疗器械产业园一期建成投用。连徐高铁建成通车，花果山机场正式通航，新机场互通及连接线建成通车。中哈基地功能提升，上合物流园专用铁路正式开通。

（葛　飞）

2021年淮北十大新闻事件

1.省委书记郑栅洁来淮调研，要求加快推进产业结构调整和经济结构优化

2021年12月14日，省委书记郑栅洁来我市调研。他强调，资源型城市必须加快推进产业结构调整和经济结构优化。要把实现碳达峰碳中和作为高质量发展的内在要求，立足产业基础和优势，改造提升传统产业，培育壮大新兴产业，尤其要发挥“亩均论英雄”改革牵引作用，拿出更多的精力抓招商引资和项目建设，力争培育形成一批更具竞争力和影响力的产业集群。要科学把握耕地保护、生态修复、搬迁安置的关系，大力推进采煤沉陷区综合治理，为群众创造宜居宜业的良好环境。要牢固树立以人民为中心的发展思想，常态化开展“我为群众办实事”，依法依规、将心比心做好信访工作，让人民群众生活更安心、舒心、放心。要积极弘扬真抓实干的作风，只争朝夕、勇毅前行，进一步形成勇于担责、争先创优的良好局面。

2.市第九次党代会确立未来五年奋斗目标，全面开启建设新阶段现代化美好淮北新征程

2021年9月23日至25日，中国共产党淮北市第九次代表大会胜利召开。会议强调，要深入学习贯彻习近平总书记“七一”重要讲话和考察安徽重要讲话指示精神，坚持稳中求进工作总基调，立足新发展阶段，完整、准确、全面贯彻新发展理念，服务和融入新发展格局，以推动更高质量转型发展为主题，以深化供给侧结构性改革为主线，以改革创新为根本动力，以满足人民日益增长的美好生活需要为根本目的，以全面从严治党为根本保证，着力打造“一地两区一城”，加快建设具有重要影响力的创新淮北、实力淮北、美丽淮北、幸福淮北、效能淮北，全面开启建设新阶段现代化美好淮北新征程。

3.我市积极融入长三角一体化发展，高质量转型发展上迈出坚实步伐

我市抢抓长三角一体化发展战略机遇，紧扣“一体化”和“高质量”两个关键词，既谋划长远，又干在当下，推动政策对接、区块链接、产业布局，主动与徐州协同发展，努力在高质量融入长三角一体化发展中乘风破浪、扬帆奋进。

我市积极深化淮徐战略合作，对标“青吴嘉”示范区，加快建设段园省际毗邻地区新型功能区，着力打造产城融合新片区、新兴产业集聚区、生态创新示范区、共同富裕先行区。树牢招商引资“生命线”意识，大力发展新兴产业、高附加值产业、绿色产业，主动寻求与关联产业、重点企业、资本市场、高层次人才合作，推动产业链、供应链、创新链、资本链、人才链、政策链“多链协同”，上海电气、均瑶集团、浙江金龙电子、江苏中旗科技等一批具有代表性的大企业、好项目落户淮北。

4.党史学习教育走深走实，"我为群众办实事“在我市常态推进

党史学习教育开展以来，我市制定下发工作方案等一系列文件及任务清单，对学习内容、学习方式、进度安排进行统筹推进。淮海战役总前委旧址文昌宫、双堆集烈士陵园、四眼井纪念馆等十多处红色教育基地成为党史学习教育的“堡垒阵地”；一场场党的百年光辉历程宣讲，让大家在重温初心中厚植人民情怀；《唱支山歌给党听》《我们是共产党员》等一首首脍炙人口的红色经典歌曲，在全市各地群众中唱响。

我市坚持把学习党史与推动工作、为民办实事结合起来，加

快解决群众“急难愁盼”问题，老旧小区改造全面铺开、既有住宅加装电梯实现零的突破、开展生活垃圾分类示范片区建设、深化农村人居环境“三大革命”、“交房即办证”成为现实……全市广大党员干部用心用情用力解决基层的困难事、百姓的烦心事和企业发展困境，一项项普惠性、基础性、长远性民生实事得以落实。

5.我市坚持工业强市战略不动摇，积极构建“五群十链”现代产业体系

2021年5月，我市出台《提升重点产业集群和产业链水平实施方案》，将5个产业集群和10个产业链明确为产业攻坚方向，即培育壮大陶铝和铝基高端金属材料、先进高分子结构材料和精细化工、绿色食品和医药健康、高端装备制造、新型建材5个产业集群，聚焦提升陶铝新材料、铝基高端金属材料、先进高分子结构材料、绿色食品、医药健康、智能制造装备、纺织服装、锂电池、电子元器件、氢能源10条产业链。

聚焦“五群十链”，市级领导领衔挂帅5个重点产业集群群长、副群长和10条重点产业链链长、副链长，牵头推进本群、本产业链“双招双引”“多链协同”等工作。分类编制产业招商指南，建立招引企业项目库，组建百个县干招商组，精准对接、重点跟踪，在招大引强上持续发力。2021年前三季度，“五群”“十链”产值分别增长11.8%、17.6%，115个新签约项目中，82个归属十大产业链，占71.3%。

6.我市深入实施人才强市战略，厚植“淮才必遇”“淮才优遇”沃土

2021年12月，市委办公室、市政府办公室联合下发《关于加快集聚产业人才推动“五群十链”产业高质量发展若干政策》，围绕“五群十链”产业人才的引进、培养、平台载体建设、服务保障等四个方面出台16条政策措施，最大限度集聚人才，激发创新创业活力，打造“五群十链”产业人才高地。

2021年，我市聚焦实施人才强市战略，依次完善党政机关、事业单位、重点产业等领域人才支持政策，形成人才培养、引进、评价、激励、保障等方面“全方位”政策体系。市第九次党代会明确提出，要实施更加开放的人才政策，引进培育适应产业发展需求的高端人才、技能人才，提升人才综合服务水平，厚植“淮才必遇”“淮才优遇”沃土，打造人才强市。

7.我市文明创建工作再提升，吹响争创全国文明典范城市的号角

2021年以来，我市37个省、市级美丽乡村中心村全部建成；出资近百万元对农贸市场硬件设施进行维修，整治农贸市场环境卫生和秩序；完成30多处公益景观小品设置安装，新增停车泊位2000多个；推广电动车佩戴头盔和上牌，电动车路口遵章率达98%以上；目前，全市共有3所全国文明校园，9所安徽省文明校园，18所创建全国文明校园先进学校，72所淮北市文明校园；我市3个典型入围全国学雷锋志愿服务“四个100”先进典型评选；截至目前，上榜“中国好人”人数已达172人，入选“安徽好人”199人，共评选“淮北好人”1103人。

全市深化全国文明城市建设工作推进会2021年6月召开，强调以文明创建新成效助推新阶段现代化美好淮北建设。市委常委会审议通过《2021年全市文明创建九大提升行动方案》，制定出台《淮北市实施文明创建工程三年计划》，为实现全国文明城市“三连冠”，争创全国文明典范城市明确努力方向。

2021年11月，濉溪县也发出创建全国县级文明城市动员令。随后，全县上下并肩携手、齐心协力，以“起步就是冲刺、开局就是决战”的精神状态，迅速行动投入到创建工作中，全面开启全国县级文明城市创建新征程。

8.我市办学条件持续改善，“双减”政策落实落地

2021年全市教育教学质量稳步提升，办学条件持续改善，“双减”政策落实落地，各类教

育均衡发展，教育事业发展又上新高度。

淮北理工学院2021年当年建成当年招生，共招生2600人，主要面向理工类专业，未来将为淮北培养出一批批实践能力强、创新能力强、具备核心竞争力的高素质应用型新工科人才。2021年我市学前教育促进工程共规划新建改扩建幼儿园10所。位于东部新城的淮北市第一中学东校区建设工作已基本完成，预计将在2022年秋季开学投入使用。淮北卫校实现2021年秋季开学整体迁入目标，新校区位于东部新城核心地带，占地面积421亩，建筑面积近8万平方米。

全市中小学校精准落实“双减”政策，全面启动课后服务工作，创新课后服务形式，提升课后服务质量，构建“德智体美劳”五大课程体系，减轻义务教育阶段学生过重作业负担和校外培训负担。

9.我市一批先进经验全国推广，并获多个“国字号”招牌，对外影响力和综合竞争力日益提升

2021年，我市加快推进更高质量转型发展，解决了一批群众期盼的热点难点问题，创造了多项可复制、可推广的典型经验。

陶铝新材料创新成果，成功获批两个省级重大战略性新兴产业基地。我市摸索出以非现场执法为支撑的科技化治超新模式，国务院改革简报刊发我市治超工作先进经验。淮北“采煤沉陷区综合治理推动全面绿色转型”作为地方全面深化改革典型案例成功入选中国改革2021年度案例。《联合国生物多样性公约》第十五次缔约方大会发布了中国生态修复典型案例，我市绿金湖矿山地质环境生态修复项目成功入选。国家卫生健康委确定8个县市为全国基层卫生健康综合试验区，濉溪县作为安徽省唯一县市入选。我市还成功获批国家节水型城市，东湖存量垃圾治理成为全国环卫行业示范。

一些单位也摘取了“国字号”桂冠，安徽力普拉斯电源技术有限公司、安徽中意胶带有限责任公司2家企业专利荣获中国专利优秀奖。

10.文化旅游体育事业快速发展，群众精神文化生活多元化需求得到进一步满足

2021年，我市文化旅游体育事业快速发展，群众精神文化生活多元化需求得到进一步满足。濉溪古城建成开园，广大市民共同感受濉溪悠久的历史文化；朔西湖美颜初现，昔日的采煤沉陷区，如今成为美丽的湖畔，成为我市一张生态名片；新建扩建公园十座，市民休闲娱乐有了好去处；市城市展示馆及历史档案馆建成使用，让市民了解淮北市发展变迁，感受城市的巨变和取得的成就。

精心打造柳孜遗址国家大运河文化公园，其已成为集科普教育、考古研究、观光游览、休闲度假多功能于一体的文化旅游景区；推进濉溪明清酿酒作坊遗址保护展示，该遗址系迄今为止我国所发掘分布面积最广、发掘面积最大的酿造设施考古发现。

我市大力打造15分钟健身圈，推进全民健身；成功举办市第十一届运动会暨第五届职工运动会、第四届残运会。本届运动会采取“三会合一”模式，既体现了节俭办赛理念，又满足了更多的群众参与。

索 引

说明

一、本索引分主题索引和表格索引。

二、主题索引中文标目按汉语拼音音序排列；标目后的数字表示内容所在的页码，数字后的英文字母 a、b、c 分别表示该页码的左、中、右栏。

三、表格索引，以表格题名为标目，仅标注所在页码，不标注分栏。索引按照表格在全书中的先后顺序排列。

主题索引

A

爱国卫生 351b
安徽（淮北）新型煤化工合成材料基地 221b
安徽福尔足袜业有限公司 194b
安徽和晶智能科技有限公司 189b
安徽华润金蟾药业股份有限公司 189c
安徽淮北技师学院 315c
安徽淮海实业发展集团有限公司 197c
安徽金冠玻璃有限责任公司 194a
安徽康美绿筑新材料产业园有限公司 194c
安徽科宝生物工程有限公司 190a
安徽口子酒业股份有限公司 190b
安徽矿业职业技术学院 316b
安徽山河矿业装备股份有限公司 188a
安徽神源煤化工有限公司 189a
安徽省矿业机电装备有限责任公司 188a
安徽陶铝新材料研究院有限公司 320c
安徽曦强乳业集团有限公司 190b
安徽相邦复合材料有限公司 320c
安徽英科医疗科技股份有限公司 190a
安徽中意胶带有限责任公司 193c
安康码 121c
安全管理 215b、341a
安全监管 295b
安全监管 298b
安全生产 196a、196c、197c、198c、260c
安全生产监督管理 298a
安全生产监管 298c
安全事故查处 300a
案件查处 141c

B

版权保护 339c
保险 279a
保护金融消费者 283c
保密工作 90b
保密工作责任制 91c

保密监管 91a
保密宣传 90c
保险业风险防控 284b
保险业执法检查 284a
保障房建设 240a
保障资金安全 246c
便民热线 119c
殡葬管理 362a
病虫害防治 202a
不动产登记 303a

C

财政 268a
财经工作 77c
财政管理改革 268a
财政监督 268c
财政经济委员会 95c
财政预算执行审计 290b
采煤沉陷区综合治理 251a
采煤塌陷村庄搬迁 302b
参政议政 144a、145b、146c、148a、149b、150c、152a、
仓储建设 214b
测绘管理 303b
产业多元发展 344c
产业基地培育 219c
产业结构优化 113b
产业投资与发展 244b
产业转型 383a
常规化统计调查 292a
城市地价管理 302c
城市公共汽车运营管理 263b
城市供电 235c
城市供气 235b
城市供水 235a
城市管理 236b
城市建设管理 232a
城市建设投资与融资 243c
城市绿化 234c
城市品质 114b
城市照明 234c
城乡发展建设 63a
城乡供水一体化建设 247b
城乡环境卫生整治 352a
城乡建设 383c
城乡建设规划 233a
城乡建设环境 97a
城乡客运一体化建设 263a
城镇建设指导 238b
城镇居民收入与消费 363c
惩治非法行医 352c
出入境管理 174b
出生人口 350a
出租车运营 262c
畜禽业 202b
传媒 343b
传染病防控 350a
传统产业 186c
传统曲艺 57a
传统手工艺 57c
传统戏曲 56c
船舶管理 262b
创新创业 381a
村集体经济 201a
村镇建设 238b
存款与贷款 271b

D

大气环境监测 255b
大气环境质量 249a
大气污染 251c
大数据产业 123a
大唐淮北发电厂 192c
大运河文化带 337b
代表建议办理 99a
代表选举 99b
档案安全防护 89b
档案馆展览 90a
档案利用 89c
档案征集编研 89c
档案移交接收 89a
党风廉政宣传教育 142b
党风政风建设 141a
党建工作 77c
党刊编印 77c
党派代表人士工作 74c
党史 86b
党史编研 86b
党史学习教育 20、73c
党校教育 85c
地方风俗 59a
地方金融监管 273a
地方志 86b
地名服务管理 362b
地情资源开发 87a
地形地貌 47a
地震观测站 332c
地震监测预防 332c
地震灾害防御 333a
地质服务 334c
地质勘查 334a
地质勘察 302a
地质勘探 334a
第七次全国人口普查 292c
电力服务 192b
电力工业 192a
电商产业园 211b
电商服务体系建设 211b
电商培育 211a

电网建设 192a
电子商务 210c
电子信息产业 189a
调查研究 77a
定点屠宰监管 202c
动物疫病防控 202b
都邦财产保险股份有限公司淮北中心支公司 279c
杜集经济开发区 228b
杜集区 380b
锻造铁军六项行动 139c
队伍建设 125c
对外经贸合作 166a
对外经贸交流 120c
对外联络 151a
对外贸易 210a
对外友好交流 120b
多层次养老服务体系 361a
多层次住房体系 232b
多层协商平台 128b

F

发展和改革 286a
法院 177c
法律服务 179c
法院司法队伍整顿 179a
法制委员会 95b
法治宣传 179b
法治政府建设 170b
反洗钱管理 272c
防范化解金融风险 273c
防范化解金融风险 283a
防汛抗旱 248c
防灾减灾救灾 125b
防震减灾 332c
防震减灾宣传 333c
房产超市管理 241b
房地产开发与管理 238c
房地产市场信息化管理 241c
房地产市场 238c
房屋鉴定 241a
房屋征收 240b
房屋中介代理 241a
纺织服装业 194a
非公经济领域统战 75b
非公有制企业党建 152c
非遗项目传承 338a
服务经济 153b
福利彩票 362b
妇联基层组织 160c
妇女儿童关爱活动 160b
妇女合法权益维护 160a
妇女思想引领 159a
妇幼健康 350b

G

干部队伍建设 70a
干部教育培训 70b
港口航道管理 262a
高标准农田建设 201b
高等教育 316c
高端装备制造产业 187b
高新技术产业发展 320b
耕地保护 301b
工程技术研究中心 321c
工会思想引领 154b
工会组织建设 154c
工伤保险 359b
工业 368b
工业节能 253c
工业经济 375a、380b
工业强市建设 186a
工资福利管理 358c
公安 173c
公路 258c
公共机构节能 254b
公共交通 262c
公共体育场馆服务 343a
公共卫生服务 349b
公共卫生应急处置 350c
公共文化服务 73c、336b
公共资源交易监督管理 294a
公共资源交易监督体制改革 294a
公共资源交易主体监管 294b
公共自行车 263b
公立医院改革 348a
公路养护 259a
公路运输安全监管 259b
公务用车管理 124a
公务用房管理 123b
公益诉讼检察 177a
公用事业 234c
共青年团淮北市委员会 157a
供给侧结构改革 186b
供销合作 213a
固定资产投资 368
关心下一代工作 82c
规划编制 300c
规划管理 233c
国防教育 181c
国库管理 272c
国民经济发展 59b
国土空间规划编制 233a
国土空间生态修复 301c
国有资本监管 290a
国元农业保险股份有限公司淮北中心支公司 280a
国资国企改革 290a

H

海　关　297b
海外文化交流　163b
行政案件审判　178b
行政检察　176c
行政区划　51b
行政审批　122b、255b
行政执法　172b
合法性审查　172a
河湖长制实施　250a
河湖治理　247b
红十字精神　167b
后勤保障　181c、182c
华孚时尚股份有限公司　194a
化学工业　193c
淮北高新技术产业开发区　217a
淮北工业与艺术学校　315c
淮北国安电力有限公司　193a
淮北军分区　181a
淮北矿工总医院　355c
淮北矿业(集团)工程建设有限责任公司　243b
淮北矿业(集团)有限责任公司　195a
淮北理工学院　318a
淮北理工学院揭牌　68a
淮北申皖发电有限公司　193b
淮北师范大学　316c
淮北市博物馆　339
淮北市残疾人联合会　166b
淮北市第二中学　312a
淮北市第六次代表大会　147c
淮北市第三实验小学　309b
淮北市第十二中学　313c
淮北市第四人民医院　357a
淮北市第五中学　314a
淮北市第一实验小学　309a
淮北市第一中学　313a
淮北市妇女联合会　159a
淮北市妇幼保健计划生育服务中心　356c
淮北市工商业联合会(总商会)　152b
淮北市公共交通有限公司　263c
淮北市归国华侨联合会　162c
淮北市海宫学校　312a
淮北市红十字会　167b
淮北市计划生育协会　167a
淮北市科学技术协会　161a
淮北市矿山博物馆　339a
淮北市黎苑小学　310c
淮北市梅苑学校　311b
淮北市青少年宫　158c
淮北市泉山路学校　311a
淮北市人民路学校　311a
淮北市人民医院　355b
淮北市实验高级中学　313b
淮北市实验学校　311c
淮北市市直机关第一幼儿园　307c
淮北市首府实验小学　309c
淮北市濉溪路小学　310b
淮北市特殊教育学校　314c
淮北市图书馆　338c
淮北市文化馆　338c
淮北市文学艺术界联合会　163c
淮北市西园中学　312a
淮北市中芬矿山机器有限责任公司　188b
淮北市中医医院　356a
淮北市总工会　154a
淮北顺发食品有限公司　190c
淮北旺能环保能源有限公司　193a
淮北卫生学校　316a
淮北职业技术学院　318b
环保督察　256c
环保监管　255b
环境保护宣传　256b
环境监管　255c
环境建设　369b
环境卫生整治　351c
环境质量　249a
徽商银行股份有限公司淮北分行　278c
婚姻登记　361c
火灾隐患治理　367a
货币流通　272a
货币政策落实　271b

J

机构编制监督　79b
机构和编制工作　78c
机关精神文明建设　81a
机关事务管理　123b
机械化生产　204a
积案化解　125a
基层党建　220c
基层党组织建设　80a
基层供销社建设　213b
基层老年协会　353c
基层团组织建设　157c
基层卫生服务　348c
基层文化阵地　336b
基层中医药服务能力　353a
基层自治组织　359
基层组织建设　69a
纪检监察队伍　139a
纪检监察体制改革　138c
纪律监督检查　140b

纪委八届六次全会 139b
纪委八届七次全会 139c
家庭家风建设 160a
家庭医生 349c
假日经济 209c
价格和收费管理 293a
价格监测调控 293b
价格监督管理 293a
价格认定 293c
监察和司法（民宗侨外）委员会 96b
监督检查 140a
监所管理 174c
检察 176a
检务公开 177b
减税降费 269a
简政放权 119b
建设工程安全监管 243a
建设工程质量监督管理 242c
建设项目环境管理 252c
建设用地报批 302a
建投集团 245a
建置区划 50c
建置沿革 50c
建筑垃圾资源化利用 237c
建筑市场监管 243b
建筑业 242a
健康产业发展 353c
健康素养促进 352a
健康养老服务 353c
交流联谊 128c
交通行政执法 258a
交通基础设施建设 257b
交通节能 254b
交通银行股份有限公司淮北分行 277b
交通运输安全 258a
交通噪声治理 253a
交通秩序管理 174c
交易平台建设 294b
就业扶持 166c
教科卫体委员会 130c
教育保障 270a
教育督导 306a
教育教学改革 312b
教育科学文化卫生工作委员会 97b
教育评价改革 304c
教育信息化建设 306c
教育质量 315b
教育资源 309a
教育资助 166b、305c
接访下访 124c
秸秆综合利用 200c
节能管理 254c
节能技能技术 255a
节能减排 253b
节庆旅游 341b
界别工作 128b
巾帼建功行动 159b
金龙机电（淮北）有限公司 189a
金融创新 273b
金融风险 273a
金融服务 282c
金融运行 271a
经济案件 174a
经济发展 120c
经济建设 62 b
经济委员会 130b
经济责任审计 290c
经济转型 268b
精细化管理 245c
精准帮扶 167a
精准监察 299c
精准招商 126c
景区质量 340c
警示教育 142a
竞技体育 342a
敬老月 354a
九三学社淮北市委员会 151b
救援处置 366a
救助服务 167a
就业创业 185c、358c
就业扶持 166c
捐献工作 168b
卷烟营销 215c
决策信息服务 77a
军民共建 182a

K

考古发掘 338b
康复服务 166b
科技成果 329a、329a
科技创新 197b、198b、218a、220a、222a、226a、227b、383b
科技服务 203b、328
科技惠民 320a
科技活动 328a
科技交流与合作 319c
科技培训 203b
科技普及 328a
科技咨询 328b
科技资源 320c
科普宣传 161a、332b
科普阵地 162c
科研咨政 86a
快递行业安全监管 264c
快递行业管理 264c
快递网点网络建设 264b
矿产资源保护监督 301c

矿业权管理 301c
困难残疾人生活补贴 362a

L

劳动保障监察 359a
劳动竞赛活动 154c
劳模服务 155c
老干部工作 81a
老干部活动平台 82b
老旧小区整治改造 240b
离退休干部 81a
理论武装 72a
理论宣传 86a
理论宣讲 72b
历史名人 56b
历史文化 56b
廉政教育 142a
粮食流通 214a
粮食收购 214a
粮油市场运行 214b
烈山经济开发区 230a
烈山区 382c
烈士褒扬 185a
林业 204b
林业产业化 205c
林长制改革 204c
临涣焦化股份有限公司 188c
路网建设 258c
旅游 339a
旅行社管理 340c
旅游发展规划 340b
旅游市场 341a
旅游营销 341c
旅游资源开发 340a
绿色建筑 242b
绿色转型 114c

M

媒体深度融合 343c
煤化工产业 188c
煤矿安全监察 299a
煤矿安全生产监管 298c
煤炭工业 191b
美丽乡村建设 201b、245b
美术书法创作 337a
免疫规划 350b
民办教育 307a
民商事案件审判 178b
民生保障 270a
民生工程 63c、377b
民生工程审计 291a
民事检察 176c
民营经济 177a、186c
民营企业排序 152c
民政事务 359c
民主党派 74c
民主监督 128a
民主政治建设 63b
民族 56a
民族事务管理 365c
民族团结 365b
模范机关建设 80c
目标管理与督查 84c

N

纳税服务 269c
南部次中心建设 370a
内部审计 291a
能源低碳转型 192a
农产品品牌战略 200b
农村公路监管 259b
农村集体产权制度改革 201a
农村精神文明建设 84c
农村居民收入与消费 364a
农村面源污染 252b
农村生活垃圾治理 237c
农村危房改造 238b
农机安全生产 204b
农机购置补贴 204a
农药监管 202a
农业 368a
农业产业化发展 200b
农业和农村改革 199a
农业机械 203c
农业科技 203b
农业农村气象服务 332a
农业生产 383a
农业重点项目 200c

P

拍卖业 210a
平安淮北建设 169a
平安校园建设 306b
普法宣传 125c
普通高中教育 312b

Q

企业家沙龙 187c
气候 48a
气象服务 331b
气象观测 331b
气象行政执法 332b
气象科研 331b
汽车驾驶员培训管理 260a
汽车维修行业管理 259c
侨界权益 163c

桥梁建设与维修　234b
青年创新创业　158a
青年权益维护　158a
青少年科技教育　161c
青少年思想引领　157a
清单制度体系建设　79a
区域合作　288b
权力运行制约体系　172b
全面深化改革　62b
全民义务植树　204c
全民阅读　335c
确权登记　303c
群众体育　342b
群众文化艺术节　336a
群众性精神文明　83b

R

人才高地建设　358a
人才工作　70c
人大代表工作　99a
人大信访　93a
人道救助　168a
人防基础建设　183a
人居环境　251b
人口　56a
人口资源环境委员会　130c
人力资源和社会保障　358a
人民防空　183a
人民调解　180b
人事代表选举委员会　96b
人事管理　358b
人事劳动调解仲裁　359a
融资渠道　244b

S

三森创建　205a
扫黑除恶专项斗争　170a
森林资源保护　205b
山场森林多目标经营工程　205a
商法服务　165c
商贸服务　370a
商贸服务业　376a、380c
商事制度改革　295a
商务和物流业发展规划　208b
少先队工作　158b
社保基金管理　359c
社会保障和就业　270b
社会服务　144a、145c、147a、148b、149c、151a、152b
社会服务活动　75a
社会和法制委员会　130c
社会建设委员会　98b
社会救助　360a、376c
社会矛盾纠纷化解　172c
社会民生　370b、381b
社会事业　60b、384a
社会治安管理　174a
社会治理　169b
社会主义核心价值观　73b
社会组织管理　360b
社科联工作　74a
社区矫正　180a
社有资产　213c
深化改革　77b、114a、191b、197b、198b
审　计　290b
审查调查　141c
审计质量管理　291a
生产经营　195b、197a
生活保障　362a
生活待遇落实　81c
生态保护　250a
生态环境治理376c、381b、383b
生物制药　189b
声环境质量　249c
省级卫生城市　351b
失业保险　359c
石油营销　215a
石油专营　215a
食品产业　374c
食品工业　190a
史志信息化建设　88b
史志宣传教育　87c
示范性老年友好型社区　354b
世界制造业大会　68b
市场监督管理　294c
市场监管　216b
市场秩序监督管理　296a
市紧急医疗救援中心　351a
市容秩序整治　236b
市十六届人大常委会会议　93c
市十六届人大第五次会议　93b
市委八届十三次全体会议　64b
市委八届十四次全体会议　64c
市委综合政务　68c
市县计生协会联动改革　167b
市县乡集中换届　71a
市政道路维修与养护　234a
市政府常务会议　115b
市政府第五次全体会议　115b

市政建设 234a
市直机关党建 79c
事故处置 256a
事业编制资源盘活 79a
蔬菜生产 201c
数据应用 122a
数字城市建设 121a
双创平台 330a
双拥工作 184c
水路 261c
水产品质量监管 203a
水产业 202c
水环境质量 249b
水利工程建设 247b
水利水务 247a
水生态修复 250c
水土保持 247c
水污染防治 252a
水政执法 248b
水质监测 255c
水资源管理 248a
水资源开发利用 248b
税务 269a
税收征管 269b
税务稽查 269c
司法行政 179a
思朗食品（淮北）有限公司 190c
思想建设 79c、115c、143b、145a、146a、147c、148c、150b
思想政治建设 162c、181a、182a
诉讼服务 178c
濉溪经济开发区 219b
濉溪芜湖现代产业园 225c
濉溪县 368a
濉溪县鸿源煤化有限公司 188c

T

特困人员供养 360b
特色产业集群 67c
特殊行业监管 209a
特殊教育 314a
提案工作 131b
提案委员会 130a
体育产业 342c
体育场所管理 343a
体制机制创新 206a
铁路 260a
通信服务业 265c
统计法制建设 292c
统计服务直通车 291c
统计管理 291b
统计基层基础建设 292a
统计监测服务 291b
统战工作 74b
投产项目 222c
土地市场交易 302b
土地征收成片开发方案 233b
土壤环境质量 249c
团结民主 128a
推进民营经济高质量发展大会 126a
退役军人安置 185c
退役军人事务 184a
托育服务 350a
脱贫攻坚成果 207b
沱浍河航道 262a

W

瓦斯和水、火综合治理 299b
外汇管理 272a
外事工作 120b
外事管理与服务 120b
皖北煤电（集团）责任公司 196b
皖事通 121c
网络安全 78a、78b
网络安全防护 78b
网络安全管理 175a
网络问政平台 120a
网络宣传 78a
危险废物处置 253b
维护稳定 173b
卫生监督 352c
卫生健康民生工程 349a
卫生人才队伍建设 348b
卫生应急处置 350c
未成年人思想道德建设 83a
位置面积 47a
文保单位维修管理 337c
文稿服务 68c、119a
文稿工作 120c
文化产业 337a
文化产业扶持 337a
文化惠民活动 335b
文化设施 338c
文化市场管理 339b
文化事业 335a
文化文史和学习委员会 131a
文化遗产保护 337b
文旅融合 337b
文明创建 83a
文明旅游 340a
文艺创作 336c
文艺活动 164a
文艺精品 335a
文艺人才培养 335b
稳价保供 293c
污染防治 251c

污水处理设施 234c
无害化处置 237a
五群十链 23、186b
武警淮北支队 182a
物流拍卖 209c
物流业 209c
物业管理 241b

X

戏曲创作 336c
闲置资产 245c
县干招商组 126a
现代服务业 383b
现代农业 380c
乡村振兴 115a、206a、207b、374b、384a
乡村振兴局 206a
乡村振兴战略 199c、270b
相山经济开发区 226c
相山区 374a
相王医疗健康股份有限公司 357b
项目建设 217a、220b、221c、225c、226c、228c、381a、382c
消防监管 367c
消防救援 366b
消防训练 366c
消费市场 209a
消费者权益保护 273a、296c
校际交流 314b
协商议政 127b
新的社会阶层人士统战工作 75c
新华人寿保险股份有限公司淮北中心支公司 281b
新时代文明实践中心 83a
新网工程建设 213a
新闻报道 72c
新型建材业 194c
新型农业经营主体 200c
新兴产业 67c
信访 124b、177c
信访工作体制机制 124b
信息采编 68c
信息化管理 78a
信息化建设 90b
信用城市建设 287c
刑事案件 173c、178a
刑事检察 176b
宣传思想工作 71c
学前教育 307b
学生军训 182a
学术交流活动 162b
学校标准化建设 308c
学校体育 342c
血液安全与管理 355c
巡察成果运用 142c
巡察工作 142b
巡察规范化建设 142c
巡察监督 140c
巡察全覆盖 142b
训练基地建设 343a

Y

烟草专卖 215c
盐品销售 214c
盐业专营 214c
扬尘管理 252c
养老保险 359b
养老服务业 377a
养殖技术应用 202c
药品和医疗服务价格管理 363a
要素保障 301a
夜间经济 209a
医保基金监管 362c
医保支付改革 363a
医疗保险 362c
医疗保障 362c
医疗行业监管 352c
医疗卫生事业发展 346a
医疗质量管理 354c
医疗秩序 355c
医养结合 347b
医药卫生体制改革 347c
医政管理 354c
依法行政制度体系建设 171c
依法治市 170c
义务教育 308a
艺术创作成果 163c
艺术交流 164b
议案建议提案办理 85b
意识形态工作 71c
银行 274a
银行保险业监管 282a
隐患治理 298b
印刷出版市场 339b
营商环境营商环境 119b、173a、218a、227c、229a、230a
应急管理 125b
应急救护 167c
应急救援 167c
应急能力建设 350c
应急演练 183b
拥政爱民 182b
用地审批与服务 302a
用电量 192a
优抚优待 184c
优质专用小麦 201c
邮政 264a
渔业安全生产 203a
园区发展 222b

园区共建 228c
园区基础建设 217a
园区建设 228a、228b、230a
源创客科技企业孵化器 331a
云平台建设 121c
运输经营 260b

Z

灾害防治 302a
债务结构 245b
站点建设 215b
招商银行股份有限公司淮北分行 278b
招商引资 125c、219c、228b、383a
招商引资与融资 244b
镇村经济发展 369b
整治不正之风 141a
证　券 284c
证券交易 284c
政策落实情况跟踪审计 290b
政策研究 77b
政策支持 319b
政法队伍建设 170b
政法队伍教育整顿 170a
政法委与综治 169a
政府投资建设项目审计 290c
政府职能 171b
政府综合事务 119a
政务服务 121b
政务服务便民热线 119c
政务服务管理 122b
政务公开 119a、175b
政务信息 119c
政务信息资源 123a
政协常委会议 129a
政协第十届淮北市委员会第四次会议 128c
政治待遇落实 81b
政治监督 140a
政治建设 61b
政治生态建设 64a
政治巡察 142b
政治引领 74b
支付结算管理 272b
知识产权 297a
知识产权公共服务 297b
执法改革 78c
执法监督 88c、169c
执行工作 178c
职工帮扶 155c
职工劳动保护 155b
职工维权服务 156a
职业技能大赛 315b
职业教育 314c
职业教育管理教学改革 315a
职业卫生健康 349a
植树造林 205a
志鉴编纂 86c
志愿服务 84b
志愿者服务 158b
质量强市建设 295c
智慧城管平台 238a
智慧城市建设 121b
智慧工会建设 156a
智慧检务 177c
智慧交通 257b
智慧警务 175c
智慧医疗 347a
智慧助老 354b
中国电信股份有限公司淮北分公司 266a
中国工商银行股份有限公司淮北分行 275a
中国共产党淮北市第九次代表大会 64c
中国共产党淮北市直属机关代表会议 80c
中国广电安徽网络股份有限公司淮北市分公司 267c
中国国民党革命委员会淮北市委员会 143a
中国建设银行股份有限公司淮北分行 276a
中国联合网络通信有限公司淮北市分公司 267a
中国民主促进会淮北市委员会 147b
中国民主建国会淮北市委员会 145c
中国民主同盟淮北市委员会 144b
中国农工民主党淮北市委员会 148c
中国农业发展银行淮北分行 274a
中国农业银行股份有限公司淮北分行 277a
中国平安财产保险股份有限公司淮北中心支公司 279b
中国平安人寿保险股份有限公司淮北中心支公司 280c
中国人民财产保险股份有限公司淮北市分公司 279a

中国人寿财产保险股份有限公司淮北市中心支公司　280b
中国太平洋财产保险股份有限公司淮北中心支公司　279b
中国太平洋人寿保险股份有限公司淮北中心支公司　281a
中国铁塔股份有限公司淮北市分公司　265c
中国移动安徽公司淮北分公司　266c
中国银行股份有限公司淮北分行　275b
中国邮政集团有限公司淮北市分公司　265a
中国邮政速递物流淮北市分公司　265c
中国致公党淮北市委员会　149c
中煤矿山建设集团有限责任公司　197a
中煤远大淮北建筑产业化有限公司　195a
中小学素质教育　305a
中医药人才培养　353a
中医医院建设　353b
中医中药　353a
种植业　201b
仲裁　180c
重点工程建设　369a
重点片区控规　233c
重点提案　131b
主要污染物减排　251c
住房公积金管理　246a
住房公积金制度扩面管理　246b
住建领域审批改革　232c
转型发展　195c、198a、228c
装配式建筑应用　242c
资产统计　290a
资源保护委员会　97a
资政研究　87b
自然保护地管理　205c、250c
自然地理　47a
自然资源　50a
自然资源管理　300b
自然资源执法　303c
宗教事务　365a
宗教事务管理　366a
宗教团体建设　366a
综合执法　339c
组织建设　69a、143c、145a、146c、148a、149a、150c、152a
作风建设　141a

表格索引

表1　2021年淮北市各季气温、降水情况表　48
表2　2021年淮北市各月气温情况表　49
表3　2021年淮北市各月降水量、年降水量一览表　49
表4　2021年淮北市主要天气现象日数统计表　49
表5　2021年淮北市各月极大风向风速统计表　49
表6　2021年淮北市各月平均相对湿度统计表　50
表7　2021年淮北市县、区、镇、街道一览表　52
表8　2021年淮北市城市社区名录　52
表9　2021年淮北市各镇（街道）所辖村委会（农村社区）名录　53
表10　2021年淮北市各民主党派组织和成员情况表　76
表11　2021年淮北市各民主党派参政议政情况表　76
表12　2021年淮北市人大常委会领导领衔督办、各工委对口督办和市政府领导领衔办理代表议案建议分解表　102
表13　2021年淮北市人大常委会领导领衔督办、各工委对口督办和市政府领导领衔办理代表重点建议分解表　102
表14　2021年淮北市人大常委会领导领衔督办、各工委对口督办和市政府领导领衔办理代表一般建议分解表　103
表15　2021年淮北市领导领衔会督办市政协十届四次会议重点提案一览表　137
表16　2021年淮北市省级农村电商示范镇、示范村名单　211
表17　2021年淮北市重点电商企业名单　212
表18　2021年淮北市房地产完成投资情况一览表　239
表19　2021年淮北市新建商品房销售情况一览表　240
表20　2021年淮北市二手房销售情况一览表　240

表21　2021年淮北市辖区内通航河流及航道一览表　261
表22　2021年淮北市辖区内航运企业一览表　262
表23　2021年淮北市保费收入情况一览表　281
表24　2021年淮北市部分人身险公司主要指标一览表282
表25　2021年淮北市部分财产险公司主要指标一览表282
表26　2021年淮北市证券公司主要业务指标一览表　284
表27　2021年淮北市上市企业新三板挂牌企业一览表285
表28　2021年度淮北市工程技术研究中心组建备案名单一览表　321
表29　2021年淮北市高新技术企业名单一览表　322
表30　2021年度安徽省科技进步奖获奖项目名单一览表　329
表31　2021年科技企业孵化器、众创空间一览表　330
表32　2021年淮北市医养结合服务机构情况表　347
表33　2021年淮北市城镇居民人均可支配收入和消费支出构成表　364
表34　2021年淮北市农村居民人均可支配收入和消费支出构成表　364
表35　2021年淮北市调查队月度价格数据表　365
表36　2021年末全市户籍人口及构成　407
表37　2021年全市生产总值（GDP）　407
表38　2021年价格指数（以上年为100）　408
表39　2021年主要农产品产量　409
表40　2021年全市规模以上工业增加值增长速度　410
表41　2021年工业主要产品产量及增长速度　411
表42　2021年全市分产业固定资产投资增长速度　411
表43　2021年一般公共预算收支情况　413
表44　2021年末全市金融机构人民币各项存贷款余额及增长速度　414
表45　2021年全市各类学校基本情况　414
表46　2021年居民人均可支配收入、消费支出及增长速度　416

审稿人员名单

（按篇目顺序排列）

丁傲然	马致华	朱成文	邓景丽	彭健康	陈永刚	李振球
吴　旋	周金群	胡　亮	高立明	池圣洲	王晓燕	王　军
李　莉	刘卫华	舒艳艳	黄　虹	张弘勇	陈忠新	张友明
荣　丽	赵永安	施　展	邓洪涛	唐为民	纵榜胜	刘　浩
陈　静	杨春杰	张　勇	杨永峰	刘　刚	孙　琼	王林海
赵　明	周华东	王　坤	范　辉	沈希望	张馨月	张海军
张志强	营国栋	朱春峰	陈　玮	汪润泽	贺华国	李端举
张　柯	张进书	谢传洪	况保山	王亚辉	翟园园	夏学勇
王西川	张春梅	黄培培	吴正亚	耿　猛	任　勇	张　兵
高立明	郝先焰	陈　淼	盛　明	季安平	程　辉	戴文丽
杨　文	张春梅	郭　刚	吴彦刚	张庆毛	赵爱华	张振涛
张　建	赵　勇	徐晓峰	周晓春	靳小兵	张海娟	刘　波
任万里	范东亮	张鲲鹏	谢华云	李　东	胡　东	张骁骁
林晓虹	孙　懿	余　洪	陈文靖	乔　林	席　伟	徐　萍
王　建	单增华	周新鲁	张　珺	杨　扬	张建亭	郭邵敏
丁满乙	王传贺	闻　勇	王雅琳	任千里	黄中奎	苏　颖
王荣士	田永杰	居　鹏	魏　坚	许胜利	张　磊	任　勇
戴　浩	张世军	李杰超	张　源	吴　华	王　勇	